Europäische Hochschulschriften

Publications Universitaires Européennes
European University Studies

Reihe II
Rechtswissenschaft

Série II Series II
Droit
Law

Bd./Vol. 4823

PETER LANG
Frankfurt am Main · Berlin · Bern · Bruxelles · New York · Oxford · Wien

Stefan Ueding

Prospektpflicht und Prospekthaftung im Grauen Kapitalmarkt nach deutschem und italienischem Recht

PETER LANG
Internationaler Verlag der Wissenschaften

Bibliografische Information der Deutschen Nationalbibliothek
Die Deutsche Nationalbibliothek verzeichnet diese Publikation in der Deutschen Nationalbibliografie; detaillierte bibliografische Daten sind im Internet über <http://www.d-nb.de> abrufbar.

Zugl.: Köln, Univ., Diss., 2008

D 38
ISSN 0531-7312
ISBN 978-3-631-58601-3

www.peterlang.de

Vorwort

Die vorliegende Arbeit wurde im Sommersemester 2008 von der Rechtswissenschaftlichen Fakultät der Universität zu Köln als Dissertation angenommen. Literatur und Rechtsprechung konnten bis September 2008 berücksichtigt werden.

Mein Dank geht in erster Linie an meinen Doktorvater, Herrn Prof. Dr. Klaus Peter Berger, LL.M. Er war mir während der Promotion bei Fragen oder Problemen immer ein sehr guter Ansprechpartner. Zugleich bot er mir die Möglichkeit, in seinem Institut einer in jeder Hinsicht interessanten Tätigkeit als sein wissenschaftlicher Mitarbeiter in einer zudem äußerst angenehmen Atmosphäre nachzugehen. Dabei hat er mir stets die ausreichende Freiheit eingeräumt, ohne die diese Arbeit nicht hätte fertiggestellt werden können. Frau Prof. Dr. Dauner-Lieb danke ich für die zeitnahe Erstellung des Zweitgutachtens.

Mein Dank geht darüber hinaus an Herrn Dr. Peter Balzer, von dem ich die Anregung zur Beschäftigung mit diesem Thema bekam. Bedanken möchte ich mich – stellvertretend für viele ungenannte Bibliotheksmitarbeiter – bei Frau Lucia Lanzoni Trabucchi, die mir bei der Literaturbeschaffung in Mailand behilflich war. Eine wichtige Hilfe habe ich auch von meinen italienischen Freunden Emanuele Siano und Nicola Sarnicola erhalten, die mir während meiner Recherchen in Rom eine Bleibe geboten haben. Für anregende Diskussionen und den gegenseitigen Ansporn bedanke ich mich bei meinen „Münsteraner" Kommilitonen Benedikt Rohrßen und Christian Walburg.

Für den für eine Promotion unerlässlichen ideellen Beistand und die stete Motivation bin ich Frau Regina Rapp zu ganz herzlichem Dank verpflichtet. Ihr Verständnis und ihre Geduld haben das Entstehen dieser Arbeit sehr gefördert.

Ganz besonderen Dank schulde ich nicht zuletzt meinen Eltern, die mich nicht nur während meiner juristischen Ausbildung stets auf jede erdenkliche Weise unterstützt haben. Ohne sie wäre diese Arbeit nicht möglich geworden. Ihnen ist sie daher gewidmet.

Dortmund, im Oktober 2008 Stefan Ueding

Inhaltsverzeichnis

Abkürzungsverzeichnis

a.	auch
a.A.	andere Ansicht
a.a.O.	am angegeben Ort
ABl.	Amtsblatt der Europäischen Union
Abs.	Absatz
AcP	Archiv für die civilistische Praxis
a.F.	alte / alter / alten Fassung
AG	Die Aktiengesellschaft (Zeitschrift für das gesamte Aktienwesen, für deutsches, europäisches und internationales Unternehmens- und Kapitalmarktrecht); auch als Bezeichnung für: Aktiengesellschaft
ähnl.	ähnlich
AktG	Aktiengesetz
AnSVG	Gesetz zur Verbesserung des Anlegerschutzes (Anlegerschutzverbesserungsgesetz – AnSVG)
App.	Corte di Appello
Art. /Artt.	Artikel / Artikel (Plural)
Aufl.	Auflage
BaFin	Bundesanstalt für Finanzdienstleistungsaufsicht
Bank	Die Bank
Bankarchiv	Bankarchiv, Zeitschrift für Bank und Börsenwesen
BAnz	Bundesanzeiger
BauR	Zeitschrift für das gesamte öffentliche und zivile Baurecht
BAWe	Bundesaufsichtsamt für den Wertpapierhandel
BB	Betriebsberater
BBTC	Banca, Borsa e titoli di credito
Begr.	Begründer
BGB	Bürgerliches Gesetzbuch
BGBl.	Bundesgeseztblatt
BGH	Bundesgerichtshof
BGHZ	Entscheidungen des Bundesgerichtshofs in Zivilsachen (amtliche Sammlung)
BKR	Zeitschrift für Bank- und Kapitalmarktrecht
BMF	Bundesminister der Finanzen
BMJ	Bundesminister der Justiz
BörsG	Börsengesetz
BPrak	BankPraktiker

BR-Drs	Bundesratsdrucksache
BT-Drs.	Bundestagsdrucksache
BuB	Bankrecht und Bankpraxis
bzw	beziehungsweise
Cass.	Corte di Cassazione
CC	Codice civile
c.i.c.	culpa in contrahendo
Consob	Consorzio Nazionale per le società e la borsa
ContrImp	Contratto e impresa
CorG	Corrierre giuridico
CorTrib	Corriere tributario
Cost.	Costituzione della Repubblica Italiana
CP	Codice penale
CPC	Codice di procedura civile
DB	Der Betrieb
DBMerFin	Diritto della banca e del mercato finanziario
DepotG	Gesetz über die Verwahrung und Anschaffung von Wertpapieren (Depotgesetz)
ders.	derselbe
d.h.	das heißt
dies.	dieselbe
Dir.fall.soc.comm.	Il diritto fallimentare delle socità commerciali
disp. prel. CC	Disposizioni preliminari del Codice civile = Disposizioni sulla legge in generale
DL	Decreto legge, Gesetzesdekret
Dlgs.	Decreto legislativo, gesetzesvertretendes Dekret
DM	Decreto ministeriale, Ministerialdekret
DR	Danno e responsabilità
DStR	Deutsches Steuerrecht
ebd.	ebenda
EEG	Gesetz für den Vorrang Erneuerbarer Energien (Erneuerbare-Energieen- Gesetz)
EG	Europäische Gemeinschaften
EGBGB	Einführungsgesetz zum Bürgerlichen Gesetzbuch
EStG	Einkommenssteuergesetz
EU	Europäische Union
EWiR	Entscheidungen zum Wirtschaftsrecht
f. /ff.	folgende (Seite bzw. Seiten)
FI	Il foro italiano
FinDAG	Gesetz über die Bundesansalt für Finanzdienstleistungsaufsicht (Finanzdienstleistungsaufsichtsgesetz)
Fn.	Fußnote

Focus	Focus Magazin
For.it.	Il foro italiano
For.pad.	Il foro padano
FRUG	Gesetz zur Umsetzung der Richtlinie über Märkte für Finanzinstrumente und der Durchführungsrichtlinie der Kommission (Finanzmarktrichlinie-Umsetzungsgesetz)
FS	Festschrift
GADI	Giurisprudenza annotata di diritto industriale
GbR	Gesellschaft bürgerlichen Rechts
GC	Giustizia Civile
gem.	gemäß
GenG	Gesetz betreffend die Erwerbs- und Wirtschaftsgenossenschaften (Genossenschaftsgesetz)
GG	Grundgesetz für die Bundesrepublik Deutschland
ggf.	gegebenenfalls
Giur.com.	Giurisprudenza commerciale
Giur.it.	Giurisprudenza italiana
GmbH	Gesellschaft mit beschränkter Haftung
GMer	Giurisprudenza di merito
GrünhutsZ	Zeitschrift für das Privat- und Öffentliche Recht der Gegenwart; auch: Grünhuts Zeitung
GU	Gazzetta Ufficiale della Repubblica Italiana
HBl.	Handelsblatt
HGB	Handelsgesetzbuch
HoldheimsMonatsschr.	Monatsschrift für Handelsrecht und Bankwesen, Steuer- und Stempelfragen, Begr. von Dr. Holdheim
Hrsg.	Herausgeber
i.d.R.	in der Regel
IDW	Institut der Wirtschaftsprüfer
i.E.	im Ergebnis
InvG	Investmentgesetz
i.H.d.	in Höhe des
i.S.d. / i.S.e. /i.S.v.	im Sinne des, der / einer, eines / von
i.V.m.	in Verbindung mit
Jura	Juristische Ausbildung
JuS	Juristische Schulung
KAGG	Gesetz über Kapitalanlagegesellschaften
KapMuG	Kapitalanleger-Musterverfahrensgesetz
KG	Kommanditgesellschaft bzw. Kammergericht
KWG	Gesetz über das Kreditwesen
L.	Legge, Gesetz

LG	Landgericht
lit.	littera (Buchstabe bei Gesetzesaufzählungen)
MDR	Monatssschrift für deutsches Recht
MGC	Massimario Giustizia Civile = Giustizia Civile, Massimario annotato della cassazione
MGI	Massimario della Giurisprudenza italiana
MiFID	Markets in Financial Instruments Directive, auf deutsch: Richtlinie über Märkte für Finanzinstrumente, 2004/39/EG
NGCC	La nuova giurisprudenza civile commentata
NI	New Investor; vierteljährliche Beilage zu „Handelsblatt", „Wirtschaftswoche", „€uro"
NJW	Neue Juristische Wochenschrift
NLCC	Le Nuove Leggi Civili Commentate
Nr. / Nrn.	Nummer / Nummern
NZG	Neue Zeitschrift für Gesellschaftsrecht
o.	oben
o.g.	oben genannt
OLG	Oberlandesgericht
Oicr	Organismi di investimento collettivo del risparmio
Pret.	Pretura (ehemaliges erstinstanzliches Gericht in Italien)
Provv.BdI.	Provvedimento della Banca d'Italia del 14 Aprile 2005 „Regolamento sulla gestione collettiva del risparmio"
Quadr.	Quadrimestre
RCP	Responsabilità civile e previdenza
RDC	Rivista di diritto civile
RDCo	Rivista di diritto commerciale e del diritto generale delle obbligazioni
RefE	Referentenentwurf
RegE	Regierungsentwurf
RegEmit	Regolamento Emittenti, Regolamento di attuazione del decreto legislativo 24 febbraio 1998, n. 58
REIT	Real Estate Investment Trust
REITG	Gesetz zur Schaffung deutscher Immobilien-Aktiengesellschaften mit börsennotierten Anteilen (REIT-Gesetz)
Resp.civ.	Responsabilità civile
RG	Reichsgericht
RGZ	Entscheidungssammlung des Reichsgerichts in Zivilsachen (amtliche Sammlung)
Riv.crit.dir.priv.	Rivista critica di diritto privato

Riv.soc.	Rivista delle società
Riv.trim.dir.proc.civ.	Rivista trimestrale di diritto e procedura civile
Rn.	Randnummer
Rspr.	Rechtsprechung
S	Seite
s.o.	siehe oben
Soc.	Le Società
sog.	sogenannter/sogenannte
Sgr	Società di gestione del risparmio
Sicav	Societa di investimento a capitale variabile
Siiq	Società di investimento immobiliare quotata
Spa	Società per azioni
Srl	Società a responsabilità limitata
StGB	Strafgesetzbuch
StPO	Strafprozessordnung
s.u.	siehe unten
Trib.	Tribunale
Trusts	Trusts e attività fiduciarie
TUF	Testo unico delle disposizioni in materia di intermediazione finanziaria (Decreto legislativo 24 febbraio 1998, n. 58)
u.	und
u.a.	und andere / unter anderem
UBBG	Gesetz über Unternehmensbeteiligungsgesellschaften
UStG	Umsatzsteuergesetz
Var.	Variante
VerbrKrG	Verbraucherkreditgesetz
VerkaufsprospektRL	Richtlinie 2003/71/EG betreffend den Prospekt, der beim öffentlichen Angebot von Wertpapieren oder bei deren Zulassung zum Handel zu veröffentlichen ist, und zur Änderung der Richtlinie 2001/34/EG
VerkProspG	Wertpapier-Verkaufsprospektgesetz
VermVerkProspV	Verordnung über Vermögensanlagen-Verkaufsprospekte (Vermögensanlagen-Verkaufsprospektverordnung)
VersR	Versicherungsrecht
vgl.	vergleiche
VN	Vita notarile
VuR	Verbraucher und Recht
WM	Wertpapier-Mitteilungen (Zeitschrift für Wirtschafts- und Bankrecht)
WpHG	Gesetz über den Wertpapierhandel
WpPG	Gesetz über die Erstellung, Billigung und Veröffentli-

	chung des Prospekts, der beim öffentlichen Angebot von Wertpapieren oder bei der Zulassung von Wertpapieren zum Handel an einem organisierten Markt zu veröffentlichen ist (Wertpapierprospektgesetz – WpPG)
WuB	Entscheidungssammlung zum Wirtschafts- und Bankrecht
z.B.	zum Beispiel
ZBB	Zeitschrift für Bankrecht und Bankwirtschaft
ZGR	Zeitschrift für Unternehmens- und Gesellschaftsrecht
ZHR	Zeitschrift für das gesamte Handelsrecht (1907-1961: und Konkursrecht; ab 1962: für das gesamte Handelsrecht) und Wirtschaftsrecht, begründet von Goldschmidt (1858-1944;1948)
ZIP	Zeitschrift für Wirtschaftsrecht
z.T.	zum Teil
ZPO	Zivilprozessordnung
zugl.	zugleich

Einleitung

Der Kapitalmarkt in Deutschland zeichnet sich durch eine Teilung in den normalen Kapitalmarkt, auch weißen[1] oder organisierten[2] Kapitalmarkt genannt, und den freien oder Grauen Kapitalmarkt aus. Dieses Phänomen ist weltweit nur noch in Österreich anzutreffen.[3]

Die Wahl der Begriffe deutet an, dass letzterer der unregulierte und intransparente, damit „schlechte", ersterer hingegen der regulierte und transparente, „gute" Kapitalmarkt ist. Jedoch finden sich auf dem ungeregelten Kapitalmarkt nicht nur unseriöse Anlageformen. Sofern von seriösen Anlagen die Rede ist, könnte daher auch der Begriff „freier Kapitalmarkt" gewählt werden.[4] Trotz dieser im Grunde zutreffenden Differenzierung ist im Folgenden einheitlich vom Grauen Kapitalmarkt die Rede, da dies der üblichen Terminologie entspricht. Zudem verfolgt diese Arbeit nicht das Ziel, eine Differenzierung zwischen seriösen und unseriösen Anlageformen zu finden, sondern vielmehr soll die Prospektpflicht sowie die Prospekthaftung untersucht werden, die einheitlich auf diesem Markt gilt.

Man kann die Begrifflichkeiten außerdem danach unterscheiden, ob der Graue Kapitalmarkt derjenige ist, bei dem keine Aufsicht besteht[5] oder vielmehr derjenige, der nicht in Wertpapieren[6] angelegt ist.[7] Beides ist nicht ganz mit der Masse der angebotenen Produkte konform: Zum einen sind etwa die Vermittlung von Warenterminoptionen (mittlerweile) Finanzdienstleistungen und unterliegen damit einer Aufsicht, obwohl sie eher zu den „grauen" Produkten zu zählen sind, weil sie des öfteren eher unseriöse Anbieter betreffen. Zum anderen sind Namensschuldverschreibungen ebenso diesem Markt zuzuordnen, sie sind aber Wertpapiere. Der Gesetzgeber geht von einer Einteilung anhand des Wertpapierbegriffs aus und nimmt die Namensschuldverschreibungen ausdrücklich dazu, § 8f Abs. 1 VerkProspG. Dem soll in dieser Arbeit gefolgt werden. Unter Kapitalmarkt wird hier zudem nur der Markt für Anlageprodukte aller Art, nicht jedoch der Markt für (einzelne) Austauschgeschäfte verstanden.

---

1 *v. Keussler* S. 39.

2 *Fleischer* BKR 2004, 339.

3 *Fleischer* BKR 2004, 339; vgl. *Brandl/Saria* Rn. O 32 ff., O 54 ff.

4 *Lenenbach* Rn. 9.1.

5 *v. Keussler* S. 38 f.

6 So § 8f Abs. 1 VerkProspG.

7 Zu weiteren, ähnlichen Begrifflichkeiten vgl. *Hagemann* S. 139 ff.

Der Strauß der Anlageformen, die auf dem Grauen Kapitalmarkt angeboten werden ist bunt.[8] Seit dem Anlegerschutzverbesserungsgesetz (AnSVG)[9] ist hierzu in Deutschland eine Prospektpflicht geschaffen worden, um die Information des Anlegerpublikums zu verbessern.[10]

Es werden hohe Summen in diesem Markt investiert. Allein in geschlossenen Fonds werden pro Jahr zwischen zehn und dreizehn Milliarden Euro umgesetzt.[11] Im Jahr 2006 waren es 11,6 Milliarden Euro.[12] Zugleich sind die Transparenzanforderungen und die Fungibilität der angebotenen Vermögensanlagen nicht sehr hoch. Zudem sind seriöse von unseriösen Anbieter kaum zu unterscheiden.[13]

Anders ist die Situation in Italien. Hier bestanden in den siebziger und achtziger Jahren ähnliche Produkte, wie wir sie auch heute noch in Deutschland vorfinden. Hier wurden im Laufe der Zeit Normierungen geschaffen, die zunächst eine Prospektpflicht, später weitere Regelungen vorsahen. Heute kann in Italien vom Bestehen eines Grauen Kapitalmarkts nicht mehr die Rede sein. Es bedarf daher der Erörterung der Frage, wie die Entwicklung der Rechtsmaterie in beiden Ländern vorangeschritten ist und wie die sich daraus resultierende heutige Rechtslage darstellt. Dabei stellt sich die Frage, ob das Bestehen und Erhalten eines Grauen Kapitalmarkts in Deutschland erforderlich ist oder ob vielmehr die Behandlung des Themas durch den italienischen Gesetzgeber Vorbildfunktion haben kann.

---

8 Vgl. *Loipfinger* Vorwort S. 2 ff.; vgl. zur Kreativitiät der immer zahlreicher werdenden Anbieter NI 2/2007 S. 34 (35).

9 In Kraft seit dem 01.07.2005, BGBl. 2004 I, 2630.

10 Vgl. zur Wichtigkeit des Prospekts für die Anlageentscheidung bei geschlossenen Fonds *Hannes Nickl* in HBl. vom 24.07.2007, S. 28: „Emissionsprospekt, Prospektprüfungsgutachten und Leistungsbilanz sind unverzichtbare Grundlage jeder Investitionsentscheidung".

11 NI 2/2007 S. 34.

12 *Loipfinger* Kap. 9 S. 26. Nach dem Analysehaus Scope waren es hingegen 9,44 Milliarden, vgl. Bank 5/2007, 6.

13 Vgl. NI 2/2007, S. 34 (35): „Das Risiko für Anleger, an einen Emittenten zu geraten, der nicht halten kann, was er verspricht, ist [insbesondere bei kreativen Anlagemodellen] besonders hoch. Denn Markterfahrung gilt als wichtiges Kriterium bei der Wahl eines geschlossenen Fonds. Den meisten Anbietern fehlt sie."

§ 1 Gegenstand der Untersuchung

Die Bundesregierung hat am 25.02.2003 einen Maßnahmenkatalog zur Stärkung des Anlegerschutzes und des Vertrauens in die Aktienmärkte vorgestellt.[14] Dieses so genannte 10-Punkte-Programm soll den deutschen Kapitalmarkt im Vergleich mit seiner internationalen Konkurrenz stärken.[15] Dabei soll dem Anlegerschutz und dem Rückgewinn des Anlegervertrauens eine herausragende Rolle zukommen.[16] Im Grauen Kapitalmarkt ist in der Vergangenheit jährlich ein Verlust von Anlegergeldern bis zu 30 Milliarden Euro zu verzeichnen gewesen.[17] Verluste entstehen zum einen durch Insolvenzen, die aus mangelhafter Geschäftsführung oder einem mangelhaften Geschäftsmodell resultieren,[18] zum anderen auch durch vorsätzliche Straftaten durch „fiktive" Vermögensanlagen. Dabei ist im Bereich der strafrechtlichen Schäden von einer hohen Dunkelziffer auszugehen.[19] Es gibt immer wieder Betrugsfälle, die mit Millionenschäden für Anleger enden. Deutschland ist daher (vor Einführung des AnSVG) als „Paradies für Anlagebetrüger" bezeichnet worden.[20] Dies mag sich durch die Einführung einer Prospektpflicht samt Prüfung durch die Bundesanstalt für Finanzdienstleitungsaufsicht (BaFin) geändert haben,[21] es ist jedoch davon auszugehen, dass eine nicht unerhebliche Dunkelziffer weiterhin fortbesteht. Auch weiterhin ist es möglich – wenngleich rechtswidrig – einen geschlossenen Fonds ohne Prospekterstellung aufzulegen. Anderenfalls wäre die Norm des § 13a VerkProspG Makulatur. Zudem sind betrügerische, aber auch solche Angebote,

---

14 Pressemitteilung des BMJ/BMF vom 25.02.2003, im Internet verfügbar unter http://www.bundesjustizministerium.de (zuletzt besucht am 02.10.2008); dazu *Seibert* BB 2003, 693; der Teil, der dem BMF unterliegt, ist zugleich Teil des „Finanzmarktförderplans 2006": vgl. dazu HBl. vom 06.03.2003 S. 3.

15 BMF Finanzmarktförderplan, vgl. HBl. a.a.O. (Fn. 14).

16 BMF Finanzmarktförderplan, vgl. HBl. a.a.O. (Fn. 14).

17 *Dieckmann/Sustmann* NZG 2004, 929; Begründung zum RegE, BT-Drs. 15/3174, S. 26; dazu etwa Focus 46/2004, S. 46.

18 So etwa die Insolvenzen der Falk- sowie der Göttinger-Gruppe (vgl. dazu etwa HBl. vom 31.10.2005, S. 33 u. HBl. vom 11.06.2007, S. 28 f.). Vgl. auch *Loipfinger* Vorwort S. 2: „Völlig unerwartete Fondsauflösungen mit zweistelligen Renditen oder die Insolvenz von Initiatoren und Fonds – Überraschungen sind keine Seltenheit."

19 Vgl. den Bericht der Bundesregierung zum Grauen Kapitalmarkt, BT-Drs. 14/1633, S. 2; *Hagemann* S. 44 ff. Die Polizeiliche Kriminalstatistik des Bundeskriminalamtes weist 2006 in Tabelle 07, S. 4, Schlüssel 5130 (Beteiligungs- und Kapitalanlagebetrug) eine Schadenssumme von knapp 500 Millionen Euro aus.

20 Interview mit *Pietsch, Volker*, in: Süddeutsche Zeitung vom 19.März 2005, S. 31; vgl. a. Bartlsperger/Boutonnet u.a., S. 33: „Viele schwarze Schafe".

21 *Loipfinger* Vorwort S. 2 u. 32, geht davon aus, dass die Dunkelziffer gegen Null tendiert, weil eine „absolute" Transparenz herrsche. Andererseits nimmt er auch weiterhin eine wachsende Zahl von „schwarzen Schafen" an, ebd. S. 25.

die von vornherein für die Gewinnerwirtschaftung ungeeignet sind, auch bei Einhaltung einer Prospektpflicht möglich.

Im 10-Punkte-Plan kündigt die Bundesregierung an, zum einen die Aufklärung in der Bevölkerung über Funktionen und Risiken des Kapitalmarktes in Medien und Schulen zu verbessern, zum anderen die Rahmenbedingungen für diese Anlageformen zu verändern. Dies soll durch die Einführung einer Prospektpflicht und einer entsprechenden Haftung, durch verbesserte Strafverfolgung und Gewerbeaufsicht geschehen.[22]

Das AnSVG realisiert aus diesem Vorhaben die Einführung einer Prospektpflicht. Hierzu wird für einen bestimmten Anwendungsbereich die Prospektpflicht nach VerkProspG eingeführt. Zugleich finden sich Regelungen hinsichtlich der Anforderungen an den Inhalt des zu erstellenden Prospekts. Der Prospekt muss bei der BaFin hinterlegt werden, welche ihn auf die Vollständigkeit der Angaben überprüft.

Daneben wird die Haftung gem. § 13 VerkProspG auf die neu regulierten Anlageformen ausgeweitet. Dabei ist als Schadensersatz die Übernahme der Vermögensanlagen gegen Erstattung des Erwerbspreises und der üblichen Kosten geschuldet. Parallel dazu wird eine Haftung für das Fehlen eines Prospekts eingeführt, § 13a VerkProspG.

Durch diese Rechtsänderung soll aber nicht die zivilrechtliche Prospekthaftung gänzlich ersetzt werden. Insbesondere die Ansprüche aus der zivilrechtlichen Prospekthaftung im weiteren Sinne sollen durch den neuen § 13 VerkProspG nicht ersetzt werden.[23] Außerdem kommen noch andere Ansprüche allgemein zivilrechtlicher Art in Betracht.

Die Prospektpflicht betrifft allerdings nur die Martkinformation bei Emission des entsprechenden Produkts. Fraglich bleibt hingegen weiterhin, wie ein interessensgerechter Informationsfluss nach Emission hergestellt werden kann. Bei den Anlageformen des Grauen Kapitalmarktes ist generell nur eine sehr geringe Fungibilität gegeben. Zugleich ist der Markt intransparent. Eine Erhöhung der Fungibilität hätte allerdings eine verbesserte Transparenz zur Voraussetzung, denn niemand investiert in ein unbekanntes Produkt. Diese Problematik bleibt durch das AnSVG unberührt. Auf diese umfangreiche Frage kann allerdings im Rahmen dieser Untersuchung nicht eingegangen werden.[24] Vielmehr wird nur der Frage nach dem Bestehen einer Prospektpflicht im Rahmen der Erstemission und einer entsprechenden Haftung gesucht.

Nicht eingegangen werden kann im Rahmen dieser Untersuchung auf die Vermittlung oder den Abschluss von reinen, einmaligen Austauschgeschäften,

---

22 Pressemitteilung des BMJ/BMF a.a.O. (Fn. 14).

23 Begründung zum RegE, BT-Drs. 15/3174, S. 26; *Fleischer* BKR 2004, 339.

24 Vgl. hierzu aber *Zimmer/Cloppenburg* ZHR 2007, 519.

die – je nach Definition des Begriffs, nicht jedoch nach dem hier gefundenen – ebenfalls zum Grauen Kapitalmarkt gezählt werden können. Daher muss die Erörterung etwa den Verkauf von (Schrott-) Immobilien, Diamanten oder die Vermittlung von Timesharing-Verträgen unberücksichtigt lassen.[25]

Der Schwerpunkt dieser Arbeit liegt dabei auf der veränderten Rechtslage nach dem AnSVG. Die Frage nach dem Vorhandensein von Aufklärungs- oder sonstigen Pflichten vor der Geltung dieses Gesetzes wird nur insofern behandelt, als es an entsprechender Stelle zum Verständnis erforderlich ist.

Wie bereits erwähnt, ist die Teilung in einen organisierten und einen Grauen Kapitalmarkt ein auf Deutschland und Österreich beschränktes Phänomen.[26] Es stellt sich daher die Frage, warum das so ist. Hierzu ist ein Vergleich mit einer Rechtsordnung anzustellen, die eine solche Teilung nicht kennt. Das italienische Recht differenziert nicht zwischen einem organisierten und einem „alternativen“ Kapitalmarkt, jedenfalls nicht in Bezug auf Prospektpflichten.[27] Diese sind in Deutschland hingegen in unterschiedlichen Gesetzen geregelt; mit dem AnSVG gibt es ein bereichspezifisches Prospektrecht für den Grauen Kapitalmarkt. Im Rahmen dieser Untersuchung wird daher auf italienisches Recht einzugehen sein. Dabei soll der Frage nachgegangen werden, wie sich die Regelung des dortigen Kapitalmarktes darstellt und ob dieser gegenüber anderen Kapitalmärkten benachteiligt ist. Der deutsche Kapitalmarkt soll durch das AnSVG zwar gerade gestärkt werden.[28] Ein starker, effektiver Kapitalmarkt ist Voraussetzung für eine positive Entwicklung der gesamten Volkswirtschaft.[29] Erweist es sich jedoch, dass der italienische Kapitalmarkt nicht wesentlich nachteiliger gegenüber dem deutschen ist, so ist die Frage nach der Berechtigung für die Zweiteilung in einen organisierten und einen Grauen Kapitalmarkt stellen. Auch im italienischen Kapitalmarkt gab es in den siebziger und achtziger Jahren des letzten Jahrhunderts Produkte, die denen des deutschen Kapitalmarktes sehr ähnelten. Diese sind mittlerweile vom Markt verschwunden. An deren Stelle stehen aber andere, gesetzlich genormte Anlageformen. Dabei hat die Entwicklung des Rechts der alternativen Anlageformen in Italien damit begonnen, dass eine Prospektpflicht eingeführt wurde. Im späteren Verlauf wurden dann weitere Regelungen erlassen, ebenfalls mit dem Ziel, den Kapitalmarkt zu stärken. Es ist daher im Rahmen dieser Arbeit der Frage nachzugehen, wie die Einführung einer Prospektpflicht der Ausgangspunkt für die Regulie-

---

25 Vgl. zu Timesharing und Diamantenverkäufen: *Hagemann* S. 121 bzw. 123.

26 S.o. Fn. 3. Nach *Keunecke*, Rn. 313, werden die im VerkProspG geregelten Anlageformen „aus dem Grauen Kapitalmarkt herausgenommen“, was allerdings fraglich ist, denn es bestehen weiterhin eklatante Unterschiede.

27 *D'Alfonso*, S. 97 f.

28 Begründung zum RegE, BT-Drs. 15/3174, S. 26.

29 *Costi/Enriques* Tr.dir.com. S. 7.

rung dieses Marktsegmentes des italienischen Kapitalmarktes geworden ist. Dazu ist zu erörtern, ob die Anlageprodukte, die es in Italien gab, sowie die, die es noch in Deutschland gibt, in derselben Form in Italien zulässig wären. Ist das nicht der Fall, so stellt sich weiterhin die Frage, wie das mit der Prospektpflicht zusammenhängt.

Im Bereich der Prospekthaftung ist zu fragen, wie die Anleger optimal geschützt werden. Dabei dürfen ihnen aber nicht die Risiken einer Kapitalanlage abgenommen werden.[30] Zudem hat der Anlegerschutz durch Prospekthaftung nicht primär – wie etwa beim Verbraucherschutz – seinen Grund darin, dass der Anleger ein schwächerer Marktteilnehmer ist. Vielmehr ist er ein Mittel zur Herstellung eines effektiven Marktes durch Angleichung der vertraglichen Positionen von Anbieter und Anleger und damit einhergehender effektiver Allokation der Finanzmittel.[31]

Bei der Untersuchung der Prospekthaftung ist ein Schwerpunkt auf die Situation nach der Einführung gesetzlicher Haftungsnormen zu legen. Das ist im deutschen Recht das AnSVG. Hier ist die Haftung nur insoweit zu untersuchen, wie sie nach aktueller Rechtslage möglich ist. Die ältere Rechtslage zur Haftung für fehlerhafte Prospekte ist nur noch insoweit zu beleuchten, als dessen Regeln auch nach Einführung des AnSVG noch fortgelten. Dies ist nur in dem Umfang nötig, wie die hierzu ergangenen Ansichten noch für andere Anspruchsgrundlagen heranzuziehen sind, die neben derjenigen aus dem Spezialgesetz anwendbar bleiben. Zur Haftung bei Altfällen sei auf die im Überblick angegebene Literatur verwiesen. Im italienischen Recht besteht eine Prospekthaftung erst seit 2007. Hier ist – mangels verstärkter Beschäftigung der Rechtsprechung und Literatur[32] mit dem Thema – unklar, welche Reichweite die Neuregelung hat und folglich, wie sie sich zu den vormaligen Theorien zur Prospekthaftung verhält, die sich ausschließlich auf allgemeine zivilrechtliche Anspruchsgrundlagen stützten. Daher ist im Bereich des italienischen Rechts auch die vor der gesetzlichen Statuierung einer Prospekthaftung geltende Rechtslage zu beleuchten, um sie sodann in Beziehung zu der Neuregelung zu setzen. Auch hierbei dient im Anschluss die Erörterung dieser älteren Rechtslage zur Bestimmung von neben der spezialgesetzlichen Haftung anwendbaren weiteren Anspruchsgrundlagen.

In beiden Ländern ist mittlerweile die VerkaufsprospektRL[33] umgesetzt worden: In Deutschland mit dem Prospektrichtlinie-Umsetzungsgesetz[34] sowie in

30 *Bochicchio* S. 336.

31 *Bochicchio* S. 338 f.

32 Vgl. aber bereits *Mazzeo* Resp.civ. 2007, 571; *Sapone* S. 901 ff.; *Cugnasco* Soc. 2008, 803.

33 Verkaufsprospektrichtlinie, Richtlinie 2003/71/EG vom 04.11.2003, ABl. 2003 L 345/64.

34 Gesetz zur Umsetzung der Richtlinie 2003/71/EG des Europäischen Parlaments und des Rates vom 4. November 2003 betreffend den Prospekt, der beim öffentlichen Angebot

Italien mit Art. 12 des Gesetzes vom 28.12.2005, Nr. 262[35] und der dazu erfolgen Umsetzungsverordnung Nr. 51 mit Gesetzesrang vom 08.03.2007[36]. Dabei ist zu beachten, dass die Richtlinie nur für Wertpapiere gilt, Art. 1 Abs. 1 i.V.m. Art. 2 Abs. 1 lit. a) VerkaufsprospektRL. Daher sind die deutschen Regelungen hierzu im BörsG und im neu geschaffenen WpPG erlassen worden. Somit besteht in Deutschland neben der Prospektpflicht nach dem VerkProspG für den Grauen Kapitalmarkt eine solche für Wertpapiere gem. WpPG. In Italien hingegen ist eine solche Zweiteilung unbekannt. Daher sind die Normen im Wesentlichen für alle Produktkategorien gleich im sog. „Einheitlichen Text zur Regelung des Rechts der Finanzintermediäre" („*Testo unico finanziario*", TUF)[37] geregelt.

Die Prospekthaftung wird hingegen nur marginal in der Richtlinie behandelt. Es ist lediglich vorgesehen, dass die Mitgliedsstaaten dafür sorgen, dass eine solche besteht, Art. 6 VerkaufsprospektRL. In Deutschland wurde eine spezialgesetzliche Haftung für Vermögensanlagen des Grauen Kapitalmarktes bereits mit dem AnSVG eingeführt. In Italien besteht eine solche spezialgesetzliche Haftung erst seit der Änderung des TUF im Rahmen der Umsetzung der Richtlinie im Jahre 2007.

Es ist daher der Frage nachzugehen, wie die Umsetzung der Richtlinie, ohne dass diese hierzu genaue Regelungen enthält, dennoch Auswirkungen auf die Prospektpflicht und -haftung hat. Bei der Prospekthaftung ist weiterhin zu untersuchen, wie die Umsetzung der EG-Vorgabe des Vorhandenseins eines Haftungssystems umgesetzt wurde und wie die Unterschiede in den Regelungen beider Länder sind. Zudem ist bei beiden Rechtsordnungen zu untersuchen, ob und in welchem Maße die spezialgesetzliche Haftung die einzige in Betracht kommende Anspruchsgrundlage darstellt oder ob noch weitere Anspruchsgrundlagen aus dem Zivilrecht möglich sind.

---

von Wertpapieren oder bei deren Zulassung zum Handel zu veröffentlichen ist, und zur Änderung der Richtlinie 2001/34/EG (Prospektrichtlinie-Umsetzungsgesetz) vom 22.06.2005, BGBl. 2005 I, 1698.

[35] Gesetz vom 28.12.2005, Nr. 262 „ Disposizioni per la tutela del risparmio e la disciplina dei mercati finanziari", GU Nr. 301 vom 28.12.2005, Anhang Nr. 208. Vgl. für die genaue Bezeichnung, mögliche Quellen im Internet und teilweisen Übersetzungen von italienischen Normen den Anhang.

[36] Umsetzungsverordnung mit Gesetzesrang 08.03.2007 „Attuazione della direttiva 2003/71/CE relativa al prospetto da pubblicare per l'offerta pubblica o l'ammissione alla negoziazione di strumenti finanziari, che modifica la direttiva 2001/34/CE.", GU Nr. 94 vom 23.04.2007.

[37] Gesetzesvertretendes Dekret 24.02.1998, Nr. 58 „Testo unico delle disposizioni in materia di intermediazione finanziaria" GU Nr. 71 vom 26.03.1998.

Das Ziel dieser Arbeit ist letztlich die Beantwortung der Frage, ob es ein vorzugswürdiges System der alternativen Anlageformen gibt und ob die Haftung im einen oder im anderen Falle effizienter bzw. über- oder unterreguliert ist.

§ 2 Gang der Darstellung

Die Arbeit gliedert sich in zwei Teile. Im ersten Kapitel wird die Prospektpflicht untersucht. Dabei wird zunächst die Rechtslage in Deutschland nach Einführung des AnSVG und Umsetzung der VerkaufsprospektRL dargestellt (§ 3). Hierbei beginnt die Untersuchung mit der Prospektpflicht im Allgemeinen und für bestimmte Anlageformen (A.). Es folgt dann die Darstellung des Pflichtinhalts des zu erstellenden Prospekts (B.). Anschließend wird die Prospektpflicht in Italien untersucht (§ 4). Auch hier wird untergliedert in die Prospektpflicht im Allgemeinen (A.) und die inhaltlichen Anforderungen an den Prospekt (B.) Daran schließt sich der umfassende Vergleich der beiden Rechtskonzepte an (§ 5).

Im zweiten Kapitel wird die Prospekthaftung untersucht. Hier beginnt die Darstellung wieder mit dem deutschen Recht (§ 6). Zunächst wird auf die Prospekthaftung nach dem VerkProspG eingegangen (A.). Dabei wird zwischen der Haftung für fehlerhafte und für fehlende Prospekte differenziert. Anschließend sollen andere, bürgerlich-rechtliche Anspruchsgrundlagen für die Haftung für Informationen aus dem Prospekt untersucht werden. Dabei soll erörtert werden, inwiefern diese noch neben den neuen gesetzlichen Anspruchsgrundlagen Anwendung finden und wie sich die Haftung je nach Anspruchsgrundlage ändert. Hierbei ist zuerst auf die bürgerlich-rechtliche Prospekthaftung einzugehen (B.), sodann auf andere zivilrechtliche Anspruchsgrundlagen (C.). Hiernach wird die rechtliche Situation in Italien untersucht (§ 7). Hierbei ist zunächst die neue spezialgesetzliche Prospekthaftung zu untersuchen (A.), sodann kurz die Situation vor der Gesetzesänderung darzustellen (B.), worauf sich die Ermittlung einer Prospekthaftung aus allgemeinem Zivilrecht anschließt (C.) Letztlich müssen die Unterschiede in beiden Ländern rechtsvergleichend gegenüber gestellt werden (§ 8). Dabei sind sowohl die Differenzen wie auch die Parallelen in der spezialgesetzlichen wie auch in der allgemein zivilrechtlichen Haftung zu erörtern.

1. Kapitel: Prospektpflicht

Voraussetzung für die genügende Information des Kapitalmarktes und Anknüpfung für die Haftung ist in erster Linie der Verkaufsprospekt. Dieser wird zumeist schon aus Werbezwecken freiwillig erstellt.[38] Daraus ist in Deutschland nach dem AnSVG eine Rechtspflicht geworden. In Italien ist ebenfalls eine generelle Prospektpflicht vorgesehen.

§ 3. Deutschland

Zunächst soll die Rechtslage in Deutschland untersucht werden, für die sich die Änderungen gem. dem AnSVG ergeben.

A. Anwendungsbereich der Prospektpflicht (§ 8f VerkProspG)

Die neu geschaffene Prospektpflicht gilt gem. § 8f VerkProspG für im Inland öffentlich angebotene Anteile, die eine Beteiligung am Ergebnis eines Unternehmens gewähren, für Anteile in Treuhandvermögen oder für sonstige geschlossene Fonds, wenn die Anteile nicht als Wertpapiere verbrieft sind.

I. Anwendungsbereich der Prospektpflicht nach Anlagegegenstand

Vor diesem Hintergrund muss daher untersucht werden, welche der auf dem Markt vorhandenen Anlageformen unter § 8f VerkProspG fallen.

1. Allgemeine Tatbestandsvoraussetzungen

Zunächst wird auf die in der Norm enthaltenen Tatbestandsvoraussetzungen eingegangen und der Versuch einer Definition unternommen.

a) Öffentlich angebotene Anteile mit Beteiligung am Ergebnis eines Unternehmens

Die erste Kategorie von unter § 8f VerkProspG fallenden Finanzprodukten sind die öffentlich, aber nicht als Wertpapier angebotenen Anteile, die eine Beteiligung am Ergebnis eines Unternehmens gewähren.

aa) Anteils- und Wertpapierbegriff

Es müssen Anteile sein, es darf sich aber nicht um Wertpapiere i.S.d. WpPG handeln. Anteil ist somit der Oberbegriff, Wertpapier eine Teilmenge davon. Der Begriff des Anteils muss im Sinne des Anlegerschutzes möglichst weit gewählt werden, zumal das Gesetz weitere Einschränkungen vorgibt. Als Anteil kann jeder Bruchteil eines einheitlichen Finanzproduktes, der auf mehrere Anleger verteilt wird, verstanden werden. Hingegen kann von einem Anteil nicht mehr gesprochen werden, wenn eine Vermögensanlage nur für einen Anleger

---

[38] *Spreizer* VuR 2004, 353; *Lenenbach* Rn. 9.24.

konzipiert wird, wie etwa der individuelle Kauf einer Immobilie. Die Rechtsform ist hierbei unerheblich.

Eine gesetzliche Definition des Wertpapiers findet sich in § 2 Nr. 1 WpPG. Danach sind Wertpapiere übertragbare Wertpapiere, die an einem Markt gehandelt werden können. Diese tautologische Definition setzt mithin den Begriff des Wertpapiers bereits voraus. Sie grenzt die Wertpapiere lediglich auf übertragbare und an einem Markt handelbare ein, vermag aber keine Definition des Wertpapierbegriffs an sich liefern. Diese Legaldefinition des § 2 Nr. 1 WpPG ergibt sich auch aus Art. 2 Abs. 1 lit. a) VerkaufsprospektRL, die dem WpPG zu Grunde liegt. Gem. § 8f Abs. 1 VerkProspG gilt für das VerkProspG derselbe Wertpapierbegriff wie im WpPG.

Im allgemeinen Verständnis wird bei Wertpapieren zwischen einem engen und einem weiten Begriff unterschieden.[39] Nach der weiten Definition sind Wertpapiere Urkunden, die ein Privatrecht in der Weise verbriefen, dass das Recht ohne die Urkunde nicht geltend gemacht werden kann.[40] Nach der engen Definition liegt ein Wertpapier nur vor, wenn zur Übertragung des Rechts das Papier übertragen werden muss.[41] Die beiden Ansätze unterscheiden sich bei Rekta- und qualifizierten Legitimationspapieren.[42] Die Streitfrage ist aber ohne praktische Bedeutung, da die Rektapapiere auch nach den Vertretern des engen Begriffs einen wertpapierähnlichen Charakter haben.[43] Das schweizerische Recht etwa definiert den Begriff der Wertpapiere so, dass Inhaber-, Namens-Orderpapiere und Wertrechte enthalten sind.[44] Eine solche Definition findet sich im deutschen Recht nicht.

Das WpPG und auch das VerkProspG regeln indes kein spezifisches Wertpapierrecht, das die die Entstehung, Ausübung oder Übertragung von Wertpapieren betrifft.[45] Der Wertpapierbegriff ist vielmehr Anknüpfungspunkt für weitere Regeln, die sich danach unterscheiden, ob ein Wertpapier vorliegt oder nicht.[46]

---

39 Überblick bei: *Baumbach*/Hefermehl/*Casper* WPR Rn. 15 ff.; MüKo/*Hüffer* Vor § 793 Rn. 6 ff.

40 *Saenger*, Wertpapiere, in: Tilch/Arloth; *Kümpel*/*Bruski* in: BHdb, § 104, Rn 37; MüKo/*Hüffer* Vor § 793 Rn. 6 ff.; PWW/*Buck-Heeb* § 793 Rn. 1; Palandt/*Sprau* Einf. v. § 793 Rn.1; Hk-BGB/*Schulze* § 793 Rn. 1; *Hueck*/*Canaris* S. 3 f.; Baumbach/Hefermehl/*Casper* WPR Rn. 18 ff.; vgl. auch Art. 965 schweizerisches Obligationenrecht.

41 *Ulmer* S. 16 ff., *Raiser* ZHR 101 (1935), 61; *Adler* GrünhutsZ 26 (1899), 19 ff.; vgl. auch Art. 967 schweizerisches Obligationenrecht.

42 Baumbach/Hefermehl/*Casper* WPR Rn. 15 f.; MüKo/*Hüffer* Vor § 793 Rn. 8.

43 *Ulmer* S. 20; MüKo/*Hüffer* vor § 793 Rn. 9.

44 Dazu *Zobl*/*Kramer* Rn.536 ff.

45 *Hüffer* S. 34.

46 *Hüffer* S. 34.

Einen für alle Vorschriften geltenden Wertpapierbegriff gibt es nicht.[47] Vielmehr ist dann, wenn ein Gesetz nur an den Begriff anknüpft, eine am Gesetzeszweck ausgerichtete Auslegung geboten.[48]

Das VerkProspG ist ein Teil des Kapitalmarktrechts. Es soll Mindestanforderungen an den Anlegerschutz festlegen. Es ist daher kurz auf den Wertpapierbegriff des sonstigen Kapitalmarktrechts einzugehen. Hier besteht i.d.R. ein engerer Begriff. Der Gesetzgeber verwendet das Wort „Wertpapier" in diesem Bereich u.a. in § 1 Abs. 11 KWG, § 2 WpHG, und § 1 Abs. 1 DepotG. Hiernach muss der Titel unter eine der aufgezählten Varianten fallen und an einem Markt handelbar sein. Unter Markt ist jeder, auch ungeregelte Markt zu verstehen.[49] Entscheidend ist ferner die Möglichkeit eines freien Handels, es muss also mehr als eine Rückkaufsmöglichkeit durch den Emittenten vorliegen. Erfasst sind alle der Kapitalanlage dienende, (i.S.v. § 91 BGB) vertretbare Papiere, mit Ausnahme der Rektapiere und Legitmationspapiere, zu welchen auch GmbH- und Kommanditanteile gehören.[50] Nach § 1 Abs. 11 S. 2 Nr. 1 KWG u. § 2 Abs. 1 Nr. 2 WpHG sind zwar Anteile an Personengesellschaften als Wertpapier möglich, sie müssen aber Aktien vergleichbar und frei handelbar sein. Dies ist bei geschlossenen Fonds gerade nicht der Fall.[51] Anteile an geschlossenen Fonds zählen auch nicht zu den Wertpapieren vergleichbaren Papieren gem. § 1 Abs. 11 KWG.[52] Die in § 2 Nr. 1 WpPG enthaltene Handelbarkeit ist auch in den genannten Normen des KWG und WpHG enthalten. An ihr fehlt es, wenn das Papier nur durch schriftliche Abtretung der in ihm enthalten Rechte übertragen werden kann.[53] Deshalb kommt ein Rektapapier zwar nach § 2 Abs. 1 Nr. 1 WpHG grundsätzlich als Wertpapier in Betracht, es fehlt aber an der Fungibilität.[54] In § 1 Abs. 1 DepotG ist, wie im WpHG und KWG, eine Aufzählung Teil der gesetzlichen Definition. Ausgehend vom allgemeinen Wertpapierbegriff fallen nur diejenigen Wertpapiere unter die Definition, die hier aufgezählt werden.[55] Zu der Aufzählung gehört auch eine Auffangklausel, nach der alle ande-

---

47 MüKo/*Hüffer* vor § 793 Rn. 4; Baumbach/Hefermehl/*Casper* WPR Rn. 14.

48 MüKo/*Hüffer* vor § 793 Rn. 9; *Schäfer* ZIP 1991, 1557 (1558); im Ergebnis auch: Schwark/*Beck* § 2 WpHG Rn. 3.

49 Boos/Fischer/Schulte-Mattler/*Schäfer* § 1 Rn. 219; Schwark/*Beck* § 2 WpHG Rn. 4.

50 *Beck/Samm* § 1 Rn. 370 f.

51 *Voß* BKR 2007, 45 (47 ff.); Arndt/Voß/*Arndt/Bruchwitz* § 8f VerkProspG Rn. 46; kritisch Boos/Fischer/Schulte-Mattler/*Schäfer* § 1 Rn. 218a; *Volhard/Wilkens* DB 2006, 2051 (2054).

52 *Beck/Samm* § 1 Rn. 375.

53 Schwark/*Beck* § 2 WpHG Rn. 4.

54 Schwark/*Beck* § 2 WpHG Rn. 6.

55 *Heinsius/Horn/Than* § 1 Rn. 4.

ren vertretbaren Wertpapiere erfasst werden. Darunter fallen keine treuhänderisch gehaltenen KG-Anteilsscheine, da diese nur Beweispapiere sind.[56]

Es ist aber fraglich, ob dieser kapitalmarktrechtliche Wertpapierbegriff bzw. Effektenbegriff auch für das VerkProspG bzw. für das WpPG gelten kann.[57] Ziel des Gesetzes ist der größtmögliche Anlegerschutz. Dies kann nur durch eine möglichst weite, den Zielen des Gesetzgebers entsprechende Definition erreicht werden. Der Gesetzgeber sieht GmbH- oder KG-Anteilsscheine nicht als Wertpapiere an, denn diese sollen unter § 8f VerkProspG fallen.[58] Im WpHG würden sie zwar unter den Wertpapierbegriff fallen, nicht aber unter den der Handelbarkeit.[59]

Es muss daher eine gesetzesspezifische Definition gefunden werden. Ausgangspunkt ist auch bei dieser Begriffsbildung der allgemeine Wertpapierbegriff, der dann entsprechend eingeengt wird.[60] Da das WpPG und auch das VerkProspG den Anlegerschutz bezwecken, könnte Voraussetzung sein, dass das Papier einem Kapitalanlagezweck dient.[61] Schecks oder Wechsel wären damit keine Wertpapiere in diesem Sinne und damit nicht prospektpflichtig. Die Frage kann allerdings dahinstehen, da dieses Ergebnis auch durch die weiteren Voraussetzungen im WpPG erreicht wird.[62]

Weitere Voraussetzung könnte eine gewisse Handelbarkeit sein. Nach § 2 Nr. 1 WpPG muss das Papier übertragbar und handelbar sein. Dabei ist fraglich, ob die Nennung der Voraussetzung der Übertragbarkeit gegenüber der Handelbarkeit eigenständige Bedeutung haben kann. Wenn ein Papier nicht übertragbar ist, ist eine Handelbarkeit schlichtweg nicht möglich. Entscheidend ist also die Frage, was unter Handelbarkeit zu verstehen ist. Diese Voraussetzung wurde bereits zum Wertpapierbegriff des VerkProspG a.F. gefordert.[63] Hierbei ist unter den Begriffen „vertretbar", „kapitalmarktfähig", „fungibel" und „umlauffähig" eben nicht dasselbe zu verstehen, sondern die Fungibilität und die Umlauffähigkeit ergeben die Handelbarkeit.[64]

---

56 *Heinsius/Horn/Than* § 1 Rn. 19.

57 Dafür lediglich Assmann/Lenz/*Ritz* § 1 VerkProspG Rn 11 ff., allerdings zur Rechtslage vor dem AnSVG.

58 RegE, BT-Drs. 15/3174, S. 42.

59 Schwark/*Beck* § 2 WpHG Rn. 6; *Groß* § 2 WpPG Rn. 3.

60 *Hüffer* S. 33 ff.; Schäfer/*Hamann* § 1 VerkProspG Rn 4; *Schäfer* ZIP 1991, 1557 (1558); *Carl/Machunsky* S. 33; *Meyding* DB 1993, 419.

61 So *Hüffer* S. 37; *Carl/Machunsky* S. 33.; Schäfer/*Hamann* § 1 VerkProspG Rn 4.

62 *Schäfer* ZIP 1991, 1557 (1558 f.); anders: Schwark/*Heidelbach* § 1 VerkProspG Rn. 3.

63 Schwark/*Heidelbach* § 1 VerkProspG Rn. 3; Schäfer/*Hamann* § 1 VerkProspG Rn 2 ff.; *Carl/Machunsky* S. 33; Assmann/Lenz/*Ritz* § 1 VerkProspG Rn 12 ff.

64 *Kümpel* Rn. 9.88 ff., 9.100ff., 9.110 ff.; Assmann/Lenz/*Ritz* § 1 VerkProspG Rn 13.

Voraussetzung für die Fungibilität ist, dass die Papiere gleichartig ausgestaltet sind, d.h. dass sie nur nach Art und Zahl bestimmt werden; der Inhalt jedes Papiers ist gleich.[65] Daher sind die Papiere als vertretbare Sachen anzusehen.[66] Fungibel sind daher nur Inhaber- und Orderpapiere, grundsätzlich aber nicht Rektapapiere oder qualifizierte Legitimationspapiere.[67] Die Umlauffähigkeit ist gegeben, wenn das Papier gutgläubig erworben werden kann, ein Nachweis der Verfügungsberechtigung nicht erforderlich ist und Einwendungen des Schuldners weitgehend ausgeschlossen sind.[68] Die Umlauffähigkeit wird durch die Verbriefung erhöht; allerdings ist diese keine Voraussetzung.[69] Die Handelbarkeit muss an einem Markt gegeben sein. Anders als in § 2 WpHG verwendet der Gesetzgeber in § 2 Nr. 1 WpPG diesen Begriff zwar nicht. Da aber einerseits ein Handel nur in einem Markt stattfinden kann und andererseits ein Markt i.S.d. WpHG jeder, auch der ungeregelte Markt sein kann, ist diese Definition auch für das Erfordernis der Handelbarkeit gem. § 2 Nr. 1 WpPG und somit auch für das VerkProspG brauchbar.

Für einige der auf dem Grauen Kapitalmarkt befindlichen Produkte entwickelt sich ein Zweitmarkt.[70] An der Nichteinordnung solcher Vermögensanlagen als Wertpapiere ändert dies allerdings nichts. Zwar ist die Verbriefung keine Voraussetzung für eine Handelbarkeit, doch mangelt es an den übrigen Voraussetzungen für eine freie Handelbarkeit.[71] Letztlich wird am Zweitmarkt nur zwischen veräußerungswilligen und erwerbsinteressierten Anlegern vermittelt, denn der Erwerber muss nach erfolgter Vermittlung in die Verträge des Veräußerers eintreten, wie z.B. i.d.R. in den Treuhandvertrag. Von einem bloßen Erwerbsakt, der mit dem Erwerb von Aktien beispielsweise vergleichbar ist, kann dabei nicht gesprochen werden. Zudem sind die Anteile der veräußernden Anleger nur komplett in der jeweiligen Beteiligungshöhe übertragbar, die jedoch bei jedem Anleger anders sein kann. Daher sind diese Anteile nicht nur nach Art und Zahl ausgestattet und somit nicht fungibel i.S.d. hier gefundenen Wertpapierbegriffs.

---

65 *Kümpel* Rn. 9.100 f.; *Kümpel/Bruski* in: BHdb, § 104, Rn 38; Assmann/Lenz/*Ritz* § 1 VerkProspG Rn 14; Assmann/Schütze/*Roth* § 10 Rn. 16; Arndt/Voß/*Arndt/Bruchwitz* § 8f VerkProspG Rn. 43.

66 *Kümpel* Rn. 9.101; *Kümpel/Bruski* in: BHdb, § 104, Rn 39; Assmann/Schütze/*Roth* § 10 Rn. 16; zweifelnd *Hüffer* S. 39.

67 Assmann/Schütze/*Roth* § 10 Rn. 16.

68 Assmann/Lenz/*Ritz* § 11 Rn. 5; Arndt/Voß/*Arndt/Bruchwitz* § 8f VerkProspG Rn. 43.

69 Assmann/Lenz/*Ritz* § 11 Rn. 5; *Kümpel* Rn. 9.108 ff.

70 Vgl. insbesondere die Deutsche Fondsbörse Hamburg, http://www.fondsbörse.de (zuletzt besucht am 02.10.2008), dazu: *Richter* Bank 10/2005, 20; Loipfinger/*Hülk* Kapitel 1 S. 28; zu sonstigen Zweitmärkten vgl. a. NI 3/2006 S. 46; NI 2/2008 S. 30; Bartlsperger/Boutonnet u.a. S. 132.

71 Arndt/Voß/*Arndt/Bruchwitz* § 8f VerkProspG Rn. 44 f.

Zusammenfassend ist also ein Anteil i.S.d. § 8f Abs. 1 VerkProspG ein Bruchteil eines Finanzproduktes, das auf mehrere Anleger verteilt ist und kein Wertpapier gem. § 2 Abs. 1 WpPG ist. Wertpapier i.S.d. § 2 Nr. 1 WpPG ist ein Wertpapier nach der allgemeinen Definition, also ein Papier, das ein Recht derart verbrieft, dass das Recht nicht ohne das Papier ausgeübt werden kann. Dieser weite Begriff wird dadurch eingeschränkt, dass das Papier handelbar sein muss: Es muss fungibel und umlauffähig sein.

bb) Beteiligung am Ergebnis eines Unternehmens

Der Anteil i.S.d. § 8f Abs. 1 S. 1, 1. Var. VerkProspG muss des Weiteren die Beteiligung am Ergebnis eines Unternehmens darstellen. Zu klären wäre zunächst der Begriff des Unternehmens. Ebenso wie der Begriff des Wertpapiers ist dieser Begriff nicht einheitlich gesetzlich definiert. So findet sich der Begriff etwa im Handels-, Konzern-, Steuer-, Wettbewerbs- und Arbeitsrecht.[72] Letzteres ist hier nicht von Belang. Im Handelsrecht ist, anknüpfend an Begriffe von *v. Gierke*[73] und *Raisch*[74], unter dem Begriff eine organisatorische Einheit sachlicher und personeller Mittel zur Erreichung eines wirtschaftlichen Zwecks am Markt zu verstehen.[75] Im konzernrechtlichen Sinne ist Unternehmen jeder Aktionär, der eine wirtschaftliche Interessensbildung außerhalb der Gesellschaft hat, die stark genug ist, um die ernste Besorgnis zu begründen, der Aktionär könne seinen Einfluss zum Nachteil der Gesellschaft ausüben.[76] Im Steuerrecht wird unter Unternehmen gem. § 2 Abs. 1 S. 1 UStG die gewerbliche oder berufliche Tätigkeit des Unternehmers, der im vorhergehenden Satz definiert wird, verstanden; hieran wird die Umsatzsteuerpflicht angeknüpft.[77] Im Wettbewerbsrecht schließlich wird unter dem Unternehmensbegriff jede selbstständige geschäftliche, nicht auf die Deckung des privaten Lebensbedarfs zielende Tätigkeit bei Erzeugung und Austausch von Waren verstanden.[78]

---

72 Vgl. *Tilch/Arloth*, mit verschiedenen Stichworten zu „Unternehmen“; *Wagner* S. 2 f.; *Schmidt* HR § 4 I 1.

73 *v. Gierke* ZHR 111 (1948), 1 (6 ff.); zusammenfassend Staub/*Hüffer* vor § 22 Rn. 2: „Unternehmen ist die durch die Tätigkeit geschaffene Wirtschaftseinheit, bestehend aus dem in der Geschäftsorganisation und in den -chancen beruhenden objektiven Niederschlag dieser Tätigkeit (Tätigkeitsbereich) mit den ihm (regelmäßig) ein- und angegliederten Sachen und Rechten, einschließlich der zu ihm gehörenden Schulden.“

74 *Raisch* S. 181 ff.

75 *Hübner* HR Rn. 234; Tilch/Arloth/*Saenger*, „Unternehmen im Handelsrecht“; *Schmidt* HR, S. 63 ff; Staub/*Hüffer* vor § 22 Rn. 6; *Wagner* S. 2; MüKo-HGB/*Lieb* Anh. § 25 Rn. 3.

76 KK-AktG/*Koppensteiner* § 15 Rn. 20; *Wagner* S. 3.

77 Vgl. Tilch/Arloth/*Schlenker*, „Unternehmen (Steuerrecht)“.

78 L/M/R/*Nordemann*, Kartellrecht, Bd. 2, § 1 Rn. 19.

Aus der Vielfalt der Definitionen wird deutlich, dass es einen einheitlichen, für alle Rechtsgebiete geltenden Unternehmensbegriff nicht geben kann, sondern dass vielmehr die jeweiligen Besonderheiten und Zielsetzungen des Gesetzgebers bei der Verwendung des Begriffs im Vordergrund stehen. So stehen im Handelsrecht insbesondere der Unternehmenskauf im Vordergrund, im Konzernrecht der Schutz der Gesellschaft und der übrigen Gesellschafter, im Steuerrecht wird ein Anknüpfungspunkt für die Steuererhebung geschaffen und im Wettbewerbsrecht geht es um die Kartellbildung. Es kann daher nicht auf eine der bereits vorhandenen Definitionen zurückgegriffen werden, sondern für § 8f VerkProspG muss eine eigenständige, dem gesetzgeberischen Ziel entsprechende Definition gebildet werden, mit anderen Worten: Es muss eine teleologische Gesetzesauslegung erfolgen. Hierbei mögen die aufgezählten Definitionen aus anderen Rechtsgebieten Anhaltspunkte bieten.

Ziel des Gesetzes ist der Anlegerschutz. In dessen Interesse liegt es, wenn neben den Prospektpflichten für Wertpapiere des WpPG die typischen Anlageformen des Grauen Kapitalmarktes möglichst umfassend enthalten sind.

Der Gesetzgeber zielte mit dem Begriff auf nachfolgende Anlagearten: „Unternehmensbeteiligungen an Personenhandelsgesellschaften, GmbH-Anteile, Anteile an BGB-Gesellschaften, Genossenschaftsanteile sowie stille Beteiligungen an den genannten Gesellschaften oder an bestimmten Vermögensmassen solcher Gesellschaften und auch Beteiligungen an ausländischen Unternehmen anderer Rechtsformen.“[79] Mit der weit gefassten Begriffswahl „Beteiligung am Ergebnis eines Unternehmens“ wird in diesem Zusammenhang deutlich, dass hierunter jedwede Beteiligung an einem Wirtschaftssubjekt, das irgendeine Gesellschaft bildet, fallen muss. Der Prototyp dieses Begriffes müsste die Aktionärsstellung sein. Auch der Aktionär hat durch seine Aktie ein Recht auf die möglichen Gewinnausschüttungen der Aktiengesellschaft, und er nimmt auch an den Kursverlusten teil. Insofern ist auch ein Aktionär am Ergebnis eines Unternehmens beteiligt. Für diesen Spezialfall ist zwar mit dem AktG, dem WpGH und dem WpPG bereits eine bestimmte Regelung getroffen worden. Fiele diese aber weg, so müsste, abgesehen vom Wertpapiererfordernis, auch hierfür das VerkProspG gelten. Die Formulierung des Gesetzgebers stellt daher einen Auffangtatbestand dar. Hierunter müssen alle Arten der Beteiligungen fallen. Daher ist für den Begriff des Unternehmens im VerkProspG eine bestimmte Gesellschaftsform unerheblich.

Wenn man die handelsrechtliche Definition betrachtet, ist es fraglich ist, ob es für den hier zu klärenden Unternehmensbegriff vonnöten ist, dass es sich um eine Verselbständigung von Sachen und / oder Mitteln handeln muss. Dann wären Fälle ausgenommen, in denen der gewinn- oder verlustbringende Vorgang

---

79 RegE AnSVG, BT-Drs. 15/3174, S. 42.

von einer Person abhängig ist.[80] Das kann nicht im Sinne des Anlegerschutzes sein, gleichwohl legt die Aufzählung im RegE nahe, dass der Gesetzgeber nur an Gesellschaften anknüpfen wollte. Es könnte allerdings dem Gesetzeszweck förderlicher sein, ähnlich wie im Kartellrecht auf die Tätigkeit abzustellen. Die Tätigkeit eines anderen, sei es Person oder Gesellschaft, kann Gewinne oder Verluste bringen. An diesem Ergebnis kann der Anleger sich beteiligen. Der Begriff wäre besser mit Unternehmung als mit Unternehmen umschrieben gewesen. Aus der anderslautenden Wortwahl kann jedoch nicht geschlossen werden, dass der Gesetzgeber es auf eine Verselbstständigung von Sachen oder Mitteln ankommen lassen wollte. Zu beachten ist in diesem Zusammenhang lediglich, dass es sich auch in diesem Falle um einen Fonds handeln muss.

Weiterhin stellt sich die Frage, ob es für den Unternehmensbegriff erforderlich ist, dass dieses den Zweck der wirtschaftlichen Betätigung hat. Dabei bedeutet Zweck gerade die gewollte Zielrichtung. Auf dem Grauen Kapitalmarkt finden sich jedoch genügend Anbieter, die in unseriöser Weise wertlose Beteiligungen vermarkten. Sofern das Unternehmen, dessen Beteiligungen vermittelt werden, nur zum Schein besteht, kann es an einem wirtschaftlichen Zweck aber eventuell fehlen. Um solche betrügerischen Angebote wenigstens mittels des Prospekts beurteilen zu können, ist es erforderlich, dass auch diese erfasst werden. Auf eine wirtschaftliche Zielsetzung kann es mithin nicht ankommen.

Eine ähnliche Definition kann dem weiten steuerrechtlichen Begriff entnommen werden. Er umfasst gem. § 2 Abs. 1 S. 3 UStG jede nachhaltige Tätigkeit zur Einnahmenerzielung, auch wenn die Gewinnerzielungsabsicht fehlt. Er ist auf Grund der Weite dieses Begriffes eher geeignet, einen verkaufsprospektrechtlichen Unternehmensbegriff zu umreißen. Jedoch kommt es beim prospektrechtlichen Unternehmensbegriff auf die tatsächliche wirtschaftliche Zweckrichtung nicht an (s.o.). Es kann daher auch nicht darauf ankommen, ob die Tätigkeit tatsächlich zur Gewinnerzielung ausgeübt wird. Dem Anleger wird vorgegeben, er finanziere eine Tätigkeit, die Gewinne abzuwerfen vermag. Ob diese Tätigkeit allerdings überhaupt nachhaltig mit der Absicht betrieben werden kann, Einnahmen zu erzielen, kann nicht maßgeblich sein. Es ist jedoch erforderlich, dass es jedenfalls so scheint, als sei das möglich und gewollt. Eine erste Umgrenzung ist daher, dass Unternehmen eine Tätigkeit ist, die jedenfalls nach außen den Anschein erweckt, es solle mit ihr ein Gewinn erzielt werden, unabhängig davon, ob der diese Tätigkeit Ausübende diese Absicht hat oder ob die Tätigkeit hierzu überhaupt geeignet ist.

Schließlich ist zu klären, ob es sich um eine irgendwie öffentlich gestaltete Tätigkeit und nicht lediglich um eine private handeln muss. Die Organisationsform ist, wie bereits festgestellt, unerheblich, ebenso ihre tatsächliche geschäftliche Ausrichtung. Lediglich privates Handeln steht hingegen außerhalb des

---

[80] Vgl. etwa BGH WM 1987, 581.

Wortlauts, da Unternehmen nach dem reinen Wortlaut zumindest eine irgendwie geartete geschäftliche Betätigung erfordert. Erforderlich ist daher, dass die Tätigkeit nach außen in Erscheinung tritt. Dies kann nur in der Teilnahme an einem Markt zu sehen sein. Um Scheinunternehmen auch insoweit einzubeziehen, kommt es auf die tatsächliche Marktteilnahme indes nicht an, es reicht die für den Anleger scheinbare.

Die Weite dieses Verständnisses könnte lediglich dadurch einzuschränken sein, dass es sich nur um solche Unternehmen handelt, die einer Kapitalbeteiligung seitens der Anleger zumindest scheinbar zugänglich sind. Jedoch ergibt sich der Anlagecharakter der Unternehmensbeteiligung bereits daraus, dass es sich gem. § 8f Abs. 1 S. 1 VerkProspG um ein öffentliches Angebot handeln muss und gem. Abs. 2 Nr. 3 der Norm mehr als zwanzig Anteile mit einem Mindestvolumen von 200.000 Euro platziert werden müssen. Eine weitere Einschränkung ist daher nicht nötig.

Es bleibt daher festzuhalten, dass Unternehmen jede Tätigkeit ist, die mindestens dem Anschein nach Gewinn einbringen kann und die mit jedenfalls scheinbarer Absicht dazu an einem vorgeblichen oder echten Markt ausgeführt wird. Auf die Rechts- oder Organisationsform kommt es dabei nicht an, ebenso wenig wie darauf, ob die Gewinne tatsächlich gezogen werden können, ob dies beabsichtigt ist oder ob es überhaupt einen entsprechenden Markt gibt.

Unter Beteiligung am Ergebnis ist die finanzielle Abhängigkeit des Anlagebetrages bzw. der Wert der eingebrachten Summe vom Gewinn oder Verlust des Unternehmens zu verstehen. Dabei ist es unerheblich, ob die Beteiligung sich auf Gewinn oder Verlust beschränkt, oder ob eine Beteiligung in beiden Fällen – was die marktübliche Gestaltung wäre – vorgesehen ist.

cc) Öffentliches Angebot

Der Anteil i.S.d. § 8f Abs. 1 S. 1, 1. Var. VerkProspG muss zudem öffentlich im Inland angeboten werden. Zunächst ist der Begriff des Angebots (1) und sodann derjenige der Öffentlichkeit (2) zu klären.

(1) Angebot

Diese Voraussetzung befand sich bereits zuvor in § 1 VerkProspG a.F. Mit dem Prospektrichtlinie-Umsetzungsgesetz vom 22. Juni 2005[81] findet sich nunmehr eine – bereits in der Richtlinie enthaltene – Definition für das öffentliche Angebot in § 2 Nr. 4 WpPG. Fraglich ist, ob diese Definition auch für das VerkProspG heranzuziehen ist.

Vor der Umsetzung der VerkaufsprospektRL enthielt § 8f VerkProspG a.F. einen Verweis auf § 1 VerkProspG a.F. für den Wertpapierbegriff; nunmehr geht der Verweis auf das WpPG. Dieser Verweis legt nahe, dass auch für den

---

[81] BGBl. 2005 I, 1698.

Begriff des öffentlichen Angebots auf das WpPG zurückzugreifen ist. Jedoch wird auf diesen gerade nicht verwiesen, sondern nur auf den Begriff des Wertpapiers. In der Begründung zum AnSVG wird ausdrücklich auf die gleiche Begriffsbestimmung hinsichtlich des öffentlichen Angebots in § 1 VerkProspG a.F. und § 8f des Gesetzes hingewiesen.[82]

Gem. § 2 Nr. 4 WpPG ist ein öffentliches Angebot eine Mitteilung an das Publikum in jedweder Form und auf jedwede Art und Weise, die ausreichende Informationen über die Angebotsbedingungen und die anzubietenden Wertpapiere enthält, um einen Anleger in die Lage zu versetzen, über den Kauf oder die Zeichnung dieser Wertpapiere zu entscheiden. An dieser Definition ist erkennbar, warum im aktuellen VerkProspG kein Verweis hierauf erfolgt ist: Bei den Anlageformen des § 8f VerkProspG handelt es sich eben nicht um Wertpapiere. Fraglich ist damit, ob es der Wille des Gesetzgebers war, für den in § 8f Abs. 1 S. 1 VerkProspG erhalten gebliebenen Begriff des öffentlichen Angebotes die zu diesem in § 1 VerkProspG a.F. nicht weiter bestimmten Begriff gefundene Auslegung zu erhalten. Statt dessen könnte darauf abzustellen sein, dass stets ein Gleichklang zwischen Wertpapierverkaufsprospekten und Verkaufsprospekten für nicht in Wertpapieren verbriefte Anteile bestehen solle und somit die Bestimmung des § 2 Nr. 4 WpPG entsprechend heranzuziehen ist.

Diese Frage stellt sich allerdings nur, wenn die Begriffsbestimmung im WpPG anders ist, als die, die zum legal unbestimmten Begriff im VerkProspG vertreten wurde. Die Legaldefinition beschreibt den Begriff des Angebots; was den Begriff der Öffentlichkeit betrifft, so beschränkt es sich auf die Umschreibung mit Publikum. Dieses bietet keinen weiteren Anhaltspunkt, so dass für den Begriff der Öffentlichkeit in § 8f VerkProspG und wohl auch im WpPG auf die vorhergehende Literatur zurückzugreifen ist.

Hinsichtlich der Umschreibung des Angebotes geht die Legaldefinition dahin, dass eine entsprechende Mitteilung nur dann ein Angebot darstellt, wenn es vollständig ist. Zum VerkProspG a.F. wurde dasselbe vertreten.[83] Es kam darauf an, dass durch das Angebot eine konkrete Möglichkeit zum Kauf der Papiere bestand.[84] War das Anbieten nicht in dieser Weise konkret genug, so lag nur eine Werbung vor, die kein Angebot darstellt.

Zudem reichte beim öffentlichen Angebot gem. VerkProspG a.F. auch eine *invitatio ad offerendum*, d.h. die Aufforderung zur Abgabe von Angeboten.[85]

---

[82] RegE AnSVG, BT-Drs. 15/3174, S. 42.

[83] Schwark/*Heidelbach* § 1 VerkProspG Rn. 8.

[84] Arndt/Voß/*Arndt/Bruchwitz* § 8f VerkProspG Rn. 12; Assmann/Lenz/*Ritz* § 1 VerkProspG Rn. 26; *Groß*² § 1 VerkProspG Rn. 18; Schäfer/*Hamann* § 1 VerkProspG Rn. 6; zweite Bekanntmachung des BAWe, BAnz vom 21.09.1999, 16180; ebenso die erste Bekanntmachung BAnz vom 30.04.1996, 5069.

[85] Schwark/*Heidelbach* § 1 VerkProspG Rn. 8; *Groß* § 8f-k VerkProspG Rn. 4, § 2 WpPG

Dies soll laut RegE zum AnSVG auch gelten.[86] Die Legaldefinition im WpPG spricht indes nur von Angebot, allerdings ist hier – ebensowenig wie im § 1 VerkProspG a.F. und § 8f VerkProspG – ein Angebot i.S.v. § 145 BGB gemeint, sondern es kann auch eine *invitatio ad offerendum* darunter fallen. Der Wortlaut des § 2 Nr. 4 WpPG, der vom Kauf oder der Zeichnung durch den Anleger spricht, lässt diese Interpretation ausdrücklich zu, denn angesichts der Möglichkeiten der Überzeichnung oder beim Wunsch, einzelne Anlagebereiten Personen nicht zuzulassen[87] kann die Zeichnung erst das Angebot i.S.v. § 145 BGB sein.[88] Folglich sind sowohl der für das VerkProspG althergebrachte, wie auch der neu im WpPG enthaltene Angebotsbegriff insoweit identisch. Die Beschreibung des Tatbestandes des Angebots ist inhaltsgleich mit dem zu § 1 VerkProspG vertretenen Begriff.

(2) Öffentlichkeit des Angebots

Eine Legaldefinition des Begriffs der Öffentlichkeit gibt es nicht. Das Merkmal der Öffentlichkeit ist laut der Begründung zum RegE des AnSVG[89] dann gegeben, wenn sich das Angebot an einen unbestimmten Personenkreis richtet. Hinsichtlich der Unbestimmtheit wurden bereits zur früheren Begriff verschiedene Ansichten vertreten. Bestimmt ist der Personenkreis dann, wenn eben nicht jedermann, sondern nur recht kleine[90], bestimmte[91] oder bestimmbare Gruppen[92] von Anlegern, die eine persönliche Beziehung zum Emittenten haben, die Anteile kaufen können, oder wenn die Gruppe kein Schutzbedürfnis hat.[93]

In § 8f Abs. 2 VerkProspG sind einige Ausnahmen zur Prospektpflicht enthalten. Es ist zu untersuchen, ob diese nicht bereits die zuvor vertretenen Ansichten kodifizieren oder obsolet machen, oder ob auch für das öffentliche Angebot in § 8f Abs. 1 VerkProspG der Begriff der Öffentlichkeit zu klären wäre. Es ist nämlich zwischen der Begrenzung des Anwendungsbereichs durch die Auslegung der „Öffentlichkeit“ und der Begrenzung durch die Ausnahmetatbestände des § 8f Abs. 2 VerkProspG zu trennen. Soweit eine Ausnahmeregelung gem. Abs. 2 eingreift, können deren Merkmale nicht zur Beschreibung des Tatbestandes in Abs. 1 herangezogen werden.

Rn. 10; Assmann/Lenz/*Ritz* § 1 VerkProspG Rn. 25.

86 RegE AnSVG, BT-Drs. 15/3174, S. 42.

87 Schwark/*Heidelbach* § 1 VerkProspG Rn. 8.

88 Vgl. Habersack/Mülbert/Schlitt/*Meyer* § 30 Rn. 4.

89 RegE AnSVG, BT-Drs. 15/3174, S. 42.

90 *Hüffer* S. 22 ff., 27 u. 51.

91 *Kullmann / Müller-Deku* WM 1996, 1989 (1991 f); ähnlich *Schäfer* ZIP 1991, 1557 (1559 f.).

92 Vgl. Schwark/*Heidelbach* § 1 VerkProspG Rn. 17.

93 Assmann/Lenz/*Ritz* § 1 Rn. 46; Schäfer/*Hamann* § 1 VerkProspG Rn. 13.

Zunächst kommt eine quantitative Begrenzung in Betracht. Gem. § 8f Abs. 2 Nr. 3 VerkProspG entfällt die Prospektpflicht, wenn nicht mehr als zwanzig Anteile verkauft werden. Damit ist die Theorie der quantitativen Bestimmung der „Öffentlichkeit" vom Gesetzgeber aber nicht kodifiziert worden. Bereits in § 2 Nr. 2 VerkProspG a.F. ist von einem begrenzten Personenkreis die Rede. Hingegen ist nach dieser Theorie der Begriff der Öffentlichkeit derart zu verstehen, dass keine Öffentlichkeit gegeben ist, wenn der Personenkreis so eng ist, dass ein Informationsbedürfnis auf Grund der Nähe der persönlichen Beziehung nicht nötig ist.[94] Dagegen ist bei der Ausnahmeregelung im Falle des Verkaufs von weniger als zwanzig Anteilen zwar eine Vermutung dafür gegeben, dass der Emittent dem Anleger derartig persönlich nahe steht, dass ein Informationsfluss auch ohne Prospekt gegeben ist. Jedoch ist das nicht denknotwendig. Auch bei einer kleinen Gruppe kann ein Informationsbedürfnis gegeben sein. Die rein quantitative Begrenzung sollte nach dieser Ansicht erst bei § 2 Nr. 2 VerkProspG a.F. gelten.[95] Folglich kann diese Meinung auch auf § 8f VerkProspG übertragen werden.

Weiterhin könnte eine Begrenzung des Begriffs der Öffentlichkeit des Angebots durch das Merkmal der Bestimmbarkeit möglich sein. Dieses soll sich wie die Bestimmbarkeit in Abgrenzung zur Bestimmtheit im Sachenrecht definieren lassen.[96] Dies könnte durch das Merkmal der beruflich oder gewerblich handelnden Gruppe (§ 8f Abs. 2 Nr. 4 VerkProspG) gesetzlich erfasst werden. Aber allein dadurch ist keine Bestimmbarkeit gegeben. Dies wäre erst dann der Fall, wenn alle Mitglieder eines Berufsverbandes die Vermögensanlagen angeboten bekämen. Eine Bestimmbarkeit einer bestimmten Gruppe kann aber auch durch Mitgliedschaft in einer anderen, nicht notwendig beruflichen Gruppe gegeben sein. Es ist also auch diese Auslegung vor dem Hintergrund des AnSVG noch möglich.

Enger als die vorgenannte ist die Einschränkung durch das Merkmal der Bestimmtheit. Dies soll vorliegen, wenn die Personen dem Anbieter persönlich bekannt sind und gezielt angesprochen werden.[97] Negativ formuliert liegt eine Unbestimmtheit dann vor, wenn der Personenkreis nicht mehr individuell bestimmt ist.[98] Eine solche Einschränkung ist in keiner der Ausnahmetatbestände zu sehen, so dass auch diese Theorie übertragbar wäre.

---

94 *Hüffer* S.22 ff; 27 u. 51.

95 *Hüffer* S.22 ff; 27 u. 51.

96 Schwark/*Heidelbach* § 1 VerkProspG Rn. 8.

97 *Kullmann/Müller-Deku* WM 1996, 1989 (1991 f); *Manzei* WM 2006, 845 (846); ähnlich *Schäfer* ZIP 1991, 1557 (1559 f); *Assmann* NJW 1991, 528 (529, Fn. 23); Kümpel/Hammen/ Ekkenga/*Gebauer* Kennzahl 100 S. 13 f.; ähnlich *Carl/Machunsky* S. 24; Lüdicke/Arndt/ *Bruchwitz* S. 101 f.; *Lenenbach* Rn. 7.123; Weitnauer/*Weitnauer* B. Rn. 21; Habersack/Mülbert/Schlitt/*Zwissler*, Kapitalmarktinformation, § 6 Rn. 11.

98 *Hopt* Verantwortlichkeit Rn. 127; ähnlich *Buck-Heeb* § 17 Rn. 608.

Letztlich besteht die Möglichkeit, die Definition der Öffentlichkeit anhand des Schutzzwecks vorzunehmen. Wenn die Personengruppe in den Schutzbereich des Gesetzes fällt, dann ist auch ein öffentliches Angebot gegeben. In diese Kategorie fallen indes die Nrn. 3 und 4 des § 8f Abs. 2 VerkProspG. Denn wenn die emittierten Anlageformen nicht mehr als 100.000 Euro betragen oder der einzelne Anteil über 200.000 Euro liegt, ist entweder eine so kleine Emission gegeben, dass der Gesetzgeber die wirtschaftlichen Risiken für den Anleger für nicht derartig groß ansieht, dass es einer Prospektierung bedarf, oder es ist eine so große Emission gegeben, dass sich das Angebot realistischerweise nur an besonders wohlhabende oder institutionelle Anleger wenden kann, welche auf Grund ihres begrenzten Risikos oder dessen Kenntnis des Kapitalmarktes ebenfalls nicht schutzbedürftig sind. Für die institutionellen Anleger ergibt sich das auch aus Nr. 4, also bei beruflichen oder gewerblichen Anlegern, die für eigene oder fremde Rechnung handeln. Allerdings ist die Annahme, dass ein nichtöffentliches Angebot vorliegt, wenn kein Schutzbedürfnis besteht, ein offen formulierter Tatbestand und soll im Einzelfall zu gerechten Lösungen kommen.[99] Wenn die mangelnde Schutzbedürftigkeit auf diese beiden Fallgruppen beschränkt wäre, bestünde der Vorteil dieser Auslegung nicht mehr. Unter der Annahme aber, dass es weitere Fälle gibt, in denen kein Schutzbedürfnis besteht, ist auch diese Theorie nicht obsolet.

Es fragt sich daher, ob und welche der bereits zu § 1 VerkProspG a.F vertretenen Theorien für § 8f Abs. 1 VerkProspG gelten kann.

Eine rein quantitative Abgrenzung erscheint problematisch, denn auch bei kleinen Gruppen kann ein Informationsbedürfnis bestehen. Hinzu kommt, dass der Gesetzgeber einige absolute Zahlenwerte bereits vorgegeben hat. Wenn die in § 8f Abs. 2 Nr. 3 VerkProspG vorgegebene Grenze von zwanzig Anteilen unterschritten wird, ist keine Prospektpflicht mehr gegeben. Ob das in jedem Fall bedeutet, dass die Anleger bereits über alle relevanten Informationen verfügen, darf zwar bezweifelt, braucht aber nicht weiter problematisiert werden, denn der Wortlaut ist eindeutig. Insofern konkretisiert das VerkProspG die alte, in § 2 Nr. 2 VerkProspG a.F. enthaltene unbestimmte Beschreibung. Da die Nr. 3 des Abs. 2 aber eine Ausnahme ist, muss auch eine Anlage mit weniger als zwanzig Anteilen grundsätzlich als öffentliches Angebot definierbar sein.[100]

Durch die Orientierung am Schutzzweck können alle Fälle, die für die Gesetzesanwendung unerheblich sind, ausgesondert werden. Das ist der Vorteil dieser Ansicht, aber auch zugleich deren Nachteil. Unbestimmte Rechtsbegriffe sind zwar teleologisch auszulegen und haben daher auch den gesetzlichen Schutzbereich zu beachten. Jedoch sollte die Begriffsbestimmung dadurch nicht zu beliebig auslegbaren Ergebnissen führen. Wenn man die angebotenen Ver-

---

[99] Assmann/Lenz/*Ritz* § 1 Rn. 46.

[100] Vgl. *Hüffer* S.22 ff; 27 u. 51; *Kullmann/Müller-Deku* WM 1996, 1989 (1991 f.).

mögensanlagen danach unterscheidet, ob im Einzelfall der Schutzbereich des VerkprospG eröffnet sein soll, dann muss man das auch jeweils neu entscheiden. Dafür, welche Anlagen aber genau in den Schutzbereich fallen und welche nicht, gibt der Gesetzgeber jedoch keinen weiteren Anhaltspunkt. Es hinge daher jeweils von der Begründung des einzelnen Gesetzesanwenders ab, ob eine Prospektpflicht besteht oder nicht; bei Zweifelsfällen könnte man sich sowohl für oder gegen eine solche entscheiden. Diese Konzentration auf ein Wunschergebnis führt aber zu Rechtsunsicherheit. Dem kann daher nicht gefolgt werden.[101]

Ein Abstellen auf die Bestimmbarkeit der angesprochenen Gruppe, um ein öffentliches Angebot auszuschließen, begegnet allerdings ebenfalls erheblichen Bedenken. Das Bestimmtheitserfordernis im Sachenrecht dient dazu, diejenige Sache, auf die sich eine Verfügung bezieht, genau zu bestimmen, weil sich der Besitz nur hierauf beziehen kann.[102] Für die Abtretung künftiger Forderungen reicht hingegen die Bestimmbarkeit. Diese ist – bezogen auf die Prospektpflichten – gegeben, wenn der Gegenstand, in diesem Falle also der Kreis der Kunden, dem die Anlage angeboten wird, zwar nicht eindeutig umgrenzt ist, so dass jeder Dritte die Gruppe eindeutig erkennen kann, aber zumindest nach Hinzutreten weiterer Erkennungsmerkmale oder gewissen Ereignissen zu bestimmen ist. Auf die Bestimmbarkeit der Anlegergruppe angewendet, bedeutet dies, dass die anzusprechenden Kunden etwa diejenigen sind, die der Emittent persönlich kennt. Dieses persönliche Kennen kann aber auch dadurch geschehen, dass ein bestimmter Kunde nach späterem Anwerben erst bekannt wird. In diesem Fall wäre die Anlegergruppe noch nicht genau bestimmt, jedoch bereits bestimmbar. Diese Auslegung würde allerdings dazu führen, dass jedes Emittieren von Vermögensanlagen kein öffentliches Angebot mehr ist, da nach abgeschlossener Emission der Anlegerkreis feststeht und dieser mithin vorher auch bestimmbar war.

Richtiges Kriterium ist die Bestimmtheit. Die Anlegergruppe muss bereits bei Vorliegen des Angebots derart eingegrenzt sein, dass ohne weiteres erkennbar ist, wer dazugehört und wer nicht. Das Bestimmungskriterium muss sein, dass der Anleger den Emittenten persönlich kennt. Richtig ist an der Theorie der Orientierung am Schutzbedürfnis, dass der Schutzzweck eine gewisse Rolle spielen kann. Der Schutzzweck des AnSVG ist es, dass die angebotenen Vermögensanlagen möglichst umfassend der neuen Prospektpflicht unterworfen werden. Dem entspricht es aber, dass dabei möglichst wenig Unklarheiten bestehen dürfen. Der Schutz des Anlegers durch einen Prospekt ist der Schutz durch Information. Wenn der Anleger bereits auf anderem Wege informiert ist, dann ist der Schutz durch einen Prospekt möglicherweise überflüssig. Allerdings ist dabei auch zu

---

101 Vgl. Schwark/*Heidelbach* § 1 VerkProspG Rn. 8.

102 Staudinger/*Wiegand* § 929 Rn. 11; *Weber* § 4 Rn. 8.

beachten, dass die Ausnahme vom VerkProspG auch den Schadensersatzanspruch wegen fehlenden oder fehlerhaften Prospekts ausschließt. Der Anleger, der auf Grund seiner persönlichen Nähe zum Emittenten keinen Anspruch auf die Übergabe eines Prospekts hat, ist dann im Falle eines Schadens auf andere Anspruchsgrundlagen angewiesen. Auch aus diesem Grund ist die Begrenzung des Tatbestandes zu vermeiden. Aus der gesetzlichen Beschränkung in § 8f Abs. 2 Nr. 3 VerkProspG ergibt sich, dass Angebote an wenige Anleger bzw. mit kleinem Volumen oder andererseits diejenigen mit hohen finanziellen Einstiegshürden bereits ausgenommen sind. Gedacht wird hier anscheinend an Kleinunternehmen, an Beteiligungen im Freundes- oder Familienkreis einerseits, und an Beteiligungen für institutionelle Investoren andererseits. Es sind daher nur solche Angebote nicht öffentlich, die sich ausschließlich an Personen richten, die mit dem Emittenten bzw. dem Anbieter persönlich, sei es durch freundschaftliche, familiäre oder enge geschäftliche Beziehungen verbunden sind und die auf Grund dieser Beziehung über das Anlageprodukt ausreichend, d.h. in ähnlicher Weise wie durch einen Verkaufsprospekt informiert sind.[103] Dabei muss diese Gruppe vor Angebotserstellung fest bestimmt sein. In allen anderen Fällen ist es nicht gerechtfertigt, dem Anleger den Schutz des VerkProspG, nämlich die Information und zugleich die Haftungsgrundlage, zu versagen. Außerdem muss es in die Risikosphäre des Anbieters fallen, ob die mit ihm persönlich bekannte Gruppe durch seine Bekanntschaft bereits informiert ist. Wenn der Anbieter hierüber nicht sicher ist, muss er in der Praxis im Zweifel die Prospektpflicht erfüllen.

Die Art der Öffentlichkeit ist hingegen unerheblich. Das Angebot kann über jedes Medium an den potentiellen Anleger herangetragen werden, auch mittels Werbung.[104] Bei dieser kommt es darauf an, ob in der Aussage der Werbung die Aufforderung enthalten ist, ein Angebot abzugeben, d.h. die Werbung muss eine *invitatio ad offerendum* darstellen.[105] Dies wird bei Werbung in Tageszeitungen in der Praxis häufig in einem Hinweistext in kleiner Schriftgröße ausgeschlossen.

Ein Angebot ist zusammenfassend also öffentlich, wenn es sich an beliebige Personen richtet, es sei denn, jede Person, an die sich das Angebot richtet, ist dem Anbieter persönlich durch freundschaftliche oder enge geschäftliche Beziehung bekannt und durch diese Beziehung bereits ausreichend, d.h. in ähnlicher Weise wie durch einen Prospekt informiert. Damit wird deutlich, dass es für das VerkProspG eine eigenständige, aber dem WpPG angenäherte Definition des

---

103 ähnlich Arndt/Voß/*Arndt/Bruchwitz* § 8f VerkProspG Rn. 17, nach denen es aber bereits ausreichend ist, dass der Anleger eine einfache Möglichkeit hat, die Informationen zu erlangen.

104 RegE AnSVG, BT-Drs. 15/3174, S. 42.

105 Schwark/*Heidelbach* § 1 VerkProspG Rn. 9.

öffentlichen Angebots gibt. Dies beruht auf den Besonderheiten des Grauen Kapitalmarkts. Eine einheitliche Bestimmung des Begriffs kann es daher nicht geben.[106]

b) Anteil an Vermögen, das durch Emittent oder Dritten gehalten oder verwaltet wird

Die zweite und dritte Variante des § 8f VerkProspG ist der Vertrieb von Anteilen an Vermögen, das durch den Emittenten oder Dritte gehalten (zweite Variante) oder verwaltet (dritte Variante) wird. Gemäß dem hinter dieser Variante stehenden Klammerausdruck, der sowohl für die zweite als auch für die dritte Variante gilt, ist unter beidem ein Treuhandvermögen zu verstehen.

Der Begriff des Anteils ist derselbe wie in der ersten Variante.[107] Zudem muss die Wertpapiereigenschaft verneint werden[108] und ein öffentliches Angebot vorliegen[109]. Die übrigen Tatbestandsvoraussetzungen bedürfen einer Klärung.

Erfasst werden nur solche Anteile, die sich auf ein Vermögen beziehen. Im allgemeinen Rechtsverständnis (wirtschaftlicher Vermögensbegriff) ist ein Vermögen das Nettovermögen, d.h. die Differenz zwischen Aktiv- und Passivvermögen einer Person.[110] Je nach Gesetzeszweck kann unter Vermögen auch nur das Aktivvermögen zu verstehen sein.[111] Bei den Vermögensanlagen des Grauen Kapitalmarkts liegt eine Summe von Anlegergeldern vor, die an einem Markt oder in einem bestimmten Unternehmen eingesetzt werden. Legt man den Schwerpunkt auf die Anlagegelder, dann bezieht sich diese Sicht nur auf das Aktivvermögen. Das angelegte Geld wird allerdings zumeist im Rahmen einer Gesellschaft zum Gesellschaftsvermögen. Zu einem solchen gehören auch dessen Verbindlichkeiten. Beides wird von der Fondsgesellschaft verwaltet. Insofern kann eine Beschränkung auf das Aktivvermögen nicht gelten.

In § 8f VerkProspG ist der Vermögensbegriff jedoch einschränkend ausgestaltet: Das Vermögen muss von einer dritten Person im eigenen Namen für fremde Rechnung gehalten oder verwaltet werden, was gesetzgeberisch als Treuhandvermögen definiert wird. Treuhandvermögen ist ein Sondervermögen.[112] Das bedeutet, dass einer Person neben ihrem eigenen Vermögen noch

---

106 So aber gefordert von *Holzborn/Israel* WM 2004, 1948 (1956) und tendenziell auch *Spindler* NJW 2004, 3449 (3454).

107 S.o. unter a) aa) (S. 9).

108 S.o. unter a) aa) (S. 10).

109 S.o. unter a) cc) (S. 17).

110 *Larenz/Wolf* § 21 Rn. 12 ff.; vgl. a. *Hübner* AT Rn. 295; Soergel/*Marly* vor § 90 Rn. 10; *Enneccerus/Nipperdey* S. 840 ff.

111 Soergel/*Marly* vor § 90 Rn. 10.

112 *Larenz/Wolf* § 21 Rn. 38; vgl. im Detail dazu *Löhne* S.798 ff.

eine andere Vermögensmasse zusteht.[113] Das Treuhandvermögen steht dem Treuhänder als Rechtsinhaber zu; gegenüber den Treugebern ist er nur schuldrechtlich verpflichtet.[114] Dieses Prinzip nennt man Vollrechtstreuhand oder fiduziarische Treuhand.[115] Dabei ist der Treuhänder als Inhaber des Treuguts im Falle eines treuhänderisch gehaltenen Gesellschaftsanteils also Gesellschafter der Fondsgesellschaft.[116] Es dient der Vereinfachung.[117] Das ist auch der Inhalt des Ausdrucks „im eigenen Namen für fremde Rechnung". Halten bedeutet dabei nur, dass der Treuhänder das übertragene Treugut lediglich innehaben soll. Er darf es weder veräußern noch sonst darüber verfügen. Üblicherweise werden ihm jedoch zusätzlich gewisse Aufgaben, die vom Begriff des Haltens umfasst sind, übertragen. Bei der treuhänderischen Verwaltung von Gesellschaftsanteilen umfasst das etwa auch die (widerrufliche) Stimmrechtsausübung.[118] Verwalten ist demgegenüber als echte Verwaltungstreuhand[119] zu verstehen, das heißt der Treuhänder ist im Außenverhältnis auch zu Verfügungen über das Treugut berechtigt.

Darüber hinaus gibt es das Institut der Ermächtigungstreuhand. Bei dieser tritt der Treuhänder auch in eigenem Namen auf; seine Berechtigung zur Handlung gegenüber dem Treugeber ergibt sich aus § 185 BGB.[120] Auch die Ermächtigungstreuhand ist eine Verwaltungstreuhand, jedoch besteht kein Sondervermögen.[121] Nach dieser Konstruktion kann der Treuhänder zwar über Vermögensgegenstände des Treugebers verfügen, jedoch kann er diesen weder berechtigen noch verpflichten.[122] Es erscheint daher fraglich, ob dieses Institut für das Verwalten von Gesellschaftsanteilen geeignet ist, zumal der Treugeber Rechteinhaber bleibt, was durch die Treuhandkonstruktion ja typischerweise gerade verhindert werden soll.[123] Jedoch ist auch dieses Institut als Treuhand unter § 8f Abs. 1, 2. / 3. Var. VerkProspG definierbar.

[113] *Larenz/Wolf* § 21 Rn. 31; Soergel/*Marly* vor § 90 Rn. 12.

[114] *Larenz/Wolf* § 21 Rn. 38, § 46 Rn. 66; Staudinger/*Schilken* vor 164 Rn. 48; Soergel/*Leptien* vor § 164 Rn. 52; MüKo-HGB/*Schmidt* vor § 230 Rn. 35 f.; *Löhne* S. 115 ff.; Saenger/Aderhold/Lenkaitis/Speckmann/*Eickhoff* § 7 Rn. 241.

[115] MüKo/*Schramm* vor § 164 Rn. 33; *Singhof/Seiler/Schlitt* Rn. 495; *Larenz/Wolf* § 46 Rn. 66; Saenger/Aderhold/Lenkaitis/Speckmann/*Eickhoff* § 7 Rn. 241.

[116] KpK GesR/*Varachia* Kap. 9 Rn. 58; MüKo-HGB/*Schmidt* vor § 230 Rn. 36 f.

[117] *Blaurock* S. 66; *Krenzel* S. 20; *Singhof/Seiler/Schlitt* Rn. 497.

[118] Soergel/*Leptien* vor § 164 Rn. 59; *Lüdicke/Arndt* S. 19 ff.

[119] Dazu *Larenz/Wolf* § 46 Rn. 63; MüKo/*Schramm* vor § 164 Rn. 29 f.; MüKo-HGB/*Schmidt* vor § 230 Rn. 40.

[120] MüKo/*Schramm* vor § 164 Rn. 31; Soergel/*Leptien* vor § 164 Rn. 59; *Larenz/Wolf* § 46 Rn. 68; MüKo-HGB/*Schmidt* vor § 230 Rn. 35.

[121] *Larenz/Wolf* § 46 Rn. 68.

[122] MüKo/*Schramm* vor § 164 Rn. 38.

[123] *Lüdicke/Arndt* S. 19 ff., 22.

Anders verhält es sich mit der sogenannten Vollmachtstreuhand. Bei dieser ist der Treuhänder vollwertiger Stellvertreter nach § 164 ff. BGB.[124] Dieses Rechtsinstitut unterliegt dem Recht der Stellvertretung und ist daher keine Treuhand im eigentlichen Sinne.[125] Als solches ist es auch nicht von der zweiten bzw. dritten Variante des § 8f Abs. 1 VerkProspG erfasst.[126] Allerdings eignet sich diese auch für die Publikumsgesellschaft.[127] Da der Anleger dabei aber selbst Rechtsinhaber des Anteils ist, fällt eine solche Konstruktion i.d.R. unter Variante eins.

Der Treuhänder kann der Emittent oder ein Dritter sein. Der Emittent eines Finanzproduktes ist in seiner Funktion als Vertragspartner des Anlegers gerade kein Dritter. Jedoch übernimmt er durch das Halten des Treuguts eine neben der reinen Emission bestehende, davon unabhängige Aufgabe. Dies setzt ihn quasi einem Dritten gleich. Üblicherweise ist der Treuhänder eine eigens gegründete Treuhandgesellschaft,[128] die dem Emittenten nahe steht. Durch die gesetzliche Gleichstellung von Emittent und Drittem ist in jedem Fall gesichert, dass auch diese Fälle unter eine der beiden Varianten fallen.

Ausgehend vom wirtschaftlichen Vermögensbegriff ist also ein Treuhandvermögen i.S.d. VerkProspG eine Summe von Aktiva und Passiva, die von einem Treuhänder, der der Emittent oder ein Dritter sein kann, in eigenem Namen, aber für Rechnung des Anlegers gehalten oder verwaltet wird. Beim bloßen Halten hat der Treuhänder ein Verfügungsverbot, beim Verwalten sind ihm auch Verfügungen erlaubt.

c) Sonstige geschlossene Fonds

Als vierte Variante zählt der Gesetzgeber die sonstigen geschlossenen Fonds auf. Aus der Wahl des Begriffs „sonstige“ ergibt sich, dass nach dem Willen des Gesetzgebers hiermit ein Auffangtatbestand vorliegt und dass die vorher aufgezählten Varianten ebenfalls hierunter zu fassen sind.[129] Unter Fonds ist ein bestimmter Geldvorrat, ein bestimmtes Sondervermögen zur Finanzierung bestimmter Zwecke zu verstehen.[130] Ein Sondervermögen besteht etwa, wie bereits gezeigt wurde,[131] beim Treuhänder. Der Begriff des Fonds findet sich außer im

---

124 MüKo/*Schramm* vor § 164 Rn. 37; Soergel/*Leptien* vor § 164 Rn. 73; *Larenz/Wolf* § 46 Rn. 65; MüKo-HGB/*Schmidt* vor § 230 Rn. 35; *Singhof/Seiler/Schlitt* Rn. 494.

125 Soergel/*Leptien* vor § 164 Rn. 73.

126 Arndt/Voß/*Arndt/Bruchwitz* § 8f VerkProspG Rn. 34.

127 MüKo-HGB/*Schmidt* vor § 230 Rn. 35.

128 *Lüdicke/Arndt* S. 19; *Grundmann* S.490 f.; Baumbach/*Hopt* Anh. § 177a Rn. 52; *Schmidt* GR S. 1669.

129 A.A. Arndt/Voß/*Arndt/Bruchwitz* § 8f VerkProspG Rn. 27.

130 Tilch/Arloth/*Schlenker* „Fonds“; *Creifelds* „Fonds“.

131 S.o. § 3 A. 1. b) (S. 24).

VerkProspG noch in § 2 InvG. Hier findet sich eine für Investmentfonds geltende gesetzliche Definition des Begriffs. Nach dem ersten Absatz sind solche Investmentfonds Publikums-Sondervermögen, wenn sie von einer Kapitalanlagegesellschaft nach bestimmten Grundsätzen verwaltet werden. Um solche Fonds handelt es sich hier gerade nicht. Es mag aber einiges dafür sprechen, dass der Begriff „Fonds", der aus dem Englischen herrührt und auch für § 2 InvG gilt, im Allgemeinen eine Bezeichnung für ein Sondervermögen ist.[132]

Der RegE zum AnSVG trifft für den Begriff des sonstigen geschlossenen Fonds keine Aussage; vielmehr enthält dieser noch die Formulierung „sonstiger geschlossener Immobilienfonds".[133] Dies hätte den Anwendungsbereich des AnSVG auf derartige Fonds reduziert und wurde entsprechend geändert.

Zu untersuchen ist, ob es für die Zwecke des Gesetzes ausreicht, den Begriff „Fonds" mit Sondervermögen gleichzusetzen. Wie bereits gezeigt,[134] ist ein Sondervermögen ein Vermögen, das einer Person ausnahmsweise neben ihrem eigenen zusteht. Dabei ist auch ein gemeinschaftliches Vermögen in der Form der Gesamthand ein Sondervermögen.[135] Der Zweck des Gesetzes ist es, dass möglichst viele der angebotenen Kapitalanlagen in den Anwendungsbereich des Gesetzes fallen, ohne dabei überregulierend zu sein.[136] Der Gesetzgeber will die gängigen Produkte der Prospektpflicht unterwerfen, nicht aber eine allgemeine, für alle Vermögensanlagen geltende Regelung schaffen.[137]

Sondervermögen liegen danach immer dann vor, wenn der Anleger seine Mittel in das Vermögen einer Personengesellschaft einzahlt. Dies kann dadurch geschehen, dass er selbst Gesellschafter wird und seinen Gesellschaftsanteil einzahlt. Dann ist die Personengesellschaft als der Fonds anzusehen. Im Falle der indirekten Beteiligung über einen Treuhänder ist das Treugut beim Treuhänder ebenfalls ein Sondervermögen.[138] Bei einer stillen Beteiligung wird zwar nach § 230 HGB kein Sondervermögen dieser Gesellschaft gebildet, allerdings bedeutet das nur, dass der stille Gesellschafter keine Einlage leistet. In das Vermögen der Gesellschaft geht seine Anlagesumme aber dennoch ein. Die Gesellschaft ist auch hier als der Fonds anzusehen. Bei einer Unterbeteiligung der Anleger an einem Gesellschaftsanteil wird der Hauptbeteiligte i.d.R. eine eigene Gesellschaft sein. In diesem Fall zahlt der Anleger seinen Beitrag an diese Gesellschaft und dessen Vermögen ist dann der Fonds.

---

132 *Creifels* „Fonds".

133 BT-Drs. 15/3174, S. 22; vgl. dazu *Korth* S. 24.

134 S.o. § 3 A. 1. b) (S. 24).

135 *Larenz/Wolf* § 21 Rn. 53; Soergel/*Marly* vor § 90 Rn. 12; *Enneccerus/Nipperdey* S. 845 f.

136 RegE AnSVG, BT-Drs. 15/3174, S. 42.

137 RegE AnSVG, BT-Drs. 15/3174, S. 42.

138 S.o. bei b) (S. 24).

Es ist aber möglicherweise problematisch, den Begriff des Fonds ausschließlich mit dem Begriff Sondervermögen zu erfassen. Jedesmal, wenn eine Personengesellschaft gegründet wird, entsteht ein Sondervermögen und damit möglicherweise auch ein Fonds. Einschränkend ist noch das Merkmal der Geschlossenheit. Jedoch ist dieses nicht geeignet, normale Gesellschaftsgründungen von dem Anbieten von Vermögensanlagen zu trennen. Diese liegen i.d.R. erst vor, wenn die Gesellschaft als Publikumsgesellschaft oder sonst in einer Form auftritt, in der sich eine Vielzahl von Personen finanziell beteiligen können. Da aber das Merkmal des öffentlichen Angebots auch bei der vorliegenden Variante des § 8f VerkProspG gilt, dürfte diesem Einwand genügend Rechnung getragen sein. Eine Personengesellschaft wird danach zum Fonds i.S.d. VerkProspG, wenn sie ihre Gesellschafter nicht nur individuell aussucht, sondern per öffentlichem Angebot wirbt.

Es zeigt sich somit, dass die gängigen Vermögensanlagen des Grauen Kapitalmarktes unter die Tatbestandsmerkmale fassbar sind, wenn man den Begriff Fonds als Sondervermögen begreift.

Zu klären ist letztlich noch der Begriff der Geschlossenheit. Dies ist im Gegensatz zu den Investmentfonds gem. § 2 Abs. 2 InvG dann der Fall, wenn der Anleger nicht jederzeit die Rücknahme des Anteils verlangen kann. Dabei rührt der Begriff geschlossener Fonds (oder *closed-end*) gegenüber dem Begriff des offenen Fonds (oder *open-end*) daher, dass ersterer ab einer bestimmten Anzahl von Anlegern geschlossen wird und kein neuer Anleger mehr hinzukommen kann, wohingegen beim offenen die Gesamtsumme an möglichen Beteiligungen variabel ist.[139] Daher ist der offene Fonds auf der Basis von koordinierten Anlageverträgen (Kollektivvertragstypus) aufgebaut, der geschlossene hat dagegen i.d.R. eine körperschaftliche Organisationsstruktur. Diese bedingt dann auch, dass der Anteil nicht zurückgegeben, sondern nur über einen Sekundärmarkt veräußert werden kann.[140] Dabei ist beim offenen Fonds das Sondervermögen der Anlegergelder das entscheidende Merkmal, beim geschlossenen Fonds werden diese Mittel Eigentum der Gesellschaft.[141] Wie jedoch bereits gezeigt wurde, ist auch diese Form als Sondervermögen zu betrachten. Der Unterschied besteht darin, dass die Anlagegesellschaft im einen Fall neben ihrem Gesellschaftsvermögen ein weiteres Sondervermögen erhält und im anderen Fall das Gesellschaftsvermögen zugleich das Fondsvermögen i.S.e. Sondervermögens darstellt. Dieser Unterschied verringert sich zumal dadurch, dass, im häufigen Fall der GmbH & Co. KG, die Komplementär-GmbH der wirtschaftliche Anbieter der Vermögensanlage ist, die ihr eigenes Gesellschaftskapital besitzt und das

---

139 *Köndgen/Schmies* in BHdB § 113 Rn. 10 f.; vgl. a. Gabler-Bank-Lexikon, „Closed End Funds“ bzw. „Open End Funds“.

140 *Köndgen/Schmies* in BHdB § 113 Rn. 10 f.

141 *Köndgen/Schmies* in BHdB § 113 Rn. 10 f.

Fondsvermögen der KG somit davon getrennt ist. Aber auch bei einer reinen Personengesellschaft ist es ausreichend, wenn das den Fonds bildende Sondervermögen zugleich das Gesellschaftskapital ist. Voraussetzung hierfür muss allerdings sein, dass dieses als Kapitalsammelstelle fungiert. Zusammenfassend könnte man also sagen, dass der offene Fonds ein rein kollektivvertraglich geregeltes Sondervermögen und der geschlossene Fonds ein Sondervermögen mit Kapitalsammelfunktion ist, dass durch Gründung einer Personengesellschaft entsteht.

Da der Gesetzgeber im InvG jedoch das entscheidende Kriterium in der Möglichkeit der Rückgabe des Anteils sieht, was im Übrigen im italienischen Recht auch der Fall ist,[142] sollte für eine Definition auch hierauf abgestellt werden. Zudem ist es nicht grundsätzlich ausgeschlossen, einen *open-end* Fonds körperschaftlich[143] oder einen *closed-end* Fonds kollektivvertraglich zu gestalten.[144] Es sollte auf keinen Fall aus der Bezeichnung der Geschlossenheit des Fonds gefolgert werden, dass nur körperschaftlich organisierte Vermögensanlagen erfasst sind. Typischerweise ist das zwar so, jedoch wäre in diesem Fall eine größere Umgehungsgefahr gegeben. Hinzu kommt, dass diese Voraussetzung als Auffangtatbestand auch für die anderen Varianten gelten würde. Es soll aber auf die Rechtsform gerade nicht ankommen. Mithin ist die Ausgestaltung als körperschaftlich oder kollektivvertraglich unerheblich; es kommt lediglich auf die Rückgabemöglichkeit an.

Daher ist als geschlossener Fonds ein Sondervermögen, insbesondere das Vermögen einer Gesellschaft zu sehen, das der durch eine Kapitalbündelung der Finanzierung eines bestimmten Zwecks dient, in das Anleger einzahlen können, ohne dass dabei die Möglichkeit besteht, den Anteil zu jedem Zeitpunkt zurückgeben zu können.

2. Gängige Produkte

Es wird im Folgenden untersucht, welche der am Markt vorhandenen Produkte unter die neuen Regelungen fallen.

a) Geschlossene Immobilienfonds

Die wohl am verbreitetsten angebotene Anlage auf dem deutschen Grauen Kapitalmarkt ist der geschlossene Immobilienfonds. Im Jahr 2006 investierten deutsche Anleger in dieses Marktsegment 4,96 Milliarden Euro, wovon 71,7 % durch Banken eingeworben wurden.[145] Bei derartigen Zahlen ist allerdings zu

---

142 Art. 1 Nr.1 l TUF.

143 Vgl. dazu die Immobilienaktiengesellschaft mit veränderlichem Kapital gem. § 96 ff. InvG. vgl. dazu auch *Köndgen/Schmies* in BHdB § 113 Rn. 146 ff.

144 *Köndgen/Schmies* in BHdB § 113 Rn. 10 f.

145 *Loipfinger* Kapitel 2 S. 12 und Vorwort S. 7.

beachten, dass dieses Volumen des Grauen Kapitalmarktes den Bereich der von der BaFin genehmigten Fonds bezeichnet. Vornehmlich auf die geschlossenen Fonds hatte es der Gesetzgeber ankommen lassen, wie die noch in dem RegE in Art. 2 Nr. 1 AnSVG enthaltene Fassung des § 8f VerkProspG verdeutlicht: Nach dessen Abs. 1 Satz 1, 3. Var. lautete der Auffangtatbestand auf „sonstige geschlossene Immobilienfonds".[146]

Geschlossene Immobilienfonds – im Gegensatz zu offenen Immobilienfonds, deren Betrieb sich nach §§ 66 ff. InvG richtet – sind körperschaftlich verfasste Fonds, die ihre Gesellschaftsvermögen in Immobilien investieren. Es wird zwischen Single-Property- und Multi-Property-Fonds unterschieden, je nachdem, ob der Fonds nur eine Immobilie hält oder eine Mehrzahl.[147] Der Fonds kauft entweder ein unbebautes Grundstück und lässt darauf ein Bauwerk errichten, oder er kauft ein bereits schlüsselfertiges Gebäude.[148] Das Bauwerk ist oft ein Bürogebäude, ein Gebäude, das Unterhaltungszwecken dient, oder auch ein Einkaufszentrum.[149] Nachdem die nach der Wiedervereinigung möglichen hohen Steuerabschreibungen für Immobilien in den neuen Ländern nicht mehr verfügbar sind,[150] werden in den letzten Jahren verstärkt Auslandsimmobilien gekauft, wobei die Gesellschaft eine deutsche bleibt, aber die Vorteile eines Doppelbesteuerungsabkommens genutzt werden.[151] Ein schlagendes Verkaufsargument waren in der Vergangenheit zumeist die Verlustzuweisungen in der Investitionsphase, die in die Rendite mit eingerechnet wurden.[152] So ist auch die Publikumsgesellschaft „ein Kind der Abschreibungsbranche", beschränkt sich aber nicht darauf; diese Rechtsform wird auch durch Änderung der Steuergesetzgebung nicht vom Markt verschwinden.[153] Möglich ist diese Anlageform auch als eine auf Rendite und nicht auf Abschreibungen ausgelegte Gesellschaft.

Im Regelfall sind diese Fonds als GmbH & Co. KG mit Einbeziehung einer weiteren GmbH als Treuhandkommanditistin organisiert.[154] Möglich ist auch eine GbR gem. § 705 BGB, insbesondere bei Immobilienfonds,[155] oder eine offene Handelsgesellschaft nach § 105 Abs. 1 HGB.[156] Gerade die BGB-Gesell-

---

146 BT-Drs. 15/3174, S. 22.

147 Lüdicke/Arndt/*Steinkampf* S. 146.

148 Lüdicke/Arndt/*Steinkampf* S. 148.

149 Vgl. *Loipfinger* Kapitel 2 S. 65.

150 Vgl. *Klumpe/Nastold* S. 23 f.; ebenso Assmann/Schütze/*Strohm* § 21 Rn. 63 f.

151 Bartlsperger/Boutonnet u.a. S. 79; neuerdings steigt auch wieder die Zahl der deutschen Objekte, vgl. *Loipfinger* Vorwort S. 8 f.

152 *Klumpe/Nastold* S. 23.

153 *Schmidt* GR S. 1666.

154 *Lüdicke/Arndt* S.10; *Klumpe/Nastold* S. 24; *Krenzel* S. 25f.; vgl. *Schmidt* GR S. 1667 ff.

155 Assmann/Schütze/*Strohm* § 21 Rn. 162; *Hagemann* S. 161.

156 *Lüdicke/Arndt* S.7 ff.; *Klumpe/Nastold* S. 24 ff.; *Schmidt* GR S. 1668 ff.

schaft und die offene Handelsgesellschaft sind jedoch wegen problematischer Haftungsfragen hinsichtlich der unbeschränkten persönlichen Haftung der Gesellschafter und der mangelnden Grundbuchfähigkeit, mit der Folge, dass alle Gesellschafter eines Fonds einzutragen sind, eher ungeeignet.[157] Häufig werden die Anleger dabei auch nicht unmittelbar als Kommanditist, sondern mittelbar über eine Treuhand, aber auch eine stille Gesellschaft, einen stillen Treuhänder oder eine Unterbeteiligung beteiligt.[158] Typischerweise ist aber von einer Treuhand auszugehen.

Auszugehen ist also hier von der Grundform, einer GmbH & Co. KG mit treuhänderischer Beteiligung der Anleger durch eine Treuhand-GmbH. Diese Konstruktion fällt bei öffentlichem Angebot der Anteile und fehlender Verbriefung eindeutig in die 2. / 3. Var. des § 8f Abs. 1 S. 1 VerkProspG. Sie ist somit der typische Anwendungsfall des Gesetzes.

b) Sonstige (Mobilien-)Fonds: Schiffs- / Flugzeugbeteiligungen, ökologische Beteiligungen, Medienbeteiligungen

Neben den Fonds, die in Immobilien investieren, gibt es zahlreiche Fonds, die in Mobilien investieren. Hierzu zählen u.a. Schiffs- und Flugzeugbeteiligungen sowie ökologische Beteiligungen, insbesondere Windkraft- und Solaranlagen.

Schiffsfonds sind die derzeit beliebtesten Fonds; im Jahre 2006 wurden 2,54 Mrd. Euro in diese Gesellschaften investiert.[159] Dabei führt die Verlagerung der Besteuerung von Verlustzuweisungen hin zur pauschalierten Tonnagesteuer (§ 5a EStG) nicht etwa zu einem Ende dieses Segments, sondern fördert es sogar.[160] In Zukunft werden eher auf Rendite als auf Verlustzuweisungen angelegte Fonds im Vordergrund stehen.[161] Es handelt sich meistens um Containerschiffe, selten Massengutfrachter oder Tanker, aber auch Kühlschiffe.[162] Der Markt für erstere hat nicht zuletzt auf Grund der Globalisierung gute Marktaussichten und vorgeblich weniger Volatilität als letzterer. Die Hamburger Schiffsmakler halten so 75 % der insgesamt weltweit verfügbaren Chartertonnage.[163] Das Schiff wird zunächst gebaut, und die Führung des Schiffes an einen Vertragsreeder übertragen, der auch an der Fondsgesellschaft beteiligt werden kann. Die Containernutzung wird sodann verleast.[164]

---

[157] *Lüdicke/Arndt* S.7 ff.; *Schmidt* GR S. 1668 ff.

[158] *Lüdicke/Arndt* S. 18 ff.; *Schmidt* GR S. 1668 ff.; *Hagemann* S. 163 f.

[159] *Loipfinger* Kapitel 3 S. 4.

[160] NI 3/2004, S. 41; NI 2/2007, S. 38; vgl. Bericht in: AssCompact 02/2005, S.66.

[161] NI 3/2004, S. 42.

[162] Vgl. *Loipfinger* Vorwort S. 16 u. Kap. 3 S. 13.

[163] Lüdicke/Arndt/*Arndt* S. 229; vgl. NI 3/2004, S. 41.

[164] Lüdicke/Arndt/*Arndt* S. 230 ff.

Energiefonds beruhen auf der Vergütungsregelung für eingespeisten Strom aus erneuerbaren Energiequellen nach dem EEG[165]. Danach ergibt sich ein erhebliches Fördervolumen für ökologischen Strom.[166] In Zukunft können für die Windkraft jedoch Zuwächse allenfalls im Offshore-Bereich liegen, oder bei Biogas im Falle sonstiger Energiegewinnung.[167] Insgesamt wurden in diesem Bereich 2006 266,8 Millionen Euro platziert.[168] Die Fondsgesellschaft erwirbt bei diesen Fonds Grundstücke und errichtet und betreibt einen Windpark bzw. eine Windkraftanlage darauf. Es ist sowohl möglich, dass der Fonds selbst den Windpark errichtet oder dass dieser bereits fertig übernommen wird, als auch, dass der Fonds nur Anteile an einer Projektgesellschaft des Parks erwirbt.[169] Dasselbe gilt für Solaranlagen, für die ebenfalls eine Vergütungspflicht nach dem EEG gilt.[170] Es existieren auch kreativere Modelle, etwa zur Energieerzeugung mittels Geothermik.[171]

Keine echten Mobilienfonds sind hingegen Medienfonds, insbesondere Filmfonds. Diese finanzieren Film- und Computerspielproduktionen.[172] Der Fonds spekuliert auf überdurchschnittliche Rendite bei der Vermarktung der Produktion. Je nach Ausgestaltung konnte hierbei eine steuerliche Verlustzuweisung an den Anleger (als Hersteller) erfolgen,[173] was sich allerdings durch die Einführung von § 15b EStG[174] geändert hat. Daher sind diese Fonds heute nahezu bedeutungslos, denn ohne die Verlustzuweisung kann offenbar kaum Rendite erwirtschaftet werden.[175]

Auch diese Anlageformen sind typischerweise als GmbH & Co. KG organisiert. Gegenüber den geschlossenen Immobilienfonds ändert sich nur der Anlagegegenstand. Auch diese fallen also in den Anwendungsbereich des § 8f Abs. 1 S. 1, 2. bzw. 3. Var. VerkProspG, sofern es sich um Treuhandgesellschaften handelt, sonst in den der 4. Var.

c) Spezialitätenfonds (insb. z.B. Lebensversicherungen)

Neben den vorgenannten Fonds gibt es noch Spezialitätenfonds, die in andere, speziellere Güter investieren. Für deren Erfolg ist entscheidend, ob eine sinn-

---

165 Erneuerbare Energien Gesetz vom 21.07.2004, BGBl. 2004 I, 1918.

166 Lüdicke/Arndt/*Lüdicke* S. 256 ff.

167 Vgl. *Loipfinger* Vorwort S. 20 f.

168 *Loipfinger* Kapitel 6 S. 7.

169 Lüdicke/Arndt/*Lüdicke* S. 256 ff.

170 Vgl. NI 2/2004, S. 52.

171 NI 3/2004, S. 44.

172 Lüdicke/Arndt/*Lüdicke* S. 186 ff.

173 Lüdicke/Arndt/*Lüdicke* S. 221 ff.

174 Vgl. dazu *Zitelmann* Bank 2/2006, 8.

175 *Loipfinger* Vorwort S. 22.; *Zitelmann* Bank 2/2006, 8 (10).

volle steuerliche Konzeption möglich ist. Herauszuheben sind die Lebensversicherungsfonds.[176] Diese Fonds investieren in gebrauchte Lebensversicherungen. Das Marktvolumen betrug 2006 846 Millionen Euro.[177] Der Versicherungsnehmer, der sich von der Versicherung lösen möchte, kann die Versicherung, anstatt sie zu kündigen, an die Fondsgesellschaft übertragen. Das Abfindungsguthaben ist bei diesen Versicherungen i.d.R. viel niedriger als der Wert zum Kündigungszeitpunkt. Der Fonds kauft die Versicherung zu einem Mittelpreis und führt den Versicherungsvertrag zu Ende.[178] Anlagegegenstand der Fonds können entweder deutsche oder auch ausländische Lebensversicherungen sein. Es handelt sich zum Teil um Fondsgesellschaften ausländischen Rechts.[179] Der Schwerpunkt liegt bei diesen Fonds teilweise nicht in der Möglichkeit, Steuern zu sparen, sondern Rendite zu erwirtschaften. Es können sich hier jedoch ethische Fragen stellen, da der Ertrag jedes Versicherungsvertrages durch den (frühen) Tod des ehemaligen Versicherungsnehmers bedingt ist. Andererseits kann dieser durch den Verkauf einen höheren Ertrag erwirtschaften, als wenn er gekündigt hätte. Als Rechtsform eines Lebensversicherungsfonds bietet sich ebenfalls die GmbH & Co. KG an.[180] Daher fallen diese Vermögensanlagen unter die 2. / 3. Var. des § 8f VerkProspG, sofern ein Treuhänder eingeschaltet wird, ansonsten jedenfalls unter den Auffangtatbestand (4. Var.).

Ebenfalls eine Besonderheit stellen Infrastrukturfonds dar. Sie investieren das Kapital in die Schaffung öffentlicher Infrastruktur als *public-private Partnership*, managen also Flughäfen, bauen Wasserversorgungen oder Straßen.[181] Für die Einordnung unter § 8f VerkProspG ergibt sich aber kein Unterschied.

Darüber hinaus sind noch viele weitere Anlageformen bekannt, etwa Wald- Wein-, Edelmetall-, Prozesskosten-, Aktienclub-, Ölförderungs- oder Rinderzucht- und ähnliche Fonds, die hier nicht näher erläutert werden sollen, weil das Anlageziel letztlich für die Einordnung unter das VerkProspG irrelevant ist.[182]

d) Venture Capital-Fonds, Private Equity-Fonds, Kapitalbeteiligungsgesellschaften, Zertifikatefonds

Ähnlich ist das Anlageziel von Venture Capital- und Private Equity-Fonds. Diese Fonds investieren in (noch) nicht börsennotierte Unternehmen, die sich im Aufbau oder Wachstum befinden, oder wenn ein Unternehmensteil ausgeglie-

---

[176] Lüdicke/Arndt/*Naujok* S. 318 ff. Vgl. a. NI 4/2004, S. 35.

[177] *Loipfinger* Kapitel 5 S. 5.

[178] Lüdicke/Arndt/*Naujok* S. 318.

[179] HBl. vom 21.09.2005, S. C4 (Beilage „Global Insurance").

[180] Neuerdings wird von Anbietern dieser Fonds auch ein diesbezügliches Index-Zertifikat angeboten, welches allerdings ein Wertpapier ist, vgl. HBl. vom 10.05.2007, S. 29.

[181] *Loipfinger* Vorwort S. 18.

[182] Vgl. *Loipfinger* Vorwort S. 23 ff.

dert werden soll.[183] Bei Private Equity-Fonds wurden 2006 2,27 Milliarden Euro umgesetzt.[184] Dabei ist Venture Capital eher der Begriff für die Finanzierung in frühen Phasen, Private Equity hingegen bei Umstrukturierungen und ähnlichen, späteren Vorgängen.[185] Die in einem Unternehmen anzulegende Investition ist i.d.R. auf fünf bis sieben Jahre angelegt, danach soll das Unternehmen wieder veräußert werden, sog. „Exit".[186] Die Mittel werden dabei in einem Fonds gesammelt, der oft in der Form einer GmbH & Co. KG ausgestaltet ist, wenn es sich nicht um Kapitalanlagegesellschaft nach dem KAGG oder um eine Unternehmensbeteiligungsgesellschaft nach UBGG handelt.[187] Hierbei sind die Zielunternehmen oft nicht genau festgelegt, so dass der Fonds ein Blind Pool ist.[188] Es sind sowohl Treuhandkonstruktionen anzutreffen, als auch die direkte Beteiligung als Kommanditist. Der Fonds ist häufig mit einer Parallelstruktur angelegt, d.h. er ist zeitgleich an verschiedenen anderen Fonds gewissermaßen wie ein Dachfonds beteiligt.[189] Dabei ist es keineswegs so, dass das Private Equity-Geschäft den institutionellen Anlegern vorbehalten ist. Vielmehr gibt es sogar Ansparmodelle mit einer monatlichen Anlagesumme von 100 Euro.[190]

Im Falle einer Treuhandkonstruktion ist die 2. bzw. 3. Var. des § 8f VerkProspG gegeben, sonst die 4. Var. Das Ziel des Fonds ist es vornehmlich, Erlöse aus der späteren Veräußerung der Zielgesellschaft zu erwirtschaften, nicht aus den laufenden Erträgen. Daher ist die 1. Var. des. § 8f VerkProspG nicht einschlägig.

Darüber hinaus gibt es seit neuester Zeit das Phänomen, dass Anbieter geschlossener Fonds verstärkt Investmentzertifikate begeben. Diese sind bezogen auf Aktien, Immobilien oder ähnliche Güter und als Wertpapiere für diese Arbeit nicht relevant. Es gibt allerdings auch die Konstruktion eines geschlosse-

---

183 *Bauer/Gemmecke* DStR 2004, 579; Lüdicke/Arndt/*Naujok* S. 295 ff.; Gabler-Bank-Lexikon, „Beteiligungsgeschäft"; vgl. NI 2/2007 S. 40: Im Jahre 2006 wurden hier 2,3 Milliarden Euro umgesetzt.

184 *Loipfinger* Kapitel 4, S. 6; nach anderen Analysen der Firma Scope ist von 2,12 Milliarden auszugehen, vgl. Bank 5/2007, 6.

185 Lüdicke/Arndt/*Naujok* S. 295.

186 *Figna/v. Goldacker/Mayta* DB 2005, 966; Gabler-Bank-Lexikon, „Exit".

187 *Figna/v. Goldacker/Mayta* DB 2005, 966; *Bauer/Gemmecke* DStR 2004, 579; Lüdicke/Arndt/*Naujok* S. 300; Weitnauer/*Weitnauer* B. Rn. 18.

188 Assmann/Schütze/*Strohm* § 21 Rn. 209; Lüdicke/Arndt/*Naujok* S. 300; Bartlsperger/Boutonnet u.a. S. 76.

189 *Figna/v. Goldacker/Mayta* DB 2005, 966; *Loipfinger* Vorwort S. 17.

190 Z.B. die Vermögensaufbaupläne der hsc (http://www.hsc-fonds.de, zuletzt besucht am 02.10.2008) oder die MPC Global Equity Step by Step. Zu Ansparfonds generell vgl. Assmann/Schütze/*Wagner* § 15 Rn. 87; zur ethischen Problematik, dass wenig vermögende Kleinanleger angesprochen werden vgl. *Loipfinger* Vorwort S. 25.

nen Fonds, der wiederum in (hauseigene) Zertifikate investiert.[191] Hierfür gilt § 8f Abs. 1 S. 1 VerkProspG.

e) Sonstige Publikumsgesellschaften

Nach dieser Kategorisierung auf bestimmte Anlageziele wird im Folgenden eine Beschreibung möglicher Vermögensanlagen vorgenommen, die sich nach der gesellschafts- oder schuldvertraglichen Konstruktion für den Grauen Kapitalmarkt eignen.

Neben diesen speziellen Anlageformen, die für den Grauen Kapitalmarkt typisch sind, ist es auch möglich, Fonds anderer Zielrichtung zu konstruieren. Sobald diese z.B. als Treuhandgesellschaften ausgestaltet sind, ist i.d.R. der Anwendungsbereich des § 8 f VerkProspG gegeben. Im Falle einer Treuhandgesellschaft ist das nach der zweiten bzw. dritten Variante des § 8f VerkProspG der Fall. Zudem sind Gesellschaften denkbar, bei denen der Anleger direkt Mitgesellschafter wird. Dies geschieht am häufigsten bei Personengesellschaften, insbesondere bei der KG durch die massenhafte Aufnahme von Kommanditisten, aber auch bei der GbR[192] gem. § 705 BGB. Ebenfalls ist die Platzierung auf dem Kapitalmarkt von GmbH-Anteilen vorstellbar. In diesen Fällen ist die Anwendbarkeit des VerkProspG gem. dessen § 8f Abs. 1 S. 1, 1. Var. gegeben.

f) Mittelbare Beteiligungen (insbesondere Nießbrauch, stille Gesellschaft, Unterbeteiligung)

Neben den unmittelbaren Unternehmensbeteiligungen treten auf dem Grauen Kapitalmarkt verstärkt mittelbare Unternehmensbeteiligungen auf.[193] Unter mittelbarer Beteiligung an einer Gesellschaft versteht man im Gegensatz zur unmittelbaren Unternehmensbeteiligung eine nicht-„dinglich"-vermögensrechtliche bzw. mitgliedschaftliche Beteiligung, die nur eine wirtschaftliche Mitberechtigung darstellt.[194] Das hat für den Fonds Vorteile bei der Organisation, denn die Anleger sind nicht so stark einbezogen, wie das bei Gesellschaftern ist. Insbesondere kann vermieden werden, dass alle Anleger ins Handelsregister einzutragen sind und bei Gesellschaftsversammlungen erscheinen müssen.

Als mittelbare Beteiligung an Unternehmen kommen der Nießbrauch, die Treuhand, die stille Beteiligung sowie die Unterbeteiligung in Betracht.[195] Die

---

191 Vgl. HBl. vom 10.05.2007, S. 29, ein Fonds des Unternehmens Atlantic.

192 Assmann/Schütze/*Wagner* § 15 Rn. 285 ff.

193 Relativ neu auf diesem Gebiet sind z.B. mittelbare Beteiligungen im Bereich der Sozialwirtschaft, wie eine atypisch stille Beteiligung (so bei Greenpeace) oder Genussrechte, vgl. HBl. vom 25.04.2007, S. 27.

194 MüKo-HGB/*Schmidt* vor § 230 Rn. 1; *ders.* GR S. 1819; *Blaurock* S. 15 f.

195 Vgl. *Schmidt* GR § 61 (S. 1819 ff.).

Treuhand ist bereits erwähnt worden.[196] Daneben sind aber auch die anderen Arten möglich.

Ein Nießbrauch ist für Gesellschaften, die eine Vielzahl von Anlegern mittelbar beteiligen wollen, nur bedingt geeignet. Denn durch den Nießbrauch an einem Gesellschaftsanteil gem. §§ 1030, 1068 BGB wird dem Nießbraucher das ausschließliche Recht zur Nutzung der Beteiligung eingeräumt.[197] Es müsste daher für jeden Anleger ein Gesellschafter zur Verfügung stehen, der ein Nießbrauchsrecht überträgt. Der Zweck der Vereinfachung kann damit nicht mehr erreicht werden.

Denkbar ist aber, wie bereits erwähnt, eine stille Beteiligung oder eine Unterbeteiligung. Eine stille Beteiligung ist gem. § 230 Abs. 1 HGB dann gegeben, wenn sich eine Person mit einer stillen Einlage am Handelsgewerbe eines anderen beteiligt und die Einlage in das Vermögen des Geschäftsinhabers übergeht. Dabei ist der Anleger gem. § 231 Abs. 2 HGB zwingend zumindest an den Gewinnen zu beteiligen. Die stille Gesellschaft ist eine Innengesellschaft i.S.v. § 705 BGB zwischen Anleger und Inhaber.[198] Sie ist für Publikumsgesellschaften geeignet.[199] Allerdings sei angemerkt, dass insbesondere bei Ausschluss der Verlustteilnahme ein erlaubnispflichtiges Bankgeschäft vorliegen kann, was eine Eignung für den Grauen Kapitalmarkt eher ausschließen würde.[200] Bei Anlegern an Publikumsgesellschaften ist insbesondere die Konstruktion anzutreffen, dass diese zugleich als stiller Gesellschafter und als Kommanditist an einer GmbH & Co. KG beteiligt werden, um mittels der Kommanditistenstellung eine gesellschaftsrechtliche Verbindung unter den Anlegern zu erreichen und eine höhere Einlage zu erhalten, ohne die Haftungsprobleme einer in der gesamten Höhe bestehenden Kommanditistenstellung zu provozieren, weil die stille Einlage nicht am Verlust beteiligt wird.[201] Besondere Abgrenzungsprobleme bestehen bei der stillen Gesellschaft in der Abgrenzung zu partiarischen Verträgen, insbesondere zu partiarischen Darlehensverträgen. Die Abgrenzung kann hier jedoch nicht im Detail behandelt werden; der Schwerpunkt liegt dabei in der

---

[196] S.o. § 3 A. I. 1. b) (S. 24).

[197] *Schmidt* GR S. 1822; Heymann/Horn/*Horn* § 230 Rn. 76 ff.; Saenger/Aderhold/Lenkaitis/Speckmann/*Eickhoff* § 7 Rn. 284.

[198] *Schmidt* GR S. 1837; *Lüdicke/Arndt* S. 23 f.; Baumbach/Hopt/*Hopt* § 230 Rn. 2; Ebenroth/Boujong/Joost/Strohn/*Gehrlein* § 230 Rn. 4; Heymann/Horn/*Horn* § 230 Rn. 3.; MüHB stG/ *Bezzenberger/Keul* § 72 Rn. 18; *Grunewald* 1. D. Rn. 2; Weitnauer/*Kraus* D. Rn. 23; Saenger/Aderhold/Lenkaitis/Speckmann/*Lenkaitis* § 7 Rn. 11.

[199] *Schmidt* GR S. 1839; Heymann/Horn/*Horn* § 230 Rn. 60; MüHB stG/*Polzer* § 74 Rn. 1 ff.

[200] Boos/Fischer/Schulte-Mattler/*Schäfer*, § 1 KWG Rn. 42; *Hagemann* S. 117.

[201] *Schmidt* GR S. 1841; Assmann/Schütze/*Wagner* § 17 Rn. 32; *Singhof*/Seiler/Schlitt Rn. 9 u. 142 f.; MüHB stG/*Bezzenberger/ Keul* § 72 Rn. 30. Auch eine stille Beteiligung an einer AG ist möglich, vgl. BGH AG 2006, 546 („Securenta AG“).

Frage, ob eine Gesellschaft mit einem gemeinsamen Zweck oder nur ein Schuldverhältnis besteht.[202]

Die stille Gesellschaft kann in vielen verschiedenen Ausgestaltungen vorkommen. Dabei wird die gesetzliche Konstruktion als „typische“, die hiervon abweichende Regelung als „atypisch“ stille Gesellschaft bezeichnet.[203] Bei der typischen Konstruktion ist stets nur ein zweigliedriges Verhältnis, also nur zu einem Anleger gegeben, der in der Gesellschaft des Geschäftsinhabers keine weiteren besonderen Rechte hat; bei der atypischen Konstruktion kann dem Gesellschafter etwa auch eine rechnerische Beteiligung am Geschäftsvermögen oder auch Geschäftsführungs- oder Kontrollfunktion eingeräumt werden. Es kann eine Verbindung mit einer Kommanditeinlage vorliegen und eine mehrgliedrige Organisation mit mehreren Anlegern gegeben sein.[204] Bei der Verwendung der stillen Gesellschaft für Publikumsgesellschaften wird i.d.R. eine atypische Ausgestaltung verwendet, freilich nicht mit der Variante der Einräumung von Geschäftsführungsrechten für Anleger, wohl aber als Kombinationsmodell mit Kommanditeinlagen und als mehrgliedrige Gesellschaft.

Ist die Gesellschaft mehrgliedrig ausgestaltet, so bilden die verschiedenen Stillen einen Verband untereinander.[205] Die Mehrgliedrigkeit kann auf verschiedene Weisen gestaltet sein. Das kann erstens bedeuten, dass die Anleger eine Gesellschaft i.S.v. § 705 BGB bilden und diese Gesellschaft mit der Fondsgesellschaft des Geschäftsinhabers eine einheitliche stille Beteiligung vereinbart, oder dass ein Treuhänder bzw. eine Treuhandgesellschaft eine einheitliche stille Beteiligung hält.[206] Die Anleger sind dann keine stillen Gesellschafter. Zweitens kann es sein, dass die Gesellschafter zwar jeweils eigene stille Beteiligungen halten, aber dennoch untereinander gesellschaftsrechtlich unabhängig von der Geschäftsinhaber-Gesellschaft verbunden sind (Anlegerkonsortium).[207] Drittens kann eine mehrgliedrige einheitlich stille Gesellschaft im engeren Sinne vorliegen: Dann hat jeder Anleger ein eigenes Einlageverhältnis mit dem Geschäftsinhaber, die Anleger haben aber ein gemeinsames, hiervon verschiedenes Gesell-

---

202 Vgl. *Schmidt* GR S. 1842 f.; KpK GesR/*Wunsch* Kap. 6 Rn. 18.

203 *Singhof*/Seiler/Schlitt Rn. 8 f; Ebenroth/Boujong/Joost/Strohn/*Gehrlein* § 230 Rn. 64; *Schmidt* GR S. 1845 f.; Weitnauer/*Kraus* C. Rn. 29; Assmann/Schütze/*Wagner* § 17 Rn. 4 ff.; Saenger/Aderhold/Lenkaitis/Speckmann/*Lenkaitis* § 7 Rn. 16 f.

204 *Schmidt* GR S. 1846.

205 Vgl. Heymann/Horn/*Horn* § 230 Rn. 61.

206 MüKo-HGB/*Schmidt* § 230 Rn. 86; *Blaurock* HB Rn. 19.17; Baumbach/Hopt/*Hopt* § 230 Rn. 7; Saenger/Aderhold/Lenkaitis/Speckmann/*Lenkaitis* § 7 Rn. 23.

207 *Schmidt* GR S. 1848 f.; MüKo-HGB/*Schmidt* § 230 Rn. 85; *Lüdicke/Arndt* S 24; *Singhof*/Seiler/Schlitt Rn. 130 ff. u. 136 ff.; Ebenroth/Boujong/Joost/*Gehrlein* § 230 Rn. 83; MüHB stG/*Bezzenberger/Keul* § 73 Rn. 41; KpK GesR/*Wunsch* Kap. 6 Rn. 115; Saenger/Aderhold/Lenkaitis/Speckmann/*Lenkaitis* § 7 Rn. 23.

schaftsverhältnis mit dem Geschäftsinhaber.[208] In diesem Fall haben die Anleger gemeinsame Einrichtungen innerhalb der Gesellschaft des Geschäftsinhabers, aber jeder Anleger ist auch zugleich stiller Gesellschafter.

Zur Umgehung einer KG ist auch die Errichtung einer GmbH & Still ein geeignetes Mittel, um eine Vielzahl von Anlegern zu beteiligen. Hierbei halten mehrere Personen stille Beteiligungen an einer GmbH. Sie ist eine „virtuelle Kommanditgesellschaft",[209] da die Anleger wie Kommanditisten nur mit ihrer Einlage beteiligt sind und keine Geschäftsführung übernehmen, die GmbH hingegen zwar nach außen als GmbH auftritt, aber im Innenverhältnis wie eine Komplementärin gestellt ist.

Eine Unterbeteiligung ist eine stille Beteiligung an einem Gesellschaftsanteil.[210] Der Unterbeteiligte schließt dazu einen Gesellschaftsvertrag mit einem Gesellschafter der Fonds- bzw. Projektgesellschaft ab, welcher den Unterbeteiligten gegen Zahlung einer Einlage am Ergebnis seines Anteils teilhaben lässt. Eine Unterbeteiligung ist an jedwedem Anteil an einer Gesellschaft möglich, auch am Anteil eines stillen Gesellschafters.[211] Der Unterschied zur Treuhand liegt darin, dass der Hauptbeteiligte einen Teil seiner Beteiligung für einen anderen, ansonsten aber eigennützig hält, während der Treuhänder nur fremdnützig Gesellschaftsanteile hält.[212] Die Unterbeteiligung kann mit einer Treuhand zusammenfallen; insbesondere können in einer Treuhand-KG die Treugeber am Anteil des Treuhandkommanditisten unterbeteiligt sein.[213] Entsprechend der Rechtslage bei der stillen Gesellschaft unterscheidet man auch bei der Unterbeteiligung eine typische und eine atypische.[214] Insofern ist auf obige Ausführungen zu verweisen. Eine mehrgliedrige Struktur ist, wie bei der stillen Gesellschaft, auf drei Arten möglich, d.h. als Anlegerkonsortium, als einheitlich Unterbeteiligte durch Anleger-GbR oder als einheitliche mehrgliedrige Unterbeteiligungsgesellschaft im engeren Sinne (s.o.).[215]

---

208 MüKo-HGB/*Schmidt* § 230 Rn. 84; *Schmidt* GR S. 1848; *Singhof*/Seiler/Schlitt Rn. 133 ff.; Baumbach/Hopt/*Hopt* § 230 Rn. 7; Ebenroth/Boujong/Joost/Strohn/*Gehrlein* § 230 Rn. 84; MüHB stG/*Bezzenberger/Keul* § 73 Rn. 41; Saenger/Aderhold/Lenkaitis/Speckmann/*Lenkaitis* § 7 Rn. 23.

209 So *Schmidt* GR S. 1850; vgl. a. Assmann/Schütze/*Wagner* § 17 Rn. 40; Saenger/Aderhold/Lenkaitis/Speckmann/*Lenkaitis* § 7 Rn. 24.

210 *Schmidt* GR S. 1865; *Lüdicke/Arndt* S. 25; Singhof/*Seiler/Schlitt* Rn. 344; Ebenroth/Boujong/Joost/Strohn/*Gehrlein* § 230 Rn. 91; Heymann/Horn/*Horn* § 230 Rn. 65; Saenger/Aderhold/Lenkaitis/Speckmann/*Lenkaitis* § 7 Rn. 179.

211 *Schmidt* GR S. 1866.

212 Assmann/Schütze/*Wagner* § 16 Rn. 192 ff.

213 *Schmidt* GR S. 1867.

214 *Schmidt* GR S. 1867; *Lüdicke/Arndt* S. 25; Singhof/*Seiler/Schlitt* Rn. 363; Saenger/Aderhold/Lenkaitis/Speckmann/*Lenkaitis* § 7 Rn. 184.

215 MüKo-HGB/*Schmidt* § 230 Rn. 213; *Blaurock* HB Rn. 30.20; Singhof/*Seiler/Schlitt*

Zu klären wäre noch die Frage, wie diese gesellschaftsrechtlichen Konstruktionen unter das VerkProspG zu subsumieren sind. Die Beteiligung mittels Treuhand wurde bereits erörtert, und Nießbrauch ist für Anlageprodukte unbrauchbar. Die stille Beteiligung und die Unterbeteiligung hingegen sind durchaus gebräuchliche Formen für Vermögensanlagen.

Zunächst sei die normale stille Gesellschaft erwähnt. Sie fällt unter die erste Var. des § 8f Abs. 1 VerkProspG. Der RegE spricht bei Unternehmensanteilen nach dieser Var. ausdrücklich auch von stillen Beteiligungen.[216] Dem ist zuzustimmen. Eine solche Beteiligung erlaubt zumindest die Beteiligung an den Gewinnen eines Unternehmens gem. § 231 Abs. 2 HGB. Die Handelsgewerbe, bei denen eine stille Gesellschaft gegründet wird, sind auch als wirtschaftliche Tätigkeiten anzusehen und somit auch als Unternehmen i.S.d. § 8f VerkProspG. Sie müssten einen Anteil darstellen, also im hier verstandenen Sinne den auf mehrere Anleger aufgeteilten Bruchteil eines Finanzproduktes. Problematisch ist in dieser Hinsicht, dass der Anleger im Falle einer typisch stillen Gesellschaft eine eigene Beteiligung eines zweigliedrigen Gesellschaftsvertrages nur zwischen ihm und dem Geschäftsinhaber hält, nicht einen Bruchteil. Zu einer prospektpflichtigen Vermögensanlage kann das aber nur erwachsen, wenn überhaupt ein Finanzprodukt i.S.e. Fonds gem. der dritten Var. gegeben ist. Dazu muss i.d.R. eine Publikumsgesellschaft gegründet werden. Diese Geschäftsinhaber-Gesellschaft gem. § 230 HGB ist als das Finanzprodukt anzusehen. Sie selbst kann nicht agieren ohne die Einlagen ihrer „virtuellen" Kommanditisten. Selbst wenn diese also einzelne, individuelle Beteiligungen halten, ist jede stille Einlage als Bruchteil der Fondsgesellschaft anzusehen.[217] Insofern ist auch dann von einem Anteil i.S.e. Bruchteils zu sprechen.

Bei mehrgliedrigen stillen Gesellschaften kann jeder Anleger eine eigene stille Gesellschaft mit dem Fonds eingehen und mit den anderen Anlegern in einer GbR verbunden sein. Das ist sowohl beim Anlegerkonsortium als auch bei der einheitlich stillen Gesellschaft im engeren Sinne der Fall. Dann gilt das zuvor gesagte. Die Anleger-GbR hat nur Organisationsfunktionen und ist für die Qualifizierung als Vermögensanlage unerheblich. Sind die Anleger hingegen Gesellschafter einer GbR, die selbst eine einheitliche stille Beteiligung hält, so kann nicht die stille Beteiligung das die Prospektpflichtigkeit auslösende Moment sein, sondern die Begründung des Gesellschaftsverhältnisses mit der Anleger-GbR. Diese müsste dann aber Anteil eines Finanzproduktes sein. Der Fonds und damit die Vermögensanlage ist in dieser Konstruktion eben diese Anleger-GbR, da hier die Finanzmittel gesammelt werden. Investitionsobjekt ist die stille Beteiligung. Man müsste hier im Grunde von einem Beteiligungsfonds reden

---

Rn. 392.

[216] BT-Drs. 15/3174, S. 22.

[217] Anders offenbar *Keul/Erttmann* DB 2006, 1664 (1665).

und nicht etwa von einem Immobilienfonds, auch wenn der Geschäftsinhaber, mit dem die stille Beteiligung letztlich begründet wird, eine Immobiliengesellschaft ist. Der Schwerpunkt dieses Anlagevehikels ist nämlich aus rechtlicher Sicht die Begründung der stillen Gesellschaft und nicht der Geschäftszweck des Geschäftsinhabers. Auch in diesem Fall ist also ein Anteil gegeben. Er ermöglicht ebenso die Beteiligung am Ergebnis eines Unternehmens, nämlich der Anleger-GbR selbst. Diese hat einen jedenfalls scheinbaren wirtschaftlichen Zweck. Dabei kommt es nicht darauf an, ob die Anleger-GbR ein Gewerbe betreibt. Auf die Geschäftsinhaber-Gesellschaft kommt es ebenfalls nicht mehr an.

Bei der GmbH & Still kann auf die Ausführungen zur einfachen stillen Gesellschaft verwiesen werden. Das Finanzprodukt ist hier die Fonds-GmbH, die in die Anteile der „virtuellen" Kommanditisten aufgeteilt ist.

Bei Unterbeteiligungen ist die Rechtslage mit der bei stillen Beteiligungen vergleichbar. Hier ist das Finanzprodukt nicht eine Gesellschaft, sondern ein Gesellschaftsanteil. Man könnte von einem Anteilsfonds sprechen, denn der Gesellschafter, der die Anleger an seinem Anteil unterbeteiligt, teilt seinen Anteil als Fonds in verschiedene Teile. Jeder Anleger hält einen Bruchteil dieses Anteilsfonds. Über diesen wird eine Beteiligung am Ergebnis der Gesellschaft, dessen Gesellschafter der Hauptbeteiligte ist, ermöglicht. Auch hier liegt also ein Fall von § 8f Abs. 1 Var. 1 VerkProspG vor. Sollte dieses Modell allerdings zusätzlich mit einer Treuhand ausgestaltet werden, so ist in diesem Fall die zweite oder dritte Var. einschlägig.

Wenn die Unterbeteiligung der Anleger mehrgliedrig ist, so ist ebenfalls auf die Ausführungen zur stillen Gesellschaft zu verweisen. Auch die Mehrgliedrigkeit ist wieder in drei Arten möglich. Hat jeder Anleger eine eigene Unterbeteiligung wie bei einem Konsortium oder einer einheitlichen mehrgliedrigen Unterbeteiligung im engeren Sinne, so ist der Zusammenschluss für das VerkProspG unerheblich. Im Falle einer einheitlichen Gesamt-Unterbeteiligung durch eine Anleger-GbR ist wiederum diese GbR als Finanzprodukt zu sehen, welches in Anteile – nämlich GbR-Mitgliedschaften – aufgeteilt ist. Dazu sei auf die entsprechenden Ausführungen bei der stillen Gesellschaft verwiesen.

g) Partiarische Darlehen

Partiarische Rechtsverhältnisse, insbesondere Darlehen, sind von stillen Gesellschaften schwer abgrenzbar. Es kommt darauf an, ob die Parteien einen gemeinsamen Zweck verfolgen, was insbesondere durch Mitspracherechte oder Gewinn- bzw. Verlustbeteiligung ausgedrückt werden kann, oder ob die Parteien im Rahmen von Austauschverträgen ihre eigenen Interessen im Vordergrund sehen und nur ein Entgelt proportional dem Gewinn versprochen wird.[218] Auf De-

---

[218] Heymann/Horn/*Horn* § 230 Rn. 16; *Schmidt* GR S. 1842 f.; MüHB stG/*Bezzenberger/ Keul* § 73 Rn. 13 f.; MüKo/*K. P. Berger* vor § 488 Rn. 22; MüKo/*Ulmer* vor § 705,

tails kann hier nicht eingegangen werden. Ob derartige Rechtsverhältnisse für Anlageprodukte günstig sind, oder ob nicht andere Gestaltungsformen besser geeignet sind, mag hier auch dahinstehen, solange partiarische Darlehen überhaupt für eine Vermögensanlage auf dem Grauen Kapitalmarkt geeignet sind. Die massenhafte Aufnahme von partiarischen Darlehen kann – insbesondere bei Ausschluss der Verlustteilnahme – ein erlaubnispflichtiges Bankgeschäft nach § 1 Abs. 1 Nr. 1, 2. Var. KWG sein.[219] Sieht man in dem Begriff Grauer Kapitalmarkt den unregulierten, insbesondere durch fehlende Aufsicht gekennzeichneten Kapitalmarkt, dann würde das partiarische Darlehen dadurch nicht unter diese Definition fallen. Das VerkProspG stellt aber auf eine Verbriefung als Wertpapier ab. Damit bleibt der Anwendungsbereich dennoch zu untersuchen.

Die Aufnahme von partiarischen Darlehen könnte ein Anteil sein, der am Ergebnis eines Unternehmens teilhaben lässt, § 8f Abs. 1, 1. Var. VerkProspG. Eine Teilnahme am Ergebnis des Unternehmens ist bei dem partiarischen Darlehen begriffsnotwendig. Der RegE hält partiarische Darlehen jedoch nicht für Unternehmensanteile.[220] Allerdings ist der Gesetzeswortlaut auch nicht „Unternehmensanteil“, sondern „Anteil, der am Ergebnis eines Unternehmens“ teilhaben lässt. Dazu muss der Anteil nicht zwingend ein echter Anteil des Unternehmens selbst sein. Nach der hier vertretenen Auffassung muss es ein Anteil eines auf verschiedene Anleger aufgeteilten Finanzproduktes sein. Wie bei typischen stillen Gesellschaften besteht zwischen jedem Anleger und dem Unternehmen ein eigenständiger Vertrag. Sollte die Gesellschaft, die in großem Maße partiarische Darlehen aufnimmt, jedoch ähnlich wie im Falle einer stillen Gesellschaft als eine virtuelle Kommanditgesellschaft auftreten, dann sollte es keinen Unterschied machen, ob stille Gesellschaften oder partiarische Darlehen gewählt werden, zumal die Abgrenzung schwierig ist und die Frage einer Prospektpflichtigkeit dann nicht eindeutig wäre. In diesem Falle ist die Gesellschaft als das Finanzprodukt anzusehen, welches ohne die partiarisch angelegten Gelder nicht funktionieren kann. An dieser hält jeder Anleger einen virtuellen Anteil wie ein Kommanditist. Für den insoweit gleichlautenden Wortlaut des § 264a StGB ist dies weitgehend anerkannt.[221] Der Zweck des Gesetzes, einen eindeutigen und möglichst die gängigsten Gestaltungen umfassenden Rechtsschutz zu bieten, erfordert es, hier über den ausdrücklich geäußerten Willen des Gesetzgebers hinauszugehen. Ansonsten wäre – von der Erlaubnispflicht einmal abgesehen – eine Umgehungsmöglichkeit vorhanden, um sowohl Prospektpflicht als auch -haftung auszuschließen. Entsprechend des RegE sollte es zwar dabei bleiben, dass ein einfaches partiarisches Darlehen ohne das Vorhandensein einer virtuel-

Rn. 108; Weitnauer/*Kraus* D. Rn. 37; Assmann/Schütze/*Wagner* § 17 Rn. 13 ff.

219 Boos/Fischer/Schulte-Mattler/*Schäfer*, § 1 KWG Rn. 42.

220 BT-Drs. 15/3174, S. 42.

221 Vgl. Schönke/Schröder/*Cramer/Perron* § 264a Rn. 10; MüKo-StGB/*Wohlers* § 264a Rn. 26 mit weiteren Nachweisen zum strafrechtlichen Meinungsstand.

len KG keinen Anteil i.S.d. VerkProspG darstellt. Ansonsten ist aber eine Anwendbarkeit gem. § 8f Abs. 1, 1. Var. VerkProspG gegeben.[222] Das ist immer dann der Fall, wenn die Aufnahme von partiarischen Darlehen gem. dem Auffangtatbestand des § 8f Abs. 1, 4. Var. VerkProspG einen Fonds darstellt.

h) Genussrechte

Genussrechte sind schuldrechtliche Ansprüche gegen ein Unternehmen, wobei die Unternehmensform unerheblich, in der Praxis jedoch auf Kapitalgesellschaften beschränkt ist.[223] Die rechtliche Ausgestaltung hinsichtlich des Anspruches auf ein Vermögensrecht des Unternehmens ist flexibel, üblicherweise handelt es sich aber um einen Anspruch auf Teilnahme am Gewinn; ebenso ist die Ausgestaltung der Rückzahlbarkeit bzw. der Laufzeit flexibel.[224] Sie sind i.d.R. entweder als verzinsliche gewinnabhängige Vermögenseinlagen in einem Unternehmen möglich, oder als Gewinnbeteiligungseinlagen, was dann begrifflich alle Voraussetzungen einer stillen Einlage erfüllt.[225] Hinsichtlich der Gewinnbeteiligungseinlagen sei daher auf die Ausführungen zur stillen Gesellschaft verwiesen. In diesem Fall ist der einzige Unterschied zur stillen Gesellschaft der bei den Genussrechten fehlende gemeinsame Zweck. Auf die Ausgestaltung als Gesellschaft kann es aber für die Prospektpflichtigkeit nicht ankommen, wie schon bei den partiarischen Darlehen aufgezeigt werden konnte.

Im Falle von verzinslichen gewinnabhängigen Vermögenseinlagen (mit einem festen Rückzahlungszeitpunkt) liegt eine Affinität zu partiarischen Darlehen vor. Daher sei diesbezüglich auf die entsprechenden Ausführungen verwiesen.[226]

Der Vollständigkeit halber sei noch erwähnt, dass Genussrechte i.d.R. von Aktiengesellschaften ausgegeben und als Wertpapier verbrieft werden. Durch diese Verbriefung ist der § 8f VerkProspG nicht mehr anwendbar.

i) Namensschuldverschreibungen

Namensschuldverschreibungen sind vom Gesetz in § 8f Abs. 1 S. 2 VerkProspG ausdrücklich vom Anwendungsbereich der Prospektpflicht umfasst, allerdings laut RegE vorbehaltlich Abs. 2 Nr. 7 der Norm. Damit sind insbesondere nach dessen lit. c) Namensschuldverschreibungen ausgenommen, die von einem Kreditinstitut ausgegeben werden. Namensschuldverschreibungen sind Schuldverschreibungen, die auf eine bestimmte Person lauten und keine Orderklausel ha-

---

222 A.A. Arndt/Voß/*Arndt/Bruchwitz* § 8f VerkProspG Rn. 40.

223 *Claussen* in: FS Werner, S. 80; *Blaurock* Rn. 8.36; *Schmidt* GR S. 518; MüHB stG/*Bezzenberger/Keul* § 73 Rn. 15; Weitnauer/*Kraus* D. Rn. 41 ff.

224 *Claussen* in: FS Werner, S. 80 f.

225 MüKo-HGB/*Schmidt* § 230 Rn. 53.

226 S.o. unter § 3 A. I. 2. g) (S. 40).

ben; sie sind ein Rektapapier.[227] Sie werden zumeist von Banken, insbesondere von Sparkassen als Sparbriefe oder von Hypothekenbanken als Namenspfandbriefe oder Namenskommunalschuldverschreibungen ausgegeben.[228] Dann fallen sie wegen § 8f Abs. 2 Nr. 7 lit. c) VerkProspG nicht mehr unter dieses Gesetz. Die Namensschuldverschreibungen sind als Rektapapiere auch Wertpapiere, wenngleich im weiteren Sinne. Im hier für das VerkProspG verstandenen Sinne sind sie auf Grund mangelnder Handelbarkeit aber keine Wertpapiere. Dies gilt auch dann, wenn sie verbrieft werden, denn hierdurch wird keine gesteigerte Handelbarkeit generiert. Selbst wenn das so wäre, gilt die Beschränkung auf unverbriefte Vermögensanlagen nicht, denn Namensschuldverschreibungen sind im Gesetz in § 8f Abs. 1 S. 2 VerkProspG ausdrücklich auch ohne Vorliegen der Voraussetzungen von Satz 1 vom Anwendungsbereich der Norm erfasst.

Die Namensschuldverschreibungen sind als Schuldverschreibungen daher mit Ausnahme ihrer Rektafunktion normale Anleihen i.S.v. § 793 BGB. Sie beinhalten ein Forderungsrecht gegen den Aussteller auf Rückzahlung und Verzinsung des zur Verfügung gestellten Kapitals.[229] Dabei kann die Verzinsung gewinnorientiert erfolgen.[230]

Fraglich ist, ob Namensschuldverschreibungen, sofern sie nicht von Kreditinstituten emittiert werden, auch ohne die ausdrückliche Erwähnung bereits unter den ersten Satz des § 8f Abs. 1 VerkProspG fallen würden. Wie bereits erwähnt, handelt es sich nach der hier verstandenen Auslegung nicht um ein Wertpapier i.S.v. § 8f Abs. 1 S. 1 VerkProspG. Problematisch ist aber bei der Subsumtion unter die erste Var. der genannten Norm, dass die Namensschuldverschreibung möglicherweise eine feste Verzinsung aufweist und keine Gewinnbeteiligung gewährt. In diesem Falle liegt keine Teilhabe am Ergebnis eines Unternehmens vor. Es könnte indes die letzte Var. anwendbar sein. Dann müsste es sich bei einer Namensschuldverschreibung um einen sonstigen geschlossenen Fonds handeln. Dazu müsste das per Schuldverschreibung eingesammelte Kapital in ein Sondervermögen eingehen. Es wird Teil des Sondervermögens der Gesellschaft. Diese hat i.d.R. ein bestimmtes zu finanzierendes Ziel vor Augen, so dass ein Sondervermögen zur Finanzierung eines gewissen Projekts gegeben ist. Die Rückgabe der Schuldverschreibung wird normalerweise nur bei Fälligkeit möglich sein. Zudem muss der Anteil öffentlich angeboten werden, nicht nur etwa an ausgesuchte Versicherungsunternehmen. In diesem Fall kann ein sonstiger geschlossener Fonds gem. § 8f Abs. 1, 4. Var. VerkProspG gegeben sein. Jedoch ist der Hinweis im nächsten Satz der Norm *lex specialis* gegenüber dem

227 Gabler-Bank-Lexikon, „Namensschuldverschreibung".

228 Gabler-Bank-Lexikon, „Namensschuldverschreibung"; *Kümpel*, BKapR, Rn. 9151.

229 Vgl. *Kümpel* BKapR Rn. 179.

230 MüKo/*Hüffer* § 793 Rn. 29.

allgemeineren ersten Satz. Daher kommt es hierauf nicht mehr an. Namensschuldverschreibungen sind immer nach Satz 2 prospektpflichtig. Dies ist etwa auch dann so, wenn sie nicht öffentlich angeboten werden.

j) Warentermingeschäfte

Letztlich könnten auch Warentermingeschäfte ein Teilbereich des Grauen Kapitalmarkts sein. Fraglich ist jedoch, ob für sie eine Prospektpflicht nach dem VerkProspG gilt.

Eine deutsche Warenterminbörse gibt es seit einigen Jahren in Hannover.[231] Hier und an den entsprechenden Börsen in London oder New York werden Waren als Fest- oder Optionsgeschäft mit einem bestimmten Termin gehandelt.[232]

Zunächst ist die Frage zu stellen, ob die Vermittlung von Options- bzw. Festgeschäften in Warenterminbörsen ein Teilaspekt des Grauen Kapitalmarkts ist. In der Vergangenheit gab es in Deutschland keine Warenterminbörse. Es gab aber eine starke Präsenz von vermittelnden Unternehmen, die mit Brokern in London oder New York zusammenarbeiteten. Es werden dabei massenweise Anleger zum Abschluss von Optionsvermittlungsverträgen gebracht. Jedoch können Gewinne auf Grund überhöhter Gebühren für die Vermittler oft nicht erzielt werden.[233] Zudem liegen hier häufig betrügerische Absichten vor.[234] Außerdem unterlagen diese Unternehmen nicht der Rechtsaufsicht für Banken nach dem KWG.[235] Sieht man hierin den entscheidenden Aspekt für die Zugehörigkeit zum Grauen Kapitalmarkt, dann war dieses Segment ein Teil davon. Jedoch ist seit der 6. KWG-Novelle die Vermittlung von Warenterminoptionen ein Finanzkommissionsgeschäft gem. § 1 Abs. 1 S. 2 Nr. 4 i.V.m. Abs. 11 S. 4 Nr. 2 KWG.[236] Somit unterliegen diese Anbieter jetzt der Rechtsaufsicht durch die BaFin. Allerdings ist es für das VerkProspG unerheblich, ob eine Rechtsaufsicht gegeben ist oder nicht, denn es kommt nur darauf an, ob ein Anteil in der Form eines Wertpapiers vorliegt oder nicht. Das ist hier nicht der Fall.

Jedoch müsste es sich bei der Vermittlung von Warenterminoptionen und dergleichen um einen sonstigen geschlossenen Fonds handeln. Wenn ein einzelner Anleger ein Vermittlungsunternehmen mit dem Kauf beauftragt, liegt kein Fonds vor, denn es wird kein Sondervermögen gebildet. Die dem Vermittler überlassenen Geldbeträge gehen zwar in dessen Vermögen über, aber es gibt keine Kapitalsammelfunktion für eine Vielzahl von Anlegern.

---

231 http://www.rmx.eu (zuletzt besucht am 02.10.2008); vgl. dazu *Hagemann* S. 81.

232 Vgl. Assmann/Schütze/v. *Heymann/Edelmann* § 4 Rn. 82.

233 Vgl. die vom BGH hierzu entwickelte Aufklärungspflicht BGH ZIP 2005, 20, dazu EWiR § 826 BGB 3/05, 595 (*Berger/Ueding*); BGH ZIP 1994, 1116.

234 *Wach* Rn. 12 ff.

235 *Dannhoff* S. 174.

236 Boos/Fischer/Schulte-Mattler/*Schäfer* § 1 Rn. 57.

Möglich ist aber auch die Konstruktion, dass sich eine Vielzahl von Anlegern zu einem Pool zusammenschließt, um dann den gesamten gesammelten Betrag bei einem Optionsvermittler derart anzulegen, dass dieser aus dieser Kapitalmasse geeignete Beträge zu Anlagezwecken entnimmt und ggf. auch wieder investiert.[237] In einem Fall hat jedoch der BGH eine Gesellschaft i.S.v. § 705 BGB abgelehnt. Dabei deponierten die Anleger das Geld auf einem gemeinsamen Konto, auf das der Vermittler, der mit jedem einzelnen einen Vertrag abgeschlossen hatte, zugreifen konnte.[238] Ob das bereits in diesem Falle anders zu sehen gewesen wäre, bleibt hier dahingestellt. Fraglich ist jedoch, ob diese Konstruktion als ein sonstiger geschlossener Fonds gelten muss. Im genannten Fall konnten die Anleger jede Woche von der weiteren Teilnahme am System zurücktreten. Ein derart kurzer Zeitraum deutet eher darauf hin, dass (noch) kein geschlossener Fonds vorliegt. In einem Fall jedoch, in dem das Kapital der Anleger für eine bestimmte Zeit festgelegt ist und keine Rückzahlung verlangt werden kann, ist möglicherweise von einem geschlossenen Fonds auszugehen. Dazu muss ein Sondervermögen mit Kapitalsammelfunktion vorliegen. Die Bildung eines gemeinsamen Kontos allein führt aber noch nicht zu einem Sondervermögen. Jedoch ist ein Sondervermögen gegeben, wenn der Vermittler die Gelder treuhänderisch verwaltet. Zumeist wird entweder eine Treuhand oder eine Gesellschaft vorliegen. Somit ist dann auch eine Prospektpflicht gem. § 8f Abs. 1, 4. Var. VerkProspG gegeben, wenn mehrere Anleger einen Pool bilden. Wenn die Anleger einzelne Verträge mit einem Optionsvermittler abschließen, greift die Prospektpflicht jedoch nicht ein. Dann ist nur die vom BGH erarbeitete Warnpflicht anwendbar,[239] die aber nicht Gegenstand dieser Untersuchung sind.

II. Anwendungsbereich hinsichtlich der Begriffe „Prospekt" und „Anbieter" sowie Ausnahmen von der Prospektpflicht

Die Rechtsfolge des § 8f Abs. 1 VerkProspG ist die Pflicht für den Anbieter, einen Verkaufsprospekt zu erstellen. Auf diese beiden Begriffe ist im Folgenden einzugehen.

1. Prospektbegriff

Fraglich ist zunächst, wie der Begriff des Prospekts zu bestimmen ist. Bereits im VerkProspG a.F. war das nicht gesetzlich definiert.[240] Der Begriff wird nicht nur auf der Rechtsfolgenseite von § 8f VerkProspG verwendet, sondern ist auch auf der Tatbestandsseite von § 13 und § 13a des Gesetzes für die Haftung rele-

[237] *Wach* Rn. 131 ff.; *Hagemann* S. 365 ff.

[238] BGH WM 1987, 581.

[239] S.o. Fn. 233.

[240] Vgl. *Groß*² § 1 VerkProspG Rn. 38; Schwark/*Heidelbach* § 1 VerkProspG Rn. 41; *Barta* NZG 2005, 305 (307).

vant. Eine Definition muss diesen Umstand berücksichtigen, es sei denn, der Begriff unterscheidet sich in den verschiedenen Normen.

Der Verkaufsprospekt könnte zum einen formal definiert werden als das Dokument, das gem. § 8i VerkProspG von der BaFin genehmigt worden ist.[241] Der Begriff soll nach einer Auffassung für die §§ 8f, 13 und 13a VerkProspG gleichermaßen gelten.[242] Dieser Auslegung liegt der Gedanke zu Grunde, dass der Prospekt so eindeutig abgrenzbar sei. Wenn ein Prospekt erstellt und von der BaFin geprüft wurde, sei es genau dieses Schriftstück. Für den Prospektbegriff in § 13a VerkProspG komme es daher ebenso darauf an, ob ein bestimmtes Schriftstück genehmigt worden sei, oder nicht. Wurde kein bzw. kein genehmigter Prospekt erstellt, dann greife § 13a VerkProspG ein.[243]

Allerdings ist nach anderer Ansicht zu beachten, dass bei § 13 VerkProspG auch eine Haftung für den vorhandenen, aber unvollständigen Prospekt vorgesehen ist. Es sei daher an sich nicht möglich, für den Prospektbegriff in dieser Norm zu fordern, dass es ein formal korrekter und vollständiger ist.[244] Es komme vielmehr auf die Intention des Prospekterstellers an: Der Prospekt ist das vom Anbieter offensichtlich mit der Intention zur Prospekterstellung geschriebene Dokument.[245]

Stellt man jedoch auf die Intention des Prospekterstellers ab, dann ergibt sich ein anderes Problem bei § 13a VerkProspG. Hier ist eine Garantiehaftung für den Emittenten gegeben, der keinen Verkaufsprospekt erstellt hat. Jeder Emittent, der keinen fehlerfreien und von der BaFin gebilligten Prospekt erstellt hat, wird jedoch vorbringen, ein bestimmtes Werbeschreiben etwa sei von ihm als Verkaufsprospekt intendiert gewesen.

Die genaue Abgrenzung zwischen dem Prospektbegriff in § 13 und § 13a VerkProspG ist bei § 8f des Gesetzes jedoch nicht relevant: Die sich aus dieser Norm ergebende Rechtspflicht ist, einen fehlerfreien, vollständigen und von der BaFin gebilligten Prospekt zu erstellen. Hierbei kann es nicht darauf ankommen, ob der Anbieter die Erstellung eines Prospekts gewollt hat, hinter diesem jedoch zurückgeblieben ist. Ebenso wenig kann eine rein formale Sicht reichen, denn der Anlegerschutz verlangt einen vollständigen und richtigen, nicht jedoch

---

241 *Barta* NZG 2005, 305 (308); *Assmann*/Lenz/Ritz § 13 Rn. 9; *ders.* in Assmann/Schütze/*Assmann* § 6 Rn. 61; Kümpel/Hammen/Ekkenga/*Gebauer* Kennz. 100 S. 66; Heidel/*Becker*, Kap. 12 § 13a VerkProspG Rn. 6.

242 *Barta* NZG 2005, 305 (308); Assmann/Schütze/*Assmann* § 6 Rn. 61.

243 *Barta* NZG 2005, 305 (307 ff.); Assmann/Schütze/*Assmann* § 6 Rn. 62.

244 *Groß* Vorb. VerkProspG Rn. 4.

245 *Groß* Vorb. VerkProspG Rn. 4; Arndt/Voß/*Arndt/Voß* vor § 8f VerkProspG Rn. 30; Schäfer/*Hamann* § 13 VerkProspG a.F. Rn. 3, der zwar in erster Linie auf den geprüften Prospekt, aber in zweiter Linie auch auf den vom Anbieter gewollten Prospekt abstellt; *Hüffer* S. 133; *Fleischer* WM 2004, 1897 (1902); Schwark/ *Heidelbach* § 1 VerkProspG Rn. 41.

einen bloß formal gebilligten Prospekt. In § 8f VerkProspG ist die grundsätzliche Pflicht zur Anlegeraufklärung statuiert. Dieses ist nur mit einem korrekten Prospekt möglich. Die genannten Literaturstimmen zum Prospektbegriff berücksichtigen diese Pflicht jedoch nicht ausreichend in ihren Auffassungen. Daher ist Prospekt i.S.d. § 8f VerkProspG der inhaltlich korrekte, mit allen gesetzlich erforderlichen Angaben versehene und von der BaFin gebilligte Prospekt.

2. Der Anbieter der Kapitalanlage als Prospektpflichtiger

Die Prospektpflicht trifft den Anbieter der Vermögensanlage. Fraglich ist, wer unter diesem Begriff zu verstehen ist. Zum VerkProspG a.F. wurde zum gleichnamigen Begriff in § 1 a.F. des Gesetzes allgemein angenommen, es kämen insbesondere Emittenten und Dritte in Betracht. Der Emittent ist derjenige, dessen Wertpapiere öffentlich angeboten wurden. Der Anbieter muss nicht zwangsläufig der Emittent sein.[246]

Für den Anbieterbegriff können allerdings verschiedene Ansatzpunkte gewählt werden.

Zunächst könnte man es auf das tatsächliche Anbieten gegenüber den Anlegern ankommen lassen. Danach ist Anbieter, wer nach außen erkennbar den Kunden gegenübertritt.[247] Es kommt nach dieser Ansicht also auf die aus Anlegersicht handelnde Person an.[248]

Anstelle dessen könnte auch darauf abgestellt werden, dass die Person nicht tatsächlich, sondern rechtlich einem anderen den Verkauf eines Anteils anbietet.[249] Ähnlich ist die These, Anbieter sei derjenige, der die Verantwortung für die Koordinierung des Vertriebs übernimmt.[250] Zusammenfassend könnte man sagen, dass danach derjenige der Anbieter ist, der die rechtliche Verantwortung und das Risiko für das Angebot trägt. Auch in den Bekanntmachungen des BAWe (heute BaFin) zum VerkProspG ist von der verantwortlichen Person die Rede, ebenso wie in der Begründung zum AnSVG.[251]

---

246 Kümpel/Hammen/Ekkenga/*Gebauer* Nr. 100 S. 18; Assmann/Lenz/Ritz/*Ritz* § 1 Rn. 79 f.; *Hüffer* S. 76; *Groß*² § 1 VerkProspG Rn. 35; Schäfer/*Hamann* § 1 VerkProspG Rn. 21 ff.; Schwark/*Heidelbach* § 1 VerkProspG Rn. 32.

247 Lüdicke/Arndt/*Bruchwitz* S. 100; *Hüffer* S. 81.

248 *Groß* § 2 WpPG Rn. 25; Schwark/*Heidelbach* § 1 VerkProspG Rn. 36; *Assmann* FS Schütze S. 15 (40 f.).

249 Habersack/Mülbert/Schlitt/*Zwissler*, Kapitalmarktinformation, § 6 Rn. 9; *Schäfer* ZIP 1991, 1557 (1563).

250 Vgl. a. *Groß* § 2 WpPG Rn. 28.

251 Zweite Bekanntmachung des BAWe, BAnz vom 21.09.1999, 16180, ebenso die erste Bekanntmachung BAnz vom 30.04.1996, 5069: Die Verantwortung muss aber in einem Auftreten gegenüber dem Anleger deutlich werden; RegE VerkProspG, BT-Drs. 15/3174, S. 42.

Nach einer weiteren Meinung ist darauf abzustellen, wer das Angebot veranlasst hat.[252] Hier kommt es auf die Person an, die das Emittieren der Vermögensanlagen letztlich in die Wege geleitet hat, unabhängig davon, wer das Angebot gegenüber den Anlegern vertritt.

Daneben werden in einigen Fällen Kombinationen vertreten. So soll es nach einer Meinung darauf ankommen, dass die betreffende Person für den Prospekt verantwortlich ist, was dann der Fall sei, wenn sie entweder die Emission veranlasst hat oder das tatsächliche Angebot gemacht hat.[253] Nach den Bekanntmachungen des BAWe zum VerkProspG ist derjenige Anbieter, der für die Platzierung verantwortlich ist und zugleich gegenüber den Anlegern auftritt.[254] Der RegE des AnSVG spricht von Verantwortlichkeit für das Angebot und dem erkennbaren Auftreten nach außen.[255] Damit lehnt es sich an die BAWe-Bekanntmachung an. Diese legt aber wohl den Schwerpunkt auf die Erkennbarkeit in dem Sinne, dass derjenige verantwortlich für den Prospekt ist, der nach außen auftritt.

Stellt man auf die Risikoübernahme ab, so trifft die Prospektpflicht zunächst denjenigen, der i.d.R. nicht nur das Risiko, sondern auch den Gewinn aus einem erfolgreichen Marktabschneiden erhält. Jedoch ist Sinn der Prospektpflicht die Information des Anlegers, damit dieser sich umfassend unterrichten kann, ob und welche Vermögensanlage für ihn geeignet ist. Die Pflicht zur Information muss zunächst den treffen, der mit dem Anleger in Kontakt tritt, denn in diesem Verhältnis können die Informationen ausgetauscht werden. Daher sollte als Anbieter derjenige gelten, der nach außen auftritt. Diese Person ist es, die auf dem Markt auftritt, und daher muss sie auch die Informationsverpflichtung treffen.

Allerdings ist damit eventuell der „hinter“ der Anlageform stehende wirtschaftlich Anbietende nicht erfasst. Bei Anlageformen des Grauen Kapitalmarktes spricht man insofern von den „Hintermännern“. Diese haben ggf. besseren Zugang zu Informationen, die „ihre“ Kapitalanlage betreffen. Aus diesem Informationsvorsprung muss andererseits auch eine Informationsverpflichtung resultieren. Zudem ist ein Veräußern von Anteilen ohne Zutun und Zustimmung des Initiators nicht möglich. Es erscheint daher sachgerecht, wenn auch der das Angebot Veranlassende als Anbieter gilt.

Daraus ergibt sich eine doppelte Anbieterbestimmung: Anbieter ist, wer das Angebot veranlasst oder wer nach außen in Erscheinung tritt. Sollten diese Be-

---

[252] Kümpel/Hammen/Ekkenga/*Gebauer* Nr. 100 S. 18; Assmann/Lenz/*Ritz* § 1 VerkProspG Rn. 87.

[253] Schäfer/*Hamann* § 1 VerkProspG Rn. 21; *Lenenbach* Rn. 7.124; Arndt/Voß/*Arndt/Voß* vor § 8f VerkProspG Rn. 7.

[254] Zweite Bekanntmachung des BAWe, BAnz vom 21.09.1999, 16180; ebenso die erste Bekanntmachung BAnz vom 30.04.1996, 5069.

[255] RegE VerkProspG, BT-Drs. 15/3174, S. 42.

dingungen bei verschiedenen Personen zutreffen, so sind diese Mitanbieter.[256] Dabei entfällt die Prospektpflicht nicht bereits dadurch, dass ein anderer die Vermögensanlage bereits öffentlich angeboten hat, sondern gem. § 8f VerkProspG erst, wenn dieser bereits einen Prospekt veröffentlicht hat.

3. Personen, die als Anbieter in Betracht kommen

Im Folgenden werden alle maßgeblich bei der Emission von Vermögensanlagen beteiligten Personen dahingehend untersucht, ob diese als Anbieter in Betracht kommen können.

a) Initiatoren

Am engsten mit dem öffentlichen Angebot verbunden ist i.d.R. der Emittent. Hierunter ist die Fondsgesellschaft zu verstehen, also etwa die KG.[257] Daneben findet sich bei geschlossenen Fonds noch der Initiator. Initiatoren sind das Management der Fondsgesellschaft.[258] Hierbei kann es sich um eine Gesellschaft (also ein Emissionshaus) oder eine Einzelperson handeln. Sie sind diejenigen, die die Vermögensanlage strukturieren und die – i.d.R. übliche – Fondsgesellschaft gründen. Sie veranlassen das Angebot, wenn es nicht von ihnen selbst, sondern von einem Dritten durchgeführt wird, oder sie treten selbst gegenüber dem Publikum auf. Somit sind diese in jedem Fall Anbieter.

Die Initiatoren sind jedoch dann nicht als Anbieter anzusehen, wenn das Angebot ausnahmsweise nicht von ihnen veranlasst wird. Das ist nur dann der Fall, wenn sie die Anteile in einer Privatplatzierung herausgegeben haben und diese später von den Ersterwerbern gemeinsam und entgegen einer Vereinbarung mit den Initiatoren öffentlich angeboten werden.[259] Hierbei kann nicht angenommen werden, dass der Initiator auch hier Anbieter ist weil sich an den weiterveräußernden Personen, etwa ein Konsortium, schadlos halten kann.[260] In diesem Fall hat der Initiator das Angebot eines Dritten nicht veranlasst und es kann ihm nicht zugerechnet werden.

b) Anlagegesellschaft

Fraglich ist, ob die Anlagegesellschaft selbst auch Anbieter und somit prospektpflichtig ist.

---

256 Vgl. *Schäfer* ZIP 1991, 1557 (1563); Assmann/Lenz/*Ritz* § 1 VerkProspG Rn. 84; Lüdicke/Arndt/*Bruchwitz* S. 101.

257 Lüdicke/Arndt/*Bruchwitz* S. 100.

258 *Förster* S. 60.

259 Kümpel/Hammen/Ekkenga/*Gebauer* Nr. 100 S. 19; *Hüffer* S. 82 f.; Assmann/Lenz/*Ritz* § 1 VerkProspG Rn. 87; *Groß* § 2 WpPG Rn. 27; Schäfer/*Hamann* § 1 VerkProspG Rn. 24; Schwark/*Heidelbach* § 1 Rn. 34.

260 So aber *Hopt* Verantwortlichkeit Rn. 133.

aa) Die Anlagegesellschaft als prospektpflichtige Person

Ob die Anlagegesellschaft prospektpflichtig ist, ist zweifelhaft. Sie ist nämlich in wirtschaftlicher Hinsicht Gegenstand der Vermögensanlage und nicht der Vertragspartner des Anlegers. Andererseits ist bei einer Aktienemission durchaus die AG als prospektpflichtig anzusehen.

(1) Juristische Personen

Um von einer Vergleichbarkeit mit Aktienemissionen ausgehen zu können, sollen hier zunächst Vermögensanlagen untersucht werden, die Anteile an juristischen Personen darstellen. Dies ist eher die Ausnahme. Es ist jedoch denkbar, dass Anteile an einer GmbH öffentlich angeboten werden. Hier ist es schwierig, eine Unterscheidung zu den Fällen einer Aktienemission zu finden. Beides sind juristische Gesellschaften, die ihre Anteile öffentlich anbieten. Die GmbH kommt dabei selbst ist als Anbieter in Betracht, weil sie die Ausgabe neuer Gesellschaftsanteile veranlasst.

(2) Personengesellschaften

Fraglich ist, ob dies bei Personengesellschaften anders ist. Im Bereich der geschlossenen Fonds ist diese Gesellschaftsform die Regel. Die Frage ist daher von erheblicher praktischer Bedeutung. Bei der Suche nach einem Unterschied zum Angebot von GmbH-Anteilen ist bei Personengesellschaftsanteilen insbesondere die mangelnde Eigenschaft als juristische Person zu nennen. Zudem kommt bei der Aufnahme neuer Gesellschafter i.d.R. ein Vermittlungsvertrag nicht zwischen dem Fonds und dem Anleger, sondern zwischen dem Anleger und dem Treuhandkommanditisten oder der Komplementär-GmbH zustande. Andererseits ist nach neuerer Rechtsprechung die GbR zumindest (teil-)rechtsfähig.[261] Es kommt aber gar nicht vornehmlich darauf an, welche Vertragsbeziehungen vorliegen, sondern ob die Fondsgesellschaft entweder nach außen wie ein Verkäufer auftritt oder das Angebot veranlasst.[262] Das kann nicht pauschal, sondern nur im Einzelfall beantwortet werden. Es ist durchaus denkbar, dass eine Personengesellschaft auf einer Gesellschafterversammlung beschließt, im Rahmen eines öffentlichen Angebots weitere Beteiligungen, seien sie nun unmittelbar oder mittelbar als Treuhand oder Unterbeteiligung, auszugeben. In diesem Fall wäre das Angebot von der dadurch entstandenen Fondsgesellschaft veranlasst.

Im Normalfall hingegen wird die Fondsgesellschaft von einem Initiator und weiteren Personen gegründet, um hieran zu einem späteren Zeitpunkt weitere Anleger zu beteiligen. Dann geht die Emission von diesen Personen als Veran-

---

[261] BGH NJW 2001, 1056; PWW/*von Ditfurth* § 705 Rn. 35; Palandt/*Sprau* § 705 Rn. 24; HK-BGB/*Saenger* § 705 Rn. 18 ff.

[262] Lüdicke/Arndt/*Bruchwitz* S. 100.

lasser aus. Jedoch ist in diesem Fall genau zu untersuchen, ob nicht ein gemeinsamer Gesellschafterbeschluss vorliegt, der das Angebot als ein Angebot des Fonds erscheinen lässt. In diesem Fall ist auch ein Personengesellschaftsfonds als (Mit-)Anbieter anzusehen.

Im Falle der GmbH & Co. KG kann die Kommanditgesellschaft Anbieter sein. Die Geschäftsführung der KG übernimmt die GmbH mit den darin zusammengefassten Initiatoren oder sonstigen Fondsmanagern. Damit wird das Angebot gerade von der Geschäftsführung der GmbH & Co. KG betrieben. Hier ist auch der Fonds als Anbieter zu verstehen.

Wenn die Fondsgesellschaft hingegen erst später gegründet wird, nachdem die Anleger ihre Beitrittserklärungen abgegeben haben (sog. „Holland-Fonds")[263], kommt die zukünftige Fondsgesellschaft nicht als Anbieter in Betracht.

bb) Einlagenrückgewähr

Fraglich ist jedoch, ob die Einbeziehung der Fondsgesellschaft in den Kreis der prospektpflichtigen Anbieter deshalb unterbleiben müsste, weil dieses zugleich eine mögliche Prospekthaftung nach sich zieht, die ggf. wegen eines Verbots der Einlagenrückgewähr problematisch ist. Auch hierzu sei zunächst angemerkt, dass auch bei der börsengesetzlichen Prospekthaftung die Frage diskutiert wird, in welchem Verhältnis die Prospekthaftung und die Kapitalerhaltungsgrundsätze des Aktienrechts stehen.[264] Es kann danach in gewissen Fällen die Prospekthaftung zurücktreten. Die grundsätzliche Prospektpflicht wird dadurch jedoch nicht berührt. Zudem ist zu bedenken, dass, auch wenn eine Prospekthaftung ausgeschlossen wäre, die Verletzung der Prospektpflicht eine mit bis zu 500.000 Euro zu ahndende Ordnungswidrigkeit darstellt (§ 17 Abs. 1 Nr. 1 VerkProspG). Die Prospekterstellung ist daher auch zur Vermeidung einer Ordnungswidrigkeit erforderlich und nicht lediglich, um die zivilrechtliche Haftung zu umgehen. Daher bleibt es beim gefundenen Ergebnis, dass auch die Fondsgesellschaft prospektpflichtig sein kann.

c) Gesellschafter oder Gesellschaftsorgane

Neben der Gesellschaft selbst könnten einzelne Gesellschafter oder Gesellschaftsorgane Anbieter sein. Der Initiator oder Gründer selbst hält oft auch eine kleine Beteiligung, er ist aber nicht in seiner Funktion als Gesellschafter, sondern aus anderen Gründen Anbieter. Daneben kommen als weitere Gesellschafter insbesondere bei der typischen KG die GmbH-Komplementärin, bei Treuhandgesellschaften der Treuhand-Kommanditist und daneben der einzelne An-

---

263 Vgl. *Keunecke* Rn. 356; diese haben aber eine stark sinkende Bedeutung: *Loipfinger* Vorwort S. 11.

264 Vgl. Schwark/*Schwark* § 45 BörsG Rn. 13.

leger in Betracht. Außerdem könnten Gesellschaftsorgane wie die Gesellschafterversammlung oder der bei Treuhandgesellschaften typische Beirat Anbieter sein.

Die GmbH-Komplementärin kann ebenso wie deren Gesellschafter nur dann Anbieter sein, wenn sie das Angebot nach außen abgibt oder wenn es von ihr ausgeht. Sie schließt i.d.R. die Aufnahmeverträge mit den Neukommanditisten ab, und in ihr sind die sog. Hintermänner[265] eines Fonds vertreten. Durch die Tätigkeit, neue Kommanditisten aufzunehmen tritt die GmbH und auch deren Geschäftsführer oder Gesellschafter je nach Einzelfall nach außen auf. Das macht sie zum Anbieter. Wenn die Komplementärin nicht nach außen auftritt, so ist genau zu prüfen, ob sie nicht das Emittieren veranlasst. Kann das öffentliche Angebot nicht ohne ihr Zutun oder ihre Initiative erfolgen, so ist auch sie Anbieter.

Der Treuhandkommanditist ist in den Fällen relevant, in denen die Anleger nur treuhänderisch beteiligt werden. Dann schließen die Anleger nur mit dem Treuhandkommanditisten einen Treuhandvertrag. Damit tritt dieser offen nach außen auf. Dies macht ihn in jedem Fall zum prospektpflichtigen Anbieter.[266]

Einzelne Anleger können ebenfalls nur dann Anbieter sein, wenn sie nach außen so auftreten oder das Angebot von ihnen ausgeht. Hierfür kommen insbesondere Anleger in Betracht, die bereits vor dem öffentlichen Angebot Gesellschafter geworden sind und auf der Gesellschafterversammlung der Abgabe eines öffentlichen Angebots zustimmen. Die bloße Zustimmung reicht allerdings nur dann, wenn sie unbedingt erforderlich ist, etwa weil Beschlüsse einstimmig gefasst werden müssen. Durch den reinen Beschluss erscheint eher die Gesellschaft selbst als Anbieter. Daher scheidet der einzelne Gesellschafter als Anbieter aus. Ein Anleger, der erst auf Grund des öffentlichen Angebots beigetreten ist, ist i.d.R. auch nicht mehr Anbieter. Dies kann nur anders sein, wenn die Fondsgesellschaft noch ein zweites öffentliches Angebot zu einem späteren Zeitpunkt abgibt und die bisherigen Anleger zustimmen müssen. Dann könnte das Angebot von den übrigen Anlegern veranlasst sein.

Gesellschaftsorgane, wie die Gesellschafterversammlung, ein Aufsichtsrat oder der Beirat können dann Anbieter werden, wenn sie einem öffentlichen Angebot zustimmen müssen, so dass das Angebot nicht ohne ihre Zustimmung durchgeführt werden kann. Dann wird das Angebot von ihnen veranlasst, und sie sind damit Anbieter.

d) Anlagevermittler und Anlageberater

Als Anlagevermittler ist eine im Vertrieb zwischengeschaltete Person zu sehen, die den Kontakt mit den potentiellen Anlegern sucht und einen Beitrittsvertrag

---

265 Vgl. *Förster* S. 64.

266 *Manzei* WM 2006, 845 (848) verneint jedenfalls die Emittenteneigenschaft.

mit diesen und der Anlagegesellschaft vermittelt. Ein Anlageberater vermittelt die Vermögensanlage zwar nicht, versucht aber in einem Beratungsgespräch das Interesse des Anlegers für das Produkt zu wecken und diesen dazu zu bringen, selbst, also ohne Vermittlung des Beraters zu zeichnen.

Beim Vorhandensein einer Vertriebsstruktur ist es streitig, wer Anbieter ist. Nach einer Ansicht ist dies immer nur die Person, die die Verantwortung für die Koordination des Vertriebs hat.[267] Dann kommt es für den Anlagevermittler darauf an, ob der Initiator oder derjenige, der außerdem das Angebot veranlasst hat, dem Vermittler freie Hand lässt oder ob der Initiator oder andere Personen den Vertrieb koordinieren. Jedenfalls wird nach dieser Ansicht immer nur eine Person Anbieter durch den Vertrieb. Nach einer anderen Ansicht ist ein Vertriebspartner immer nur dann ausnahmsweise nicht Anbieter, wenn er weisungsgebunden in das Vertriebssystem des Emittenten eingebunden ist.[268]

Ausgangspunkt für diese Frage muss die oben gefundene Definition des Anbieterbegriffs sein: Wer das Angebot veranlasst oder nach außen vertritt, ist Anbieter. Nicht nötig ist, dass innerhalb eines Vertriebs immer nur eine Person Anbieter ist, denn es können auch mehrere Personen zugleich Mitanbieter sein. Daher ist die erste Ansicht abzulehnen. Aber auch der zweiten Ansicht kann nicht gefolgt werden: Richtig ist zwar, dass Vertriebspartner grundsätzlich Anbieter sind. Wenn ein Vertriebspartner jedoch weisungsgebunden in das Vertriebssystem eingebunden sind, so ändert dies grundsätzlich nichts daran, dass der Partner das Angebot tatsächlich nach außen vertritt. Auf die rechtliche Zuordnung kommt es eben nicht an. *Hamann*[269] verneint die Anbietereigenschaft dabei damit, dass dann eine Verantwortlichkeit nicht gegeben sei. Diese ist jedoch sehr wohl gegeben, denn die Verantwortlichkeit resultiert aus der Handlung des tatsächlich nach außen vertretenen Angebots. Damit ist der Vertriebspartner bei tatsächlichem Weitergeben des Angebots nach außen in jedem Fall Anbieter, unabhängig davon, ob er nun Anlagevermittler oder -berater ist.

e) Banken

Die Tatsache, dass es sich bei geschlossenen Fonds um ein Produkt des Grauen Kapitalmarkts handelt, bedeutet nicht, dass Banken hieran nicht beteiligt wären.[270] Banken können auf verschiedene Arten in den Vertrieb einer Vermögens-

---

267 *Moritz/Grimm* BB 2004, 1352 (1354); Kümpel/Hammen/Ekkenga/*Gebauer* Nr. 100 S. 19; zweite Bekanntmachung des BAWe, BAnz vom 21.09.1999, 16180.

268 Schäfer/*Hamann* § 1 VerkProspG Rn. 26.

269 Schäfer/*Hamann* § 1 VerkProspG Rn. 26.

270 Vgl. auch Interview mit *Dierk Ernst* in Immobilien und Finanzierung 2004, 759 ff.: „Heute hat jeder größere Finanzdienstleister eine Gesellschaft für geschlossene Fonds … [Es] werden besonders Landesbanken und Sparkassen angesprochen, die die Anteile unserer Fonds verkaufen". Nach. *Loipfinger* Vorwort S. 7, waren 2006 48,4 % der Initiatoren bankeigene Emissionshäuser; vgl. a. *Manzei* WM 2006, 845; *Zitelmann* Bank 2/2006, 8 (13).

anlage eingebunden sein. Die Vermögensanlagen können zum einen von Banken vertrieben werden. Zum anderen können die Banken sich lediglich in verschiedenen Formen als Kreditgeber beteiligen. Außerdem kann nicht nur eine Bank, sondern ein Bankenkonsortium beteiligt sein.

aa) Als Emissionsbegleiter

Die Bank ist in erster Linie, ähnlich wie bei Wertpapieremissionen, als Emissionsbegleiterin tätig. Das kann zum einen dadurch geschehen, dass sie die Anteile als Maklerin oder Vermittlerin vertreibt.[271] Dann gilt für die Bank nichts anderes als für die oben[272] genannten Vertriebspartner. Zudem ist denkbar, dass die Bank in der Form der Begebung die Anteile im eigenen Namen, aber für Rechnung des Emittenten veräußert; dann ist sie eine Verkaufskommissionärin.[273] Auch in diesem Fall ist die Bank Anbieterin, denn sie tritt im tatsächlichen Verhältnis zum Kunden als diejenige auf, die die Anteile veräußert. Gleiches gilt bei der festen Übernahme, bei der die Bank zunächst sämtliche Anteile erwirbt und diese dann an die Anleger weiterveräußert.[274] Ob dieser Fall in der Praxis oft vorkommt, ist eher zweifelhaft; es ist jedoch hierbei noch deutlicher, dass die Bank in diesem Fall Anbieterin ist, denn sie gibt hier das tatsächliche, aber auch das rechtliche Angebot ab. Da die Bank also in all diese Fällen, in denen sie in den Verkauf der Anteile einbezogen ist, nach außen auftritt, ist sie in jedem Fall Anbieterin.[275] Dabei ist zu beachten, dass die Bank keinen Prospekt erstellen muss, wenn die entsprechende Fondsgesellschaft bereits einen Prospekt veröffentlicht hat. In der Praxis wird die Bank daher keinen Prospekt erstellen müssen, sondern das der (konzerninternen) Fondsgesellschaft überlassen.

bb) Prospektpflicht von Konsortien

Ist der Emissionsbegleiter ein Konsortium und nicht eine einzelne Bank, so ergeben sich für die Konsorten dadurch keine Besonderheiten. Jeder Konsorte ist dann Anbieter, wenn er in den Verkauf einbezogen wird und damit entweder nach außen auftritt oder den Verkauf veranlasst.[276] Die Prospektpflicht ist für jeden Konsorten grundsätzlich einzeln zu ermitteln. Zu beachten ist dabei, dass es ggf. sein kann, dass nur manche Konsorten den Verkauf besorgen, andere hingegen Finanzierungsaufgaben erledigen. Dann ist die verkaufende Bank jedenfalls Anbieter, da sie nach außen auftritt. Das Konsortium kann allerdings nur gemeinsam und koordiniert agieren. Es ist nach nicht ganz einheitlicher Ansicht

271 Vgl. *Hüffer* S. 76 f.

272 S.o. § 3 A. II. 3. d) (S. 52).

273 Vgl. *Hüffer* S. 76 f.

274 Vgl. *Hüffer* S. 76 f.

275 Ebenso *Hüffer* S. 81.

276 *Schäfer* ZIP 1991, 1557 (1563); *Hüffer* S. 82.

i.d.R. eine Gesellschaft gem. § 705 BGB, wobei die dispositiven Regeln des BGB üblicherweise abbedungen werden.[277] Fraglich ist, ob diese Verknüpfung etwas für die Prospektpflicht des einzelnen Konsorten bedeutet. Hierdurch ist die Zustimmung auch eines nicht in den Verkauf einbezogenen Konsorten dann zwingend nötig, um den Verkauf zu vollziehen, wenn Beschlüsse der Gesellschaft einstimmig sein müssen, § 709 Abs. 1 BGB. Durch diese Mitarbeitserfordernis ist dann dieser Konsorte auch Veranlasser des Verkaufsangebots.[278] Da die Veranlassung für die Anbietereigenschaft ausreicht, kommt es nicht nur auf den Außenauftritt an.[279] Entscheidend ist, ob die Person auf die Erstellung des Prospekts einwirkt.[280] Dies ist durch die Zustimmung zur Erstellung eines Angebots bereits gegeben. Insoweit kann für Konsortialbanken nichts anderes gelten als für andere Beteiligte des Angebotes, für die die Veranlassung ebenfalls ausreicht. Kann der Beschluss zur Erstellung eines Angebots auch ohne den entsprechenden Konsorten gefasst werden, weil das Mehrheitsprinzip gem. § 709 Abs. 2 BGB gilt, so geht der Prospekt hingegen nicht von dem entsprechenden Konsorten aus.

Somit ist bei einem Konsortium, dass die Vermögensanlagen auf den Markt bringen will, jeder Konsorte, unabhängig davon ob er Konsortialführer oder einfaches Mitglied ist, zugleich Anbieter, wenn der Beschluss zur Abgabe eines Angebots nicht ohne ihn getroffen werden kann.

Fraglich ist zudem, ob das Konsortium selbst Anbieter sein kann. Es ist allerdings i.d.R. nur eine Innengesellschaft. Jeder Konsorte ist für seinen eigenen Anteil zuständig.[281] Daher tritt das Konsortium nicht nach außen auf und veranlasst auch kein Angebot. Es ist daher nicht Anbieter.[282]

cc) Bei Kreditvergabe an den Fonds oder die Anleger oder bei sonstigen Dienstleistungen

Neben der Einbeziehung in den Verkauf der Anteile ist es auch denkbar, dass eine Bank oder ein Bankenkonsortium andere Leistungen erbringt, die zwar für den Fonds nötig sind, aber keine Verkaufstätigkeit umfassen. Hierzu zählt etwa die Finanzierung des Fonds mit Fremdkapital vor Aufnahme der Anleger, die dieses Fremdkapital dann sukzessive mit Eigenkapital austauschen. Ohne diese

---

277 *Hadding/Häuser* in: BHdb § 87 Rn. 20 ff.; *Hüffer* S. 81; MüKo/*Ulmer* vor § 705 Rn. 52, 54.

278 Anders allerdings Habersack/Mülbert/Schlitt/*Mülbert/Steup* § 33 Rn. 65.

279 Anders aber Schwark/*Heidelbach* § 1 VerkProspG Rn. 36.

280 Habersack/Mülbert/Schlitt/*Mülbert/Steup* § 33 Rn. 67 f.

281 *Hüffer* S. 82.

282 *Hüffer* S. 82; Assmann/Lenz/*Ritz* § 1 VerkProspG Rn. 85; Schäfer/*Hamann* § 1 VerkProspG Rn. 23; *Schäfer* ZIP 1991, 1557 (1563); vgl. a. Habersack/Mülbert/Schlitt/*Mülbert/Steup* § 33 Rn. 63.

Mitwirkung kann es keinen Fonds geben. Möglich sind auch andere Dienstleistungen. Das Gesetz spricht jedoch von Anbieter, nicht von jedem Mitwirkenden. Emissionshelfer sind daher nicht stets Anbieter,[283] sondern – wie oben festgestellt – nur dann, wenn sie nach außen in den Verkauf einbezogen sind oder wirtschaftlich hinter dem Angebot stehen. Wirkt eine Bank dagegen lediglich im Hintergrund als Dienstleister mit, ist sie nicht automatisch Anbieter; schon im Hinblick auf den Bestimmtheitsgrundsatz für Ordnungswidrigkeitstatbestände verbietet sich eine solche Pauschalisierung.[284]

Ist das Engagement der Bank allerdings so groß, dass sie wirtschaftlichen Einfluss auf die Strukturierung der Vermögensanlage und auf den Fonds nehmen kann, dann kommt eine Prospektpflicht als wirtschaftlich das Angebot Veranlassende in Betracht. Dies ist schon dann gegeben, wenn das Angebot nicht ohne die Zustimmung der Bank gemacht werden kann. Bei einer derart umfangreichen Finanzierung sollte die Bank daher die Abgabe des Angebots nur dann zulassen, wenn die finanzierte Fondsgesellschaft bereits einen Prospekt erstellt hat.

Bei der Kreditvergabe an den Anleger ist an sich noch keine Verkaufstätigkeit gegeben. Jedoch ist zu bedenken, dass diese Tätigkeit durchaus im Zusammenhang mit dem Vertrieb steht. Nicht selten werden hierbei Kreditverträge als Haustürgeschäfte, die mit dem Fondsbeitritt ein verbundene Geschäft bilden, abgeschlossen. Die Bank überlässt den tätigen Vertriebspartnern dann i.d.R. ihre Darlehensformulare. Dadurch tritt sie allerdings, sofern der Vertriebspartner nicht zugleich der Bank zugehörig sondern ein freier Vermittler ist, nicht nach außen im Verkauf auf. Wenn der Vermittler also nur auf Nachfrage von Kunden die Kreditvermittlung bereithält, ist keine Anbieterstellung gegeben. Sollte die Bank aber aus Interesse an der Kreditvergabe den Vertrieb an ein breites Publikum anregen, so ist sie zumindest als Veranlasser des Angebots anzusehen. Gleiches gilt, wenn im Auftrag der Bank von den Vermittlern jedes mal zugleich mit dem Anbieten der Fondsbeteiligung auch die Kreditvergabe mitangeboten wird. In diesem Fall ist ebenfalls davon auszugehen, dass die Bank an einer breiten Platzierung interessiert ist und diese durch ein öffentliches Angebot veranlasst hat. Sofern die Fondsgesellschaft noch keinen Prospekt erstellt hat, kommt damit etwa ein Anspruch aus § 13a VerkProspG gegen die Bank in Betracht.

f) Ersterwerber oder Zweitmarktbetreiber als Verkäufer

Fraglich ist, ob der Ersterwerber zum Anbieter werden kann, wenn er zu einem späteren Zeitpunkt seinen Anteil öffentlich anbietet, z.B. auf einer Zweitmarktbörse. Die Frage ist aber, ob in diesem Fall der ursprüngliche Anbieter oder der

---

283 So jedoch Schäfer/*Hamann* § 1 VerkProspG Rn. 23.

284 Kümpel/Hammen/Ekkenga/*Gebauer* Nr. 100 S. 19; vgl. a. KG WM 2007, 2142 (2148).

veräußernde Ersterwerber Anbieter ist. Hierbei bestehen allerdings zwei Einschränkungen: Erstens ist ein Verkaufsprospekt nicht mehr zu erstellen, wenn ein solcher bereits erstellt wurde, § 8f Abs. 1 S. 1 VerkProspG, oder wenn es sich um eine Altanlage vor der Einführung der gesetzlichen Prospektpflicht handelt, die später an einem Zweitmarkt zugelassen wird, § 8f Abs. 2 Nr. 9 VerkProspG[285]. In dem Fall, dass ein Anleger sich von seinem Anteil trennen will, hat im Normalfall der Initiator oder eine andere Person bereits einen solchen Prospekt erstellt oder die Pflicht entfällt für Altanlagen. Zweitens muss ein Prospekt erst erstellt werden, wenn der Anbieter nach § 8f Abs. 2 Nr. 3 VerkProspG mehr als zwanzig Anteile verkauft. Ein Erstanleger wird i.d.R. nicht so viele Anteile halten.

Jedoch könnte der Erstanleger auch ein institutioneller Anleger sein. Das öffentliche Angebot könnte zudem nach § 8f Abs. 2 Nr. 4 VerkProspG prospektfrei gewesen sein, weil es nur an institutionelle Anleger gerichtet war. Wenn ein solcher Anleger zu einem späteren Zeitpunkt mehr als zwanzig Anteile öffentlich anbietet, dann ist das durchaus als ein Veranlassen eines solchen Angebots zu sehen, und dieser Erstanleger ist dann auch Anbieter. Dies ist die gängige Konstruktion bei einem Übernahmekonsortium.[286] Jedoch ist dieses Modell theoretisch nicht auf institutionelle Anleger beschränkt. Jeder Dritte kann da nach Anbieter werden.[287] Der durchschnittliche Verbraucher, der seine Anteile veräußern will, wird vor einer eigenen Prospektpflicht zwar die oben genannten Ausnahmen gem. § 8f Abs. 2 VerkProspG geschützt, aber er ist nicht generell von der Anbietereigenschaft ausgenommen.[288] Sollte dieser mehr als zwanzig Anteile im Wert von mehr als 100.000 Euro einer Vermögensanlage veräußern, für die noch nie ein Prospekt erstellt wurde, dann ist auch diese Person Anbieter.

Fraglich ist darüber hinaus, ob der Zweitmarktbetreiber, also etwa die Fondsbörse in Hamburg, Anbieter sein kann. Der Anbieterbegriff ist weit zu verstehen. Der Zweitmarktbetreiber erhält eine Provision für eine erfolgreiche Vermittlung. Allerdings ist bei einem geregelten Zweitmarkt zu beachten, dass der Betreiber des Zweitmarktes nur die Plattform zur Verfügung stellt, in der sich Käufer und Verkäufer einigen. Anders als der Anlagevermittler ist – im Falle einer unabhängigen Fondsbörse – der Betreiber des Zweitmarktes nicht für den Anbieter tätig, steht also nicht im Lager des Anbieters.[289] Damit ist der unabhän-

---

285 Diese Vorschrift gilt gem. Art. 14 Abs. 3 FRUG ab dem 01.11.2007.

286 *Hüffer* S. 77.

287 Schwark/*Heidelbach* § 1 VerkProspG Rn. 37; vgl. auch Punkt 2 des Auslegungsschreibens der BaFin zum VerkProspG, Textanhang Nr. 4 bei Arndt/Voß.

288 So auch Lüdicke/Arndt/*Bruchwitz* S. 120 f.; Arndt/Voß/*Arndt/Voß* vor § 8f VerkProspG Rn. 16.

289 Lüdicke/Arndt/*Bruchwitz* S. 121.

gige Betreiber eines Zweitmarktes nicht selbst Anbieter.[290] Anders ist es aber dann, wenn der Betreiber zum Fondsunternehmen gehört. Das ist bei hauseigenen Zweitmärkten regelmäßig der Fall.

g) Mitarbeiter der Anbietergesellschaften, Anwälte, Wirtschaftsprüfer

Letztlich bleibt noch zu klären, ob die an der Strukturierung eines Anlagefonds beteiligten Personen, seien es nun Mitarbeiter der Anbietergesellschaften (etwa der späteren Komplementärin), beratende Anwälte oder Wirtschaftsprüfer, Anbieter i.S.d. § 8f VerkProspG sind. Das wäre jedoch nur dann der Fall, wenn sie persönlich das Angebot veranlassen oder nach außen auftreten. Jedoch handeln diese Personen im Namen ihrer Gesellschaften oder Arbeitgeber bzw. sind nur beratend für sie tätig. Auch wenn diese nach außen auftreten, etwa mit Expertenmeinungen, sind sie dennoch nicht als Privatpersonen tätig, sondern sie beziehen sich auf ihre Arbeit- bzw. Auftraggeber. Anders wäre es nur, wenn sie selbst, etwa Wirtschaftsprüfer oder Rechtsanwälte, ähnlich wie ein Initiator, die Vermögensanlage mitbegründen und das Angebot veranlassen. Dasselbe gilt für Mitarbeiter von Vertriebsgesellschaften. Hier ist die Vertriebsgesellschaft selbst, nicht aber der einzelne Mitarbeiter Anbieter. Damit sind diese Dritte als Hilfspersonen nicht Anbieter.[291]

4. Ausnahmen von der Prospektpflicht gem. § 8f Abs. 2 VerkProspG

In § 8f Abs. 2 VerkProspG sind in acht Ziffern, bei Nr. 7 mit fünf Unterpunkten, Ausnahmen von der Prospektpflicht angegeben. Auf diese soll hier kurz eingegangen werden, wobei nur die wichtigsten näher untersucht werden. Ähnlich wie §§ 2 u. 3 VerkProspG a.F. soll hier unterschieden werden zwischen Ausnahmen betreffend den Emittenten und betreffend der Art des Angebots.

a) Ausnahmen, die den Emittenten betreffen

Die meisten Ausnahmen betreffen den Emittenten. In Nr. 1 befindet sich eine Ausnahme für Anteile an Erwerbs- und Wirtschaftsgenossenschaften gem. § 1 GenG. Entsprechend der Begründung des RegE gilt dies deswegen, weil Genossenschaften bereits von den Prüfungsverbänden, die unter einer staatlichen Aufsicht stehen, überwacht werden.[292]

In Nr. 2 sind Vermögensanlagen, die von Versicherungen oder Pensionsfonds ausgegeben werden, ausgenommen. Nach dem RegE ist dies mit den bereits be-

---

290 Ebenso Heidel/*Krämer* Kap 13 § 8f VerkProspG Rn. 9.

291 Kümpel/Hammen/Ekkenga/*Gebauer* Nr. 100 S. 20; Schwark/*Heidelbach* § 1 VerkProspG Rn. 40.

292 RegE VerkProspG, BT-Drs. 15/3174, S. 42.

stehenden Aufsichts- und Informationspflichten in diesem Gewerbe zu begründen.[293]

Genossenschaften werden problematischerweise im RegE ausdrücklich als unter die Prospektpflicht nach § 8f Abs. 1 VerkProspG fallend angesehen, gleichzeitig aber eine Ausnahme für Genossenschaften nach dem GenG statuiert.[294] Das ist zwar aus dogmatischer Sicht nur korrekt, denn nur wenn sie originär unter die Norm fallen, ist ein Ausnahmetatbestand nötig, wenn sie nicht unter die Prospektpflicht fallen sollen. Allerdings könnte es auch so verstanden werden, dass auch Genossenschaften, die zwar nicht die Rechtsform der Genossenschaft nach dem GenG haben, wohl aber einen genossenschaftlichen Verbandszweck – nach *K. Schmidt* sog. „Genossenschaften im materiellen Sinn" –[295] prospektpflichtig sind, wenn sie ihre Anteile öffentlich anbieten. Das erscheint vorzugswürdig.

Daneben ist zu Nr. 1 und 2 anzumerken, dass ein Hinweis auf Überwachungsmöglichkeiten durch den Staat keine ausreichende Begründung bieten kann, um die Prospektpflicht entfallen zu lassen, denn das VerkProspG regelt kein Aufsichtsrecht, sondern Informationspflichten gegenüber dem Publikum. Durch eine sichergestellte Aufsicht (etwa von Genossenschaften) wird noch nicht unbedingt das Anlagepublikum informiert.

In Nr. 7 sind unter lit. a) bis e) verschiedene Ausnahmetatbestände für verschiedene Emittenten vorgesehen. Unter lit. a), b), c) und e) finden sich Ausnahmen für gewisse Staaten, deren Gebietskörperschaften, einige internationale Organisationen oder Unternehmen, die ihre Tätigkeit unter einem Staatsmonopol ausüben. Dabei entsprechen lit. a), b) und c) den § 3 Nr. 1 lit. a), b), c) VerkProspG a.F., lit. e) entspricht im § 3 Nr. 4 VerkProspG a.F, und beides geht auf Art. 2 Abs. 2 lit. c) und Art. 5 der Emissionsprospektrichtlinie[296] zurück. Auf die entsprechende Literatur dazu kann verwiesen werden.[297]

In Nr. 8 ist eine Ausnahme bei Vorliegen einer Verschmelzung oder einem Übernahmeangebot vorgesehen. Dies entspricht § 4 Abs. 1 Nrn. 7, 9

---

293 RegE VerkProspG, BT-Drs. 15/3174, S. 42.

294 RegE VerkProspG, BT-Drs. 15/3174, S. 42.

295 *Schmidt* GR S. 1265.

296 ABl. EG Nr. L 124, 5.5.1989, S. 8: Richtlinie des Rates vom 17. April 1989 zur Koordinierung der Bedingungen für die Erstellung, Kontrolle und Verbreitung des Prospekts, der im Falle öffentlicher Angebote von Wertpapieren zu veröffentlichen ist.

297 Dazu Assmann/Lenz/*Ritz* § 3 VerkProspG Rn. 3 ff. u. 36 ff.; *Carl/Machunsky* S. 41; Schäfer/*Hamann* § 3 VerkProspG Rn. 2 u. 9; *Groß*[2] § 3 VerkProspG Rn. 3 ff. u. 15; Schwark/*Heidelbach* § 3 VerkProspG Rn. 2 u. 12. Direkt zum neuen Recht auch *Keunecke* Rn. 322.

VerkProspG a.F. Auch hier kann auf die vorhergehende Literatur verwiesen werden.[298]

b) Ausnahmen, die sich auf die Art des Angebots beziehen

Die übrigen Ausnahmen beziehen sich auf die Art des Angebots. Nr. 4, 5 und 6 sind dabei wiederum mit älteren Vorschriften identisch.

Nr. 4 entspricht § 2 Nr. 1 VerkProspG a.F. und ist dann gegeben, wenn das Angebot sich nur an Personen richtet, die beruflich oder gewerblich für eigene oder fremde Rechnung Vermögensanlagen erwerben, mit anderen Worten also an institutionelle Anleger. Auf die hierzu ergangene Literatur kann verwiesen werden.[299]

Nach Nr. 5 entfällt die Prospektpflicht, sofern für die Vermögensanlage bereits ein Prospekt erstellt wurde. Dies war bereits eine Einschränkung im Anwendungsbereich von § 1 VerkProspG a.F.[300]

Nr. 6 befreit Angebote von der Prospekterstellung, deren Angebote nur einem begrenzten Personenkreis oder nur den eigenen Arbeitnehmern gemacht werden. Dies entspricht § 2 Nr. 2 u. 3 VerkProspG a.F.[301] Hierauf wird sogleich im Vergleich mit Nr. 3 eingegangen.

Eine neugeschaffene Ausnahmeregel ist Nr. 3. Sie legt Bagatellgrenzen fest, unter denen der Gesetzgeber kein Schutzbedürfnis für Anleger sieht und Maximalgrenzen, bei deren Überschreitung von entsprechender Anlageerfahrung der Anleger auszugehen sei und daher ebenfalls kein Schutzbedürfnis gegeben sei.[302] In Nr. 3 sind drei Grenzwerte enthalten: Bei Weniger als zwanzig Anteilen, weniger als 100.000 Euro Verkaufspreis in einem Jahr oder mehr als 200.000 Euro als Preis für einen Anteil entfällt die Prospektpflicht.[303] Die letzten beiden Voraussetzungen sind § 2 Nr. 4 VerkProspG a.F. nachempfunden.

---

298 Dazu Assmann/Lenz/*Ritz* § 4 VerkProspG Rn. 30 ff.; Schäfer/*Hamann* § 4 VerkProspG Rn. 15; *Groß*[2] § 4 VerkProspG Rn. 12; Schwark/*Heidelbach* § 4 VerkProspG Rn. 18 u. 20.

299 Dazu Assmann/Lenz/*Ritz* § 2 VerkProspG Rn. 5 ff.; *Carl/Machunsky* S. 38; Schäfer/*Hamann* § 2 VerkProspG Rn. 2; *Groß*[2] § 2 VerkProspG Rn. 5 f.; Schwark/*Heidelbach* § 2 VerkProspG Rn. 3 ff.

300 Seit dem vierten Finanzmarktförderungsgesetz vom 21.06.2002: Schwark/*Heidelbach* § 1 Rn. 1.

301 Dazu Assmann/Lenz/*Ritz* § 2 VerkProspG Rn. 9 ff. u. 22 ff.; *Carl/Machunsky* S. 39; Schäfer/*Hamann* § 2 VerkProspG Rn. 3 f.; *Groß*[2] § 2 VerkProspG Rn. 7 ff.; Schwark/*Heidelbach* § 2 VerkProspG Rn. 6 ff; *Hüffer* S. 22 u. 51.

302 RegE VerkProspG, BT-Drs. 15/3174, S. 42.

303 Zur Verdeutlichung dieser Ausnahmregelung sei bemerkt, dass im Jahre 2006 ca. eine Milliarde in geschlossene Fonds investiert wurde, bei der die Mindestzeichnungssumme höher als 200.000 Euro war – gegenüber 11,6 Milliarden Platzierungsergebnis bei sonstigen geschlosenen Fonds, *Loipfinger* Vorwort S. 5.

Bei der Bestimmung der Höchstzahl an Beteiligungen sind Umgehungen unzulässig, bei denen für dasselbe Anlageobjekt immer neue Vermögensanlagen (etwa eine Vielzahl von Fondsgesellschaften) geschaffen werden: diese sind zusammenzurechnen.[304] Für die Mindestzeichnungssumme kommt es entsprechend nicht darauf an, in wie vielen Teilen der Anleger diese Summe erreicht.[305]

Die letzte Grenze war auch Gegenstand einiger Diskussion im Gesetzgebungsverfahren: Die Mindestanlagesumme für einen Anteil, dessen Überschreitung die Prospektpflicht entfallen lässt, wurde von 40.000 Euro[306] zuerst auf 50.000 Euro[307] und letztlich auf 200.000 Euro[308] erhöht.[309]

Mit Blick auf den gesamten Kapitalmarkt sind diese Grenzen geeignet, eine Überregulierung vorzubeugen; zudem ist der gesamtvolkswirtschaftliche Schaden eher gering, wenn nur ein überschaubares Angebot besteht.[310]

Allerdings begegnen diese Regelungen einigen Bedenken. Zwar mag bei kleineren Emissionen der volkswirtschaftliche Schaden gering sein. Doch ist die Situation des einzelnen Anlegers nicht besser. Es muss die Frage gestellt werden, warum ein Anleger bei einem großen Fonds schutzbedürftiger ist als bei einem kleineren Fonds, der nur wenige Anteile ausgibt. Die Grenze von zwanzig Anteilen ist zudem, anders als die anderen Grenzen, nicht an Art. 3 Abs. 2 der VerkaufsprospektRL angelehnt. Dieser Argumentation könnte zwar entgegengehalten werden, dass dieses Problem sich auch bei der Ausnahme des begrenzten Personenkreises (Nr. 6) stellt. Jedoch ist bei einem begrenzten Personenkreis die Vermutung für eine größere Nähe zum Emittenten gegeben.[311] Zudem legt die Gleichstellung von „begrenzter Personenkreis" mit der Beschränkung auf das Angebot innerhalb eines Unternehmens die Auslegung nahe, dass die Begrenzung des Personenkreises durch dessen Bestimmtheit gegeben ist. Anders als bei der Abgrenzung öffentliches / nichtöffentliches Angebot[312] geht es dabei aber nicht darum, dass eine besondere Nähe zwischen Emittent und Anleger gegeben sein muss, sondern es reicht die Begrenzung der Anlegergruppe anhand eindeutiger Kriterien. Damit ist grundsätzlich noch nichts über die Größe der Gruppe ausgesagt. Es müssen allerdings Kriterien sein, die die Gruppe nicht zu unbestimmt werden lassen. So ist das Merkmal etwa: „alle Einwohner einer

304 Arndt/Voß/*Arndt/Bruchwitz* § 8f VerkProspG Rn. 69.

305 Arndt/Voß/*Arndt/Bruchwitz* § 8f VerkProspG Rn. 71.

306 So der RefE, ZBB 2/04, 168 (191).

307 So der RegE VerkProspG, BT-Drs. 15/3174, S. 22.

308 So die aktuelle Fassung nach einer Forderung des Bundesrates, BR-Drs. 341/04, S. 8 f.

309 Dazu *Moritz/Grimm* BB 2004, 1801; *Korth* S. 27.

310 *Moritz/Grimm* BB 2004, 1352 (1354); Arndt/Voß/*Arndt/Bruchwitz* § 8f VerkProspG Rn. 68.

311 *Hüffer* S. 51.

312 S.o. § 3 A. I. 1. a) cc) (S. 17).

Stadt" im Hinblick auf Großstädte eher eine unbegrenzte Gruppe. Welche Kriterien aber geeignet sind, eine Abgrenzung zu anderen Gruppen zu erzeugen, kann nur im Einzelfall ermittelt werden. Es besteht somit ein Unterschied zwischen der quantitativen Beschränkung auf zwanzig Anteile in Nr. 3 und dem qualitativen Merkmal des begrenzten Personenkreises in Nr. 6. Es bleibt mithin bei der Kritik an der Minimalgrenze von zwanzig Anteilen.

Die Größe von 200.000 Euro hingegen ist durchaus begrüßenswert. Jenseits dieser Summe wird ein Durchschnittsverbraucher nicht anlegen. Wer eine solche Summe anlegen will, dem kann eine gewisse Erfahrung oder jedenfalls das Vorhandensein einer eigenen oder unabhängigen Beratung unterstellt werden.

Nach Nr. 9[313] sind Vermögensanlagen ausgeschlossen, die vor der Einführung der Prospektpflicht angeboten wurden und die an einem geregelten Zweitmarkt teilnehmen. Damit ist klargestellt, dass für Altanlagen kein neues Angebot nach § 8f VerkProspG vorliegt, wenn diese nach Inkrafttreten des Gesetzes an einem Zweitmarkt gehandelt werden.

B. Anforderungen an den Prospekt

Ist eine Prospektpflicht nach den vorgenannten Kriterien gegeben, so stellt sich die Frage, wie dieser Prospekt erstellt werden muss. Nachfolgend wird daher der Frage nachgegangen, welchen Inhalt der Prospekt haben muss und wie er zu veröffentlichen ist (unter I.). Außerdem sind die Eingriffsmöglichkeiten der BaFin zu untersuchen (unter II.).

I. Inhalt und Veröffentlichungsmodus des Prospekts

Zunächst ist die Frage zu klären, welchen Inhalt und welche Form der Prospekt bei Erstellung und bei späteren Änderungen haben muss.

1. Inhaltliche und formale Anforderungen an den Prospekt

a) Inhalt des Prospekts

Der Inhalt des Prospekts ist in § 8g VerkProspG geregelt. Nach dessen zentraler Aussage in § 8g Abs. 1 S. 1 VerkProspG muss der Verkaufsprospekt alle tatsächlichen und rechtlichen Angaben enthalten, die notwendig sind, um dem Publikum eine zutreffende Beurteilung des Emittenten und der Vermögensanlagen zu ermöglichen. Diese generalklauselartige Beschreibung wird durch die Sätze zwei und drei flankiert, nach denen im Falle einer Treuhandgesellschaft auch eine Beschreibung der Fondsgesellschaft und bei allen Fonds ein Hinweis auf den Prüfungsumfang der BaFin, der sich auf die förmliche Vollständigkeit beschränkt (§ 8i VerkProspG),[314] vorliegen muss. Weitere Vorgaben enthält das

313 Diese Vorschrift gilt gem. Art. 14 Abs. 3 FRUG seit dem 01.11.2007.

314 RegE VerkProspG, BT-Drs. 15/3174, S. 43; *Heisterhagen* DStR 2004, 1089 (1090 f.).

Gesetz nicht. Das Nähere ist an den Verordnungsgeber delegiert, § 8g Abs. 2 VerkProspG.

Dieser hat am 16.12. 2004 die Vermögensanlagen-Verkaufsprospektverordnung (VermVerkProspV)[315] erlassen. Sie wiederholt in § 2 Abs. 1 S. 1 VermVerkProspV zunächst die Generalklausel des VerkProspG. Allerdings fehlt die Notwendigkeit der Beschreibung des Emittenten. Jedoch werden in der Verordnung nachfolgend auch Informationen bezüglich des Emittenten gefordert. Das lässt auf ein Redaktionsversehen schließen; ansonsten wäre § 8g VerkProspG höherrangig.[316] Im Anschluss folgen Detailregelungen.

Die Angaben, die nach der Verordnung vorgesehen sind, sind nur die Mindestangaben. Sollte nach der Generalklausel eine weitergehende Information des Publikums nötig sein, so ist auch diese in den Prospekt aufzunehmen.[317]

aa) Sprache des Prospekts

Gem. § 2 Abs. 1 S. 3 VermVerkProspV ist der Prospekt in deutscher Sprache abzufassen. Hat der Emittent seinen Sitz nicht in Deutschland, dann kann die BaFin eine andere in internationalen Finanzkreisen übliche Sprache ganz oder zum Teil gestatten, wenn eine Zusammenfassung auf Deutsch im Prospekt aufgenommen wird, die die wesentlichen Angaben enthält (S. 4, 5). Eine geeignete Sprache ist jedenfalls Englisch. Der satzungsmäßige Sitz des Emittenten muss im Ausland sein, auf den tatsächlichen Sitz kommt es nicht an.[318]

Bei der Zusammenfassung reicht es, wenn nur die nicht auf Deutsch verfassten Teile zusammengefasst werden, und es sollte jeweils ein Verweis auf die fremdsprachliche Stelle enthalten sein.[319] Diese Vorgabe ist allerdings nicht aus der Verordnung oder dem Gesetz zu entnehmen, so dass dessen Einhaltung freiwillig ist.

bb) Inhaltsverzeichnis und Reihenfolge weiterer Angaben

Gem. § 2 Abs. 2 S. 1 VermVerkProspV muss der Prospekt ein Inhaltsverzeichnis haben. Gem. § 2 Abs. 3 S. 1 VermVerkProspV soll die Reihenfolge der Angaben im Prospekt der Nennung der Themen in der Verordnung entsprechen, anderenfalls kann die BaFin eine Überkreuz-Checkliste verlangen. Daraus ergibt sich, dass das Inhaltsverzeichnis am Anfang des Prospekts stehen muss.[320] Eindeutig nach dem Inhaltsverzeichnis muss gem. § 2 Abs. 2 S. 2 VermVerkProspV ein Hinweis auf den Prüfungsumfang der BaFin folgen.

---

315 BGBl. 2004 I, 3464 vom 20.12. 2004.

316 *Moritz/Grimm* BB 2005, 337.

317 *Keunecke* Rn. 333.

318 *Moritz/Grimm* BB 2005, 337 (338); *Assmann*/Lenz/Ritz § 2 VerkProspVO Rn. 11.

319 *Moritz/Grimm* BB 2005, 337 (338).

320 *Verführth/Grunenberg* DB 2005, 1043 (1044).

Fraglich ist allerdings, ob die Beschreibung der Risiken der Vermögensanlage vor der Beschreibung des Produktes zu erfolgen hat. Der Verordnungsgeber formuliert die Pflicht zur Risikobeschreibung in § 2 VermVerkProspV unter der Überschrift „Allgemeine Grundsätze" und noch vor der Soll-Vorschrift, nach der die Reihenfolge im Prospekt der Reihenfolge in der Verordnung entsprechen soll. Hieraus könnte zu entnehmen sein, dass die vorgegebene Reihenfolge sich nur auf die §§ 3 ff. der Verordnung bezieht. Dann könnte man in der Tat fordern, dass die Risikobeschreibungen nicht direkt nach dem Inhaltsverzeichnis, sondern irgendwo in der Nähe von Anlagezielen (§ 9 VermVerkProspV) anzusiedeln sind, weil sonst über Risiken einer Anlageform aufgeklärt wird, die der potentielle Anleger noch gar nicht kennt.[321]

Dann müsste man allerdings auch die Positionierung des Inhaltsverzeichnisses freigeben, denn die vorgegebene Reihenfolge bezieht sich dann nur auf die Angaben gem. §§ 3 ff. VermVerkProspV, das Inhaltsverzeichnis ist aber in § 2 VermVerkProspV erwähnt. Hiergegen spricht nicht nur die Tatsache, dass ein Inhaltsverzeichnis i.d.R. am Anfang eines Textes erwartet wird, sondern auch, dass der Hinweis auf die nur formale Vollständigkeitkeitsprüfung der BaFin zwingend nach diesem Inhaltsverzeichnis folgen muss; könnte dieses an das Ende gesetzt werden, dann würde der Hinweis im Ergebnis ganz am Ende des Textes stehen und viele Anleger würden diesen nicht mehr lesen. Das ist aber angesichts der Forderung des Gesetzgebers in § 8g Abs. 1 S. 3 VerkProspG und im Interesse des Anlegerschutzes nicht zulässig. Mithin muss sich die Pflicht, den Prospekt in der Reihenfolge der Verordnung zu verfassen, auch auf die Angaben in § 2 VermVerkProspV beziehen. Das würde sich dann auch auf die Risikobeschreibungen auswirken.

Hiergegen ließe sich einwenden, dass der Emittent ohnehin von der Reihenfolge abweichen kann, wenn er eine entsprechende Verortungsliste bei der BaFin mit einreicht. Aus der Vorrangigkeit der Regelung in § 8g Abs. 1 S. 3 VerkProspG, der für den Hinweis auf die BaFin-Prüfung eine „herausgehobene Stelle" verlangt, ergibt sich, dass die Platzierung des Hinweises am Ende zwar möglicherweise der Verordnung, nicht aber dem Gesetz entspricht.

Bleibt also die Frage, ob die Risikobeschreibungen tatsächlich als erstes im Prospekt erwähnt werden müssen. Richtig ist der Einwand, es mache eigentlich keinen Sinn, über Risiken aufzuklären, wenn das Produkt selbst noch nicht vorgestellt wurde.[322] Angesichts der Intention des Verordnungsgebers, der Aufklärung über Risiken die oberster Stelle einzuräumen und unter Betrachtung der Interessen des Emittenten, einen Prospekt erstellen zu können, der auch Werbe-

---

321 So *Verführth/Grunenberg* DB 2005, 1043 (1044); ähnlich: Habersack/Mülbert/Schlitt/*Zwissler*, Kapitalmarktinformation, § 6 Rn. 39, nach dem eine vorherige Zusammenfassung empfohlen wird.

322 *Verführth/Grunenberg* DB 2005, 1043 (1044).

wirkung haben kann, muss es hinreichend, aber auch erforderlich sein, dass nach dem Inhaltsverzeichnis in einem Einleitungstext unter Weiterverweisung nach unten zumindest ein Hinweis erfolgt, dass die Vermögensanlage nicht ohne Risiko ist.

Dies erscheint sogar auf Grund der Regelung in § 8g Abs. 1 S. 1 VerkProspG als unabdingbar, obwohl der Anbieter die Reihenfolge ändern kann. Der Anbieter muss danach dem Publikum eine zutreffende Beurteilung ermöglichen. Könnte der Anbieter die Reihenfolge des Prospekts derart gem. § 2 Abs. 3 VermVerkProspV ändern, dass die Risikobeschreibung ganz an das Ende gelangt, würde zwar ein Leser, der in einem Prospekt jede Seite aufmerksam liest, die Möglichkeit besitzen, die Vermögensanlage zu beurteilen. Jedoch ist eher vom Durchschnittsverbraucher als Anlegertypus auszugehen. Dieser liest ggf. den Prospekt nicht ganz durch. Ein entsprechender Hinweis ist danach jedenfalls dann erforderlich, wenn die Risikobeschreibungen gegen Ende des Prospekts erfolgen.

Im Anschluss an diesen Hinweis muss nach § 3 Abs. 4 VerkProspG das Datum der Prospekterstellung und die Unterschrift des Anbieters folgen. Hieran schließen sich die Angaben gem. § 3 ff. VermVerkProspV an.

cc) Verweis auf mangelnde Überprüfung der Richtigkeit durch die BaFin

Der Prospekt muss im Anschluss an das Inhaltsverzeichnis einen Hinweis enthalten, dass die inhaltliche Richtigkeit nicht Gegenstand der Prospektprüfung der BaFin ist. Der Prüfungsumfang darf auch zusätzlich als positive Aussage formuliert werden, muss aber dann von dem rechtlich geforderten Hinweis abgesetzt werden.[323] Ansonsten darf Werbung gem. § 8j Abs. 1 VerkProspG durch die BaFin – gem. Abs. 2 nach Anhörung von Verbänden – untersagt werden, wenn sie über den Umfang der Prüfung täuscht. Unzulässig ist daher im Prospekt etwa der Hinweis „von der BaFin geprüft"; erlaubt ist hingegen „bei der BaFin hinterlegt".[324]

Problematisch könnte auch sein, dass im Gesetz von „herausgehobener Stelle" gesprochen wird, dies in der Verordnung jedoch nicht nur mit der Position nach dem Inhaltsverzeichnis konkretisiert wird, sondern zusätzlich noch in § 2 Abs. 2 S. 2 VermVerkProspV ein „hervorgehobener" Hinweis gefordert wird. Dies mag zwar nicht ganz dem Wortlaut des Gesetzes entsprechen, aber die verfassungsmäßige Grenze der Verordnungsermächtigung überschreitet es dennoch nicht.[325] Denn nach Sinn und Zweck des Gesetzes ist ein deutlich ins Auge fallender Hinweis gefordert. Dies ist mit der Hervorhebung durchaus gegeben.

---

323 *Moritz/Grimm* BB 2005, 337 (338).

324 *Verführth/Grunenberg* DB 2005, 1043; *Assmann*/Lenz/Ritz § 8e VerkProspG Rn. 11.

325 So aber *Moritz/Grimm* BB 2005, 337 (338).

Hervorgehoben werden kann mit verschiedenen typografischen Mitteln (wie u.a. Fettdruck, Unterstreichung oder Einrahmung).[326]

dd) Anlagegegenstand

Im Folgenden werden die notwendigen Angaben kurz erläutert, jedoch nicht in der Reihenfolge der Verordnung, sondern in Themengruppen. Zum Gegenstand der Anlage müssen folgende Angaben enthalten sein: Gem. § 4 VermVerkProspV müssen grundlegende Angaben zur Vermögensanlage gemacht werden, also etwa zu Art, Zahl und Gesamtbetrag (Nr. 1), zu den steuerliche Grundlagen (Nr. 2), zur Übertragbarkeit (Nr. 3), zu den Einzelheiten zu den beteiligten Stellen (Nr. 4-6), sowie zum Erwerbspreis und zu Kosten, Zahlungsmöglichkeiten oder -verpflichtungen.[327]

Nach § 9 VermVerkProspV muss der Prospekt Einzelheiten zu Anlagezielen und Anlagepolitik angeben. Hierzu zählen neben der konkreten Einnahmenverteilung und dem Projektstand (Abs. 1) auch einige detailliertere Beschreibungen, die tatsächlicher Art sind, aber auch Verflechtungen oder rechtliche oder sonstige Risiken andeuten (Abs. 2).[328] Die Einleitung in Abs. 2 wiederholt die Tatbestandsmerkmale des § 8f Abs. 1 VerkProspG und führt für diese Vermögensanlagen die Informationspflichten des Abs. 2 „zusätzlich" ein. Obwohl in Abs. 1 nur von Vermögensanlagen die Rede ist, ist der Anwendungsbereich von Abs. 1 und 2 derselbe, denn gem. § 1 VermVerkProspV gilt die Verordnung nur für Vermögensanlagen nach § 8f VerkProspG. Somit stellt die Einzelaufzählung in § 9 Abs. 2 VermVerkProspV nur eine Konkretisierung der allgemeinen Regel des § 9 Abs. 1 VermVerkProspV dar.

Problematisch ist hingegen das Erfordernis aus Abs. 1, dass „konkret" angegeben werden muss, für welche Projekte die Einnahmen ausgegeben werden sollen. Dies begegnet Schwierigkeiten im Hinblick auf Blind-Pool-Modelle. Blind-Pool Fonds sind solche, die das Anlageziel erst zu einem späteren Zeitpunkt festsetzen. Dies sind insbesondere Private-Equity Fonds und Medienfonds.[329] Hier genügt es, wenn die Fonds ihre offene Strategie erläutern und entsprechend weniger konkrete Angaben machen. Ansonsten liefe die starre Ausle-

---

[326] *Verführth/Grunenberg* DB 2005, 1043; Arndt/Voß/Arndt/Bruchwitz § 8g VerkProspG Rn. 21.

[327] Im Einzelnen dazu: *Keunecke* Rn. 345-354; *Moritz/Grimm* BB 2005, 337 (339); Arndt/Voß/*Voß* § 4 VermVerkProspV Rn. 1 ff.

[328] Im Einzelnen dazu: *Moritz/Grimm* BB 2005, 337 (341); *Keunecke* Rn. 367 ff.; Arndt/Voß/*Voß* § 9 VermVerkProspV Rn. 1 ff.

[329] *Verführth/Grunenberg* DB 2005, 1043 (1045); *Moritz/Grimm* BB 2005, 337 (341); *Keunecke* Rn. 330 u. 367; Heidel/*Krämer* Kap. 13 § 8g VerkProspG Rn. 10.

gung der Verordnung auf ein Verbot von derartigen Fonds hinaus, was aber von der Verordnungsermächtigung nicht gedeckt wäre.[330]

Dachfonds sind hingegen angesichts der Regelung des § 9 Abs. 2 Nr. 1 VermVerkProspV problematisch. Danach muss das Anlageobjekt beschrieben werden, das heißt die Gegenstände, die von der Fondsgesellschaft finanziert werden. Bei einer Treuhandgesellschaft sind dies die Vermögensgegenstände des Unternehmens, an dem der Anleger mittelbar beteiligt wird. Das bedeutet bei Dachfonds, die ihrerseits nur in verschiedene andere Fonds investieren, dass sie in beiden Fällen die Zielfonds beschreiben müssen, nicht aber das (konkrete) Anlageobjekt der Zielfonds, etwa eine bestimmte Immobilie.[331] Gerade wenn aber einer der Zielfonds ein besonderes Gewicht hat, kann sich ein dort verwirklichtes Risiko schnell auf den Wert der Anteile des Dachfonds auswirken.[332] Die Beschreibung derartiger Risiken ist jedenfalls in den Prospekt aufzunehmen. In diesem Zusammenhang ist daher der Begriff des Anlageobjekts so zu verstehen, dass bei Dachfonds auch die Beschreibung der konkreten Anlageobjekte der verschiedenen Zielfonds erforderlich ist.[333]

ee) Beschreibung des Emittenten

Neben dem Anlagegegenstand muss insbesondere der Emittent beschrieben werden.

Der Prospekt muss Namen und Anschrift von Personen oder Gesellschaften enthalten, die für den Prospekt die Verantwortung übernehmen sowie deren Erklärung, dass die Angaben im Prospekt ihres Wissens richtig sind (§ 3 VermVerkProspV).[334] Außerdem müssen gem. § 5 VermVerkProspV etwa Name, Anschrift, Gründungsdaten, Geschäftsgegenstand, Registergerichtseintrag und andere grundlegende Daten zum Emittenten genannt werden.[335]

Dies ist bei manchen Fondsstrukturen problematisch, die derart gestaltet sind, dass die Anleger zuerst zeichnen, die Fondsgesellschaft aber erst danach ge-

---

330 *Verführth/Grunenberg* DB 2005, 1043 (1045); *Moritz/Grimm* BB 2005, 337 (341); *Keunecke* Rn. 331 ff. u. 368; Heidel/*Krämer* Kap. 13 § 8g VerkProspG Rn. 11; Habersack/Mülbert/Schlitt/*Zwissler*, Kapitalmarktinformation, § 6 Rn. 74; Arndt/Voß/*Voß* § 9 VermVerkProspV Rn. 24 ff.

331 *Verführth/Grunenberg* DB 2005, 1043 (1044 f); Arndt/Voß/*Voß* § 9 VermVerkProspV Rn. 29.

332 *Verführth/Grunenberg* DB 2005, 1043 (1045); Arndt/Voß/*Voß* § 9 VermVerkProspV Rn. 29.

333 *Verführth/Grunenberg* DB 2005, 1043 (1045); Arndt/Voß/*Voß* § 9 VermVerkProspV Rn. 29.

334 Dazu *Moritz/Grimm* BB 2005, 337 (339); Arndt/Voß/*Voß* § 3 VermVerkProspV Rn. 1 ff.

335 Dazu *Moritz/Grimm* BB 2005, 337 (340); Arndt/Voß/*Voß* § 5 VermVerkProspV Rn. 31 ff.

gründet wird (sog. „Holland-Fonds"). Hier sind Angaben bezüglich der Gründung nicht möglich.[336] Gem. § 15 Abs. 2 Nr. 1 VermVerkProspV kann von einzelnen Angaben allerdings abgesehen werden, wenn sie für die Beurteilung der Lage und Aussichten des Emittenten nicht besonders relevant sind. Dies mag im Einzelfall eine Lösung für derartige Fondskonstruktionen sein.[337] Allerdings ist immer genau zu untersuchen, ob die erst spätere Gründung der Fondsgesellschaft tatsächlich unbedeutend ist. Dies ist bei Verwendung von bestimmten Methoden möglich, wie bei der Verwendung eines gesonderten Treuhandkontos oder beim Vorhandensein von Rücktrittsregeln für ggf. nicht erfolgte Gründungen.

Außerdem müssen Angaben zum Kapital des Emittenten gemacht werden, z.B. eine Aufstellung über die Zerlegung des Grundkapitals und eine Aufstellung der bisher ausgegebenen Vermögensanlagen und Aktien (§ 6 VermVerkProspV).[338]

Nach § 7 VermVerkProspV müssen Angaben zu den Gründungsgesellschaftern gemacht werden. Dazu gehören nicht nur Name und Anschrift (Abs. 1 S. 1 Nr. 1), sondern auch tatsächlich geleistete Einlagen (Abs. 1 S. 1 Nr. 2), Gewinnbeteiligungen, Entnahmerecht und sonstige Gesamtbezüge (Abs. 1 S. 1 Nr. 3). Diese Angaben können fünf Jahre nach der Gründung entfallen (Abs. 1 S. 2). In jedem Fall müssen unmittelbare oder mittelbare Beteiligungen von Gründungsgesellschaftern an Vertriebsgesellschaften, Fremdkapitalgebern oder wesentlichen Lieferanten publiziert werden (Abs. 2). Hierdurch sollen Verflechtungen klargestellt und ein Rückzug dieser Personen auf unsichtbare hintere Positionen (als „Hintermänner") verhindert werden.[339]

Nach § 8 VermVerkProspV müssen Angaben zur Geschäftstätigkeit des Emittenten gemacht werden. Hierzu zählen Tätigkeitsbereiche, Abhängigkeiten von Patenten, Verträgen oder ähnlichem, laufende Rechtsverfahren sowie laufende Investitionen.[340]

Nach § 12 VermVerkProspV muss der Prospekt Angaben enthalten, die über Mitglieder der Geschäftsführung oder des Vorstandes sowie über Aufsichtsräte, Beiräte und Treuhänder aufklären. Hinsichtlich Ersteren ist aufzuklären über Namen, Anschriften und erhaltene Bezüge (Abs. 1) und in welcher Weise diese Personen ggf. mit dem Fonds nahestehenden Unternehmen verflochten sind (Abs. 2). Hinsichtlich des Treuhänders ist insbesondere aufzuklären über Na-

336 *Keunecke* Rn. 329 u. 356 f.

337 So *Keunecke* Rn. 329 u. 356 f.

338 Dazu *Keunecke* Rn. 359 f.; *Moritz/Grimm* BB 2005, 337 (340); Arndt/Voß/*Voß* § 6 VermVerkProspV Rn. 3 ff.

339 Vgl. *Keunecke* Rn. 361 ff.; Arndt/Voß/*Voß* § 7 VermVerkProspV Rn. 1.

340 Dazu *Keunecke* Rn. 364 f.; *Moritz/Grimm* BB 2005, 337 (341); Arndt/Voß/*Voß* § 8 VermVerkProspV Rn. 3 ff.

men, Anschrift, Aufgaben, Rechte und Pflichten, Vergütung und Interessenskonflikte (Abs. 3).[341] Nach § 12 Abs. 4 VermVerkProspV gelten die Veröffentlichungspflichten der Abs. 1 und 2 auch für Personen, die die Herausgabe oder den Inhalt des Prospekts oder die Abgabe oder den Inhalt des Angebots wesentlich beeinflusst haben. Durch die bloße Erstellung des Prospekts oder des Angebots werden externe Berater, etwa Anwälte, nicht hierzu zu zählen sein, solange der Emittent nicht die Kontrolle über den Inhalt bzw. die Herausgabe in großen Teilen dem Berater selbständig überlässt.[342]

Sofern gegen das Führungspersonal oder sonstige beteiligte Personen Strafverfahren in Wirtschaftsstafsachen geführt werden, die sich bereits über den bloßen Anfangsverdacht hinaus verdichtet haben, oder sofern Strafverfahren mit einer Verurteilung oder einer Einstellung gem. § 153a StPO beendet wurden, sind hierzu ebenfalls Angaben erforderlich.[343]

Neben dem Emittenten selbst muss auch dessen wirtschaftliche Lage beschrieben werden. Nach § 10 VermVerkProspV müssen Angaben über die Vermögens-, Finanz- und Ertragslage gemacht werden. Dazu gehören ein geprüfter Jahresbericht und ein Lageplan, soweit diese beim Emittenten ohnehin erstellt werden mussten. Anderenfalls kann sich der Emittent entscheiden, ob er freiwillig einen Jahresbericht und einen Lageplan erstellen, prüfen und angeben will; ansonsten muss er im Prospekt deutlich darauf hinweisen, dass ein solcher Plan nicht vorhanden ist. Nach § 11 VermVerkProspV müssen Einzelheiten bezüglich der Prüfung des Jahresberichtes aufgenommen werden. Die Bilanz muss so weit erläutert werden, dass ein durchschnittlicher Anleger die Informationen versteht. Hierauf wird noch gesondert einzugehen sein.[344]

Der Prospekt muss Angaben über den jüngsten Geschäftsgang und über die Geschäftsaussichten enthalten, § 13 VermVerkProspV. Diese sind gem. § 2 Abs. 2 S. 5 VermVerkProspV deutlich als bloße Prognosen zu kennzeichnen.

Ist der Emittent vor weniger als achtzehn Monaten gegründet worden, gelten für die Angaben nach §§ 10, 11, 13 VermVerkProspV gem. § 15 VermVerkProspV geringere Anforderungen.

ff) Risikobeschreibungen

Der Prospekt muss außerdem Beschreibungen der Risiken der Anlage enthalten.[345] Hinsichtlich deren Inhalt macht die Verordnung keine genauen Angaben.

---

341 Dazu *Moritz/Grimm* BB 2005, 337 (342); Arndt/Voß/*Voß* § 12 VermVerkProspV Rn. 27 ff.

342 *Verführth/Grunenberg* DB 2005, 1043 (1046).

343 *Stumpf/Lamberti/Schmidt* BB 2008, 1535 (1638 ff.).

344 S.u. unter § 6 A. 1. a) cc) (1) (S. 170 ff.).

345 Zu deren Verortung im Prospekt s.o. unter bb) (S. 63).

Gem. § 2 Abs. 2 S. 3 und 4 VermVerkProspV muss über die wesentlichen tatsächlichen und rechtlichen Risiken aufgeklärt werden. Hierzu gehört das eventuell vorhandene Risiko einer Fremdfinanzierung. Zudem ist das den Anleger treffende Maximalrisiko zu beschreiben. Dies wird oft der vollständige Wertverlust der Beteiligung sein. Im Abschnitt über die Risiken dürfen keinesfalls auch die Chancen dargestellt werden.[346]

gg) HGB-Bilanzrecht oder Hinweis im Prospekt

Wie bereits erwähnt, muss der Prospekt nach § 10 VermVerkProspV Angaben über die Vermögens-, Finanz- und Ertragslage des Emittenten enthalten. Dieser Begriff entspricht der Anforderung an den Jahresbericht für Kapitalgesellschaften gem. § 264 Abs. 2 S. 1 HGB. Die Vermögenslage ist die Ausgabe des Saldos zwischen Vermögensposten und Verbindlichkeiten, die Finanzlage gibt die Herkunft, Verwendung und Fristigkeit der eingesetzten Mittel an, und die Ertragslage gibt Auskunft darüber, ob sich das Reinvermögen vergrößert hat.[347] Zu diesen Zwecken muss der Jahresbericht nebst Prüfung in den Prospekt übernommen werden.

Hiermit ist allerdings der Jahresbericht des Emittenten gemeint. Im Grauen Kapitalmarkt spricht man eher vom Initiator (s.o.). Dies ist i.d.R. eine Gesellschaft, kann aber auch eine Einzelperson sein. Hier zeigt sich der Unterschied zwischen einer Aktienemission und dem Veräußern von Anteilen in geschlossenen Fonds in der Form einer Personengesellschaft: Bei einer Aktienemission begibt eine Aktiengesellschaft eigene Anteile. Dadurch ist der Anleger an demselben Unternehmen beteiligt, von dem auch das Angebot stammt. Bei einem geschlossenen Fonds ist es i.d.R. anders. Hier wird von einer initiierenden Gesellschaft, einem Emissionsunternehmen, ein Fonds aufgelegt, der wiederum eine eigene Gesellschaft ist. Bei einer Aktienemission gibt der Jahresabschluss der Aktiengesellschaft Aufschluss über die Geschäftstätigkeit des Unternehmens, in das der Anleger investiert. Er kann sich dadurch ein Bild darüber machen, ob die Anlage werthaltig ist oder nicht. Versteht man unter Emittent i.S.d. § 10 VermVerkProspV die Fondsgesellschaft selbst, so ist deren Bilanz wenig aufschlussreich, denn die Fondsgesellschaft wird ausschließlich zur Bildung des Fonds gegründet.[348] Dies geschieht unmittelbar vor Prospekterstellung. Sie nimmt den Geschäftsgang im Wesentlichen erst nach Beitritt der Anleger und Schließung des Fonds auf. In der Eröffnungsbilanz der Fondsgesellschaft wid daher i.d.R. im Wesentlichen nur das – oft geringe – Startkapital der Gründer angegeben sein. Es sind bei Jungemittenten neben der Eröffnungsbilanz auch eine Zwischenübersicht sowie einige Prognosen und Planzahlen zu erstellen, § 15 Abs. 1 VermVerkProspV. Die Zwischenübersicht besteht aus Zwischenbi-

---

346 *Keunecke* Rn. 338.

347 MüKo-HGB/*Reiner* § 264 Rn. 69 ff.

348 *Keunecke* Rn. 374; Arndt/Voß/*Voß* § 5 VermVerkProspV Rn. 3 f.

lanz und Gewinn- und Verlustrechnung und muss auch dann angegeben werden, wenn die Gewinn-und Verlustrechnung keine Einträge enthält.[349] Zu den Planzahlen gehören zumindest Angaben über geplante Investitionen oder Produktionen.[350]

Man könnte daher auch annehmen, der Fonds selbst ist nicht der Emittent, sondern die Initiatoren. Dann müsste der Jahresabschluss des Emissionsunternehmens anzugeben sein. Immerhin könnte man hieraus entnehmen, ob die Fonds dieses Unternehmens deren Initiatoren Gewinne einbringen. Im Ergebnis kann es hierauf aber nicht ankommen. Denn wenn eine Aktiengesellschaft neu emittiert wird, kann es auch sein, dass keine bisherige Geschäftstätigkeit vorliegt. Auch in diesem Fall ist die Bilanz oder die Gewinn- und Verlustrechnung nur sehr wenig aufschlussreich. Von Verordnungsgeberseite wäre jedoch wünschenswert, dass zumindest festgelegt wird, dass im Prospekt angegeben werden muss, dass es sich um den Jahresabschluss der Fondsgesellschaft und nicht um den des Emissionshauses handelt, denn ein durchschnittlich unerfahrener Anleger könnte anderenfalls hierüber im Unklaren sein. Ggf. wäre darüber nachzudenken, ob irgendeine Form der Berichterstattung über den Geschäftsgang des initiierenden Unternehmens beizufügen wäre.

Gem. § 8h VerkProspG i.V.m. § 10 VermVerkProspV kann ein Emittent, der nicht nach anderen Bestimmungen zur Aufstellung und Prüfung eines Jahresabschlusses verpflichtet ist, anstelle dessen einen deutlichen Hinweis auf diesen Umstand in den Prospekt aufnehmen. Fraglich ist, was unter anderen Bestimmungen zu verstehen ist. Hierunter können zum einen gesetzliche Bestimmungen verstanden werden, etwa §§ 264 ff HGB. Zum anderen können auch gesellschaftsrechtliche Vereinbarungen darunter fallen. Dann wäre ein nach §§ 264 ff HGB gesetzlich nicht erforderlicher Jahresabschluss – einen normalen Jahresabschluss nach § 242 HGB haben alle Kaufleute zu erstellen, ihn nicht aber prüfen zu lassen und sie müssen auch keinen Lagebericht erstellen – der auf Grund einer Vereinbarung im Gesellschaftsvertrag erstellt wurde, dennoch in den Prospekt aufzunehmen.[351] Dies wird damit begründet, dass die Kosten für den Mehraufwand ohnehin schon entstanden seien.[352] Außerdem sei in § 8h Abs. 2 VerkProspG, anders als in § 10 Abs. 1 Nr. 2 VermVerkProspV, nicht davon die Rede, dass ein Escape-Hinweis erst dann möglich ist, wenn eine Aufstellung und Prüfung nicht erforderlich ist, sondern schon dann wenn sie schlichtweg nicht erfolgt ist. Dies stimmt mit der Intention des Gesetzgebers überein, der den Hinweis nur deswegen zulässt, damit einem Anbieter nicht der Mehraufwand aufgebürdet wird; er muss in diesem Fall jedoch das Risiko tragen, dass

349 Lüdicke/Arndt/*Bruchwitz* S. 115.

350 Lüdicke/Arndt/*Bruchwitz* S. 115.

351 *Moritz/Grimm* BB 2005, 337 (342).

352 *Moritz/Grimm* BB 2005, 337 (342).

der Absatz seines Produktes durch den entsprechenden Hinweis schwach ist.[353] Zudem spricht der § 8h VerkProspG von „Bestimmungen“, was auch eine vertragliche Bestimmung sein kann.

Jedoch ist dabei zu beachten, dass der Jahresabschluss ohnehin wenig aussagekräftig ist, wenn der Fonds eine neugegründete Gesellschaft ist, woran auch die Prüfung nichts ändert. Wer freiwillig eine solche Prüfung vornimmt, wäre gegenüber demjenigen, der sie durchführt, benachteiligt, weil er die freiwillige Prüfung in den Prospekt aufnehmen muss. Letzterer wird hingegen auf Grund der geringen Aussagekraft nicht unbedingt durch den Hinweis benachteiligt, wenn er diesen Umstand darlegt. Es wäre daher zu begrüßen, wenn es nur auf eine gesetzliche Regelung ankäme. Dies ist vom Wortlaut in enger Auslegung auch noch gedeckt. Der Anleger ist zudem durch den Hinweis hinreichend informiert, dass der Emittent entweder keine Prüfung hat durchführen lassen, oder dass er sie nicht durchführen lassen muss. Folglich ist dem Ziel des Gesetzes, nämlich der Information des Anlegers, genüge getan. Es kommt mithin nur auf gesetzliche Bestimmungen an, so wie es auch der Verordnungsgeber annimmt.[354]

b) Form und Veröffentlichungsmodus

Der Verkaufsprospekt muss gem. § 9 VerkProspG einen Werktag vor Abgabe des öffentlichen Angebots in einem überregionalen Börsenpflichtblatt veröffentlicht werden, oder er muss bei Zahlstellen zur kostenlosen Abgabe bereitgehalten werden und in einem Börsenpflichtblatt muss diese Zahlstelle benannt werden. Dabei ist Zahlstelle ein Begriff, der aus dem Wertpapierbereich stammt und bezeichnet eigentlich Finanzinstitute, bei denen Dividenden- oder Zinsscheine eingelöst oder ähnliche Maßnahmen durchgeführt werden.[355] Bei geschlossenen Fonds ist eine Zahlstelle i.d.R. nicht vorgesehen. Die Fondsbeteiligung betreffende Abwicklungen werden üblicherweise mit der Fondsgesellschaft oder der Treuhandgesellschaft gemacht.[356] Entsprechend ist in § 4 Nr. 4 VermVerkProspV auch von Zahlstellen oder anderen Stellen, die Zahlungen an die Anleger ausführen die Rede. Es kann zwar ein Redaktionsversehen sein,[357] dass letztere im VerkProspG nicht genannt werden, jedoch können vom Wortlaut her auch der Fonds selbst oder ein Treuhänder als Zahlstellen i.S.d. § 9 Abs. 2 VerkProspG angesehen werden, da der Begriff ja nicht mit dem aus dem Wertpapierbereich identisch sein muss. Insofern ist der Gesetzeswortlaut ausreichend. Ist eine Stelle für die Bereithaltung des Prospekts verantwortlich, eine

---

353 RegE VerkProspG, BT-Drs. 15/3174, S. 43.

354 Ebenso Arndt/Voß/*Voß* § 10 VermVerkProspV Rn. 9.

355 Schwark/*Heidelbach* § 39 BörsG Rn. 9.

356 *Verführth/Grunenberg* DB 2005, 1043 (1044).

357 *Verführth/Grunenberg* DB 2005, 1043 (1044).

andere hingegen für anfallende Zahlungen an die Anleger, so ist diese Funktionsbezeichnung im Prospekt aufzunehmen und die erste Stelle in der Bekanntmachung zu nennen.

In elektronischer Form allein kann ein Prospekt nicht veröffentlicht werden und zwar auch dann nicht, wenn die Vermögensanlage ausschließlich etwa über das Internet vertrieben wird. Wird das Angebot über ein elektronisches Informationsverarbeitungssystem, also z.B. das Internet abgegeben, muss der Prospekt auch dort erhältlich sein und beim Angebot ein Verweis auf den Prospekt gegeben sein (§ 9 Abs. 2 S. 2 VerkProspG). Im Internet müsste also ein Link zu dem Prospekt direkt auf der Seite stehen, in der das Angebot gemacht wird. Damit ist es ausreichend, wenn der Prospekt etwa als pdf-Datei auf einem anderen Server gespeichert wird oder auf einer anderen Internetseite steht. Das Gesetz regelt also nur den zusätzlichen Ort (im Informationsverarbeitungssystem), nicht aber deren Form. Ähnlich wie bei der Zahlstelle muss der Anleger die Möglichkeit haben, den Prospekt auf seinen Rechner zu laden; es muss also eine Datei sein, die zum Download geeignet ist. Es reicht nicht, wenn die Informationen nur online lesbar sind, denn dann ist eine Vergleichbarkeit mit einem „normalen“ Prospekt nicht gegeben. Es dürfte auch erforderlich sein, dass darauf hingewiesen wird, mit welchem Programm die Datei geöffnet werden kann und wo dieses Programm erhältlich ist. Zusätzlich muss allerdings trotzdem noch ein schriftlicher Prospekt erstellt werden.[358]

Die Veröffentlichung selbst erfolgt in mehreren Schritten: Hat der Anbieter den Prospekt erstellt, muss er ihn an die BaFin übermitteln, § 8i Abs. 1 VerkProspG. Diese muss den Prospekt dann auf seine Vollständigkeit hin überprüfen, und zwar innerhalb von zwanzig Tagen (Abs. 2). Danach tritt jedoch keine Gestattungsfiktion ein. Nach der Billigung wird der Prospekt bei der Bundesanstalt hinterlegt. Sodann kann der Anbieter den Prospekt in der oben genannten Weise veröffentlichen, muss aber der BaFin den Tag und den Ort der Veröffentlichung anzeigen (§ 9 Abs. 2 S. 3 VerkProspG).

2. Änderungen des Prospekts bzw. der enthaltenen Tatsachen während der Dauer des Angebots

Der so erstellte Prospekt ergibt eine Momentaufnahme des Angebots. Fraglich ist jedoch, inwiefern Änderungen zu berücksichtigen sind.

a) Pflicht zur Prospektänderung

Gem. § 10 VerkProspG muss der Anbieter, wenn er einzelne Angebotsbedingungen erst kurz vor dem öffentlichen Angebot festlegt, diese mindestens am Tag des Angebots auf die gleiche Weise veröffentlichen wie einen Prospekt und

[358] Ebenso Lüdicke/Arndt/*Bruchwitz* S. 106; Arndt/Voß/*Bruchwitz* § 9 VerkProspG Rn. 21.

er muss hierüber in seinem Prospekt aufklären. Zugleich muss die BaFin benachrichtigt werden.

Gem. § 11 VerkProspG muss der Anbieter Veränderungen, die für die Bewertung des Emittenten oder der Vermögensanlage von wesentlicher Bedeutung sind, in gleicher Weise, d.h. bei einer Zahlstelle oder in einem Börsenpflichtblatt, veröffentlichen, solange sein Angebot läuft. Dieser Zeitraum endet mit Schließung des Fonds, also wenn keine weiteren Anleger mehr aufgenommen werden.

Anders als in § 16 WpPG, bei dem der Anleger gem. Abs. 3 der Norm im Falle der Veröffentlichung eines Nachtrags den Vertrag mit dem Anbieter widerrufen kann, ist durch die Veröffentlichung des Nachtrags in § 11 VerkProspG keine Rechtsfolge für das Vertragsverhältnis zwischen dem Anleger und dem Anbieter gegeben. Dies mag damit zu begründen sein, dass eine Rückabwicklung im Bereich geschlossener Fonds schwieriger ist, als bei Wertpapieren. Insgesamt ist das aber eine eher kritisch zu bewertende Diskriminierung angesichts der Tatsache, dass für die Prospekthaftung eine Rückabwicklung ebenfalls vorgesehen ist. Diese kann zwar zusätzlich eingreifen, wenn der Prospekt von Anfang an unrichtig war. Der Gesetzgeber sollte hier aber nachbessern, denn die Anleger von geschlossenen Fonds sind in den übrigen Fällen mit allgemeinen Regelungen, etwa aus §§ 119 Abs. 2, 142 Abs. 1 BGB oder § 313 BGB, nur unzureichend vor diesen Änderungen geschützt, da sie nur gravierende Fälle zu lösen vermögen. Seriöse Anbieter sollten daher freiwillig ein Widerrufsrecht vorsehen.[359]

b) Weitergehende Möglichkeit der Prospektänderung

In den genannten Fällen besteht also eine Pflicht zur Prospektergänzung. Es fragt sich, ob der Anbieter auch in anderen Fällen eine solche Ergänzung vornehmen kann. Dies könnte etwa dann der Fall sein, wenn eine Veränderung eingetreten ist, die für eine Beurteilung nicht wesentlich sind. Denkbar wären ergänzende, werbende Worte oder weitere, aber eher nachrangige Vorteile, die der Anbieter gerne noch anpreisen möchte.

Einerseits wäre es ein *argumentum a majore ad minus*, dass der Anbieter, der wichtige Dinge nachveröffentlichen muss, unwichtige Dinge veröffentlichen kann. Dies würde aber dazu führen, dass die Informationen, die der Anleger beachten müsste, in den verschiedensten Presseveröffentlichungen zu finden sind. Der Prospekt soll ein einheitliches Dokument in einer standardisierten Reihenfolge sein. Dies würde durch eine (mehrmalige) Nachveröffentlichung unterlaufen und den Anleger verunsichern. Daher kann diese Möglichkeit nicht gegeben sein. Wenn der Anbieter eine wichtige Tatsache vorzubringen hat oder diese in

[359] Arndt/Voß/*Könnecke/Voß* § 11 VerkProspG Rn. 79 ff.

plausibler Weise als wichtig darstellen kann, muss eine Nachveröffentlichung gemacht werden. In anderen Fällen ist dies nicht möglich.

c) Anfänglich unrichtiger Prospekt

Fraglich ist überdies, wie die Rechtslage beim anfänglich unrichtigen Prospekt ist. Hier gibt es zwei Möglichkeiten. Zum einen ist denkbar, dass ein völlig neuer Prospekt erstellt werden muss, zum anderen ist es auch möglich, den Prospekt gem. § 11 VerkProspG zu ergänzen. Beides wird auch vertreten.[360] Richtig ist zwar, dass es logisch keinen Unterschied macht, ob eine Korrektur von Anfang an oder erst im Laufe des Angebots nötig wird. Entscheidend gegen die Möglichkeit einer Korrektur spricht aber der eindeutige Wortlaut: „Veränderungen" bedeutet, dass sich nach der Veröffentlichung des Prospekts Tatsachen oder Umstände geändert haben. Ist der Prospekt von Anfang an unrichtig, so liegt gerade keine Änderung vor. Zu beachten ist auch, dass eine nicht rechtzeitige Veröffentlichung eines Nachtragsprospekt eine Ordnungswidrigkeit gem. § 17 Abs. 1 Nr. 5 VerkProspG darstellt, der damit i.d.R. eingreifen würde.[361] Bei anfänglich unrichtigem Prospekt ist daher ein neues Genehmigungsverfahren nötig.

II. Möglichkeiten der BaFin bei mangelhaftem oder fehlendem Prospekt

Die BaFin ist für die Anbieter von geschlossenen Fonds die neue Aufsichtsbehörde. Sie überprüft den Prospekt auf Vollständigkeit und verwahrt ihn. Nach § 8i Abs. 2 VerkProspG muss die BaFin dem Anbieter nach zwanzig Tagen seit Einreichung des Prospekts die Entscheidung mitteilen, ob die Veröffentlichung des Prospekts genehmigt wird. Dabei tritt danach keine Genehmigungsfiktion ein.[362] Sind die Unterlagen unvollständig, so soll die BaFin dem Anbieter innerhalb von zehn Tagen mitteilen, dass sie weitere Unterlagen benötigt. Die Zwanzig-Tage-Frist beginnt dann erst, wenn die Unterlagen vollständig sind. Ist der Prospekt unvollständig, so untersagt die BaFin die Veröffentlichung des Prospekts.

Nach § 8i Abs. 2 S. 5 VerkProspG hat die BaFin die Veröffentlichung zu untersagen, wenn kein oder nur ein solcher Prospekt vorliegt, der nicht alle Angaben enthält, die der Anleger benötigt, um die Vermögensanlage zutreffend beurteilen zu können (gem. § 8g Abs. 1 VerkProspG). Dasselbe gilt, wenn nicht alle nach der VermVerkProspV erforderlichen Angaben enthalten sind. Die BaFin prüft zwar bei einem Prospekt nur die inhaltliche Vollständigkeit, nicht aber die

---

360 Einen neuen Prospekt fordert Assmann/Lenz/*Ritz* § 11 Rn. 10; eine Korrektur erlaubt hingegen Schäfer/*Hamann* § 11 VerkProspG Rn. 3; Habersack/Mülbert/Schlitt/*Zwissler*, Kapitalmarktinformation, § 6 Rn. 98; Arndt/Voß/*Könnecke/Voß* § 11 VerkProspG Rn. 64.

361 Assmann/Lenz/*Ritz* § 11 Rn. 9.

362 Vgl. dazu *Duhnkrack/Hasche* DB 2004, 1351 (1353); Lüdicke/Arndt/*Bruchwitz* S. 104.

Richtigkeit der Angaben.[363] Jedoch ist nach dieser Generalklausel für den Inhalt des Prospekts auch eine inhaltliche Richtigkeit der Angaben erforderlich. Denn durch vorhandene, aber falsche Angaben ist keine zutreffende Beurteilung des Emittenten möglich. Mithin prüft die BaFin zwar nur auf inhaltliche Vollständigkeit, sie muss die Veröffentlichung jedoch untersagen, wenn der Prospekt nicht alle oder erkennbar falsche Angaben enthält. Ihr ist dabei kein Ermessen eingeräumt. Gem. § 8i Abs. 4 VerkProspG hingegen ist bereits bei Anhaltspunkten, die einen fehlenden, unvollständigen oder unkorrekten Prospekt betreffen, zwingend das Angebot insgesamt zu untersagen. Hierbei sind die Interessen der Anleger an einer unverzüglichen Untersagung von Angeboten, für die kein Verkaufsprospekt veröffentlicht wurde, mit den gegenläufigen Interessen des Anbieters abzuwägen.[364] Die Anhaltspunkte müssen konkret sein, bei Zweifeln muss die BaFin den Sachverhalt zunächst aufklären.[365] Dabei darf die Aufklärungspflicht aber nicht so weit gehen, dass eine gesicherte Erkenntnis vorliegen müsste, bevor Maßnahmen ergriffen werden.

Die BaFin kann gem. § 8i Abs. 4a und 4b VerkProspG Auskünfte von allen Personen verlangen, die Anbieter[366] sind. Gem. § 8j VerkProspG kann die BaFin Werbung untersagen, die über den Umfang der Prüfung hinwegtäuscht.

Zur Einhaltung des VerkProspG sind in § 17 VerkProspG einige Ordnungswidrigkeitstatbestände geregelt, über die die BaFin zu entscheiden hat.

§ 4 Italien

Dieser Rechtslage in Deutschland ist die Rechtslage in Italien gegenüberzustellen. Der Kapitalmarkt wird im Wesentlichen vom gesetzesvertretenden Dekret Nr. 58 vom 24.02.1998, des Einheitlichen Textes zur Regelung des Rechts der Finanzintermediäre (*Testo unico finanziario*, TUF) geregelt. Diese Form der Verordnung mit Gesetzeskraft ist ein in Italien oft verwendetes Gesetzgebungsmodell. Dabei hat die Verordnung, die an bestimmte Vorgaben geknüpft ist, dieselbe Gesetzeskraft wie ein ordentliches Gesetz.[367] Im Folgenden wird daher

[363] Anders als etwa die Prospektprüfung nach den Standards der deutschen Wirtschaftsprüfer (IDW-Standard). Vgl. *Keunecke* Rn. 316. Zu den Unterschieden zwischen der Prospektprüfung durch die BaFin und dem IDW-Standard vgl. a. *Marx/Schleifer* BB 2007, 258, nach denen die reine BaFin-Prüfung die Informationsasymmetrien nicht ausreichend beseitigt (ebd. S. 259).

[364] Lüdicke/Arndt/*Bruchwitz* S. 105; Arndt/Voß/*Bruchwitz* § 8i VerkProspG Rn. 90.

[365] Lüdicke/Arndt/*Bruchwitz* S. 105; Arndt/Voß/*Bruchwitz* § 8i VerkProspG Rn. 90.

[366] Zu diesem Begriff vgl. oben A. II. 2. (S. 47).

[367] Vgl. zu dieser Technik Dig. Disc. Publ./*Caporali*, Legge (atti con forza di) Nr. 9 ff.: Diese Verordnungen stehen in der Normenhierarchie auf derselben Stufe wie Gesetze und können diese auch derogieren; vgl. *Mazziotti di Celso/Salerno* S. 110 ff. mit weiteren Erläuterungen zu „einheitlichen Texten“, die wie beim TUF nicht nur frühere Reglungen zusammenfassen, sondern auch erneuen und ergänzen können (*testo unico innovativo*); vgl. a.

im Zusammenhang mit dem TUF auch von Gesetz (in materiellem Sinne) gesprochen. Das TUF enthält die Regelungsbereiche Intermediäre, Märkte, Emittenten und Sanktionen. Eine Prospektpflicht und -haftung ist in Art. 94 TUF vorgesehen. Zur besseren Verständlichkeit wird zunächst ein Überblick über das italienische Kapitalmarktrecht gegeben.

A. Anwendungsbereich der Prospektpflicht nach Art. 94 TUF

Die Zentralnorm für Prospektpflicht bei Emissionen ist Art. 94 TUF.

I. Grundsätzliche Erwägungen zum italienischen Kapitalmarktrecht

Das italienische Kapitalmarktrecht[368] beruht auf vier rechtlichen Säulen: Artt. 47 u. 41 der Verfassung (Cost.), die Verträge der Europäischen Gemeinschaft und die europäischen Verordnungen.[369] Nach Art. 41 Abs. 1 Cost. ist die private wirtschaftliche Betätigung frei und nach dessen Abs. 3 bestimmen Gesetze, wie diese Tätigkeit sozialen Zwecken dient.[370] Dazu zählt auch der Schutz von Ersparnissen.[371] Nach Art. 47 Cost. fördert und schützt der Staat erspartes Vermögen und regelt, koordiniert und kontrolliert das Kreditgeschäft. Unter letzterem ist nicht nur das Kreditgeschäft von Banken, sondern jede finanzielle geschäftliche Betätigung zu verstehen, wozu auch die Finanzintermediation zählt.[372] Diese beiden Normen werden heute zum Teil ergänzt durch europäische Regelungen, nämlich die Verträge der europäischen Gemeinschaft und die Verordnungen der EG. Beide zielen auf einen einheitlichen, offenen und auf Konkurrenz angelegten Markt. In diesem Sinne ist heute auch Art. 41 Cost. zu lesen, der demnach nicht die wirtschaftliche Initiative regelt und beschränkt, sondern vielmehr die Märkte stärken und beschützen soll. Der Anlegerschutz wird daher nicht in erster Linie dadurch erreicht, dass die entsprechenden Anbieter administrativ kontrolliert und dirigiert werden, sondern indem die Effizienz i.S.v. Wettbewerbsfähigkeit, die Transparenz und die Einhaltung und Erhaltung des Wettbewerbs gefördert wird.[373]

Die Rechtsquellen des italienischen Kapitalmarktrechts sind die Verfassung und die europäischen Verträge, im Rang darunter gesetzesvertretende Dekrete und italienische Gesetze. Im nächsten Rang darunter stehen Verordnungen der

---

Martines/Silvestri S. 369 ff.

[368] Vgl. einführend auch *Kaiser*, S. 81 ff.

[369] Rabitti Bedogni/Amorosino/*Amorosino/Banchelli* S. 6 ff.

[370] Vgl. hierzu *Mazziotti di Celso/Salerno* S. 238 ff.

[371] Rabitti Bedogni/Amorosino/*Amorosino/Banchelli* S. 8.

[372] Rabitti Bedogni/Amorosino/*Amorosino/Banchelli* S. 7; vgl. a. *Rabitti Bedogni/* Cannizzaro/Maviglia S. 4 f.

[373] Rabitti Bedogni/Amorosino/*Amorosino/Banchelli* S. 11 f.; Rabitti Bedogni/*Rabitti Bedogni/Maviglia* Introduzione S. 5.

verschiedenen staatlichen Stellen, insbesondere der Consob (Consorzio Nazionale per le società e la borsa) und letztlich einzelne Verwaltungsregelungen.[374]

Hinsichtlich nationaler Regelungen ist insbesondere das TUF hervorzuheben, das von Rechtsakten der Consob flankiert wird. Vor der Geltung des TUF war der Rechtsraum des Kapitalmarktes wenig und nicht einheitlich reguliert. Neben einem Börsengesetz von 1913 gab es vereinzelte Regelungen im Zivil- und Strafgesetz (*Codice civile* bzw. *Codice penale*) sowie in einigen Spezialgesetzen.[375] Seit den siebziger Jahren ist das Kapitalmarktrecht umfassenden einheitlichen Regelungen unterworfen, die auch den Anleger und dessen Ersparnisse einbeziehen.[376] Durch das TUF wird die staatliche Aufsicht den Zielen der Erhaltung des Anlegervertrauens, des Anlegerschutzes, der Stabilität und Funktionsfähigkeit des Marktes, der Wettbewerbsfähigkeit des Marktes und der Einhaltung der Rechtsregeln (Art. 5 Abs. 1 TUF) unterworfen. Diese Interessen sind unauflöslich miteinander verbunden.[377] Die Finanzmärkte werden durch das TUF nicht mehr als öffentlich regulierte, sondern als sich selbstverwaltende Systeme angesehen, wobei der Staat kontrolliert, ob durch entsprechende Regeln die Erreichung dieser o.g. Ziele ermöglicht wird.[378]

1. Fonds im System des italienischen Kapitalmarkt: kollektive und individuelle Vermögensverwaltung

Das italienische Kapitalmarktrecht spricht von Finanzintermediation (*intermediazione finanziaria*). Hiermit ist der Lebensbereich gemeint, bei dem es um die Kanalisierung von Ersparnissen der Bevölkerung bei Unternehmen geht, indem diese Finanzprodukte emittieren.[379] Finanzintermediäre (*intermediario finanziario*) sind dabei die Personen, die autorisiert werden, Finanzdienstleistungen (*servizi e attività d'investimento*) anzubieten; dies sind i.d.R. Banken und Investmentunternehmen.[380] Finanzintermediation gliedert sich wiederum in das Bankgeschäft mit Einlagen (*intermediazione bancaria*), in das Versicherungsgeschäft (*intermediazione assicurativa*) und das Geschäft mit Wertpapieren und anderen Investments (*intermediazione mobiliare*).[381] Für die vorliegende Arbeit interessiert nur die letztgenannte Gruppe.

---

[374] Rabitti Bedogni/Amorosino/*Amorosino/Banchelli* S. 12 f.

[375] Rabitti Bedogni/*Rabitti Bedogni/Maviglia* Introduzione S. 2; zur Entwicklung dieser Spezialesetze bis hin zum TUF vgl. *Rispoli Farina/Rotondo* S. 2 ff.

[376] Rabitti Bedogni/*Rabitti Bedogni/Maviglia* Introduzione S. 2.

[377] Rabitti Bedogni/*Rabitti Bedogni/Maviglia* Introduzione S. 5.

[378] Rabitti Bedogni/*Rabitti Bedogni/Maviglia* Introduzione S. 7.

[379] Rabitti Bedogni/Amorosino/*Parrella* S. 29.

[380] Rabitti Bedogni/Amorosino/*Parrella* S. 29.

[381] Rabitti Bedogni/Amorosino/*Parrella* S. 30 ff.; *Rispoli Farina/Rotondo* S. 1.

Es werden vom Gesetzgeber verschiedene geschäftliche Aktivitäten unterschieden, die nur von dazu autorisierten Personen ausgeführt werden dürfen. Gem. Art. 18 Abs. 1 TUF können gewerbsmäßige Finanzdienstleistungen und Anlagetätigkeiten für die Öffentlichkeit nur von Investmentgesellschaften und Banken ausgeübt werden. Das sind nach Art. 1 Abs. 5 TUF die folgenden, sich auf Finanzinstrumente beziehenden Aktivitäten: Handel in eigenem Namen, Ausführung von Aufträgen auf Rechnung des Kunden, Zeichnung oder Marktplatzierung mit oder ohne fester Übernahme oder die Übernahme von Garantien gegenüber dem Emittenten, individuelle Portfolioverwaltung, Empfang und Weitergabe von Ordern, Anlageberatung sowie der Betrieb eines multilateralen Handelssystems. Finanzinstrumente sind nach Art. 1 Abs. 2 TUF Mobiliarwerte nach Abs. 1-bis und einige weitere Produktarten. Umfasst sind damit u.a. Aktien, damit vergleichbare Titel, Obligationen und ähnliche Titel, Titel, die den Kauf oder Verkauf von solchen Papieren ermöglichen, Titel, die sich sonst auf Mobiliarwerte oder auf Währungen, Zinsen, Wertentwicklungen, Waren, Indizes oder Rechengrößen beziehen, Geldmarktinstrumente, Investmentfondsanteile, Optionsgeschäfte, Derivate, Futures, Swaps, Termingeschäfte sowie verschiedene Kombinationen.[382]

Hierbei zeigt sich, wie die individuelle Vermögensverwaltung (*gestione di portafogli*) geregelt ist, nämlich, sofern der Verwalter in Finanzinstrumente investieren soll, als Finanzdienstleistung, die nur von autorisierten Personen ausgeübt werden darf, Art. 1 Abs. 5-quinquies TUF. Um den Begriff der Vermögensverwaltung von dem der Annahme und Weitergabe von Ordern zu trennen, ist es nötig, dass der Verwalter zwar an einige Weisungen gebunden werden kann, er muss aber auch ein Mindestmaß an Freiraum für die Investitionsentscheidungen haben.[383] Bei der individuellen Vermögensverwaltung muss der Anbieter für jeden Kunden ein eigenes, separates Konto führen; der Kunde bleibt stets Eigentümer der Mittel und Papiere, die für ihn verwaltet werden.[384]

Hiervon zu unterscheiden ist die kollektive Vermögensverwaltung (*gestione collettiva o „in monte" dei patrimoni*). Hierbei werden die Anlegergelder in einer Vermögensmasse zusammengeführt und diese neu entstandene Vermögensmasse wird dann einheitlich verwaltet und investiert. Der einzelne Anleger kann bei einem solchen Fonds keine Investitionsentscheidungen beeinflussen, sondern er hat lediglich – je nach der Art des Fonds – das Recht zur Rückgabe seiner Anteile.[385] Diese Art ist insbesondere für Kleinanleger geeignet, weil sie so auch mit geringer pekuniärer Beteiligung an einem Produkt eine große Diversi-

---

382 Vgl. zu den Finanzinstrumenten *Costi/Enriques* Tr.dir.com. S. 34 ff.

383 Rabitti Bedogni/Amorosino/*Parrella* S. 83; Ferrarini/Marchetti/*Chiappetta* S. 136 f.

384 Rabitti Bedogni/Amorosino/*Parrella* S. 84; Ferrarini/Marchetti/*Chiappetta* S. 136 f.

385 Rabitti Bedogni/Amorosino/*Parrella* S. 84; *Annunziata* S. 156.

fizierung erreichen können.[386] Der Anleger kann durch die Mittelzusammenführung Synergieeffekte nutzen, hat aber andererseits keine Möglichkeit, individualisierte Entscheidungen zu treffen; aus diesem Grund gibt es eine Reihe gesetzlicher Schutzmechanismen, wozu auch die Pflicht zur Erstellung eines Verkaufsprospektes zählt.[387]

Es gibt in Italien zwei Arten von kollektiver Vermögensverwaltung: die Investmentfonds (*fondi comuni di investimento*) und Aktien von Investmentgesellschaften mit variablem Kapital (*Società di investimento a capitale variabile – Sicav*).

Bei den Investmentfonds wird ein vom Gesellschaftsvermögen getrenntes Sondervermögen gebildet (Art. 36 Abs. 6 TUF), das in Quoten bzw. Anteile aufgeteilt ist.[388] Die Betreibergesellschaft hat gewisse Investitionsrichtlinien zu beachten, nach denen sie das Fondsvermögen nur in bestimmte Anlagen einbringen darf. Auf Grund der Eigenschaft als Sondervermögen kann weder die Betriebsgesellschaft noch deren Gläubiger auf die Mittel des Fonds zugreifen.[389] Die verschiedenen vertraglichen Beziehungen des Fonds basieren auf dem (satzungsähnlichen) Reglement, das gem. Art. 39 TUF jeder Fonds haben muss, und dem Verkaufsprospekt.[390]

Das TUF kennt verschiedene Arten von Investmentfonds. Zunächst muss zwischen offenen und geschlossenen Fonds unterschieden werden. Gem. Art. 1 Abs. 1 lit. k) TUF ist ein offener Fonds ein solcher, bei dem die Anleger jederzeit die Rücknahme ihres Anteils verlangen können, während gem. lit. l) ein geschlossener Fonds dadurch gekennzeichnet ist, dass die Anleger die Rücknahme ihres Anteils nur zu bestimmten Zeiten verlangen können. Wann ein Fonds offen oder geschlossen sein soll, ist im TUF selbst nicht geregelt. Gem. Art. 37 Abs. 1 TUF erlässt der Wirtschaftsminister (*Ministro dell'economia e delle finanze*) eine Verordnung über die Modalitäten, die ein Fonds einhalten muss. Diese bezieht sich auch auf die Eigenschaft eines Fonds als offen oder geschlossen. Es ist das „Ministerialdekret betreffend der Bestimmung der generellen Regeln, die jeder Fonds einhalten muss, vom 24. Mai 1999, Nr. 228“ (DM 228/1999).

Nach Artt. 8, 9 DM 228/1999 kann ein offener Fonds als europäischer, harmonisierter Fonds in die nach diesen Regeln erlaubten Ziele investieren und als nicht harmonisierter in verschiedene Finanzinstrumente und Festeinlagen. Die hier interessierenden geschlossenen Fonds dürfen gem. Artt. 12 Abs. 1, 4 Abs. 2

[386] Rabitti Bedogni/Amorosino/*D'Ambrosio* S. 151.

[387] Rabitti Bedogni/Amorosino/*D'Ambrosio* S. 152.

[388] Rabitti Bedogni/Amorosino/*D'Ambrosio* S. 160; *Annunziata* S. 156.

[389] Rabitti Bedogni/Amorosino/*D'Ambrosio* S. 161.

[390] Rabitti Bedogni/Amorosino/*D'Ambrosio* S. 162; zum Reglement ausführlich: Di Noia/Razzante/*Piatti* S. 169.; *Annunziata* S. 165 ff.

lit. b), d), e) und f) DM 228/1999 in Finanzinstrumente investieren, soweit es sich nicht um offene Fonds handelt, sowie in unbewegliche Sachen und Rechte an unbeweglichen Sachen, Kredite oder Papiere, die einen Kredit verbriefen sowie andere Güter, für die ein Markt existiert und für die ein Preis mit Sicherheit mindestens halbjährlich feststellbar ist. Nach Art. 12-bis i.V.m. Art. 4 Abs. 2 lit. d) DM 228/1990 ist ein Immobilienfonds stets ein geschlossener Fonds, der mindestens zwei Drittel seiner Anlagesumme in Immobilien, Immobiliarrechte oder Beteiligungen an Immobiliengesellschaften investiert, bzw. 51 % der Summe in diese Güter, wenn zugleich 20 % der Summe in verbriefte Finanzinstrumente, die sich auf Immobiliargüter oder -rechte oder grundpfandrechtlich gesicherte Darlehen beziehen, angelegt sind.

Die italienische Nationalbank (*Banca d'Italia*), erlässt ebenfalls ein Regelwerk, dass die Risikobegrenzungen und die Liquidität sowie einige Aufsichtsfragen steuert.[391] Die Banca d'Italia und die Consob haben gemeinsam gem. Art. 6 Abs. 2-bis TUF ein Regelwerk für die Verhaltensregeln von Finanzintermediären erlassen.[392]

2. Treuhandgesellschaften

Nur ungenau vom TUF erfasst sind die Treuhandgesellschaften (*società fiduciarie*). Gem. Art. 199 TUF sind die bestehenden Regeln über diese Gesellschaften weiterhin gültig. Ausgehend von der erstmaligen gesetzlichen Regelung dieser Rechtsform ist die *società fiduciaria* die älteste Rechtsform einer Anlagegesellschaft auf dem italienischen Kapitalmarkt.[393] Sie haben zunächst konservatorische Treuhandverwaltung betrieben, später auch dynamische (kollektive) Vermögensverwaltung; letztere ist seit dem DL. 27/1987 und dem L. 148/1987 den Treuhandgesellschaften untersagt.[394] Sie bedarf gemäß Art. 2 Abs. 1 L. 1966/1939 einer Genehmigung ihrer Geschäftstätigkeit durch den Wirtschaftsminister (damals unter der Bezeichnung: Ministro delle Attività Produttive). Geschäftsgegenstand dieser Treuhandgesellschaften ist die Verwaltung

---

391 Provv.BdI. (zuletzt geändert 21.06.2007). Es beruht auf einigen Ermächtigungsnormen, nämlich Artt. 6 Abs. 1 lit. a), 36 Abs. 3, 39 Abs. 3-bis TUF. Die Kompetenz zur Regelung des Investitionsobjekts von Investmentfonds leitet sich aus der Ermächtigung zur Regelung der (präventiven) Aufsicht ab, wozu zwecks Erhaltung von Verhaltenspflichten und Risikominimierung eine Verordnung vorgesehen ist, Art. 6 Abs. 1 c) TUF, sowie aus der Zuständigkeit der Prüfung der Fondsbedingungen, Art. 39 Abs. 3 u. 3-bis TUF.

392 Regolamento in materia di organizzazione e procedure degli intermediari che prestano servizi di investimento o di gestione collettiva del risparmio, GU Nr 255 vom 2.11.2007.

393 Diese Gesellschaften wurden zuerst 1926, aber im Wesentlichen mit dem bis heute gültigen Gesetz vom 23. November 1939 reguliert (Legge 23 novembre 1939, n. 1966 – Disciplina delle società fiduciarie e di revisione), L 1966/1939. Vgl. Santoro/*Comporti* S. 429; *Colavolpe* Trusts 2004, 17 (19 ff.); ausführlich *Nisio* BBTC 2003 I, 42.

394 *Colavolpe* Trusts 2004, 17 (20 f.); *Nisio* BBTC 2003 I, 42 (58 ff.).

von Vermögen mittels Treuhandvertrages. Dabei kann das verwaltete Vermögen beliebig sein. Insbesondere ist es auch möglich, Gesellschaftsanteile jeder Art, damit auch Personengesellschaftsanteile oder aber Anteile an *Srl (Società a responsabilità limitata*, ähnlich einer GmbH), durch eine Treuhandgesellschaft zu halten und zu verwalten.

Im Bereich der Vermögensverwaltung dürfen einfache *società fiduciarie* nur eine statische Verwaltung ausüben, da sie ansonsten in der Rechtsform einer *Sim* (*società di intermediazione mobiliare*) geführt werden müssten.[395] Dazu gehört nur die Verwahrung der Titel, die Ausführung von Ordern des Treugebers, die Ausübung des Stimmrechts und das Einziehen der Dividenden.[396] Wenn der Treuhänder nicht nur diese statischen Aufgaben übernehmen soll, kann er zugleich die Rechtsform eines anderen Finanzintermediärs, der sog. *Sim* übernehmen. In diesem Fall kann die *Sim*-Treuhandgesellschaft Kundenvermögen nicht nur statisch, sondern auch dynamisch verwalten.[397] Dann gilt für die Treuhandgesellschaft allerdings nicht mehr das ältere Gesetz, sondern gem. Art. 60, Abs. 4 S. 3 Dlgs. 415/1996 und Art. 199 TUF ausschließlich die neueren Kapitalmarktgesetze. Diese *Sim*-Treuhandgesellschaften sind allerdings wenig praxisrelevant. Gemäß der Liste der Consob, bei der sie geführt werden müssen, gibt es gegenwärtig nur fünf solcher Anbieter.[398] „Einfache" *società fiduciarie* gibt es hingegen recht häufig: Nach Angaben von Assofiduciaria, einem Verband von Treuhandgesellschaften, gibt es insgesamt 194 Mitgliedsgesellschaften (wozu aber auch die *Sim*-Treuhänder gehören können) mit einem verwalteten Vermögen von ca. 56 Mrd. Euro.[399] Jedem größeren Bankhaus ist meist auch eine Treuhandgesellschaft zugeordnet.

3. Intermediäre: Personen, die Finanzdienstleistungen und kollektive Vermögensverwaltung ausüben dürfen

Das TUF regelt im Wesentlichen zwei Bereiche von Tätigkeiten, die sich geschäftsmäßig auf den Kapitalmarkt beziehen. Dies ist zum einen die Erbringung von Finanzdienstleistungen und zum anderen die kollektive Vermögensverwaltung, die i.d.R. durch Investmentfonds stattfindet.

---

395 Vgl. Rabitti Bedogni/Amorosino/*Parrella* S. 89 f.; Ferrarini/Marchetti/*Chiappetta* S. 145; Ferrarini/Marchetti/*Di Chio* S. 166; *Colavolpe* Trusts 2004, 17 (20). Zur *Sim* sogleich im Anschluss unter Nr. 3.

396 Ferrarini/Marchetti/*Di Chio* S. 166; Assofiduciaria Riv.soc. 1985 I, 330.

397 *Rabitti Bedogni/Amorosino/Parrella* S. 89 f.; *Colavolpe* Trusts 2004, 17 (22 f.); *Nisio* BBTC 2003 I, 42 (67 ff).

398 http://www.Consob.it/main/intermediari/imprese_investimento/FIDU.html (zuletzt besucht am 02.10.2008).

399 http://www.assofiduciaria.it (zuletzt besucht am 02.10.2008).

Finanzdienstleistungen dürfen nur von bestimmten Intermediären erbracht werden.[400] Gem. Art. 18 Abs. 1 TUF dürfen nur Investmentgesellschaften und Banken Finanzdienstleistungen anbieten. Gem. Art. 1 Abs. 1 lit. h) TUF sind Investmentgesellschaften alle *Sim* sowie Gesellschaften aus anderen EG- und Nicht-EG-Ländern. Dabei dürfen *Sim*, ausländische Investmentgesellschaften und Banken gem. Art. 18 Abs. 1 TUF alle Finanzdienstleistungen erbringen.[401] Daneben gibt es auch einige andere Personen, die in eingeschränktem Maße berechtigt sind. Hierzu zählen die italienische Post,[402] die Investmentgesellschaften gem. Art. 107 des einheitlichen Bankgesetzes[403] (Art. 18 Abs. 3 TUF),[404] und Wechselagenten[405]. Außerdem können Treuhandgesellschaften, sofern sie zugleich in der Rechtsform der *Sim* bestehen, individuelle Vermögensverwaltung betreiben. Eine Doppelstellung haben die Fondsgesellschaften (*società di gestione del risparmio – Sgr;* Art. 1 Abs. 1 lit. o) TUF).[406] Nach Art. 18 Abs. 2 TUF sind diese Fondsgesellschaften zur individuellen Vermögensverwaltung und zur Anlageberatung berechtigt. Zugleich können sie aber auch Publikumsfonds auflegen und verwalten. Daher werden sie auch „einheitlicher Verwalter" (*gestore unico)* genannt, weil nur sie beide Arten von Vermögensverwaltung betreiben dürfen.[407]

Die wichtigste Form eines Finanzintermediärs ist die *Sim*. Gesellschaften, die die Tätigkeit einer *Sim* ausüben möchten, bedürfen gem. Art. 19 TUF der Genehmigung durch die Consob, wohingegen Banken und die Finanzintermdiäre des einheitlichen Bankgesetzes einer Genehmigung durch die Banca d'Italia bedürfen.[408] Die Genehmigung ist an einige Bedingungen geknüpft, wie eine Mindestkapitalisierung, die Rechtsform der italienischen AG sowie Anforderungen an die Professionalität.

Im Gegensatz zur Regelung bei Finanzdienstleistungen gibt es bei der kollektiven Vermögensverwaltung nur zwei Anbieterformen: Die bereits erwähnten *Sgr* und die *Sicav* (Art. 33 Abs. 1 TUF). Die *Sgr* ist eine von der Banca d'Italia

---

400 Zur Entwicklung dieses Rechtsgebietes, das mit einem Gesetz von 1991 begann, vgl. Ferrarini/Marchetti/*Ferrarini* S. 28 ff.; Rispoli Farina/Rotondo/*Carriero* S. 92 ff.

401 Rabitti Bedogni/Amorosino/*Parrella* S. 87 f.

402 Rabitti Bedogni/Amorosino/*Parrella* S. 87 f.

403 Dlgs. 385/1993: Testo unico delle leggi in materia bancaria e creditizia.

404 Rabitti Bedogni/Amorosino/*Parrella* S. 88.

405 Rabitti Bedogni/Amorosino/*Parrella* S. 91.

406 Ihnen gleichgestellt sind die Fondsgesellschaften aus einem EG-Mitgliedsstaat, die nach europäischem Recht zur kollektiven Vermögensverwaltung befugt sind, Art. 1 Abs. 1 o-bis) TUF.

407 Rabitti Bedogni/Amorosino/*Parrella* S. 89; Di Noia/Razzante/*Piatti* S. 155; Rispoli Farina/Rotondo/*Greco* S. 147.

408 Rabitti Bedogni/Amorosino/*Parrella* S. 96.

mit Anhörung der Consob genehmigte Gesellschaft (Art. 34 Abs. 1 TUF) und kann neben Investmentfonds[409] und der individuellen Vermögensverwaltung auch einige Nebendienstleistungen erbringen sowie Pensionsfonds betreiben und Anlageberatung erbringen (Art. 33 Abs. 2 TUF). Für die Genehmigung müssen, ebenso wie bei der *Sim*, einige Mindestanforderungen erfüllt werden (Art. 34 Abs. 1 TUF); die Rechtsform ist ebenfalls die der Aktiengesellschaft. Der Vertrieb von Fonds kann derartig gestaltet werden, dass eine *Sgr* den Vertrieb eines Fonds übernimmt und eine andere Sgr den Fonds verwaltet. Die Vertriebs-Sgr (*Sgr promotrice*) übernimmt dann die Ausarbeitung und Konzeptionierung eines Produktes und die Beziehungen zu den Anlegern, die Verwaltungs-Sgr (*Sgr gestore*) hingegen die Anlageentscheidungen und damit die Verwaltung des Vermögens (vgl. Art. 1 Abs. 1 lit. p), q) und Art. 39 TUF).[410]

Eine *Sicav* ist hingegen eine Aktiengesellschaft, die ein variables Kapital besitzt. Der Anleger kauft eine oder mehrere Aktien dieser Gesellschaft. Das Gesellschaftsvermögen ist damit zugleich das Fondsvermögen (Art. 45 Abs. 1 TUF). Die Aktien müssen immer frei verkäuflich sein. Die *Sicav* wird wie die Sgr und die *Sim* von der Banca d'Italia mit Anhörung der Consob bei Vorliegen bestimmter Bedingungen genehmigt.

Die beiden Formen kollektiver Vermögensverwaltung, also die Investmentfonds und die *Sicav*, bezeichnet das TUF als Organismen kollektiver Vermögensverwaltung (*organismi di investimento collettivo del risparmio – Oicr*).

4. Angebot an die Öffentlichkeit

Ein weiterer Begriff, der für die Fragestellung dieser Arbeit von herausragender Bedeutung ist, ist der Begriff des Angebots an die Öffentlichkeit. Es ist eine der beiden Methoden von Emittenten, an Kapital in Form von Ersparnissen der Bevölkerung zu gelangen. Oberbegriff ist der öffentliche Aufruf von Ersparnissen (Titel II von Teil IV des TUF). Dies kann über ein Angebot an die Öffentlichkeit von Finanzinstrumenten oder Finanzprodukten (so Untertitel I) oder mittels öffentlichen Angebots zum Kauf oder Tausch von Wertpapieren (so Untertitel II) geschehen.[411] Die Anregung von Investments ist der Normalfall für den Zugang zum Kapitalmarkt.[412]

Das Angebot an die Öffentlichkeit ist in Art. 1 Abs. 1 lit. t) TUF als weiter Begriff geregelt und meint eine bestimmte Art von Angebot in jedweder Form an die Öffentlichkeit.[413] An sie ist insbesondere die Prospektpflicht geknüpft.

---

409 Dazu s.o. unter § 4 A. I. 1 (S. 80).

410 Rabitti Bedogni/Amorosino/*D'Ambrosio* S. 87 f; Rispoli Farina/Rotondo/*Greco* S. 146.

411 *Costi* S. 48 f.

412 Rabitti Bedogni/Amorosino/*Zechini* S. 241.

413 Näher dazu unten § 4 A. II. 3. (S. 90).

5. Aufsicht durch Consob und Banca d'Italia

Die verschiedenen Anbieter bedürfen einer Genehmigung der Banca d'Italia und, im Falle der *Sim*, auch der Consob. Das italienische Kapitalmarktrecht sieht auch im Übrigen eine gemischte Aufsicht durch die beiden Behörden vor. Grundsätzlich ist die Aufsicht nach Zwecken aufgeteilt, obwohl auch eine Einteilung nach den beaufsichtigten Subjekten möglich ist.[414] Danach ist die Banca d'Italia zuständige Aufsicht hinsichtlich der Stabilität des Vermögens und der Risikobeschränkung (Art. 5 Abs. 2 TUF), die Consob hinsichtlich des (Markt-)Verhaltens und der Markttransparenz (Art. 5 Abs. 3). Die Consob und die Banca d'Italia haben gemeinsam gem. Art. 5 Abs. 5-bis TUF ein Zuständigkeitsübereinkommen[415] geschlossen, aus dem sich die Einzelheiten bei der Zuständigkeit ergeben.

Wettbewerbsbeschränkungen prüft dagegen die hierfür allgemein zuständige Behörde – es gibt, anders als im Bankbereich, keine eigene Zuständigkeit der speziellen Aufsichtsbehörde auch für den bereichsspezifischen Wettbewerb.[416]

Die Consob wurde erst im Zuge der Regulierung des Kapitalmarktes 1974 gegründet.[417] Zusätzlich hat der italienische Wirtschaftsminister eine Art von Oberaufsicht über die Rechtsordnung im Kapitalmarkt, was sich insbesondere in einigen Verordnungsermächtigungen zeigt.[418] Die Consob und die Banca d'Italia sind jedoch nicht weisungsgebunden, sondern unabhängig.[419] Hauptpfeiler der Aufsicht ist neben der Transparenz und dem Anlegerschutz das Prinzip der Wirtschaftlichkeit und der Erhaltung des Wettbewerbs (Art. 5 Abs. 1 TUF).[420] Die Tätigkeiten der Aufsichtsbehörden sind durch Verordnungen, Informationsrechte und Kontrollrechte gekennzeichnet.[421] Hinsichtlich der Verordnungen ist für die vorliegende Fragestellung insbesondere das RegEmit von Bedeutung, also die Bestimmungen der Consob hinsichtlich der Regelung der Emittenten.

6. Einheitlichkeit des Kapitalmarkts

Der italienische Kapitalmarkt kennt keine Dichotomie wie der deutsche. Die rechtlichen Rahmenbedingungen gelten weitgehend einheitlich für alle im

---

414 Rabitti Bedogni/Amorosino/*D'Ambrosio* S. 58 f.

415 Protocollo d'intesa tra Banca d'Italia e Consob vom 31.10.2007, erhältlich auf http://www.consob.it/main/documenti/Regolamentazione/normativa/bi_consob_29_ott_2007.htm (am Ende der Seite; zuletzt besucht am 02.10.2008).

416 Rabitti Bedogni/Amorosino/*D'Ambrosio* S. 59.

417 *Rabitti Bedogni*/Cannizzaro/Maviglia S. 3 f.; zur Rolle der Consob ausführlich *Kaiser* S. 90.

418 Rabitti Bedogni/Amorosino/*D'Ambrosio* S. 64.

419 Rabitti Bedogni/Amorosino/*D'Ambrosio* S. 61.

420 Rabitti Bedogni/Amorosino/*D'Ambrosio* S. 68.

421 Rabitti Bedogni/Amorosino/*D'Ambrosio* S. 69 ff.

Markt erhältlichen Produkte. Insbesondere gilt dies für die Regelung der autorisierten Emittenten und des Angebots an die Öffentlichkeit. Eine Unterscheidung in einen Grauen und einen Weißen Kapitalmarkt gibt es daher nicht. Zwar ist einigen Regelungen inhärent, dass sie nur für bestimmte Anlageprodukte gelten, jedoch ist auch rein faktisch keine Zweiteilung gegeben. Die weitere Untersuchung muss daher zeigen, inwieweit die Einheitlichkeit des Marktes mit den rechtlichen Rahmenbedingungen zusammenhängt.

II. Der Begriff Angebots an die Öffentlichkeit (offerta al pubblico)

Die Prospektpflicht wird im italienischen Kapitalmarktrecht bei Vorliegen eines Angebots an die Öffentlichkeit[422] ausgelöst, Art. 94 Abs. 1 TUF. Der Begriff eines Angebots an die Öffentlichkeit ist daher näher zu beleuchten.

1. Entwicklung der Rechtslage und des Begriffs

Wie bereits erwähnt, hat der italienische Gesetzgeber erst in den siebziger Jahren begonnen, das Kapitalmarktrecht umfassend zu regulieren. Dies ist durch das Gesetz Nr. 216 von 1974 geschehen.[423] Mit diesem Gesetz wurden einige Normen betreffend den Kapitalmarkt geschaffen, sowie die Consob gegründet. Gem. dessen Art. 18 L. 216/1974[424] musste für einige reguläre Kapitalmarkttitel vor dem öffentlichen Angebot eine Anzeige bei der Consob eingereicht werden. Die Consob konnte dann bestimmen, wie das Angebot zu erfolgen hat. Dazu hat diese 1982 allgemein festgelegt, dass hierzu immer die Erstellung eines Prospekts gehört.[425] Dies führte dazu, dass eine allgemeine Prospektpflicht galt, jedoch nur für Aktien und konvertierbare Schuldverschreibungen sowie im Fall eines öffentlichen Angebots, worunter der Verkauf durch Vertreter an Haustüren nicht gezählt wurde.[426] Diese Rechtslage war ein Nährboden für Anlageformen, die denen des deutschen Grauen Kapitalmarkts ähneln, nämlich solche, die gerade keine Aktien waren, sondern Treuhandbeteiligungen, und solche, die an

---

[422] Vgl. dazu einführend oben unter § 4 A. I. 4. (S. 84).

[423] L. 216/1974, das auf einer vorhergehenden Rechtsverordnung vom 8.April 1974, Nr. 95 beruht. Vgl. *Rabitti Bedogni*/Cannizzaro/Maviglia S. 4; Di Noia/Razzante/*Messina* S. 272 f.; zur weiteren Entwicklung insbesondere ab 1991 vgl. auch *Rispoli Farina/Rotondo* S. 2 ff.

[424] Art. 18 L. 216/1974 lautete übersetzt: Wer es vorhat, Aktien oder konvertierbare Schuldverschreibungen mittels Angebots an die Öffentlichkeit zu kaufen oder zu verkaufen, muss dieses der Consob zuvor anzeigen. (eigene Übersetzung; italienisch bei: *Rabitti Bedogni*/ Cannizzaro/Maviglia S. 5).

[425] *Rabitti Bedogni*/Cannizzaro/Maviglia S. 6. Bereits seit 1977 gab es einen Börsenzulassungsprospekt für den sog. *mercato ristretto*, vgl. *Tirrito* S. 97; *D'Alfonso* S. 85 (bei Fn. 2).

[426] *Rabitti Bedogni*/Cannizzaro/Maviglia S. 6 f.

der Haustür verkauft wurden (oder beides).[427] Neben Ansätzen der Literatur hinsichtlich der extensiven Auslegung der Norm hat schließlich der italienische Gesetzgeber reagiert und die entsprechenden Tatbestände umformuliert.[428] Dies geschah durch ein Gesetz von 1983, dem L. 77/1983. Hierdurch wurde durch Änderung des ansonsten weiter gültigen früheren Gesetzes der Begriff der Investitionsanregung (*sollecitazione al pubblico risparmio*) eingeführt und der Anwendungsbereich des alten Art. 18 L. 216/1974 erheblich erweitert.[429] Der Begriff der Investitionsanregung wurde soweit geöffnet, dass jedwede Werbung oder Kommunikation und jeder Vertriebsweg erfasst war.[430] Zentraler Anknüpfungspunkt waren fortan nicht mehr Aktien oder Schuldverschreibungen, sondern ein eigens gebildeter Begriff, der „Mobiliarwert" (*valore mobiliare*). Dies war gem. Art. 18-bis L. 216/1974:

> „jedes Dokument oder Zertifikat, das direkt oder indirekt Rechte an Gesellschaften, Vereinigungen, Unternehmen oder Körperschaften oder Anstalten jedweder Art repräsentiert, worin die italienischen und ausländischen Investmentfonds eingeschlossen sind, jedes Dokument oder Zertifikat, das einen Kredit oder Geschäfts- oder sonstiges Interesse repräsentiert, jedes Dokument, das Schuldrechte an Sachen oder Immobilien repräsentiert, sowie jedes Dokument oder Zertifikat, das geeignet ist, irgendeines dieser genannten Rechte [...] zu erwerben."[431]

Der italienische Gesetzgeber orientierte sich dabei am belgischen und US-Recht;[432] auch das französische Recht kennt einen ähnlichen Begriff.[433] Jedoch

---

427 *Rabitti Bedogni*/Cannizzaro/Maviglia S. 7; *Ferrarini* responsabilità S. 2. Vgl. a. *Tuozzo* ContrImp 2001, 953 (971), der gar von *„pirateria finanziaria"* (Finanzpiraterie) spricht.

428 *Rabitti Bedogni*/Cannizzaro/Maviglia S. 7 f., 9 ff.; *Visentini* S. 61 (64); Hauptzweck war gerade die Verhinderung der Entwicklung eines freien Kapitalmarktes, vgl. *Ferrarini* Tr.spa. S. 13; *Visentini* S. 61 (64 f.).

429 Gem. Art. 18 L. 216/1974 i.d.F. nach L. 77/1983 war demnach ein Prospekt zu erstellen, sofern eine Investitionsanregung vorlag. Diese war im neu eingefügten Art. 18-ter des Gesetzes definiert: „Eine Investitionsanregung ist ... jede öffentliche Emissionsankündigung, jedes öffentliche Angebot zur Zeichnung, jedes Umtauschangebot von Mobiliarwerten, jede Form der Platzierung von Mobiliarwerten von Haustür zu Haustür, mit Rundschreiben und Massenkommunikationsmitteln im Allgemeinen, sowie jede öffentliche Verlautbarung, die dazu geeignet ist, Informationen oder Ratschläge für die Anleger-Öffentlichkeit hinsichtlich Mobiliarwerten, die noch nicht emittiert wurden oder für die der Emittent oder Anbieter noch keinen Prospekt vorbereitet hat, mit Ausnahme von solchen Mobiliarwerten, die bereits zum Börsenhandel zugelassen sind zu verstehen." (eigene Übersetzung, italienisch bei: *Rabitti Bedogni*/Cannizzaro/Maviglia S. 10.)

430 *Roppo* Giur.it. 1983 IV, 201; Ferrarini/Marchetti/*Lener* S. 73.

431 Eigene Übersetzung, italienisch bei: *Rabitti Bedogni*/Cannizzaro/Maviglia. Zum Begriff des valore mobiliare aus neuerer Zeit vgl. *Partesotti*/*Manente*/*Urbani* S. 136.

432 *Rabitti Bedogni*/Cannizzaro/Maviglia S. 24; Ferrarini/Marchetti/*Lener* S. 79; *Carbonetti* Giur.com. 1989 I, 280 (289 ff.); *Ferrarini* Tr.spa. S. 58.

433 Vgl. *Auckenthaler*, S. 40 ff. (*valeur mobilière*; der Begriff ist aber nicht so allumfassend gedacht, wie der des italienischen Rechts). Auch eine Angebot an die Öffentlichkeit kennt

ist auch dieser Begriff nicht ohne Probleme in allen Fällen anwendbar. Er war dazu bestimmt, möglichst alle relevanten Produkte zu erfassen;[434] die einzelnen Fälle in denen die Ersparnisse gesammelt werden, konnten auch dann, wenn sie nicht unter die beispielhafte Aufzählung des Gesetzgebers fielen, dennoch Mobiliarwert sein.[435] Dabei wurde der Schwerpunkt der neuen Materie auf atypische Finanzprodukte gelegt.[436] Die Aufzählung sollte nicht abschließend sein.[437] Jedoch spricht auch diese Definition immer von Dokument oder Zertifikat, was eine Verbriefung vermuten lassen würde. Die neue Definition sollte aber gerade ohne das Verbriefungserfordernis auskommen, denn das Hauptaugenmerk lag nach h.M. auf dem auf die Ersparnisse gerichteten öffentlichen Angebot, nicht auf der Fungibilität.[438] Nach dieser wohl herrschenden Ansicht waren insbesondere massenweise ausgegebene GmbH-Anteile italienischem Rechts als Investitionsanregung anzusehen.[439] Unter diesen Aspekten waren auch die bereits genannten Treuhandbeteiligungen an Wertpapieren oder an anderen Anlageformen, die den bei uns vorkommenden geschlossenen Fonds ähneln, zu sehen. Wenn diese Fonds selbst in Mobiliarwerte investieren, ist auch eine Investionsanregung gegeben, und zwar auch dann, wenn der Treuhandvertrag selbst keinen Mobiliarwert darstellt. Aber auch dann, wenn das Investitionsziel keinen solchen Mobiliarwert darstellt, sondern eine sonstige finanzielle Anlagetätigkeit, sollte eine Investitionsanregung gegeben sein, was sich aus dem Investmentcharakter des Fonds ergibt.[440] Generell sollte insbesondere die Vermögensverwaltung der *società fiduciarie* als Mobiliarwert konfigurierbar sein.[441] Dabei war das Ziel der Marktaufsicht der Consob zunächst, dass durch die Prospekte

---

das französische Recht, die sich aber nur auf Finanzinstrumente bezieht (*appel public à l'épargne*); vgl. *ebd.* S.383 ff. Zum Vergleich von *valeur mobilière* und *valore mobiliare* vgl. auch *Castellano* BBTC 1987 I, 22 (23 f.) sowie *Ferrarini* Giur.com. 1989 I, 741 (742).

434 *Roppo* Giur.it. 1983 IV, 201; Ferrarini/Marchetti/*Lener* S. 73; *Carbonetti* Giur.com. 1989 I, 280 (287); Campobasso/*Miola* Art. 94 TUF S. 797; *Visentini* S. 61 (66).

435 *Rabitti Bedogni*/Cannizzaro/Maviglia S. 14 f.

436 *Bochicchio* Dir.fall.soc.comm. 1997 I, 843 (847).

437 *D'Alessandro* S. 91 (96 ff.).

438 *Partesotti* S. 137; *Rabitti Bedogni*/Cannizzaro/Maviglia S. 22; *Ferrarini* Giur.com. 1989 I, 741 (743 ff.); *Libonati* NLCC 1984, 504 (508 ff.); *Spada* BBTC 1986-I, 13, 19; *D'Alessandro* S. 91 (98); nach a.A. kann auf das Erfordernis der Verbriefung aber nicht (vollständig) verzichtet werden: *Castellano* BBTC 1987 I, 22(33); Ferrarini/Marchetti/*Lener* S. 73; Rispoli Farina/Rotondo/*Petagna* S. 112.

439 Vgl. Mitteilung der Consob Nr. SOC./RM/89000936, 10.03.1989, in: Riv.soc. 1989, 525.

440 *Rabitti Bedogni*/Cannizzaro/Maviglia S. 28; *Carbonetti* Giur.com. 1989 I, 280 (295); kritisch aber i.E. zu selben Ergebnis kommend *Ferrarini* Tr.spa S. 53 ff., der statt dessen den Begriff des Mobiliarwertes weit definiert.

441 Campobasso/*Miola* Art. 94 TUF S. 797 f.; *Ferrarini* Tr.spa S. 65 ff.; ebenso die Mitteilung der Consob 84/11815, Riv.soc. 1984, 639.

klargestellt wird, ob es sich etwa um eine atypische Beteiligung handelt – diese Produkte sollten nicht verboten, sondern nur transparenter werden.[442]

Das öffentliche Anbieten ohne die Erstellung eines Prospekts war nach streitiger Auffassung gem. Art. 2621 CC strafbar.[443] Jedenfalls ist die Tat seit 2007 nach Art. 173-bis TUF als Straftat mit Freiheitsstrafe von einem bis fünf Jahren geregelt, wenn jemand falsche Angaben in einem Prospekt macht, mit dem Ziel die Anleger zu täuschen, oder Daten so verbirgt, dass die Anleger getäuscht werden, um sich oder einen Dritten rechtswidrig zu bereichern.[444]

2. Konzept des TUF

Mit der Neuregelung des Kapitalmarktrechts durch das TUF wurde auch der Regelungsbereich des Angebots an die Öffentlichkeit geändert.[445] Es ist weiterhin die Intention des Gesetzgebers, möglichst alle Investmentformen zu erfassen, sofern sie öffentlich angeboten werden. Der Regelung liegt der Gedanke zu Grunde, dass die zumeist standardisierten Verträge ohne eine Regulierung einen Informationsvorsprung für den Anbieter bedeuten; die Undurchsichtigkeit der angebotenen Produkte macht dabei eine an Treu und Glauben orientierte, gerechte Vertragsverhandlung schwer.[446] Die Tatbestandsmerkmale für das Angebot an die Öffentlichkeit von Finanzprodukten ergeben sich aus Art. 1 Abs. 1 lit. t) TUF. Es werden nicht mehr verschiedene Beispielstatbestände aufgeführt, sondern ein weiterer Begriff eingeführt, nämlich derjenige des Finanzproduktes, so dass sich die Frage erübrigt, ob die zuvor enthaltene Aufzählung exemplarisch oder abschließend ist. Ebenso fehlt jeder Hinweis auf eine mögliche Verbriefung, so dass die Frage, ob eine solche für das Eingreifen der Rechtsmaterie erforderlich ist, obsolet geworden ist. Nach dem neuen Begriff ist ein Angebot an die Öffentlichkeit gegeben bei:

> „jeder Nachricht an Personen, in jedweder Form und mit jedwedem Mittel, die derart genügend Informationen bezüglich des Angebots und des angebotenen Finanzproduktes

---

442 *Visentini* S. 61 (68). Diese Sichtweise wurde mit Blick auf die Investmentfonds später allerdings aufgegeben.

443 *Lo Cane* http://www.diritto.it/materiali/commerciale/locane2.html; kritisch etwa *Crespi* Riv.soc. 1989, 1 (9 ff.).

444 dazu Assonime Riv.soc. 2006, 445 (525).

445 In dem bis 2007 geltenden TUF war, wie bereits erwäht, insoweit von einer Investitionsanregung (*sollecitazione all'investimento* oder *sollecitazione al publico risparmio*) die Rede. Literatur aus der Zeit davor bezieht sich daher auf diesen Begriff. Die aktuelle Fassung des Angebots stammt aus Art. 2 Abs. 1 d) VerkaufsprospektRL. Zum Unterschied zwischen der sollecitazione all'investimento und der zuvor geltenden Regelung vgl. *Anello/ Rizzini Bisinelli* Soc. 1998, 542 (544 f.).

446 *Costi* S. 45 f, *Costi/Enriques* Tr.dir.com. S. 11 f.

enthält, dass ein Anleger die Möglichkeit zu entscheiden hat, das Produkt zu kaufen oder zu zeichnen, einschließlich der Platzierung durch autorisierte Personen."[447]

Ein Finanzprodukt ist wiederum in Art. 1 Abs. 1 lit. u) TUF ein Finanzinstrument (was wieder in einer anderen Definition vorgegeben ist) oder jede andere Form eines Investments zu Finanzierungszwecken; ausgenommen sind Bank- oder Postspareinlagen, soweit sie nicht von Finanzinstrumenten vertreten werden. Der Begriff des Finanzproduktes ersetzt den älteren Ausdruck des Mobiliarwertes und ist so weit, dass er fast nicht mehr fassbar ist.[448] Finanzinstrumente sind in Art. 1 Abs. 2 TUF definiert. Mit Umsetzung der MiFID wurde der Begriff des Mobiliarwertes jedoch wieder eingeführt, Art. 1 Abs. 1-bis TUF. Unter Mobiliarwerten werden die meisten gängigen Wertpapiere gefasst, vor allem Aktien und Schuldverschreibungen. Die Mobiliarwerte und die neu in Art. 1 Abs. 1-ter TUF geregelten Geldmarktinstrumente fallen gem. Art. 1 Abs. 2 lit. a), b) TUF in die Gruppe der Finanzinstrumente.[449]

Die Rechtsmaterie des Angebots an die Öffentlichkeit beschränkt sich aber nicht auf Vorgaben zur Transparenz, sondern es werden auch Mindestanforderungen an die Verhaltenspflichten der Anbieter gemacht, wozu insbesondere die Gleichbehandlung aller Anleger gehört.[450] Dies ist generell in Art. 91 TUF festgelegt, nach der die Aufsicht der Consob sich nicht nur auf die Transparenz und den Schutz der Anleger beschränkt, sondern auch auf die Effektivität des Marktes gerichtet ist. Dadurch können ggf. auch Verhalten verboten werden, die durch unlautere Wettbewerbsmethoden die Effizienz des Marktes gefährden.[451] Zudem kann die Consob im RegEmit Regeln hinsichtlich der (Verhaltens-) Korrektheit aufstellen, Art. 95 Abs. 2 TUF.

Die Einzelheiten zur Regelung des Angebots an die Öffentlichkeit sind ebenso in diesem RegEmit enthalten. Das TUF setzt nur einige Grundregeln fest, die Consob hat durch die Verordnungsermächtigung eine umfangreiche Rechtsetzungsmacht.[452] Dies erlaubt eine flexible Gestaltung der Rechtslage, da nicht für jede Änderung der – in Italien bisweilen langwierige – Parlamentsweg gewählt werden muss.

3. Tatbestandsmerkmale des Art. 1 Nr. 1 lit. t) TUF

Die bisher nur der Übersicht halber genannten Tatbestandsmerkmale bedürfen einer detaillierteren Beschreibung, um einen Vergleich der Rechtslage mit derjenigen in Deutschland durchführen zu können.

447 Eigene Übersetzung, vgl. Anhang.

448 Di Noia/Razzante/*Messina* S. 276; *Conti* S. 79; *Annunziata* S. 296.

449 S.o. § 4 A. I. 1. (S. 79).

450 *Costi* S. 46 f.

451 *Costi* S. 46 f.

452 *Annunziata* S. 304; *Conti* S. 81.

a) Finanzprodukt (*prodotto finanziario*), Art. 1 Abs. 1 lit. u) TUF

Das Finanzprodukt gem. Art. 1 Abs. 1 lit. lit. u) TUF ist Objekt des Angebots an die Öffentlichkeit. Es bildet einen übergreifenden Begriff hinsichtlich der Anwendbarkeit des Kapitalmarktrechtes; eine Teilmenge der Finanzprodukte (Art. 1 Abs. 1 lit. u) TUF) sind Finanzinstrumente (Art. 1 Abs. 2 TUF). Der größte Teil des TUF ist nur anwendbar, wenn ein Finanzinstrument vorliegt. Lediglich die Regeln für das Angebot an die Öffentlichkeit gelten auch für Finanzprodukte. Die Finanzinstrumente sind aber nicht die typischen Produkte, die Gegenstand eines deutschen geschlossenen Fonds sind, und im italienischen Recht würde man sie nicht als atypische Produkte bezeichnen. Allenfalls Art. 1 Abs. 2 lit. f) - j) TUF können vorliegend Bedeutung erlangen; nach lit. h) sind Finanzinstrumente auch Verträge, die sich auf Waren beziehen, also auch etwa Warenterminkontrakte.

Ein Finanzprodukt ist nach der gesetzlichen Vorgabe eine Investition in jedweder Form mit Finanzcharakter. Grundvoraussetzung ist daher, dass das Produkt auf ein finanzielles Ziel ausgerichtet ist. Dabei besteht dieses Merkmal aus zwei Teilen: Es muss sich um eine Investition handeln, und diese muss finanziellen Charakter haben.[453] Dies ist nach einer Ansicht dann der Fall, wenn Kapital eingesetzt wird, mit dem ein bestimmter Ertrag erzielt werden soll (dann liegt eine Investition vor), wenn zu dem Geschäft ein unmittelbares Risiko gehört, dass mit dem eingesetzten Kapital verbunden ist und in wechselseitiger Beziehung damit steht (dann liegt ein Finanzcharakter vor).[454] Teilweise wird hingegen davon ausgegangen, dass ein finanzieller Charakter dann gegeben ist, wenn die Möglichkeit, dass das eingesetzte Kapital einen Ertrag bringt, von den Handlungen einer anderen Person abhängen oder in sonstiger Weise nicht vom Investor beeinflusst werden können.[455] Der Begriff des Finanzproduktes ist von Bankprodukten abzugrenzen. Die Gruppe der Finanzprodukte sind auf das Einsammeln von Ersparnissen gerichtet, Bankprodukte jedoch auf das Anlegen von Einlagen, die keine Investition mit Finanzierungcharakter darstellen.[456] Bankeinlagen sind ausdrücklich vom Anwendungsbereich ausgenommen, Art. 1 Abs. 1 lit. u) TUF. *Costi* und *Enriques* sehen in ihrer Definition keine Abgrenzungsmöglichkeit zu Bank- oder Versicherungsprodukten.[457] Allerdings ist auch das Abstellen auf ein Risiko, das mit dem eingesetzten Kapital verbunden ist, nicht geeignet, sämtliche Bank- oder Versicherungsprodukte von den Finanz-

---

[453] *Costi/Enriques* Tr.dir.com. S. 43 ff.; *Giuliani* ContrImp 2008, 33 (36).

[454] Rabitti Bedogni/Amorosino/*Paralupi* S. 244; *Annunziata* S. 297; *Conti* S. 79 f.; Rispoli Farina/Rotondo/*Falcone* S. 242; *Rordorf* For.it. 2001 V, 266 (266 f.).

[455] *Costi/Enriques* Tr.dir.com. S. 43 ff.; *Comporti* sollecitazione S. 552 f.

[456] Rabitti Bedogni/Amorosino/*Paralupi* S. 244.

[457] *Costi/Enriques* Tr.dir.com. S. 46; allerdings bezieht sich das auf die Fassung vor der Novellierung 2007, vor der die Bankeinlagen nicht ausdrücklich ausgenommen waren.

produkten abzugrenzen. Die Bankeinlage ist jedoch *per legem* ausgeschlossen. Es mag zwar auch innovative Produkte geben, die einlagenähnlich sind, aber dennoch in ihrem Ertrag von anderen Faktoren abhängen und damit risikobehaftet sind. Zudem besteht bei jedem Produkt das Währungs- sowie das Inflationsrisiko. Sobald jedoch eine Einlage bei einer Bank vorliegt, ist durch den zweiten Halbsatz der Definition die Anwendung des TUF ausgeschlossen, und zwar unabhängig von dem mit der Einlage verbundenen Risiko. Versicherungsprodukte sind ebenfalls in der Variante möglich, dass gewisse Leistungen und Vergünstigungen an den Kunden zurückfallen, wenn kein Versicherungsfall eintritt. In diesem Fall ist jedoch die Definition nicht geeignet, eine Abgrenzung zu leisten.

Allerdings hat der Gesetzgeber neben dem einfachen Finanzprodukt ein Finanzprodukt von Banken und Versicherungen geschaffen, Art. 1 Abs. 1 lit. w-bis) TUF, wozu insbesondere Lebensversicherungen gehören. Für diese Produkte gelten mit Artt. 21, 23 TUF gem. Art. 25-bis) TUF, sowie Art. 30 TUF Spezialregeln und somit in jedem Fall nicht die Artt. 93-bis) ff. TUF.

Genauer als die gesetzliche Definition ist daher eine kombinierte Definition, nach der der finanzielle Charakter des Produkts dann gegeben ist, wenn das eingesetzte Kapital und der angestrebte Ertrag mit einem Risiko behaftet ist, Kapital und Ertrag in wechselseitiger Beziehung stehen und zudem der Anleger auf die Höhe des Ertrages keinen Einfluss hat.[458]

Da die gesetzliche Definition davon spricht, dass die Form des Produktes unerheblich ist, ist eine Verbriefung nicht nötig.[459] Sie wäre dem Gesetzeszweck – dem Anlegerschutz – auch abträglich.[460] Fraglich ist aber, ob dennoch eine Form erforderlich ist. Anders als bei Art. 1 Abs. 1 lit. t) u. u) TUF ist in Art. 13 Abs. 2 RegEmit festgelegt, dass die Zustimmung bzw. der Beitritt zu dem gemachten Angebot durch Unterschrift auf dem vom Emittenten herausgegebenen Formular oder durch eine dem entsprechende andere, im Prospekt genannte Modalität geschieht. Die Norm scheint also von der Schriftform auszugehen. Es wird daher vertreten, dass die Verträge, die sich auf den Abschluss eines Finanzproduktes beziehen, zwingend in schriftlicher Form gegeben sein müssen.[461] Dabei soll das Formerfordernis aber nicht die Nichtigkeit des abgeschlossenen Vertrages nach sich ziehen.[462]

Richtigerweise ist zu differenzieren. Das TUF ist gegenüber dem RegEmit eine höherrangige Rechtsnorm. Die Verordnung der Consob kann daher keine Anforderungen an einen Sachverhalt aufstellen, die im Gegensatz zur höherran-

458 Ähnlich Campobasso/*Miola* Art. 94 TUF S. 799.

459 Rabitti Bedogni/Amorosino/*Paralupi* S. 244; *Costi/Enriques* Tr.dir.com. S. 42; Rispoli Farina/Rotondo/*Petagna* S. 115.

460 Vgl. Rabitti Bedogni/*Cannizzaro* Art. 99-100 TUF Nr. 2.1 sub c).

461 *Costi* S. 53; *Annunziata* S. 303.

462 *Costi* S. 53; *Annunziata* S. 303.

gige Norm stehen. Jedoch ist den beiden Regelungen eine andere Blickrichtung eigen: Die Formfreiheit im TUF bezieht sich auf die Frage, ob überhaupt ein Finanzprodukt und ein Angebot an die Öffentlichkeit vorliegt. Das ist unabhängig von der Schriftform der Fall. Die Regelung der Consob bezieht sich hingegen auf das „Wie" des Anbietens eines solchen Finanzproduktes. Diese Frage zu klären ist Inhalt des Verordnungsauftrages der Consob, Art. 95 Abs. 1 TUF. Liegt also ein nur mündlich abschließbares Anlageprodukt vor, so ist es dennoch ein Finanzprodukt. Folglich müssen bei öffentlichem Anbieten die Regeln für ein Angebot an die Öffentlichkeit eingehalten werden, wozu auch die Schriftform oder die gleichwertige andere Form gehört. Wäre die Schriftform auch Voraussetzung für das Vorliegen eines Finanzproduktes, so läge bei mündlichem Abschluss schon gar kein Finanzprodukt vor und es müssten die Regeln des TUF nicht eingehalten werden. Das widerspräche aber dem Ziel der Regelung, möglichst jedes Produkt zu erfassen. Fraglich ist jedoch, welche Rechtsfolgen sich aus einer Missachtung der Formvorschrift ergeben. Anders als in Art. 23 Abs. 1 TUF für Finanzdienstleistungen ist in Art. 91 ff. TUF keine Formvorschrift enthalten. Bei dieser eindeutigen Entscheidung des Gesetzgebers kann sich keine Nichtigkeit des nur mündlichen Beitritts eines Anlegers zu einem Fonds gem. Art. 1350 Nr. 13 CC ergeben. Jedoch verstößt ein Emittent gegen die Pflichten der Art und Weise des Angebot an die Öffentlichkeit und die Consob kann daher gem. Art. 99 TUF das Angebot aussetzen und untersagen.

Auch eine Handelbarkeit ist nicht erforderlich; die einzige Voraussetzung ist lediglich die des Investmentcharakters des Produktes.[463] Es sollen alle neugeschaffenen Produkte einbezogen sein.[464] Damit ist jedes derartige Produkt erfasst, das geeignet ist, Ersparnisse einzusammeln.[465]

b) Nachricht an Personen zur Ermöglichung der Entscheidung über den Kauf oder die Zeichnung

Die Nachricht an die Öffentlichkeit muss genügend Informationen über die Bedingungen des Angebots und des angebotenen Finanzproduktes haben, so dass ein Anleger über den Kauf oder die Zeichnung zu entscheiden in der Lage ist. Hierbei ist zu differenzieren: Die Veröffentlichung des Anbieters kann eine *invitatio ad offerendum* darstellen oder ein Angebot. Wenn der Anleger nur noch zustimmen muss, so sind unter den „genügend" Informationen die *essentialia negotii* zu verstehen; hierfür gilt die Variante „Kauf". Gibt der Anleger selbst erst das Vertragsangebot ab, so sind so viele Informationen zu geben, dass der Anleger auf Grund dieser Informationen selbst ein Angebot abgeben kann; das ist die Variante „Zeichnung".

---

463 Rabitti Bedogni/Amorosino/*Paralupi* S. 244; *Annunziata* S. 296 ff.

464 Belli/Mazzini/Tedeschi/*Zitiello* Art. 94-101, S. 148.

465 Rabitti Bedogni/Amorosino/*Paralupi* S. 245; *Annunziata* S. 297.

Auch nach früherem Recht musste die Mitteilung entweder ein Angebot oder eine *invitatio ad offerendum* darstellen. Auf die entsprechende Literatur kann daher zurückgegriffen werden. Angebot ist ein Vertragsangebot zum Abschluss eines Vertrages über den Kauf oder die Zeichnung von Finanzprodukten.[466] Da das Angebot an die Öffentlichkeit gerichtet sein muss, ist meist zugleich ein im italienischen Zivilrecht geregeltes Angebot an die Öffentlichkeit gem. Art. 1336 Abs. 1 CC gegeben.[467] Nach dieser Norm ist auch ein Angebot an die Öffentlichkeit, das die *essentialia negotii* enthält, ein gültiges Vertragsangebot (*invitatio ad incertas personas*). Jedoch ist das Vorliegen von Art. 1336 Abs. 1 CC nicht Voraussetzung für eine Investitionsanregung, denn das Moment der Öffentlichkeit wird durch den im TUF eigenständig enthaltenen Öffentlichkeitsbegriff festgelegt. Die Norm im CC regelt die Frage, ob ein Vertrag zustande kommt, das TUF hingegen, wann das öffentliche Anlegerpublikum geschützt werden muss.[468]

Eine *invitatio ad offerendum* ist dagegen kein Angebot, sondern nur die Aufforderung Angebote abzugeben. Im Falle des Angebots an die Öffentlichkeit wird also das interessierte Publikum aufgefordert, eigene Angebote zur Zeichnung des angebotenen Finanzproduktes abzugeben, was sich insbesondere darin ausdrückt, dass die *invitatio* nicht alle *essentialia negotii* enthält.[469] Üblicherweise ist bei den Prospekten ein Formblatt angehängt, das anlagebereite Anleger ausfüllen und an die Investmentgesellschaft senden können. Dadurch kann die Gesellschaft selbst entscheiden, welche der anlagebereiten Personen sie aufnehmen will und welche nicht.

c) An die Öffentlichkeit gerichtet

Das Angebot oder die *invitatio* muss an die Öffentlichkeit gerichtet sein. In der Definition befindet sich das Wort „Öffentlichkeit“ zwar nicht direkt, sondern nur, dass die Kommunikation „an Personen“ gerichtet sein muss. In Verbindung mit dem zu definierenden Ausdruck „Angebot an die Öffentlichkeit“ kann hierunter aber nur eine Vielzahl von Personen der allgemeinen oder einer speziellen Öffentlichkeit gemeint sein.[470] Auch für den Begriff der Öffentlichkeit kann auf

---

466 *Costi* S. 49; Rabitti Bedogni/Amorosino/*Paralupi* S. 241; *Costi/Enriques* Tr.dir.com. S. 52 u. S. 54; Assonime Riv.soc. 2001, 211 (215); *Comporti* sollecitazione S. 544.

467 *Costi* S. 50; Rabitti Bedogni/Amorosino/*Paralupi* S. 241; *Annunziata* S. 295; Rispoli Farina/Rotondo/*Falcone* S. 239; *Comporti* sollecitazione S. 544; *Rordorf* For.it. 2001 V, 266 (267).

468 Rabitti Bedogni/Amorosino/*Paralupi* S. 242; *Annunziata* S. 295.

469 Rabitti Bedogni/Amorosino/*Paralupi* S. 242; *Costi* S. 50; *Annunziata* S. 295 (dort Fn. 2); Rispoli Farina/Rotondo/*Falcone* S. 240; Assonime Riv.soc. 2001, 211 (215); *Comporti* sollecitazione S. 545.

470 Der Wortlaut kommt aus der VerkaufsprospektRL. In der deutschen Fassung des Art. 2 Abs. 1 d) VerkaufsprospektRL ist von „Publikum“ die Rede, so auch in § 2 Nr. 4 WpPG.

die zum gleichlautenden Begriff in den früheren Kapitalmarktgesetzen vorhandene Literatur zurückgegriffen werden.

Öffentlich ist das Angebot dann, wenn es sich an eine Mehrheit von Personen richtet, die nicht *ex ante* bestimmbar ist.[471] Es muss sich um ein Anbieten (nicht notwendigerweise ein Angebot im rechtlichen Sinne) *ad incertas personas* handeln.[472] Allerdings greift bei Unterschreiten von Mindestgrenzen eine Ausnahmeregelung ein.

Nach *Paralupi* ist das Angebot dann öffentlich, wenn es sich an eine unbestimmte Personenzahl richtet und zwischen dem Anleger und den Anbietenden ein individueller Kontakt fehlt.[473] Richtig ist daran zwar, dass die Personenzahl unbestimmt sein muss. Dann wird i.d.R. auch kein persönlicher Kontakt gegeben sein. Jedoch dürfte es unerheblich sein, wenn – sei es auch nur bei einem Teil der Anleger – ein persönlicher Kontakt besteht, solange die Gesamtmenge der Anleger unbestimmt ist.

Costi und *Enriques* hingegen bestimmen das Merkmal der Öffentlichkeit danach, ob bei der entsprechenden Zielgruppe der zivilrechtliche Schutz ausreicht oder ob die Personen zusätzlich eines Anlegerschutzes bedürfen. Dies wird sodann daran ausgemacht, ob die angesprochenen Personen zahlenmäßig begrenzt sind oder ob es sich bei ihnen um professionelle Anleger handelt.[474]

Dieser Ansicht ist jedoch nicht zu folgen. Die Frage, ob bei Unterschreiten einer bestimmten Anlegerzahl, bei feststehender ausschließlicher Zielgruppe in professionellen Anlegern oder allgemein bei fehlendem Schutzbedürfnis die Rechtsmaterie nicht eingreift, ist eine Frage der gesetzlichen Ausnahmen von der Regelung (Art. 100 TUF), nicht aber eine Beschränkung des Begriffs der Öffentlichkeit. Die Fälle, in denen eine solche *need for protection* nicht besteht, sind in den Ausnahmeregelungen erschöpfend geregelt; darüber hinaus eine allgemeine Begrenzung des Begriffs der Öffentlichkeit festzulegen, hieße die Ausnahmetatbestände leer laufen zu lassen, da mangels Anwendbarkeit der Materie auch nicht mehr die Ausnahmeregelungen geprüft werden können. Außerdem würde ein derart offener Begriff zu starker Rechtsunsicherheit führen, da die Frage, ob die Rechtsmaterie anwendbar ist, stark von der Auslegung des einzelnen Rechtsanwenders abhinge.

---

471 *Annunziata* S. 295; Rabitti Bedogni/*Cannizzaro* Art 94-100 TUF Nr. 3.1; *Comporti* sollecitazione S. 549; *Rordorf* For.it. 2001 V, 266 (267).

472 Rabitti Bedogni/*Cannizzaro* Art 94-100 TUF Nr. 3.1; Assonime Riv.soc. 2001, 211 (216); *Comporti* sollecitazione S. 549.

473 Rabitti Bedogni/Amorosino/*Paralupi* S. 243.

474 *Costi* S. 51; *Costi/Enriques* Tr.dir.com. S. 59 f; vgl. Lacaita/Napoleoni/*Providenti* Art. 94-112 S. 97; für zahlenmäßige Begrenzung auch: *Ferrarini* Tr.spa. S. 143.

Die Bestimmung an die Öffentlichkeit entfällt allerdings nicht deswegen, weil sich das Angebot an eine bestimmbare Gruppe richtet. Auch in diesem Fall ist das Öffentlichkeitsmoment gegeben, wenn die einzelnen Anleger erst *ex post* feststehen.[475] Deutlich wird das an der Formulierung der gesetzlichen Definition. Die Umschreibung „an [eine Vielzahl unbestimmter] Personen" kann nicht nur die allgemeine, sondern auch eine spezielle Öffentlichkeit meinen.

d) Ausschlussgründe

Trotz Vorliegens der Voraussetzungen eines Angebots an die Öffentlichkeit kann einer der Ausnahmetatbestände eingreifen. Diese sind in Art. 100 TUF geregelt. Nach dessen Abs. 1 sind einige Tatbestände immer von der Regelung ausgenommen, nach Abs. 2 kann die Consob in einer Verordnung weitere Fälle festlegen.

Nach Art. 100 Abs. 1 lit. a) TUF ist ein Ausnahmefall dann gegeben, wenn sich die Investitionsanregung nur an professionelle Anleger richtet. Letztere sind in einer Verordnung der Consob geregelt. Diese ist seit den Änderungen des TUF 2007 bislang nicht ergangen.[476] Zuvor war dies in Art. 31 Abs. 2 der Verordnung der Consob Nr.11522 vom 01.07.1998 geregelt, wo eine Liste der professionellen Investoren enthalten ist. Dazu zählten neben den institutionellen Investoren, also Banken, Versicherungen, Pensionsfonds und Finanzintermediäre auch Privatpersonen, sofern sie ein gewisses Vermögen, Kompetenz und Erfahrung durch schriftliche Erklärung nachweisen können und dies bei der Consob beantragen. Daneben konnten auch juristische Personen als professionelle Anleger qualifiziert werden, wenn der gesetzliche Vertreter eine solche Erklärung abgibt.[477] Nach neuem Recht ist die Definition in Art. 2 Abs. 1 lit. e) und f) VerkaufsprospektRL maßgebend. Demnach sind qualifizierte Anleger juristische Personen, die zu den Finanzmärkten zugelassen sind und entsprechend beaufsichtigt werden, staatliche und überstaatliche Einrichtungen, Großunternehmen sowie natürliche Personen und kleine bis mittlere Unternehmen, soweit sie als qualifizierte Anleger gelten möchten.

Nach Art. 100 Abs. 1 lit. b) ist die Rechtsmaterie unanwendbar, wenn sich das Angebot nur an eine begrenzte Anzahl an Personen richtet; was in Art. 33 Abs. 1 lit. a) RegEmit mit weniger als 100 Personen konkretisiert wird.

Nach Nr. Art. 100 Abs. 1 lit. c) TUF i.V.m. Art. 33 Abs. 1 lit. b) RegEmit ist eine weitere Ausnahme dann gegeben, wenn das Emissionsvolumen insgesamt 2,5 Millionen Euro in zwölf Monaten nicht übersteigt.

---

475 Rabitti Bedogni/Amorosino/*Paralupi* S. 243; Pret. Rom 8.5.1984 Giur.com. 1986 II, 216 (für die Gruppe der eigenen Aktionäre).

476 Vgl. a. *Sangiovanni* Soc. 2006, 1355 (1356); *Cugnasco* Soc. 2008, 803 (811).

477 Vgl. Rabitti Bedogni/Amorosino/*Paralupi* S. 259.

Nach Art. 100 Abs. 1 lit. d) TUF ist die Materie unanwendbar, wenn die Finanzinstrumente von einem Staat der Europäischen Union oder einer internationalen Organisation, der ein EU-Mitglied angehört, emittiert oder garantiert werden. Nach lit. e) desselben Artikels gilt dasselbe für Anlageformen der Europäischen Zentralbank oder einer Zentralbank eines Mitgliedsstaates.

Nach Art. 100 Abs. 1 lit. f) TUF gilt das Recht des Angebots an die Öffentlichkeit nicht für Finanzinstrumente, die von Banken ausgegeben werden, wenn sie bestimmte Bedingungen einhalten.[478]

Nach Art. 100 Abs. 1 lit. g) TUF ist die Materie unanwendbar, wenn es sich um Geldmarktinstrumente handelt.

Nach Art. 100 Abs. 2 TUF i.V.m. Art. 33 Abs. 1 lit. c) RegEmit ist das TUF unanwendbar, wenn die Mindestanlagesumme des Finanzproduktes 50.000 Euro beträgt. Nach Art. 100 Abs. 2 TUF i.V.m. Art. 33 Abs. 1 lit. d) RegEmit ist das Rechtsgebiet unanwendbar, wenn der Nominalwert des einzelnen Anteils mehr als 50.000 Euro beträgt.

Nach Art. 100 Abs. 2 TUF i.V.m. Art. 33 Abs. 1 lit. e) RegEmit ist ein Ausnahmefall in bestimmten karitativen Zwecken gegeben. Nach lit. f) ist ein Ausnahmetatbestand bei Tausch von neuen gegen alte Aktien gegeben. Nach lit. g) ist die Materie unanwendbar bei bestimmten gesetzlichen Zwangsverkäufen, nach lit. h) bei bestimmten Kontrollübernahmen, nach lit. i) wenn Aktien kostenlos ausgegeben werden und nach lit. j) bei Mitarbeiterbeteiligungen. Lit. k) und l) betreffen Finanzinstrumente von Banken und Geldmarktinstrumente.

In Art. 100 Abs. 2 TUF ist zudem festgelegt, dass für einige Anlageformen das TUF nur in Teilen gilt. Diese Fälle sind in Art. 33 Abs. 2 - 5 RegEmit geregelt und betreffen folgende Fälle: Angebote aus Aktienoptionen (Abs. 2), Angebote an Vorstände und Mitarbeiter (Abs. 3), Angebote von Bankprodukten in Form von Finanzinstrumenten (Abs. 4-5). Dieser Bereich ist für die vorliegende Arbeit ohne Belang.

Zudem gibt es einen Bereich, bei dem das Recht der Angebots an die Öffentlichkeit nicht gilt, weil ein solches *per se* nicht gestattet ist: Bei spekulativen Fonds, Art. 14 Abs. 4 DM 228/1999, ist das öffentliche Anbieten per Investitionsanregung – und damit nach heutigem Recht per Angebot an die Öffentlichkeit – generell untersagt.

III. Typische und atypische Finanzprodukte

Das italienische Recht unterscheidet beim Angebot an die Öffentlichkeit zwar nicht zwischen regulären Finanzprodukten, wie Aktien, Schuldverschreibungen

---

[478] Vgl. dazu Assonime Riv.soc. 2006, 445 (479 ff.), insbesondere zu der neuerlichen Ausnahme von Versicherungsprodukten aus dieser Vorschrift.

oder Investmentfonds und anderen innovativen Titeln. Allerdings gibt es durchaus Literatur zu der Frage, wann ein Anlageprodukt ein typisiertes oder ein nicht typisiertes, also atypisches Produkt darstellt. Daher soll dieser Unterschied im Folgenden untersucht werden.

1. Entwicklung

In den siebziger und achtziger Jahren[479] des letzten Jahrhunderts gab es auf dem italienischen Markt vermehrt Titel, die keine Aktien oder Schuldverschreibungen waren. Daher wurden sie atypische Wertpapiere (*titoli (di credito) atipici*) genannt, im Gegensatz zu den typischen Titeln auf den regulären Märkten.[480] Hierbei gab es die verschiedensten Produkte, von Titeln mit veränderlicher Rendite bis hin zu Immobilien; zum Teil dienten diese Modelle nur zur Steuerersparnis.[481] Der Begriff atypische Wertpapiere ist hingegen irreführend, denn es handelt sich nicht um Wertpapiere im eigentlichen Sinne; an ein Dokument wurde ein mitgliedschaftliches Recht gekoppelt.[482] Dieses Papier war weder auf freie Übertragbarkeit, noch auf die Existenz eines Marktes ausgerichtet.[483] Die Vermarktung dieser Produkte geschah daher – ähnlich wie die deutschen Steuersparmodelle – nicht über Banken, sondern über ein Vertriebssystem von freien Vermittlern und oft durch Haustürverkäufe.[484] Dies wurde flankiert durch aggressive Werbung, die bisweilen täuschend war und nur den Zweck hatte, bei den potentiellen Anlegern ein Bedürfnis zu schaffen.[485] Unter diesen Produkten befanden sich häufig sogenannte Teilnahmezertifikate (*certificato di partecipazione*),[486] mit denen der Anleger an einem innovativen Anlagemodell Anteile erwarb; diese Produkte gab es mit den verschiedensten Geschäftszielen,[487] am häufigsten war jedoch das Immobilienzertifikat (*certificato immobiliare*).[488] Letzteres wurde massenweise von Aktiengesellschaften begeben und meinte die Beteiligung an einem bestimmten Immobiliengeschäft, das in dem Bauen, Verwalten (insbesondere Vermieten) und späterem Verkaufen der Immobilien bestand, oder auch im Ziel der Eigennutzung durch die Anleger. Einer zweiten

479 Insbesondere von 1977 bis 1982, vgl. Rabitti Bedogni(1997)/*Zizzi* S. 53; vgl. auch *Fazio* Riv.soc. 1986, 935; zu den Gründen, warum der Markt zusammenbrach vgl. *Merola* S. 5 (dazu später).

480 Vgl. *Libonati* S. 98.

481 *Rabitti Bedogni*/Canizzaro/Maviglia S. 7.

482 *Libonati* S. 98 spricht von „atypischen Dokumenten, die zum Sammeln von Ersparnissen dienen" (eigene Übersetzung).

483 *Libonati* S. 98.

484 *Rabitti Bedogni*/Canizzaro/Maviglia S. 7; Rabitti Bedogni(1997)/*Zizzi* S. 53.

485 *Ferrarini* Tr.spa., S. 17.

486 Vgl. hierzu *Libonati* BBTC 1985 I, 468.

487 Vgl. *Stagno d'Alcontres* S. 207; *Ferrarini* responsabilità S. 84.

488 *Ferrarini* Tr.spa. S. 13; *Stagno d'Alcontres* S. 207; *Marziale/Proto* Art. 2549 CC VIII.

Gesellschaft wurde eine Beteiligung in der Form einer stillen Gesellschaft (*associazione in partecipazione*)[489] eingeräumt und diese zweite Gesellschaft hat seinen einheitlichen Anteil wiederum aufgeteilt in (verbriefte) Anteile, die die Anleger erwerben konnten.[490] Das Zertifikat enthielt dann die Eckdaten des Investments, wie das Emissionsvolumen, Art der Anlagestrategie sowie die Teilhaberechte.[491]

Es gab aber auch andere Anlegeformen, wie die Beteiligung an Containern und Leasinggesellschaften. Bei der Finanzierung von Leasinggebern wurde i.d.R. nicht die stille Gesellschaft gewählt, sondern eine treuhänderische Beteiligung an der Gesellschaft.[492] Aber auch bei Immobiliengeschäften gab es Treuhandmodelle: Dann konnte der Anleger einen Anteil erwerben, den er zwingend auf eine Treuhandgesellschaft übertragen musste. Die Beteiligung bedeutete zum einen einen Gesellschaftsanteil, zum anderen einen Anteil am Kapital der finanzierten (Kapital-) Gesellschaft als „Kredit in das Kapitalkonto"[493]; dieses konnte der Anleger während der Laufzeit des Fonds nicht rückerstattet bekommen.[494] Beides wurde in dem Zertifikat dokumentiert. Später wurde diese Doppelstellung des Zertifikats aufgegeben und der Anleger bekam nur noch eine Quittung darüber, dass die Treuhandgesellschaft für ihn Anteile an italienischen GmbHs oder AGs hält.[495] Diese Anlageform nannte man Vermögenszertifikat (*certificato patrimoniale*).[496] Hierbei gab es – anders als in deutschen geschlossenen Fonds üblich – keinen Beirat, sondern die Treuhandgesellschaft war einzige stimmberechtigte Person in den Gesellschaftsversammlungen, was bei der gleichzeitigen institutionellen und personellen Nähe der beiden Gesellschaften Kontroll- und Minderheitenrechte nahezu ausschloss.[497] Zudem war dem Anleger der Verkauf des Kreditanteils allein vertraglich untersagt, nicht aber der Verkauf der gesamten Beteiligung.[498] Die Laufzeit dieser Anlageform war nicht

---

489 *Marziale/Proto* Art. 2549 CC VIII; vgl. dazu im Überblick *Trabucchi* § 497. Auf die stille Gesellschaft als Finanzierungsmittel ist später noch einzugehen, vgl. § 4 A. III. 3. d) (S. 117).

490 *Ferrarini* Tr.spa. S. 14, Fn. 30; vgl. a. *ders.* BBTC 1982-I, 215 (217); *Stagno d'Alcontres* S. 204 f.

491 *Ferrarini* Tr.spa. S. 15.

492 *Ferrarini* Tr.spa. S. 13, 15.

493 Vgl. *Stagno d'Alcontres* S. 168, nach dem die rechtliche Grundlage dieses Kredits völlig ungeklärt war.

494 *Ferrarini* Tr.spa. S. 16; *Stagno d'Alcontres* S. 146.

495 *Ferrarini* Tr.spa. S. 16.

496 Vgl. dazu *Stagno d'Alcontres* S. 145 ff.

497 *Stagno d'Alcontres* S. 160.

498 *Stagno d'Alcontres* S. 167.

auf eine bestimmte Zeit beschränkt; außerdem konnten nach der Nutzungszeit einer Immobilie auch andere Immobilien gekauft und verwaltet werden.[499]

Ähnlich diesem Modell gab es auch Beteiligungen, bei denen der Anleger wiederum Kreditgeber und Gesellschafter war, jedoch konnte die Krediteinlage zu bestimmten Terminen gekündigt werden (*unit d'investimento*).[500] Im Immobilienbereich gab es zudem Produkte, bei denen der Anleger ein Dokument kaufte, das einen Anteil an einer GmbH beinhaltete und zugleich einen Kredit dokumentierte, der zur Hälfte in das Stammkapital der Gesellschaft floss und zur anderen in Schuldverschreibungen, sobald die Gesellschaft sich in eine Aktiengesellschaft umgewandelt hatte, wobei die Anteile wieder in Treuhandgesellschaften gehalten wurden (*unit immobiliare*).[501]

Nach *Carbonetti* wurden alle diese Produkte nur mit dem Ziel der Umgehung der Rechtsvorschriften für Wertpapiere oder Investmentfonds auf den Markt gebracht. Zum Teil seien sie auch kriminellen Ursprungs gewesen, ansonsten aber dienten sie auch einzig dem Zweck des Steuersparens oder der Umgehung von gesetzlichen Reglungen.[502]

2. Aktuelle Regelung

In neuerer Zeit findet sich kaum Literatur über das Phänomen der alternativen Anlageformen.[503] Die weitere Vermarktung von Immobilienfonds hatte insbesondere zwei Hindernisse: Zum einen fiel die steuerliche Begünstigung weg, zum anderen brach der Markt für Immobilien ein, wodurch jedenfalls die Immobilienfonds zu renditearm wurden.[504] Das bedeutet jedoch einerseits nicht, dass alle alternativen Anlageformen dieses Schicksal teilen mussten, und andererseits ist hiermit noch keine Aussage über die rechtliche Zulässigkeit gegeben. Die genannten alternativen Anlageformen sind allesamt in einer Zeit entstanden, in der die umfassenden Regelungen des Kapitalmarktrechts noch nicht vorhanden waren. Die einzige gesetzliche Regelung auf diesem Gebiet nach Entstehung dieser Produkte, ist das Kapitalmarktrecht (in Form des TUF).[505] Es fragt sich daher, warum es diese Produkte kaum gibt. Es ist zum einen denkbar, dass diese gesetzlich verboten worden sind oder dass sie einfach nicht bzw. kaum mehr angeboten werden, obwohl das an sich rechtlich möglich wäre. Diese Fragestellung ist im Hinblick auf zwei unterschiedliche rechtliche Regelungsberei-

---

499 *Stagno d'Alcontres* S. 174.

500 *Ferrarini* Tr.spa. S. 16.

501 *Ferrarini* Tr. spa. S. 16 f.

502 *Carbonetti* Giur.com. 1989 I, 280 (286).

503 Vgl. *Libonati* S. 5, nach dem die Literatur sich kaum noch mit Wertpapierrecht, sondern nur noch mit dem Kapitalmarktrecht beschäftigt.

504 Rabitti Bedogni(1997)/*Zizzi* S. 53.

505 *Libonati* S. 99; *Stagno d'Alcontres* S. 5.

che zu untersuchen: Zum einen bezüglich des italienischen Wertpapierrechts, zum anderen hinsichtlich der Kapitalmarktrechtsgesetze.

a) Zulässigkeit von atypischen Wertpapieren (*titoli di credito atipici*)

Ob der Verkauf von ungewöhnlichen Investments auf dem italienischen Markt möglich ist, hängt zunächst von der Frage ab, ob es neben typischen, also gesetzlich geregelten und üblichen Wertpapieren noch von diesen abweichende, atypische Wertpapiere geben kann.

Das italienische Wertpapierrecht ist im Titel V des zweiten Buches des CC (Artt. 1992 ff. CC) geregelt. Ein Wertpapier (*titolo di credito*)[506] ist danach entweder ein Inhaber-[507], Order-[508], oder Namenspapier[509].[510] Schon vor der Neukodifizierung des italienischen Zivilrechts durch das CC im Jahre 1942 war umstritten, ob das italienische Recht einen *Numerus clausus* an Wertpapieren kennt, oder ob die Rechtspraxis auch neue, atypische Wertpapiere entwickeln darf.[511]

Zunächst sei hierbei anzumerken, dass die alternativen Investments nach italienischem Rechtsverständnis durchaus als Wertpapiere angesehen wurden, was sich in der Bezeichnung als atypische Wertpapiere (*titoli di credito atipici)* ausdrückt.[512] Dies ist jedenfalls dann der Fall, wenn für die Anlageform irgendein Dokument erstellt wurde.[513] Es ist nicht nötig, dass das Dokument auch frei übertragbar ist. Grundvoraussetzung ist nur, dass für die Geltendmachung des Rechts die Vorlage des Papiers nötig ist und der Verpflichtete durch Leistung an den Vorlegenden von seiner Schuld befreit wird, Art. 1992 Abs. 1 u. 2 CC. Es muss – zumindest theoretisch – irgendein Markt konstruierbar sein; ob dieser tatsächlich existiert, ist unerheblich.[514] Dazu muss irgendeine Forderung in dem

---

506 Dem italienischen Rechtsbegriff des *titolo di credito* entspricht das deutsche Wertpapier, allerdings sind die beiden Begriffe wegen gewisser Unterschiede nicht gänzlich deckungsgleich (*Libonati* S. 4).

507 Artt. 2003 ff. CC.

508 Artt. 2008 ff. CC.

509 Artt. 2021 ff. CC.

510 Zum Wertpapierrecht im Allgemeinen vgl. *Trabucchi* § 417 ff., § 420; *Trimarchi* S. 377 ff.; *Libonati* S. 7 ff.; *Callegari/Cottino/Desana/Spatazza,* Tr. dir. com, S. 3 ff. u. 61 ff.

511 *Martorano* S. 169 f. Auf Grund der Abstraktheit der verbrieften Verpflichtung und der Bezugnahme auf den jeweiligen (vorher unbekannten) Inhaber des Papiers war das Vorhandensein eines Wertpapiers eine Ausnahme zu den allgemeinen Grundsätzen des Zivilrechts und daher nur in den vom Gesetzgeber bestimmten Fällen vorgesehen: *Ascarelli* RDCo 1932 I, 237 (253).

512 Vgl. *Libonati* S. 99; *Stagno d'Alcontres* S. 5.

513 *Callegari/Cottino/Desana/Spatazza,* Tr.dir.com, S.229 ff.

514 *Libonati* S. 99.

Papier verdinglicht sein.[515] Ob die einzelnen, oben unter 1. dargestellten Produkte jeweils als atypisches Wertpapier zu fassen waren, war allerdings innerhalb der Literatur streitig; zum Teil wurden sie nur als Legitimationspapiere gem. Art. 2002 CC oder sonstige Papiere angesehen.[516] Sofern die Titel aber wenigstens teilweise als Wertpapiere anzusehen sind, stellt sich die Frage, ob solche atypischen Wertpapiere im Allgemeinen oder nur in bestimmten Fällen zulässig sind. Sollten diese Papiere nämlich schon wertpapierrechtlich verboten sein, dann stellt sich die Frage nach der (weiteren) Zulässigkeit nach dem TUF nicht mehr.

In Art. 2004 CC enthält die Gesetzesüberschrift den Hinweis, dass die Freiheit, Wertpapiere zu begeben, beschränkt sein kann; im Text der Norm heißt es dann, dass ein Wertpapier an den Inhaber zur Zahlung einer Geldsumme nur in vom Gesetz vorhergesehen Fällen existieren kann. Daraus, insbesondere aus der amtlichen Überschrift der Norm kann entnommen werden, dass in anderen Fällen sehr wohl eine Emissionsfreiheit besteht.[517] Die Schaffung von atypischen Wertpapieren ist danach sowohl ein Teil derjenigen zulässigen Kategorie von Schuldverhältnissen, die auf die Kausalität verzichten,[518] wie auch ein Ergebnis der in Art. 1322 CC enthaltenen Vertragsfreiheit.[519] Die Literatur beruft sich bei der Begründung der Freiheit zur Emission atypischer Titel insbesondere deswegen auf Art. 2004 CC, weil die Anwendbarkeit des Art. 1987 CC, nach der Schuldversprechen nur in gesetzlich vorgesehenen Fällen gültig sind, auf die Wertpapiere fraglich ist: Es könnte die gesamte Materie (mit der entsprechenden Vertragsfreiheit) gemeint sein, oder auch nur die typisierten Wertpapiere. Daher ist aber jedenfalls aus Art. 2004 CC eine umfassende Emissionsfreiheit gegeben.

Die Einzelheiten dieser Freiheit sind allerdings umstritten. Streitgegenstand ist die Frage, ob die soeben beschriebene Freiheit von gewissen Voraussetzungen abhängt oder nicht.

Nach einer Theorie ist zwar grundsätzlich eine Freiheit zur Emission von atypischen Wertpapieren gegeben, allerdings seien nur Unternehmer dazu befugt. Nach den Vertretern dieser Ansicht verfolgt die Regelung in Art. 2004 CC nicht

---

515 *Libonati* S. 99.

516 Vgl. *Stagno d'Alcontres* S. 143 u. 193. Hierauf soll hier nicht näher eingegangen werden. Hinweise hierzu finden sich bei der Untersuchung einzelner Produkte unten unter Nr. 3.

517 *Martorano* S. 171; *Libonati* S. 99; *Stagno d'Alcontres* S. 15.

518 *Pelosi* Studi Grassetti S. 1403 (1408).

519 *Martorano* S. 172; *Pelosi* Studi Grassetti S. 1403 (1411). Nach anderer Ansicht ist das keine unmittelbare Folge des Art. 1322 CC, sondern ergibt sich aus dem Regelungszusammenhang: *Spada* titoli atipici (bei Nr. 7); *Pavone La Rosa* Riv.soc. 1982 704 (711 ff.); *Libonati* BBTC 1985 I, 469 (471).

die Absicht, die Privatautonomie zu erweitern, sondern sie habe das öffentliche Interesse an einer Beschränkung von Inhaberpapieren, die dem (Bar-) Geld Konkurrenz machen könnten, im Blick.[520] Daher sei die Norm restriktiv auf Inhaberpapiere zu beschränken.[521] Zudem widerspreche eine freie Zugänglichkeit zu Wertpapieren jedweder Art den unabdingbaren Prinzipien des Sachenrechts; außerdem werde das Prinzip verletzt, dass nur solche Verpflichtungen juristischen Bestand haben, die auf einer *causa* beruhen (Art. 1325 CC).[522] Aus diesen Gründen wird nach dieser Theorie erwogen, dass es nicht etwa einen *Numerus clausus* von Wertpapieren gibt, sondern dass die Emission von solchen nur Unternehmern zustehen soll.[523] Zum Teil wird zusätzlich gefordert, dass die Begebung eines solchen Wertpapiers objektiv erforderlich ist.[524] Dies beruht auf einer älteren Theorie vor der Kodifizierung, nach der die Begebung von Wertpapieren ein typisches Geschäft eines Kaufmanns oder Unternehmers ist.[525]

Nach einer anderen Ansicht ist die Freiheit, auch atypische Titel zu begeben, dadurch beschränkt, dass zwar diese Freiheit grundsätzlich besteht, aber unter einem Wertpapier nur solche zu verstehen seien, die sozialtypisch und erforderlich sind.[526] Hierbei bleibt allerdings unklar, wann das der Fall sein soll. Unter der Voraussetzung, dass der atypische Titel auch dieses Merkmal erfüllt, soll dann auch eine freie Emission möglich sein. Dies wird damit begründet, dass das Papier einem Bedürfnis des Marktes entsprechen muss – nicht einem solchen des Unternehmens.[527]

Nach einer dritten Ansicht ist die Freiheit, atypische Wertpapiere zu emittieren lediglich dadurch begrenzt, dass der Emittent ein schützenswertes Interesse an der Emission hat. Die Freiheit, solche Papiere zu emittieren, sei danach auf die Vertragsfreiheit in Art. 1322 CC zurückzuführen.[528] Nach dessen Abs. 2 können Vertragsparteien auch andere als die im CC geregelten Verträge schließen, sofern damit von der Rechtsordnung schützenswerte Interessen verfolgt werden können.[529]

---

[520] *Partesotti/Manente/Urbani* S. 24;*Pavone La Rosa* Riv.soc. 1982 704 (711 ff.); *Callegari/Cottino/Desana/Spatazza,* Tr.dir.com, S.195.

[521] *Partesotti/Manente/Urbani* S. 24.

[522] *Pavone La Rosa* Riv.soc. 1982 704 (714).

[523] *Libonati* BBTC 1985 I, 469 (471); *Partesotti/Manente/Urbani* S. 24; *Cottino* S. 274; *Pavone La Rosa* Riv.soc. 1982 704 (715 ff., 718 f.).

[524] *Cottino* S. 275; *Pavone La Rosa* Riv.soc. 1982 704 (719).

[525] Vgl. *Messineo* Band 2, S. 265 f.

[526] *Spada* titoli atipici (bei Nr. 7).

[527] *Chiomenti* S. 192; *Ascarelli* BBTC 1954 I, 367 (380 f.).

[528] *Martorano* S. 172; *Libonati* S. 102 ff.; *Stagno d'Alcontres* S. 42 ff.; *Callegari/Cottino/Desana/Spatazza,* Tr.dir.com, S. 207 ff. u. 211; *Pelosi* Studi Grassetti S. 1403 (1412).

[529] *Martorano* S. 180 ff.

Gegen jede der genannten Ansichten können Einwände erhoben werden. Gegen die erste Ansicht spricht, dass nicht etwa (nur) die Prinzipien des Sachenrechts abbedungen werden, sondern eine Rechtsmaterie (nämlich das Wertpapierrecht) angewendet wird, die demgegenüber ein Sonderrecht darstellt.[530] Zudem steht am Anfang der Begebung eines Wertpapiers schon eine *causa* (z.B. eine Schuldverschreibung), die mit dem Einlösen des Papiers erlischt, allerdings mit dem Unterschied, dass durch das Wertpapier gewissermaßen eine Verpflichtung gegenüber jedem, der das Papier besitzt, besteht.[531] Außerdem besteht bei der Abtretung die ähnliche Lage, dass der Zessionar einen Anspruch gegenüber dem Schuldner hat, obwohl zwischen diesen Personen keine *causa* besteht.[532] Zudem ist die Beschränkung auf Unternehmer nicht geeignet, das Wertpapiergeschäft zu erfassen. Zwar werden Wertpapiere typischerweise von diesen Personen begeben. Da das Wertpapier aber dazu dient, das verbriefte Recht fungibel auszugestalten, liegt die Zielrichtung der Rechtsmaterie, anders als von dieser Theorie angenommen, nicht darauf, für Unternehmen den Zugang zum Kapitalmarkt zu erleichtern, sondern generell die Förderung der Möglichkeit eines Kapitalmarkts für jedes verbriefte Recht.[533] Die Erleichterung bzw. Regelung des Zugangs zum Kapitalmarkt soll hingegen durch das Kapitalmarktrecht und die dort geregelten Finanzprodukte geschehen und ist nicht Aufgabe des Wertpapierrechts.[534] Außerdem ist seit der Neukodifizierung des CC 1942 die zuvor bestehende Zweiteilung zwischen der unternehmerischen Schuld und der privaten Schuld aufgehoben worden.[535]

Gegen die zweite Ansicht kann zunächst vorgebracht werden, dass es in der Praxis schwierig zu entscheiden ist, ob eine beabsichtigte Emission ein (sozial-) typisches Wertpapier darstellt oder nicht. Sozialtypisch kann es nur dann sein, wenn es in vergleichbaren gesellschaftlichen Situationen üblicherweise vorkommt, um eine unternehmerische oder geschäftliche Situation zu finanzieren. Wann das genau gegeben ist, ist der Anwendung im Einzelfall vorbehalten. Dogmatisch stellt sich zudem das Problem, dass ein Wertpapier nur sozialtypisch sein kann, wenn es häufig vorkommt. Dies setzt wiederum voraus, dass mehrere Emittenten sich dessen bedienen. Damit eine Finanzinnovation aber sozialtypisch werden kann, müsste sie häufiger vorkommen, was jedoch am Anfang dieses Prozesses nicht möglich ist, weil bei der Markteinführung (noch) keine Sozialüblichkeit bestehen kann.[536] Dadurch geht die Innovationsfähigkeit des Marktes komplett verloren.

---

530 *Martorano* S. 176.

531 *Martorano* S. 177.

532 *Martorano* S. 174 f. u. S. 177.

533 *Martorano* S. 178.

534 *Stagno d'Alcontres* S. 28.

535 *Stagno d'Alcontres* S. 55.

536 *Martorano* S. 180.

Grundsätzlich ist gegen die Ansicht, die – ein schützenswertes Interesse vorausgesetzt – eine Freiheit zur Begebung von atypischen Titeln statuiert, einzuwenden, dass sich dann Abgrenzungsschwierigkeiten ergeben. Wann ist ein Wertpapier, welches nicht alle für gesetzlich typisierte Papiere aufgestellten Voraussetzungen erfüllt, wegen dieses Mangels eben kein Wertpapier mehr, und wann kann es als atypisches Wertpapier gelten?[537] Nach den Vertretern dieser Ansicht soll es auf die Situation und die Intention des Emittenten ankommen.[538] Das ermöglicht zwar eine Regelung im Einzelfall, bringt aber keine Rechtssicherheit. Daher wird auch vertreten, dass ein an sich typisiertes Wertpapier, welches einige Voraussetzungen nicht erfüllt, automatisch ein atypischer Titel ist.[539]

Weiterhin ist problematisch und fraglich, ob die Prüfung des schützenswerten Interesses nur auf die Emission und das verbriefte Recht abstellt, oder ob die gesamte Transaktion, ebenso das hinter der Emission liegende Projekt mit einzubeziehen ist.[540]

Nach alledem ist zunächst festzuhalten, dass jede Ansicht dogmatische und auch praktische Mängel hat. Die besseren Argumente sprechen jedoch dafür, eine Privatautonomie auch im Wertpapierrecht anzunehmen. Im CC ist an keiner Stelle durch den Gesetzgeber deutlich gemacht worden, dass die Privatautonomie, die auch ein Ausdruck der verfassungsmäßigen Freiheit der wirtschaftlichen Initiative ist (Art. 41 Cost.),[541] eingeschränkt werden soll. Dies wäre aber vor dem Hintergrund der Grundrechte zu fordern. Im Übrigen legt der Gesetzeswortlaut in Art. 2004 CC sogar die generelle Freiheit zur Begebung von Wertpapieren nahe. Daher ist von der Geltung des Art. 1322 CC auch im Wertpapierrecht auszugehen. Die Beschränkung auf Unternehmer oder auf sozialtypische Wertpapierformen ist damit eine unangemessene Einschränkung der Privatautonomie. Dieser Einschränkung bedarf es auch nicht, denn soweit der Markt bzw. die Anleger zu schützen sind, ist nicht das Wertpapierrecht das richtige Instrument dazu, sondern das Kapitalmarktrecht (also im Wesentlichen die Regelungen des TUF und der zugehörigen Verordnungen).[542] Vor der Einführung moderner Kapitalmarktgesetze wurde der Anlegerschutz dadurch gewährleistet, entsprechende Produkte durch die Auslegung und Anwendung des Wertpapierrechts des CC nicht zuzulassen.[543] Mittlerweile gibt es allerdings umfassende Rechtsnormen zum Kapitalmarktrecht. Hier können Regeln zum Anlegerschutz

---

537 Vgl. *Martorano* S. 189 f.; *Stagno d'Alcontres* S. 125 f.

538 *Stagno d'Alcontres* S. 125 f.

539 *Martorano* S. 190.

540 Dafür *Martorano* S. 188; *Stagno d'Alcontres* S. 74 f.; *Libonati* S. 101.

541 Vgl. *Libonati* S. 102 f.

542 *Martorano* S. 182 f.; S. 186 ff., *Stagno d'Alcontres* S. 33 f.

543 Vgl. *Stagno d'Alcontres* S. 239.

und zur Stärkung des Marktes getroffen werden. Das schließt aber nicht aus, dass die Begebung eines Wertpapiers, auch eines nicht typisierten, an sich frei ist. Grenze ist daher nur die in Art. 1322 CC geregelte Voraussetzung, dass das Recht des Emittenten ein schützenswertes ist. Hierfür ist darauf abzustellen, ob gerade für die Art des Unternehmens oder des Projektes die Schaffung eines Wertpapiers ein schützenswertes Interesse darstellt. Wenn aber nicht bereits ex ante ein betrügerisches Vorhaben des Emittenten vorliegt, ist dieses Interesse zu bejahen. Ansonsten sind Limitierungen in den Kapitalmarktgesetzen zu suchen.[544]

Steht damit fest, dass die Anlageformen, sofern sie als Wertpapiere zu qualifizieren sind, wertpapierrechtlich zulässig sind, so braucht nicht für jede Anlageform einzeln untersucht werden, ob sie ein (atypisches) Wertpapier darstellt oder nicht, da es hier nur um die generelle Frage der rechtlichen Zulässigkeit geht. Wertpapierrechtliche Regelungen stehen ihrer Zulässigkeit jedenfalls nicht entgegen.

b) Zulässigkeit nach Kapitalmarktrecht

Es stellt sich die Frage, ob ein atypisches Wertpapier zwar wertpapierrechtlich gem. dem CC zulässig ist, ob diese Anlageform aber gem. dem TUF illegal wird.

Das TUF enthält einige typisierte Finanzdienstleistungen, die in dieser Form nur von bestimmten Intermediären erbracht werden dürfen. Es enthält andererseits auch die Rechtsfigur des Finanzproduktes. Dieser Begriff hat einen sehr weiten Anwendungsbereich, so dass jedes Anlageprodukt erfasst wird und hierfür gewisse Mindestregeln aufgestellt werden. Das bedeutet bereits, dass das TUF nicht generelle, typisierte Anlageformen i.S.e. *Numerus clausus* statuiert und alle anderen unzulässig macht. Zunächst stellt sich die Frage, ob durch das TUF jedwede Form alternativer Investments unzulässig ist oder, wenn das nicht der Fall ist, was das Kapitalmarktrecht in Bezug auf alternative Investments regelt.

Das TUF regelt mit dem Angebot an die Öffentlichkeit eine Rechtsmaterie, die an das Tatbestandsmerkmal des Finanzproduktes geknüpft ist. Dieses ist, wie oben gezeigt, ein extrem weit gefasster Begriff.[545] Alternative Investments gelten danach dann zumindest als Finanzprodukt, wenn sie ein eingesetztes Kapital mit einem Risiko und einem angestrebten, vom Risiko abhängenden Ertrag darstellen. Alle bislang dargestellten alternativen Investments des italienischen Marktes fallen unter diese Vorgaben. Somit ist jedenfalls der Anwendungsbereich des Angebots an die Öffentlichkeit gem. Art. 94 ff TUF eröffnet, und zumindest muss ein Prospekt erstellt werden. Daraus ergibt sich, dass das TUF die

---

544 *Callegari/Cottino/Desana/Spatazza*, Tr.dir.com, S. 209.

545 S.o. § 4 A. II. 3.a) (S. 91).

genannten Anlageformen nicht *per se* verbietet. Es ist aber darüber hinaus zu prüfen, ob nicht einige zusätzliche Regelungen des TUF Anwendung finden. Dazu zählen insbesondere solche Normen, die eine bestimmte Tätigkeit exklusiv einem bestimmten Intermediär vorbehalten. Sofern das der Fall ist, kann ein alternativer Fonds oder ein ähnliches Produkt nur in dieser gesetzlichen Form vertrieben werden. Hierbei ist insbesondere die Frage zu klären, ob die beschriebenen atypischen Anlageformen die Exlusivitätsregeln über die individuelle bzw. kollektive Vermögensverwaltung verletzen. Die individuelle Vermögensverwaltung liegt indes bei einem Fonds fern. Auch wenn der Anleger ein individuelles Treuhandverhältnis zu der Betreibergesellschaft hat, so werden doch alle Anleger völlig identisch verwaltet und kein Anleger kann einzelne Weisungen hinsichtlich des Anlageobjekts bzw. eines Wechsels desselben erteilen. In Betracht kommen aber die Formen der kollektiven Vermögensverwaltung, also Fonds und die *Sicav*.[546]

Gem. Art. 33 Abs. 1 TUF ist das Anbieten der kollektiven Vermögensverwaltung den Fondsgesellschaften (*Sgr*) und den *Sicav* vorbehalten, sowie harmonisierten Anbietern des Gemeinschaftsrechts. Daraus ergibt sich, dass das Anbieten alternativer Investments von anderen als den genannten Personen nur dann möglich ist, wenn es sich nicht um kollektive Vermögensverwaltung i.S.d. Art. 33 TUF handelt. Die Definition dieses Begriffs findet sich in Art. 1 Abs. 1 lit. n) TUF, nach dem kollektive Vermögensverwaltung dann vorliegt, wenn ein Investmentfonds betrieben oder die Vermögensmasse einer anderen kollektiven Anlageform verwaltet wird. Andere Anlageform ist nach lit. m) desselben Artikels entweder ein Investmentfonds oder eine *Sicav*. Es stellt sich daher weiterhin die Frage, was die Legaldefinition für einen Investmentfonds ist. Nach lit. j) ist hierunter eine selbstständige Vermögensmasse, die in Anteile unterteilt ist, einer Vielzahl von Teilhabern zugeordnet und einheitlich verwaltet wird, zu verstehen, sei es ein offener oder ein geschlossener Fonds.[547] Allen bisher beschriebenen italienischen atypischen Produkten ist gemeinsam, dass die Mittel der Anleger entweder in eine stille Gesellschaft fließen, oder aber von einem Treuhänder einheitlich gehalten werden.[548] Durch die Gesellschaftsvermögen sind Vermögensmassen gegeben, die auf verschiedene Anleger aufgeteilt sind. Die Anteile sind jeweils Wertpapiere.[549]

Das Anlageziel wird im TUF – anders als etwa in § 2 Abs. 4 InvG – nicht ausdrücklich geregelt, sondern in einer Verordnung (DM 228/1999). Fraglich ist daher, ob es für die Qualifizierung als Investmentfonds – und damit für das Eingreifen der exklusiven Zuweisung in Art. 33 TUF unerheblich ist, was für

[546] S.o. § 4 A. I. 1. (S. 79).

[547] Vgl. a. *Merola* S. 84 f.

[548] S.o. § 4 A. III. 1. (S. 98).

[549] *Merola* S. 85.

ein Anlageziel verfolgt wird. Die Anlageziele, die einem solchen Fonds erlaubt sind, sind in Art. 12 Abs. 1, Art. 4 Abs. 2 lit. d), e) und f) DM 228/1999 für geschlossene, und Art. 8 DM 228/1999 für offene Fonds geregelt. Danach sind einem geschlossenen Fonds einige aufgezählte Anlageziele erlaubt, für die offenen wird auf die einschlägigen EG-Verordnungen verwiesen. Die Norm (Art. 37 Abs. 1 TUF), die zur Verordnung ermächtigt, heißt ausdrücklich: „Der Minister ... regelt die generellen Prinzipien, unter die die Investmentfonds sich unterwerfen müssen, und zwar hinsichtlich a) des Anlageobjekts, ...“. Daraus könnte zweierlei geschlossen werden: Zum einen könnte man die Aussagen so verstehen, dass nur dann ein Investmentfonds vorliegt, wenn bestimmte Anlageobjekte in Betracht kommen, mit anderen Worten: Wenn der Fonds in andere Objekte investieren möchte, als in der Verordnung angegeben, liegt kein Investmentfonds vor. Zum anderen könnte man die Norm auch so verstehen, dass jeder Investmentfonds sich den Regelungen zur Anlagepolitik unterwerfen muss. Auch ein Fonds, der von der sonstigen Art her als Investmentfonds zu qualifizieren wäre, aber in andere Dinge investieren möchte, wäre dann ein Fonds. Anders ausgedrückt: Die Aufzählung bestimmter Anlageobjekte in der Verordnung könnte konstitutiv für einen Investmentfonds oder aber deklaratorisch-prohibitiv für alle Investmentfonds sein. Das Gesetz spricht in der Definition und in Art. 33 TUF nicht von Ausnahmen vom Anwendungsbereich, ebenso wenig die Verordnung. Der Wortlaut deutet daher stark auf die zweite Auslegung der Norm hin. Ein verwaltetes Sondervermögen, das in Anteilen mehreren Anleger zugeordnet wird, ist damit ein Investmentfonds, und *als solcher* darf er dann nur in bestimmte Gegenstände investieren. Aus diesem Grund ist ein alternativer Fonds nicht möglich, der in andere als die in der Verordnung angegebene erlaubten Investitionsobjekte investiert, sofern der Anwendungsbereich des Investmentrechts nicht anderweitig umgangen werden kann.

Letzter Anhaltspunkt ist schließlich noch derjenige der einheitlichen Verwaltung. Hier könnte fraglich sein, ob ein Immobilientreuhandvermögen, wie es in Italien üblich war, ein verwaltetes Sondervermögen darstellt. Diese *società fiduciarie* verwalten seit ihrem Entstehen Vermögen anderer Personen.[550] Nach Art. 1 L. 1966/1939 besteht ihre Aufgabe in der Verwaltung fremder Rechtsgüter (*l'amministrazione dei beni per conto di terzi*). Das TUF spricht ebenso von der Verwaltung eines Vermögens (Art. 1 Abs. 1 lit. j) TUF: *patrimonio autonomo ... gestito in monte*). Sprachlich kann der Begriff der *amministrazione* eher als Verwaltung, derjenige der *gestione* als Geschäftsführung übersetzt werden.

Die Frage nach der Abgrenzung muss im Zusammenhang mit den Übergangsvorschriften stehen, die das TUF für die Treuhandgesellschaften vorsieht. Gem. Art. 199 TUF bleiben die Regelungen für *società fiduciarie*, insbesondere das L. 1966/1939 sowie Art. 60 Abs. 4 des D.Lgs. 425/1996 bestehen. Letzteres

[550] Vgl. *Colavolpe* Trusts 2004, 17 (20).

ist wie Art. 199 TUF nur eine Übergangsnorm. Nach der Einführung von Investmentfonds in Italien wurde zwischen der personalisierten und der kollektiven Verwaltung unterschieden.[551] Letztere war den Investmentfonds vorbehalten, erstere konnten verschiedene Rechtsubjekte unternehmen, u.a. auch Treuhandgesellschaften. Nach der Einführung des Gesetzes zur Regelung zur Finanzmediation und der Organisation der Finanzmärkte, L. 1/1991, wurde bestimmten Finanzintermediären die ausschließliche Berechtigung gegeben, in eigenem Namen für fremde Rechnung Vermögen zu verwalten. Daraus ergab sich, dass die bisherige Abgrenzung überholt war, denn auch die personalisierte, d.h. individuelle Verwaltung war für die *società fiduciarie* in dieser Form nicht mehr möglich. Hieraus entwickelte sich die Abgrenzung zur Aktivität der Treuhandgesellschaften in Anlehnung an die Begriffe statische und dynamische Verwaltung.[552] Die Finanzintermediäre haben danach das ausschließliche Recht, dynamische Vermögensverwaltung zu betreiben, sei es nur auf der Basis eines einzelnen Anlegers, oder auf der Basis eines Fonds. Die statische Verwaltung von Rechtsgütern, Wertpapiere oder andere Finanzmarktprodukte eingeschlossen, kann weiterhin von den Treuhandgesellschaften ausgeübt werden.[553] Auch die gesetzlich geregelten Fonds sind letztlich eine Art von Treuhand oder Trust.[554] Dabei ist der Unterschied darin begründet, dass der Verwalter bei der dynamischen Verwaltung nach eigenem Ermessen über das anvertraute Vermögen bzw. Rechtsgut disponieren und den Verkaufserlös anderweitig reinvestieren kann.[555]

Daraus ergibt sich, dass alternative Anlageprodukte nicht in der Form der dynamischen Verwaltung gestaltet werden können, es sei denn, der Anbieter wählt die Rechtsform des Investmentfonds gem. Art. 1 Abs. 1 lit. j) TUF. Dazu müssen einige Anforderungen an den Anbieter eingehalten werden, wie etwa die Rechtsform der AG, eine gewisse Mindestkapitalisierung sowie Anforderungen an die Professionalität der für den Anbieter tätigen Personen (Art. 34 Abs. 1 TUF). Zudem unterliegt nach Artt. 13 ff. TUF eine solche Gesellschaft der Aufsicht durch die Banca d'Italia und die Consob.

---

551 *Rabitti Bedogni/Fornari Lanzetti* Art. 199 Nr. 2 (S. 1089); Cass. Urteil vom 14.10.1997, abgedruckt bei Santoro/*Comporti* S. 438.

552 *Rabitti Bedogni/Fornari Lanzetti* Art. 199 Nr. 2 (S. 1089); *Colavolpe* Trusts 2004, 17 (20); *Nisio* BBTC 2003 I, 42 (61); vgl. schon vor der Einführung dieses Gesetzes: Assofiduciaria Riv.soc. 1985 I, 330.

553 *Rabitti Bedogni/Fornari Lanzetti* Art. 199 Nr. 2 (S. 1089); *Colavolpe* Trusts 2004, 17 (20); vgl. die Gegenüberstellung bei Santoro/*Comporti* S. 437. Vgl. auch zur weiteren Existenz dieser Art der Treuhand *Zoppini* BBTC 2006, I, 573 (574). Dabei bleibt der Treugeber bei treuhänderisch gehaltenen Gesellschaftsanteilen stets selbst der Gesellschafter, der aber nur gegenüber qualifizierten Personen, etwa dem Fiskus, erscheint: *Marchetti* Trusts 2007, 391 (394).

554 *Lupoi* S. 524 ff.; Beneventi/*Rabitti Bedogni* S. 257 (259 ff.); *Torrente/Schlesinger* § 337.

555 *Rabitti Bedogni/Fornari Lanzetti* Art. 199 Nr. 2 (S. 1089); Santoro/*Comporti* S. 437.

Das gleiche Abgrenzungskriterium hinsichtlich der Verwaltung von Vermögen gilt bei individueller Verwaltung. Diese ist, sofern sie dynamisch ist, bestimmten Finanzintermediären vorbehalten. Gem. Art. 18 TUF dürfen nur *Sim* und Banken, sowie einige Fondsgesellschaften (*Sgr*) Finanzdienstleistungen anbieten. Hierzu gehört die Portfolioverwaltung (Art. 24 TUF) oder das Handeln in eigenem Namen auf fremde Rechnung auf regulierten Märkten (Art. 25 TUF).

Die einzige Möglichkeit, Ersparnisse zu verwalten, ist die Tätigkeit der *Sicav*, neben derjenigen der *Sgr*, die einen Fonds betreiben kann. Gem. Artt. 33 Abs. 1 i.V.m. 1 Abs. 1 lit. n) 2) TUF ist das Verwalten von Ersparnissen neben den *Sgr* den *Sicav* vorbehalten und bedeutet die Verwaltung des eigenen Vermögens (oder das einer anderen *Sicav*) durch dessen Investition in bestimmte Finanzinstrumente, aber auch in Rechte und bewegliche sowie unbewegliche Rechtsgüter. Auch hieraus leitet sich ab, dass es nicht möglich ist, eine Gesellschaft zu gründen, die ihrer Art nach ausschließlich dazu bestimmt ist, ihr Gesellschaftsvermögen dynamisch für die Gesellschafter als einheitliche Vermögensmasse zu investieren. Fraglich ist hierbei jedoch, ob das auch dann gilt, wenn eine andere Gesellschaftsform gegründet wird, die kein variables Grundkapital besitzt. Der Schwerpunkt des Exklusivrechts für *Sgr* und *Sicav* liegt jedoch in der Tätigkeit, eine vereinheitlichte Summe von Anlegergeldern am Kapitalmarkt zu investieren. Daher muss der Vorbehalt des Art. 33 TUF immer schon dann eingreifen, wenn eine dynamische Vermögensverwaltung stattfindet. Die Möglichkeit eines variablen Grundkapitals hat der Gesetzgeber nur deshalb geschaffen, damit die Gesellschaft einen erleichterten ständigen Zuwachs bzw. Abnahme von Teilhabern ermöglichen kann und keine „geschlossene" Gesellschaft ist.

Es bleibt daher festzuhalten, dass jede Art von Finanzprodukt den Publizitätspflichten in Form der Prospektpflichten unterliegt. Darüber hinaus bestehen weitgehende Marktschranken für die dynamische Vermögensverwaltung, die bestimmten, hierzu ermächtigte Anbietern vorbehalten ist. Die dynamische Vermögensverwaltung für kollektive Vermögensmassen ist ausschließlich *Sgr* und *Sicav*, sowie einigen ausländischen Anbietern vorbehalten. Ein generelles Verbot von nicht typisierten Anlageformen gibt es indes nicht.[556]

3. Erfassbarkeit der im deutschen Grauen Kapitalmarkt verkauften Investments als typische oder atypische Titel

Anhand dieser Vorgaben des italienischen Rechts soll im Folgenden untersucht werden, ob die unter § 3 A. I. 2. erörterten Produkte des Grauen Kapitalmarktes bei Geltung des italienischen Rechtes zulässig wären, oder, wenn das nicht der Fall ist, ob es ein vergleichbares Produkt gibt, das rechtlich zulässig ist. Die un-

[556] Vgl. a. *Giuliani* ContrImp 2008, 33 (43 ff.).

ter § 4 III. 1. genannten italienischen Produkte der Vergangenheit werden im Anschluss unter 4. untersucht.

a) Insbesondere: geschlossene Immobilienfonds, Private Equity-Fonds

Die wichtigste Gruppe unter den Anlageformen des Grauen Kapitalmarktes sind die geschlossenen Immobilienfonds. Es stellt sich die Frage, unter welchen Voraussetzungen ein geschlossener Immobilienfonds oder ein Private Equity-Fonds in Italien zulässig ist.[557]

aa) Geschlossene Immobilienfonds

Den Markt für Immobilienfonds beherrschten bis Mitte der achtziger Jahre die atypischen Titel. Es handelte sich dabei aber nicht um geschlossene Fonds; die Anleger konnten meist jederzeit die Rücknahme der Anteile verlangen.[558] Neben den bereits erwähnten steuerrechtlichen Änderungen[559] gab es eine Reihe von Insolvenzen von nebulösen, betrügerischen Anbietern, die durch den nachfolgenden Vertrauensverlust in den Markt und den Abzug von Kapital seitens der Anleger jeden dieser Fonds in Bedrängnis und letzten Endes ebenfalls zur Insolvenz brachte.[560] Daher hat der italienische Gesetzgeber im Jahr 1994 ein Gesetz[561] erlassen, das geschlossene Immobilienfonds einer einheitlichen Regelung unterwirft, um das Vertrauen der Anleger wiederzugewinnen und dem Kapitalmarkt die entsprechenden Finanzmittel wieder zuzuführen.[562] Mit der Neuregelung des Kapitalmarktrechts wurde auch die Rechtsmaterie, die sich auf die geschlossenen Fonds bezieht, im TUF mitgeregelt. Der erste Fonds der neu geschaffenen Art wurde auch erst im Jahr 1999 aufgelegt.[563]

Geschlossene Immobilienfonds sind daher reguläre Fonds i.S.d. TUF. Sie unterliegen neben den Regeln des TUF (Art. 34 ff. TUF) denen der Verordnung DM 228/1999. Nach dessen Art. 12-bis Abs. 1 DM 228/1999 können Fonds, die in Immobilien investieren, nur in der Form des geschlossenen Investmentfonds aufgelegt werden.

---

[557] Davon zu trennen ist natürlich das Bestehen eines deutschen Fonds, der nur in Italien investiert. Dies war etwa für Immobilienfonds 2006 in einer Höhe von 144,5 Millionen Euro der Fall: *Loipfinger* Vorwort S. 14.

[558] *Merola* S. 5

[559] Rabitti Bedogni(1997)/*Zizzi* S. 53.

[560] *Merola* S. 5: „Dominoeffekt".

[561] Gesetz 25.01.1994, Nr. 86, „Istituzione e disciplina dei fondi communi di investimento immobiliare chiusi", GU 05.02.1994 Nr.29.

[562] *Merola* S. 4 f.

[563] Es handelt sich um den „Valore Immobiliare Globale" der Deutsche Bank Fondimmobiliari Sgr (heute RREEF Fondimmobiliari Sgr), vgl. *Merola* S. 4, Fn. 3.

Von diesem Punkt aus ist die Frage zu beleuchten, ob es neben den gesetzlich geregelten Fonds nicht typisierte Beteiligungen an Immobilien geben kann. Hierfür kann die oben[564] erläuterte Abgrenzung zwischen statischer Vermögensverwaltung und dynamischer Geschäftsführung für ein Vermögen (*gestione* bzw. *amministrazione*) herangezogen werden. Denn wenn ein Finanzprodukt die Merkmale eines Investmentfonds erfüllt, gilt der Vorbehalt des Art. 33 Abs. 1 TUF: Dieses Vorhaben kann nur eine *Sgr* im Rahmen der Regelungen des TUF und des DM 228/1999 realisieren. Ein (geschlossener) Fonds, der – ähnlich wie die Anlageformen des deutschen Grauen Kapitalmarktes – weitgehend außerhalb der Kapitalmarktgesetze stehen will, darf daher nicht die Voraussetzungen[565] für einen Fonds erfüllen. Die unter § 3 A. I. 2. a) beschriebenen geschlossenen Immobilienfonds deutschen Rechts könnten daher unter die Definition für Investmentfonds i.S.d. TUF fallen und wären sodann in Italien nicht zulässig.

Die meisten Merkmale der Legaldefinition aus Art. 1 Abs. 1 lit. j) TUF werden von den Fonds deutschen Rechts jedoch eindeutig erfüllt. So handelt es sich durchgängig um Sondervermögen, das in Anteile auf eine Vielzahl von Anlegern verteilt ist und einheitlich verwaltet wird. Der entscheidende Punkt könnte höchstens darin liegen, dass es sich bei der Verwaltung um eine dynamische Verwaltung handeln muss, damit die Regelungen eingreifen.

Dieser Aspekt ist nicht unproblematisch. Der Unterschied zwischen der dynamischen und der statischen Verwaltung ist, dass der dynamische Verwalter über das anvertraute Rechtsgut disponieren und den Erlös ggf. anderweitig investieren kann. Die statische Verwaltung hingegen umfasst eher das Haben und Halten einer Sache oder eines Rechts. Übertragen auf den Immobilienfonds würde das zunächst nur bedeuten, dass ein Fonds dann statisch ist, wenn dem Verwalter ein Immobiliargut übertragen wird, welches dieser dann verwaltet. Zum statischen Verwalten wird sicherlich auch die tagtägliche Verwaltung in Form von Buchführung, Vermietung und Instandhaltung, etwa bei Wohnobjekten, gehören. Der Verwalter dürfte aber nicht nach seinem Belieben ein Objekt aus dem Portfolio veräußern und den Betrag auskehren oder reinvestieren.

Deutsche geschlossene Immobilienfonds sehen i.d.R. vor, dass zunächst die Mittel der Anleger eingesammelt werden und damit dann ein oder mehrere Objekte gekauft oder auch gebaut werden, welche anschließend verwaltet werden. Am Ende der Fondslaufzeit wird das Gebäude verkauft und der Fonds aufgelöst. Zumindest im Endstadium liegt damit ein Verkauf vor. Dynamische Verwaltung wäre es dann, wenn der Verwalter – also die Betreibergesellschaft – hierzu Ermessen hinsichtlich der Art und Weise des Verkaufs hat. Ohne ein gewisses Ermessen ist das aber gar nicht möglich, denn sonst müssten die Anleger

564 S.o. § 4 A. I. 1. (S. 79).

565 S.o. § 4 A. III. 2. b) (S. 107).

insgesamt mit dem Verkauf einverstanden sein. Daher ist auch z.T. für die *società fiduciarie* gefolgert worden, dass solche, die nur eine statische Verwaltung anbieten, dieses nicht als kollektive Vermögensverwaltung ausführen können.[566] Dies würde bedeuten, dass die statische Verwaltung immer nur individuell sein kann. Damit wäre eine statische Verwaltung einer Immobilie für eine Vielzahl von Anlegern nicht möglich, sie wäre als dynamische anzusehen. In der Tat lässt sich nicht abstreiten, dass bei einer Vielzahl von Personen, für die eine Immobilie verwaltet wird, dem Verwalter eine gewisse Selbstständigkeit einzuräumen ist. Ob man aber in jedem Fall eine kollektive Verwaltung immer nur als dynamisch bezeichnen kann, ist so pauschal eher zweifelhaft. In dem Fall etwa, in dem eine Sache lediglich von einem Dritten gehalten wird und wenige Verwaltungsaufgaben erledigt werden, kann unter Umständen noch von einer statischen Verwaltung gesprochen werden.[567] Speziell für den Fall der deutschen Konstruktion von geschlossenen Immobilienfonds, bei dem die Anleger in einem Beirat vertreten sind, kann zwar wegen dieses Beirats eine gewisse Einflussnahme der Anleger nicht negiert werden, jedoch ist trotzdem die reale Verwaltungsausführung in den Händen der Betreiber. Nur diese sind überdies in der Lage, einen geeigneten Käufer für die Immobilie zu finden und einen Preis auszuhandeln. Inwiefern die gesellschaftsvertragliche Vorgabe, für den Verkauf einen Gesellschafterbeschluss mit einer bestimmten Mehrheit herbeizuführen, an der Eigenverantwortlichkeit der Betreiber und damit der Festlegung als dynamische Verwaltung etwas ändert, ist fraglich. Es ist hierbei zumindest so, dass die Betreibergesellschaft einen geeigneten Käufer suchen wird und (nur) diesen der Versammlung vorschlägt. Die Anleger können damit nur über das Ob, nicht über das Wie eines Verkaufs entscheiden. Daher ist eine vollständig statische Verwaltung nicht gegeben. Die Immobilienfonds italienischen Rechts beinhalten zwar i.d.R. eine vollständige Dispositionsmöglichkeit des Fondsbetreibers. Dies ist – wenngleich teilweise aus steuerrechtlichen Gründen – bei den deutschen Fonds anders. Aber auch bei diesen haben die Betreiber gewisse Entscheidungsspielräume. Es erscheint daher naheliegend, dass diese Art deutscher Fonds als dynamische Vermögensverwaltung anzusehen wäre.

Dafür würde auch sprechen, dass der italienische Gesetzgeber Fonds, die in der Anlagestrategie dieselben Ziele verfolgen wie die deutschen, als Investmentfonds gem. Art. 1 Abs. 1 lit. j) TUF ansieht. Zwar bestehen die deutschen geschlossenen Immobilienfonds i.d.R. aus einigen wenigen Objekten, was bei den italienischen nicht unbedingt der Fall ist,[568] aber die Zahl der Objekte kann nicht ausschlaggebend dafür sein, ob eine statische oder dynamische Verwal-

566 *Fazio* Riv.soc. 1986, 935 (942).

567 *Meo* BBTC 1989 II, 365 (371).

568 So besteht etwa der Fonds „Alpha Immobiliare" der Fimit Sgr ausweislich des Prospekts aus 27 Objekten. Vgl. S. 8 des Prospekts, erhältlich unter http://www.fondoalpha.it/_sef/Prospetto_Informativo.php?section=50 (zuletzt besucht am 02.10.2008).

tung vorliegt. Ebenso wenig ist es ausschlaggebend, ob der Fondsbetreiber während der Laufzeit des Fonds dazu berechtigt sein soll, einzelne Immobilien zu verkaufen und ggf. andere zu erwerben.

Daher wären die im deutschen Recht bekannten geschlossenen Immobilienfonds in Italien nur in der Form der ausführlich geregelten geschlossenen Immobilienfonds gem. Artt. 1 Abs. 1 lit. j), 34 ff. TUF, Art. 12-bis DM 228/1999 zulässig. Diese sind Teile des geregelten Kapitalmarktes. Die Geltung dieser Normen könnte nur umgangen werden, wenn die Fondsgesellschaft das Immobiliarvermögen ausschließlich statisch verwalten würde. Dies erscheint in der Form eines Fonds schwierig und ist jedenfalls in den gängigen Konstellationen nicht möglich.

Bei Anlagen in Immobilien ist noch zu beachten, dass diese nur dann ein Finanzprodukt darstellen, wenn der Investmentcharakter im Vordergrund steht. Daher sind solche Bauherrenmodelle keine Fonds und auch nicht prospektpflichtig, bei denen es lediglich um den Bau und die spätere Eigennutzung einer Wohn- oder Urlaubsimmobilie geht.[569] In diesen Fällen besteht gerade kein Investmentcharakter, da es nicht darum geht, ein Produkt zu erwerben, das risikobehaftet ist, und bei dem ein bestimmter pekuniärer Ertrag erzielt werden soll.[570]

bb) Private Equity-Fonds

Ähnlich wie die geschlossenen Immobilienfonds sind in Italien die Private Equity-Fonds geregelt. Für sie gibt es zwar keine spezielle Regelung, wohl aber ein gesetzliches Modell, das sich für dieses Investment eignet: der geschlossene Mobilienfonds gem. Artt. 1 Abs. 1 lit. j), 34 TUF i.V.m. Art. 12 DM 228/1999 i.V.m. Titel V. Kapitel III Abschnitt IV Provv.BdI.

Anteile an kleinen und mittleren Unternehmen sind als Risikokapital Mobiliarwert und damit Finanzinstrumente gem. Art. 1 Abs. 1-bis lit. a) TUF, sofern sie auf einem Kapitalmarkt handelbar sind. In diese kann gem. Art. 4 Abs. 2 DM 228/1999 jeder offene oder geschlossene Fonds investieren. Wenn der Fonds in Finanzinstrumente, die an keinem geregelten Markt gehandelt werden und diese mehr als 10 % des Fondsvolumens ausmachen, sowie in Immobilien, Kredite oder andere Güter, für die ein Markt besteht, investiert, muss er gem. Art. 12 Abs. 1 DM 228/1999 zwingend in der geschlossenen Form geführt wer-

---

569 Vgl. die Consob-Mitteilung Comunicazione n. DCL/DEM/3033709 vom 22.5.2003: „Verkaufsgeschäfte in Immobilien mit Investmentcharakter stellen nur dann ein [Angebot an die Öffentlichkeit] dar, wenn der Anlage- gegenüber gegenüber dem Gebrauchscharakter effektiv überwiegt“ (eigene Übersetzung, italienisch: „[...] operazioni di vendita immobiliare in cui siano presenti aspetti di tipo finanziario configurano, infatti, una sollecitazione soltanto in caso di effettiva prevalenza del connotato finanziario rispetto a quello di godimento”).

570 Campobasso/*Miola* Art. 94 TUF S. 799.

den. Allerdings kann ein Fonds darüber hinaus auch freiwillig als ein geschlossener Fonds gestaltet werden, denn die Verordnung DM 228/1999 regelt nur die Fälle, in denen zwingend die geschlossene Form gewählt werden muss.[571] Daher wird auch in Titel V. Kapitel III Abschnitt IV Nr. 1 a) Provv.BdI. geregelt, dass ein geschlossener Fonds in Finanzinstrumente investieren kann.

Bei Venture Capital oder Private Equity wird typischerweise in Unternehmen investiert, dessen Anteile (noch) an keinem geregelten Markt gehandelt werden. Wenn solche Werte 10 % des Gesamtvolumens übersteigen, muss zwingend die geschlossene Form gewählt werden. Aber auch in dem Fall, dass die Anteile an geregelten Märkten gehandelt werden, ist Private Equity darauf ausgelegt, dass der Private Equity-Investor das Unternehmen eine gewisse Zeitspanne übernimmt, um den Wert des Unternehmens zu steigern. Hierfür bieten sich die geschlossenen Fonds eher an als offene, bei denen ständig mit einem Kapitalrückfluss an die Anleger zu rechnen wäre. Daher sind die geschlossenen Fonds besonders zur Investition in kleinere und mittlere Unternehmen geeignet.[572]

Auch bei dieser Art der Investition liegt dann ein Fonds i.S.d. TUF vor, also ein *fondo comune d'investimento*. Es fragt sich daher, ob es auch einen geschlossenen Fonds für Private Equity außerhalb dieser Rechtsnormen gibt. Hierbei gilt jedoch grundsätzlich dasselbe, wie schon bei den geschlossenen Immobilienfonds: Sofern die Verwaltung des Fonds über die Güter des Fonds disponieren kann, liegt eine dynamische Verwaltung vor. Dann scheidet alles andere außer einem *fondo comune* aus. Im Falle von Venture Capital oder Private Equity ist aber eine rein statische Verwaltung schwer vorstellbar. Der Übernehmer des Unternehmens tritt üblicherweise auch entscheidend beim Management des Unternehmens auf. Zudem wird das erworbene Unternehmen am Ende wieder veräußert. Daher liegt i.d.R. eine dynamische Verwaltung vor. Es ist damit zwingend die Form des *fondo comune* gem. Art. 1 Abs. 1 lit. j) TUF zu wählen.

Dies gilt auch dann, wenn die Anteile des Unternehmens keine Finanzinstrumente darstellen sollten. Das könnte daran liegen, dass sie nicht auf den Finanzmärkten handelbar sind, Art. 1 Abs. 2 lit. a) TUF. Dann sind es aber jedenfalls andere Rechtsgüter, für die (irgend-) ein Markt besteht und bei denen der Preis zumindest halbjährlich bestimmt werden kann. Dies sind gem. Art. 4 Abs. 2 lit. f) i.V.m. Art. 12 Abs. 1 DM 228/1999 ebenfalls Güter, in die ein Investmentfonds investieren kann. Daher greift auch insoweit der Vorrang für die geregelte Rechtsform des TUF.

Mithin ist Venture Capital und Private Equity in Italien, sofern es als Publikumsfonds ausgestattet werden soll, i.d.R. nur in Form eines Investmentfonds gem. TUF, vornehmlich in einem geschlossenen Fonds möglich.

---

571 *Merola* S. 95.

572 *Chiappetta* Riv.soc. 1997, 996 (1014 f.).

b) Allgemein: geschlossene Fonds

Wie bereits angedeutet, können geschlossene Fonds italienischen Rechts in eine ganze Reihe von zulässigen Objekten investieren. Insbesondere kann jedwedes Gut, das auf einem Markt handelbar ist, und für das mindestens halbjährlich ein Preis feststeht, gehandelt werden. Damit sind auch die in Deutschland üblichen Mobilienfonds in der Form der geschlossenen Investmentsfonds möglich. Hierzu zählen Flugzeug-, Schiffs- und Containerbeteiligungen. Ebenso gehören hierher die ökologischen Beteiligungen: Hier wird, ähnlich den oben beschriebenen Private Equity-Fonds das Unternehmen, dass die Energie aus Wind- oder Wasserkraft liefert, unterstützt. Dasselbe gilt, wenn ein Medienunternehmen Beteiligungen ausgibt.

Beteiligungen an Rechten wie Lebensversicherungsfonds fallen entweder unter die Kategorie „Beteiligung an Krediten", wenn dieser Begriff weit zu verstehen ist, oder zumindest unter die Auffangnorm „jedes Gut", Art. 4 Abs. 2 lit. e) bzw. f) DM 228/1999.

In allen diesen Fällen wäre in Italien die Verwaltung des Fonds eher als dynamisch denn als statisch anzusehen. Daher sind diese Fonds ebenso wie die bisher besprochenen als *fondo comune d'investimento* gemäß T'UF einzurichten.[573]

c) Vermittlung von direkten, nicht-börsennotierten Unternehmensanteilen, insbesondere von Personengesellschaften

Von den Fonds grundsätzlich zu unterscheiden wäre der Fall, dass ein Anleger für die Beteiligung als Gesellschafter in einem Unternehmen geworben wird. Hierbei muss klar sein, dass die Gründung von und die Teilhabe an Unternehmen nicht grundsätzlich als Fonds verstanden werden kann. Sonst wäre jede Gesellschaftsgründung die Gründung eines Fonds. Jede Gesellschaft besitzt ein eigenes Gesellschaftsvermögen, das auf die verschiedenen Gesellschafter aufgeteilt ist und einheitlich verwaltet wird. Sofern nicht alle Gesellschafter Geschäftsführer (vgl. Art. 2257 CC)[574] sind, läge danach an sich ein Fonds vor.

Jedoch bedeutet die Exklusivitätsregel in Art. 33 Abs. 1 TUF, dass jedwede Form von kollektiver Vermögensverwaltung für *Sgr* und *Sicav* reserviert ist. Gem. Art. 1 Abs. 1 lit. n) TUF ist darunter nicht nur das Betreiben eines Investmentfonds (sub 1), sondern auch das Verwalten und Investieren des eigenen bzw. fremden Vermögens eines „Organismus für gemeinsame Anlagen" (*Organismo di investimento collettivo del risparmio – Oicr*) (sub 2). Dieses ist wiederum in Art. 1 Abs. 1 lit. m) TUF als Investmentfonds und *Sicav* definiert. Mithin bedeutet Kollektivverwaltung gem. Art. 1 Abs. 1 lit. n) sub 2) TUF die Verwaltung des Vermögens eines Investmentmentfonds oder einer *Sicav* und des-

---

[573] Ebenso *Carrière* Riv.soc. 2005, 1115 (1136 ff.).

[574] Vgl. *Kindler* § 4 Rn. 57.

sen Investition in bestimmte Güter. Das TUF regelt daher nicht vornehmlich bestimmte Organisationstypen von Investmentformen, sondern die Tätigkeit des Investments.[575] Die Exkusivitätsregel i.V.m. den Definitionsnormen bedeutet daher, dass die kollektive Verwaltung für *Sgr* und *Sicav* reserviert ist, und kollektive Verwaltung ist das Verwalten und investieren von Vermögen von *Oicr*. Diese wiederum sind *Sgr* und *Sicav*. Das scheint sich im Kreis zu drehen, denn letztlich würde das bedeuten, dass die Tätigkeit der *Sgr* und *Sicav* für *Sgr* und *Sicav* reserviert ist.[576]

Hier ist aber der Schwerpunkt auf die *Tätigkeit* zu legen: Die Normen sind so zu verstehen, dass jede Tätigkeit, die das zum Inhalt hat, was Geschäftsgegenstand einer *Sgr* oder einer *Sicav* ist, diesen Gesellschaften vorbehalten ist. Daher liest sich Art. 1 Abs. 1 n) TUF auch so: „Kollektive Vermögensverwaltung ist die Dienstleistung, die durch *folgende [Tätigkeiten]* erfolgt [...]". Die Tätigkeit einer *Sgr* ist es, Investmentfonds zu betreiben. Dies besteht aus den beiden Momenten der Sammlung und des anschließenden Verwaltens von Finanzmitteln.[577] Es liegt demnach vor, wenn die o.g. Definition erfüllt ist (also im Wesentlichen ein in vom Publikum gehaltenen Anteilen geteiltes Sondervermögen besteht). Diese Definition wird somit flankiert durch die Vorgabe in lit. n), dass dieses Vermögen nicht nur verwaltet, sondern investiert wird.

Versteht man das TUF so, dann ergibt sich für die Abgrenzung von normalen Gesellschaftsgründungen und denen, die einen fondsähnlichen Charakter haben, dass das Abgrenzungskriterium die Tätigkeit der Gesellschaft ist, ihr Vermögen in bestimmte Güter zu investieren. Besteht also der Gesellschaftszweck darin, das eigene Vermögen (ausschließlich) zu investieren und liegt eine Vielzahl von Gesellschaftern vor, dann greift die Exklusivitätsregel ein. Somit ist eine direkte Beteiligung an Personen- oder sonstigen Gesellschaften nicht möglich, die nur zu dem Zweck bestehen, das gesammelte Kapital zu investieren, es sei denn, es wird die geregelte Form des *fondo comune di investimento* gewählt, Art. 33 Abs. 1 i.V.m. Artt. 34 ff. TUF.[578]

d) Mittelbare Investments, insbesondere stille Gesellschaften

Neben direkten Beteiligungen an Gesellschaften ist es jedenfalls in Deutschland stark verbreitet, mittelbare Gesellschaftsbeteiligungen zu vermarkten. Dazu gehört nach deutschem Recht die Treuhand, die Unterbeteiligung, der Nießbrauch und die stille Gesellschaft.

Es ist in Italien keine mittelbare Beteiligung an einem Unternehmen möglich, außer in der Form der stillen Gesellschaft (*associazione in partecipazione*). Die-

575 Rabitti Bedogni/*Soda* Art. 33 TUF Nr. 2.

576 Vgl. a. *Carrière* Riv.soc. 2005, 1115 (1117 f.).

577 *Carrière* Riv.soc. 2005, 1115 (1122 ff.).

578 Ebenso *Carrière* Riv.soc. 2005, 1115 (1138 ff.).

se ist in Artt. 2549-2554 CC geregelt.[579] Verwandt mit dieser Rechtsfigur sind nur die *cointeressenza* gem. Art. 2554 CC, die eine stille Beteiligung entweder mit der abweichenden Vereinbarung des Ausschlusses der Verlustbeteiligung oder des Ausschlusses der Einlagepflicht darstellt.[580] Außerdem ist die *associazione in partecipazione* abzugrenzen von der normalen Gesellschaft, zum Arbeitsvertrag und zum partiarischen Darlehen.[581] Für die vorliegende Fragestellung ist nur das partiarische Darlehen relevant.[582] Dieses ist jedoch nach italienischem Recht kein Darlehen, sondern eine stille Gesellschaft.[583]

Zu untersuchen wäre daher die stille Gesellschaft. Bei dieser müssen, sofern mehr als ein Stiller beteiligt werden soll, alle Stillen zustimmen, Art. 2550 CC. Ansonsten ist die (mehrgliedrige) stille Gesellschaft aber grundsätzlich möglich. Durch die bloße Einräumung einer *associazione in partecipazione* entsteht zwar noch kein Investmentfonds, trotzdem gelten die Vorrangregeln des TUF bezüglich der kollektiven Ersparnisverwaltung auch angesichts der im CC vorgesehenen stillen Gesellschaft.[584]

Sofern eine Gesellschaft mehrere stille Beteiligungen ausgibt, um mit diesen Investmentgeschäfte zu machen, entsteht auch auf diese Weise ein Vermögen, das in Anteile aufgeteilt ist und von der Geschäftsführung der Gesellschaft verwaltet und investiert wird. Dadurch wird das Exklusivitätsrecht der *Sgr* und *Sicav* betroffen. Eine Kapitalsammlung von Gesellschaften mit der *associazione in partecipazione* zu Investitionszwecken ist daher nicht möglich. Hier hat der Investmentfonds gem. den Regelungen des TUF bzw. die *Sicav* Vorrang.

e) Schuldverschreibungen, Genussrechte, partiarische Darlehen, Warentermingeschäfte

Schuldverschreibungen waren in Italien bis zur letzten Reform[585] grundsätzlich nur Aktiengesellschaften vorbehalten. Seit 2003 können gem. Art. 2483 CC auch GmbH italienischen Rechts (*Srl*) Schuldverschreibungen begeben. Diese

---

579 Vgl. hierzu Cian/Trabucchi/*Menti* Art. 2549 Nr. I Rn. 1 ff.; Rescigno/*Di Cola* Art. 2549 Nr. 1; *Trabucchi* § 497; Dig.Disc.Priv.Com./*Ferri*, Associazione in partecipazione, Nr. 1 ff.; *Marziale/Proto* Art. 2549 CC Nr. I ff. Sie ist aber, anders als in Deutschland angenommen wird, nach überwiegender Ansicht keine Gesellschaft. Es handelt sich danach um einen Austauschvertrag. Vgl. Cian/Trabucchi/*Menti* Art. 2554 Nr. II Rn. 1 ff; *Marziale/Proto* Art. 2549 CC Nr. II.

580 Vgl. hierzu Cian/Trabucchi/*Menti* Art. 2554 Nr. I Rn. 1; Dig.Disc.Priv.Com./*Ferri*, Associazione in partecipazione bei Nr. 12.

581 Cian/Trabucchi/*Menti* Art. 2554 Nr. II Rn. 1.

582 Zu einfachen und direkten Unternehmensbeteiligungen vgl. oben § 4 A. III. 3.c) (S. 116).

583 Cian/Trabucchi/*Menti* Art. 2554 Nr. II Rn. 8; Trib. Verona GMer 1983, 1229 (1230).

584 Ebenso *Carrière* Riv.soc. 2005, 1115 (1137 f.).

585 Dlgs. 6/2003.

können auch atypisch sein.[586] Die *Srl* darf diese aber nur an professionelle Investoren ausgeben, Art. 2483 Abs. 2 S. 1 CC.[587] Diese wiederum können die Schuldverschreibungen auch an private Anleger weiterveräußern, jedoch müssen sie dann für die Solvenz der Gesellschaft garantieren, Art. 2483 Abs. 2 S. 2 CC. Gem. Artt. 2410, 2412 CC kann eine *società per azioni* (*Spa*) Schuldverschreibungen wahlweise als Inhaber- oder Namensschuldverschreibungen emittieren. Inhaberschuldverschreibungen dürfen nur ausgegeben werden, wenn eine ausdrückliche gesetzliche Regelung diese Möglichkeit vorsieht, Art. 2004 CC. In Ermangelung einer ausdrücklichen Erwähnung von Inhaberschuldverschreibungen in Art. 2483 CC folgt, dass die *Srl* solche nicht ausgeben darf.[588] In Ermangelung einer ausdrücklichen Genehmigung *per legem* ergibt sich auch, dass Personengesellschaften hierzu nicht befugt sind. Aus einem *argumentum de maiore ad minus* und aus der Erwägung, dass die vorherige Regelung vorsah, dass eine *Srl* überhaupt keine Schuldverschreibungen begeben durfte, ergibt sich, dass Personengesellschaften auch keine Namensschuldverschreibungen ausgeben dürfen.[589] Damit ist jedenfalls eine Namensschuldverschreibung einer *Srl* möglich. Hierzu ist aber zu beachten, dass eine solche gem. Art. 1 Abs. 1-bis lit. b) TUF als Mobiliarwert anzusehen ist, welcher wiederum gem. Art. 1 Abs. 2 lit. a) TUF ein Finanzinstrument ist. Somit ist bei einem öffentlichen Verkauf ein Prospekt zu erstellen. Im Übrigen gelten die meisten Regeln des TUF für Finanzinstrumente. Insbesondere sind damit die Vorschriften über Finanzdienstleistungen anwendbar, denn diese beziehen sich gem. Art. 1 Abs. 5 TUF nur auf Finanzinstrumente. Damit sind bereits alle Operationen, die Finanzdienstleistungen darstellen, nur für autorisierte Anbieter (Art. 1 Abs. 1 h) TUF) vorbehalten, Art. 18 Abs. 1 TUF. Dies sind insbesondere *Sim* und Banken. Zu den Finanzdienstleistungen gehören die individuelle (dynamische) Verwaltung (Portfolioverwaltung), sowie der Handel in eigenem oder fremdem Namen. Ist die Verwaltung nicht nur individuell, sondern kollektiv, greifen die Regeln über die Investmentfonds ein.

Für den potentiellen Anleger kommt aber im Falle des Fehlschlagens der Kapitalanlage die Ausnutzung der Garantie des veräußernden professionellen Anlegers als Sicherheit eher in Betracht. Außerdem dürfte diese zusätzliche Haftung eine ordnungsgemäße Prospekterstellung sicherstellen.

---

586 Cian/Trabucchi/*Menti* Art. 2483 Rn. 2.

587 Dies sind die institutionellen Anleger des TUF, d.h. etwa Banken, Versicherungen, *Sim*: Rescigno/*Arcidiacono* Art. 2483 Nr. 2.

588 Cian/Trabucchi/*Menti* Art. 2483 Rn. 3.

589 Cian/Trabucchi/*Pisani* Art. 2410 Nr. III Rn. 3.

Genussrechte gibt es in Italien so nicht. Derartige Konstruktionen können jedoch *associazione in partecipazione* oder *cointeressenza* sein.[590] Partiarische Darlehen sind gleichbedeutend mit der *associazione in partecipazione.*[591]

Anlagegeschäfte mit Waren gelten als Mobiliarwerte. Gem. Art. 1 Abs. 1-bis) lit. d) TUF sind Anlagegeschäfte, die zu einer Barzahlung in Abhängigkeit von anderen Finanzinstrumenten, Zinsen, Valuta, Erträgen und Waren und diesbezügliche Indices oder Meßgrößen ebenfalls Mobiliarwerte. Genauso gelten auch gem. Art. 1 Abs. 2 lit. d) - g) Optionsgeschäfte dieser Art als Finanzinstrumente. Daher sind für den Handel mit diesen Werten die meisten Vorschriften des TUF anwendbar, wie bereits bei den Namensschuldverschreibungen. Soll der Anbieter die Termingeschäfte verwalten, so kommt es sowohl für die individuelle als auch für die kollektive Verwaltung darauf an, ob diese statisch oder dynamisch ist. Da an Warenterminbörsen i.d.R. nicht jeder handeln kann und Verträge im gegebenen Zeitpunkt geschlossen bzw. Optionen im gegebenen Zeitpunkt sofort ausgeübt werden müssen, ist eine statische Verwaltung schwer vorstellbar. Die Anbieter von Warentermingeschäften in Deutschland haben daher auch volle Verfügungsmacht. Es greifen bei vergleichbarer Konstruktion nach italienischem Recht die Regeln über Investmentfonds ein. Somit greifen bei Warentermin- oder -optionsgeschäften immer die Regeln des TUF ein, entweder die Regeln über die Finanzdienstleistungen oder diejenigen, die sich auf Investmentfonds beziehen.

4. Insbesondere die *società fiduciarie* alten Rechts und die früheren italienischen atypischen Titel

Sind somit die in Deutschland üblichen Titel nur eingeschränkt bis gar nicht zulässig, so stellt sich daneben die Frage, ob die Anlageprodukte, die insbesondere vor der umfassenden Kodifizierung des Kapitalmarktrechts in den siebziger und achtziger Jahren auf dem Markt waren,[592] noch zulässigerweise so verkauft werden dürften, oder nicht.

Zunächst stellt sich diese Frage bei den Anteilszertifikaten (*certificato di partecipazione*) bzw. bei den Immobilienteilzertifikaten (*certificato immobiliare*). Dabei wird an einer Investitionsgesellschaft eine stille Gesellschaft begründet. Dieser wiederum wird in Anteile zerlegt und auf die einzelnen Anleger verteilt. Es handelt sich daher um eine Art Unterbeteiligung an der stillen Gesellschaft. Wie bereits zum deutschen Recht gezeigt wurde, ist die Unterbeteiligung wie eine stille Beteiligung an einem einzelnen Anteil zu behandeln.[593] Hinsichtlich der kapitalmarktrechtlichen Zulässigkeit besteht kein Unterschied zwischen

---

[590] Dazu oben unter § 4 A. III. 3. d) (S. 117).

[591] S.o. § 4 A. III. 3 d) (S. 117).

[592] S.o. unter § 4 A. III. 1. (S. 98).

[593] S.o. § 3 A. 2. f) (S. 38).

einer (gesellschaftsrechtlich in Italien nicht vorgesehenen) Unterbeteiligung und einer stillen Gesellschaft. Das TUF unterscheidet nämlich nicht nach Gesellschaftsformen und zulässigen Intermediären, sondern nach der Art der Tätigkeit. Sobald durch eine Unterbeteiligung eine Vermögensmasse geschaffen wird, die in Anteile unterteilt und investiert werden soll, greift das Exklusivitätsrecht ein. Dies greift allerdings nur dann Platz, wenn eine dynamische Verwaltung vorliegt. Wie bereits bei der Untersuchung der deutschen Immobilienfonds gezeigt, liegt eine Dynamik in der Verwaltung oft sehr nahe.

Leasing-Treuhandgesellschaften (an Containern oder Mobilien) zeichnen sich dadurch aus, dass der Anleger – vermittelt durch die Treuhand – Gesellschafter wird. Hierbei sei angemerkt, dass es in Italien fraglich ist, ob bei der Treuhand der Treuhänder Vollrechtsinhaber wird (römische oder fiduziarische Treuhand), oder ob er in seiner Verfügungsgewalt dinglich beschränkt ist (deutschrechtliches Modell).[594] Daher ist der Anleger ggf. auch gesellschaftsrechtlich vollwertiger Gesellschafter. Diese Frage kann aber dahinstehen, wenn die rechtliche Ausgestaltung dazu dient, die Anlegergelder zu sammeln und als einheitliche Vermögensmasse dynamisch zu verwalten. Durch den Treuhandvertrag bei einer *società fiduciaria* entsteht ein Sondervermögen.[595] Bei Mobilienfonds ist, ebenso wie bei den erwähnten deutschen Mobilienfonds eine dynamische Verwaltung eher anzunehmen als eine statische. Daher sind auch hier i.d.R. die Investmentfonds allein berechtigt, diese Investmentform anzubieten.

Immobilienfonds mit Treuhandvermittlung kamen auch als Doppelmodell vor, bei dem die eingezahlte Summe zugleich als Kredit an die Gesellschaft galt. Gleichzeitig bedeutete es aber auch die Einräumung einer Gesellschafterstellung in der Investmentgesellschaft. Dabei ist fraglich, wie der Kredit rechtlich ausgestaltet war. Dies ist aber kapitalmarktrechtlich unerheblich, solange es eine reservierte Tätigkeit darstellt. Hierfür ist eine Gesamtbetrachtung anzustellen. Wenn danach das Doppelmodell zu einer einheitlich dynamisch verwalteten Vermögensmasse führt, dann liegt eine das Exklusivitätsrecht verletzende Tätigkeit vor. Dabei zeigt sich, dass die Kapitalsammelfunktion mit Investmentziel eindeutig im Vordergrund steht. Daher ist auch diese Form in dynamischer Form rechtlich unzulässig.

Neben dem Doppelmodell gibt es das Einheitsmodell, bei dem die Kreditfunktion entfiel (*certificato patrimoniale*). Auch hierbei besteht bei dynamischer Verwaltung das Verbot für andere Anbieter außer *Sgr* und *Sicav*.

---

[594] Vgl. *Löhnig* S. 13 ff. u. 54 ff.; nach *Cattaneo* liegt eine fiduziarische Treuhand vor: Beneventi/*Cattaneo* S. 249 (254). *Torrente/Schlesinger* § 337 differenzieren danach, ob ein Wertpapier oder ähnliches übertragen wird (dann deutschrechtlich) oder Immobilien oder andere Sachen (dann fiduziarisch).

[595] Beneventi/*Cattaneo* S. 249 (255).

Beim *unit d'investimento* bzw. dem *unit immobiliare* liegt wieder ein Kombinationsmodell vor, wobei der Anleger einen Gesellschaftanteil an einer *Srl* und eine Kreditgeberfunktion übernimmt. Im Falle der Umwandlung der Gesellschaft in eine Aktiengesellschaft wird der Kredit in eine Schuldverschreibung umgewandelt (wobei die Gesellschafterstellung beibehalten wird). Solange nur die erste Gesellschaft besteht, liegt mit der Gesellschaft bei ganzer Betrachtung des Vorgangs ein Fonds vor. Sofern dieser einheitlich verwaltet wird, greift der Vorrang für die Investmentfonds ein. Sollte die Gesellschaft umgewandelt werden, gilt für die Aktien Wertpapier- und Börsenrecht, ebenso für die Schuldverschreibungen. Teilweise gab es hier für die Anleger Kündigungsrechte. Diese ändern aber nichts daran, ob eine einheitliche dynamisch verwaltete Vermögensmasse vorliegt.

Damit sind sämtliche früher in Italien vertriebenen „grauen" Produkte, sofern sie eine dynamische Verwaltung betreffen, unzulässig.

IV. Werbung für Kapitalanlagen (annunci publicitari)

Von dem Begriff des Angebots an die Öffentlichkeit ist derjenige der öffentlichen Ankündigung bzw. Werbung für Kapitalanlagen (*annunci publicitari*) zu unterscheiden. Die diesbezügliche Regelung findet sich in Art. 101 TUF.

1. Begriff

Der Begriff der Werbung für Kapitalanlagen ist im Gesetz nicht geregelt. Der Gesetzgeber regelt lediglich die Rechtsfolgen: Gem. Art. 101 Abs. 2 TUF ist eine Werbung für eine Kapitalanlage nicht erlaubt, solange noch kein Prospekt veröffentlicht worden ist. Daher muss der Begriff von der Rechtswissenschaft gefunden werden. Die Werbung für Kapitalanlagen ist neben dem TUF noch in Artt. 17-19 RegEmit geregelt. Aber auch hier findet sich keine Definition.

In der Entwicklung des Rechtsgebietes kam der Begriff schon früh vor. Art. 18-ter L. 216/1974 i.d.F. nach L. 77/1983 zählte zu den Tatbeständen des Angebots an die Öffentlichkeit auch jede Werbung, die sich mit Ratschlägen oder Information auf Kapitalmarktprodukte bezieht.[596] Damit war ausdrücklich die reine Werbung auch ohne direkten Bezug zum Kauf derartiger Produkte umfasst.[597] Somit waren Werbungen für Finanzprodukte vor Veröffentlichung des Prospekts nicht möglich.

1992 wurden die entsprechenden Normen geändert. Zum einen wurde aus dem Begriff des Angebots an die Öffentlichkeit der Hinweis auf die Werbung gestrichen, zum anderen wurde ein neuer Art. 18-quinquies hinsichtlich Werbung (*annunci pubblicitari*) geschaffen. Eine Investitionsanregung stellte die

---

[596] Text der Norm o. Fn. 429.

[597] Rabitti Bedogni/*Formichelli* Art. 101 TUF Nr. 2; *Ghidini* Riv.soc. 1989, 397; *Di Chio* Riv.soc. 1988, 801 (811).

Werbung danach nicht mehr dar. In der ursprünglichen Fassung des TUF bis 2007 war beides der Fall: Für die sog. Investitionsanregung reichte eine Werbeaussage, solange sie als Angebot an die Öffentlichkeit gelten konnte, und reine Werbung für Finanzprodukte war daneben noch gesondert geregelt. In der aktuellen Fassung befindet sich in der (europarechtlich bestimmten) Definition für das Angebot an die Öffentlichkeit nicht mehr die Variante der Werbung; reine Werbung ohne Angebotscharakter ist weiterhin in Art. 101 TUF geregelt.

Eine Werbeaussage gem. Art. 101 TUF ist daher jede Botschaft, die mit öffentlichen Medien verbreitet wird und eine beschreibende, werbende Aussage in Bezug auf ein Finanzprodukt enthält.[598] Dabei müssen die Aussagen der Werbung sich direkt auf ein bestimmtes Finanzprodukt beziehen. Ungeregelt und damit frei ist die institutionelle Werbung, mithin Werbung, die sich nicht auf ein bestimmtes Produkt, sondern auf den Emittenten allein bezieht.[599] Dasselbe gilt für Werbung, die sich nicht direkt, sondern nur vorbereitend – etwa um die Reaktion des Marktes zu überprüfen – auf ein Produkt bezieht, sowie für Marktumfragen bzw. Marktforschung.[600] Die Werbeform muss durch das Medium mittels dessen sie verbreitet werden soll, vorgegeben sein (also Radio-, TV-Reklame, Zeitungsannonce). Die persönlich übermittelte Werbebotschaft, etwa in Form des Anpreisens durch einen Berater, ist hingegen nicht umfasst, da diese auch nicht zuvor von der Consob überprüft werden kann.[601]

2. Anforderungen an die Werbung im Zusammenhang mit der Prospektpflicht sowie Handlungsmöglichkeiten der Consob

Es stellt sich sodann die Frage, welche genauen Anforderungen an die Werbung gestellt werden müssen und welche Rechte und Möglichkeiten die Consob hat.

Der Emittent muss Werbung, die er für seine Finanzprodukte veröffentlichen will, unabhängig davon, ob ein Prospekt erstellt wurde, gleichzeitig mit der Veröffentlichung der Consob vorlegen, Art. 101 Abs. 1 TUF. Vor der Erstellung des Prospekts ist Werbung generell verboten, es sei denn, es handelt sich um gemeinschaftsrechtliches Finanzprodukt, Art. 101 Abs. 2 TUF. Der Emittent muss also zuerst einen Prospekt erstellen und danach kann er erst werben, vorausgesetzt, er legt die Werbung der Consob vor. Es stellt sich allerdings die Frage, ob dieses Verfahren auch für Finanzanlagen gilt, die prospektfrei sind. Die Norm bezieht sich allerdings nicht auf Werbung für Finanzprodukte, sondern auf Werbung für Angebote an die Öffentlichkeit (Art. 101 Abs. 1 TUF). Diese sind in Art. 94 ff. TUF geregelt. Gem. Art. 100 Abs. 1 TUF gelten für bestimm-

598 Rabitti Bedogni/*Formichelli* Art. 101 TUF Nr. 3.

599 Rabitti Bedogni/*Formichelli* Art. 101 TUF Nr. 3; *Costi/Enriques* Tr.dir.comm. S. 56; Campobasso/*Miola* Art. 94 TUF S. 795.

600 Rabitti Bedogni/*Formichelli* Art. 101 TUF Nr. 3; Capobasso/*Miola* Art. 94 TUF S. 795.

601 Rabitti Bedogni/*Formichelli* Art. 101 TUF Nr. 3.

te Angebote an die Öffentlichkeit die Vorgaben des (gesamten) Gesetzesabschnitts hingegen nicht. Daher gilt für diese prospektfreien Emissionen auch nicht der Art. 101 TUF. Auf diese Weise sind etwa Bankprodukte ausgenommen.[602]

Der Inhalt der Werbung muss den Vorgaben der Consob entsprechen. Dies ist gem. Art. 101 Abs. 3 TUF in Artt. 17-19 RegEmit geregelt. Nach Art. 17 Abs. 1 RegEmit müssen die Informationen klar und ausdrücklich sein und mit den Informationen im Prospekt übereinstimmen, nach Abs. 2 darf die Werbung keine Informationen enthalten, die über die Art und Weise sowie die Risiken der Anlage täuschen können.[603] Gem. Abs. 4 muss der Satz enthalten sein, dass vor der Zeichnung der Prospekt beachtet werden soll; bei Fernseh- oder Radiowerbung muss der Satz ausgesprochen werden. Gem. Art. 18 RegEmit müssen Angaben bezüglich der Rendite und sonstiger Statistiken einige Vorgaben einhalten, um das Risiko angemessen darzustellen und aufzuzeigen, dass es nur eine Beispielsrechnung ist.

Die Kontrolle der Consob ist nur eine repressive, keine präventive.[604] Dies ist dadurch begründet, dass die Werbung zwar der Consob vorgelegt werden muss, aber der Emittent einen Tag später dieselbe veröffentlichen kann, wenn es sich um *Sim* oder *Sicav*, Pensionsfonds oder bestimmte Finanzinstrumente handelt, vgl. Art. 19 Abs. 1 RegEmit; handelt es sich um andere Finanzprodukte, so kann die Werbung nach zehn Tagen veröffentlicht werden, Art. 19 Abs. 2 RegEmit. Diese Regelung steht in gewissem Kontrast zu der Regelung des Art. 101 Abs. 1 TUF, nach der die Werbung zugleich mit ihrer Veröffentlichung der Consob vorgelegt werden muss. In Art. 101 Abs. 1 TUF a.F. war hingegen von einem vorherigen Einreichen die Rede. Es handelt sich damit scheinbar um ein Redaktionsversehen in Art. 19 RegEmit. Die Änderung des TUF ist dabei nicht durch Art. 15 VerkaufsprospektRL bedingt. Das TUF als höherrangige Norm verdrängt daher die Regeln in Art. 19 Abs. 1 und 2 TUF.

Hat die Consob Zweifel an der Rechtmäßigkeit der Werbung, kann sie repressive Maßnahmen gem. Art. 101 Abs. 4 TUF ergreifen.[605] Andere, also etwaige atypische Finanzprodukte gem. Art. 19 Abs. 2 RegEmit müssen bei der Veröffentlichung die von der Consob vorgegebenen Änderungen[606] der Werbung be-

---

602 Vgl. zu dieser Gesetzestechnik Alpa/Zatti/*Balzarini* Art. 101 TUF S. 1168.

603 Dies ist die Zentralnorm für die Prüfung durch die Consob: Campobasso/*Miola* Art. 101 TUF S. 854.

604 Rabitti Bedogni/*Formichelli* Art. 101 TUF Nr. 4; Alpa/Zatti/*Balzarini* Art. 101 TUF S. 1168.; Alpa/Capriglione/*Parrella* Art. 101 TUF S. 949.

605 Rabitti Bedogni/*Formichelli* Art. 101 TUF Nr. 4.

606 Vgl. zu diesem Begriff, der weit zu verstehen ist, Campobasso/*Miola* Art. 101 TUF S. 856.

achten; da die 10-Tages-Regel unwirksam ist, muss ein solcher Anbieter seine Werbung im Falle von Änderungen durch die Consob nachträglich anpassen.

Die repressive Kontrolle ist hingegen in Art. 101 Abs. 4 TUF selbst geregelt. Danach kann die Aufsichtsbehörde bei Zweifeln zunächst die Verwendung der Werbung für 90 Tage (bei Finanzinstrumenten aus EG-Ländern zehn Tage), bei festgestellten Mängeln ganz untersagen. Wird den Vorgaben des Gesetzes und den Anordnungen der Consob nicht Folge geleistet, so kann die Consob auch als *ultima ratio* den Verkauf bzw. die Zeichnung der Finanzanlage selbst untersagen.

V. Prospektpflichtige Personen

Liegt eine Investitionsanregung vor, dann muss der Anbieter gem. Art. 94 TUF einen Prospekt erstellen. Es wird im Folgenden untersucht, wer die prospektpflichtige Person ist.

1. Allgemein: „Jeder"

In Art. 94 TUF ist als prospektpflichtige Person „jeder, der ein Angebot an die Öffentlichkeit abgeben will" genannt.[607] Eine genauere Angabe ist im Gesetz nicht enthalten.[608] Die Prospektpflicht trifft damit jeden am Angebot Beteiligten, also Emittenten, Anbieter und denjenigen, der die Verantwortung für Platzierung der Anteile am Markt hat.[609] Das ergibt sich jedenfalls aus Art. 4 RegEmit, der die genannten Personen aufzählt.[610] Verantwortlich für die Platzierung ist gem. Art. 3 lit. a) RegEmit derjenige, der das Emissionskonsortium koordiniert, der das Platzieren koordiniert und derjenige, der alleinverantwortlich platziert.

Hierzu ist zunächst zu fragen, ob durch die Regelung der prospektpflichtigen Personen durch die Consob der Begriff im TUF abschließend konkretisiert ist oder ob neben den von der Consob genannten Personen noch weitere unter den Begriff „Jeder" fallen können. Das hängt davon ab, ob die Consob überhaupt ermächtigt wurde, die Prospektpflicht auf eine bestimmte Personengruppe zu begrenzen. Verordnungen der Verwaltung müssen sich an die Vorgaben des ermächtigenden Gesetzes halten.[611]

607 Wörtlich heißt es „Diejenigen, die es vorhaben, eine Angebot an die Öffentlichkeit durchzuführen ..." Durch die Verwendung des Plural wird dabei ein aus mehreren Personen bestehender Kreis prospektpflichtiger Personen angedeutet.

608 Campobasso/*Miola* Art. 94 TUF S. 801; Belli/Mazzini/Tedeschi/*Zitiello* Art. 94-101, S. 148.

609 Campobasso/*Miola* Art. 94 TUF S. 801.

610 Vgl. Rispoli Farina/Rotondo/*Falcone* S. 243; *Costi/Enriques* S. 72 f.

611 Die Verordnung durch die Verwaltung ist in der italienischen Verfassung nicht geregelt. Allerdings ergibt sich aus dem verfassungsmäßigen Prinzip des Vorrangs des Rechts, dass eine Verordnung nur nach Ermächtigung durch ein (formelles) Gesetz, dass den inhaltlichen Rahmen für die Verordnung vorgibt, möglich ist. Vgl. Dig. Disc. Publ./*Verrienti*,

Die Regelung in Art. 4 RegEmit findet sich im Zusammenhang mit der Regelung, was genau die Meldung an die Consob beinhalten muss. Das zu regeln ist auch Gegenstand der Verordnungsermächtigung der Consob durch das TUF (Art. 95 Abs. 1 lit. a). Dadurch, dass die Consob regelt, dass Inhalt der Meldung über ein Vorhaben gem. Art. 94 TUF auch die Angabe ist, welche Personen dieses sind und dadurch, dass diese Personen in die o.g. drei Gruppen eingeteilt werden, ist aber nicht unmittelbar ausgesagt, dass der Begriff „jeder", der sich auf die Prospektpflicht im Allgemeinen bezieht, genauso auszulegen ist. Eine Verordnungsermächtigung zur Auslegung dieses Begriffes gibt es im TUF nämlich gerade nicht. Jedoch scheint auch der Gesetzgeber von einer ähnlichen Einteilung auszugehen, da er im Rahmen einer weiteren Ermächtigung an die Consob zur Normierung der Korrektheitsregeln der beteiligten Personen diese Personengruppen aufzählt (Art. 95 Abs. 2 TUF). Allerdings ist hierbei nicht vom Platzierungsverantwortlichen und dem alleinigen Anbieter die Rede, sondern von demjenigen, der die Anteile platziert sowie denjenigen, die mit solchen Personen verbunden sind oder sie kontrollieren. Dies ist eine weitere Fassung als die in der Verordnung. Sie bezieht sich allerdings auf die Verhaltensregeln der genannten Personen. Diese Vorgaben können dennoch auch dafür herangezogen werden, wer unter den Begriff „jeder" zu fassen ist; dadurch dass für diese Personen Verhaltensregeln aufgestellt werden, wird deutlich, dass diese im Rahmen der Platzierung eine besondere Verantwortung tragen. Dazu gehört aber auch die Prospektpflicht.

Die Prospektpflicht soll möglichst weit gefasst sein und alle möglichen Finanzanlagen erfassen. Aus diesem Grund wird in Art. 94 TUF auch nur von „Jeder" und nicht von bestimmten Personen gesprochen. Daher hat die Angabe der Consob nur rechtlich bindende Wirkung für den Inhalt der Mitteilung. Bei der Feststellung der subjektiven Prospektpflicht hingegen gilt ausschließlich der Wortlaut des TUF. Die Einteilung des RegEmit kann allerdings Anhaltspunkte liefern. Im Übrigen kann aus der Fassung des Art. 95 Abs. 2 TUF entnommen werden, dass neben den im RegEmit genannten Personen auch diejenigen zu fassen sind, die die Platzierung durchführen, koordinieren oder daran beteiligt sind. Die bloße Beteiligung allein hingegen kann nicht zur Prospektverantwortlichkeit führen. Dann wäre der Begriff zu unbestimmt. Ist die Beteiligung aber von maßgeblichem Einfluss auf die Platzierung, ohne die Schwelle der Koordinierung zu erreichen, so ist von einer Prospektpflicht auszugehen.

2 Initiatoren, Gestalter, Gründer

Als prospektpflichtige Personen sollen – parallel zu der Darstellung zum deutschen Recht[612] – zunächst diejenigen Personen untersucht werden, die „hinter"

Regolamenti amministrativi Nr. 3; *Mazziotti di Celso/Salerno* S. 120 ff.; *Martines/Silvestri* S. 373 ff. u. 375 ff.

612 S.o. unter § 3 A II. 3. (S. 49).

einem Fondsprodukt oder einer sonstigen innovativen Kapitalanlage stehen. Das sind die Personen, die das Finanzprodukt, wenn es eine Anlagegesellschaft ist, gründen und gestalten oder sonst initiieren und später typischerweise das Produkt managen.

Wenn man diese Personen mit den Kategorien des Art. 4 RegEmit vergleicht, so hängt die Prospektpflicht davon ab, welche Rollen diese Personen innerhalb des Fonds und dessen Vertrieb spielen. Sie können je nach Ausgestaltung Emittenten oder Anbieter sein. Diese Personen werden i.d.R., insbesondere, wenn es sich um Investmentgesellschaften handelt, Anbieter sein, wenn man als Anbieter denjenigen versteht, der tatsächlich die Investitionsanregung nach außen kommuniziert. Anbieten umfasst daher nicht nur das Anbieten im rechtlichen Sinne, sondern auch die Abgabe einer *invitatio*. Bleiben diese Personen jedoch beim Anbieten in diesem Sinne im Hintergrund, dann können sie Emittent sein. Das ist etwa dann der Fall, wenn eine Fonds-/Investitionsgesellschaft gegründet wurde und diese Personen Gesellschafter und möglicherweise Geschäftsführer dieser Gesellschaft sind. Sollte auch das nicht der Fall sein, so kommt noch das Merkmal in Betracht: derjenige, der die Vermögensanlage platziert oder damit verbunden ist oder den Platzierenden kontrolliert. Hierunter sind alle Personen zu fassen, die, ohne selbst Anbieter zu sein, das Platzierungeschehen aus dem Hintergrund koordinieren oder an der Platzierung gestaltend beteiligt sind, auch wenn es sich nicht um eine Koordinierung handelt. Dies ergibt sich aus dem Merkmal der Verbundenheit mit dem Platzierenden. Es reicht nicht jegliche Verbundenheit, sondern es muss ein maßgeblicher Einfluss sein, ohne die Schwelle der Koordinierung zu überschreiten.

Damit sollten die Initiatoren, Gestalter bzw. Gründer einer alternativen Kapitalanlage stets bereits nach der Kategorisierung des RegEmit als prospektpflichtige Personen gelten; fehlt es an einer eigene Koordinierungstätigkeit, so ergibt sich die Prospektpflicht aus dem TUF.

Wie unter III. gezeigt, sind jedoch fondsähnliche Strukturen i.d.R. in Italien nur als Investmentfonds möglich. Dann ist die *Sgr* als Anbieter zu sehen, da sie die Gesellschaft ist, die einen Fonds auflegt und verwaltet. Handelt es sich um eine *Sicav,* so begibt diese ihre eigenen Anteile. Damit könnte sie als Emittentin anzusehen sein. Hierunter ist, im Gegensatz zum Anbieter, eine Gesellschaft zu verstehen, die ihre eigenen Anteile am Markt platziert, wohingegen ein Anbieter Anteile an einem Finanzprodukt eines anderen zur Zeichnung anbietet. Die *Sicav* ist daher Emittentin. Sollte für *Sicav* oder Investmentfonds eine andere Person, etwa eine Bank, die Platzierung übernehmen, so ist diese (zusätzlich) als Platzierungsverantwortliche oder -beteiligte anzusehen.

3. Anlagegesellschaft und deren Gesellschafter

Neben den Gründern ist die Anlagegesellschaft selbst möglicherweise als Anbieter anzusehen. Dabei ist unter Anlagegesellschaft die Fondsgesellschaft – sofern sie als solche organisiert ist – zu sehen. Handelt es sich um eine *Sicav,* dann ist diese Gesellschaft zugleich der Fonds. Dieser ist, wie bereits aufgezeigt, Emittent. Handelt es sich um eine *Sgr,* dann ist der Fonds keine eigene Personen- oder Kapitalgesellschaft. Die *Sgr* als Betreiber und Vermarkter des Fonds ist Anbieter. Der Fonds als Rechtsform des Kapitalmarktes *sui generis* ist hingegen keine Gesellschaft, und die Anleger sind keine Gesellschafter. Daher kann nur die *Sgr* selbst Prospektverantwortlicher sein.

Fraglich ist aber die Rechtslage, wenn der Fonds keine *Sgr* und keine *Sicav* ist. Das ist zwar nur in engen Grenzen möglich, aber jedenfalls nicht gänzlich ausgeschlossen. Wenn diese Anlagegesellschaft selbst an den Kapitalmarkt geht und ihre eigenen Gesellschaftsanteile bewirbt, so könnte sie Emittent sein. Das sollte unabhängig von der Eigenschaft als juristische Person sein, denn selbst die einfache Personengesellschaft kann ausdrücklich des Art. 2266 CC eigene Rechte und Pflichten haben und haftet gem. Art. 2276 CC auch mit ihrem Gesellschaftsvermögen. Daher kann sie auch als Emittent prospektverantwortlich sein.

Ist eine andere Gesellschaft als die Fondsgesellschaft (die keine *Sgr* oder *Sicav* ist) für das Platzieren der Fondsanteile verantwortlich, so kann diese zweite Gesellschaft je nach Ausgestaltung Anbieter oder Platzierungsverantwortliche sein.

Die Gesellschafter der Fondsgesellschaft können ebenfalls prospektpflichtig werden. Dies ist aber nur dann möglich, wenn sie das Fondsprodukt anbieten oder für die Platzierung verantwortlich oder beteiligt sind. Ist die Fondsgesellschaft eine Personengesellschaft, dann ist diese sicherlich Emittent; darüber hinaus können die Gesellschafter dieses Fonds Anbieter sein, wenn sie die Anteile an ihrer Gesellschaft öffentlich anbieten. Je nach Sachlage kann auch einer der Gesellschafter die Platzierung koordinieren oder daran maßgeblich beteiligt sein. Er kommt dann als Platzierungsverantwortlicher in Betracht.

4. Anlagevermittler (*promotore finanziario*) oder sonstige Vermittler und Berater

Eine eigenständige und rechtlich ausdrücklich geregelte Rolle spielt im italienischen Kapitalmarktrecht der Anlagevermittler (*promotore finanziario*). Dieser ist gem. Art. 31 TUF eine Person, die als Angestellter, Makler oder Auftragsnehmer ein Angebot außerhalb des Emittentensitzes (*offerta fuori sede*) professionell unternimmt.[613] *Offerta fuori sede* ist die Platzierung oder das Anbieten

[613] Vgl. hierzu Rispoli Farina/*Rotondo* S. 106.

von Finanzinstrumenten an anderen Orten als am Sitz der veräußernden Gesellschaft (Art. 30 Abs. 1 lit. a) TUF). Für diese Tätigkeit muss sich der Emittent oder der Platzierungsverantwortliche eines Anlagevermittlers bedienen. Die Zulassung zu diesem Beruf ist genau geregelt. Die Consob führt eine Liste mit den zugelassenen Anlagevermittlern (Art. 31 Abs. 4 TUF).

Diese Regelung bezieht sich allerdings nur auf Finanzinstrumente. Jedoch ist ein Anteil an einem Investmentfonds auch ein Finanzinstrument. Daher stellt sich die Frage, ob bei Vermittlung von Investmentfonds durch Anlagevermittler auch diese prospektpflichtig werden. Hierfür mag sprechen, dass diese Personen unmittelbar gegenüber den Kunden handeln und die Investitionsanregung in der Form des Anbietens einer Kapitalanlage gegenüber potentiellen Anlegern kommunizieren. Daher führen die Vermittler an sich das Angebot durch.

Allerdings überbringen die Anlagevermittler nur das Angebot des Emittenten bzw. des Anbieters. Es kommt auch kein Investitionsvertrag zwischen Anleger und Vermittler, sondern nur zwischen Fonds und Anleger, auf Veranlassung des Vermittlers zustande. Von dieser Sicht aus kann an sich nicht davon die Rede sein, dass der Vermittler Anbieter ist.

Da er auch kein Emittent ist, käme allenfalls eine Prospektverantwortung wegen der Platzierungsverantwortlichkeit oder der Beteiligung daran in Betracht. Dazu müsste der Vermittler allerdings Konsortialführer sein (wenn ein Konsortium besteht) oder die Platzierung koordinieren bzw. maßgeblichen Einfluss darauf nehmen. Der Emittent oder der Anbieter wird aber i.d.R. die Koordination des Angebots übernehmen. Es ist aber nicht ausgeschlossen, dass der Anbieter die Koordination der Platzierung der Fondsanteile zumindest teilweise einem Vermittler überlässt. Dann muss dieser auch einen Prospekt erstellen. Dasselbe gilt gem. Art. 3 Abs. 1 lit. a) RegEmit auch dann, wenn der Vermittler alleiniger Veräußerer auf dem Markt ist.

Jedoch stellt sich die Frage, ob die Prospektpflichtigkeit sich nicht dadurch einstellt, dass der Vermittler unmittelbar – wenn auch im fremden Namen oder auf fremde Rechnung – gegenüber den Kunden das Angebot macht. Nach Art. 4 Abs. 1 RegEmit ist er damit zwar nicht Anbieter (*offerente*). Jedoch ist der gesetzliche Begriff in Art. 94 TUF weiter, nämlich „jeder", der ein Angebot an die Öffentlichkeit durchführt. Bleibt der wahre Anbieter eher im Hintergrund und überlässt die Platzierung Vermittlern, so führen diese das Angebot an die Öffentlichkeit durch. Der Begriff des Durchführens findet sich auch in Art. 3 Abs. 1 lit. a) RegEmit, wenn derjenige aufgezählt wird, der die Platzierung koordiniert, sowie in Art. 95 Abs. 2 TUF, wo hierzu auch diejenigen zu zählen sind, die mit diesen Personen verbunden sind. Richtigerweise ist aber unterhalb der Schwelle des (leitenden) Koordinierens auch eine Prospektpflichtigkeit gegeben, wenn der Vermittler die Investitionsanregung nur durchführt.[614] Damit sind auch sie Anbieter, und zwar ausschließlich nach Art. 94 TUF.

Daran ändert sich auch nichts dadurch, dass gem. Art. 31 Abs. 3 TUF der Emittent, für den der Vermittler tätig wird, für die Schäden haftet, die der Vermittler bei Dritten anrichtet. Die zivilrechtliche Haftung ist gegenüber der Rechtspflicht zur Aufstellung eines Prospekts eine eigenständige Materie. Für den Anlagevermittler ergibt sich daraus aber ein Freistellungsanspruch gegenüber dem Emittenten.

Handelt es sich jedoch nicht um Investmentfonds gem. TUF, so gibt es auch keinen Anlagevermittler gem. Art. 31 TUF. Dann gilt ebenfalls die allgemeine Regel, dass der Dritte Anbieter sein muss oder für die Platzierung verantwortlich bzw. koordinierend oder maßgeblich bestimmend ist. Ist der Fonds nicht selbst Emittent oder Anbieter, so muss zwangsläufig eine andere Person Anbieter des Produktes sein. Zusätzlich zu diesem Anbieter ist es möglich, Vermittler oder Berater einzuschalten. Diese sind prospektpflichtig, wenn sie die Platzierung koordinieren oder maßgeblich bestimmen, oder wenn sie das Angebot durchführen.

5. Banken

Banken kommen als prospektpflichtige Personen insbesondere dann in Betracht, wenn sie für die Platzierung verantwortlich oder daran wesentlich beteiligt sind. Bei Wertpapieremissionen mit einem Platzierungskonsortium ist der Konsortialführer gem. Art. 3 Abs. 1 lit. a) RegEmit prospektpflichtig. Fraglich ist darüber hinaus, ob nicht auch die anderen Konsorten gem. Art. 94 TUF prospektpflichtig sind. Das sind sie dann, wenn sie das Angebot an die Öffentlichkeit durchführen. Ist ihre Mithilfe bei der Platzierung vonnöten, so ist dieses Merkmal erfüllt, denn dann sind sie wesentlich an der Platzierung beteiligt. Das kann bei der reinen Finanzierung gegeben sein, wenn durch diese Funktion wesentlicher Einfluss auf die Koordination der Platzierung genommen wird.

Bei Investmentfonds und alternativen Kapitalanlagen ist ein solches Konsortium aber eher selten. Ist nur eine Bank beteiligt, so kann sie vermittelnd als Maklerin tätig werden, sie kann die Anteile als Kommissionärin auf fremde Rechnung veräußern und sie kann die Anteile fest übernehmen und dann in eigenem Namen veräußern. In diesen Fällen kann es verschiedene Ansatzpunkte für die Prospektpflichtigkeit geben. Bei der Vermittlung kommt es nach dem RegEmit und dem TUF darauf an, ob die Bank die Platzierung der Anteile koordiniert oder daran wesentlich beteiligt ist. Übernimmt die Bank die Vermittlung, dürfte eine Prospektpflicht gegeben sein. Bei der Verkaufskommission oder der festen Übernahme bietet die Bank selbst an, Art. 4 Abs. 1 RegEmit. Damit ist sie ebenfalls prospektpflichtig.

---

[614] S.o. § 4 A. V. 1. (S. 125 f.).

Finanziert die Bank den Anteilserwerb des Anlegers, so könnte sie das Angebot durchführen. Dazu müsste aber die Kreditvergabe eine entscheidende Rolle im Vertrieb spielen und nicht nur im Einzelfall geschehen.

Bei der Prospektpflicht von Banken ist zudem Art. 100 Abs. 1 lit. f) TUF zu beachten, nach dem die Prospektpflicht für gewisse Bankprodukte entfällt, wenn diese Finanzinstrumente betreffen, die kein Kapital repräsentieren, die die Bank dauerhaft und wiederholt ausgibt, die nicht wandelbar oder ähnliches sind, nicht von einem Derivat abhängen oder das Recht zur Zeichnung von anderen Finanzinstrumenten beinhalten, eine materielle Berechtigung zum Erhalt von rückzahlbaren Einlagen enthalten und von einem Einlagensicherungssytem gedeckt sind. Dies ist für die Fragestellung der vorliegenden Arbeit jedoch nicht relevant.

6. Ersterwerber

Fraglich ist, ob der Ersterwerber, der seinen Anteil später verkauft, auch selbst zum Anbieter werden kann. Anders als im deutschen Recht findet sich im italienischen Recht keine Bestimmung, nach der es nicht erforderlich ist, einen Prospekt zu erstellen, wenn bereits ein Prospekt vorliegt. Der Emittent, der einen Prospekt bereits erstellt hat, kann diesen gem. Art. 9-bis Abs. 1 RegEmit innerhalb von zwölf Monaten noch einmal verwenden, wenn er ihn aktualisiert.

Gem. Art. 100-bis Abs. 1 TUF muss ein Prospekt erstellt werden, wenn die Vermögensanlage zuvor prospektfrei angeboten wurde und eine nachfolgende Zweitveräußerung die Voraussetzungen für ein Angebot an die Öffentlichkeit erfüllt. Hiermit wird auf eine zuvor bestehende, fragliche, aber letztlich nicht geklärte Rechtslage reagiert, nach der bei prospektfreiem Erwerb eine Weiterveräußerung im Retailgeschäft der Banken ebenfalls prospektfrei war.[615] Nach Art. 100-bis Abs. 1 TUF ist ein Prospekt nunmehr auch im Retailbanking zwingend vorgeschrieben. Hiermit wird auf die aus der vorherigen Praxis entstandenen Krisen durch Argentinien-Bonds, Cirio und Parmalat reagiert.[616] Der Prospekt muss außerdem erstellt werden, wenn zwar kein einheitliches Angebot, sondern mehrere Tranchen oder einzelne Angebote innerhalb von zwölf Monaten erstellt werden, wodurch die Vermögensanlage systematisch weiterveräußert wird, Art. 100-bis Abs. 2 TUF. Dies gilt auch dann, wenn das Erstangebot an die institutionellen Anleger im Ausland stattgefunden hat. Im Prospekt sind dann die bestehenden Risiken durch die Verwendung ausländischen Rechts darzustellen. Im Falle einer systematischen Weiterveräußerung ist bei Fehlen eines

---

615 Vgl. die Urteile des Trib. Rom CorG 2005, 1275, 1281 u. des Trib. Florenz v. 13.07.2007, Az.: 5686/2004. Vgl. zur zuvor möglichen prospektfreien Erstellung eines Angebots an die Öffentlichkeit *Pagnoni* Soc. 2005, 157 (159); *Sangiovanni* Soc. 2006, 1355; *ders.* BKR 2006, 476 (479); *Viglione* NLCC 2008, 43.

616 *Sangiovanni* Soc. 2006, 1355; *ders.* BKR 2006, 476; *Viglione* NLCC 2008, 43.

Prospekts der Vertrag nichtig und es besteht Anspruch auf Schadensersatz, Art 101-bis Abs. 3 TUF.[617]

Diese Neuerungen bedeuten allerdings nicht, dass ein Prospekt nicht erstellt werden muss, wenn bereits zuvor ein Prospekt erstellt wurde. Daher ist die Zweitveräußerung nicht grundsätzlich prospektfrei.

Allerdings ist zu beachten, dass Anteile an geschlossenen Fonds zwingend an einer Börse gelistet werden müssen, Art. 5 Abs. 2 DM 228/1999. Es kann nicht sein, dass ein (Klein-) Anleger, der seinen Anteil an einem geschlossenen Immobilienfonds an der Börse verkaufen will, hierfür einen Prospekt erstellen muss. Hierzu ist der private Erstanleger – anders als eventuell ein institutioneller Erstanleger – überhaupt nicht in der Lage.

Im Falle des Handels an der Börse ist daher zu beachten, dass ein Listing nur erfolgt, wenn der Emittent einen entsprechenden Prospekt erstellt, Art. 113 Abs. 1 TUF. Danach kann erst der Handel beginnen. Die Regeln über den Börsen-Verkaufsprospekt verweisen dabei auf die allgemeinen Regeln nach Art. 94 TUF. Sind die Anteile danach an der Börse handelbar, braucht nur der Emittent einen Prospekt zu erstellen. Der Anleger kann seine Anteile danach frei an der Börse anbieten.

Bei offenen Fonds ist eine verpflichtende Börsenzulassung nicht vorgesehen, allerdings kann der Anleger hier seine Anteile jederzeit zurückgeben. Bei geschlossenen Fonds ist gem. Art. 5 Abs. 2 DM. 228/1999 eine obligatorische Börsenzulassung vorgesehen, wenn die Mindestzeichnungssumme unter 25.000 Euro liegt.

Fraglich ist, wie die Lage bei anderen, alternativen Finanzprodukten ist, die nicht geschlossene Fonds oder solche mit einer hohen Mindestzeichnungssumme sind und nicht an der Börse gehandelt werden. Eine Lösung wäre am ehesten in der Definition für das Angebot an die Öffentlichkeit zu suchen. Jedoch ist das öffentliche Anbieten eines Anteils an einer alternativen Anlageform durchaus als ein Angebot an die Öffentlichkeit zum Kauf eines Finanzproduktes zu sehen. Man könnte in den beiden möglichen Varianten für das Angebot in Art. 1 Abs. 1 t) TUF, Kauf oder Zeichnung, eine Rangfolge sehen, so dass, wenn eine Zeichnung bereits vorliegt, ein späterer Verkauf nicht mehr tatbestandsmäßig ist. Allerdings ist das vom Gesetz nicht unbedingt gedeckt. Dies ist die Konsequenz aus der Weite des Tatbestandes des Angebots an die Öffentlichkeit. Eine andere Lösung wäre darin zu sehen, dass nicht jedes Anbieten tatbestandsmäßig ist, sondern nur jedes erstmalige. Auch das wäre allerdings vom Gesetz nicht gedeckt.

---

617 Das bedeutet im Ergebnis auch, dass bei anderen Angeboten an die Öffentlichkeit ohne das Erstellen eines Prospekts grundsätzlich keine Nichtigkeit gegeben ist, da der Gesetzgeber diese nur in diesem speziellen Fall anordnet. Eine Analogie scheidet insofern mangels Planwidrigkeit der Regelungslücke aus.

Eine Möglichkeit für den Privatanleger ist daher höchstens, anstelle eines öffentlichen Verkaufs eine Rückgabe des Anteils an den Anbieter vorzunehmen. Das ist aber nicht in jedem Falle möglich.

Festzuhalten bleibt daher, dass außer bei Investmentfonds keine vom Gesetz gedeckte Möglichkeit existiert, den Ersterwerber beim späteren öffentlichen Verkauf irgendwie davon zu befreien, einen Prospekt zu erstellen. Eine Befreiung kann nur von den allgemeinen Ausnahmetatbeständen gedeckt sein. Hier kommt insbesondere Art. 100 Abs. 1 lit. c) TUF i.V.m. Art. 33 Abs. 1 b) RegEmit in Betracht, nach dem ein Prospekt nicht zu erstellen ist, wenn es sich um eine Emission unter 2,5 Millionen Euro handelt. Dies wird ein (privater) Erstanleger nicht erreichen. Zu beachten ist außerdem, dass neben Investmentfonds alternative Anlageformen kaum existieren.

B. Anforderungen an den Prospekt

Ist eine Person nach den unter A. genannten Kriterien prospektpflichtig, so muss ein Prospekt erstellt werden. Nachfolgend soll untersucht werden, wie der Inhalt des Prospekts gestaltet werden muss und wie das Verfahren bei der Consob aussieht.

I. Inhalt des Prospekts

Zunächst soll der Pflichtinhalt des Prospekts dargestellt werden. Dieser ist im Wesentlichen im RegEmit, aber auch im TUF geregelt.

1. Anforderungen gem. Art. 94 Abs. 2 TUF

Gem. Art. 94 Abs. 2 muss der Prospekt die Informationen enthalten, die nach Art der Kapitalanlage und des Emittenten notwendig sind, damit die Investoren zu einem fundierten Urteil über die Vermögens- und Finanzlage, über die wirtschaftlichen Ergebnisse sowie die wirtschaftlichen Aussichten des Emittenten und des eventuellen Garanten und über das Finanzprodukt sowie die dazugehörigen Rechte kommen können. Anders als also die Mitteilung an die Consob regelt das TUF hier unmittelbar – jedenfalls allgemein – was Inhalt des Prospekts sein soll.[618]

Der Inhalt des Prospekts zielt damit auf Informationen über den Emittenten.[619] Dadurch ist der Inhalt des Prospekts nach dieser grundsätzlichen Formulierung anders, je nachdem, welche Kapitalanlage vorliegt.[620] Zu den Informationen, die die wirtschaftlichen Ergebnisse und Aussichten des Emittenten

[618] Rispoli Farina/Rotondo/*Falcone* S. 243 f.

[619] Alpa/Zatti/*Balzarini* Art. 94 TUF II Rn. 1; Alpa/Capriglione/*Jannarelli* Art. 94 TUF S. 901; Campobasso/*Miola* Art. 94 TUF S. 801.

[620] Alpa/Zatti/*Balzarini* Art. 94 TUF II Rn. 1; Alpa/Capriglione/*Jannarelli* Art. 94 TUF S. 901; Campobasso/*Miola* Art. 94 TUF S. 801.

kennzeichnen, gehören mindestens die Bilanz und sonstige entsprechende Finanzkennzahlen und zudem Zahlen und Angaben zur künftigen Entwicklung (Schlüsselfaktoren und Risiken) des Unternehmens.[621]

Die im Prospekt enthaltenen Informationen richten sich nur an den Anleger, nicht (auch) an dessen Anlageberater.[622] Das beruht auf der Annahme, dass der Anleger sich auch ohne fremde Hilfe ein Bild machen können soll.[623] Deshalb findet sich in der Inhaltsvorgabe seit 2007 noch ein Transparenzgebot: Der Prospekt muss die Informationen in einer leicht analysierbaren und verständlichen Weise darbieten, Art. 94 Abs. 2 TUF. Gerade in heutiger Zeit mit der Möglichkeit von Direktanlagen über das Internet[624] ist das notwendig, denn nicht jeder Anleger wird sich fremder fachkundiger Beratung bedienen. Unter Investor ist nicht ein besonders erfahrener Anleger, sondern der Durchschnittsanleger zu verstehen.[625] Dabei darf aber von gewissen Mindestkenntnissen und Verständnisfähigkeiten ausgegangen werden, da der Prospekt ansonsten bei zu einfacher Gestaltung kaum Informationen enthalten könnte.[626] Hieraus folgt, dass der Prospekt zwar alle Informationen umfassen muss, die für die Anlageentscheidung wichtig sind, zugleich aber auch noch so pointiert verfasst sein soll, dass der Durchschnittsleser die Informationen auch findet. Ist der Text zu einfach gehalten, wird er zwangsläufig zu lang und damit zu unübersichtlich und ist irgendwann unbrauchbar. Daher stellt das Gesetz auf den mittleren Anleger mit durchschnittlicher Kenntnis ab.[627]

Der Text des Art. 94 Abs. 2 TUF spiegelt den Inhalt der entsprechenden EG-Richtlinie wider, die in Art. 5 Abs. 1 VerkaufsprospektRL einen ähnlichen Wortlaut hat.[628] Damit ähnelt er (teilweise) den deutschen Vorgaben des § 8g Abs. 1 S. 1 VerkProspG, insbesondere aber der Vorgabe in § 5 Abs. 1 WpPG, der die deutsche Umsetzung der Richtlinie darstellt.

2. Anforderungen gem. Artt. 5 ff. RegEmit

Die Consob kann mit Verordnung gem. Art. 95 Abs. 1 S. 2 lit. b) TUF die Einzelheiten hinsichtlich des Inhalts des Verkaufsprospektes regeln, soweit dies von den EG-Vorgaben abweichen darf. Diese Regeln finden sich in Art. 5 RegEmit und in dessen Anhang 1B. Dabei trifft Art. 5 Abs. 1 TUF nur die Aussage, dass der Prospekt für Finanzinstrumente den Inhalt gem. der EG-Verord-

621 Campobasso/*Miola* Art. 94 TUF S. 802.

622 Campobasso/*Miola* Art. 94 TUF S. 802; Alpa/Capriglione/*Jannarelli* Art. 94 TUF S. 901.

623 Campobasso/*Miola* Art. 94 TUF S. 802.

624 Vgl. hierzu *Enriques* DBMerFin 2003, 26, insb. 36 ff.

625 Alpa/Zatti/*Balzarini* Art. 94 TUF II Rn. 1; Campobasso/*Miola* Art. 94 TUF S. 803.

626 Alpa/Capriglione/*Jannarelli* Art. 94 TUF S. 901.

627 Campobasso/*Miola* Art. 94 TUF S. 802.

628 Alpa/Capriglione/*Jannarelli* Art. 94 TUF S. 901.

nung 809/2004/EG[629] haben muss. Für bestimmte andere Vermögensanlagen gibt es besondere Vorschriften, die von der generellen Reglung abweichen können. So ist in Artt. 20 ff. RegEmit abweichendes für Fondsvermögen und *Sicav* geregelt, wobei in Artt. 25-bis) ff. RegEmit besondere Vorgaben für geschlossene Fonds geregelt sind. Weitere Regelungen für geschlossene Fonds, für die ein Börsenlisting vorgeschrieben ist, finden sich im Abschnitt über den Börsenprospekt in Artt. 59 ff. RegEmit; in Artt. 102 ff. RegEmit finden sich Regelungen über die der Emission nachfolgenden Informationspflichten von geschlossenen Fonds. Diese Regelungen gelten nur für Finanzinstrumente; für den Fall eines Finanzproduktes, für das kein Inhaltsschema vorliegt, erstellt die Consob auf Antrag des Anbieters entsprechende Inhaltsvorgaben, Art. 5 Abs. 6 RegEmit. Für Fonds italienischen Rechts enthält der Anhang 1B Schemata für den standardmäßigen Inhalt des Prospekts. Für andere Anlagen außer Finanzprodukten, die keine Finanzinstrumente darstellen, gelten daher nur die europäischen Regelungen.

Gem. Art. 5 Abs. 3 RegEmit muss jedem Prospekt eine schematische Übersicht über den Prospektinhalt gem. Art. 24 der EG-Verordnung 809/2004/EG beigefügt werden; dies gilt allerdings nur für Finanzinstrumente, zu denen allerdings auch die Fonds zählen. Danach kann der Emittent oder Anbieter den Inhalt der Zusammenfassung selbst bestimmen.

Insbesondere in den Anhängen finden sich sehr umfangreiche[630] Detailregelungen indem für die meisten, typischen Anlageformen im Fondsbereich ein spezielles Schema aufgestellt ist, nach dem der Prospekt aufgebaut sein muss. Ein allgemeines Schema für ein Finanzprodukt, das kein Fonds oder eine *Sicav* ist, ist nicht vorhanden. Der Anbieter müsste in diesem Fall eine Inhaltsvorgabe gem. Art. 5 Abs. 6 RegEmit bei der Consob beantragen. Nachfolgend sollen nur die wichtigsten Bestimmungen für Fonds wiedergegeben werden.

Für Investmentfonds gem. TUF gelten die Schemata 1 (offene Fonds), 3-5 (geschlossene Fonds), 6 (Pensionsfonds), 7-8 (ausländische Fonds), 9-11 (Versicherungsfonds) sowie für die *Sicav* gelten das Schema 2. Für die vorliegende Arbeit interessieren (beispielhaft) die geschlossenen Investmentfonds. Für geschlossene Mobilienfonds gilt Schema 3, für geschlossene Immobilienfonds gilt Nr. 4, für den geschlossenen Fonds mit der Einbringung von Gütern Nr. 5. Im Folgenden soll hier exemplarisch auf Schema 4 eingegangen werden.

Auf dem Einband müssen neben dem Namen der betreibenden *Sgr* die genaue Fondsbezeichnung und einige im Wortlaut vorgegeben Sätze allgemeiner Art

---

629 Verordnung zur Umsetzung der Richtlinie 2003/71/EG des Europäischen Parlaments und des Rates betreffend die in Prospekten enthaltenen Angaben sowie die Aufmachung, die Aufnahme von Angaben in Form eines Verweises und die Veröffentlichung solcher Prospekte sowie die Verbreitung von Werbung; ABl. L 215 vom 16.06.2004, S. 3.

630 Das Regelwerk umfasst für diesen Bereich fast 200 Seiten.

stehen, die sich etwa auf das Datum der Investitionsanregung beziehen. Außerdem muss ein Hinweis enthalten sein, dass der Prospekt zwar von der Consob genehmigt wurde, damit aber keinerlei Urteil über die angebotene Kapitalanlage oder eine Empfehlung ausgesprochen werde und dies auch keine Bewertung Wert der Daten bedeute.[631]

Auf der ersten Seite muss eine Inhaltsübersicht stehen: Der Prospekt besteht aus einem Inhaltsverzeichnis, einer Zusammenfassung, Risikobeschreibungen, Informationen über die Vermögensanlage selbst. Dieser Punkt ist wiederum in zwei Teile unterteilt: Im ersten Teil werden die Charakteristika des Fonds nebst den beteiligten Personen, im zweiten Teil Einzelheiten zum Fonds selbst, zur Anlagepolitik und den bisherigen Aktivitäten sowie den entstehenden Kosten dargestellt. Es ist ein Hinweis darauf zu geben, dass das Reglement des Fonds jedem interessierten Anleger kostenlos überlassen werden kann.[632]

Bei der Zusammenfassung muss eine Reihe von Warnungen enthalten sein, wie beispielsweise diejenige, dass eine vernünftige Anlegerentscheidung nur auf Grund der Lektüre des gesamten Prospekts möglich ist.[633]

Die Risikobeschreibung folgt danach. Hier müssen die generellen und die für den Fonds spezifischen Risiken erläutert werden, mit besonderer Berücksichtigung der Aktivitäten des Fonds, der Möglichkeiten des Beitritts von Anlegern und der Dauer der Vermögensanlage.[634]

Darauf folgt die Beschreibung des Fonds selbst.[635] Hier müssen zunächst die Eckdaten des Fonds (Name, Gründung, Kapitalmenge und Zahl der Anteilsscheine und Dauer des Fonds) aufgezählt werden. Darauf folgt eine Darstellung der Investitionsobjekte, wobei insbesondere die einzelnen Immobilien vorgestellt werden müssen. Danach müssen die gesetzlichen Investitionsvorgaben für geschlossene Immobilienfonds unter Verwendung eines vorgegebenen Hinweissatzes auf die entsprechenden Rechtsnormen erläutert werden. Danach muss dargelegt werden, wie das Vermögen des Fonds im Einzelnen bewertet wird. Im Anschluss müssen die wirtschaftlichen Eckdaten des Fonds angegeben werden. Hierzu zählen Belastungen des Anlegers und Belastungen des Fonds selbst. Nachfolgend muss die Besteuerung des Fonds zusammenfassend wiedergegeben werden. Hierzu gehört nicht nur die Besteuerung des Fonds selbst, sondern auch die Besteuerung der Anteile bei den Investoren zum Zeitpunkt der Prospekterstellung.

---

631 Vgl. den Anfang des Schemas 11.

632 Ebd.

633 Unter der Überschrift „Nota di sintesi“.

634 Unter der Überschrift „Fattori di Rischio“.

635 Unter der Überschrift „Informazioni relative all‘investimento“.

Im nächsten Abschnitt müssen Möglichkeiten der Zeichnung, der Rückgabe und der Auflösung des Fonds dargestellt werden. Hierzu gehört nicht nur die Art und Weise eines Anteils und seiner rechtlichen Gestaltung, sondern auch die Mindestbeteiligung und die Zeitspanne, in der gezeichnet werden kann. Es muss u.a. ein Hinweis auf das Formular im Anhang vorliegen und bestimmt werden, wann das Kapital einzuzahlen ist. Es muss dargelegt werden, wann und wie der Fonds geschlossen wird. Weiterhin muss dargestellt werden, wann und unter welchen Voraussetzungen die Anteile am Ende der Laufzeit wieder zurückgezahlt werden. Außerdem müssen Angaben hinsichtlich des verpflichtenden Börsenhandels der Anteile gemacht werden, und dass das Listing von der Zulassung durch die Börse abhängt.

Der nächste abzuhandelnde Themenkomplex behandelt die verschiedenen an dem Fonds beteiligten Personen. Zunächst ist die *Sgr* zu beschreiben (Namen, Rechtsform, Aktionäre die mehr als 5 % der Aktien halten, die kontrollierenden Personen / Gesellschaften, Angaben über die Unternehmensleitung, Angaben über die Professionalität und über weitere Personen). Außerdem muss angegeben werden, an wen oder welche Gesellschaft die Geschäftsführung des Fonds abgegeben wurde sowie ob diese Gesellschaft kontrolliert wird. Weiterhin müssen angegeben werden, welche Unternehmen die Platzierung betreiben, welches die Depotbank ist, wer die Wirtschaftsprüfung vornimmt, sowie hinzugezogene externe Experten / Berater. Die Interessenskonflikte zwischen den verschiedenen Personen sind dabei aufzuzeigen. Hieran anschließend folgt das Beitrittsformular.

Der zweite Teil muss mit Informationen zum Fonds und zu den Modalitäten des Beitritts beginnen, wie die minimale Beteiligung, die Zeichnungsfrist und die Frist zur Einzahlung der Summen. Handelt es sich bei der Emission um eine Vermögensanlage, die bereits zuvor veräußert wurde, folgen Angaben über die erste Emission. Bei einer Börsenzulassung ist über diese anzugeben, wie die Anteile zu klassifizieren sind, an welchem Marktsegment gehandelt werden kann und wie der Handel organisiert ist.

Weiterhin ist über die Vermögenslage des Fonds zu berichten. Hier sind einige Details über die einzelnen Immobilien oder Rechte an Immobilien anzugeben, wie z.B. das Baujahr, die Art des Gebäudes, die baurechtliche Einordnung sowie einige Daten über die Nutzung. Bei Beteiligungen an Immobiliengesellschaften sind Details über die vom Fonds gehaltene Beteiligung aufzuführen. Dasselbe gilt für Finanzinstrumente, die Verbriefungen von Immobilien, Rechte an Immobilien oder Realkrediten darstellen. Sind die Objekte vermietet, so muss über die Einzelheiten des Mietverhältnisses berichtet werden. Kreditverhältnisse des Fonds selbst sind anzugeben und es ist der Markt und die entsprechenden Aussichten darzustellen sowie über laufende oder drohende Rechtsstreitigkeiten zu berichten. Zudem muss eine Performance-Grafik der letzten Jahre eingefügt und die in diesen Jahren entstandenen Kosten genannt werden.

Im Anschluss folgt die Angabe über die Haftungsübernahme, bei der die *Sgr* die Richtigkeit der Daten garantieren muss und geeignete Personen unterschreiben müssen.

Als Anhänge an den Prospekt sind vorgeschrieben: die letzte Bilanz,[636] sowie der Bericht des Wirtschaftsprüfers[637]. Daneben können fakultativ noch weitere Anhänge gemacht werden.

II. Verfahren bei der italienischen Finanzmarktaufsicht (Consob)

Der Prospekt muss auch ein geordnetes Prospektprüfungsverfahren bei der Consob durchlaufen.

1. Mitteilung an die Consob

Vor der Prospektprüfung und -erstellung ist die Pflicht des Anbieters bzw. Emittenten vorgelagert, seine Absicht, eine Investitionsanregung durchzuführen, bei der Consob anzuzeigen, Art. 94 Abs. 1 S. 2 TUF. Hierbei muss der entsprechende Prospekt beigefügt werden. Dennoch ist die Anzeigepflicht gesondert und vorgelagert ausgestaltet.[638] Die Pflicht, der Anzeige den Prospekt beizufügen, entfällt für den Platzierungsverantwortlichen, wenn der Emittent bereits seine Anzeige erstellt und auch seinen Prospekt eingereicht hat.[639]

Die Anzeigepflicht soll dazu dienen, der Consob bereits frühzeitig zu erlauben, ggf. geeignete Maßnahmen zu ergreifen.[640] Bei atypischen Titeln soll der Consob eine frühzeitige Kontrolle möglich gemacht werden.[641]

Die Einzelheiten der Mitteilung sind in Art. 4 RegEmit geregelt. Danach muss die Mitteilung eine Zusammenfassung des Angebots enthalten und die Personen nennen, die das Angebot durchführen. Außerdem muss nachgewiesen werden, dass die Voraussetzungen für die Zulässigkeit des Angebotes vorliegen und die Informationen, die im entsprechenden Schema für die angebotene Kapitalanlage vorgesehen sind, müssen beigefügt werden. Zudem ist die Anzeige vom Anbieter, Emittent und demjenigen, der für die Platzierung verantwortlich ist, zu unterzeichnen.

---

636 Unter dem Titel „Anhang A".

637 Unter dem Titel „Anhang B".

638 *Costi/Enriques* Tr.dir.com. S. 72; Alpa/Zatti/*Balzarini* Art. 94 TUF S. 1152; Campobasso/*Miola* Art. 94 TUF S. 801; Rispoli Farina/Rotondo/*Falcone* S. 243.

639 Alpa/Zatti/*Balzarini* Art. 94 TUF S. 1152; Campobasso/*Miola* Art. 94 TUF S. 801.

640 Alpa/Capriglione/*Jannarelli* Art. 94 TUF S. 897; Campobasso/*Miola* Art. 94 TUF S. 801.

641 Alpa/Capriglione/*Jannarelli* Art. 94 TUF S. 899 f.

2. Einreichung des Prospekts und Prüfung durch die Consob

Der Prospekt muss zusammen mit dieser Mitteilung eingereicht werden. Für die Berechnung der Fristen für Veröffentlichung, Genehmigung und ähnliches gilt der Eingangstag bei der Consob, Art. 7 Abs. 3 S. 1 RegEmit. Nach dem Eingang der Mitteilung und dem Prospekt kann die Consob innerhalb von zehn Tagen weitere Informationen verlangen, wenn die Mitteilung (nicht der Prospekt, der jedoch zur Mitteilung dazugehört) unvollständig sind. Dann beginnt mit Nachreichung die neue Frist, Art. 7 Abs. 3 S. 2 RegEmit.

Die Genehmigung der Veröffentlichung des Prospekts wird in keinem Fall mangels Tätigwerden der Consob fingiert, Art. 94-bis Abs. 2 S. 2 TUF.

Ist die Anlageform nicht bereits verbreitet, hat die Consob eine Frist von zwanzig Tagen zur Prospektprüfung, Art. 94-bis Abs. 2 S. 1 TUF. i.V.m. Art. 7 Abs. 1 RegEmit. Gem. Art. 7 Abs. 2 verkürzt sich die Frist in bestimmten Fällen auf zehn Tage, wenn die Anlagegesellschaft bereits andere Anlageformen veräußert hat. Hält die Consob weitere Informationen für erforderlich, so fordert sie diese innerhalb von zehn bzw. zwanzig Tagen an. Die Fristen zur Prospektprüfung beginnen in diesem Fall erneut mit dem Tag des Eingangs der Informationen, Art. 7 Abs. 4 RegEmit. Die zusätzlichen Informationen müssen innerhalb von 30 Tagen beigebracht werden, Art. 7 Abs. 5 RegEmit.

Bei geschlossenen Fonds findet die Prospektprüfung innerhalb von zwanzig Tagen statt, Art. 25-bis Abs. 1 RegEmit, bzw. gem. Abs. 2 innerhalb von zehn Tagen, wenn für ein gleiches Produkt bereits ein Prospekt veröffentlicht wurde. Mangelnde Informationen fordert die Consob innerhalb von zehn Tagen an, und dann beginnen ab dem Eingang der Informationen die Fristen neu, Art. 25-bis Abs. 3 RegEmit. Die Informationen müssen innerhalb von 30 Tagen nachgereicht werden, Art. 25-bis Abs. 4 RegEmit.

3. Veröffentlichung des Prospekts

Der Prospekt kann nach Ablauf der Genehmigungsfrist und Erteilen der Genehmigung veröffentlicht werden. Die Veröffentlichung muss durch Hinterlegung in Papier und auf einem Datenträger bei der Consob erfolgen, Art. 8 Abs. 1 RegEmit. Zusätzlich muss eine der folgenden Möglichkeiten gewählt werden: Beilage bei einer oder mehreren überregional oder national verbreiteten Zeitung (a), in gedruckter, kostenloser Form beim Emittenten und denjenigen, die die Anlage platzieren (b), in elektronischer Form auf der Webseite des Emittenten oder den Platzierenden, wobei dann jedem interessierten Anleger auf Anfrage eine gedruckte Ausgabe zugeschickt werden muss (c). Wenn es sich um eine Vermögensanlage eines italienischen Emittenten handelt, muss zudem ein Hinweis auf den Ort, an dem der Prospekt erhältlich ist, veröffentlicht werden, Art. 8 Abs. 2 TUF.

4. Ermächtigung der Consob zu bestimmten Maßnahmen, insbesondere Untersagung

Die Consob kann während der Prospektprüfung und auch während der Platzierung Maßnahmen ergreifen, wenn der Anbieter nicht korrekt handelt. Gem. Art. 99 lit. a), b) TUF kann die Consob bei fundiertem Verdacht, dass gegen die Prospektpflicht oder irgendeine andere Pflicht eines Marktteilnehmers gem. TUF verletzt wurde, die Durchführung des Angebots an die Öffentlichkeit für zehn Tage bei Finanzinstrumenten und 90 Tage bei sonstigen Finanzprodukten unterbrechen. Hat sich der Verdacht bestätigt, so kann die Consob gem. lit. d) das Angebot ganz verbieten. Dies ist allerdings auch nach lit. c) möglich, wenn die Consob fundierten Verdacht hat. Um den Verdacht bestätigen zu können, kann die Consob, wie oben dargestellt, Auskünfte von den Anbietern, Emittenten oder Verantwortlichen einholen. Diese Möglichkeiten der Consob bestehen aber nicht nur bei Ungenauigkeiten im Prospekt, sondern auch, wenn andere Pflichten verletzt werden, etwa die Regeln für die ordnungsgemäße Durchführung (*norme di correttezza*; Art. 14 RegEmit) oder andere Informationspflichten.

5. Änderungen des Prospekts

Ändert sich der Prospekt nach Genehmigung während der Dauer des Angebots, muss der Anbieter gem. Art. 94 Abs. 7 TUF einen Nachtragsprospekt erstellen, wenn eine bedeutende neue Tatsache, ein erheblicher Fehler oder eine erhebliche Ungenauigkeit, die die Bewertung beeinflussen können vorliegt. Gem. Art. 11 RegEmit muss der Prospektverantwortliche solche Tatsachen, die gegenüber denjenigen im Prospekt neu oder korrigiert sind und die Bewertung des Finanzproduktes beeinflussen könnten in einem Anhang an den Prospekt anhängen und auf gleiche Weise veröffentlichen (Abs. 1). Der Anhang muss ebenfalls zuvor der Consob übermittelt werden und wird nach Ablauf von sieben Tagen mit den ggf. dazugehörigen Änderungswünschen der Consob veröffentlicht. Die Veröffentlichung muss wiederum der Consob in Papier- und digitaler Form übermittelt werden.

Wann genau eine Tatsache die Bewertung eines Finanzproduktes beeinflussen kann, ist unklar. Grundsätzlich hängt das von der Einschätzung des Beurteilenden ab. Manche Anleger ziehen auch kleinere Veränderungen in Betracht, anderen ist sogar eine größere Abweichung unwichtig. Hier ist auf den durchschnittlichen Anleger abzustellen. Dieser wird eine Tatsache dann als für die Einschätzung des Finanzproduktes beeinflussend ansehen, wenn sie sich auf den Wert des Anteils oder die Ertragsaussichten auswirken kann.

Keine Prospektänderung, aber einen ähnlichen Fall betrifft die Situation, dass bei Erstellung des Prospekts der Preis oder die Menge der angebotenen Kapitalanlagen oder die mit der Platzierung beauftragte Person unbekannt ist. In diesem Fall kann der Prospekt ohne diese Angaben erstellt werden, Art. 5 Abs. 2 S. 1 RegEmit. Diese Angaben, insbesondere der Preis, müssen aber nachgeholt werden und gem. Art. 9 RegEmit veröffentlicht werden, und zwar auf die gleiche Weise wie ein Prospekt; zugleich sind diese Angaben auch der Consob zuzustellen.

§ 5 Vergleich

Die Rechtslage in Italien ist in Teilen grundsätzlich mit derjenigen in Deutschland vergleichbar, teilweise aber auch erheblich anders. Im Hinblick auf die Ausgangsfrage, ob die Zweiteilung in einen Grauen und einen organisierten Kapitalmarkt ein Nachteil für den Finanzplatz Deutschland ist, sollen im Folgenden das Gesamtkonzept und die einzelnen Regelungen gegenübergestellt und verglichen werden (unter A.). Hierbei wird untersucht, ob zwar das Ergebnis, das Bestehen einer Prospektpflicht dasselbe ist, aber die Einzelheiten unterschiedlich sind. Das legt die Annahme einer *praesumptio sililitudinis*[642] bereits nahe. Außerdem soll erörtert werden, ob es möglicherweise einen Grund für die andere Regelung gibt (unter B.). Zudem wird ein Ausblick gegeben, ob eine der beiden Lösungen vorzugswürdig ist (unter C.).[643]

A. Gegenüberstellung

Der erste Schritt der Rechtsvergleichung muss die Gegenüberstellung der Regelungen in beiden Rechtsordnungen sein. Hier soll zunächst ein Mikrovergleich der einzelnen Regelungen vorgenommen werden, sodann in einem weiter gefassten Bereich das System der Prospektpflichten untersucht werden.

I. Vergleich der Einzelheiten der Prospektpflicht

Zu den Einzelregelungen der Prospektpflicht gehört der Anwendungsbereich sowie die Anforderungen formeller und inhaltlicher Art an den zu erstellenden Prospekt.

1. Anwendungsbereich der Prospektpflicht

Wie auch schon bei der Darstellung der einzelnen Rechtsordnungen sollen hier zunächst die allgemeinen Tatbestandsmerkmale (unter a) untersucht und im Anschluss nach verschiedenen erfassten oder typischen Finanzprodukten (unter b) unterschieden werden.

642 Dazu *Zweigert/Kötz* S. 38 f.; *Bogdan* S. 92 ff. u. 97 f.

643 Auch dies ist Gegenstand der Rechsvergleichung, wenngleich nur die Meinung des Autors wiedergegeben werden kann, vgl. *Zweigert/Kötz* S. 46; *Bogdan* S. 78.

a) Tatbestandsmerkmale der Prospektpflicht

Die Tatbestandsmerkmale der jeweiligen Regelungen begrenzen den Anwendungsbereich der Prospektpflicht. Diese sind zwar nicht inhaltlich identisch. Allerdings stellt sich die Frage, ob das Ergebnis identisch ist.

aa) Art des Anteils

Zunächst ist die Bezeichnung des Anteils oder (Finanz-) produkts beider Regelungen gegenüberzustellen. Hierbei hat sich gezeigt, dass das deutsche Recht eine eher detaillierte Beschreibung gibt,[644] wann eine Prospektpflicht ausgelöst ist, während das italienische Recht sich darauf beschränkt, jedes Finanzprodukt zu erfassen.[645]

Das deutet zunächst an, dass das italienische Recht umfassender als das deutsche ist. Denn es besteht eine logische Möglichkeit, dass eine Kapitalanlage keiner Prospektpflicht unterliegt, weil sie nicht unter die Tatbestandsmerkmale zu fassen ist. Im italienischen Recht hingegen ist das kaum möglich, denn es werden pauschal alle Kapitalanlagen erfasst. Diese unterschiedliche Ausgestaltung führt aber nur dann zu unterschiedlichen Ergebnissen, wenn die Tatbestandsmerkmale, die das deutsche Recht umreißen, tatsächlich nicht alle denkbaren Kapitalanlagen erfassen. Ist die gesetzliche Beschreibung jedoch trotz der Aufzählung von Merkmalen anhand der in der rechtlichen Realität vorkommenden Anlageprodukte umfassend, so liegt zwar ein Unterschied in der rechtlichen Konstruktion, nicht jedoch in der Rechtswirklichkeit vor.

Allerdings hatte der deutsche Gesetzgeber gerade nicht die Intention, eine umfassende Norm zu schaffen, wie die Begründung zum AnSVG ausdrücklich feststellt.[646] Es sollte bewusst nur ein bestimmter Bereich des Anlagespektrums außerhalb von Wertpapieren erfasst werden. Daher ist es scheinbar gerade die Intention des deutschen Gesetzgebers, einige Anlageprodukte von der Regel auszunehmen. Der italienische Gesetzgeber hingegen wollte eher die Problematik der atypischen Kapitalanlagen endgültig regeln.

Von der Frage der Intention des Gesetzgebers ist aber noch nicht notwendigerweise auf die rechtliche Realität zu schließen. Es ist durchaus möglich, dass die Tatbestandsmerkmale des deutschen Rechts (nahezu) allumfassend sind. Bei der Untersuchung der vorhandenen Titel auf dem Grauen Kapitalmarkt wurde gezeigt, dass alle als Fonds ausgestalteten Verträge, die gängigerweise vorhan-

---

644 S.o. § 3 A. I. 1. (S. 9).

645 Vgl. o. § 4 A. II. 3. (S. 90).

646 Vgl. RegE AnSVG, BT-Drs. 15/3174, S. 41: „Im Rahmen dieser Abwägung zwischen notwendigem Anlegerschutz und zu vermeidender Überregulierung ist die Prospektpflicht im Interesse der notwendigen Bestimmtheit der Vorschrift nicht auf sämtliche nicht in Wertpapieren verbriefte Vermögensanlagen ausgedehnt, sondern auf die in Absatz 1 genannten beschränkt worden."

den sind, auch in den Anwendungsbereich der Norm fallen.[647] Lediglich die nicht als Fonds ausgestaltete Vermittlung von Warentermingeschäften ist nicht vom VerkProspG erfasst. Damit ist die – jedenfalls aktuelle – Rechtswirklichkeit nahezu gänzlich von den detaillierten Tatbestandsmerkmalen erfasst.

Das schließt aber nicht aus, dass sich diese Wirklichkeit ändert. Während zum aktuellen Zeitpunkt gewisse Produkte auf dem Markt sind und diese nun einer Prospektpflicht unterworfen werden, ist es durchaus denkbar, dass ein findiger Initiator ein Anlageprodukt entwickelt, dass eben nicht alle Tatbestandsmerkmale erfüllt. Dies ist etwa bereits dann der Fall, wenn die Konstruktion keinen Fonds darstellt. Zudem ist zu beachten, dass die Tatbestandsmerkmale auslegungsbedürftig sind. In dieser Untersuchung wurde zumeist einer weiten Auslegung gefolgt. Dies muss aber nicht die einzig mögliche Auslegung sein. Daher besteht bei den Vorgaben des VerkProspG die Möglichkeit, dass manche Produkte in der Zukunft so gestaltet werden können, dass, insbesondere bei enger Auslegung der Begriffe, eine Prospektpflicht nicht gegeben ist.

Im italienischen Recht ist dies schwer vorstellbar. Die gesetzliche Definition für die Begriffe des Angebots an die Öffentlichkeit und Finanzprodukt sind so weit, dass sie schon nahezu konturenlos sind. „Jedes Investment mit Finanzcharakter" ist ein Finanzprodukt. Hier muss die Auslegung eher die Aufgabe haben, die zweifelsfrei nicht als Kapitalanlage gedachten Produkte durch einschränkende Auslegung vom Regelungsbereich ausnehmen. Der Unterschied besteht daher zwischen deutschem und italienischem Recht in der Blickrichtung des Rechtsanwenders: Der deutsche Anwender wird seinen Tatbestand eher weit auslegen müssen, um alle relevanten Anlageprodukte zu erfassen, der italienische Anwender hingegen muss seinen Tatbestand eng auslegen, damit nicht Lebenssachverhalte, die keine Investments darstellen, auch unter der Norm subsumierbar sind.

bb) Modalitäten des Anbietens und Begriff der Öffentlichkeit

Ein weiterer Anknüpfungspunkt an die Prospektpflicht ist die Art des Anbietens, bei der die Prospektpflicht ausgelöst wird. Hier ist, zumindest nach Umsetzung der VerkaufsprospektRL in beiden Ländern, weitgehende Ähnlichkeit eingetreten. Nach deutschem wie nach italienischem Recht muss entsprechend des jeweiligen Gesetzes ein Angebot an die Öffentlichkeit vorliegen. Allerdings ist der Begriff des Angebots in beiden Rechtsordnungen nicht nur so zu verstehen, dass ein echtes Angebot im rechtlichen Sinne vorliegen muss, sondern auch eine *invitatio ad offerendum* ist vom Angebotsbegriff gedeckt.[648] Nimmt man also die Rechtspraxis hinzu, so ist beiden Regelungen gemeinsam, dass sowohl

---

[647] S.o. § 3 A. I. 2. (S. 29).

[648] S.o. unter § 3 A. I. 1. a) cc) (1) (S. 18) bzw. § 4 A. II. 3. b) (S. 93).

echte Angebote als auch *invitationes ad offerendum* als öffentliches Angebot gelten.

Eng verknüpft mit dem Begriff des Angebotes ist derjenige der Öffentlichkeit als Kommunikationsempfänger der Mitteilung. Hierbei zeigt sich, dass zwar die Gesetzeslage dieselbe ist, nicht aber die Rechtslage: Sowohl im deutschen wie auch im italienischen Normtext ist beides nicht definiert, jedoch ist die Auslegung durch die Literatur anders. Die deutschen Normen sprechen insofern nur von Öffentlichkeit (§ 8f VerkProspG) und Publikum (§ 2 Nr. 4 WpPG), das TUF von einer Mitteilung an Personen (Art. 1 Abs. 1 lit. t) TUF). Diese Begriffe scheinen synonym zu sein, allerdings auslegungsbedürftig.

Die Auslegung der Begriffe ist in Deutschland und in Italien jeweils streitig, allerdings mit unterschiedlicher Blickrichtung und unterschiedlichem Ergebnis. Die Diskussion in Deutschland fokussiert sich auf die Frage, wann ein nichtöffentliches Angebot vorliegt während in Italien streitig ist, wann (positiv) eine Öffentlichkeit vorliegt. Dabei ist zu beachten, dass nach der Umsetzung der VerkaufsprospektRL der Wortlaut des TUF demjenigen des WpPG als dem deutschen Umsetzungsgesetz entspricht, nicht aber dem VerkProspG. Somit finden sich in Deutschland zwei verschiedene Begriffe, in Italien nur der gemeinschaftsrechtliche. Dies beruht darauf, dass es in Italien kein Sonderrecht für einen Grauen Kapitalmarkt gibt.

Nach deutschem Recht ist ein Angebot öffentlich, wenn es an einen unbestimmten Personenkreis gerichtet ist. Wann dieser bestimmt ist und damit ein nichtöffentliches Angebot vorliegt, ist streitig. Hierzu gibt es vier Ansichten: Teils wird auf eine quantitative Begrenzung abgestellt, teils darauf abgestellt, ob der Kreis der Adressaten bestimmt ist, teils, ob er bestimmbar ist und teils darauf ob der Kreis der Adressaten schutzbedürftig ist.[649] In der vorliegenden Arbeit wurde die Ansicht vertreten, dass es allein auf die Bestimmtheit der Adressaten ankommt.

Im italienischen Recht ist die Ausgangslage genauso wie in Deutschland: Öffentlich ist das Angebot dann, wenn es an einen unbestimmten Personenkreis gerichtet wird. Dabei kann es sich nach der vorherrschenden Ansicht um eine *offerta ad incertas personas* gem. Art. 1336 CC handeln, es muss aber nicht unbedingt ein Angebot im engeren Sinne sein. Dadurch dass die Gruppe bestimmbar ist, entfällt nach dieser Ansicht noch nicht die Öffentlichkeit. Nach einer einschränkenden Ansicht entfällt die Öffentlichkeit, wenn ein persönlicher Kontakt zwischen Anbietendem und Anleger besteht, nach einer anderen einschränkenden Ansicht dann, wenn diese Gruppe kein Schutzbedürfnis hat, was bei quantitativer oder qualitativer Beschränkung auf entweder eine geringe Zahl

---

649 S.o. § 3 A. I. 1. a) cc) (3) (S. 19).

oder institutionelle Anleger gegeben ist.[650] Vorliegend wurde der herrschenden Ansicht gefolgt.

Es werden also ganz ähnliche Überlegungen angestellt, und alle Aspekte im einen wie im anderen Recht kommen in den vertretenen Ansichten vor. Die Beschränkung mit dem Merkmal der Bestimmbarkeit wird allerdings in Italien abgelehnt. Ansonsten wären die in Deutschland vertretenen Meinungen auch in Italien vertretbar. Nach dem hier gefundenen Ergebnis kommt es in beiden Rechtsordnungen darauf an, ob die Gruppe der Anleger bestimmt ist.

cc) Prospektpflichtige Personen

Es ist weiter zu untersuchen, ob Unterschiede im Personenkreis bestehen, der zur Erstellung eines Prospekts verpflichtet ist. Auch hier zeigt sich ein Unterschied in der Regelung im deutschen und im italienischen Recht. Während das erstere einen bestimmten Begriff wählt (Anbieter), findet sich in letzterem wiederum ein ganz allgemein gehaltener Begriff (Jeder). Ausgehend von der Gesetzeslage ist also wiederum das italienische Recht viel umfangreicher als das deutsche.

Nimmt man die Auslegung durch die zuständigen Stellen BaFin und Consob sowie die Literatur zu beiden Begriffen hinzu, so wird der Unterschied etwas geringer. Nach deutschem Recht ist wiederum streitig, was unter Anbieter zu verstehen ist.[651] Hier wird Bezug genommen auf den tatsächlich oder rechtlich verantwortlich Anbietenden, denjenigen, der das Risiko übernimmt oder denjenigen, der das Angebot veranlasst hat. Daneben werden Kombinationen vertreten. In dieser Arbeit wird vertreten, dass sowohl derjenige, der das Angebot veranlasst hat als auch derjenige, der tatsächlich das Angebot abgibt, prospektpflichtig ist.

Nach italienischem Recht ist jeder, der an der Investitionsanregung beteiligt ist, prospektpflichtig.[652] Dieser Begriff wird durch das TUF und das RegEmit auf drei Personen konkretisiert, nämlich den Emittenten, Anbieter und denjenigen, der die Verantwortung für Platzierung der Anteile am Markt hat oder an der Platzierung wesentlichen Anteil hat. Diese Begriffe werden auch vom Gesetzgeber an anderer Stelle gebraucht, sind aber für die Prospektpflicht nicht unmittelbar gesetzlich bindend. Sie werden auch nicht weiter definiert. Hier zeigt sich, dass die Person, die für die Platzierung verantwortlich ist oder diese selbst durchführt, hier eigens aufgeführt wird, wogegen sie im deutschen Recht unter den Begriff des Anbieters gezwängt wird. Zudem ist der Emittent ausdrücklich erwähnt. Sofern es also für eine alternative, „graue“ Kapitalanlage einen Emittenten gibt, ist dieser ebenfalls prospektpflichtig.

---

650 S.o. § 4 A. II. 3. b) (S. 94).

651 S.o. § 3 A. II. 2 (S. 47).

652 S.o. § 4 A. V. 1. (S. 125).

Im Ergebnis ist daher der gesetzliche Begriff im italienischen Recht weiter als der deutsche. Die Personen, die nach Auslegung des Begriffs „Anbieter“ im deutschen Recht als solcher in Betracht kommen, sind nach der Auslegung des Begriffs „Jeder“ im italienischen Recht ebenfalls unter den entsprechenden Begriff subsumierbar. Allerdings enthält der italienische Begriff noch die Kategorie Emittent. Zudem ist diese Auslegung grundsätzlich nicht bindend, denn der Gesetzgeber wollte auch andere Personen, die das Angebot mitgestalten, prospektpflichtig erklären, weswegen der Begriff „Jeder“ verwendet wird. Dessen Anwendungsbereich ist also kaum einmal nicht gegeben. Insofern ist er weiter als der deutsche.

Die Personen, die im Detail in Betracht kommen, sind: Initiatoren / Gestalter / Gründer, die Anlagegesellschaft, dessen Gesellschafter, Anlagevermittler und -berater, Banken sowie der Ersterwerber.

Initiatoren, Gestalter bzw. Gründer oder ähnliche „Hintermänner“ sind nach deutschem Recht prospektpflichte Anbieter, wenn sie das Angebot an die Öffentlichkeit veranlassen. Nach italienischem Recht hingegen könnten sie Emittenten sein, wenn sie in gesellschaftlicher Form Anteile begeben, Anbieter, wenn sie das Angebot nach außen veranlassen oder Platzierungsverantwortliche, wenn sie das Angebot koordinieren oder wesentlich beeinflussen. Selbst dann, wenn letzteres nicht greift, kann nach der hier vertretenen Ansicht noch auf die Subsumtion unter die allgemeine Vorgabe: „Jeder, der Angebot an die Öffentlichkeit durchführt“ in Art. 94 Abs. 1 TUF zurückgegriffen werden.

Die Anlagegesellschaft ist nach deutschem Recht dann prospektpflichtiger Anbieter, wenn sie selbst das Angebot veranlasst oder ihre eigenen Gesellschaftsanteile veräußert. Nach italienischem Recht ist sie als Emittent prospektpflichtig, was insbesondere für die *Sicav* gilt. Für die *Sgr* gibt es keine Anlagegesellschaft, denn der Fonds ist keine Gesellschaft. Im Falle von sonstigen Fonds ist die Anlagegesellschaft insbesondere als Emittent prospektpflichtig.

Gesellschaftsteile, also Gesellschaftsorgane und einzelne Gesellschafter sind nach deutschem Recht oft deswegen Anbieter, weil von ihnen das Angebot ausgeht (etwa die Komplementär-GmbH), oder weil sie nach außen auftreten (so der Treuhandkommanditist). Nach italienischem Recht sind Gesellschaftsteile als Prospektverantwortliche denkbar, wenn sie selbst Anbieten oder die Platzierung koordinieren oder wesentlich beeinflussend tätig sind.

Die Anlagevermittler und -berater sind nach deutschem Recht prospektverantwortlich, wenn sie das Angebot nach außen kommunizieren oder wenn von ihnen der Vertrieb ausgeht. Das ist unabhängig davon, ob vermittelt oder beraten wird. Nach italienischem Recht sind Berater oder Vermittler Anbieter, wenn sie die Platzierung durchführen oder die Angebote tatsächlich beim Endkunden machen.

Banken können die verschiedensten Rollen übernehmen. Nach deutschem Recht sind sie prospektverantwortlich, wenn sie die Produkte selbst vertreiben und damit anbieten, oder wenn dies in der Form eines Konsortiums geschieht und die Bank bei der Prospekterstellung einen wesentlichen Beitrag leistet. Bei der Kreditvergabe an den Fonds oder sonstigen Dienstleistungen ist eine Bank allerdings nicht Anbieter, und zwar grundsätzlich auch dann nicht, wenn sie den Anteilserwerb der Anleger mit Krediten finanziert. Ist durch letzteres aber eine starke Einbindung in den Vertrieb gegeben, so kann dadurch auch eine Prospektverantwortlichkeit erwachsen. In Italien sind Banken prospektpflichtig, wenn sie die Produkte vertreiben. Dies gilt dann, wenn sie die Platzierung koordinieren, nach RegEmit, bei bloßer Durchführung aber auch schon nach Art. 94 Abs. 1 TUF. Bei entscheidender Vertriebstätigkeit durch Kreditvergabe an die Anleger kommt dasselbe in Betracht.

Der Ersterwerber ist in beiden Rechtsordnungen beim Weiterverkauf nur durch die Ausnahmetatbestände geschützt. In Deutschland ist jeder prospektverantwortlich, wer mehr als zwanzig Anteile im Wert von mehr als 100.000 Euro einer Vermögensanlage veräußert, es sei denn, für diese wurde bereits ein Prospekt erstellt. In Italien muss ein Ersterwerber grundsätzlich einen Prospekt erstellen, denn es fehlt eine Regelung darüber, dass kein Prospekt erstellt werden muss, wenn bereits jemand anderes einen erstellt hat. Dies ist nur anders, wenn der Anteil an der Börse gehandelt werden kann (insbesondere im Falle von Investmentfonds). Ansonsten schützt den Ersterwerber beim Weiterverkauf nur die Mindestgrenze von 2,5 Millionen Euro.

Bei der Auflistung der einzelnen Prospektverantwortlichen hat sich gezeigt, dass die Ergebnisse im Wesentlichen dieselben sind, allerdings mit dem Unterschied, dass nach italienischem Recht im Rückgriff auf den weiten Tatbestand des Art. 94 Abs. 1 TUF eine Prospektverantwortung leichter hergeleitet werden kann.

dd) Ausnahmen

Schließlich sind die Ausnahmekataloge[653] der Prospektpflicht gegenüberzustellen.

Nach deutschem Recht ist eine Kapitalanlage prospektfrei, wenn sie auf Grund von Besonderheiten des Emittenten oder auf Grund der Art der Kapitalanlage von der Prospektpflicht ausgenommen sind. Ersteres ist insbesondere der Fall, wenn der Emittent eine Genossenschaft oder eine Versicherung, ein Staat oder eine zwischenstaatliche Organisation oder ein Unternehmen mit Staatsmonopol ist. Letzteres ist der Fall, wenn sich das Angebot nur an institutionelle Anleger richtet, wenn hierfür bereits ein Prospekt erstellt wurde, wenn sich das Angebot an einen bestimmten Personenkreis richtet und letztlich wenn die

[653] S.o. § 3 A. II. 4 (S. 58) für das deutsche, § 4 A. II. 3. d) (S. 96) für das italienische Recht.

Grenzen von zwanzig Anteilen oder das Emissionsvolumen von 100.000 Euro unter- bzw. der Mindestanlagebetrag von 200.000 Euro überschritten wird. Im italienischen Recht sind prospektfrei möglich: Angebote nur an institutionelle bzw. professionelle Anleger, Angebote an maximal 100 Anleger, Angebote mit einem Emissionsvolumen bis 2,5 Millionen Euro, Angebote von bestimmten Gebietskörperschaften oder deren Einrichtungen, einige Angebote von Banken, Angebote mit einer Mindestbeteiligung von 50.000 Euro oder einem Nominalwert des einzelnen Anteils von 50.000 Euro, Angebote mit bestimmten Gesellschaftsrechtlichem Hintergrund oder solche mit einem bestimmten karitativen Hintergrund.

Damit ergeben sich einige Ähnlichkeiten: Ausnahmen für gewisse Angebote von Staaten oder gesellschaftsrechtlich veranlasste sind nach beiden Rechtsordnungen vorgesehen. Während das deutsche Recht Angebote von Genossenschaften und Versicherungen von der Regelung ausnimmt, sieht das italienische Recht mit derselben Begründung der vorhandenen Rechtsaufsicht über diese Emittenten eine Ausnahmeregelung für bestimmte Bankprodukte vor. Die genossenschaftliche Regelung beruht auf einem so in Italien nicht existierenden Genossenschaftsrecht. Die Ausnahmeregelung für Versicherungen und bestimmte Bankprodukte mit dem Hinweis auf eine bestehende Aufsichtspflicht begegnet schweren Bedenken: Wieso eine Aufsichtsregelung die Information des Anlegerpublikums ersetzen kann ist nicht ersichtlich, denn durch die Aufsicht wird der Informationsvorsprung der Emittenten bzw. Anbieters nicht verändert. Die Ausnahme für Bankprodukte ist in Italien allerdings stark restriktiv, für das Angebot an die Öffentlichkeit von Versicherungen wurde mit Art. 25-bis TUF ein Sonderrecht, aber keine Prospektpflicht eingeführt. Die Bagatellgrenzen sind im deutschen Recht auch anders als im italienischen. Während im deutschen Recht ab zwanzig Anteilen ein Prospekt erstellt werden muss, ist dies in Italien erst bei einem Angebot an mehr als 100 Personen der Fall. Das minimale Emissionsvolumen beträgt in Deutschland 100.000 Euro, in Italien 2,5 Millionen Euro. Die Obergrenze für den Preis eines Anteils, nach deren Überschreitung kein Prospekt erstellt werden muss, ist nach deutschem Recht 200.000 Euro, nach italienischem Recht 50.000 Euro. Die Ansatzpunkte für die Bagatellgrenzen sind also gleich, aber die Summen differieren deutlich. Das deutsche Recht ist hier also wesentlich anlegerfreundlicher.

b) Produktkategorien

Neben diesen einzelnen Tatbestandsmerkmalen soll auch die Produktpalette an alternativen Anlagen bzw. geschlossenen Fonds verglichen werden.

Hierbei zeigt sich ein erheblicher Unterschied zwischen der Rechtslage in Deutschland und in Italien: In Deutschland gibt es eine Vielzahl gesellschaftsrechtlicher Konstruktionen, die für den Laien kaum durchschaubar sind und die alle auf einen geschlossenen Fonds ausgerichtet sind. Daneben gibt es noch weitere ähnliche Anlageformen, die nicht unbedingt in der Form von geschlossenen Fonds ausgestaltet sind und auch weiterhin prospektfrei sind. Auf der anderen Seite ist die in Italien in früherer Zeit ebenfalls bestehende Produktvielfalt stark zurückgegangen. Alternative Produkte finden sich hier kaum noch; an deren Stelle sind zumeist die im TUF geregelten Investmentfonds getreten. Gerade die geschlossenen Immobilieninvestmentfonds haben in Italien in letzter Zeit zugenommen.

In Deutschland finden sich neben den klassischen Immobilienfonds auch Mobilienfonds mit Schiffs- bzw. Containerbeteiligungen, Medienfonds, Wind- oder Solarenergiefonds, Flugzeugfonds; daneben gibt es in neuerer Zeit weitere Spezialitätenfonds wie Lebensversicherungsfonds, Private Equity- / Venture Capital-Fonds. Diese sind in den verschiedensten Formen konstituiert: Als GmbH & Co. KG, als GbR oder OHG, als KG, zumeist mit einer mittelbaren Beteiligung der Anleger über eine Treuhandgesellschaft (im typischen Falle der GmbH & Co. KG als Treuhandkommanditistin), aber auch als stille Gesellschaft oder Unterbeteiligung, sowie unter Umständen auch in der Form von partiarischen Darlehen, Genussrechten und Namensschuldverschreibungen. Bei Warentermingeschäften ist nur dann eine Prospektpflicht gegeben, wenn eine Fondsstruktur gewählt wird.

In Italien sind die in den achtziger Jahren vom Markt verschwundenen Produkte kaum noch möglich; die Anteils- bzw. Immobilienzertifikate, Leasing-Treuhandgesellschaften und Mobilienfonds sowie die Immobilienfonds als Doppelmodell (mit Kreditfunktion) oder als Einheitsmodell (ohne Kreditfunktion, *unit immobiliare*) sind bei Kapitalsammelfunktion mit dynamischer Verwaltung unzulässig.[654]

Das bedeutet aber nicht, dass das italienische Recht grundsätzlich nur typisierte Anlageprodukte erlauben würde. Das legt auch schon die weit gefasste Formel für die Anwendbarkeit der Prospektpflicht nahe, die bei einem *Numerus clausus* von Anlageprodukten der Finanzmärkte nicht nötig wäre. Allerdings ist die kollektive, dynamische Vermögensverwaltung ausschließlich *Sgr* und *Sicav* vorbehalten.[655] Die in Deutschland vorhandenen Grauen Kapitalmarkttitel sind i.d.R. mit einer gewissen Dynamik ausgestattet.[656] Allerdings ist eine statische Vermögensverwaltung auch in kollektiver Form in Italien möglich. Damit sind auch weiterhin, wenn zwar in stark begrenzter Form, atypische Kapitalmarkttitel in Italien möglich.

Vorbehalten ist jedoch die kollektive dynamische Vermögensverwaltung. Hierzu hält das italienische Recht zwei Gestaltungsmöglichkeiten i.S.e. *Numerus clausus* bereit. Das ist einmal der von *Sgr* verwaltete Investmentfonds und

654 S.o.§ 4 A. III. 4. (S. 120).

655 S.o. § 4 A. III. 2. b) (S. 106 ff.).

656 S.o. § 4 A. III. 3. (S. 110 ff.).

die *Sicav*.[657] Dabei ist die Aktiengesellschaft mit variablem Kapitalstock (wie die *Sicav*) gem. §§ 96 ff InvG auch in Deutschland möglich. Die Investmentfonds sind ausdrücklich nicht nur in der Form von offenen – wie in Deutschland – sondern auch in Form von geschlossenen Fonds möglich. Letztere sind ebenfalls ausdrücklich für einige Anlageformen wie Immobilien und Mobilienfonds geregelt worden. Zur letzteren Gruppe gehören auch Private Equity- / Venture Capital-Fonds.

Das italienische Recht sieht also zusammenfassend nicht das totale Verbot von atypischen Titeln vor, hat aber eine große Gruppe von Kapitalanlageprodukten einer gesetzlich typisierten Form vorbehalten.

2. Ausgestaltung der Prospektpflicht: Anforderungen an den Prospekt

Obwohl die Einzelheiten der inhaltlichen und sonstigen Anforderungen an den Prospekt hier nicht im Detail verglichen werden sollen, werden doch kurz die herausragenden Punkte erwähnt.

Zum Inhalt des Prospekts gibt es jeweils eine ähnliche Generalregel[658] in beiden Rechtsordnungen. Ziel des Prospekts muss daher sein, dass die Anleger in die Lage gesetzt werden, ein fundiertes Urteil über den Emittenten und dessen Aktivitäten zu erhalten.[659]

Der genauere Inhalt ist jeweils in weitergehenden Verordnungen enthalten. Beide Regelwerke enthalten ähnliche Vorgaben. In beiden Rechtsordnungen muss ein Hinweis enthalten sein, dass die BaFin bzw. die Consob die Richtigkeit der Angaben nicht prüft (Deutschland) bzw. nicht garantiert (Italien). Es folgen Beschreibungen des Risikos und des Anlagegenstandes. Hier ergeben sich keine wesentlichen Abweichungen.

Von größerem Interesse für eine Rechtsvergleichung ist das Verfahren bei der Aufsichtsbehörde und der Veröffentlichungsmodus. In Deutschland muss der Prospekt der BaFin übermittelt werden, die diesen dann innerhalb von zwanzig Tagen prüft. Danach tritt keine Genehmigungsfiktion ein. In Italien prüft die Consob den Prospekt ebenfalls innerhalb von zwanzig Tagen, wenn

---

657 Zu beiden Intermediären vgl. o. § 4 A. I. 4. (S 83); zur kollektiven Vermögensverwaltung und Investmentfonds vgl. o. § 4 A. I. 1. (S. 79).

658 Gem. § 8g Abs. 1 S. 1 VerkProspG muss der Verkaufsprospekt alle tatsächlichen und rechtlichen Angaben enthalten, die notwendig sind, um dem Publikum eine zutreffende Beurteilung des Emittenten und der Vermögensanlagen zu ermöglichen. Gem. Art. 94 Abs. 2 TUF muss der Prospekt die Informationen enthalten, die nach Art der Kapitalanlage und des Emittenten notwendig sind, damit die Investoren zu einem fundierten Urteil über die Vermögens-, und Finanzlage, die wirtschaftlichen Ergebnisse sowie die Aussichten des Emittenten sowie über das Finanzprodukt und die dazugehörigen Rechte kommen können.

659 Das ergibt sich auch aus der Vorgabe in Art. 5 Abs. 1 der VerkaufsprospektRL.

das Anlageprodukt noch nicht auf dem Markt präsent ist, sonst innerhalb von zehn Tagen. Nach Ablauf der zwanzig Tage, erteilt die Consob die Genehmigung. Diese ist allerdings nicht fiktiv, sie muss positiv erteilt werden. Durch weitere Nachforschungen und Anfragen wird der Ablauf der Frist gehemmt.

In Italien ist der Einreichung und Prüfung des Prospekts eine Anzeigepflicht des Emittenten bei der Consob (logisch) vorgelagert, in der die geplante Vermögensanlage angekündigt werden muss. Diese Anzeige ist aber gleichzeitig mit der Einreichung des Prospekts abzugeben. Dieses Institut ist in Deutschland unbekannt.

Sowohl BaFin als auch Consob haben gewisse ordnungsrechtliche Ermächtigungen, insbesondere Erkundigungsrechte. Hierbei ergeben sich keine Besonderheiten.

Die Veröffentlichung muss in Deutschland in einem Börsenpflichtblatt oder mittels Hinterlegung stattfinden, in Italien auf verschiedene Weise zugleich, nämlich durch Hinterlegung bei der Consob, zusätzlich noch durch Beilage in einer mindestens überregionalen Zeitung, beim Emittenten zur Abholung durch interessierte Anleger oder durch Downloadmöglichkeit auf der Webseite des Emittenten mit dem Angebot zur Überlassung eines gedruckten Exemplars. Zudem ist ein Hinweis zu veröffentlichen, wo der Prospekt erhältlich ist. Dieser Hinweis muss der Consob vorgelegt werden.

Eine besondere Regelung hat in Italien die bereits oben[660] erwähnte Werbung für die Kapitalanlage erfahren.

Im Falle von Änderungen am Prospekt muss der Anbieter nach deutschem Recht solche Tatsachen, die für die Beurteilung der Kapitalanlage erheblich sind, in gleicher Weise wie einen Prospekt veröffentlichen. Eine entsprechende Regelung gibt es in Italien. Hier muss die neue Tatsache als Anhang an den Prospekt und auf gleiche Weise veröffentlicht werden.

II. Gesamtsystem der Prospekpflichten

Neben den Einzelheiten der jeweiligen Regelungen ist das Gesamtsystem zu betrachten.

An vielen Stellen der Gegenüberstellung der beiden Rechtsordnungen hat sich gezeigt, dass das deutsche Recht genauer formulierte Tatbestände verwendet, während das italienische Recht eher sehr weit formulierte benutzt. Dadurch ergibt sich, dass die Begriffe der deutschen Normen eher weit ausgelegt werden, um alle oben beschriebenen Fälle unter die Norm fassen zu können, wohingegen im italienischen Recht die Begriffe so weit gefasst sind, dass es einer eher einschränkenden Auslegung durch die Literatur bedarf, damit nicht irrelevante Fälle miteinbezogen werden. Auf diese Weise können allerdings Zweifelsfälle

---

[660] S.o. § 4 A. IV. (S. 122).

im italienischen Recht einfacher unter die Prospektpflicht gefasst werden als im deutschen Recht.

Weiterhin ist aufgefallen, dass in Italien, im Gegensatz zu der Situation in Deutschland, die meisten Anwendungsfälle von typischen Kapitalanlagen nicht frei ausübbar sind, sondern gesetzlich typisiert wurden und nur in dieser vorgegebenen Form zulässig sind. Hiermit sind die Investmentfonds gemeint, die nur in der im TUF geregelten Form zulässig sind. Das gesetzliche Modell stellt hierbei, anders als in Deutschland mit dem InvG, nicht nur offene, sondern auch geschlossene Fonds bereit. Dabei sind die geschlossenen Immobilienfonds nach italienischem Recht von ihrer Anlageart und -modalität durchaus mit den in Deutschland vorkommenden geschlossenen Immobilienfonds vergleichbar. Auf steuerrechtliche Unterschiede soll hier allerdings nicht eingegangen werden.

Die Tatsache, dass nahezu alle (typischen) Anlageformen gesetzlich geregelt sind, bedeutet allerdings nicht, dass das italienische Recht neue, atypische Anlageformen gänzlich verbietet. Insoweit besteht im italienischen Recht nur noch theoretisch ein Grauer Kapitalmarkt. Für diese atypischen Kapitalanlagen gelten allerdings auch gewisse Mindestregeln, wozu insbesondere die Prospektpflicht zählt.

Neben der größeren Flexibilität des italienischen Recht ist noch die teilweise bestehende größere Detailliertheit zu nennen. Das deutsche Recht beschränkt sich etwa darauf, eine Prospektpflicht einzuführen und dazu gewisse Mindest- oder Höchstgrenzen, unter denen bzw. jenseits von denen die Prospektpflicht nicht gegeben ist. Das italienische Recht hingegen bietet für die verschiedenen einzelnen Fondsarten oder auch generell für alle Finanzprodukte umfangreiche Regelungen insbesondere auf Verordnungsebene. Ein anderes Beispiel ist die Beschreibung der Art und Weise des öffentlichen Angebots, für die im italienischen Recht auf gesetzlicher Ebene zwar eine Generalnorm vorhanden ist, die aber auf Verordnungsebene weiter ausdifferenziert wird. In Deutschland wird das der Rechtsanwendung überlassen.

Hier zeigt sich außerdem noch ein letzter größerer Unterschied. Das italienische Recht enthält an einigen Stellen Ermächtigungen an verschiedene Verordnungsgeber, um die Rechtsmaterie entsprechend konkretisieren. Hierzu zählen die Stellen, die zur Durchsetzung der Regelungen und der Rechtsaufsicht vorgesehen sind. Bei Consob und Banca d'Italia kann man auf Veränderungen des Marktes geeigneter reagieren als auf der Ebene des Gesetzgebers selbst. In Deutschland wird nur der Inhalt von Pflichtprospekten durch Verordnung geregelt, allerdings nicht durch die BaFin, sondern durch die Bundesregierung.

B. Gründe für die Unterschiede und deren Bedeutung im jeweiligen Rechtssystem

Nach Auflistung der wesentlichen Unterschiede, muss untersucht werden, was die Gründe für die Unterschiedlichkeit der Regelungen sind.

Vielen Einzelentscheidungen des jeweiligen Gesetzgebers liegen andere Wertungen zu Grunde. Allerdings ist zuerst von der Entwicklung des Rechtsgebietes in beiden Ländern auszugehen. Sowohl in Deutschland als auch in Italien hat sich ein Grauer Kapitalmarkt entwickelt. In Deutschland wurde dieser bis heute beibehalten. In Italien jedoch ist der Markt auf Grund äußerer Umstände (nämlich eine Reihe von Insolvenzen und veränderten Steuerregeln) bedeutungslos geworden. Allerdings hat der italienische Gesetzgeber bereits frühzeitig Prospektpflichten eingeführt. Später wurden dann die geregelten Investmentfonds eingeführt. In Deutschland besteht hingegen erst mit Einführung des AnSVG eine Prospektpflicht.

In Italien sollte nach dem teilweisen Zusammenbruch des Marktes für alternative Kapitalanlagen das Vertrauen der Anleger in den italienischen Kapitalmarkt wieder hergestellt werden. Dies erklärt die Ausführlichkeit der Regelung. In Deutschland hingegen gab es keinen solchen Zusammenbruch. Allerdings gab es eine Reihe von Haftungsfällen.

Die Tatsache des Vertrauensverlustes erklärt jedoch, warum eine starke Hand des Staates in Form der Consob gebraucht wurde: Bei bestehender staatlicher Aufsicht ist der Anteil von unseriösen Anlagegesellschaften gering zu halten. Durch die Einführung von gesetzlich geregelten Investmentgesellschaften, die als Aktiengesellschaften gegründet werden müssen, für die Mindestkapitalregeln und einige andere Vorgaben gelten (Art. 34 Abs. 1 TUF) sollen Insolvenzen vorgebeugt werden.

In Deutschland hingegen wurde eine liberalere Wirtschaftspolitik verfolgt. Allerdings gilt hier auch zu beachten, dass das Interesse der Anleger an geschlossenen Fonds, insbesondere aus steuerlichen Gründen, ohnehin nie beachtlich zurückgegangen ist. Daher hat der Staat keine Erforderlichkeit gesehen, die Situation zu ändern, von Haftungsfragen einmal abgesehen.

Es muss aber noch eine andere Frage gestellt werden: Warum gibt es in Italien keinen (weit verbreiteten) Markt für nicht geregelte, atypische Kapitalanlagen? Ist es doch, wenn auch in Grenzen, nicht gänzlich ausgeschlossen, andere als die vom gesetzlichen Modell angebotenen Kapitalanlageformen anzubieten.

Hierzu fehlen die steuerlichen Anreize, wie sie in Deutschland bestehen. Das ist aber nur ein Argument. Viel wesentlicher erklärt sich dies in einer Marktwirtschaft aber damit, dass für atypische Produkte kaum oder keine Nachfrage besteht. Ein Modell für eine atypische Kapitalanlage muss sich zwangsläufig dem Vergleich mit den Investmentfonds stellen. Sind diese attraktiver für die

Anleger, dann kann es keine gewichtige Nachfrage nach alternativen Produkten geben. Diese sind sowohl auf Grund fehlender rechtlicher Rahmenbedingungen als auch durch mangelnde Vergleichbarkeit mit typisierten Produkten mit einem größeren Risiko behaftet. Damit eine alternative Kapitalanlage Kunden anspricht, muss sie daher renditestärker sein, als die geregelten Arten. Zudem dürften die gesetzlich normierten Anlagevehikel vom tendenziellen grundsätzlichen Vertrauen in solche Regelungen profitieren, die ein demokratischer Gesetzgeber erlässt.

In Deutschland wird die Nachfrage insbesondere durch Renditeversprechungen und Steuerabschreibungen erreicht. In einigen Fällen konnten die Renditeversprechungen nicht gehalten werden. Daher ist die Steuerersparnis in der Vergangenheit ein oft gewichtigeres Element bei einkommensstarken Anlegern gewesen. Zur Zeit erhebt sich in der deutschen Politik allerdings immer wieder die Forderung, die Steuervorteile abzuschaffen. Auf längere Sicht sind daher nur noch Fonds möglich, die ihren Vorteil gegenüber geregelten Kapitalanlagen aus höheren Renditechancen ziehen.

Auch unter dem Gesichtspunkt, dass die Möglichkeiten für alternative Investments in Italien begrenzter sind, als in Deutschland, kann aus der Marktsituation dennoch geschlossen werden, dass die geregelten geschlossenen Investmentfonds nicht erheblich schlechter abschneiden, als es alternative Anlageformen tun.

So muss die oben gestellte Frage nach dem Markt für alternative Anlageformen wie folgt beantwortet werden: Auf Grund der hohen Attraktivität und Wettbewerbsfähigkeit der gesetzlich angebotenen Modelle besteht keine nennenswerte Nachfrage nach alternativen Formen.

Die Essenz aus dieser Beobachtung ist folgende: Es bedarf bei einem starken Eingreifen des Staates in den Kapitalmarkt keiner prohibitiven Mittel. Jedenfalls müssen freie Kapitalanlagen nicht gänzlich verboten werden. Erfolgreich ist bereits das bloße Bereitstellen eines transparenten gesetzlichen Modells, das mit dem der freien Anbieter konkurrieren kann. Das bessere Modell wird sich dann durchsetzen. Das ist in Italien geschehen.

C. Bewertung der gegebenen Unterschiede

Neben dem Herausarbeiten der wesentlichen Unterschiede ist die Fragestellung der vorliegenden Arbeit, ob Deutschland durch seine Zweiteilung in einen Grauen und einen organisierten Markt eher ein Vor- oder ein Nachteil hat. Dazu sollen die beiden Regelungsmodelle Deutschlands und Italiens bewertet und ggf. ein Reformvorschlag erarbeitet werden.

I. Einzelheiten der gesetzlichen Prospektpflicht

Zunächst sollen bedeutende Details der beiden Regelungen bewertet werden.

1. Anwendungsbereich der gesetzlichen Regelung

Für die Art des Anteils, bei der eine Prospektpflicht ausgelöst ist, ist nach deutschem Recht ein in Einzelheiten geregelter, in Italien hingegen ein offener, weitgefasster Tatbestand vorgegeben. Es spricht für die Verwendung eines detaillierten, dass dadurch keine Überregulierung entstehen kann, denn nur die genau vom Gesetz erfassten Produkte sind danach prospektpflichtig. Spätere Produktentwicklungen können hingegen je nach Gestaltung prospektfrei sein. In Italien sind alle, auch derzeit unbekannte Modelle prospekpflichtig. Das lässt keine Lücke in der Aufklärung der Anleger zu. Es könnte jedoch zu befürchten sein, dass die Entwicklung neuer Anlageformen erschwert wird, da ein Anbieter, der eine solche Anlage plant, dies aufgrund der Prospektpflicht unterlässt. Allerdings stellt sich die Frage, warum es erstrebenswert ist, Anlageprodukte zu ermöglichen, die keine Anlegerinformation vorsehen. Es ist auch ein erheblicher Kostenfaktor, einen solchen Prospekt erstellen und prüfen zu lassen. Kleinere und neuere Anlageformen könnten dadurch verhindert werden.

Andererseits schützt diese auch die Mindestgrenze, unter der eine Prospektpflicht nicht gegeben ist. Allerdings ist die Höhe des Mindestvolumens für das Bestehen einer Prospektpflicht mit 2,5 Millionen Euro in Italien statt der deutschen 100.000 Euro sehr fragwürdig. Ein Volumen von 2,5 Millionen Euro erreichen kleinere, innovative Produkte nicht, jedoch ist der volkswirtschaftliche Schaden bei dieser Größenordnung nicht vernachlässigbar. Es erscheint zweifelhaft, einen nicht ganz unerheblichen, völlig prospektfreien Zugang zum Kapitalmarkt zu schaffen. Im Falle der Warentermingeschäfte, die nach der aktuellen deutschen Gesetzeslage prospektfrei wäre, sofern keine Fondsstruktur vorliegt, hat die Rechtsprechung entsprechende Aufklärungspflichten geschaffen. Es gibt bei Zugang zum Kapitalmarkt immer ein Informationsgefälle, das mit einer wirtschaftlich stärkeren Position des Anbieters gekoppelt ist. Daher ist die weite Formel vorzuziehen. Um einer uneingeschränkten Auslegungsfreiheit der wissenschaftlichen Literatur hinsichtlich des Begriffes entgegenzuwirken, an den die Prospektpflicht anknüpft, würde sich anbieten, eine entsprechende Norm mit Beispielen („insbesondere“) zu versehen.

Eine weite Fassung des Tatbestandes bietet sich auch, um den prospektpflichtigen Anbieter oder Emittent zu beschreiben. Statt – wie im deutschen Recht – von Anbieter auszugehen, um den Begriff dann extensiv auszulegen, erscheint es flexibler, im Gesetz einen weiten Begriff zu wählen, um diesen dann auf Verordnungsebene oder in der Rechtswissenschaft in entsprechenden Kategorien auszulegen. Es erleichtert die Reaktion auf im Kapitalmarkt stattgefundene Änderungen der Vertriebsstruktur in der Zukunft.

2. Werbung und Prospektpflicht

Eine weitere Abweichung ist die der Werbung für Kapitalanlagen. Hierzu muss in Italien sowohl die Werbung der Consob vorgelegt werden als auch ein Prospekt erstellt werden. Es fragt sich, ob dieses in Deutschland eher unbekannte Verfahren auch hierzulande eingeführt werden sollte. Die Regelungen, die es in Bezug auf Werbung in Deutschland gibt sind §§ 8j, 12 VerkProspG. Nach § 8j VerkProspG kann die BaFin Werbung untersagen, die über den Umfang der Prospektprüfung der BaFin täuscht. Nach § 12 VerkProspG muss Werbung für die Vermögensanlage, die zeitlich vor dem Angebot liegt und die wesentlichen Daten der Anlage angibt, auf den Prospekt hinweisen. Durch die Einbeziehung der Werbung in die Kompetenzen der Consob wird die Prüfung und die Ausübung der Kompetenzen der Aufsicht letztlich nur vorverlegt. Denn auch wenn eine vorbereitende Werbung vorliegt, so muss doch zumindest später beim Angebot ein Prospekt erstellt werden. Allerdings muss nach deutschem Recht dann, wenn bereits ein Prospekt erstellt wurde und das Angebot begonnen hat, die Werbung keine besondere Form haben und auch nicht auf den an anderer Stelle zur Verfügung stehenden Prospekt hinweisen.[661] So muss die Werbung nur dann einen Hinweis enthalten, wenn das öffentliche Angebot noch bevorsteht und wenn in der Werbung die wesentlichen Merkmale der Vermögensanlage dargestellt werden.

Eine andere Frage ist, ob jede Werbung der Aufsichtsbehörde vorgelegt werden sollte. In § 15 Abs. 6 WpPG ist zwar festgelegt, dass die BaFin die Verbreitung der Werbung für Wertpapiere in bestimmten Fällen untersagen kann. Ähnliche Befugnisse hat auch die Consob. Bei anderen Vermögensanlagen besteht diese Möglichkeit der BaFin hingegen nicht. Die BaFin ist allerdings auch bei Wertpapieren darauf angewiesen, dass sie selbst von der Werbung Kenntnis erlangt. Das mag bei Zeitungsanzeigen in gängigen Zeitungen noch eine simple Aufgabe sein. Ob die Behörde aber auch alle Werbungen im Internet wahrnehmen kann, ist zweifelhaft. Gegen eine Vorlagepflicht wie in Italien würde sprechen, dass hierdurch Kosten entstehen. Wenn allerdings die Anzeige nicht geprüft wird sondern der Aufsicht nur zur Kenntnis gebracht werden muss, so sind hier keine nennenswerten Kostensteigerungen bei den Anbietern zu erwarten. Es erscheint daher sinnvoll, die Vorlagepflicht auch in Deutschland einzuführen. Außerdem sollte die Verpflichtung zum Hinweis auf den Prospekt nicht nur auf die Zeit vor, sondern auch auf die Zeit während des Angebotes ausgedehnt werden.[662] Zudem sollten der BaFin entsprechende Möglichkeiten eingeräumt werden, irreführende Werbung zu untersagen.

---

661 *Groß* § 12 VerkProspG Rn. 3.

662 I.E. auch *Groß* § 12 VerkProspG Rn. 3; Assmann/Lenz/*Ritz* § 12 VerkProspG Rn. 3 (bei Fn. 6).

In Deutschland reicht es aus, dass ein Hinweis auf den noch ausstehenden Prospekt enthalten ist, während in Italien Werbung erst nach Veröffentlichung eines Prospekts möglich ist. Für die italienische Rechtslage spricht, dass ein Empfänger der Werbung, der sich durch das Angebot angesprochen fühlt, den entsprechenden Prospekt nirgendwo erhalten kann, sondern abwarten muss, ob er irgendwann erneut einen Hinweis auf den Prospekt findet. Die Gefahr besteht dabei, dass er in Ermangelung eines weiteren Nachweises auf den Prospekts am Ende einen Antrag ausfüllt, ohne den Prospekt je gesehen zu haben. Andererseits ist der Anleger durch den Hinweis in der Werbung gewarnt, dass es noch einen Prospekt geben wird. Ob der Anleger diesen Prospekt wirklich liest, sollte seiner eigenen Verantwortung überlassen werden.

Andererseits dürfen Angaben in der Werbung nicht denjenigen im Prospekt widersprechen (so auch § 15 Abs. 3 WpPG und Art. 101 Abs. 3 TUF, nicht jedoch § 12 VerkProspG). Ist der Prospekt aber noch gar nicht erstellt, so ist das nicht überprüfbar. Ein eindeutiges Ergebnis ist erst möglich, wenn der Prospekt erstellt und geprüft wurde. Daher spricht zwar einiges dafür, vor Veröffentlichung des Prospekts keine Werbung zuzulassen. Auf der anderen Seite ist aber durch den Hinweis auf den noch zu erstellenden Prospekt für den Empfänger der Werbung klar, dass er die Angaben noch anhand des Prospekts überprüfen muss. Auch hier kann der Eigenverantwortung des potentiellen Anlegers so viel zugemutet werden, seine letzte Anlageentscheidung erst anhand des Prospekts zu treffen. Erforderlich ist es aber, dass bei Werbung der Hinweis auf den bereits vorliegenden oder – wichtiger noch – bei noch zu erstellendem Prospekt derart ausdrücklich ist, dass die alleinige Grundlage für eine Anlageentscheidung nur der Prospekt sein kann und dass auch nur hier verbindliche Angaben gemacht werden können.

II. Gesamtsystem

Neben diesen Einzelregelungen muss noch der allgemeinen Frage nachgegangen werden, ob es sinnvoll ist, dass ein Großteil des Marktes, den in Deutschland heute und in Italien früher graue Anlageprodukte einnehmen bzw. einnahmen, staatlich geregelt wird.

1. Ökonomische Erwägungen für eine staatlichen Regelung

Das deutsche Modell ist eher liberal geprägt. Der Graue Kapitalmarkt war bis zum AnSVG überhaupt nicht geregelt – allenfalls durch das Gewerberecht.[663] Hier steht die Freiheit der wirtschaftlichen Betätigung im Vordergrund. Das italienische Modell ist hingegen ein Modell eines starken Staates. Es verlangt kostenerzeugende Bürokratie. Diese ist zu vermeiden, wenn im Markt keine Missstände bestehen. Der moderne Staat darf in die Wirtschaftsabläufe nur eingrei-

[663] *v. Keussler* S. 185.

fen, wenn Gründe des Allgemeinwohls dafür sprechen;[664] der Merkantilismus[665] ist eine heute nicht mehr gängige Wirtschaftsverfassung.

Grundsätzlich muss daher der Markt sich selbst überlassen werden, damit die Ressourcen bestmöglich verteilt werden können, es sei denn, es liegt ein Marktversagen vor. Ein solches ist die Asymmetrie von Informationen insbesondere am Kapitalmarkt.[666] Diese zeichnet sich dadurch aus, dass die Anbieter von Kapitalanlagen über bessere und mehr Informationen als die Anleger verfügen. In der Folge ist der Wert der angebotenen Produkte nicht klar und der Anleger kann nur durchschnittliche Anforderungen stellen, die für ihn offensichtlich sind. Es wird auch ein durchschnittlicher Preis gebildet. Dadurch werden Produkte höherer Qualität schlechter nachgefragt, weil die Unterschiede nicht offensichtlich sind. Sinkt folglich die Qualität der angebotenen Produkte, sinken auch im Gegenzug die durchschnittlichen Anforderungen der Anleger und der Durchschnittspreis weiter. Am Ende dieser Spirale gibt es keine qualitativ hochwertigen Anlageprodukte mehr. Dieses Phänomen bezeichnet die Volkswirtschaftslehre als *adverse selection* bzw. negative Auslese.[667] Aus diesem Grund ergibt sich ein Handlungsbedarf für den Gesetzgeber. Dieser kann in staatlich verordneter Pflicht zu Information konkretisiert werden, wozu auch die Prospektpflicht zählt.

Bei der Auswahl des Mittels durch den Staat ist zu bedenken, dass die extensive Aufsicht und Kontrolle über den Kapitalmarkt Kosten verursacht. Der Staat hat Kosten durch die Einrichtung einer Behörde, und die Anbieter haben durch die Erfüllung der gesetzlichen Pflichten erhöhte Kosten (Kosten der Information). Diese Kosten schmälern bei den angebotenen Kapitalanlagen den Gewinn. Ist der Kapitalmarkt überreguliert, dann entstehen auf allen Seiten Kosten, nicht nur bei der öffentlichen Hand, sondern auch bei den Anbietern und Anlegern. Das ist zu vermeiden.

Anders ist die Situation aber dann zu beurteilen, wenn durch die rechtlichen Vorgaben mehr Vertrauen des Anlegerpublikums geschaffen wird. Das kann auch dazu führen, dass mehr Anleger in die verschiedenen Anlageformen investieren. Dann können diese Produkte besser mit dem überlassenen Geld arbeiten. Es entsteht möglicherweise auch mehr Gewinn. Die Kosten der Information sind damit niedriger, als der Nutzen, der hieraus gezogen wird.

---

664 Vgl. zum deutschen Recht *Oberrath* Rn.146 f., sowie die Urteile des BVerfG in BVerfGE 18, 315 (327); 50, 290 (336 ff.).

665 Vgl. dazu *Ruthig/Storr* Rn. 6.

666 *Bebczuk* S. 7 ff.; *Donges/Freytag* S. 186 ff.; *Perrone* BBTC 2006 I, 372; *ders.* S. 2 ff. einführend auch *Lenenbach* Rn. 8.4; *Vogel* S. 22 ff.

667 *Bebczuk* S. 7; *Donges/Freytag* S. 186 f.; *Vogel* S. 22 f.; *Perrone* S. 3.

Die Anlegergelder in den Investmentfonds kommen letztlich der Wirtschaft zu Gute. Damit stellen Investmentfonds auch eine Form der Wirtschaftsförderung dar, denn die Unternehmen können sich auf diese Weise finanzieren.

Die Ausgleichung der Informationsasymmetrie dient damit dem Wirtschaftswachstum. Wirtschaftswachstum entsteht, wenn die Gesamtmenge der konsumierten Güter und Dienste steigt; dann steigt auch die öffentliche Wohlfahrt.[668] Zur Produktion ist neben Arbeit auch Kapital erforderlich (was alle materiellen Gegenstände umfasst). Hierfür werden finanzielle Mittel gebraucht. Daher ist die Versorgung der Wirtschaft mit Geld dann mit Wirtschaftswachstum verbunden, wenn solche Projekte finanziert werden, die tatsächlich produktiv tätig sind. Die ohne gesetzliche Informationspflichten bestehende Situation führt aber dazu, dass gerade nicht die qualitativsten Produkte gekauft werden. Je größer das Informationsgefälle, desto geringer wird die Gesamtmenge an Investitionen.[669] Wird dagegen bessere Information bereitgestellt, so führt das zu höherem Wirtschaftswachstum durch höhere Investitionen.[670] Fließen Gelder aus dem Grauen Kapitalmarkt, die dort in unsinnigen oder betrügerischen Projekten angelegt werden, in sinnvolle Anlageformen, kann dadurch das Wirtschaftswachstum und die (Börsen-)Marktkapitalisierung gesteigert werden.[671]

Wenn also durch staatlich verordnete Informationsverpflichtungen die wirtschaftliche Leistung steigt, lohnen sich die Kosten dieser Information.

Eine andere Frage ist es, ob das Eingreifen des Staates für das Gemeinwohl erforderlich ist. Wenn der Kapitalmarkt durch die staatliche Intervention gestärkt wird und damit auch die Wirtschaft wächst, so nützt dieses Vorgehen erheblich dem Gemeinwohl. Damit besteht eine Berechtigung für den Staat, eine solche Regulierung des Kapitalmarktes vorzunehmen.

2. Erforderlichkeit einer staatlichen Regelung für Deutschland und Italien

Es bleibt die Frage, ob das Eingreifen des Staates in Deutschland und in Italien nötig war bzw. weiterhin ist.

Für Italien ist die Beantwortung eindeutig: Nach dem Zusammenbruch einer Reihe von Anlagegesellschaften bestand die Notwendigkeit, das Anlegervertrauen wiederherzustellen. In der Folgezeit wurde von den Anlegern wieder vermehrt investiert. Der Gesetzgeber formuliert das Ziel, die Stärkung des Anlegervertrauens und des Finanzplatzes Italien ausdrücklich in Art. 5 Abs. 1 TUF.

In Deutschland hingegen hat es nie einen solchen Vertrauensverlust gegeben. Allerdings kann auch nicht davon die Rede sein, dass von den auf dem Grauen

668 *Bebczuk* S. 79.

669 *Bebczuk* S. 91.

670 *Bebczuk* S. 91.

671 *Hagemann* S. 62.

Kapitalmarkt angebotenen Kapitalanlagen die breite Masse der Bevölkerung angesprochen wird, sondern eher der wohlhabende Mittelstand, dem (auch und insbesondere) am Steuersparen gelegen ist. Unter dem Gesichtspunkt des Qualitätsstandards ist festzuhalten, dass auf dem Grauen Kapitalmarkt immer wieder Produkte angeboten werden, die eher betrügerischer Art oder aus sonstigen Gründen nicht besonders qualitativ sind. Das ist ein Ergebnis der negativen Auslese mangels Information. Solche Produkte machen eine Regulierung der Informationspflichten durch den Gesetzgeber notwendig, damit der Absatz der minderwertigen Vermögensanlagen erschwert wird. Hierdurch können eine Vergleichbarkeit und damit geringere Informationskosten für den Anleger erreicht werden.

Zudem vergrößert das verstärkte Vertrauen der Öffentlichkeit durch einen transparenten Markt die öffentliche Wohlfahrt. So rechnen Anbieter von Vermögensanlagen bereits mit einer höheren Akzeptanz ihrer Produkte durch die durch das AnSVG eingeführte standardisierte Prospektpflicht.[672]

3. Standardisierung der Anlageformen

Dies dürfte umso mehr für überhaupt standardisierte geschlossene Fonds gelten. Die Verbesserung der Anlegerinformationen und die Herstellung der Vergleichbarkeit zwischen verschiedenen Anlageprodukten für den Anleger kann neben der Prospektpflicht durch die Vorgabe von gesetzlichen Investitionsmodellen auf eine zweite Säule gestützt werden. Dabei wäre es nicht unbedingt nötig, dass die althergebrachten Produktformen verboten werden. Hier bietet sich an, die neu zu schaffende Fondsform mit den bekannten Formen konkurrieren zu lassen.

Nach der hier herausgearbeiteten Analyse ist es sinnvoll, dass der Markt entscheidet, welches Modell besser ist. Bei transparentem Markt werden sich die Anlageprodukte, die qualitativer sind, besser durchsetzen. Eine Vermögensanlage gem. eines vorgegebenen Modells ist grundsätzlich mit den anderen seiner Art vergleichbar und damit einem Wettbewerbsdruck ausgesetzt. Ein atypischer Fonds ist demgegenüber intransparent. Auf Grund des mangelnden Wettbewerbs ist es für diesen nicht erforderlich, einen hohen Qualitätsstandard einzuhalten. Dadurch haftet einem solchen atypischen Fonds ein höheres Risiko an. Schlechtere, also risikoreichere und intransparentere Produkte können nur mit (deutlich) höheren Renditeversprechungen am Markt platziert werden. Sofern sie diese nicht erwirtschaften können, werden solche Fonds nicht nachgefragt. Das setzt allerdings voraus, dass das gesetzliche Modell die Schaffung von Vermögensanlagen ermöglicht, die einen hohen Qualitätsstandard haben und gleichzeitig renditestark sind. Hierfür sollte der rechtliche Rahmen nicht zu starr ausformuliert werden.

---

672 *Hasenkamp* DStR 2004, 2154.

Stellt man auf diese Weise zwei Anlageformen nebeneinander, so ist zu Zwecken der Transparenz beim Prospektinhalt genau zwischen den gesetzelichen und den atypischen Anlageformen zu unterscheiden. Insbesondere bei den Prospekten für geschlossene Fonds der herkömmlichen Art, die dann nicht einem gesetzlichen Modell entsprechen, ist ein Hinweis darauf vorzuschreiben, dass es sich nicht um das gesetzliche Modell, sondern um ein Alternativmodell handelt, das vom Anlegerschutz entsprechend reduziert ist.

Es muss sich zeigen, ob man auf diese Weise ähnlich wie in Italien auf ein gänzliches Verbot von atypischen Titeln verzichten kann und ob man, abweichend vom italienischen Recht, auch auf eine Exklusivitätsstellung der neuzuschaffenden geschlossenen Investmentfonds verzichten kann. Nach den oben aufgeführten ökonomischen Erwägungen sollte sich das bessere Produkt bei gegebener Informationspflicht durchsetzen. Atypische Produkte müssten als weniger qualitative Anlagen deutlich höhere Renditen anbieten können, um attraktiv zu wirken. Können sie das nicht, so finden sie auch keine Nachfrage. Werden also die Vorteile der geregelten Form in Folge von Informationspflichten beim Anlagepublikum deutlich, sollte sich diese Form von selbst behaupten können.

Unter dem Gesichtspunkt der Förderung des „Standorts Deutschland“ ist weiterhin zu beachten, dass die geschlossenen Fonds in Deutschland nicht unbedingt größtenteils die deutsche Wirtschaft fördern. Dies zeigt(e) sich etwa bei den Filmfonds, mit denen im großen Stil u.a. Hollywood-Produktionen finanziert werden bzw. wurden. Ähnlich ist die Lage bei Auslandsimmobilienfonds oder Fonds für ausländische Lebensversicherungen. Hier wäre es aus deutscher Sicht durchaus angebracht, im Gemeinwohlinteresse die Finanzierung von Projekten zu fördern, die der deutschen Wirtschaft zu Gute kommen. In der jetzt vorherrschenden Situation werden (noch) insbesondere Investitionsobjekte gesucht, die hohe Steuerabschreibungen ermöglichen. Wenn durch eine Steuerung ähnlich derjenigen in Italien sinnvollere Projekte angeregt werden, dann ist das ein erstrebenswertes und zulässiges Ziel. Außerdem könnten durch eine Regelung der geschlossenen Fonds auch andere Anlegergruppen als die bislang vorherrschenden gewonnen werden. Indem eine verpflichtende Börsenzulassung[673] vorgesehen wäre, könnten auch Anleger, die nicht sicher sind, ob sie das angelegte Geld im Laufe der Zeit einmal benötigen, zu einer Investition in diesem Bereich gebracht werden.

4. Die REIT und die sonstigen Sondervermögen als Alternativmodell

Fraglich ist in diesem Zusammenhang, ob sich diese Vorschläge dadurch relativieren, dass es seit dem 01.01.2007 steuerbegünstigte Immobilienaktiengesellschaften in Deutschland gibt.[674] Die REIT ist eine AG, die als Unternehmensge-

[673] Anders als in Italien sollte diese aber unabhängig von der Mindestbeteiligung sein.

[674] Gem. REITG vom 28.05.2007. Vgl. zur REIT *Dettmer/Gemmel/Kaiser* BB 2007, 1191;

genstand Eigentum oder Nutzungsrechte an Immobilien oder verwandten Rechten erwirbt, veräußert oder hält, § 1 Abs. 1 REITG. Hierzu zählen aber keine Bestandswohnimmobilien.[675] Die REIT kann gem. § 1 Abs. 1 Nr. 2 i.V.m. § 3 Abs. 1 REITG auch Immobilienpersonengesellschaften halten. Hiermit ist es möglich, dass eine REIT einen geschlossenen Immobilienfonds oder einen geschlossenen Immobiliendachfonds hält, sofern dieser dieselbe Anlagepolitik hat, wie sie für den REIT vorgeschrieben ist, was aber nicht immer der Fall sein dürfte. Die REIT muss börsenzugelassen sein, § 10 REITG. Das Grundkapital muss mindestens fünfzehn Millionen Euro betragen, § 4 REITG. Die REIT ist von der Gewerbesteuer befreit, § 16 REITG. Sie muss zu mindestens 25 % in Streubesitz gehalten werden, § 11 Abs. 1 S. 2 REITG[676] und mindestens 90 % des Überschusses ausschütten, § 13 REITG. Die REIT darf aus Immobilienverkäufen nicht einen Erlös von mehr als der Hälfte des Gesamtbestandes der REIT erzielen, § 14 REITG. Sie muss also hohe Ausschüttungen und keine hohen Abschreibungen tätigen, wie es bei geschlossenen Immobilienfonds (noch) üblicher ist. Zudem wird ein Verkauf des gehaltenen Gebäudes, der bei einem geschlossenen Fonds durchaus vorgesehen sein kann, ausgeschlossen. Damit ist die REIT nicht auf eine bestimmte Zeitspanne angelegt. Für einen Anleger, der weder einen geschlossenen Immobilienfonds noch einen entsprechenden Dachfonds kaufen möchte, ist die REIT allerdings eine brauchbare Alternative. Sie deckt hingegen nicht die Bedürfnisse, die derzeit von geschlossenen Immobilienfonds abgedeckt werden. Zudem ist die REIT nur im Immobilienbereich möglich, nicht aber etwa im Containerleasing, in dem jedoch eine Vielzahl an geschlossenen Fonds existiert. Es ist davon auszugehen, dass die REIT insbesondere institutionelle Anleger anspricht.[677]

Auch in Italien ist 2007 eine gesetzliche Grundlage für die Gründung einer REIT geschaffen worden. Anders als in Deutschland wird hingegen nicht der englische Begriff übernommen, sondern die italienische REIT firmiert unter der Bezeichnung *Società di investimento immobiliare quotato* (*Siiq*).[678] Diese sind steuerlich den *fondi chiusi immobiliari* gleichgesetzt. Letzteren gegenüber soll die *Siiq* erleichterte Investitionsentscheidungen der Betreiber ermöglichen.[679] Es ist dennoch nicht davon auszugehen, dass der geschlossene Immobilienfonds dadurch wirtschaftlich obsolet wird. Sie ergänzen die Fonds, machen ihnen aber keine Konkurrenz, weil sie (wie in Deutschland auch) eher die institutionellen

---

Bron BB-Special 7 (zu Heft 21), 2007, 2; *Quass/Becker* AG 2007, 421; Assmann/Schütze/ *Sagasser/Schlösser* § 26 Rn. 245 ff.

675 Hierzu *Dettmer/Gemmel/Kaiser* BB 2007, 1191; *Quass/Becker* AG 2007, 421 (424).

676 Hierzu im Detail *Dettmer/Gemmel/Kaiser* BB 2007, 1191 (1192 f.); *Quass/Becker* AG 2007, 421 (432).

677 *Bron* BB-Special 7 (zu Heft 21), 2007, 2 (7).

678 Vgl. dazu *Avolio* CorTrib 2007, 452.

679 *Avolio* CorTrib 2007, 452.

Anleger ansprechen.[680] Die *Siiq* ist eine *Spa* mit Sitz und Börsenzulassung in Italien, die sich auf die hauptsächlich auf die Vermietung von Immobilien konzentriert, und bei der, u.a., keinem Aktionär mehr als 51 % des Aktienkapitals gehört, 80 % des Aktivvermögens Immobilien darstellen, 80 % der Einnahmen aus dem Immobiliengeschäft stammen.[681]

Seit dem 01.01.2008 hat der deutsche Gesetzgeber das InvG reformiert.[682] Hierbei wurde für innovative Finanzanlagen der Investmentfonds in der Form des „sonstigen Sondervermögens“ gem. §§ 90g-90k InvG geschaffen. Diese Fonds dürfen in unverbriefte Darlehensforderungen, Unternehmensbeteiligungen und Edelmetalle investieren. Die Beteiligung darf aber gem. § 90g InvG nicht mit der ganzen Fondsmasse erfolgen.[683] Zudem sind die Fonds offene Fonds. Geschlossene Fonds bleiben weiterhin ungeregelt.[684] Eine bedarfsgerechte Alternative stellen die sonstigen Sondervermögen daher nicht dar.

III. Zusammenfassung

Zusammenfassend wären folgende Regelungen zu diesen Zwecken in Deutschland einzuführen:

- Erstreckung der Prospektpflicht auf alle Finanzprodukte durch Verwendung eines weiten Begriffs im Tatbestand zuzüglich Regelbeispielen;
- Delegation von konkreten Einzelvorgaben an praxisnahe Verwaltungsstellen, insbesondere an die BaFin;
- einheitliche Regelung für geschlossene (kollektivvertragliche und dynamisch verwaltete) Investmentfonds i.S.e. gesetzlichen Modells;
- Ausgestaltung dieses Modells nach sinnvollen wettbewerbsfähigen Vorgaben;
- zwingende Börsenzulassung für solche Fonds, ohne, dass diese Verpflichtung von einer Mindest- oder Höchstbeteiligung abhängt;
- Zulassung von atypischen Fonds nur in engen Grenzen;
- Vorlagepflicht bei Werbung und Vorgaben hinsichtlich der Deutlichkeit des Hinweises, der für der Prospektveröffentlichung nachfolgende Werbung gelten sollte, sowie Prüf- und Sanktionsmöglichkeiten bzw. -pflichten der BaFin.

---

680 *Avolio* CorTrib 2007, 452.

681 *Avolio* CorTrib 2007, 452.

682 Gesetz zur Änderung des Investmentgesetzes und zur Anpassung anderer Vorschriften (Investmentänderungsgesetz), BGBl. 2007 I, 3089, in Kraft seit dem 28.12.2007.

683 Vgl. *Zetsche* ZBB 2007, 438 (445 f.).

684 *Zetsche* ZBB 2007, 438 (451).

2. Kapitel: Prospekthaftung

Die Rechtsfolge der im ersten Kapitel erörterten Prospektpflicht ist die Pflicht, einen Prospekt zu erstellen. Ist dieser fehlerhaft oder fehlt dieser ganz, so stellt sich die Frage nach der Haftung für sich hieraus ergebende Schäden seitens der Anleger.

§ 6 Deutschland

Zunächst ist die Rechtslage in Deutschland zu untersuchen. Hier ist zuerst auf die spezialgesetzliche Prospekthaftung, sodann auf die bürgerlich-rechtliche Prospekthaftung und letztlich auf andere, ggf. daneben existierende Anspruchsgrundlagen einzugehen.

A. Spezialgesetzliche Prospekthaftung

Die spezialgesetzliche Prospekthaftung ist in § 13 VerkProspG als Haftung für einen fehlerhaften (dazu sogleich I), und in § 13a VerkProspG als Haftung für das Fehlen eines Prospekts (dazu II) geregelt.

I. Prospektmängelhaftung

Die Haftung für einen mangelhaften Prospekt ergibt sich aus § 13 VerkProspG i.V.m. § 44 BörsG.

1. Haftungsgrund: Mangelhafter Prospekt

Haftungsgrund ist ein mangelhafter Prospekt. Es muss sich bei der mangelhaften Veröffentlichung um einen Prospekt handeln, in dem wesentliche Angaben unrichtig oder unvollständig sind.

a) Prospekt

Die Prospekthaftung setzt einen Prospekt voraus. Die Definition dieses Begriffs ist nicht unproblematisch.[685]

Es gibt zum einen die Möglichkeit, den Begriff des Prospekts von der tatsächlichen Genehmigung abhängen zu lassen, oder aber von der Intention desjenigen, der den Prospekt herausgibt. Für die Erfüllung der Prospektpflicht ist auf den vollständigen, genehmigten Prospekt abgestellt worden. Dieser Begriff ist allerdings für die Anwendbarkeit von § 13 bzw. § 13a VerkProspG nicht geeignet. Auf einen vollständigen Prospekt kann ersichtlich nicht abgestellt werden, denn dann ergäbe sich überhaupt keine Prospekthaftung, die gerade für unvollständige Prospekte vorgesehen ist. Daher ist für die Anwendung von § 13 bzw. § 13a VerkProspG entweder auf das Dokument abzustellen, welches von der

---

685 Vgl. bereits oben zum Prospektbegriff bei der Prospektpflicht § 3 A. II. 1. (S. 45).

BaFin genehmigt wurde,[686] oder auf dasjenige, welches der Anbieter als solches gekennzeichnet und ausgestellt hat und nach seinem Willen zur Erfüllung der Prospektpflichten erstellt wird.[687]

Die erste Ansicht zieht eine Parallele zur Situation bei Börsenprospekten für Wertpapiere, die an einer Börse zugelassen werden. Diese werden gem. § 30 Abs. 3 Nr. 2 BörsG nicht zugelassen, wenn kein Wertpapierprospekt nach dem WpPG erstellt und gebilligt wurde. Faktisch besteht nach den Vertretern dieser Ansicht kein Unterschied zwischen der Zulassung zum Börsenhandel nach erfolgter Prospektprüfung – wobei *Barta* sich noch auf die alte Rechtslage vor dem WpPG bezieht, in dem die Börsenaufsicht die Prospekte gebilligt hat – und der Prospektprüfung und Billigung durch die BaFin. Durch beides entstehe ein eindeutiges Schriftstück, an welches die Prospekthaftung angeknüpft werden kann.

Die zweite Ansicht verweist jedoch darauf, dass nur beim Börsenprospekt ohne eine Zulassung durch die Börsenaufsicht kein Handel möglich sei. Bei Verkaufsprospekten hingegen sei auch ohne eine Prospekterstellung und -prüfung ein Handel möglich. Stelle man auf den von der BaFin geprüften Prospekt ab, so sei nach der ersten Ansicht § 13 VerkProspG nicht anwendbar, wenn der Prospekt nicht geprüft wurde oder gar keiner erstellt wird.[688] Daher solle auf die Intention des Anbieters abgestellt werden.

Die zweite Ansicht erklärt sich aus der früheren Rechtslage, als es noch keine (spezialgesetzliche) Haftung für fehlende Prospekte gab. Hätte man hier auf den ordnungsgemäß geprüften Prospekt abgestellt, so wäre immer dann, wenn dieser Prospekt nicht geprüft wurde bzw. wenn ein anderer als der geprüfte oder genehmigte benutzt wurde, oder wenn vor Abschluss der Prüfung die Wertpapiere veräußert wurden, keine gesetzliche Haftungsregel anwendbar gewesen. In Betracht kamen nur andere zivilrechtliche Ansprüche. Nach heutiger Rechtslage allerdings ist mit § 13a VerkProspG gerade eine spezielle Haftungsnorm für fehlende Prospekte vorgesehen.

---

686 *Barta* NZG 2005, 305 (307 f.); *Assmann*/Lenz/Ritz § 13 Rn. 9; *ders.* in Assmann/Schütze/*Assmann* § 6 Rn. 61 f.; Heidel/*Becker*, Kap. 12 § 13a VerkProspG Rn. 6; Lüdicke/ Arndt/*Kind* S. 135; Grunewald/Schlitt/*Ponick* S. 244; Kümpel/Hammen/Ekkenga/*Gebauer* Nr. 100 S. 66, der aber anstelle des genehmigten auch auf den tatsächlich verwendeten zurückgreift und damit (auch) zur zweiten Ansicht zu zählen ist.

687 *Groß* Vorb. VerkProspG Rn. 4 u. (ausführlicher) *Groß*[2] § 1 VerkProspG Rn. 38; Schwark/*Heidelbach* § 1 VerkProspG Rn. 41; Schäfer/*Hamann* § 13 VerkProspG a.F. Rn. 3; *Hüffer* S. 133; *Fleischer* WM 2004, 1897 (1902); *ders.* BKR 2004, 339 (346); KpK GesR/*Varachia* Kap. 9 Rn. 102; Arndt/Voß/*Kind* § 13 VerkProspG Rn. 12; *Korth* S. 109 ff.

688 So ausdrücklich auch *Assmann*/Lenz/Ritz § 13 Rn. 11; *ders.* in Assmann/Schütze/ *Assmann* § 6 Rn. 62.

Dieser enthält allerdings, anders als § 13 VerkProspG i.V.m. § 45 Abs. 1 BörsG, keine Beschränkung auf Vorsatz und grobe Fahrlässigkeit. Stellt man also darauf ab, dass Anknüpfungspunkt der von der BaFin genehmigte Prospekt ist, so ist der schärfere § 13a VerkProspG und nicht § 13 VerkProspG anwendbar, wenn zwar ein Prospekt erstellt und verwendet wurde, dieser aber nicht ordnungsgemäß genehmigt wurde. Dieser Fall würde dann als Haftung für fehlenden Prospekt gelten. Stellt man auf die Intention des Emittenten ab, so kommt es darauf an, ob der Anbieter das Dokument für den seiner Prospektpflicht entsprechenden Prospekt gehalten hat. Dann ist bei Mängeln § 13 und nicht § 13a VerkProspG anwendbar.

Richtig an der ersten Ansicht ist zwar, dass nach neuem Recht in jedem Fall eine Prospektprüfung und Hinterlegung bei der BaFin vorgesehen ist, was insofern einen rechtlichen Gleichklang zwischen Börsenprospekten und anderen Verkaufsprospekten rechtfertigen würde. Allerdings ist es noch immer möglich (wenn auch nicht gestattet), auch ohne das offizielle Verfahren das öffentliche Angebot zu beginnen. Deswegen stellt sich nur bei Verkaufsprospekten die Frage der Haftung, wenn ohne einen ordnungsgemäß geprüften und hinterlegten Prospekt das Angebot beginnt. Da nunmehr mit § 13a VerkProspG eine Spezialnorm für das Fehlen eines Verkaufsprospektes gegeben ist, stellt sich nicht mehr die Frage, ob durch die Definition für den Verkaufsprospekt in §§ 13 u. 13a VerkProspG für einen Fall eine Haftung gegeben ist und für einen anderen keine, sondern die Auslegung entscheidet darüber, wann § 13 oder § 13a VerkProspG anwendbar ist. Dabei sieht die letztere Norm keine Einschränkung beim Verschulden vor, während erstere nur für Vorsatz und grobe Fahrlässigkeit gilt.

Für die Beantwortung der Streitfrage ist es zunächst hilfreich, die verschiedenen Fälle zu überprüfen, in denen die eine oder die andere Haftungsregel anwendbar wäre: (i) Hat der Anbieter zwar einen offiziell geprüften und hinterlegten Prospekt, ist dieser aber falsch, so wäre nach allen Ansichten § 13 VerkProspG anwendbar. (ii) Hat der Emittent zwar einen Prospekt eingereicht und hinterlegt, leidet aber das Verfahren an einem Mangel, so kommt es nach der ersten Ansicht wohl auf § 13a VerkProspG an, da kein korrekt hinterlegter Prospekt vorliegt. Nach der anderen Ansicht ist hingegen § 13 VerkProspG einschlägig. (iii) Hat der Anbieter einen Prospekt verwendet, der nicht der BaFin vorgelegt wurde, den er aber in Erfüllung seiner Pflicht erstellt hat, und der inhaltlich korrekt ist, so wäre nach der ersten Ansicht § 13a anwendbar, nach der zweiten Ansicht gar keine Norm, da kein Fehler im Prospekt vorliegt. (iv) Ist der im vorigen Fall untersuchte Prospekt zudem nicht korrekt, so greift nach der ersten Ansicht wieder § 13a, nach der zweiten § 13 VerkProspG. (v) Liegt schließlich überhaupt kein Prospekt vor, dann kommt es nach beiden Ansichten auf § 13a VerkProspG an.

Unterschiede bestehen also immer dann, wenn zwar ein Prospekt vorliegt, aber das Verfahren bei der BaFin nicht oder nicht korrekt durchgeführt wurde. Die erste Ansicht würde in allen Fällen, in denen ein „inoffizieller" Prospekt vorliegt, auf die Haftungsregel aus § 13a zurückgreifen. Mit Blick auf die Tatsache, dass diese Norm aber – zumindest vom Wortlaut her – ein Verschulden nicht voraussetzt, gilt es, den Anwendungsbereich der Norm nicht durch extensive Auslegung noch zu vergrößern. § 13a VerkProspG setzt auch nicht voraus, dass der Prospekt in irgendeiner Weise unrichtig ist – was ja auch kaum möglich ist, denn die Norm greift ausdrücklich des Wortlautes nur ein, wenn überhaupt kein Prospekt vorliegt. Hier aber an einen inhaltlich richtigen Prospekt, der nicht bei der BaFin hinterlegt wurde, eine verschuldensunabhängige Rücknahmeverpflichtung anzuknüpfen, erscheint zu extensiv. Die Einhaltung der Vorlagepflicht wird überdies mit dem Ordnungswidrigkeitstatbestand in § 17 Abs. 1 Nr. 1 VerkProspG (bis 500.000 Euro Bußgeld) geschützt. Auch in den anderen Fällen, in denen ein Prospekt vorliegt, aber keine Prüfung und Hinterlegung, ist die Anwendung des § 13a jenseits der Wortlautgrenze. Daher ist im Sinne der zweiten Ansicht ein Verkaufsprospekt i.S.d. §§ 13, 13a VerkProspG ein solcher, den der Anbieter als solchen gekennzeichnet hat und der nach seinem Willen zur Erfüllung der Prospektpflicht erstellt wurde.

b) Wesentliche Angaben

In dem Prospekt müssen wesentliche Angaben unrichtig oder unvollständig sein. Zunächst stellt sich daher die Frage, was wesentliche Angaben sind.

Das Gesetz bestimmt, dass es sich um Angaben handeln muss, die für die Beurteilung der Vermögensanlagen wesentlich sind. Diese Begrifflichkeiten entstammen § 44 BörsG.

Unter Angaben sind in erster Linie Tatsachen zu verstehen. Tatsachen sind alle der äußeren Wahrnehmung zugänglichen Geschehnisse der Außenwelt, sowie Zustände des menschlichen Innenlebens.[689] Neben Angaben tatsächlicher Art kommen allerdings auch Werturteile in Betracht. Diese charakterisieren sich durch Merkmale des Dafürhaltens oder der Kritik. Sie gründen sich allerdings auf Tatsachen und sind von diesen nicht immer klar zu trennen. Daher sind auch Werturteile als Angaben im Prospekt anzusehen.[690] Dasselbe gilt für Prognosen.

---

689 *Assmann*/Lenz/Ritz §13 VerkProspG Rn. 27; *Groß* § 44, 45 BörsG Rn. 40.

690 Staub/*Canaris*[3] Bankvertragsrecht Rn. 2279; *Groß* § 44, 45 BörsG Rn. 40; Assmann/Lenz/Ritz/*Assmann* §13 VerkProspG Rn. 28; Schwark/*Schwark* § 45 BörsG Rn. 22; Schäfer/*Hamann* §§ 44, 45 BörsG Rn. 140; *Ellenberger* S. 32; *Kümpel* Rn. 9.353; *Hüffer* S. 135; BGH WM 1982, 862 (865); Habersack/Mülbert/Schlitt/*Mülbert/Steup* § 33 Rn. 30; *Keunecke* Rn. 86; *Lenenbach* Rn. 8.87; Grunewald/Schlitt/*Ponick* S. 245; OLG Frankfurt WM 1994, 291 (295).

Hierunter sind auf wirtschaftliche Vorgänge begründete Annahmen über die Zukunft zu verstehen. Auch Prognosen sind daher Werturteile.[691]

Die Angaben müssen für die Bewertung der Kapitalanlage von wesentlicher Bedeutung sein, § 13 Abs. 1 VerkProspG i.V.m. §§ 44 Abs. 1 S. 1, 45 Abs. 2 Nr. 2 BörsG.

Wesentlich sind die Angaben, die zu den wertbildenden Faktoren der Wertpapiere gehören und die der Anleger bei seiner Entscheidung „eher als nicht" berücksichtigt.[692] Nach einer anderen Formulierung kommt es darauf an, ob sich durch die (korrekten) Angaben die tatsächlichen oder rechtlichen Verhältnisse ändern.[693] Dabei sind beide Begriffe gleich zu verstehen, denn die wertbildenden Faktoren betreffen die tatsächlichen oder rechtlichen Verhältnisse. Allerdings kann das nur so zu verstehen sein, dass es sich um die grundlegenden tatsächlichen oder rechtlichen Verhältnisse handelt, denn nicht jede tatsächliche Gegebenheit ist wertbildend, was nachfolgende Beispiele verdeutlichen: Nicht wesentlich sollen demnach die Angaben über die Zahl- oder Hinterlegungsstellen sein,[694] oder Bilanzposten, die auf die künftige Ertragsentwicklung keinen Einfluss nehmen.[695] Diese Angaben sind zwar als für die Wertpapiere zumindest grundsätzlich relevante Tatsachen anzusehen, sie sind allerdings nicht wertbildend. Ein Beispiel für wertbildende Faktoren, die damit wesentlich sind, ist etwa die Darstellung der Geschäftsaussichten.[696]

c) Unrichtig oder unvollständig

Die Angaben im Prospekt müssen unrichtig oder unvollständig sein.[697] Dabei ist die Unvollständigkeit ein Unterfall der Unrichtigkeit, denn ein unvollständiger

---

691 *Groß* § 44, 45 BörsG Rn. 40; *Assmann*/Lenz/Ritz §13 VerkProspG Rn. 28; Habersack/Mülbert/Schlitt/*Mülbert/Steup* § 33 Rn. 30; *Keunecke* Rn. 87; *Lenenbach* Rn. 8.87.

692 *Groß* §§ 44, 45 BörsG Rn. 68; Assmann/Schütze/*Assmann* § 6 Rn. 86, *ders.* in: Assmann/Lenz/Ritz § 13 Rn. 25; Schäfer/*Hamann* §§ 44, 45 BörsG Rn. 148; Schwark/*Schwark* § 45 BörsG Rn. 24; Habersack/Mülbert/Schlitt/*Mülbert/Steup* § 33 Rn. 42; Lüdicke/Arndt/*Kind* S. 125; Grunewald/Schlitt/*Ponick* S. 246; Arndt/Voß/*Kind* § 13 VerkProspG Rn. 18; *Korth* S. 63.

693 *Kümpel* Rn. 9.354; Habersack/Mülbert/Schlitt/*Mülbert/Steup* § 33 Rn. 42; *Keunecke* Rn. 88; RegE zum 3. Finanzmarktförderungsgesetz BT-Drs. 13/8933 S. 76.

694 RegE zum 3. Finanzmarktförderungsgesetz BT-Drs. 13/8933 S. 76; Habersack/Mülbert/Schlitt/*Mülbert/Steup* § 33 Rn. 44.

695 Habersack/Mülbert/Schlitt/*Mülbert/Steup* § 33 Rn. 45; *Groß* §§ 44, 45 BörsG Rn. 68; Schwark/*Schwark* § 45 BörsG Rn. 24.

696 Habersack/Mülbert/Schlitt/*Mülbert/Steup* § 33 Rn. 43; RegE zum 3. Finanzmarktförderungsgesetz BT-Drs. 13/8933 S. 76.

697 Für zahlreiche Beispiele aus der Rechtsprechung zu fehlerhaften Prospekten vgl. FA-BKR/*Nittel/Lembach* Kap. 8 Rn. 136.

Prospekt gibt kein richtiges Bild von der Kapitalanlage ab und ist damit unrichtig.[698]

Unrichtig ist eine Angabe dann, wenn sie nicht der Wahrheit entspricht.[699] Damit ist – genauer ausgedrückt – ein Prospekt unrichtig, wenn ein nicht vorhandener Umstand als vorhanden oder ein vorhandener Umstand als nicht vorhanden dargestellt wird bzw. wenn bei Werturteilen und Prognosen eine tatsächlich vorliegende, sie stützenden Sachgrundlage fehlt oder das Werturteil kaufmännisch nicht mehr vertretbar ist.[700] Unvollständig ist der Prospekt dann, wenn nicht alle wesentlichen Angaben enthalten sind.[701]

aa) Beurteilungsmaßstab

Fraglich ist allerdings der Beurteilungsmaßstab. Hiermit ist gemeint, welche Anforderungen an Kenntnisse und Vorerfahrungen des Lesers des Prospekts gestellt werden.[702] Welche Kenntnisse der Standardtypus „Anleger“ hat, ist allerdings umstritten. Hier werden höchst unterschiedliche Theorien vertreten. Die Bandbreite reicht vom nahezu unkundigen Kleinaktionär[703] bis zum fachkundigen – notfalls beratenen – Leser.[704] Zwischen diesen Extremen bestehen verschiedene vermittelnde Ansichten. Zunächst ist die Ansicht der Rechtsprechung von Bedeutung: Demnach kommt es zwar weder auf einen unerfahrenen noch auf einen besonders erfahrenen Anleger an, sondern auf einen durchschnittlichen Anleger. Allerdings soll dieser auch in der Lage sein, eine Bilanz zu lesen.[705]

---

698 Habersack/Mülbert/Schlitt/*Mülbert/Steup* § 33 Rn. 32; Schäfer/*Hamann* §§44, 45 Rn. 150; *Groß* §§ 44, 45 BörsG Rn. 45; *Assmann*/Lenz/Ritz § 13 Rn. 16; *Kümpel* Rn. 9.351; *Keunecke* Rn. 85; RegE zum 3. Finanzmarktförderungsgesetz BT-Drs. 13/8933 S. 76.

699 *Groß* §§ 44, 45 BörsG Rn. 44; Grunewald/Schlitt/*Ponick* S. 245; Arndt/Voß/*Kind* § 13 VerkProspG Rn. 18.

700 Schwark/*Schwark* § 45 BörsG Rn. 25; *Keunecke* Rn. 85; zur Unrichtigkeit bei Werturteilen a. *Groß* §§ 44, 45 BörsG Rn. 44; Lüdicke/Andt/*Kind* S. 126.

701 *Groß* §§ 44, 45 BörsG Rn. 45; *Assmann*/Lenz/Ritz § 13 Rn. 30; Grunewald/Schlitt/*Ponick* S. 245.

702 *Groß* §§ 44, 45 BörsG Rn. 41; Schwark/*Schwark* § 45 BörsG Rn. 18.

703 Staub/*Canaris*[3] Bankvertragsrecht Rn. 2279; *Ehricke* DB 1980, 2429 (2432).

704 *Wittmann* DB 1980, 1579 (1583); LG Düsseldorf WM 1981, 102 (106).

705 BGH WM 1982, 862 (863); OLG Düsseldorf WM 1984, 586 (592);OLG Frankfurt WM 1994, 291 (295); zustimmend Hopt/Voigt/*Ehricke* S. 187, 220; Vortmann/*Hauptmann* § 3 Rn. 62; KpK GesR/*Varachia* Kap. 9 Rn. 87; ähnl. a. Habersack/ Mülbert/Schlitt/*Mülbert/Steup* § 33 Rn. 29 sowie *Lenenbach* Rn. 8.84 mit dem Hinweis, dass derjenige, der eine Bilanz nicht lesen könne, sich entsprechend erkundigen werde bzw. müsse.

Die Annahme der Rechtsprechung, der durchschnittliche Leser eines Prospekts sei in der Lage, eine Bilanz zu lesen, wird häufig als verfehlt kritisiert.[706] Demnach ist eine mittlere Linie zu verfolgen, wonach der Prospekt nicht voraussetzen darf, dass der Leser Bilanzkennzahlen bilden kann, aber ansonsten einen verständigen und kritischen Leser erwarten kann.[707]

Zum Teil wird auch vertreten, dass es dem Prospektverantwortlichen selbst zu gestatten ist, den für seinen Prospekt maßgeblichen Anlegerhorizont zu bestimmen. Danach soll auf der ersten Seite des Prospekts ein deutlicher Hinweis auf das Zielpublikum (etwa auf erfahrene und risikoreiche Anleger) genügen, um den Erklärungsbedarf zu reduzieren.[708]

Bei der Beantwortung dieser Frage ist nicht nur auf die Vorgaben des BörsG zu achten, sondern auch zu berücksichtigen, dass es um Anlageprodukte des Grauen Kapitalmarktes geht, die im VerkProspG geregelt sind.

Die Orientierung am professionellen Anbieter gründet sich auf der Annahme, dass zwischen dem Emittent und dem Anleger immer noch ein Finanzintermediär steht, der den Anleger berät. Dies ist auf dem Grauen Kapitalmarkt nicht unbedingt der Fall. Häufig werden diese Produkte über freie Berater – oft an der Haustür bzw. beim Hausbesuch oder unmittelbar und ohne Beratung über das Internet – angeboten. Eine Bank oder eine andere professionelle Person ist also nicht unbedingt vorhanden. Daher kann der Adressat des Prospekts nicht der professionelle Anleger sein. Zudem ist in Art. 5 Abs. 1 VerkaufsprospektRL festgelegt, dass der Prospekt dem Anleger ermöglichen soll, sich ein fundiertes Urteil zu erlauben. In § 8g Abs. 1 S. 1 VerkProspG hingegen ist nur vom Publikum die Rede. Daher sollte unter Publikum (auch) der Anleger verstanden werden, um eine einheitliche Auslegung zu erhalten. Daher ist die letzte Ansicht abzulehnen.

Angesichts der Tatsache, dass die Vermögensanlagen nach § 8f Abs. 1 S. 1 VerkProspG meist in einem Direktvertrieb ausgegeben werden, ändert sich im Übrigen dennoch nichts am grundsätzlichen Bewertungshorizont hinsichtlich der Angaben im Prospekt. Es ist jedoch aus dieser Besonderheit des Grauen Kapitalmarktes heraus für den Prospekt zu fordern, dass dieser einen Hinweis darauf enthalten sollte, dass die Informationen eine umfassende Bewertung des Fonds ermöglichen und dass – insbesondere wenn ein Direktvertrieb etwa über das Internet erfolgt – eine anlagebereite Person sich ggf. professionell beraten lassen soll. Außerdem ist in Prospekten nach dem VerkProspG herauszuarbei-

---

706 *Assmann*/Lenz/Ritz § 13 Rn. 23; *ders.* Prospekthaftung S. 316 ff.; *Groß* §§ 44, 45 BörsG Rn. 41; Schwark/*Schwark* § 45 BörsG Rn. 18 f.; *Keunecke* Rn. 84; FA-BKR/*Nittel/Lembach* Kap.8 Rn. 178.

707 Schwark/*Schwark* § 45 BörsG Rn. 18 f.; *Groß* §§ 44, 45 BörsG Rn. 41 f.; *Fleischer* Gutachten S. F 44 f.

708 Schäfer/*Hamann* §§ 44, 45 BörsG Rn. 191.

ten, dass die angebotene Kapitalanlage gerade keine übliche Anlageform, also etwa eine Aktie oder einen Investmentfonds, darstellt. Hierbei sollten die Besonderheiten gegenüber „klassischen“ Investitionen dem durchschnittlichen Anleger klar werden. Dies ist Folge daraus, dass der durchschnittliche Anleger nicht unbedingt die Besonderheiten des Grauen Kapitalmarktes kennt. Es können also im Einzelfall nähere Erklärungen erforderlich werden, wenn zu erwarten ist, dass ein durchschnittlicher Anleger ohne solche Angaben aus den gegebenen Informationen keine Schlüsse ziehen kann.[709]

Darüber hinaus ergibt sich durch das Abstellen auf den durchschnittlichen Anleger nicht, dass über das in den gesetzlichen Vorgaben Geforderte und dem oben Genannten i.d.R. umfangreiche weitere Erklärungen nötig sind.[710]

Dem durchschnittlichen Anleger zu unterstellen, er könne eine Bilanz lesen, ist realitätsfern. Der durchschnittliche Anleger kann gerade keine Bilanz lesen, erst recht keinen – nach § 315a HGB auch zulässigen und bisweilen auch vorgeschriebenen – Konzernabschluss, der nach US GAAP oder den International Financial Reporting Standards aufgestellt wurde. Wenn es Ziel der Finanzmarktpolitik ist, den Standort Deutschland zu fördern, so muss klar sein, dass eine breitere Masse von Anlegern nicht angesprochen werden kann, wenn man fordert, dass das Lesen einer Bilanz Voraussetzung ist. Hierdurch werden Kleinanleger nur abgeschreckt. Daher ist die Ansicht des BGH (in dieser Form) abzulehnen. Vielmehr sind hinsichtlich der Bilanz besondere Erläuterungen notwendig, da ein normaler Anleger nicht in der Lage sein wird, Bilanzkennzahlen zu bilden. Daher sind diese anzugeben und zu erläutern, ansonsten ist der Prospekt unrichtig bzw. unvollständig. Dasselbe gilt, wenn die Bilanz einen anderen Eindruck erwecken kann, als tatsächlich besteht, weil sie unter Ausnutzung aller Spielräume ein risikoreiches, aber noch vertretbaren Gesamtbild vermittelt.[711]

Richtig an der Ansicht des Gerichts ist aber, dass es (ansonsten) auf den durchschnittlichen Anleger ankommt. Der Bewertungshorizont ist also gerade nicht der unbedarfte Laie. Der Anbieter darf erwarten, dass ein potentieller Anleger gewisse Grundkenntnisse hat. Eventuell wäre ein Hinweis nötig, dass jemand, der die Informationen nicht richtig auswerten kann, sich beraten lassen möge. Ansonsten ist aber ein durchschnittlicher, damit verständiger Leser vorauszusetzen. Dieser ist in der Lage zu erkennen, dass er eine Vermögensanlage nicht oder nur nach entsprechender Beratung erwerben sollte, wenn er nicht genau versteht, was im Prospekt angegeben ist.

Nach diesen Ausführungen ist einer so verstandenen vermittelnden Theorie zu folgen, aber auf die Besonderheiten des Grauen Kapitalmarkts Rücksicht zu

---

709 *Groß* §§ 44, 45 BörsG Rn. 42.

710 *Groß* §§ 44, 45 BörsG Rn. 41; a.A. FA-BKR/*Nittel/Lembach* Kap. 8 Rn. 150.

711 *Groß* §§ 44, 45 BörsG Rn. 50; vgl. a. BGH WM 1982, 862 (863).

nehmen, über die der durchschnittliche Anleger keine Kenntnisse hat und auf die besonders hingewiesen werden muss, ebenso wie auf den Rat, bei Zweifeln über die Informationen im Prospekt eine Beratung zu suchen.

bb) Unrichtigkeit

Vor diesem Hintergrund ist Unrichtigkeit dann gegeben, wenn eine angegebene Tatsache falsch oder ein Werturteil oder eine Prognose kaufmännisch nicht vertretbar ist. Dabei ist die Unrichtigkeit – anders als die Unvollständigkeit – weniger vom Beurteilungsmaßstab abhängig. Ob eine Tatsache wahr ist, oder nicht, ist logisch eindeutig und unabhängig von der Sicht des Betrachters. Das gilt aber nur für reine Tatsachen. Werturteile und Prognosen stützen sich zwar auf Tatsachen, geben aber darüber hinaus eine Bewertung ab. Ob eine Anlageform etwa sicher oder unsicher ist, hängt nicht nur von den Tatsachen ab, sondern auch von der Risikobereitschaft desjenigen, der diese Aussage trifft. Gleiches gilt für Aussagen, die die wirtschaftliche Leistung eines Unternehmens betreffen. Jemand, der hohe Erwartungen hat, wird hier eine andere Aussage treffen, als jemand, dem auch eine geringere Gewinnerwartung ausreicht. Der durchschnittliche Anlegerhorizont ist also bei der Abgabe von Werturteilen und Prognosen zu beachten. Aus diesem Grund sind Gewinnprognosen daher auch zurückhaltend zu gebrauchen und es ist zugleich auf die der Prognose entgegenstehenden Risiken hinzuweisen.[712]

cc) Unvollständigkeit

Die Beachtung des Anlegerhorizonts ist wichtiger beim Tatbestandsmerkmal der Unvollständigkeit. Vorausgeschickt sei, dass der Prospekt i.d.R. vollständig ist, wenn er die Angaben enthält, die in der VermVerkProspV vorgeschrieben sind.[713] Der Prospekt ist aber auch bei Einhaltung der gesetzlichen Vorgaben dann unvollständig, wenn unter Beachtung des Anlegerhorizontes nicht alle Angaben enthalten sind, die es dem durchschnittlichen Anleger ermöglichen, die Anlage bewerten zu können.[714] Für die Prospekthaftung ist es grundsätzlich unerheblich, ob die Angaben nach der VermVerkProspV eingehalten wurden: Der Prospekt kann daher einerseits vollständig sein, obwohl nicht alle vorgegebenen Angaben enthalten sind und er kann andererseits unvollständig sein, obwohl alle vorgegebenen Angaben enthalten sind.[715] Die Prospekthaftung richtet sich

---

712 *Groß* §§ 44, 45 BörsG Rn. 52.

713 *Groß* §§ 44, 45 BörsG Rn. 45; Schäfer/*Hamman* §§ 44, 45 BörsG Rn. 151; Habersack/Mülbert/Schlitt/*Mülbert/Steup* § 33 Rn. 34; *Hüffer* S. 138; *Lenenbach* Rn. 8.86; Lüdicke/Arndt/*Kind* S. 126; Arndt/Voß/*Kind* § 13 VerkProspG Rn. 12.

714 *Groß* §§ 44, 45 BörsG Rn. 45; Schwark/*Schwark* § 45 BörsG Rn. 32; Vortmann/*Hauptmann* § 3 Rn. 72; *Hüffer* S. 138; Lüdicke/Arndt/*Kind* S. 126; *Buck-Heeb* § 17 Rn. 615; Arndt/Voß/*Kind* § 13 VerkProspG Rn. 21 f.; OLG Düsseldorf WM 1984, 586 (593).

715 *Groß* §§ 44, 45 BörsG Rn. 45; *Assmann*/Lenz/Ritz § 13 Rn. 26 Schwark/ *Schwark* § 45

nur nach der Voraussetzung, dass im Prospekt alle Angaben für eine sachgerechte Bewertung durch einen durchschnittlichen Anleger enthalten sein müssen, nicht nach den Vorgaben der VermVerkProspV. Andernfalls wäre es dem Verordnungsgeber überlassen, die Grenzen der Prospekthaftung festzulegen. Somit hat die Verordnung nur Indizwirkung. Eine Vollständigkeit trotz Nichteinhaltung der Verordnung kann dann gegeben sein, wenn eine entsprechende Tatsache, die an sich anzugeben wäre, beim Emittenten gar nicht vorliegt.[716]

Wichtiger ist jedoch der andere Fall, dass neben den Angaben gem. der VermVerkProspV weitere Angaben erforderlich sind. Hierzu zählen, wie bereits oben[717] gefordert, Angaben zu den Besonderheiten des Grauen Kapitalmarktes, nämlich bei Direktvertrieb die Empfehlung einer unabhängigen Beratung sowie die Erläuterung, dass die angebotene Kapitalanlage eine solche des Grauen Kapitalmarkts und kein „normaler" Investmentfonds ist. Daneben ist bei allen pflichtmäßig gemachten Angaben im Einzelfall eine Erklärung – etwa bei Darstellung der Bilanz – beizufügen, wenn zu erwarten ist, dass der durchschnittliche Anleger das Material sonst nicht versteht.[718] Ebenso ist auf sonstige rechtliche oder tatsächliche Besonderheiten des geschlossenen Fonds oder seiner Betreiber einzugehen, die neben den Angaben nach der VermVerkProspV die Bewertung der Vermögensanlage beeinflussen. Fehlen diese, so liegt Unvollständigkeit vor.

Fraglich ist weiterhin, ob neben den in der VermVerkProspV geforderten Angaben etwaige Negativkritik über die Kapitalanlage in den Prospekt aufzunehmen ist. Hierzu zählen Negativratings, negative Presseberichte oder negative Bewertungen durch Fachleute. Diese Frage ist streitig. Nach einer Ansicht müssen solche Berichte im Verkaufsprospekt angegeben werden, da es sich um wesentliche Angaben für die Bewertung der Kapitalanlage handele.[719] Nach einer anderen Ansicht hingegen müssen solche Aussagen Dritter nicht in den Prospekt übernommen werden.[720] Richtig ist, dass die Existenz von Bewertungen

---

BörsG Rn. 32; *Lenenbach* Rn. 8.86; Schäfer/*Hamman* §§ 44, 45 BörsG Rn. 151.

716 *Groß* §§ 44, 45 BörsG Rn. 46, der jedoch trotzdem eine Fehlanzeige empfiehlt (anders Schäfer/*Hamman* §§ 44, 45 BörsG Rn. 151). Für Wertpapiere gibt es weitere Möglichkeiten einer Vollständigkeit trotz Nichteinhaltung der Verordnungsvorgaben, vgl. *Groß* ebd.

717 S.o. § 6 A. I. 1. c) aa) (S. 170).

718 *Groß* §§ 44, 45 BörsG Rn. 49; Habersack/Mülbert/Schlitt/*Mülbert/Steup* § 33 Rn. 35; *Assmann*/Lenz/Ritz § 13 Rn. 32; Schwark/*Schwark* § 45 BörsG Rn. 32.

719 LG Frankfurt WM 1992, 1768 und ebenso die zugehörige Anmerkung *Köndgen* WuB I G 9.-1.93; wohl auch *Graf von Westphalen* BB 1994, 85 (87).

720 Schwark/*Schwark* § 45 BörsG Rn. 33; *ders.* EWiR § 45 BörsG 1/93; *Groß* §§ 44, 45 BörsG Rn. 51; *Assmann*/Lenz/Ritz § 13 Rn. 37; Vortmann/*Hauptmann* § 3 Rn. 75; *Altmeppen* DB 1993, 84 f.; differenzierend Hopt/Voigt/*Ehricke* S. 187, 217 f., nach dem nur betriebswirtschaftlich ökonomisch, juristisch fundierte Kritik aufgenommen werden muss.

der Kapitalanlage oder des Anbieters durch Dritte eine Tatsache ist, der Inhalt dieser Bewertungen jedoch nicht.[721] Der Prospekt hat zwar alle relevanten Tatsachen aufzuführen, wozu auch Werturteile zählen können. Die in den Presseberichten oder Bewertungen durch Ratingagenturen enthaltenen Aussagen sind jedoch Werturteile durch Dritte. Diese braucht der Prospekt nicht anzugeben, das heißt der Anbieter muss nicht den Text der Bewertungen wiedergeben. Fraglich ist aber, ob er auf die Tatsache, dass solche Bewertungen existieren, hinweisen muss. Hier ist bereits zweifelhaft, ob jede vorhandene Bewertung angegeben werden muss, denn das würde einen immensen Rechercheaufwand bedeuten, da sich Bewertungen heute nicht nur in einer Wirtschaftszeitung, sondern auch auf irgendeiner Internetseite befinden könnten. Das Übersehen einer solchen Seite kann jedoch keine Prospekthaftung auslösen. Der Prospekt soll über alle relevanten Tatsachen der Kapitalanlage informieren. Daher muss der Prospekt nur die Tatsachen umfassend enthalten, auf die die dritten Personen ihre Bewertungen stützen.[722] Auf diese Weise kann der Anleger eine eigene Bewertung vornehmen. Der Prospekt stellt nämlich ein Instrument der Regulierung der Informationsverteilung dar, nicht ein Instrument der Anlageberatung.[723] In einer Beratungssituation kann der Beratene vom Berater verlangen, über negative Kritik informiert zu werden; im Prospekt sind nur die Tatsachen anzugeben, auf die die eventuell vorhandene Negativkritik gestützt wird.

Anders kann sich diese Situation darstellen, wenn für ein bestimmtes Anlageprodukt sowohl positive als auch negative Kritik vorliegt und der Prospekt nur die Positivkritik unter Auslassung der negativen Kritik wiedergibt. Dies kann unter dem Gesichtspunkt des unrichtigen Gesamtbildes zu bewerten sein.[724] Hierauf wird im Folgenden eingegangen.

dd) Gesamtbild

Auf den Anlegerhorizont kommt es für die Beurteilung einer Unrichtigkeit bzw. Unvollständigkeit des Prospekts an, soweit die Aussagekraft des Prospekts insgesamt betroffen ist. Der Prospekt muss nicht nur in Bezug auf alle enthaltenen Einzelaussagen, sondern auch in seinem Gesamtbild richtig sein.[725] Danach

---

[721] *Groß* §§ 44, 45 BörsG Rn. 51; *Schwark* EWiR § 45 BörsG 1/93; *Altmeppen* DB 1993, 84 f.

[722] Ebenso *Assmann*/Lenz/Ritz § 13 Rn. 37; Schwark/*Schwark* § 45 BörsG Rn. 33; *Altmeppen* DB 1993, 84 f.; ähnlich *Groß* §§ 44, 45 BörsG Rn. 51; OLG Frankfurt WM 1994, 291 (297).

[723] *Assmann*/Lenz/Ritz § 13 Rn. 37.

[724] *Groß* §§ 44, 45 BörsG Rn. 51 (bei Fn. 176); *Assmann*/Lenz/Ritz § 13 Rn. 37.

[725] Schwark/*Schwark* § 45 BörsG Rn. 26; Schäfer/*Hamann* §§ 44, 45 BörsG Rn. 194; *Assmann*/Lenz/Ritz § 13 Rn. 31; *Groß* §§ 44, 45 BörsG Rn. 40 u. 44; Vortmann/ *Hauptmann* § 3 Rn. 66; *Hüffer* S. 138 ff.; Habersack/Mülbert/Schlitt/*Mülbert/Steup* § 33 Rn. 37; *Lenenbach* Rn. 8.88; Arndt/Voß/*Kind* § 13 VerkProspG Rn. 19; BGH WM 2007, 1503

kann der Prospekt auch dann unrichtig sein, wenn zwar die einzelnen Angaben richtig sind, aber die Gesamtschau der gemachten Angaben, insbesondere der wertenden Aussagen, beim Anleger nach dessen Erkenntnisstand einen zu positiven Gesamteindruck erzeugen.[726] Gibt der Prospekt mit den bloßen, an sich korrekten Angaben insgesamt ein falsches Bild von der angebotenen Kapitalanlage, dann bedarf es weiterer Erklärungen. Fehlen diese, so liegt genau genommen keine Unrichtigkeit des Gesamtbildes, sondern eine unvollständige Erläuterung dieses Gesamtbildes vor.[727] Dasselbe gilt, wenn das Gesamtbild dadurch gestört wird, dass die Gestaltung des Prospekts das Lesen derart (massiv) beeinflusst, dass beim Leser ein gestörter Gesamteindruck entsteht.[728] Allerdings gilt dies nur, wenn der Gesamteindruck erheblich gestört ist, nicht jedoch, wenn einzelne Gestaltungsmängel vorliegen, wie etwa eine falsche Gliederung der verschiedenen Angaben.[729]

ee) Aktualisierung

Der Anbieter einer Kapitalanlage muss, sofern sich während der Gültigkeitsdauer seiner Kapitalanlage etwas ändert, gem. § 11 VerkProspG einen Nachtragsprospekt veröffentlichen. Daher muss der Anbieter seinen Prospekt permanent aktualisieren, solange das Angebot läuft.[730] Zudem muss der Anbieter bereits bei Erstellung des Prospekts Angaben zu den Änderungen machen, die sich etwa seit Erstellung des letzten Jahresbericht ergeben haben.[731] Ist der Prospekt bereits veröffentlicht, so muss ein Nachtragsprospekt veröffentlicht werden.

Werden diese Aktualitätsvorgaben nicht eingehalten, so ist der Prospekt unrichtig.[732]

2. Anspruchsgegner: Anbieter oder Prospektverantwortliche und -veranlasser?

Gegner des Anspruchs aus Prospekthaftung gem. § 13 VerkProspG i.V.m. § 44 BörsG ist der Prospektverantwortliche oder der Prospektveranlasser. Diese Begriffe tauchen indes nur im BörsG auf, nicht im VerkProspG. Daher soll im Fol-

(1504); WM 1982, 862; OLG Frankfurt WM 1994, 291, 295 mit Anmerkung *Schwark* WuB I G 9.-2.94.

726 *Hüffer* S. 138 f.; Arndt/Voß/*Kind* § 13 VerkProspG Rn. 19.

727 *Hüffer* S. 139 f.

728 Habersack/Mülbert/Schlitt/*Mülbert/Steup* § 33 Rn. 37; Hopt/Voigt/*Ehricke* S. 224; *Groß* §§ 44, 45 BörsG Rn. 67; Hauptmann/*Vortmann* § 3 Rn. 68; Arndt/Voß/*Kind* § 13 VerkProspG Rn. 25.

729 *Groß* §§ 44, 45 BörsG Rn. 67.

730 Assmann/Schütze/*Assmann* § 6 Rn. 116 f.; *ders.* Prospekthaftung S. 322 f.; *Groß* §§ 44, 45 BörsG Rn. 56; *Keunecke* Rn. 89.

731 *Groß* §§ 44, 45 BörsG Rn. 57; vgl. a. Schwark/*Schwark* § 45 BörsG Rn. 27.

732 Schwark/*Schwark* § 45 BörsG Rn. 27; Assmann/Schütze/*Assmann* § 6 Rn. 117; *Keunecke* Rn. 89; Arndt/Voß/*Kind* § 13 VerkProspG Rn. 26.

genden untersucht werden, in welchem Zusammenhang diese Begriffe stehen. Welche der beteiligten Personen am Prospekt in Einzelfall als Prospektverantwortliche in Betracht kommen, soll indes erst später (unter 5. im Rahmen des Verschuldens) untersucht werden.

a) Begriffliche Abweichung des VerkProspG von § 44 BörsG

In § 8f VerkProspG wird der Prospektpflichtige mit dem Begriff des Anbieters beschrieben. Für die Haftung bezüglich der in diesem Prospekt enthaltenen Informationen verweist § 13 Abs. 1 VerkProspG hingegen auf die §§ 44 bis 47 BörsG, mit einigen Abweichungen (Nrn. 1 bis 3). In diesen Abweichungen wird kein anderer Begriff des Anspruchsgegners der Prospekthaftung festgelegt. Für den Prospekt haftet also der Prospektverantwortliche und der Prospektveranlasser. Der Gesetzgeber will mithin an den in § 44 Abs. 1 S. 1 BörsG festgelegten Personenbezeichnungen festhalten. Dieselbe Differenzierung besteht auch für Wertpapierprospekte, für die gem. § 3 WpPG ebenfalls der Anbieter verpflichtet ist, einen Prospekt zu erstellen, für deren Haftung aber ebenfalls unmittelbar oder über den Verweis aus § 13 VerkProspG die Bestimmung des § 44 BörsG gilt. Hinzu kommt, dass in § 13a VerkProspG, der die Haftung für das gänzliche Fehlen eines Prospekts regelt, kein Verweis, sondern eine eigenständige Regelung im VerkProspG vorliegt und hierbei nicht die Begrifflichkeiten aus § 44 Abs. 1 S. 1 BörsG übernommen worden sind, sondern auf den Anbieter und den Emittenten abgestellt wird. Generell gilt, dass die Haftung aus dem Prospekt dieselben Personen treffen sollte, die für die Erstellung des Prospekts verantwortlich sind.[733] Dann ist allerdings fraglich, wieso der Gesetzgeber verschiedene Begriffe wählt, noch dazu mit den §§ 13 u. 13a VerkProspG im selben Gesetz. Zunächst sollen die im VerkProspG selbst enthaltenen Begriffe des Anbieters und des Emittenten geklärt werden, danach die des BörsG, also Prospektverantwortliche und -veranlasser. Anschließend werden die Ergebnisse gegenübergestellt, und es wird die Bedeutung der Unterschiede für das VerkProspG ermittelt.

b) Anbieter, Emittent

§ 13a VerkProspG enthält die Begriffe des Anbieters und des Emittenten. Der Begriff des Anbieters findet sich bereits in § 8f VerkProspG und hat daher dieselbe Bedeutung: Anbieter ist derjenige, der das Angebot entweder selbst veranlasst oder es nach außen vertritt.[734]

Die Tatbestandsalternative des Emittenten betrifft schon begrifflich eher den Fall von Wertpapieren. In Art. 2 lit. h) VerkaufsprospektRL ist vom Herausgeber eines Wertpapiers die Rede. Hier wird etwa die Aktiengesellschaft, die Aktien öffentlich anbietet, als Emittent bezeichnet. Der § 13a VerkProspG gilt,

[733] Schäfer/*Hamann* § 1 VerkProspG Rn. 21.

[734] S.o. unter § 3 A. II. 2. (S. 47).

ebenso wie § 13 VerkProspG, nicht nur für Vermögensanlagen i.S.v. § 8f VerkProspG, sondern auch für Wertpapiere. Allerdings ist es auch möglich, dass im Bereich von geschlossenen Fonds der Anleger unmittelbar Gesellschafter einer Fondsgesellschaft wird.[735] In diesem Fall könnte man auch von Emittenten sprechen, denn die Fondsgesellschaft verkauft ihre eigenen Anteile in der Öffentlichkeit. Damit ist sie allerdings zugleich Anbieter. Zusammenfassend könnte man sagen, dass Emittent eine Gesellschaft ist, die ihre eigenen Gesellschaftsanteile öffentlich anbietet.

Fraglich ist daher, ob der Begriff des Emittenten tatsächlich auf Wertpapiere beschränkt ist. Das mag zwar auf den ersten Blick naheliegen, andererseits spricht auch § 5 VermVerkProspV vom Emittenten. Zumindest der Verordnungsgeber geht daher auch bei Vermögensanlagen des Grauen Kapitalmarkts von dem Vorhandensein von Emittenten aus. Dem ist zuzustimmen.

Die Unterscheidung zwischen Anbieter und Emittent erlangt allerdings nur dann Bedeutung, wenn es neben dem Emittenten eine andere Person gibt, die die Anteile veräußert; insbesondere, wenn die Gesellschaft, deren Anteile angeboten werden, selbst nicht Anbieter ist. In diesem Fall ist klargestellt, dass auch die Gesellschaft selbst für das Vorliegen eines Prospekts gem. § 13a VerkProspG haftet. Die Notwendigkeit eines Rückgriffs auf den eigenständigen Emittentenbegriff ist nach dem hier vertretenen Anbieterbegriff[736] allerdings eher selten, da unter Anbieter auch derjenige zu fassen ist, der das Angebot veranlasst, was für die meisten Emittenten zutreffen dürfte.

Für die Anlageprodukte des Grauen Kapitalmarktes gilt, dass bei direkter Beteiligung des Anlegers an einer Fondsgesellschaft auch die Fondsgesellschaft selbst als Haftende gem. § 13a VerkProspG zu sehen ist, unabhängig davon, ob sie selbst das Angebot gemacht hat, da sie auch Emittent ist. Dabei ist zu beachten, dass nach neuerer Rechtsprechung des BGH[737] zur Rechtsfähigkeit der GbR auch eine Personengesellschaft Inhaberin von Rechten und Pflichten sein kann. Damit kann auch die Personengesellschaft selbst Haftungsverpflichtete sein. Dies trifft für die meisten Fonds des Grauen Kapitalmarkts zu.

Obwohl damit i.d.R. der Emittent auch Anbieter sein dürfte, sind doch jedenfalls theoretisch solche Fälle denkbar, in denen es für den Fonds nur auf Grundlage des Emittentenbegriffs zur Prospekthaftung kommen kann. In allen anderen Fällen ist über den Anbieterbegriff sichergestellt, dass die Personen, die die Verpflichtung haben, einen Prospekt zu erstellen, auch dafür gem. § 13a VerkProspG haften müssen, wenn sie dieser Pflicht nicht nachkommen. In man-

---

[735] S.o. § 3 A. I. 2. e) (S. 35).

[736] S.o. § 3 A. II. 2. (S. 47).

[737] BGH NJW 2001, 1056; PWW/*v. Ditfurth* § 705 Rn. 35; Palandt/*Sprau* § 705 Rn. 24; Hk-BGB/*Saenger* § 705 Rn. 18 ff.

chen Fällen erstreckt sich die Prospekthaftung flankierend auf einen Emittenten, der eine andere Person sein kann.

Die Richtigkeit der Annahme eines weiten Anbieterbegriffs zeigt sich hier noch einmal darin, dass es für die Eigenschaft des Emittenten zwar nicht zwingend der Begebung eines Wertpapiers bedarf, aber der Begriff in seiner Anwendung auf den Grauen Kapitalmarkt zumindest problematisch ist. In diesen Fällen ist über den Anbieterbegriff sichergestellt, dass die Personen, die die Verpflichtung haben, einen Prospekt zu erstellen, auch gem. § 13a VerkProspG haften müssen, wenn sie dieser Pflicht nicht nachkommen.

c) Prospektverantwortlicher, Prospektveranlasser

In § 44 Abs. 1 S. 1 BörsG ist abweichend von der Terminologie des VerkProspG von Prospektverantwortlichem (Nr. 1) und Prospektveranlasser (Nr. 2) die Rede.

Unter der Person, „die die Verantwortung für den Prospekt übernommen hat", sind die Personen zu verstehen, die nach außen erkennbar die Verantwortlichkeit für den Prospekt übernommen haben.[738] Dies geschieht in erster Linie durch die Unterzeichnung des Prospekts.[739] Da geschlossene Fonds i.d.R. nicht an einer Börse zugelassen werden, ist gem. § 2 Abs. 4 VermVerkProspV nur die Unterzeichnung durch den Anbieter vorgesehen – anders als in § 5 Abs. 3 WpPG, nach dessen S. 2 auch derjenige, der den Zulassungsantrag bei einem organisierten Markt stellt, den Prospekt zu unterzeichnen hat. Hierbei ist zu beachten, dass es durchaus geregelte Zweitmärkte für geschlossene Fonds gibt. Stellt jemand anderes als der Anbieter den Zulassungsantrag, so muss dieser den Prospekt nicht unterzeichnen. Allerdings ist der Anbieterbegriff nach der hier vertretenen Auffassung weit zu verstehen, so dass auch der Antragsteller ggf. als Anbieter i.S.d. § 8f VerkProspG und damit auch i.S.d. VermVerkProspV gelten kann.

Zu den Personen, die für den Prospekt verantwortlich sind, zählen außerdem diejenigen, die gem. § 3 VermVerkProspV im Prospekt als für den Prospekt verantwortlich angegeben sind – auch wenn diese Personen i.d.R. den Prospekt (als Anbieter) zu unterschreiben haben.[740] Allerdings können diejenigen, die

---

[738] *Groß* §§ 44, 45 BörsG Rn. 30; Schwark/*Schwark* § 45 BörsG Rn. 8; Habersack/Mülbert/ Schlitt/*Mülbert/Steup* § 33 Rn. 58; Schäfer/*Hamann* §§ 44, 45 BörsG Rn. 87; Assmann/ Schütze/*Assmann* § 6 Rn. 222; Arndt/Voß/*Kind* § 13 VerkProspG Rn. 31; vgl. a. RegE zum 3. Finanzmarktförderungsgesetz BT-Drs. 13/8933 S. 78; *Korth* S. 66.

[739] Habersack/Mülbert/ Schlitt/*Mülbert/Steup* § 33 Rn. 59; *Assmann*/Lenz/Ritz § 13 Rn. 49; *ders.* in Assmann/Schütze § 6 Rn. 222; *Groß* §§ 44, 45 BörsG Rn. 30; *Hüffer* S. 141; Hopt/Voigt/*Ehricke* S. 227.

[740] Vgl. zum alten Recht: *Assmann*/Lenz/Ritz § 13 Rn. 49; *Hüffer* S. 141.

nicht angegeben werden, gleichwohl Prospektverantwortliche werden, und zwar als Personen, von denen der Erlass des Prospekts ausgeht.

Prospektveranlasser, also die Person, von der der Erlass des Prospekts ausgeht, ist der tatsächliche Urheber des Prospekts.[741] Hiermit sind die Personen gemeint, die ein wirtschaftliches Interesse am Erfolg der Kapitalanlage haben und an der Prospekterstellung im Hintergrund mitgewirkt haben, allerdings nicht im Prospekt genannt werden.[742] Die im Hintergrund stehende Person muss aber gerade für das Veranlassen – also das aktive Fördern der Erstellung eines (unvollständigen oder unrichtigen) Prospekts verantwortlich sein. Es reicht nicht aus, dass die Person nur das Ausfertigen des Prospekts durchführt oder einzelne Daten zusammenträgt.[743] Ansonsten wäre die zweite Variante des § 44 Abs. 1 BörsG nicht mit der ersten vergleichbar, was sich aus der Anordnung der Haftung aber gebietet. Zu den entsprechenden Personen zählen Initiatoren, Gründungsgesellschafter und Gestalter der Gesellschaft, soweit sie das Management bilden oder beherrschen sowie solche Personen, die besonderen Einfluss auf die Gesellschaft ausüben, aber ansonsten hinter der Geschäftsführung stehen.[744]

Kommen mehrere Personen nach diesen Regeln als Prospekthaftende in Betracht, so sind sie gem. § 44 Abs. 1 BörsG Gesamtschuldner.

d) Bedeutung der Begriffe im Zusammenhang mit § 13 und § 13a VerkProspG

Fraglich ist, ob zwischen den unterschiedlichen Begriffen (Anbieter und Emittent einerseits, Prospektverantwortlicher und Prospektveranlasser andererseits) ein Unterschied besteht. Der Gesetzgeber will § 13a VerkProspG der Regelung in § 13 VerkProspG nachgebildet haben.[745] Daher spricht eine Vermutung dafür, dass der Gesetzgeber davon ausgeht, dass die beiden Begriffe des § 13a VerkProspG mit denen des § 44 BörsG korrespondieren.

Es hat sich allerdings gezeigt, dass die Person des Prospektveranlassers i.S.d. § 44 Abs. 1 Nr. 2 BörsG im Anbieterbegriff des § 13a VerkProspG nur deswegen eine Entsprechung findet, weil dieser Begriff hier so verstanden wurde, dass auch Personen, die das Angebot aus dem Hintergrund veranlassen, als Anbieter zu verstehen sind. Sähe man das anders, so wären die beiden Haftungs-

---

741 *Groß* §§ 44, 45 BörsG Rn. 35; Schwark/*Schwark* § 45 BörsG Rn. 9; *Kümpel* Rn. 9.367; Habersack/Mülbert/Schlitt/*Mülbert/Steup* § 33 Rn. 67; *Hüffer* S. 142; KpK GesR/*Varachia* Kap. 9 Rn. 88; Arndt/Voß/*Kind* § 13 VerkProspG Rn. 32; *Korth* S. 67.

742 Hopt/Voigt/*Ehricke* S. 229; *Assmann*/Lenz/Ritz § 13 Rn. 50.

743 *Assmann*/Lenz/Ritz § 13 Rn. 50.

744 KpK GesR/*Varachia* Kap. 9 Rn. 88 entsprechend der Rechtsprechung vor dem AnSVG: BGH NJW 1992, 228; NJW 1981, 1449; NJW 1978, 1625.

745 RegE AnSVG, BT-Drs. 15/3174, S. 44.

normen indes nicht deckungsgleich. Dies zeigt umso mehr, warum auch die sogenannten Hintermänner uneingeschränkt als Anbieter zu verstehen sind.[746]

Mit dieser Auslegung kommt man im Ergebnis auf einen identischen Anwendungsbereich. Ein selbstverständliches und eindeutiges Ergebnis ist das aber nicht.

Der in § 13a VerkProspG enthaltene Begriff des Emittenten ist zwar i.d.R. auf Wertpapieremissionen beschränkt, bei denen die Norm – im Gegensatz zu allen anderen Normen des VerkProspG – auch anwendbar ist. Derjenige, der bei einem geschlossenen Fonds einem Emittenten entspräche, wenn es eine Wertpapieremission wäre, ist nach dem weiten Anbieterbegriff jedoch regelmäßig auch Anbieter. Parallel dazu wäre im Rahmen des § 13 VerkProspG in einem solchen Fall der Emittent für den Prospekt zumindest gem. § 3 VermVerkProspV in Teilen verantwortlich und im Prospekt zu nennen und dann wäre er gem. § 44 Abs. 1 Nr. 1 BörsG Adressat der Prospekthaftung; wird er nicht genannt, so würde dieser Fall unter Nr. 2 zu fassen sein, da davon auszugehen ist, dass der Emittent an der Erstellung des Prospekts mitwirkt und ein wirtschaftliches Interesse hat.

Auch insoweit ist also der Anwendungsbereich der beiden Haftungsnormen im VerkProspG hinsichtlich des Adressaten der Prospekthaftung derselbe.

Es bleibt aber festzustellen, dass – je nach Auslegung des Anbieterbegriffes – gewisse Differenzen bleiben können. Daher ist diese Zweiteilung der Ansprüche nicht begrüßenswert und fördert nicht gerade die Rechtsklarheit.

3. Anspruchsberechtigte

Anspruchsberechtigt im Rahmen der Prospekthaftung nach § 13 VerkProspG i.V.m. § 44 BörsG ist der Erwerber der Vermögensanlage. Angesichts der Tatsache, dass unter Erwerber nicht nur der Ersterwerber verstanden werden muss, sondern es auch denkbar ist, dass der Ersterwerber seine Anteile wieder veräußert hat (etwa über einen Zweitmarkt), muss auch der Zweiterwerber in Betracht gezogen werden. Außerdem stellt sich im Falle der Veräußerung die Frage, ob es beim Ersterwerber darauf ankommt, ob er noch Inhaber der Anteile ist.

a) Ersterwerber

In erster Linie ist bei der Prospekthaftung an den ursprünglichen Erwerber einer Vermögensanlage zu denken. Hierunter ist die Person zu verstehen, die den Anteil an einer Vermögensanlage unmittelbar und originär vom Anbieter erworben hat. Bei vielen geschlossenen Fonds ist eine Weiterveräußerung unmöglich bzw. nur über einen speziellen Zweitmarkt oder per Vermittlung des Fondsbetreibers möglich. In diesem Fall bleibt der Ersterwerber zur ganzen Laufzeit des

---

[746] Nach anderer Ansicht sind Hintermänner nur dann als Anbieter zu verstehen, wenn sie offen zu den Emittenten zählen: *Benecke* BB 2006, 2597.

Fonds auch Inhaber des Anteils. Es kann aber auch sein, dass dieser den Anteil in irgendeiner Weise veräußern konnte. Es ist daher zu unterscheiden zwischen dem Ersterwerber, der noch Inhaber des Anteil ist und dem, der nicht mehr Inhaber des Anteils ist.

Ist der Ersterwerber noch Inhaber des Anteils an der Vermögensanlage, so stellt das den gesetzlichen Normalfall dar. Der Anleger kann in der Rechtsfolge die Übernahme der von ihm erworbenen Anteile durch den Anbieter und die (Rück-) Zahlung des Kaufpreises nebst der mit dem Erwerb verbundenen Kosten verlangen, § 44 Abs. 1 S. 1 BörsG.

Ist der Ersterwerber hingegen nicht mehr Inhaber der Anteile, weil er die Anteile veräußert hat, so kann er den Unterschiedsbetrag zwischen Erwerbs- und Veräußerungspreis verlangen, § 44 Abs. 2 S. 1 BörsG. Diese Regelung ist ersichtlich nur auf den entgeltlichen Erwerb durch einen zweiten Anleger ausgerichtet.[747] Fraglich ist daher die Rechtslage in dem Fall, in dem der Ersterwerber die Anteile unentgeltlich weitergegeben hat. Hier scheitert eine Berechnung seiner Entschädigung an dem Veräußerungspreis. Der Zweiterwerber hätte in diesem Fall keinen Schaden. Die Haftung kann aber nicht durch den unentgeltlichen Erwerb eines anderen entfallen. Würde man als Veräußerungspreis Null ansetzen, so könnte der Schenkende den vollen Schaden liquidieren, ohne die Anteile jedoch zurückzugeben; der Beschenkte könnte sie behalten, obwohl der Anbieter den vollen Preis an den Schenkenden zurückerstattet hat. Beides kann nicht überzeugen. Eine ähnliche Situation liegt beim Tod des Erstanlegers vor, wenn die Anteile auf die Erben übergehen – die gesellschaftsrechtliche Möglichkeit nach dem Gesellschaftsvertrag der Fondsgesellschaft vorausgesetzt. Der Erbe hätte ebenso wie ein Beschenkter keinen Schaden, weil er keinen Erwerbspreis gezahlt hätte.

Die Lösung muss hier in einer extensiven, rechtsfortbildenden Auslegung des § 44 BörsG gesehen werden. Im Falle der vererbten Anteile ist beim Erben der Erwerbspreis des Erblassers anzusetzen.[748] Beim Beschenktem hingegen ist zwar kein Schaden eingetreten, allerdings hat er ein Geschenk erhalten, das weniger wert war, als vorgesehen.[749] Daher ist ein fiktiver Veräußerungspreis i.H.d Marktpreises zum Zeitpunkt der Veräußerung festzulegen.[750] Auf diese Weise kann der Schenkende den Unterschiedsbetrag zwischen dem Marktwert bei Schenkung und seinem Erwerbspreis ersetzt verlangen. Der Beschenkte kann den fiktiven Preis als seinen Erwerbspreis ansetzen. Allerdings ist beim Be-

---

[747] Assman/Lenz/Ritz/*Assmann* § 13 Rn. 54; Habersack/Mülbert/ Schlitt/*Mülbert/Steup* § 33 Rn. 87.

[748] Schwark/*Schwark* § 45 Rn. 37; Schäfer/*Hamann* §§ 44, 45 BörsG Rn. 122; Assmann/ Lenz/Ritz/*Assmann* § 13 Rn. 54.

[749] Schwark/*Schwark* § 45 Rn. 37; Schäfer/*Hamann* §§ 44, 45 BörsG Rn. 122.

[750] Ähnlich Schäfer/*Hamann* §§ 44, 45 BörsG Rn. 122.

schenkten zu beachten, dass dieser i.d.R. nicht auf Grund des Prospekts erworben hat, § 45 Abs. 2 Nr. 1 BörsG.[751]

b) Zweiterwerber

Der Zweiterwerber kann ebenfalls Anspruchsinhaber sein, wenn er die Vermögensanlage von einer anderen Person erworben hat. Ist der Zweiterwerber noch Inhaber des Anteils, so hat er dieselben Rechte, wie der Ersterwerber. Hat auch der Zweiterwerber die Anlage weiterveräußert, so ist die Situation ebenfalls dieselbe, wie im entsprechenden Fall des Ersterwerbers. Jeder weitere Erwerber kann Anspruchsinhaber sein, solange der Erwerbstatbestand nur innerhalb der von §§ 13 Abs. 1 Nr. 1 VerkProspG, 44 Abs. 1 S. 1 BörsG festgelegten Zeitspanne von sechs Monaten nach erstmaligen Anbieten liegt.

Wenn derselbe Anteil mehrmals veräußert wird und steigt er zwischenzeitlich im Wert auch wieder etwas an, führt das dazu, dass der Anbieter ggf. eine größere Summe auszahlen muss, als er für die Kapitalanlage erhalten hat. Zwar sind Veräußerungen bei Anlageprodukten des Grauen Kapitalmarktes mittlerweile erleichtert worden, sie sind aber noch immer selten. Sie erfolgen meist mit großen Abschlägen zur Einlagehöhe.

4. Kausalität

Eine weitere Voraussetzung der Prospekthaftung ist die Kausalität. Es muss ein ursächlicher Zusammenhang zwischen dem unrichtigen bzw. unvollständigen Prospekt und dem Erwerb der Vermögensanlage bestehen.[752] Die Beweislast ist allerdings umgekehrt. Sie trägt der Anbieter, der nachweisen muss, dass der Erwerb der Vermögensanlage nicht auf Grund des Prospekts erfolgt ist, § 45 Abs. 2 Nr. 1 BörsG i.V.m. § 13 Abs. 1 Nr. 3 VerkProspG.[753] Dies ist z.B. dann der Fall, wenn der Anleger die Vermögensanlage ausschließlich auf Ratschlag eines Freundes oder auf Grund anderer, eigener Kenntnisse erwirbt.[754]

a) Zeitpunkt des Erwerbs / Anlagestimmung (haftungsbegründende Kausalität)

Für die haftungsbegründende Kausalität kommt es darauf an, dass der Erwerb innerhalb der Dauer der Anlagestimmung (dazu unter aa) stattgefunden hat. Dabei ist es ungeklärt, wann dieser Zeitraum beginnt (dazu unter bb).

---

751 Schäfer/*Hamann* §§ 44, 45 BörsG Rn. 122.

752 Assmann/Schütze/*Assmann* § 6 Rn. 233.

753 Vgl. Schwark/*Schwark* § 45 Rn. 43; Schäfer/*Hamann* §§ 44, 45 BörsG Rn. 252; *Keunecke* Rn. 103; Assmann/Schütze/*Assmann* § 6 Rn. 233.

754 Schwark/*Schwark* § 45 Rn. 43; *Keunecke* Rn. 103.

aa) Anlagestimmung

Die Beweislastumkehr bei der Kausalität greift nur in einer Zeitspanne von sechs Monaten nach erstmaligem öffentlichen Angebot ein, § 13 Abs. 1 Nr. 1 VerkProspG i.V.m. § 44 Abs. 1 S. 1 BörsG. Dieser Zeitraum ist letztlich eine gesetzliche Kausalitätsvermutung. Sie resultiert daraus, dass der Anleger nach früherem Recht[755] nachzuweisen hatte, dass der Erwerb der Wertpapiere auf Grund des Prospekts geschah. Die Rechtsprechung vermutete dies, wenn der Erwerb innerhalb der von ihr angenommenen, sechs bis zwölf Monate nach der Veröffentlichung bestehenden, sog. Anlagestimmung erfolgte.[756] Dies wurde durch Gesetzesänderung derart umgewandelt, dass nun die feste Zeitspanne vorgegeben ist und gleichzeitig dem Anbieter nur der Gegenbeweis möglich ist.

Die Anlagestimmung ersetzte nach altem Recht den Nachweis über den Kausalzusammenhang, wenn eine positive Stimmung des Publikums bezüglich der angebotenen Papiere vorliegt und der Anleger von dieser Stimmung zum Kauf der Anteile bestimmt wurde.[757] Dann war es sogar unerheblich, ob der Anleger den Prospekt gelesen hat.[758] Es reichte allein die Möglichkeit, dass ein Zusammenhang zwischen den falschen Prospektangaben und der Anlageentscheidung besteht; die Anlagestimmung wurde vermutet.[759] Das schloss allerdings nicht aus, dass die Anlagestimmung nachweislich vorgelegen haben muss. War eine solche mangels großangelegter Veröffentlichung des Prospekts nicht gegeben, so konnte sie auch entfallen.[760]

Nach aktuellem Recht bleibt dem Anbieter innerhalb dieser Zeit nunmehr nur die Erbringung des Beweises, dass der Anspruchsgegner die Erwerbs- bzw. Beitrittsentscheidung nicht auf Grund des Prospekts getroffen hat. Zudem ist der Anspruch bei Erwerb nach dieser Zeitspanne gänzlich ausgeschlossen. Fraglich ist aber, wie der Anbieter diesen Beweis führen soll. Die Prospekthaftung ist nur ausgeschlossen, wenn die Anlageentscheidung überhaupt nicht mit dem Prospekt in Verbindung stand. Mitursächlichkeit des Prospekts für die Erwerbsentscheidung des Anlegers ist dagegen ausreichend.[761] Zudem wollte der Gesetzgeber mit der Neuregelung der Prospekthaftung im BörsG nicht die Recht-

---

755 Vgl. hierzu *Hüffer* S. 143.

756 Vgl. Schwark/*Schwark* § 45 Rn. 35; *Hüffer* S. 143 f.; BGHZ 160, 134 (144 f.).

757 RG HoldheimsMonatsschr. 1904 (Band 13), 253 f.; RGZ 80, 196 (204 f.); BGH WM 1982, 867; OLG Düsseldorf WM 1984, 586, 596; BGH ZIP 2006, (568, 571 f.).

758 RG HoldheimsMonatsschr. 1904 (Band 13), 253 f.; RGZ 80, 196 (204 f.); BGHZ 139, 225 (233); BGH ZIP 2006, 568 (572); OLG Düsseldorf WM 1984, 586, 596; OLG Frankfurt WM 1996, 1216 (1219); *Keunecke* Rn. 103.

759 RG HoldheimsMonatsschr. 1904 (Band 13), 253 f.; OLG Frankfurt WM 1996, 1216 (1219); Schäfer/*Hamann* §§ 44, 45 BörsG Rn. 255 f.

760 OLG Sarbrücken, Urteil vom 15.12.2005, Aktenzeichen 8 U 330/04.

761 Habersack/Mülbert/Schlitt/*Mülbert/Steup* § 33 Rn. 90; Schwark/*Schwark* § 45 Rn. 43.

sprechung zur Anlagestimmung beseitigen, sondern sie in das Gesetz aufnehmen.[762] Daraus resultiert, dass die Rechtsprechung zur Anlagestimmung weiter gültig ist.[763] Solange also die Anlagestimmung noch vorherrscht, liegt eine Vermutung dafür vor, dass der Anleger auf Grund des Prospekts seine Kaufentscheidung getroffen hat, unabhängig davon, ob er den Prospekt gelesen hat.

Für den Gegenbeweis des Anbieters sind zwei Wege denkbar: Erstens kann die unrichtige Tatsache so unbedeutend sein, dass hieraus keine Anlagestimmung entsteht. Dann kann die Berufung auf den Prospektmangel nicht dazu benutzt werden, einen durch generelle Unzufriedenheit oder gewandelte Bewertung der Vermögensanlage hervorgerufenen Wunsch zur Desinvestition durchzusetzen.[764] In diesem Fall sind die Angaben, die falsch sind, bereits nicht als wesentliche Angaben zu sehen, so dass es bereits am Haftungsgrund fehlt.

Zweitens kann die Anlagestimmung beendet werden. Dies geschieht durch gehäuft auftretende Negativberichte in den Medien oder einen dramatischen Wertverfall, sofern für die Vermögensanlage ein solcher ermittelt wird.[765] Als Negativberichte kommen sowohl Aussagen des Emittenten selbst (z.B. in Zeitungsinterviews oder durch einen veröffentlichter Jahresabschluss[766], sofern der Anbieter oder die Fondsgesellschaft dazu verpflichtet ist) oder Dritter, vornehmlich Analystenmeinungen in der einschlägigen Fachpresse, in Betracht.[767] Es reicht allerdings nicht aus, wenn einzelne negative Presseberichte veröffentlicht werden, da diese weniger schwer wiegen als der Prospekt selbst;[768] sie müssen außerdem dem Anleger bekannt sein, da davon auszugehen ist, dass der Anleger den Prospekt kennt, nicht aber die Fachpresse regelmäßig liest.[769] Die Negativberichte müssen von einigem Gewicht sein.[770] Kommen sowohl Negativberichte als auch Positivberichte vor, so ist die Anlagestimmung i.d.R. nicht

---

762 RegE zum 3. Finanzmarktförderungsgesetz BT-Drs. 13/8933 S. 76.

763 Habersack/Mülbert/Schlitt/*Mülbert/Steup* § 33 Rn. 90; Schwark/*Schwark* § 45 Rn. 43; Schäfer/*Hamann* §§ 44, 45 BörsG Rn. 256.

764 Schwark/*Schwark* § 45 Rn. 43; BGHZ 123, 106 (114).

765 *Groß* §§ 44, 45 BörsG Rn. 70; Schwark/*Schwark* § 45 Rn. 44; Schäfer/*Hamann* §§ 44, 45 BörsG Rn. 257; Habersack/Mülbert/Schlitt/*Mülbert/Steup* § 33 Rn. 91; Assmann/ Schütze/*Assmann* § 6 Rn. 234; BGHZ 139, 225 (234); *Lenenbach* Rn. 8.100; OLG Frankfurt WM 1996, 1216 (1219).

766 *Groß* §§ 44, 45 BörsG Rn. 70; Habersack/Mülbert/Schlitt/*Mülbert/Steup* § 33 Rn. 91; BGH WM 2004, 1726 (1731); BGHZ 160, 134 (146); LG Frankfurt WM 1996, 1216 (1219).

767 Schwark/*Schwark* § 45 Rn. 44.

768 Grunewald/Schlitt/*Ponick* S. 247.

769 Schwark/*Schwark* § 45 Rn. 44; OLG Düsseldorf WM 1984, 586 (596).

770 Schäfer/*Hamann* §§ 44, 45 BörsG Rn. 257.

aufgehoben.[771] Die Anlagestimmung nimmt im Laufe der Zeit ab,[772] so dass zu einem späteren Zeitpunkt weniger Presseberichte erforderlich sind als kurz nach dem erstmaligen Anbieten und der Veröffentlichung des Prospekts.[773] Sie kann ebenfalls durch einen Nachtrag zum Prospekt gem. § 11 VerkProspG beendet werden, wenn die darin enthaltenen Angaben die Vermögensanlage deutlich negativer darstellen.[774]

bb) Beginn der Anlagestimmung

Fraglich ist, ab wann die Anlagestimmung besteht. Der Zeitraum von sechs Monaten beginnt mit dem erstmaligen öffentlichen Angebot, § 13 Abs. 1 Nr. 1 VerkProspG i.V.m. § 44 Abs. 1 S. 1 BörsG. Anzuknüpfen ist an das gesellschaftsrechtliche Beitrittsgeschäft, wenn der Anleger einem gesellschaftlich verfassten Fonds beitritt. Liegt das Erwerbsgeschäft in dieser Zeit, so greift die Prospekthaftung ein. Fraglich ist allerdings, welche Regelung danach gilt.

Zum Teil wird darauf abgestellt, dass nur innerhalb der ersten sechs Monate nach der Veröffentlichung ein Anspruch möglich ist.[775] Nach einer anderen Ansicht ist unter öffentlichem Angebot gem. § 44 Abs. 1 S. 1 i.V.m. § 8f Abs. 1 Nr. 1 VerkProspG das tatsächliche Anbieten i.S.v. „ernsthaften Verkaufsbemühungen" und nicht das fingierte Anbieten zu verstehen, das ein Anbieter nutzen könnte, um erst sechs Monate nach dem fingierten mit dem tatsächlichen Vertrieb zu beginnen. In diesem Fall könne er ansonsten die Haftung umgehen. Für Angebote, die noch länger darüber hinaus laufen, wird die (ehemalige) bürgerlich-rechtliche Prospekthaftung im engeren Sinne für anwendbar erklärt.[776]

Der zweiten Ansicht ist zwar zuzugeben, dass es eine Umgehung der Norm darstellt, wenn zunächst ein fingiertes Angebot stattfindet und später erst der richtige Vertrieb beginnt. Allerdings ist dabei unklar, woran eine „ernsthafte Verkaufsbemühung" zu erkennen sein soll. Die Haftung für Angebote, die auch im Falle der Ernsthaftigkeit länger laufen, kann indes nicht auf die alte Haftungsgrundlage der bürgerlich-rechtlichen Prospekthaftung im engeren Sinne gestützt werden. Diese wurde von der neuen spezialgesetzlichen Haftung abgelöst. Selbst wenn man noch ein geeignetes Kriterium finden sollte, das es ermöglicht, den Beginn des „echten" Angebots zu ermitteln, so ergeben sich immer dann noch Schutzlücken, wenn auch das „echte" Angebot länger als sechs Monate läuft. Zwischen diesen beiden Situationen darf aber nicht differenziert

---

[771] Schäfer/*Hamann* §§ 44, 45 BörsG Rn. 258; Schwark/*Schwark* § 45 BörsG Rn. 44.

[772] BGH WM 2004, 1726 (1731); BGHZ 160, 134 (146).

[773] Schwark/*Schwark* § 45 Rn. 44.

[774] *Groß* §§ 44, 45 BörsG Rn. 70.

[775] Schwark/*Schwark* § 45 Rn. 35, *Heisterhagen* DStR 2006, 759 (762).

[776] Lüdicke/Arndt/*Kind* S. 129; Arndt/Voß/*Kind* § 13 VerkProspG Rn. 28; dem zustimmend FA-BKR/*Nittel*/*Lembach* Kap. 8 Rn. 182 f.

werden. Sie widerspricht zudem dem eindeutigen Wortlaut. Die zweite Ansicht ist daher abzulehnen. Die Lösung des Problems kann daher nur *de lege ferenda* erfolgen.

b) Eintritt eines Schadens (haftungsausfüllende Kausalität)

Hat ein unrichtiger oder unvollständiger Prospekt zu einer fehlerhaften Entscheidung des Anlegers geführt, ist weitere Voraussetzung für den Schadensersatzanspruch, dass diese Rechtsgutverletzung auch zu einem Schaden beim Anleger geführt hat.

Dies kann im Rahmen des Anspruchs aus § 44 Abs. 1 BörsG auf zweierlei Weise[777] Bedeutung erlangen: Zum einen kann es sein, dass der Schaden auch dann eingetreten wäre, wenn der Prospekt und die Anlagestimmung richtig gewesen wäre und zum anderen ist es möglich, dass der Prospekt und die Anlagestimmung zwar unrichtig waren, aber kein Schaden eingetreten ist. Die einzige Regelung für diesen Fall sieht § 45 Abs. 2 Nr. 2 BörsG (i.V.m. § 13 Abs. 1 Nr. 3 lit. d) VerkProspG) vor: Der Anspruch besteht nicht, wenn der Sachverhalt, dessen Angaben unrichtig waren, nicht zu einer Minderung des Erwerbspreises geführt hat. Dabei ist unter Erwerbspreis, der bei geschlossenen Fonds gem. § 13 Abs. 1 Nr. 3 lit. d) VerkProspG anstelle des Wortes Börsenpreis in § 44 Abs. 1 S. 2 BörsG gilt,[778] nicht der Preis zu verstehen, den der Anleger selbst bezahlt hat, sondern derjenige, zu dem er die Vermögensanlage veräußern kann, denn nur so ist die Regelung derjenigen für Wertpapiere äquivalent. Der Preis, den der Anleger selbst bezahlt hat, kann sich nicht mehr ändern, wenn sich später der Prospekt als mangelhaft erweist. Hier wäre das Wort Veräußerungswert oder -preis besser gewesen.

Ist der Prospekt unrichtig und beruhte der Beitrittswunsch des Anlegers auf diesem Prospekt, ist der Veräußerungswert jedoch nicht geringer als derjenige, zu dem der Anleger beigetreten ist, so scheidet ein Prospekhaftungsanspruch gem. § 45 Abs. 2 Nr. 2 BörsG aus. Hier kann der Anleger nicht den Anspruch aus Prospekthaftung dafür nutzen, sich von der ungeliebten Vermögensanlage zu trennen, obwohl diese im Wert nicht gefallen ist.

In der anderen Lesart des § 45 Abs. 2 Nr. 2 BörsG, dass nicht der unrichtig dargestellte Sachverhalt zu einem geringeren Veräußerungswert geführt hat, sondern ein anderer Grund dafür besteht, liegt ebenso ein Fall mangelnder Kausalität vor, weil der Schaden nicht die Folge der durch den Prospekt verursachten Anlageentscheidung ist.[779] Als andere Umstände, die für den Wertverfall der

---

777 A.A. Habersack/Mülbert/ Schlitt/*Mülbert/Steup* § 33 Rn. 94, die offenbar davon ausgehen, dass die Regelung nur dafür gilt, dass der Schaden auch auf andere Weise entstanden wäre.

778 Vgl. auch RegE AnSVG, BT-Drs. 15/3174, S. 44.

779 Schwark/*Schwark* § 45 BörsG Rn. 55.

Anlage verantwortlich sein können, kommen insbesondere allgemeine wirtschaftliche Rahmenbedingungen der Branche, in der der Fonds operiert, oder allgemeine Entwicklungen am Kapitalmarkt[780] in Betracht. Sind diese anderen Umstände allerdings insgesamt verantwortlich für ein fehlerhaftes Gesamtbild, so greift die Prospekthaftung dennoch ein.[781] Das ist dann nämlich kein äußerer Umstand, sondern eine im Prospekt zu nennende Tatsache. Fehlt diese, so beruht der Verfall gerade auf einem Prospektmangel.

Die haftungsausfüllende Kausalität ist schon dann gegeben, wenn neben anderen Umständen auch der fehlerhafte Prospekt für den Wertverfall verantwortlich war.[782]

Die Beweislast für die fehlende haftungsausfüllende Kausalität liegt, wie diejenige für die haftungsbegründende Kausalität, beim Anbieter.

c) Erwerb vor / nach der Prospektveröffentlichung

Die Prospekthaftung kann nach den normativen Vorgaben nur eingreifen, wenn der Anlagevertrag des Anlegers nach der Veröffentlichung des Prospekts geschieht. In der Literatur zum BörsG wird an dieser Stelle darauf hingewiesen, dass die Schutzlücke, die dadurch entsteht, dass die Kapitalanlage bereits vor Veröffentlichung des Prospekts veräußert wird, durch das Erfordernis eines Verkaufsprospektes nach dem VerkProspG geschlossen wird.[783] Da für geschlossene Fonds nur das VerkProspG gilt, ist der Anspruch aus Prospekthaftung immer auf den Zeitpunkt nach der Veröffentlichung des Prospekts beschränkt. Die Veröffentlichungspflicht besteht mit dem erstmaligen Angebot. Werden die Vermögensanlagen auch davor bereits veräußert, so bestand nach früherem Recht immer noch eine Schutzlücke. Diese ist jetzt aber mit § 13a VerkProspG geschlossen worden, indem dann eine Haftung für das Anbieten ohne Prospekt besteht.

5. Verschulden

Wie bei jedem Schadensersatzanspruch ist auch bei dem Anspruch aus Prospekthaftung das Verschulden eine Anspruchsvoraussetzung. Diese ist in § 45 Abs. 1 BörsG geregelt. Neben dem Verschulden des Anbieters stellt sich die Frage nach einem möglichen Mitverschulden des Anlegers.

---

780 Habersack/Mülbert/Schlitt/*Mülbert/Steup* § 33 Rn. 94; Schwark/*Schwark* § 45 BörsG Rn. 55.

781 Schwark/*Schwark* § 45 BörsG Rn. 55.

782 Schäfer/*Hamann* §§ 44, 45 BörsG Rn. 260, der die Regelung allerdings für eine Einwendung hält.

783 Vgl. Schwark/*Schwark* § 45 BörsG Rn. 37.

a) Maßstab des § 45 BörsG

Nach § 45 Abs. 1 BörsG haftet für die Unrichtigkeit oder Unvollständigkeit des Verkaufsprospekts nicht, wer die Unrichtigkeit oder Unvollständigkeit nicht gekannt hat, sofern diese Unkenntnis nicht auf grober Fahrlässigkeit beruht. Grobe Fahrlässigkeit liegt vor, wenn die im Verkehr erforderliche Sorgfalt in besonders schwerem Maße verletzt worden ist, wenn schon die ganz naheliegenden und einfachsten Überlegungen nicht angestellt wurden und das missachtet wurde, was jedem in der entsprechenden Lage hätte einleuchten müssen.[784] Die genaue Bestimmung des Begriffs hängt von den subjektiven Merkmalen der handelnden Person ab, etwa von ihrer Fach- und Sachkunde und ihrem persönlichen Kenntnisstand.[785] Ob die Beschränkung auf grobe statt einfache Fahrlässigkeit sinnvoll ist, wird erst im Rahmen der Rechtsvergleichung untersucht.

aa) Anbieter und Fondsgesellschaft

Die umfassendsten Kenntnisse haben der Emittent, also die Fondsgesellschaft, und der Anbieter des geschlossenen Fonds. Dies betrifft insbesondere den Anbieter. Damit ist in erster Linie die Gesellschaft gemeint, die den Fonds auflegt. Sie strukturiert den Fonds, gründet die Fondsgesellschaft und wirbt oft auch selbst die Anleger ein. Eventuell wird letzteres auch von einer gesonderten Vertriebsstruktur übernommen. Dennoch hat der Anbieter den größten Einfluss auf die Struktur des Fonds und muss daher alle Einzelheiten der Vermögensanlage kennen. Der Anbieter ist Prospektverantwortlicher.

Die Fondsgesellschaft selbst ist die Gesellschaft, deren Anteile veräußert werden. Sie ist an sich noch näher an den Informationen als der Anbieter. Sie ist somit ebenfalls Prospektverantwortliche, zumindest aber geht der Erlass des Prospekts von ihr aus. Allerdings ist bei den Fondsgesellschaften zu beachten, dass diese Gesellschaften nur Zweckvehikel sind, die i.d.R. von anderen Gesellschaften, die zum Anbieter gehören, gesteuert werden. Die Fondsgesellschaft selbst besteht im Wesentlichen aus den Anlegern. Soweit allerdings die Fondsgesellschaft Zugang zu den Informationen haben kann, ist sie auch verpflichtet, diese zu prüfen. Die Geschäftsführung der Fondsgesellschaft, die vom Initiator gestellt wird, ist hierzu regelmäßig imstande. Dies ist bei der typischen GmbH & Co. KG mit der KG als Publikumsgesellschaft die GmbH als Komplementärin und Geschäftsführerin der KG. Der Geschäftsführer dieser GmbH ist i.d.R. einer der Initiatoren. Als solcher ist er entweder selbst Anbieter oder steht die-

[784] *Groß* §§ 44, 45 BörsG Rn. 75; Schwark/*Schwark* § 45 BörsG Rn. 45; Assmann/Lenz/Ritz/*Assmann* § 13 Rn. 58; Schäfer/*Hamann* §§ 44, 45 BörsG Rn. 213; *Keunecke* Rn. 99; MüKo/*Grundmann* § 276 Rn. 94; PWW/*Schmidt-Kessel* § 276 Rn. 17; Palandt/*Heinrichs* § 277 Rn. 5; HK-BGB/*Schulze* § 276 Rn. 19; RGZ 141, 129 (131) u. 163, 104 (106); BGHZ 10, 14 (16 f.).

[785] *Groß* §§ 44, 45 BörsG Rn. 75; MüKo/*Grundmann* § 276 Rn. 95; Palandt/*Heinrichs* § 277 Rn. 5; Hk-BGB/*Schulze* § 276 Rn. 19; *Assmann*/Lenz/Ritz § 13 Rn. 58.

sem nahe. Damit treffen ihn dieselben Sorgfaltspflichten wie den Anbieter selbst, denn es besteht ein umfassender Zugang zu den Informationen. Daher ist auch die Fondsgesellschaft durch ihre Geschäftsführung zur gleichen Sorgfalt wie der Anbieter verpflichtet.

Anbieter und Emittent sind damit beide gleichermaßen im Vergleich zu den anderen Haftenden im höchsten Maße zur Sorgfalt verpflichtet. Dass ihnen eine bestimmte Tatsache oder ein bestimmtes Risiko unbekannt war bzw. ist, werden sie i.d.R. nur schwer beweisen können.[786] Denn naheliegende und einfache Überlegungen für Anbieter und Emittent einer Vermögensanlage sind es, die wichtigsten Informationen hinsichtlich der wesentlichen Angaben an den Anleger weiterzugeben und diese Informationen ggf. auch zuerst zu beschaffen. Sind Fehler in den wesentlichen Angaben im Prospekt, liegt damit i.d.R. eine grobe Fahrlässigkeit seitens des Anbieters und des Emittenten vor.

bb) Gesellschafter und Organe der Gesellschaft

Der Haftungsmaßstab für einen Gesellschafter hängt davon ab, welche Rolle er bei der Veräußerung der Gesellschaftsanteile hat und welchen Zugang er zu den Informationen haben kann. Ein Gesellschafter ist ohnehin nur dann haftbar zu machen, wenn der Prospekt von ihm ausgeht.[787] Hat also ein einzelner Gesellschafter der Fondsgesellschaft oder der Anbietergesellschaft maßgeblichen Einfluss auf die Erstellung des Prospekts, und hat er ein eigenes wirtschaftliches Interesse, so kann er für fehlerhafte Prospekte haftbar sein. Als Gesellschafter, der dem Anbieter nahe steht, hat er dieselben Informationen wie der Anbieter. Daher hat dieser Gesellschafter dann auch die gleiche Sorgfalt walten zu lassen wie der Anbieter und der Emittent.

Für die Organe der Gesellschaft kann im Prinzip nichts anderes gelten. Sofern sie zumindest an der Prospekterstellung maßgeblich beteiligt sind und somit den Prospekt veranlassen, müssen sie die Sorgfaltspflichten einhalten, die auch der Anbieter einhalten muss. Allerdings werden die Gesellschaftsorgane, wie der bei geschlossenen Fonds typische Beirat, erst nach dem Beitritt durch die Anleger konstituiert, so dass diese i.d.R. nicht an der Prospekterstellung mitwirken.

cc) Banken und Bankkonsortien

Banken können auf verschiedene Weise am Angebot von Vermögensanlagen beteiligt sein.[788]

---

786 Vgl. *Groß* §§ 44, 45 BörsG Rn. 77.

787 Vgl. *Groß* §§ 44, 45 BörsG Rn. 78.

788 S.o. unter § 3 A. II. 3. e) (S. 53).

(1) Prospekthaftung der Bank

Ist die Bank in ihrer Rolle auch als Prospekthaftende zu betrachten, so bedarf es der Klärung, welcher Haftungsmaßstab anzuwenden ist. Die Bank ist entweder in die Veräußerung der Anteile mit einbezogen, was zu einer Prospektverantwortlichkeit führt, oder sie finanziert den Anteilserwerb der Anleger oder den Fonds selbst. In diesen beiden Fällen ist je nach wirtschaftlicher Bedeutung für die Bank eine Haftung der Bank als derjenigen, von der der Erlass ausgeht, gegeben.

Der Prospekt selbst wird allerdings i.d.R. entweder vom Emittenten bzw. dem Fondsanbieter selbst, oder aber von der Bank unter Verwendung der Angaben des Emittenten erstellt. Fraglich ist daher, ob die Bank die Angaben, die vom Emittenten bzw. vom Anbieter stammen, überprüfen muss. Der Anbieter eines geschlossenen Fonds, also das Unternehmen, dass die Fondsgesellschaft strukturiert und am Markt platziert, ist genauso zu behandeln, wie der Emittent: Angesichts der Tatsache, dass strenggenommen der Emittent nur die Fondsgesellschaft ist, die aber eine rein zweckgebundene Publikumsgesellschaft ist, kann das Unternehmen, dass diesen Fonds strukturiert und als ihr Produkt anbietet, in diesem Zusammenhang nur wie ein Emittent zu betrachten sein. Dessen Angaben bedürfen derselben Prüfung wie die des Emittenten, also der Fondsgesellschaft.

Wie genau die beteiligte Bank die Angaben von Emittent und Fondsanbieter überprüfen muss, ist streitig.

Nach einer Ansicht muss die Bank die Angaben des Emittenten umfassend überprüfen. Sie hat damit in jedem Fall eine *due-diligence*-Prüfung durchzuführen.[789]

Nach einer anderen Ansicht muss die Bank die Angaben nur soweit überprüfen, wie ihr das möglich und zumutbar ist; diese Pflicht sei jedenfalls dann gegeben, wenn die Bank konkrete Anhaltspunkte für die Unrichtigkeit habe oder sie über Informationen verfüge, die Zweifel an der Richtigkeit des Prospekts wecken müssen.[790] Das bedeutet, dass die Bank all diejenigen Angaben überprüfen muss, die sie im Rahmen ihrer Tätigkeit überprüfen kann. Insbesondere muss die Bank danach den Prospekt auf den Gesamteindruck hin überprüfen.[791] Auch wenn die Bank keine eigenen Experten hat, sei diese Prüfpflicht nicht ge-

---

789 *Fleischer* Gutachten S. F 65; Vortmann/*Hauptmann* § 3 Rn. 105.

790 *Groß* §§ 44, 45 BörsG Rn. 80; Schäfer/*Hamann* §§ 44, 45 BörsG Rn. 220; Assmann/Schütze/*Assmann* § 6 Rn. 239; Schwark/*Schwark* § 45 Rn. 45; Habersack/Mülbert/Schlitt/*Mülbert/Steup* § 33 Rn. 101; *Kümpel* Rn. 9.364; *Lenenbach* Rn. 8.103; RG Bankarchiv 1910/11, 123 (124), RGZ 80, 196 (198 ff.).

791 Habersack/Mülbert/Schlitt/*Mülbert/Steup* § 33 Rn. 102 *Lenenbach* Rn. 8.103.

mindert.[792] Habe die Bank konkreten Anlass zu Zweifeln, müsse sie die Überprüfungen verstärken. Der genaue Grad der Prüfung sei daher einzelfallabhängig. Auf keinen Fall dürfe die Bank die Angaben des Fondsanbieters einfach übernehmen, sondern müsse ggf. bei diesem nachfragen und erforderlichenfalls auch einen Dritten einschalten.[793]

Vorzugswürdig erscheint es, eine gestufte Prüfpflicht anzunehmen. Der Bank aufzubürden, ausnahmslos alle Angaben zu überprüfen, erscheint praxisfern. Nur soweit es der Bank möglich ist, muss sie die Angaben daher umfassend prüfen. Hat sie keine eigenen Experten, muss sie solche ggf. einschalten. Bei konkreten Zweifeln muss die Bank weitere Nachforschungen anstellen. Der Umfang der eigenen Nachprüfungen steigt, je weniger der Bank das Fondsunternehmen und die Fondsgesellschaft aus geschäftlichen Kontakten bekannt ist. Der Umfang kann daher im Einzelfall zu einer *due-diligence*-Prüfung ansteigen, dies ist aber nicht generell erforderlich.[794] Der zweiten Ansicht ist daher zu folgen.

Sind im Prospekt Angaben von Dritten enthalten, so ist zu unterscheiden zwischen fachkundigen Dritten und den Aussagen des Wirtschaftsprüfers: Angaben von fachkundigen[795] Dritten hat die Bank im Rahmen ihrer Möglichkeiten auf Plausibilität zu überprüfen, nur bei konkreten Anhaltspunkten für eine Unrichtigkeit oder Unvollständigkeit muss sie genauer nachfragen. Ein fachkundiger Dritter ist etwa ein externer Gutachter.[796] Der Anbieter der Kapitalanlage, also das Fondsunternehmen, ist auf Grund der Besonderheiten bei den geschlossenen Fonds nicht Dritter, sondern wie ein Emittent zu betrachten.

Fraglich ist , ob sie die Angaben des Wirtschaftsprüfers genauer zu überprüfen hat. Das ist streitig. Nach einer Ansicht muss die Bank eine *due-diligence*-Prüfung durchführen, und zwar zumindest dann, wenn sie das Unternehmen, um dessen (geprüfte) Bilanzen es geht, nicht ausreichend kennt.[797] Hierbei ist allerdings im Bereich der geschlossenen Fonds zu beachten, dass das Unternehmen, dessen Bilanzen im Prospekt aufgeführt werden müssen, die Fondsgesellschaft ist. Diese ist i.d.R. eine Neugründung. Eine besondere Kenntnis der Bank kann daher kaum vorliegen, es sei denn, sie hat die Gründung der Gesellschaft mitfinanziert. Nach einer anderen Ansicht ist eine solche Prüfung nicht verpflich-

---

[792] Habersack/Mülbert/Schlitt/*Mülbert/Steup* § 33 Rn. 102; Hopt Verantwortlichkeit Rn. 197; Schäfer/*Hamann* §§ 44, 45 BörsG Rn. 228; Schwark/*Schwark* § 45 BörsG Rn. 45.

[793] Habersack/Mülbert/Schlitt/*Mülbert/Steup* § 33 Rn. 101; *Lenenbach* Rn. 8.103; Schäfer/*Hamann* §§ 45, 46 BörsG a.F. Rn. 110.

[794] Schäfer/*Hamann* §§ 44, 45 BörsG Rn. 226.

[795] Handelt es sich nicht um eine fachkundige Person, so muss die Bank deren Aussagen selbst überprüfen, Schäfer/*Hamann* §§ 44, 45 BörsG Rn. 232.

[796] Vgl. Schäfer/*Hamann* §§ 44, 45 BörsG Rn. 231.

[797] Vortmann/*Hauptmann* §3 Rn. 105.

tend; die Bank hat daher nur dann eine Prüfung vorzunehmen, wenn sich aus den Zahlen, die im Prospekt genannt werden und vom Wirtschaftsprüfer geprüft wurden, entsprechende Anhaltspunkte ergeben.[798]

Angesichts der Tatsache, dass die Bilanz der Fondsgesellschaft i.d.R. wenig aufschlussreich ist, ist hier eine groß angelegte Überprüfung nicht sinnvoll. Die Bank hat allerdings darauf zu achten, dass es sich nicht um eine Aktiengesellschaft handelt und sollte entsprechende Besonderheiten berücksichtigen. Außerdem muss der allgemein geltende Grundsatz, dass der Gesamteindruck stimmen muss, eingehalten werden. Hat die Bank Anhaltspunkte, dass die Bilanz nicht korrekt ist, muss sie ggf. eine *due-diligence*-Prüfung vornehmen. Ansonsten ist dies aber Aufgabe des Wirtschaftsprüfers. Allerdings kann der geschlossene Fonds auf eine Buchprüfung verzichten und statt dessen gem. § 8h VerkProspG i.V.m. § 10 VermVerkProspV anstelle eines Prüfberichts auch einen Hinweis in den Prospekt aufnehmen, dass eine Buchprüfung nicht erfolgt ist. In diesem Fall ist die Bank verpflichtet, die Prüfung der Bilanz selbst vorzunehmen, denn es ist in gewisser Hinsicht verdächtig, wenn der Fonds eine solche Bilanzprüfung nicht vornimmt. Daher ist es für Banken sinnvoll, sich nur bei solchen Fonds zu beteiligen, bei denen ein Wirtschaftsprüfer ordnungsgemäß die Buchführung überprüft hat.

Diese geminderte Überprüfungspflicht der Angaben von fachkundigen Dritten und des Wirtschaftsprüfers ist allerdings nur dann korrekt, wenn die genannten Personen nicht in Wahrheit „hinter" der Vermögensanlage stehen, was bei geschlossenen Fonds durchaus der Fall sein kann. Stellt sich für die überprüfende Bank heraus, dass die angeblichen Dritten ein eigenes wirtschaftliches Interesse an der Kapitalanlage haben, so muss die Bank deren Angaben genauer analysieren, und zwar so, als wären es Angaben des Emittenten oder des Anbieters. Da bei geschlossenen Fonds nicht immer ganz klar ist, wer der Initiator oder Hintermann einer solchen Anlage ist, muss eine beteiligte Bank diese Personengruppe ermitteln und die von diesen gemachten Angaben genauer überprüfen.

(2) Wissensverwertung innerhalb der Bank und Bankgeheimnis

Bei der Überprüfung der Angaben im Prospekt ist zwischen der Auswertung von vorhandenem Wissen innerhalb der Bank einerseits und Pflichten zur Einholung von Informationen andererseits zu unterscheiden.

Steht Wissen innerhalb der Bank über die Vermögensanlage zur Verfügung (etwa in der Kreditabteilung), so stellt sich die Frage, ob dieses Wissen der (möglicherweise davon verschiedenen) Abteilung, die sich mit dem Vertrieb der Vermögensanlage befasst, zugerechnet werden kann. Diese Frage ist streitig.

---

[798] *Groß* §§ 44, 45 Rn. 82; Schwark/*Schwark* § 45 BörsG Rn. 48; Schäfer/*Hamann* §§ 44, 45 BörsG Rn. 234.

Nach einer Ansicht sind Informationen, die einer Abteilung der Bank zur Verfügung stehen, durch das Bankgeheimnis vor der Weitergabe an andere Abteilungen geschützt. Daher könne das Wissen, das etwa in der Kreditabteilung besteht, nicht unmittelbar der Prospektabteilung zugerechnet werden.[799]

Nach einer anderen Ansicht ist das Wissen, das in einer anderen, insbesondere in der Kreditabteilung vorhanden ist, der mit der Prospekterstellung bzw. -prüfung beauftragten Abteilung zuzurechnen, weil das öffentliche Anbieten einer Kapitalanlage ein derart wichtiges Projekt sei, dass eine Informationspflicht angenommen werden könne.[800]

Bei der zweiten Ansicht ist fraglich, ob die Zurechnung des Wissens aus anderen Abteilungen der Bank auf der Lehre beruht, dass bei einem Unternehmen das Wissen aller Wissensvertreter zusammengerechnet werden muss.[801] Andererseits könnte auch lediglich eine Pflicht des Geschäftsherrn bzw. der mit der Prospektprüfung beauftragten Abteilung angenommen werden, sich ggf. vorhandenes Wissen zu beschaffen. [802] Im Ergebnis besteht zwischen beiden (Teil-) Ansichten aber kein Unterschied, denn in beiden Fällen liegt beim aktuell Handelnden keine positive Kenntnis vor, er haftet aber für die Kenntnis des anderen Wissensvertreters. Gleichwohl ist es naheliegender, aus der Unkenntnis trotz Vorhandensein des Wissens im Unternehmen einen Schuldvorwurf zu erheben, als das Vorhandensein des Wissens zu fingieren.

Hält man das Bankgeheimnis für vorrangig, dann ist gleichwohl zu beachten, dass die beteiligte Bank verpflichtet sein kann, unter Beachtung des Bankgeheimnisses den Kunden um Erlaubnis zu fragen, die Daten aus der anderen Abteilung zu verwenden und, wenn die Erlaubnis nicht erteilt wird, die Informationen direkt beim Kunden zu suchen.[803] Es ist fraglos korrekt, dass das Bankgeheimnis nicht umgangen werden sollte. Unter Geltung des Bankgeheimnisses ist es nur erlaubt, die Daten des Kunden für die konkret anliegenden Geschäftsvorfälle zu benutzen.[804] Es ist allerdings zu fragen, ob die Kreditvergabe an einen Fonds in der Startphase, deren Mittel durch die Anlegergelder abgelöst werden, und die Erstellung eines Angebots an die Öffentlichkeit nicht einen einheitlichen Geschäftsvorfall darstellen. Das ist im Ergebnis zu bejahen. Anders gesagt ist es eine unnötige Komplizierung, wenn man einerseits die Daten des Kunden schützen will, ihn aber andererseits dazu bringen muss, entweder der Verwen-

---

799 *Groß* § 44, 45 BörsG Rn. 79 unter Verweis auf *Bruchner/Krepold* in: BHdb § 39 Rn. 21 ff.

800 Schwark/*Schwark* § 45 BörsG Rn. 50; ähnlich Schäfer/*Hamann* §§ 44, 45 BörsG Rn. 238; Vortmann/*Hauptmann* § 3 Rn. 107; *Ellenberger* S. 53 f.

801 Zu dieser Lehre: Staub/*Canaris* Bankvertragsrecht Rn. 106 ff. u. 800a; BGH WM 1989, 1364 (1366 f.).

802 *Waltermann* AcP 192 (1992), 181 (206); Schwark/*Schwark* § 45 BörsG Rn. 50.

803 *Groß* § 44, 45 BörsG Rn. 79.

804 *Bruchner/Krepold* in: BHdb § 39 Rn. 21 ff.

dung seiner Daten zuzustimmen oder anderenfalls der Prospektabteilung der Bank die Informationen direkt zu überlassen. Hier kann genauso gut die Verwendung der Daten im Hause zugelassen werden. In dem Moment, in dem der Anbieter seine Bank, die auch an den Krediten für den Fonds beteiligt ist, in die Prospekterstellung einbezieht, muss diesem klar sein, dass die Bank die Angaben im Prospekt auch bezüglich der Umstände der Krediterteilung prüfen muss und wird. Es sollte hierauf in der Praxis freilich hingewiesen werden. Aus diesen Gründen ist der zweiten Ansicht zu folgen.

(3) Haftungsmaßstab von Konsortien

Es stellt sich außerdem die Frage nach dem Haftungsmaßstab innerhalb von Konsortien. Das Konsortium selbst ist nicht Anbieter[805] und agiert nur im Hintergrund als Zweckgesellschaft der Konsorten. Es ist daher nicht prospektverantwortlich. Da es nur die Zusammenarbeit der einzelnen Konsorten regeln soll, hat das Konsortium selbst auch kein eigenes wirtschaftliches Interesse an der Prospekterstellung. Damit geht vom Konsortium nicht der Erlass des Prospekts aus. Prospekthaftende können daher nur die einzelnen Konsorten sein.

Eine zentrale Rolle spielt dabei der Konsortialführer. Dieser leitet das Verfahren der Prospekterstellung und tritt in Kontakt mit dem Anbieter bzw. der Fondsgesellschaft. Für den Konsortialführer gilt daher die Sorgfaltspflicht, die oben für die Banken im Allgemeinen ausgearbeitet wurde.

Fraglich und streitig ist allerdings, wie die Sorgfaltspflichten der untergeordneten Konsorten ausgestaltet ist. Unstreitig ist zunächst, dass jeder Konsorte nur für sein eigenes Verschulden haftet. Eine Zurechnung etwa vorhandenen Verschuldens eines anderen Konsorten gem. § 278 BGB findet nicht statt.[806] Die einzelnen Konsorten sind aber jeweils entsprechend ihrer Sorgfaltsanforderung verpflichtet, den Konsortialführer bei der Prospekterstellung zu überwachen. Dies ergibt sich allerdings nicht aus § 831 BGB analog,[807] da der Konsortialführer mangels Weisungsgebundenheit kein Verrichtungsgehilfe der anderen Konsorten ist.[808] Vielmehr folgt diese Pflicht aus der eigenen Stellung eines Prospektverantwortlichen und der daraus resultierenden Sorgfaltspflicht.

Diese Sorgfaltspflicht der einzelnen Konsorten ist abhängig von ihrer Stellung innerhalb des Konsortiums; die genauen Anforderungen sind indes streitig.

---

805 S.o. unter § 3 II. 3. e) bb) (S. 55).

806 Schwark/*Schwark* § 45 Rn. 11; Assmann/Schütze/*Assmann* § 6 Rn. 240; *Groß* §§ 44, 45 BörsG Rn. 83.

807 So aber *Groß* §§ 44, 45 BörsG Rn. 83.

808 Schwark/*Schwark* § 45 Rn. 11.

Nach einer Ansicht müssen die anderen Konsorten den vom Konsortialführer erstellten Prospekt nur noch einer Plausibilitätsprüfung unterziehen.[809] Dies folge daraus, dass die untergeordneten Konsorten den Prospekt in der Praxis erst wenige Tage vor der Veröffentlichung erhalten und keinen besonderen Zugang zum Anbieter der Vermögensanlage haben. Nach einer anderen Ansicht muss hingegen jeder Konsorte die Konsortialführerin bzw. die Prospekterstellung überwachen.[810]

Auszugehen ist von der Annahme, dass die in einem Konsortium zusammengefassten Banken sich nicht der Haftung für den Prospekt dadurch entziehen können, dass sie ein Konsortium bilden und die Prospekterstellung der Konsortialführerin überlassen.[811] Ebenso schlägt sich die proratarische Haftung der Konsorten untereinander nicht auf das Verhältnis zum Anleger durch, und auch ein einfaches *due-diligence*-Treffen reicht nicht aus, um die Sorgfaltspflichten zu erfüllen.[812]

Aus praktischen Erwägungen kann es aber auch nicht korrekt sein, wenn jeder Konsorte den Prospekt genauso zu prüfen hat, wie die Konsortialführerin. Das würde zu einer Vervielfachung der Arbeitsbelastung beim Anbieter und den beteiligten Banken führen. Andererseits kann es nicht sein, dass die anderen Konsorten ohne eine eigene bzw. ohne nennenswerte Überprüfungspflicht an der Veräußerung von Vermögensanteilen beteiligt werden können, denn dann wären sie quasi von der Haftung freigestellt. Richtig erscheint daher, dass im Verhältnis der Konsorten zur Konsortialführerin ein ähnliches Verhältnis wie zwischen dem Anbieter bzw. dem Emittenten und der Konsortialführerin besteht: Die untergeordneten Konsorten müssen die Prospekterstellung durch die Konsortialführerin soweit überprüfen, wie ihnen das möglich und zumutbar ist. Hat ein Konsorte konkrete Anhaltspunkte für die unkorrekte Prospekterstellung bzw. -prüfung, oder hat dieser andere Informationen, die an der korrekten Prospektprüfung durch die Konsortialführerin Zweifel aufkommen lassen, dann ist dieser Konsorte verpflichtet, die Kontrolle zu verstärken und ggf. selbst die Angaben im Prospekt überprüfen. Zu der gebotenen Kontrolle der Tätigkeit der Konsortialführerin gehört dann auch eine kurze Prüfung des Prospekts.

dd) Experten

Zu klären ist schließlich der Haftungsumfang von externen Experten. Bei externen Experten ist allerdings bereits fraglich, ob diese überhaupt haften.

---

809 *Groß* §§ 44, 45 BörsG Rn. 83.

810 In diese Richtung Schwark/*Schwark* § 45 Rn. 11; *Hopt* Verantwortlichkeit Rn. 119.

811 Schäfer/*Hamann* §§ 44, 45 BörsG Rn. 220.

812 Schwark/*Schwark* § 45 Rn. 11.

(1) Haftungsgrundlage

Externe Experten sind etwa Wirtschaftsprüfer, Abschlussprüfer, Sachverständige, Steuerberater und Rechtsanwälte. Diese werden zur Prospekterstellung meist beratend hinzugezogen. Sind diese Personen nicht namentlich im Prospekt genannt, so übernehmen sie keine Verantwortung für den Prospekt und sind damit nicht Prospektersteller.[813] Sie könnten jedoch als Prospektveranlasser in Betracht kommen. Sie erhalten zwar Gebühren für ihre jeweiligen Tätigkeiten, allerdings ist das unzweifelhaft noch kein hinreichendes wirtschaftliches Interesse am Erfolg der Vermögensanlage,[814] denn der Vergütungsanspruch für die Beratung entsteht unabhängig vom Erfolg der Vermögensanlage.

Anders und umstritten ist diese Frage allerdings dann, wenn die Personen im Prospekt genannt werden. Dies ist insbesondere für die Abschlussprüfer der Fall, sofern der Prospekt eine Abschlussprüfung enthält. Aber auch andere Expertenmeinungen über die Vermögensanlage können in dem Prospekt angegeben werden.

Nach einer Ansicht zum VerkProspG a.F. ist eine Prospekthaftung des im Prospekt genannten Abschlussprüfers möglich; ihn trifft danach aber nur eine Haftung für den von ihm testierten Teil.[815] Der Bericht des Abschlussprüfers nehme im Rahmen des Prospekts einen wesentlichen Teil ein und sei daher von herausragender Bedeutung.

Nach einer anderen Ansicht ebenfalls zum VerkProspG a.F., aber auch bezüglich des aktuellen Rechts, ist der Abschlussprüfer, dessen Prüfbericht unter Angabe seines Namens im Prospekt aufgeführt wird, nicht als Prospektverantwortlicher anzusehen, denn die Haftung sei nur als Haftung für den gesamten Prospekt, nicht jedoch nur für einzelne Teile möglich. Der Abschlussprüfer ste he mit seinem Namen nur für die Richtigkeit des Prüfberichts ein, daher könne ihm aber nur eine Verantwortung für diesen Teil zur Last gelegt werden.[816]

Am Ausschluss des Abschlussprüfers aus dem Kreis der Haftenden mag zwar ein rechtspolitisches Bedürfnis bestehen. Allerdings ist fraglich, ob die erste Ansicht mit der geltenden Gesetzeslage vereinbar ist. Die angegebenen Meinungen beziehen sich weitgehend (aber nicht ausschließlich) nicht auf den Prospekt

813 Habersack/Mülbert/Schlitt/*Mülbert/Steup* § 33 Rn. 74.

814 Habersack/Mülbert/Schlitt/*Mülbert/Steup* § 33 Rn. 74; Schwark/*Schwark* § 45 BörsG Rn. 12.

815 *Groß* §§ 44, 45 BörsG Rn. 36 f.; *Bosch* ZHR 163 (1999), 274 (281); *Fleischer* BKR 2004, 339 (344).

816 Habersack/Mülbert/Schlitt/*Mülbert/Steup* § 33 Rn. 76; Schäfer/*Hamann* §§ 45, 46 BörsG a.F. Rn. 54; *Kümpel* Rn. 9.367; *Assmann* AG 2004, 435 (436); *ders.* in Assmann/Schütze/*Assmann* § 6 Rn. 224 f.; *Fleischer* Gutachten S. F 67; *Ellenberger* S. 28; *Heisterhagen* DStR 2006, 759 (763); *Benecke* BB 2006, 2597; KpK GesR/*Varachia* Kap. 9 Rn. 89; Schäfer/*Hamann* §§ 44, 45 BörsG Rn. 103; *Korth* S. 69 ff.

für Vermögensanlagen, sondern auf einen Wertpapierprospekt. Für diesen ist in § 5 Abs. 4 WpPG festgelegt, dass dieser die Namen der Personen oder Gesellschaften enthalten muss, die für den Prospekt die Verantwortung übernehmen. Daraus schließt die zweitgenannte Ansicht, dass die Verantwortungsübernahme nur für den Prospekt als Ganzes gemeint ist. Entsprechend wäre eine Haftung für den Inhalt des Prospekts aus § 44 BörsG nur für den Prospekt insgesamt möglich. Richtig daran ist, dass die letztgenannte Norm nicht ausdrücklich festlegt, dass eine Teilhaftung möglich ist. Allerdings wird sie hieraus nicht ausgeschlossen. Die erstgenannte Norm hingegen regelt nur die Angabe der Person, die die Haftung übernimmt, ist aber nicht die Grundlage der Haftung selbst. Auch hier könnte erwogen werden, dass das Gesetz nicht ausdrücklich eine Teilhaftung ermöglicht, aber auch nicht ausschließt.[817] Andererseits ist in § 8g Abs. 2 Nr. 1 VerkProspG i.V.m. § 3, 1. Halbsatz VermVerkProspV ausdrücklich festgelegt, dass auch ein Verantwortlicher für einen Teil des Prospekts angegeben werden kann. Das WpPG ist jedoch erst nach dem VerkProspG in der Fassung nach dem AnSVG erlassen worden. Dem Gesetzgeber wird daher dieser Gegensatz zwischen WpPG und VerkProspG bewusst gewesen sein. Wenn nun im VerkProspG die Nennung von Verantwortlichen für Teile des Prospekts vorgesehen ist, dann muss es auch eine Prospekthaftung nur für Prospektteile geben.[818] Mit anderen Worten: Gelangt man über das VerkProspG zu § 44 BörsG, so ist eine Teilhaftung möglich, gelangt man hingegen über das WpPG dahin, so mag dies ausgeschlossen sein. Dies entspräche dem offensichtlichen Willen des Gesetzgebers. Der Unterschied mag auch daher kommen, dass die Rechtsprechung für die zivilrechtliche Prospekthaftung – die zuvor für Vermögensanlagen i.S.d. VerkProspG die im Wesentlichen relevante Regelung war – eine solche Haftung von Abschlussprüfern zugelassen hatte; es ist nicht ersichtlich, dass der Gesetzgeber das ändern wollte.[819] Zudem ordnet § 13 Abs. 1 S. 1 VerkProspG im Wege einer Verweisungsanalogie die entsprechende Anordnung des § 44 Abs. 1 S. 1 BörsG an, was eine entsprechende, gegenüber den Wertpapieren veränderte Anwendung der Norm ermöglicht.[820] Demgemäß ist eine Teilverantwortlichkeit von externen Experten auch bei den nun in VerkProspG geregelten Prospekten möglich.

Ist damit eine Auslegung des § 44 BörsG gegeben, nach der auch eine Teilhaftung möglich ist, so spricht einiges dafür, auch im Bereich von Wertpapierprospekten eine solche Teilhaftung zuzulassen. Entgegen der deutschen Regelung über die Nennung der verantwortlichen Personen ist in den Punkten 1.1. und 1.2. des Anhangs III zur Verordnung zur Umsetzung der Verkaufs-

---

817 Wenn das Gesetz insoweit von der Übernahme der Verantwortung „für [den] Prospekt" (§ 5 Abs. 4 WpPG) spricht, so muss das nicht unbedingt den gesamten Prospekt meinen.

818 *Fleischer* BKR 2004, 339 (344).

819 *Fleischer* BKR 2004, 339 (344); *Kiethe* MDR 2006, 843 (845).

820 *Fleischer* BKR 2004, 339 (344).

prospektRL[821] ausdrücklich die Nennung von teilverantwortlichen Personen vorgesehen. Ob dies letztlich dazu führt, eine solche Auslegung auch für Wertpapierprospekte zuzulassen, kann hier aber offenbleiben, da dies nicht Gegenstand dieser Arbeit ist.

Im Ergebnis ist also festzuhalten, dass jedenfalls für Vermögensanlagen eine Teilhaftung möglich ist. Daher ist der Abschlussprüfer, sofern er im Prospekt genannt wird, auch Prospektverantwortlicher.

(2) Haftungsmaßstab

Der Verschuldensmaßstab für die genannten Experten hängt von deren Erkenntnisstand über die Vermögensanlage ab. Der Abschlussprüfer hat das ihm vorliegende Material gründlich entsprechend den Vorgaben seines Amtes zu prüfen. Der Maßstab muss die Sorgfalt eines durchschnittlichen Abschlussprüfers sein. Bei anderen externen Experten kommt es darauf an, welchen Kenntnisstand sie über die Vermögensanlage haben und um welche Art von Experte es sich handelt. Es gilt der jeweilige Sorgfaltsmaßstab im ausgeübten und im Prospekt angegebenen Beruf – also etwa die Sorgfalt eines durchschnittlichen Rechtsanwaltes. Im Streitfall müssen der Kenntnisstand bzw. die Möglichkeiten der Kenntnisnahme genau untersucht werden.

b) Beweislast

Die Beweislast für das (fehlende) Verschulden trägt der Anbieter als Schuldner des Anspruchs gem. § 45 Abs. 1 BörsG.[822] Hintergrund dieser Regelung ist, dass der Anleger kaum in der Lage ist, die genauen Umstände nachzuweisen, die zu einer Fahrlässigkeit beim Anbieter führen würden. Diese Regelung ist wünschenswert, entspricht sie doch der durch § 280 Abs. 1 S. 2 BGB vorgegebenen zivilrechtlichen Tendenz, das Verschulden bei vertraglichen Ansprüchen zu vermuten, wenngleich die Prospekthaftung keine rein vertragliche Anspruchsgrundlage darstellt. Dem Anbieter ist daher zu empfehlen, den Gang der Prospekterstellung zu dokumentieren.[823]

c) Mitverschulden

Fraglich ist, ob der Anspruch des Anlegers durch Mitverschulden gemindert sein kann. Ein gesetzlicher Anwendungsfall ist § 45 Abs. 2 Nr. 3 BörsG. Hiernach ist der Anspruch ausgeschlossen, wenn der Anleger die Unrichtigkeit des Prospekts kannte. Maßgeblich ist aber nur die positive Kenntnis, nicht die fahrlässige Unkenntnis. Die Beweislast hierzu trägt der Anbieter. Dieser Nachweis dürfte in der Praxis schwer zu erbringen sein.

---

[821] Verordnung (EG) Nr. 809/2004 (s.o. Fn. 629).

[822] Vgl. Schäfer/*Hamann* §§ 44, 45 BörsG Rn. 240 im Vergleich zur früheren Rechtslage, bei der eine Beweislastumkehr nur durch Analogiebildung gegeben war.

[823] Schäfer/*Hamann* §§ 44, 45 BörsG Rn. 242.

Fraglich ist, ob hiermit andere Gründe des Mitverschuldens ausgeschlossen sind. Diese Frage ist streitig.

Nach einer Ansicht ist die Regelung des § 45 Abs. 2 Nr. 3 BörsG nur eine Regelung des Ausschlusses haftungsbegründender Kausalität, weswegen ein Rückgriff auf § 254 BGB möglich sei. Die Thesen zu einem möglichen Mitverschulden beziehen sich allerdings meistens auf Verkaufsversuche des Anlegers, durch die er den Schaden mindern könne. Daher wird nach dieser Ansicht die Regelung des § 45 BörsG als Sonderregelung des haftungsbegründenden Tatbestands verstanden, bei dem auf § 254 BGB nicht zurückgegriffen werden könne. Anders sehe es allerdings beim haftungsausfüllenden Tatbestand aus. Hier könne § 254 BGB dazu führen, dass der Schaden des Anlegers nicht in voller Höhe erstattet wird.[824]

Nach einer anderen Ansicht ist § 45 Abs. 2 Nr. 3 BörsG eine gesetzliche Sonderregelung von § 254 BGB und schließt daher eine weitere Anwendung der Norm aus.[825] Die einzige Regelung ist danach diejenige des BörsG.

Bei der Beantwortung dieser Streitfrage sind verschiedene Umstände zu berücksichtigen.

Die erste Ansicht erklärt sich auf Grund der früheren Rechtslage. Das RG hatte entschieden, dass eine nicht rechtzeitige Ankündigung der Geltendmachung der Ansprüche aus der Prospekthaftung ein Mitverschulden darstellt, wenn der Anbieter dadurch an der schadensmindernden frühzeitigen Rücknahme der Aktien gehindert wird.[826] Angesichts der nunmehr geltenden einjährigen Verjährungsfrist kann dies nicht von erheblichem Gewicht sein.[827] Aus der Entscheidung des RG wird aber die Möglichkeit eines Mitverschuldens abgeleitet. Nach früherem Recht war es allerdings nicht möglich, Ansprüche aus Prospekthaftung zu stellen, wenn der Anspruchsinhaber nicht mehr Inhaber der Wertpapiere (bzw. jetzt auch der Vermögensanlage) ist.[828] Entsprechend konnte daher auch keine Pflicht angenommen werden, die Papiere zu veräußern, da hierdurch die Anspruchsvoraussetzungen entfallen wären. Dieses Hindernis ist nach den Vertretern dieser Ansicht nunmehr nicht mehr gegeben, weswegen grundsätz-

---

[824] So explizit Schäfer/*Hamann* §§ 44, 45 BörsG Rn. 264 u. 298; *Kümpel* Rn. 9.365 u. 9.381; *Schwark* § 45 BörsG Rn. 56 u. Rn. 67; Habersack/Mülbert/Schlitt/*Mülbert/Steup* § 33 Rn. 123; Hopt/Voigt/*Ehricke* S. 242 f.; *Keunecke* Rn. 108; *Sittmann* NZG 1998, 490 (495). Zur früheren Rechtslage bereits *Frohne* S. 84; RGZ 80,186 (202); *Brondics/Mark* AG 1989, 339 (343).

[825] *Groß* §§ 44, 45 BörsG Rn. 93; *Assmann*/Lenz/Ritz § 13 Rn. 59; *Ellenberger* FS Schimansky S. 591 (606); Darüber hinaus die Gesetzesbegründung zum 3. Finanzmarktförderungsgesetz BR-Drs. 605/97, S. 80 = BT-Drs. 13/8933 S. 80.

[826] RGZ 80, 196 (202).

[827] *Ellenberger* FS Schimansky, 591 (606).

[828] Vgl. Schäfer/*Hamann* §§ 44, 45 BörsG Rn. 299.

lich auch eine solche Verkaufspflicht zur Schadensminderung angenommen werden kann. Allerdings soll die Frage des Mitverschuldens unabhängig davon entschieden werden, ob eine Verkaufspflicht gegeben ist.

Fraglich ist aber, ob nicht der Gesetzgeber eine ausdrückliche Sonderregelung schaffen wollte. Die weitere Anwendung von § 254 BGB wird nach dem Entwurf für das dritte Finanzmarktförderungsgesetz explizit ausgeschlossen.[829] In der Tat ist die in § 45 Abs. 2 Nr. 3 BörsG geregelte Frage eine solche des Mitverschuldens. An sich müsste daher der Wille des Gesetzgebers eindeutig genug sein. Andererseits weist derselbe Gesetzgeber an anderer Stelle darauf hin, dass der Anleger, der die Anlage zu einem zu niedrigen Preis veräußert, seiner Schadensminderungspflicht nicht nachkommt.[830]

Hat der Anleger positive Kenntnis von der Unkorrektheit der Angaben im Prospekt, so betrifft dies nur die haftungsbegründende Kausalität. Die Anlagestimmung ist im Falle dieses Anlegers nicht gegeben, denn die Erwerbsentscheidung muss andere, selbstverschuldete Hintergründe haben. Es ist damit aber keinesfalls die haftungsausfüllende Kausalität geregelt. Es erscheint somit legitim, ein Mitverschulden bezüglich des Schadens auf der Ebene des haftungsausfüllenden Tatbestandes zu berücksichtigen.

Ellenberger weist zudem darauf hin, dass der Anspruch aus der Prospekthaftung zwei verschiedene Rechtsfolgen kennt, nämlich die Rücknahme der Vermögensanlage (bzw. der Wertpapiere) gegen Erstattung des Verkaufspreises (§ 44 Abs. 1 S. 1 BörsG) und die Zahlung der Differenz zwischen Erwerbs- und Veräußerungspreis. Dies sei Wahlrecht des Anlegers.[831] Richtig ist, dass zwei verschiedene Arten des Schadensersatzes vorgesehen sind. Diese stehen aber gerade nicht zur Disposition des Anlegers, denn entweder ist das Faktum des vorhergehenden Verkaufs gegeben, oder nicht. In jedem Fall ist die Beanspruchung der jeweils anderen Entschädigungsart schon faktisch ausgeschlossen. Eine Wertung liegt hierin nicht. Insbesondere kann aus der Möglichkeit der Annahme einer Verkaufsverpflichtung nicht geschlossen werden, dass die erste Variante der Entschädigung vollkommen obsolet ist. Es mag sein, dass im Falle von Wertpapieren häufig eine Veräußerungsmöglichkeit besteht. Bei den hier behandelten Vermögensanlagen, also im Wesentlichen bei geschlossenen Fonds, ist häufig keine Verkaufsmöglichkeit gegeben. In diesem Fall ist der geschädigte Anleger auf die erste Variante der Entschädigung angewiesen.

Festzuhalten bleibt, dass ein Mitverschulden auf der Ebene des haftungsausfüllenden Tatbestandes grundsätzlich möglich ist. Der ersten Meinung ist insofern zuzustimmen. Ob und wie eine hieraus sich ergebene Verkaufspflicht besteht, wird im Folgenden untersucht.

---

829 BT-Drs. 13/8933 S. 80.

830 BT-Drs. 13/8933 S. 79; vgl. *Kümpel* Rn. 9.381 (dort Fn. 3).

831 *Ellenberger* FS Schimansky, 591 (606).

aa) Verkaufspflicht

Fraglich ist, ob sich aus dem oben Gesagten eine Verkaufspflicht des Anlegers ergibt. Bei Anlageformen des Grauen Kapitalmarktes ist zu beachten, dass eine Verkaufsmöglichkeit oft nicht besteht. Dies ist ggf. etwas günstiger bei Produkten, die bei einem Zweitmarkt gelistet sind. Trotzdem stellt sich die Frage, ob der Anleger seine Anlage verkaufen muss, wenn er hierzu die Möglichkeit hat. Grundsätzlich wurde oben festgestellt, dass ein Mitverschulden hinsichtlich der Schadenshöhe möglich ist. Dies bedeutet allerdings noch nicht, dass hiermit eine generelle Verkaufspflicht angenommen werden kann. Einer solchen steht insbesondere entgegen, dass es keine handhabbaren Kriterien gibt, bei denen ein Verkauf geboten ist und bei welchen nicht.[832] Im Fall von geschlossenen Fonds ist etwa bei der Hamburger Fondsbörse je nach Investmentobjekt oft ein deutlicher Abschlag gegenüber dem Nominalwert der Beteiligung gegeben.[833] Wie viel Abschlag aber dem objektiven Wert entspricht, kann nicht pauschal festgelegt werden, so dass es sich verbietet, eine genaue Grenze zu bestimmen, bei der ein Anleger eines Fonds automatisch verpflichtet wird, eventuelle Kaufangebote anzunehmen.

Andererseits hat der Anleger zu dem Zeitpunkt, in dem er erkennt, dass die Vermögensanlage nicht seinen Erwartungen und nicht den Informationen aus dem Prospekt entspricht, den Wunsch gefasst, sich durch den Prospekthaftungsanspruch von seiner Anlage gegen Rückgabe der Anteile zu trennen. Hier wird man – im Einklang mit dem RG – eine Pflicht zur zügigen Mitteilung an den Anbieter fordern können. Der Anbieter kann dann selbst entscheiden, ob er die Anteile schnell zurücknimmt oder ob er versuchen will, sie weiter zu veräußern. Fondsunternehmen betreiben oft einen hausinternen Zweitmarkt, auf dem sie einen solchen Verkauf ggf. zügig vornehmen können. Sofern durch zu langes Warten mit dem Verkauf der Schaden vergrößert wird, ist dieses als Mitverschulden anzurechnen. Dem Anbieter ist aber eine ausreichende Entscheidungsfrist einzuräumen.

Hat er nach diesem Entschluss eine Möglichkeit, die Anlage zu verkaufen, so steht seitens des Anlegers kein Interesse entgegen, diesen Verkauf zu tätigen oder nicht. In jedem Fall erhält er die Entschädigung in Höhe seiner aufgebrachten Mittel. Für den Anbieter besteht aber bei einem Weiterverkauf der Anteile die Chance, dass er diese nicht einfach zurücknehmen muss, sondern einen neuen Abnehmer der Vermögensanlage findet, der eventuell nicht aus Prospekthaftung rückabwickelt. Andererseits könnte der Anbieter ein Interesse daran haben, die Anteile nicht weiteren Personen zu überlassen, da auch das wieder ein Haf-

---

832 *Lenenbach* Rn. 8.107.

833 Insbesondere bei geschlossenen Immobilienfonds; anders etwa bei einigen Schiffsfonds; vgl. http://www.fondsboerse.de (zuletzt besucht am 02.10.2008); Möglich sind natürlich auch deutliche Gewinne. Vgl. die Aufstellung in NI 3/2006, S. 46 (47).

tungsrisiko mit sich bringt. Durch die Kumulation von Haftungsansprüchen sinkt letztlich der Marktwert der Beteiligungen weiter, insbesondere wenn der Fonds selbst für die Zahlungen aufkommen muss. Es erscheint daher erforderlich, dass der Anleger, der an der Vermögensanlage kein Interesse mehr hat, bei der weiteren Behandlung der Anteile die Wünsche des Anbieters berücksichtigen muss. Dies gebietet – auf Grund der Kursminderungsmöglichkeit – zum einen die Schadensminderungspflicht, zum anderen aber auch das Gebot gegenseitiger Rücksichtnahme unter Vertragspartnern. Aus diesen Gründen kann nicht pauschal eine Verkaufspflicht gefordert werden.[834] Es sollte nicht mit dem Hinweis auf die Schadensminderungspflicht ein Verhalten gefordert werden, dass dem Anspruchsgegner zusätzlichen (eigenen) Schaden verursacht. Dies ist insbesondere vor dem Hintergrund richtig, dass die Entschädigung des Anlegers für diesen im Ergebnis dieselbe ist, unabhängig davon, ob er zuerst verkauft und dann den Unterschiedsbetrag erhält oder ob er die Anteile zurückgibt. Es kommt also darauf an, ob dem Anbieter weitere Haftungsansprüche drohen. Dies ist innerhalb der sechsmonatigen Frist der fingierten Anlagestimmung gegeben, da dann auch neue Erwerber Ansprüche aus Prospekthaftung gegen die Anbieter haben; hier greift in erster Linie die Mitteilungspflicht. Nach dieser Frist droht dies nicht mehr und es besteht eine Verkaufspflicht.[835] Mit der vorgelagerten Mitteilungspflicht wird somit den Interessen des Anbieters ausreichend Rechnung getragen: Dieser hat i.d.R. den besseren Überblick, was den Schaden am ehesten mindert. Verstößt der Anleger gegen die genannten Pflichten, so trifft ihn ein Mitverschulden.

bb) Widerruf gegenüber der Bank bei kreditfinanziertem Erwerb

Fraglich ist, ob den Anleger einer gescheiterten Vermögensanlage ein Mitverschulden trifft, wenn er keine anderen Wege des Schadensausgleichs oder der Rückabwicklung ausschöpft. Die Tatsache allein, dass neben dem in Anspruch genommenen noch weitere Schuldner in Betracht kommen, führt allerdings nur zum Entstehen einer Gesamtschuld. Hier ist es dem Schuldner überlassen, wen er in Anspruch nimmt.

Anders sieht es aus, wenn der Erwerb der Vermögensanlage kreditfinanziert ist und der Kredit und der Kaufvertrag über die Beteiligung ein verbundenes Geschäft i.S.d. § 358 Abs. 3 BGB darstellen. Hier gab es in der Vergangenheit eine Reihe von Fällen, in denen die Banken oder die Kreditvermittler bei der Kreditvergabe nicht ordnungsgemäß über das Widerrufsrecht informiert hatten. Dieses besteht dann gem. § 355 Abs. 3 BGB dauerhaft. Hierbei stellt sich die Frage, ob im Falle eines möglichen Widerrufs der Verbraucher zunächst diesen erklären muss, oder ob er direkt die Ansprüche aus Prospekthaftung geltend machen kann.

---

834 A.A. jedoch *Sittmann* NZG 1998, 490 (495).

835 Vortmann/*Hauptmann* § 3 Rn. 119.

Wenn der Kreditvertrag und der Beitrittsvertrag zu dem Fonds ein verbundenes Geschäft bilden, findet im Falle des Widerrufs die Rückabwicklung zwischen der Bank und dem Partner des Beitrittsvertrages statt, solange der Kredit nicht grundpfandrechtlich gesichert ist.[836] Der Anleger kann dann die gezahlten Beträge gegen Rückgabe der Beteiligung zurückverlangen. Handelt es sich aber um einen Realkreditvertrag, so ist die Rückabwicklung nach der Rechtsprechung des BGH auch dann ausgeschlossen, wenn eine Widerrufsbelehrung nicht erfolgt ist.[837] Es ist ausreichend, wenn die Grundsicherung an dem Fondsgrundstück besteht.[838] Die Verbundenheit ergibt sich bereits daraus, dass der Vertriebsbeauftragte zugleich mit den Anlageunterlagen einen Kreditantrag der finanzierenden Bank vorlegt.[839] Der Anleger muss die Darlehenssumme nicht an die Bank zurückzahlen, sondern die Bank muss sich an den Fondsanbieter oder den Partner aus dem Verbundgeschäft halten.[840] Dabei hat der Anleger einen eventuellen Kursverlust nicht zu tragen[841]. Allerdings dürfte zumindest bei geschlossenen Immobilienfonds i.d.R. eine Grundpfandsicherung bestehen.

Nach einer Entscheidung des OLG Celle[842] schließt ein Widerruf einen ersatzfähigen Schaden und damit einen Schadensersatzanspruch aus. Richtig könnte dies allenfalls sein, wenn der Anleger durch den Widerspruch die ganze Schadenssumme zurück erhält. Nach den Berechnungen des OLG Celle wäre das jedenfalls dann nicht so gewesen, wenn die Vermögensanlage im Wert gesunken ist. Doch nach der Entscheidung des II. Zivilsenates des BGH[843], die im Rahmen der vorstehenden Erwägungen des XI. Zivilsenates[844] weiter gelten, trägt der Anleger nicht das Kursrisiko. Soweit also durch den erfolgten Rücktritt der Schaden beim Anleger bereits liquidiert ist, kommt eine Inanspruchnahme etwa der Bank aus einen Schadensersatzanspruch nicht in Betracht.

---

836 BGH WM 2006, 1009 (1011); vgl. zum Realkreditvertrag auch BHGZ 168, 1 (9 ff.).

837 BGHZ 168, 1 (11 ff.); danach ergibt sich auch kein Schadensersatzanspruch gegen die finanzierende Bank auf Grund des Unterlassens der Widerrufsbelehrung, es besteht aber aber ein Anspruch aus c.i.c. (§§ 311 Abs. 2 u. 3, 280 BGB), soweit der Anleger vom Anlageberater oder Anlagevermittler arglistig getäuscht wurde und zwischen den Verantwortlichen des Fonds und der finanzieren Bank ein institutionalisiertes Zusammenwirken besteht.

838 BGH WM 2006, 1009 (1011).

839 BGH WM 2006, 1004 (1005).

840 BGH WM 2006, 1004 (1005); BGHZ 133, 254 (259 f.).

841 BGHZ 159, 280 (287 f.). Hiervon weicht auch insoweit eine Entscheidung des XI. Senates des BGH, WM 2006, 1066 (1070), nicht ab, bei der nur der Abzug von Ansprüchen gegen andere Beteiligte abgelehnt wird, nicht aber der reine Kursverlust.

842 EWiR § 9 VerbrKrG 5/04, 885 (*Berger/Ueding*).

843 BGHZ 159, 280 (287 f.).

844 S.o. Fn. 836 u. 841.

Ein Mitverschulden und umgekehrt eine entsprechende Verhaltenspflicht kann daraus aber nicht entstehen. Hat der Verbraucher, der Anleger an einem geschlossenen Immobilienfonds ist, noch eine Widerrufsmöglichkeit, so ist er gleichwohl nicht verpflichtet, vor der Geltendmachung von Schadensersatz zunächst den Widerspruch durchzusetzen. Umgekehrt ausgedrückt: Unterlässt es der Verbraucher, von seinem Widerspruchsrecht Gebrauch zu machen, kann ihm daraus kein Mitverschuldensvorwurf gemacht werden. Die Verbraucherrechte sind zusätzliche Rechte für diese Personengruppe; es kann dadurch kein ansonsten ohne weiteres bestehender Anspruch entfallen. Dies widerspräche dem Sinn und Zweck des rechtlichen Verbraucherschutzes.[845]

6. Haftungsumfang

Der Umfang der Haftung ist in § 44 Abs. 1 BörsG geregelt.

a) § 44 Abs. 1 u. 2 BörsG

Nach § 44 Abs. 1 BörsG i.V.m. § 13 Abs. 1 Nr. 3 VerkProspG hat der Anbieter den Erwerbspreis zu erstatten, sofern dieser den ersten Erwerbspreis nicht überschreitet, und kann im Gegenzug den Anteil zurücknehmen. Dieser erste Erwerbspreis ist der Preis, der sich aus dem Prospekt ergibt. Der Erwerbspreis hingegen ist der tatsächlich gezahlte Preis. Der erste Erwerbspreis hat gesetzlich Vorrang.[846] Dies entspricht dem Willen des Gesetzgebers, der darauf abstellt, dass eventuelle Abweichungen nicht den Prospektverantwortlichen anzulasten seien.[847] Bei geschlossenen Fonds dürfte eine Veränderung des Erwerbspreises gegenüber demjenigen, den der Anbieter mit der Prospekterstellung festlegt, eher selten sein, da kein großer Markt und insbesondere wenig Handel besteht. Anleger erwerben die Anteile i.d.R. direkt vom Anbieter und damit auch zu dem von diesem festgelegten Preis. Die Feststellung des ersten Preises anhand der Börsenpreise ist bei den hier behandelten Vermögensanlagen nicht möglich, denn auch wenn für die betreffenden Beteiligungen ein Zweitmarkt existiert, so ist i.d.R. in der frühen Phase noch keine Börsenpreisbildung feststellbar. Daher findet § 44 Abs. 1 S. 2 BörsG gem. § 13 Abs. 1 Nr. 3 c) VerkProspG zumeist keine Anwendung. Erster Erwerbspreis ist daher regelmäßig derjenige Preis, der tatsächlich vom Anbieter verlangt wird.

Neben der Erstattung des Erwerbspreises kann der geschädigte Anleger gem. § 44 Abs. 1 BörsG die mit dem Erwerb üblicherweise verbundenen Kosten erstattet verlangen. Hierzu zählen in erster Linie Transaktionskosten, also Bankgebühren, Provisionen, Beratungsgebühren oder sonstige Auslagen.

---

845 Anmerkung zu OLG Celle EWiR § 9 VerbrKrG 5/04, 885 (886) (*Berger/Ueding*).

846 *Groß* §§ 44, 45 BörsG Rn. 86.

847 BT-Drs. 13/8933 S. 78.

Hat der Erwerber die Vermögensanlage bereits veräußert, so hat der Anleger Anspruch auf den Differenzbetrag zwischen dem Erwerbspreis bzw. dem ersten Erwerbspreis und dem Veräußerungspreis. Zusätzlich stehen ihm die Kosten zu, die sowohl mit dem Erwerb als auch mit der Veräußerung zusammenhängen. Bei Wertpapieren wird i.d.R. erörtert, dass der geschädigte Anleger, der die Wertpapiere unter dem Börsenpreis veräußert, nur Anspruch auf den Differenzbetrag zu dem üblichen Börsenpreis und nicht zu dem von ihm tatsächlich erzielten Preis hat.[848] Die gehandelten Volumina an den Zweitmärkten sind allerdings nicht geeignet, einen „gängigen" Börsenpreis festzustellen, da der Veräußerungspreis jedes Mal neu verhandelt wird; veröffentlicht wird der letzte erzielte Preis. Zwischen verschiedenen Verkäufen kann außerdem eine beträchtliche Differenz bestehen. Zudem sind nur einige wenige der auf dem Grauen Kapitalmarkt erhältlichen Produkte überhaupt auf einem geregelten Zweitmarkt handelbar. Auf Grund dieser Unwägbarkeiten ist die pauschale Festlegung auf einen regulären Börsenpreis nicht möglich. Sollte der Veräußerungspreis im Einzelfall deutlich unter dem realistisch einzuschätzendem Wert der Beteiligung liegen, mag es richtig sein, für die Schadensberechnung einen höheren Wert anzusetzen. Dies lässt sich allerdings nur im Einzelfall ermitteln.

b) Kosten der Drittfinanzierung / kreditfinanzierter Erwerb als „übliche Kosten"

Fraglich ist in den typischen Fallgestaltungen, ob die Kosten für die Darlehensfinanzierung als übliche Kosten zu erfassen sind. In vielen Fällen nimmt der Anleger, oft auf Vermittlung des Anlageberaters, einen Kredit bei einer Bank auf, weil die Anlagesumme nicht komplett aufgebracht werden kann. Gem. § 44 Abs. 1 S. 1 BörsG müssen diese Kosten mit dem Erwerb verbunden und üblich sein. Unter üblichen Kosten zählen insbesondere Provisionen und Gebühren für Makler.[849]

Üblich sind die Kosten, die bei dem Erwerb von Anteilen der jeweiligen Vermögensanlage beim durchschnittlichen Anleger entstehen. Mit dem Erwerb verbunden sind sie dann, wenn die Kosten im Rahmen des Erwerbsvorganges entstehen. Insbesondere bei den Vermögensanlagen, bei denen durch die Berater oder durch die Vorgaben des Fonds höhere Summen jenseits von 20.000 Euro bei Privatanlegern eingeworben werden, wird eine Fremdfinanzierung die Regel sein. In diesem Fällen hält der Berater oft auch schon im Rahmen eines Verbundvertriebs die Kreditanträge einer bestimmten (Haus-) Bank bereit. Möglich ist auch, dass die Bank selbst den Vertrieb durchführt und zugleich ihre Kredite anbietet. Dann kann auch davon ausgegangen werden, dass die Kreditkosten „übliche" Kosten sind und mit dem Erwerb verbunden sind.

---

848 Vgl. *Groß* §§ 44, 45 BörsG Rn. 87.

849 Schäfer/*Hamann* §§ 44, 45 BörsG Rn. 289; Schwark/*Schwark* § 45 BörsG Rn. 61; *Assmann*/Lenz/Ritz § 13 Rn. 62; *Keunecke* Rn. 107.

Wichtig ist, dass die Kosten nicht nur üblich, sondern auch mit dem Erwerb verbunden sind. Nimmt der Anleger ohne die Veranlassung des Beraters einen Kredit auf, um damit irgendeine Kapitalanlage oder etwas ganz anderes zu tätigen, und verwendet er die Kreditsumme später zum Erwerb der Vermögensanlage, so mögen die Kreditkosten zwar üblich sein, sie sind aber nicht mit dem Erwerb der prospektierten Vermögensanlage direkt verbunden sein.

7. Haftungsausschluss gem. § 45 BörsG

§ 45 BörsG regelt einige Fälle des Haftungsausschlusses. Abs. 1 der Norm betrifft allerdings eine Beweislastumkehr für das Verschulden. Abs. 2 zählt fünf Fälle des Haftungsausschlusses auf.

Die Nrn. 1 und 2 regeln Fragen der mangelnden Kausalität.[850] Nr. 3 regelt den Ausschluss auf Grund von Mitverschulden.[851]

Nach Nr. 4 ist der Anspruch aus Prospekthaftung ausgeschlossen, wenn der Anbieter rechtzeitig eine Berichtigung veröffentlicht hat.[852] Sofern der Anbieter zu Jahres- oder Zwischenberichten verpflichtet ist oder diese freiwillig macht, reicht eine Korrektur in diesen Berichten. Eine Ad-hoc-Mitteilung ist bei Personengesellschaften eher unüblich, wäre aber auch möglich.

Nach Nr. 5 ist die Haftung ausgeschlossen, wenn sich die unrichtigen Angaben nur auf die Zusammenfassung oder Übersetzung beziehen, sofern der Prospekt eine solche Übersetzung oder Zusammenfassung enthält. Diese Vorgabe ist eine Vorgabe aus Artt. 5 Abs. 2 S. 2-4 und 6 Abs. 2 S. 2 VerkaufsprospektRL. Die Zusammenfassung ist nur für Wertpapiere vorgeschrieben, § 5 Abs. 2 WpPG. Jedoch muss ein Verkaufsprospekt für Vermögensanlagen eine zusammenfassende Übersetzung enthalten, wenn er nicht auf Deutsch verfasst ist.[853] Die Ausnahme des § 45 Abs. 1 Nr. 5 BörsG kann auch auf diesem Fall angewendet werden. Die Haftung greift allerdings trotzdem, wenn die Zusammenfassung „irreführend, unrichtig oder widersprüchlich" ist, sofern man sie im Zusammenhang mit dem Originalprospekt liest. Damit ist eine nur interne Unrichtigkeit der Übersetzung haftungsausschließend, denn jeder Fehler, der eine unkorrekte Wiedergabe des originalsprachlichen Prospekts darstellt, führt damit zu einer Haftung. Ein Beschränkung des Fehlers auf die Zusammenfassung, der keine Abweichung der Zusammenfassung von dem korrekten Prospekt darstellt, bedeutet keine Haftung, solange sich keine Widersprüchlichkeiten ergeben. Dies dürfte aber nur eine theoretische Möglichkeit sein, denn wenn in der Zusammenfassung ein Fehler gegenüber dem korrekten

---

850 Siehe dazu oben unter § 6 A. I. 5. (S.183).

851 Siehe dazu oben unter § 6 A. I. 6. c) (S. 199).

852 Diese Berichtigung hebt die Anlagestimmung wieder auf, vgl. *Groß* §§ 44, 45 BörsG Rn. 94.

853 Siehe dazu oben § 3 B I. 1. a) aa) (S. 63).

Prospekt enthalten ist, ergibt sich zwangsläufig ein Widerspruch zwischen beiden Dokumenten. Die Regelung beruht darauf, dass die Zusammenfassung, weil sie eine solche ist, notwendigerweise unvollständig ist und nicht alle Fakten klar und vollständig darstellen kann.[854] Ohne diese Ausnahme wären daher englischsprachige Prospekte mit deutscher Zusammenfassung nie möglich.

Ist die Zusammenfassung richtig, der Prospekt aber falsch, ist das zwar ein Widerspruch. Hieraus kann allerdings keine Haftung für die Zusammenfassung hergeleitet werden, wohl aber des Prospekts. Insofern ist § 45 Abs. 1 Nr. 5 BörsG restriktiv auszulegen.

Ein vertraglich ausgehandelter Haftungsausschluss ist gem. § 47 Abs. 1 BörsG unwirksam.

8. Verjährung

Der Anspruch aus der spezialgesetzlichen Prospekthaftung verjährt gem. § 46 BörsG in einem Jahr nach Kenntnis der Mangelhaftigkeit des Prospekts. Fahrlässige Unkenntnis reicht hierfür nicht aus. Davon unabhängig tritt die Verjährung spätestens nach drei Jahren ein.

a) Verjährung – im Gegensatz zur bürgerlich-rechtlichen Prospekthaftung

Die Verjährungsfristen sind mittlerweile bei verschiedenen Prospekthaftungsansprüchen angeglichen geworden.[855] Ansprüche aus der bürgerlich-rechtlichen Prospekthaftung im engeren Sinne[856] verjähren auf dieselbe Weise wie die spezialgesetzliche: ein Jahr nach Kenntniserlangung, spätestens aber nach drei Jahren.

Ein Unterschied besteht aber noch zu der Prospekthaftung im weiteren Sinne[857]: Sie verjährt gem. § 195 BGB in drei Jahren. Allerdings beginnt diese Frist erst dann, wenn der Anleger die Person des Haftenden und die haftungsbegründenden Umstände kennt, § 199 Abs. 1 BGB. Daher kann die Frist bei Prospekthaftung im weiteren Sinne deutlich länger ausfallen, als die der spezialgesetzlichen. Diese Tatsache ist allerdings auch begrüßenswert, denn die Prospekthaftung im weiteren Sinne greift nur bei Vorliegen eines tatsächlichen besonderen persönlichen Vertrauens ein – nicht wie die anderen Haftungsansprüche durch typisiertes bzw. unterstelltes Vertrauen. Durch die engere Bindung der Personen bei den Vertragsverhandlungen zum Beitritt ist diese Verschärfung auch angebracht.

---

[854] *Groß* §§ 44, 45 BörsG Rn. 98.

[855] Zur früheren Lage vgl. etwa Schäfer/*Hamann* §§ 46. BörsG Rn. 1 ff.

[856] Dazu später unter § 6 B. (S. 218).

[857] Dazu später unter § 6 C. (S. 220).

b) Verwirkung

Fraglich ist, ob neben der Verjährung auch eine Verwirkung des Anspruchs möglich ist. Verwirkung tritt ein, wenn der Anspruchsberechtigte eines Anspruches sein Recht längere Zeit nicht geltend gemacht hat und der Verpflichtete darauf vertrauen kann, dass dieser das auch in Zukunft nicht tun wird.[858] Ein wichtiger Aspekt hierbei ist das Zeitmoment, dessen Länge sich nach der Art des Anspruchs, der Intensität des Vertrauens auf die zukünftige Nichtausübung und der Schutzbedürftigkeit richtet.[859] Da aber der Anspruch ohnehin nur innerhalb eines Jahres nach der Kenntniserlangung über das Bestehen des Anspruch geltend gemacht werden kann und der geschädigte Anleger bei der Komplexität der Sachlage durchaus diese Zeit braucht, um sich seinerseits über das Stellen des Anspruchs klar zu werden, kann eine Verwirkung in einem kürzeren Zeitraum als der Jahresfrist wohl kaum angenommen werden. Hat der Anleger noch keine Kenntnis von den anspruchsbegründenden Umständen, so ist es nicht vorstellbar, dass er beim Anbieter durch sein Verhalten Vertrauen darauf erweckt, er werde seinen Anspruch nicht geltend machen. Auch in diesem Falle ist also eine Verwirkung nicht möglich. Daher findet dieses Rechtsinstitut bei der spezialgesetzlichen Prospekthaftung keine Anwendung.

9. Anspruch gegen die Fondsgesellschaft: Einlagenrückgewähr, Gleichbehandlungsgrundsatz und der Erwerb eigener Anteile

Die Fondsgesellschaft ist auch Prospektverantwortliche. Fraglich ist aber, ob ein Prospekthaftungsanspruch direkt gegen die Anlagegesellschaft überhaupt möglich ist.

a) Einlagenrückgewähr

Hierbei ist zunächst problematisch, wie sich die Prospekthaftung zum Verbot der Einlagenrückgewähr in Personengesellschaften verhält. Rechtsfolge der Prospekthaftung ist neben der Erstattung von Kosten auch die Rücknahme der Anteile gegen Rückerstattung des Erwerbspreises.

Regelmäßig ist der Anleger nur über einen Treuhänder an einer KG beteiligt. Wenn der Treuhänder die dem Anleger zu erstattende Summe zurückzahlt und die Mittel hierfür aus dem Gesellschaftskapital unter Herabsetzung seiner Kommanditeinlage entnimmt, so lebt die Haftung des Treuhänders gem. § 172 Abs. 4 i.V.m. § 171 Abs. 1 HGB wieder auf. Wenn der Treuhänder sodann von einem Gläubiger der Gesellschaft in Anspruch genommen wird, besteht – sofern nicht vertraglich ausgeschlossen – ein Auslagenerstattungsanspruch gegen den

---

858 MüKo/*Roth* § 242 Rn. 296; Palandt/*Heinrichs* § 242 Rn. 87; PWW/*Schmidt-Kessel* § 242 Rn. 48; Hk-BGB/*Schulze* § 242 Rn. 42.

859 Palandt/*Heinrichs* § 242 Rn. 93; PWW/*Schmidt-Kessel* § 242 Rn. 50 f.; MüKo/*Roth* § 242 Rn. 301 ff.; Hk-BGB/*Schulze* § 242 Rn. 42.

Treugeber. Der Anleger-Treugeber kann dann auch nicht von der Gesellschaft oder dem Komplementär Erstattung verlangen.[860]

Die Problematik der Einlagenrückgewähr wird hauptsächlich bei Aktien und dem aktienrechtlichen Kapitalerhaltungsgrundsatz diskutiert.[861]

Anders als beim Aktienrecht (dort § 57 AktG) besteht bei der KG kein Verbot der Einlagenrückgewähr, sondern es wird nur die volle persönliche Haftung wieder angeordnet. Daher ist bei der (für geschlossene Fonds typischen) GmbH & Co. KG nicht problematisch, ob die Prospekthaftung wegen der Kapitalerhaltung jedenfalls in gewissen Fällen zurücktreten muss – wie das für Aktien teilweise gefordert wird. Die Prospekthaftung kann vor diesem Hintergrund daher an sich in jedem Fall Anwendung finden.

Zunächst könnte man dennoch zu fordern versucht sein, eine Haftung der Anlagegesellschaft selbst für grundsätzlich unzulässig zu erklären.[862] Dadurch werden zugleich die Probleme bezüglich des „Windhundrennens“ (dazu unter b) als auch die Frage des Erwerbs eigener Anteile (dazu unter c) aufgelöst.

Nach anderer Ansicht ist die Problematik der Einlagenrückgewähr mit der Anwendung der Grundsätze der fehlerhaften Gesellschaft zu regeln. Für die Zeit bis zum Stellen des Prospekthaftungsanspruch gilt der geschädigte Anleger als Gesellschafter oder Treugeber, für die Zeit danach jedoch nicht mehr.[863]

Letzere Ansicht vermag allerdings nicht zu überzeugen. Denn im Falle der Abwicklung gemäß der Vorgaben über die fehlerhafte Gesellschaft besteht die Nachhaftung für den ausscheidenden Gesellschafter, der ein Kündigungsrecht ausübt, genau so, wie sie im normalen Ausscheidensfall besteht. Entsprechend haftet der ausscheidende Gesellschafter auch bei der fehlerhaften Gesellschaft fünf Jahre (§ 160 HGB) nach seinem Ausscheiden.

Die Anwendung der Grundsätze über die fehlerhafte Gesellschaft ist überdies ausgeschlossen, wenn vorrangige Interessen der Allgemeinheit oder einzelner Personen entgegenstehen.[864] Zu der Fallgruppe des entgegenstehenden Rechtsschutzes einzelner Personen werden i.d.R. Minderjährige oder beschränkt Ge-

---

860 Zum ganzen: Assmann/Schütze/*Wagner* § 16 Rn. 132 f.

861 Vgl. Schwark/*Schwark* § 45 BörsG Rn. 13; *Groß* §§ 44, 45 BörsG Rn. 10 ff., jeweils mit weiteren Nachweisen.

862 Assmann/Schütze/*Assmann* § 6 Rn. 139 f.; *Ziegler* DStR 2005, 30 (32 f.); *Madaus* Jura 2006, 881 (887); KpK GesR/*Varachia* Kap. 9 Rn. 88; Arndt/Voß/*Kind* § 13 VerkProspG Rn. 31.

863 *Keunecke* Rn.409. Zur Anwendung der Grundsätze der fehlerhaften Gesellschaft bei Immobilienfonds vgl. Häfner/*Ott* Rn. 830 ff.

864 MüHB GesRI/*Bälz* § 100 Rn. 217 ff.; vgl. *Schmidt* GR S. 156 f.; Häfner/*Ott* Rn. 839 ff.; BGH WM 2005, 838 (839).

schäftsfähige gezählt.[865] Durch die Regelung des gesetzlichen Anspruchs auf Prospekthaftung hat der Gesetzgeber zum Ausdruck gebracht, dass die Interessen der Anleger schützenswert sind. In ähnlicher Weise wie bei beschränkt Geschäftsfähigen greift ein besonderer gesetzlicher Schutz ein, der die Anwendung der Grundsätze der fehlerhaften Gesellschaft verbietet. Zwar ist bei „normalen" Fällen arglistiger Täuschung oder Widerruf die Anwendung dieser Grundsätze angezeigt. Allerdings ist bei der Täuschung durch den Prospekt der entscheidende Unterschied, dass hiermit eine Massentäuschung verursacht wird, die jeden Anleger betrifft. Zudem hat auch die Rechtsprechung bisweilen die Grundsätze über die fehlerhafte Gesellschaft außer Acht gelassen, wenn ein Fall arglistiger Täuschung vorliegt.[866] Dies ist insbesondere dann der Fall, wenn ein Gesellschafter bzw. der Täuschende sich im Falle der Auflösung unverdiente Vorteile schindet. Im Falle der Prospekthaftung ist bei den Hintermännern i.d.R. ein Verdienst an dem Produkt (durch die Geschäftsführung) auch dann gegeben, wenn das Projekt gescheitert ist; finanziell sind sie nicht notwendig betroffen, außer im Falle der Inanspruchnahme der Prospekthaftung. Zudem hat die Rechtsprechung bisher in ständiger Praxis die Anwendung der Grundsätze der fehlerhaften Gesellschaft ausgeschlossen, wenn ein Anleger einer stillen Gesellschaft angehört und sich somit mit seinem Prospekthaftungsanspruch nur an den Inhaber des Geschäfts wenden kann, der damit zugleich sein Mitgesellschafter ist. Hier hat der BGH wiederholt den Schadensersatz auf volle Rückgängigmachung der Einlage und nicht auf Zahlung eines Abfindungsguthaben angewendet.[867] Dies muss auch bei anderen Fonds, bei denen der Anleger gegen die Fondsgesellschaft klagt, gelten. Der BGH weist zwar darauf hin, dass dieses Ergebnis nur für stille Gesellschaften und nicht für die GbR oder KG gilt, da hier ein Prospekthaftungsanspruch gegen die Fondsgesellschaft nicht gegeben sei.[868] Allerdings ist nach der neuen Rechtslage nach dem AnSVG durchaus eine Prospektpflicht der Fondsgesellschaft in diesen Rechtsformen möglich. Daher ist dann auch der Rückgriff auf die Grundsätze der fehlerhaften Gesellschaft ausgeschlossen.

Dies rechtfertigt es, den Personen, die sich durch die Täuschung mittels eines falschen Prospekts Vorteile verschaffen, die Haftung aufzulegen, nicht den durch einen falschen Prospekt Getäuschten. Daher sind die Grundsätze über die fehlerhafte Gesellschaft nicht anzuwenden.

Fraglich ist aber, ob in diesem Fall die Haftung des Anlegers als Kommanditist wieder aufleben soll. Analog zu den Ansichten in der aktienrechtlichen

---

865 MüHB GesRI/*Bälz* § 100 Rn. 224.

866 BGHZ 26, 330 (335).

867 BGH ZIP 2004, 1706 (1707); WM 2005, 278 (280); WM 2005, 838 (839); WM 2005, 2228 (2230).

868 BGH ZIP 2004, 1706 (1707).

Konstellation könnte man auch hier vertreten, dass das VerkProspG bzw. das BörsG als *lex posterior* gegenüber dem HGB Vorrang hat. Anders könnte man die erstgenannten Vorschriften auch als *leges speciales* gebenüber dem HGB betrachten.[869] In beiden Fällen würde die Haftung des per Prospekthaftung ausgeschiedenen Anlegers nicht wieder aufleben.

Es ist fraglich, ob das Wiederaufleben der Haftung des Kommanditisten vom gesetzgeberischen Willen bei der Einführung einer Prospekthaftung für den Grauen Kapitalmarkt gedeckt sein kann. Der Anleger soll sich mit dem Prospekthaftungsanspruch von der Vermögensanlage ohne große Probleme trennen können. Dieses Ziel würde durch die persönliche Haftung gegenüber den Gläubigern der Gesellschaft konterkariert. Die Möglichkeit der Inanspruchnahme durch Gläubiger des Fonds macht die Einforderung des Prospekthaftungsanspruchs quasi wertlos. Bei den in Schieflage geratenen Fonds, die i.d.R. in teure Güter investieren (Schiffe, Flugzeuge, Großimmobilien), ist eine Inanspruchnahme der ausgeschiedenen Gesellschafter wahrscheinlich. Das zurückgezahlte Vermögen wäre somit ggf. unmittelbar wieder verloren. Das VerkProspG und die §§ 44-47 BörsG sind daher nicht nur als *leges posteriores*, sondern auch als *leges speciales* gegenüber dem § 172 HBG anzusehen. Daher findet letztere Norm keine Anwendung.

b) Gleichbehandlungsgrundsatz

Ein weiteres Problem der Inanspruchnahme der Anlagegesellschaft selbst ist die sich hieraus ergebende Situation eines „Windhundrennens". Die ersten Anleger wären in der Lage, noch aus dem Gesellschaftsvermögen Befriedigung zu erlangen, welche die verbleibenden Gesellschafter aufzubringen hätten; dies würde eine Weiterverfolgung des Gesellschaftszweckes mangels Kapital unmöglich machen.[870] Dies ist nicht mit dem Gleichbehandlungsgrundsatz im Gesellschaftsrecht vereinbar. Zudem werden durch dieses Rennen auf das verbleibende Kapital außenstehende Gläubiger geschädigt.

Auch diese Problematik ist aber angesichts der spezialgesetzlich angeordneten Prospekthaftung auf Grund des gesetzgeberischen Willens nicht zu umgehen. Es muss dabei bleiben, dass die Prospekthaftung nicht gegen die Fondsgesellschaft ausgeschlossen ist. Zur Vermeidung des „Windhundrennens" steht im Übrigen das Insolvenzrecht zur Verfügung. Ansonsten ist das Prioritätsprinzip ein im Zwangsvollstreckungsrecht geeignetes und übliches Prozedere.

c) Verbot der Übernahme eigener Anteile

Ein drittes Problem bei der Inanspruchnahme der Fondsgesellschaft ist die Verpflichtung zur Rücknahme der Anteile. Dies würde im Falle der Fondsgesell-

---

[869] Vgl. a. *Korth* S. 96 ff.

[870] *Ziegler* DStR 2005, 30 (32); Assmann/Schütze/*Assmann* § 6 Rn. 140.

schaft bedeuten, die Gesellschaftsanteile der per Prospekthaftung ausscheidenden Gesellschafter zu übernehmen. Dies ist allerdings gesellschaftsrechtlich nicht möglich. Aus diesem Grund wird daher erwogen, die Prospekthaftung gegen die Fondsgesellschaft auszuschließen.[871] Nach anderer Ansicht ist die Norm so zu interpretieren, dass dem Anspruchsteller aus der Prospekthaftung statt der Übernahme der Anteile eine Austrittskündigung unter Zahlung eines Abfindungsbetrags zusteht – nicht i.S.e. Abschichtungsbilanz, sondern in Höhe des Erwerbspreises.[872] Zum Teil wird der Begriff der „Übernahme" auch als Anspruch auf eine Rückabwicklung ähnlich einem Rücktrittsrecht verstanden, damit dem Wille des Gesetzgebers zur Gültigkeit verholfen werden könne.[873]

Die Problematik der Übernahme der Anteile der Fondsgesellschaft ist im gleichen Sinne zu verstehen, wie schon bei der Einlagenrückgewähr und dem Gleichbehandlungsgrundsatz: Der Gesetzgeber hat ausdrücklich die Rücknahme angeordnet, obwohl die Problematik schon seit Jahrzehnten bekannt ist.[874] Es ist damit davon auszugehen, dass die Regelung nicht im Bewusstsein seiner Wirkungslosigkeit aufgenommen wurde. Dem gesetzgeberischen Willen ist nur mit der Betrachtung der Normen als *leges speciales* gegenüber den gesellschaftsrechtlichen Regelungen Wirkung zu geben.

Damit stellt sich letztlich die Frage, wie diese Situation mit dem Gläubigerschutz zu vereinbaren ist. Hierbei ist zu beachten, dass bei Inanspruchnahme der Anlagegesellschaft selbst keine Aussage darüber getroffen ist, dass dieser Fonds allein für den fehlerhaften Prospekt verantwortlich ist. Vielmehr kommt der Fonds – wenn überhaupt – meist nur im Zusammenspiel mit anderen Verantwortlichen in Betracht. Diese sind gem. § 44 Abs. 1 BörsG Gesamtschuldner. Zieht der Anleger also die Anlagegesellschaft zur Verantwortung, so kann diese gem. § 426 Abs. 1 BGB von den anderen Verantwortlichen Regress nehmen und gem. § 426 Abs. 2 BGB aus dem Anspruch des Anlegers selbst klagen. Damit der Fonds weiterhin wirtschaften kann, kann er das verlorene Kapital auf diese Weise jedenfalls zum Teil wiedererlangen. Es kann aber nicht Sache des Anlegers sein, nur bestimmte Schuldner in Anspruch zu nehmen und andere nicht, wenn das Gesetz alle zu Gesamtschuldnern macht. Daher ist auch die Inanspruchnahme der Fondsgesellschaft selbst möglich.

10. Gerichtsstand

Der Gerichtsstand für Klagen nach dem VerkProspG ist durch das Gesetz zur Einführung von Kapitalanleger-Musterverfahren (KapMuG) geändert worden.

---

871 *Ziegler* DStR 2005, 30 (32 f.); *Madaus* Jura 2006, 881 (887).

872 *Schäfer* ZGR 2006, 40, 75; *Fleischer* BKR 2004, 339 (345) bei Fn. 109; ähnlich *Ulmer/Döpfer* BB 1978, 461 (464).

873 *Benecke* BB 2006, 2597 (2601).

874 Vgl. *Ziegler* DStR 2005, 30 (32).

Zuvor war für Vermögensanlagen auf Grund des Sitzes der BaFin immer das LG Frankfurt am Main ausschließlich zuständig (§ 13 Abs. 2 VerkProspG a.F. und nach der Versuchsphase, sofern keine endgültige Entscheidung des Gesetzgebes erfolgt).[875] Gem. § 32b Abs. 1 Nr. 1 ZPO ist hingegen das LG am Sitz des Anbieters zuständig. Dies gilt auch dann, wenn der Anleger den Prospekt nicht erhalten hat, aber dessen Inhalt dem Beratungsgespräch zu Grunde gelegt wurde.[876]

Streitig ist indes, ob unter der Geltung des KapMuG gem. § 32b Abs. 1 Nr. 1 ZPO das LG am Sitz des Anbieters der Vermögensanlage ausschließlich zuständig ist.[877] Nach Ansicht des OLG München gilt der § 32b Abs. 1 Nr. 1 ZPO nur für solche Vermögensanlagen, die der neugeschaffenen Prospektpflicht unterliegen, nicht jedoch für davor aufgelegte Fonds o.ä.[878] Nach Ansicht des BGH und der OLG'e Koblenz und Nürnberg hingegen sind auch vor Einführung einer Prospektpflicht erstellte Vermögensanlagen erfasst.[879] Dem ist im Ergebnis zuzustimmen. Aus dem Wortlaut des § 32b ZPO ist nicht zu entnehmen, dass nur solche Vermögensanlagen, die einer gesetzlichen Prospektpflicht unterliegen, unter die Norm fallen. Zwar führt § 1 Abs. 1 S. 4 KapMuG als Beispielsfälle nur Vermögensanlagen des geregelten Kapitalmarktes auf, doch werden diese durch die Verwendung des Wortes „insbesondere" nur beispielhaft aufgezählt. Vermögensanlagen, die noch keiner gesetzlichen Prospektpflicht unterlagen, aber bei denen dennoch Kapitalmarktinformationen herausgegeben wurden, sind hiermit jedoch sachlich vergleichbar.[880]

Durch die Norm sollen Musterverfahren gem. KapMuG erleichtert werden, sowie im Hinblick auf andere Anspruchsgrundlagen ein einheitlicher Gerichtsstand geschaffen werden.[881] Dies soll, insbesondere im Falle der Musterverfahren, Kosten ersparen. Nachteilig könnte daran aber sein, dass – im Gegensatz zur zentralen Zuständigkeit des LG Frankfurt am Main – die Nähe zur BaFin

---

[875] Das KapMuG und die damit zusammenhängenden Regelungen wurden auf Anregung des Bundesrates (vgl. BT-Drs. 15/5091, S. 47) auf fünf Jahre beschränkt, um die Tauglichkeit in der Praxis beurteilen zu können. Daher gilt ab 01.November 2010 wieder die alte Regelung, sofern das Gesetz nicht erneut vom Bundestag verabschiedet wird (Art. 9 Abs. 2 des Gesetzes zur Einführung von Kapitalanleger-Musterverfahren, BGBl. I 2005, 2437).

[876] OLG Nürnberg WM 2008, 1060.

[877] Vgl. *Cuypers* WM 2007, 1446 (1450).

[878] OLG München ZIP 2006,1699 (1700); WM 2007, 255 (256) mit ablehnender Anmerkung WuB VII D. § 1 KapMuG 1.07 (*Erttmann*).

[879] BGH WM 2008, 1353 (1354); BGH NZG 2007, 351 (352); OLG Koblenz NJW 2006 3723; OLG Nürnberg WM 2006, 2079; ebenso: *Cuypers* WM 2007, 1446 (1452); *Vollkommer* NJW 2007, 3094.

[880] Ebenso OLG Koblenz NJW 2006 3723, *Stöber* NJW 2006, 3724; *Rothe/Stumpf*, Anmerkung zu BGH BB 2007, 687.

[881] Vgl. Begründung: BT-Drs. 15/5091, S. 33.

fehlt und der wirtschaftsrechtliche Sachverstand nicht konzentriert wird.[882] Diese Argumente sind allerdings nicht sehr gewichtig. Die Landesregierungen können die Verfahren gem. § 32b Abs. 2 ZPO auf einzelne Landgerichte konzentrieren.[883]

II. Haftung für das Fehlen eines Prospekts (§ 13a VerkProspG)

Neben der Haftung für fehlerhafte Prospekte wurde mit § 13a VerkProspG erstmalig im deutschen Recht eine Haftung für den Fall eingeführt, dass ein Prospekt gänzlich fehlt. Damit wird deutlich, dass der Gesetzgeber den Vertrag zwischen Veräußerer und Erwerber der Vermögensanlage für gültig erachtet, auch wenn ein Prospekt nicht erstellt wurde. Anderenfalls hätte es der Regelung nicht bedurft, weil sich ansonsten eine Rückabwicklung wegen des nichtigen Geschäfts ergeben hätte.[884]

Die Voraussetzungen sind im Wesentlichen denen des unter I. dargestellten Anspruches aus § 13 VerkProspG nachgebildet.[885]

Der Haftungsgrund ist das Fehlen eines Prospekts, obwohl eine Prospektpflicht besteht. Der Anspruchsgegner ist, anders als bei § 13 VerkProspG i.V.m. § 45 BörsG, nicht der Prospektverantwortliche und der Prospektveranlasser, sondern der Emittent und der Anbieter. Die Thematik dieser Begrifflichkeiten ist bereits eingehend untersucht worden.[886] Anspruchsberechtigt ist derselbe Personenkreis wie im Falle des § 13 VerkProspG. Auch der Zweiterwerber kann Anspruchsinhaber sein und kann ebenso wie derjenige, der die Vermögensanlage bereits veräußert hat, gem. § 13a Abs. 2 VerkProspG noch Ansprüche geltend machen.

Bei der Haftung zeigt sich allerdings ein deutlicher Unterschied zu § 13 VerkProspG. Zunächst reicht die reine Unterlassung der Prospektveröffentlichung, um den Tatbestand zu erfüllen. Daher ist allein diese Tatsache ausreichende Bedingung für die haftungsbegründende Kausalität.[887]

Bei Untersuchung der haftungsausfüllenden Kausalität ist insbesondere fraglich, ob es auf einen Schaden ankommt. Hierbei ist zu beachten, dass § 13a

---

882 Vgl. Änderungsvorschlag des Bundesrates, BT-Drs. 15/5091, S. 46.

883 Von dieser Ermächtigung haben bislang Gebrauch gemacht (bis September 2008): Bayern (Augsburg, Landshut, München I, Nürnberg-Fürth), Hessen (Frankfurt am Main), Nordrhein-Westfalen (Düsseldorf, Dortmund, Köln), Thüringen (Gera), Sachsen (Leipzig).

884 *Groß* § 13a VerkProspG Rn. 3.

885 Das ist zumindest auch so vom Gesetzgeber gewollt, vgl. RegE AnSVG, BT-Drs. 15/3174, S. 44.

886 S.o. unter § 6 A. I. 2. b) (S. 177).

887 Heidel/*Becker* Kap. 13 VerkProspG Rn. 17; *Korth* S. 120. Ob der Anleger von der Prospektpflicht wusste, ist eine Frage der Ausnahmeregelung; a.A. Habersack/Mülbert/Schlitt/*Mülbert*/ *Steup* § 33 Rn. 92.

VerkProspG nicht auf das BörsG verweist und somit auch nicht auf § 45 Abs. 2 BörsG. Fraglich ist daher, ob der Anspruch auch gegeben ist, wenn die Tatsache, dass kein Prospekt erstellt wurde, nicht zu einem verminderten Anteilswert geführt hat. Außerdem ist zweifelhaft, ob der Anspruch auch besteht, wenn zwar kein Prospekt erstellt wurde, der Wert der Anteile auch gesunken ist, dieser Wertverfall aber nicht darauf beruht, dass kein Prospekt erstellt wurde. Die Norm sollte wohl ein „schneidiges Schwert" für den Fall unterlassener Prospekterstellung werden.[888] Da der Gesetzgeber mit § 13a Abs. 4 VerkProspG eine Regelung ähnlich derjenigen des § 45 Abs. 2 Nr. 3 BörsG schaffen wollte,[889] ist davon auszugehen, dass die Anwendung der anderen Normen im BörsG nicht gelten sollten. Daher ist eine für eine analoge Anwendung erforderliche planwidrige Regelungslücke abzulehnen.

Wenn die Norm allerdings einen Schadensersatzanspruch darstellt, wäre wie bei jedem Schadensersatzanspruch auch bei § 13a VerkProspG eine haftungsausfüllende Kausalität nach allgemeinen Prinzipien des bürgerlichen Rechts Voraussetzung.[890] Anders wäre es nur, wenn § 13a VerkProspG überhaupt kein Schadensersatzanspruch ist, sondern ein Rücktrittsrecht. In der Gesetzesbegründung findet sich zwar kein Hinweis darauf, dass ein Schaden vorausgesetzt wäre, aber es findet sich auch der Versuch, den Anspruch dem des § 13 VerkProspG i.V.m. § 44 BörsG nachzuempfinden. Alternativ könnte man erwägen, den bloßen Erwerb einer Vermögensanlage, die nicht prospektiert wurde, als Schaden aufzufassen. Dies ist allerdings für sich genommen keine abweichende Vermögenslage. Solange die Anlage daher denselben Wert hat, den der Anleger bezahlt hat und zugleich veräußerbar ist, wäre zumindest dann ein Schaden ausgeschlossen. An sich müsste der Schaden auch ausgeschlossen sein, wenn die Anlage aus anderen Gründen im Wert gesunken ist. Der Gesetzgeber scheint aber zu intendieren, dass im Falle eines unterlassenen Prospekts immer ein Recht des Anlegers zur Rückgabe der Anteile gegen Erstattung des Erwerbspreises vorgesehen ist.[891] Dann muss die Norm als Rücktrittsrecht aufgefasst werden.[892] Dadurch wird auch am ehesten das Ziel erreicht, die pflichtgemäße Erfüllung der Prospekterstellung zu fördern, denn der Anbieter muss auch ohne einen Wertverfall seines Produkts damit rechnen, dass durch massenhaften Ausstieg der Anleger die Vermögensanlage ohne nachträgliche eigene Zuschüsse scheitert. Der Anleger muss den Rücktritt fristgerecht erklären, wozu die Stellung des Anspruches reicht. § 13a VerkProspG ist daher als Gestaltungsrecht anzusehen.

---

888 Vgl. RegE AnSVG, BT-Drs. 15/3174, S. 44.

889 Vgl. RegE AnSVG, BT-Drs. 15/3174, S. 44.

890 Assmann/Schütze/*Assmann* § 6 Rn. 278.

891 Vgl. *Bohlken/Lange* DB 2005, 1259 (1261); *Fleischer* BKR 2004, 339 (346).

892 Ähnlich Assman/Schütze/*Wagner* § 15 Rn. 189 („Rücknahmeanspruch").

Fraglich ist weiterhin, ob ein Verschulden des Anbieters vorliegen muss. Der Wortlaut des § 13a VerkProspG ist verschuldensunabhängig formuliert.[893] Dennoch wird mit Blick auf die Entstehungsgeschichte der Norm und deren Nähe zu § 13 VerkProspG teilweise ein Verschulden wie in § 13 VerkProspG, also Vorsatz oder grobe Fahrlässigkeit, für notwendig angesehen, das durch entsprechende Anwendung von § 13 Abs. 1 VerkProspG i.V.m. § 45 Abs. 1 BörsG erreicht werden könne.[894] Ansonsten könnte man die allgemeinen bürgerlichrechtlichen Verschuldensmaßstäbe anwenden. Beides entspricht aber nicht dem Wortlaut und dem gesetzgeberischen Willen.[895] Außerdem ist die Norm ein Rücktrittsrecht, bei dem der Rücktrittsgrund die mangelnde Erstellung eines Prospekts ist. Um den Strafcharakter der Norm zu erhalten,[896] und den Anlegern ein umfassendes Rücktrittsrecht zu geben, ist ein Verschulden nicht erforderlich.

Der Haftungsumfang ist derselbe wie bei § 13 VerkProspG.

Der Rücktritt ist ausgeschlossen, wenn der Anleger wusste, dass die Erstellung eines Prospekts verpflichtend war und er gleichwohl beigetreten ist. Geschützt werden sollen damit nur die Anleger, denen die Hintergrundinformationen zu dem Anlageprodukt vorenthalten werden. Der wissende Anleger verzichtet dadurch auf sein Rücktrittsrecht. Zu beachten ist hierbei allerdings, dass nur vorausgesetzt wird, dass der Anleger die Prospektpflicht überhaupt, nicht aber den konkret geschuldeten Prospektinhalt kennen muss. Wieso ein solcher Anleger nicht schutzwürdig sein soll, ist nicht ersichtlich. In der Praxis dürfte nicht unproblematisch sein, wie dieses Wissen um die Prospektpflicht nachzuweisen ist. Die Beweislast trifft den Anbieter.

Ebenso wie bei § 13 VerkProspG sind die Grundsätze der fehlerhaften Gesellschaft nicht anwendbar, und die Rückgabe der Anteile ist auch keine Einlagenrückgewähr mit der Folge des Wiederauflebens der Haftung. Es ist auch nicht aus gesellschaftsrechtlichen Gründen ausgeschlossen, direkt gegen die Fondsgesellschaft vorzugehen.

Der Gerichtsstand ist mit dem Verweis auf § 32b ZPO in § 13a Abs. 7 VerkProspG identisch mit demjenigen bei § 13 VerkProspG.

---

[893] Dies war im Referentenentwurf zunächst anders. Vgl. § 13a Abs. 4 S. 1 VerkProspG in der Fassung des Ref-E AnSVG, zu finden bei ZBB 2/2004, 168 (194).

[894] *Bohlken/Lange* DB 2005, 1259 (1261); *Spindler* NJW 2004, 3449 (3455); KpK GesR/*Varachia* Kap. 9 Rn. 98; Assmann/Schütze/*Assmann* § 6 Rn. 280 f.; *Korth* S. 124.

[895] *Groß* § 13a VerkProspG Rn. 4; *Fleischer* BKR 2004, 339 (346); *Benecke* BB 2006, 2597 (2600); Heidel/*Becker* Kap. 13 § 13a VerkProspG Rn. 13; Assmann/Schütze/*Wagner* § 15 Rn. 189; Arndt/Voß/*Kind* § 13a VerkProspG Rn. 14.

[896] Ebenso *Fleischer* BKR 2004, 339 (346).

B. Bürgerlich-rechtliche Prospekthaftung

Neben der durch das AnSVG neu eingeführten spezialgesetzlichen Prospekthaftung ist zu untersuchen, ob und inwieweit auch die zuvor geltende bürgerlich-rechtliche Prospekthaftung weiterhin eingreift.

I. Rechtsnatur und Anwendungsbereich neben dem VerkProspG

Die bürgerlich-rechtliche Prospekthaftung ist die Haftungsgrundlage, die vor Inkrafttreten des AnSVG allein galt. Hierunter fällt sowohl die bürgerlich-rechtliche Prospekthaftung im engeren Sinne als auch diejenige im weiteren Sinne.

Die Prospekthaftung im engeren Sinne ist die von der Rechtsprechung des BGH entwickelte Haftung speziell für den Grauen Kapitalmarkt, die denen der anderen spezialgesetzlichen Regelungen, die vor dem AnSVG existierten, nachempfunden ist und auf typisierendem Vertrauen beruht – das Vertrauen muss also nicht tatsächlich in Anspruch genommen worden sein.[897] Sie betrifft nicht nur diejenigen Personen, die mit dem Anleger selbst verhandelt haben, sondern auch diejenigen, die sich hinter den gesellschaftsrechtlichen Strukturen verstecken (Hintermänner) und überhaupt keine vertragliche oder quasi-vertragliche Beziehung zum Anleger haben.[898] Diese Art der Prospekthaftung leitet sich zwar vom Rechtsinstitut der c.i.c. (§ 311 Abs. 2 u. 3 BGB) ab, ist aber nicht gesetzlich geregelt, sondern eine vom BGH geschaffene Anspruchsgrundlage *extra legem*.[899]

Die Prospekthaftung im weiteren Sinne ist die Prospekthaftung für tatsächlich in Anspruch genommenes Vertrauen aus c.i.c. Dabei muss der Vertreter eine vorvertragliche Aufklärungspflicht haben und sich zur Erfüllung dieser Pflicht eines fehlerhaften Prospekts bedienen. Die Regeln für diese Haftung entsprechen denen des allgemeinen Zivilrechts.[900]

---

[897] So die Urteile BGH NJW 1973, 1604 u. BGHZ 71, 284; darauf aufbauend die ständige Rechtsprechung des BGH: BGHZ 79, 337 (340 ff.); 123, 106 (109 f.); WM 2004, 928 (929 f.); WM 2006, 905 (906); WM 2007, 1503.

[898] BGHZ 71, 284 (287).

[899] Vgl. zur Prospekthaftung im engeren Sinne Assmann/Schütze/*Assmann* § 6 Rn. 137; *Lenenbach* Rn. 9.24; Habersack/Mülbert/Schlitt/*Mülbert/Steup* § 33 Rn. 143 ff.; *Heisterhagen* DStR 2006, 759 (760); *Brandt* S. 149 ff.; *Benecke* BB 2006, 2597; *Haertlein* ZIP 2008, 726, (727); *Ochs* S. 20 ff.; KpK GesR/*Varachia* Kap. 9 Rn. 78; *Horn* JuS 1995, 377 (385); Palandt/ *Heinrichs* § 280 Rn. 54 ff.; FA-BKR/*Nittel/Lembach* Kap. 8 Rn. 159 ff.; KG WM 2007, 2142; Arndt/Voß/*Kind* vor §§ 13, 13a VerkProspG Rn. 5.

[900] Zur Prospekthaftung im weiteren Sinne vgl. Assmann/Schütze/*Assmann* § 6 Rn. 138; Lüdicke/Arndt/*Kind* S. 137; Vortmann/*Hauptmann* § 3 Rz. 142; MüKo/*Emmerich* § 311 Rn. 209; Palandt/*Heinrichs* § 280 Rn. 55; *Brandt* S. 261 ff.; *Haertlein* ZIP 2008, 726, (728); FA-BKR/*Nittel/Lembach* Kap. 8 Rn. 185 ff.; Arndt/Voß/*Kind* vor §§ 13, 13a VerkProspG Rn. 8; KG WM 2007, 2142 (2143); OLG München WM 2008, 22 (23).

Fraglich ist aber, ob die Prospekthaftung im engeren Sinne noch Platz greifen kann, wenn mit dem neugefassten VerkProspG eine spezialgesetzliche Prospekthaftung besteht. Die Prospekthaftung im engeren Sinne ist von der Rechtsprechung für die Fälle geschaffen worden, in denen keine gesetzlich angeordnete Prospektpflicht und -haftung besteht. Daher ist die Anwendung der Prospekthaftung im engeren Sinne ausgeschlossen, wenn eine solche existiert.[901] Mit dem VerkProspG (und dem WpPG) ist für einen großen Teil des ehemals nicht prospektpflichtigen Bereichs eine Prospektpflicht eingeführt worden, so dass dieses vom BGH entwickelte Institut nur noch in Ausnahmefällen eingreifen sollte.[902] Es ist nämlich davon auszugehen, dass der Gesetzgeber diesen Bereich abschließend regeln wollte. Wenn wie hier der Anwendungsbereich der spezialgesetzlichen Prospekthaftung weit gezogen wird, ist der Anwendungsbereich der Prospekthaftung im engeren Sinne nur sehr begrenzt; in erster Linie gilt er noch für Altfälle. Daher wird hierauf nicht weiter eingegangen.

Die Prospekthaftung im weiteren Sinne ist allerdings nicht zwingend ausgeschlossen.[903] Die Begründung des AnSVG geht von dessen Anwendbarkeit aus.[904] Zum Teil wird allerdings auch die Prospekthaftung im weiteren Sinne als von der spezialgesetzlichen Prospekthaftung verdrängt angesehen, weil die kürzere Verjährung der letzteren sonst ins Leere ginge.[905] Dieser Ansicht ist allerdings nicht zu folgen. Entscheidend ist, dass die Prospekthaftung im weiteren Sinne nur dann eingreift, wenn zwischen dem Anleger und dem in Haftung Genommenen eine tatsächliche Vertrauensbeziehung bestand. Dies ist ein engerer Anwendungsbereich als bei der spezialgesetzlichen Prospekthaftung. Durch die Inanspruchnahme des Vertrauens ist es auch gerechtfertigt, eine weitere Anspruchsgrundlage zu ermöglichen, die aus diesem Grunde auch eine längere Verjährungsfrist vorsehen kann. Nicht korrekt erscheint auch, die Prospekthaftung im engeren wie im weiteren Sinne nunmehr zusammenzufassen, weil die Voraussetzungen identisch seien.[906] Durch die bei der Prospekthaftung im weiteren Sinn vorausgesetzte tatsächliche Inanspruchnahme von Vertrauen ist der

---

901 Assmann/Schütze/*Assmann* § 6 Rn. 134; *Lenenbach* Rn. 9.26; Habersack/Mülbert/Schlitt/*Mülbert/Steup* § 33 Rn. 141; *Ziegler* DStR 2005, 30 (34); *Madaus* Jura 2006, 881 (887); *Bohlen/Lange* DB 2005, 1259; *Fleischer* BKR 2004, 339 (343); PWW/*Schmidt-Kessel* § 280 Rn. 64; Palandt/*Heinrichs* § 280 Rn. 54a; *Janert/Schuster* BB 2005, 987 (991); *Heisterhagen* DStR 2006, 759 (761); FA-BKR/*Nittel/Lembach* Kap. 8 Rn. 172; *Benecke* BB 2006, 2597 (2600); Arndt/Voß/*Kind* vor §§ 13, 13a VerkProspG Rn. 7; in dieser Richtung auch RegE AnSVG, BT-Drs. 15/3174, S. 44; ablehnend allerdings MüKo/*Emmerich* § 311 Rn. 185 ff.

902 Palandt/*Heinrichs* § 280 Rn. 54a; PWW/*Schmidt-Kessel* § 280 Rn. 64.

903 Assmann/Schütze/*Assmann* § 6 Rn. 265; Arndt/Voß/*Kind* vor §§ 13, 13a VerkProspG Rn. 8.

904 RegE AnSVG, BT-Drs. 15/3174, S. 44.

905 *Bohlken/Lange* DB 2005, 1259 (1263).

906 So aber *Keul/Erttmann* DB 2006, 1664.

Anwendungsbereich gerade enger als derjenige der Prospekthaftung im engeren Sinne.

Die Prospekthaftung im weiteren Sinn kommt auch dann in Betracht, wenn das VerkProspG auf Grund der Ausnahmeregelungen oder der Begrenztheit des Anwendungsbereichs nicht gilt.[907]

II. Anspruchsvoraussetzungen

Die Anspruchsgrundlagen für die Haftung gemäß der Prospekthaftung im weiteren Sinne entsprechen denen der c.i.c. Nach der Schuldrechtsreform von 2002 ist diese nun in § 311 Abs. 2 und 3 BGB geregelt. Hierbei ist für die Prospekthaftung beachtlich, dass mit dem dritten Absatz die Rechtsprechung[908] anerkannt wurde, nach der ein solches Vertrauensverhältnis und damit auch ein Schuldverhältnis mit Pflichten gem. § 241 Abs. 1 BGB zu Personen bestehen kann, die nicht Vertragspartei werden.[909] Hierzu zählen bei der hier vorliegenden Problematik insbesondere Anlageberater, die einen Vertrag zwischen dem Anleger und einem Anbieter lediglich vermitteln, wenn sie besonderes persönliches Vertrauen in Anspruch nehmen. Nicht in die gesetzliche Regelung aufgenommen wurde die ebenfalls aus der Rechtsprechung bekannte Fallgruppe, dass der Dritte zwar kein gesteigertes Vertrauen, wohl aber ein hohes wirtschaftliches Eigeninteresse am Vertragsschluss hat.[910] Die Nennung der ersten Fallgruppe ist allerdings nur ein Regelbeispiel, so dass auch letztere Fallgruppe erfasst sein kann.[911] Jedoch genügt die Aussicht auf eine Provision, wie dies beim Anlagberater gängigerweise der Fall ist, nicht für das Eigeninteresse.[912] Der Dritte muss das Geschäft wie ein eigenes behandeln.[913] Auch ohne das Feststellen eines Beratungsvertrages zwischen Berater und Anleger kann sich also eine Haftung, insbesondere aus c.i.c. ergeben.

Die einzelnen Voraussetzungen dieser Haftung sollen indes sogleich im Rahmen der sonstigen zivilrechtlichen Anspruchsgrundlagen erörtert werden.

C. Zivilrechtliche Anspruchsgrundlagen

Neben der spezialgesetzlichen Prospekthaftung sind noch sonstige zivilrechtliche Anspruchsgrundlagen allgemeiner Art zu untersuchen. Hierunter fällt auch

---

907 Vgl. *Keul/Erttmann* DB 2006, 1664 (1665).

908 Vgl. BHGZ 56, 81 (84); 79, 281 (283); 129, 136 (170).

909 MüKo/*Emmerich* § 311 Rn. 231 ff.

910 Vgl. BGHZ 14, 313 (317); 56, 81 (83).

911 MüKo/*Emmerich* § 311 Rn. 235; PWW/*Medicus* § 311 Rn. 68; Palandt/*Grüneberg* § 311 Rn. 60; Hk-BGB/*Schulze* § 311 Rn. 19.

912 MüKo/*Emmerich* § 311 Rn. 242; Palandt/*Grüneberg* § 311 Rn. 61; Hk-BGB/*Schulze* § 311 Rn. 19; BGHZ 56, 81 (83).

913 PWW/*Medicus* § 311 Rn. 69.

die bürgerlich-rechtlichen Prospekthaftung im weiteren Sinne, da es sich um eine c.i.c. gem. § 311 Abs. 2 u. 3 BGB handelt. Daneben sind aber daneben noch weitere Anspruchsgrundlagen zu untersuchen, die dem geschädigten Anleger neben der eigentlichen Prospekthaftung zustehen können und zu einem ähnlichen Ziel führen.

I. Anwendungsbereich neben dem VerkProspG

Zunächst stellt sich wieder die Frage des Anwendungsbereiches derartiger Ansprüche neben der spezialgesetzlichen Prospekthaftung. Für den speziellen Fall der bürgerlich-rechtlichen Prospekthaftung im weiteren Sinne, mithin der in diesem Bereich anwendbaren c.i.c., wurde diese Frage bereits oben bejaht. Sind aber Ansprüche aus c.i.c. anwendbar, so ist kein Grund ersichtlich, warum andere zivilrechtliche Anspruchsgrundlagen nicht anwendbar sein sollten.[914]

II. Anspruchsgrundlagen

Als allgemeine zivilrechtliche Anspruchsgrundlagen kommen neben vertraglichen auch vertragsähnliche und deliktische Ansprüche in Betracht.

1. Vertragliche Ansprüche

Voraussetzung für vertragliche Anspruchsgrundlagen ist das Bestehen eines Schuldverhältnisses. Hier kommen drei Arten von Verträgen in Betracht, die der Anleger mit anderen Personen schließt: der Beratungsvertrag mit dem Anlageberater oder -vermittler, der Treuhandvertrag und der Beitrittsvertrag zur Fondsgesellschaft.

a) Beratungsvertrag

Der Anleger kann sich bei vertraglichen Ansprüchen in erster Linie auf einen möglicherweise geschlossenen Beratungsvertrag stützen, den er mit der ihn beratenden Person abgeschlossen hat.

Anspruchsgrundlage ist dann § 280 Abs. 1 BGB i.V.m. dem Beratungsvertrag.[915] Möglich ist auch, die Haftung aus der Beratungssituation nicht auf einen Beratungsvertrag zu stützen, sondern statt dessen eine haftungsrechtliche Sonderverbindung im Sinne eines gesetzlichen Schuldverhältnisses anzunehmen, da die Bank Informationsgarant ist.[916] Auch nach dieser Lösung kommt es dann für die Haftung auf §§ 311 Abs. 2 u. 3, 280 BGB an.

---

[914] Vgl. auch Schwark/*Schwark* § 45 BörsG Rn. 71 ff. mit Hinweis früher anders lautende Meinungen, die mittlerweile überholt sind.

[915] BGH WM 2008, 270; BGH ZIP 2008, 512.

[916] *Berger* ZBB 2001, 238 (243 ff.); FA-BKR/*Beule* Kap 7 Rn. 67.

Ein Beratungsvertrag kann auch konkludent abgeschlossen werden.[917] Das ist dann der Fall, wenn der Berater mit dem Anleger ein Beratungsgespräch führt und dabei zu erkennen ist, dass die Beratung für den Anleger von besonderer Bedeutung ist, da dieser anhand der Beratung über sein Vermögen disponieren will.[918] Insofern stellt der Beratungsvertrag eine Besonderheit gegenüber § 675 Abs. 2 BGB dar, der nur zwischen Privatpersonen gilt.[919] Der Vertrag kommt einem Dienstleistungsvertrag nahe.[920] Im Kapitalanlagebereich ist regelmäßig vom Abschluss eines solchen Beratungsvertrages auszugehen.[921] Ein Beratungsvertrag kann auch zwischen dem Anleger und dem Wirtschaftsprüfer vorliegen, wenn der Wirtschaftsprüfer ein Prospektgutachten erstellt hat und dieses dem Anleger selbst zur Verfügung stellt.[922]

Im Rahmen dieses Beratungsvertrages schuldet ein Kreditinstitut bei der Wertpapieranlage nach der Rechtsprechung des BGH anlage- und anlegergerechte Beratung.[923] Gleiches gilt auch für den Anlageberater. Es stellt sich die Frage der Übertragbarkeit dieser Regelungen für andere Beratungssituationen. Für Wertpapierdienstleistungsunternehmen gelten gem. §§ 31 ff. WpHG besondere Regeln.[924] Bei der Beratung für nicht in Wertpapieren verbriefte Anlageformen fehlt ein gesetzlicher Anhaltspunkt. Inhalt des Beratungsvertrages auf dem Grauen Kapitalmarkt ist die Aufklärung über die Chancen und Risiken der Beteiligung an einer entsprechenden Vermögensanlage. Strukturell unterscheidet sich der Beratungsvertrag bei Wertpapieren nicht von dem bei Vermögensanlagen. Daher ist auch bei solchen Beratungsverträgen eine anlage- und anlegergerechte Beratung als vertraglich geschuldete Leistung anzusehen.

---

[917] *Siol* in BHdB § 43 Rn. 7; *Hannöver* in BHdB § 110 Rn. 24; Assmann/Schütze/ *v. Heymann/Edelmann* § 4 Rn. 10; vgl. a. Paland/*Sprau* § 675 Rn. 30; Palandt/Heinrichs § 280 Rn. 47; PWW/*Fehrenbacher* § 675 Rn. 42 ff. (insbesondere Rn. 47 ff.); MüKo/*K. P. Berger* vor § 488 Rn. 72; *Brandt* S. 260; *Horn* JuS 1995, 377 (384); FA-BKR/*Beule* Kap 7 Rn. 194.

[918] *Siol* in BHdB § 43 Rn. 7; *Horn* in: BuB Rn. 7-1366; so auch die Rechtsprechung für die Anlagevermittlung: BGHZ 74, 103 (106); 100, 117 (118) und für die Anlageberatung: BGH NJW 1993, 2433.

[919] *Berger* ZBB 2001, 238 (245); FA-BKR/*Beule* Kap 7 Rn. 67.

[920] *Hannöver* in BHdB § 110 Rn. 22.

[921] *Horn* WM 1999, 1 (4); *Madaus* Jura 2006, 881 (882); BGHZ 123, 126 (128); 100, 117 (118); BGH WM 2008, 1270.

[922] *Janert/Schuster* BB 2005 987 (988); *Madaus* Jura 2006, 881 (882).

[923] MüKo/*Emmerich* § 311 Rn. 155, 177; Palandt/*Heinrichs* § 280 Rn. 48 f.; *Nittel* BPrak 2007, 432; FA-BKR/*Beule* Kap. 7 Rn. 195 ff.; BGHZ 123, 126 (128); BGH WM 2007, 1606 (1607); vgl. a. Bartlsperger/Boutonnet u.a. S. 126 ff.

[924] Diese sind mit der Umsetzung der MiFID umfangreich geregelt worden (vgl. a. FA-BKR/ *Beule* Kap. 7 Rn. 130 ff.; diesbezügliche Einzelheiten sind für die vorliegende Untersuchung aber ohne Belang.

Die anlagegerechte Information über die Vermögensanlage beinhaltet die Pflicht, den Anleger zutreffend, vollständig und verständlich zu informieren, in einem Umfang, den der Kunde persönlich nach § 242 BGB erwarten darf.[925] Hierzu zählt die Aufklärung nach Treu und Glauben über alle Gesichtspunkte, die der jeweilige Anleger in seiner konkreten Situation zu einer sachgerechten Bewertung der Anlage benötigt.[926] Die Beratung muss dabei nicht nur über die Umstände und Merkmale des Fonds aufklären, sondern auch über die allgemeine wirtschaftliche Lage.[927]

Die anlegergerechte Information muss berücksichtigen, welchen Anlagehorizont der Beratene hat und welche seine Ziele mit der Anlage sind. Hier ist insbesondere festzustellen, ob der Anleger wirklich bereit ist, ein so hohes Risiko wie das eines geschlossenen Fonds auf sich zu nehmen. Der Berater muss die persönlichen und wirtschaftlichen Verhältnisse des Beratenen sowie dessen Kenntnisse im Anlagebereich berücksichtigen.[928]

Unter die Kategorie der anlagegerechten Beratung fallen mit der zutreffenden und vollständigen Beschreibung der Anlage, ihrer Chancen und Risiken die gesamten Angaben, die gem. § 8g Abs. 1 S. 1 VerkProspG in einem Prospekt aufzuführen sind. Liegt somit ein (stillschweigend geschlossener) Beratungsvertrag vor, so schuldet der Berater entweder die Unterrichtung über all die Umstände, die in einem Prospekt angegeben werden, oder die Übergabe und ggf. Erläuterung des Prospekts selbst.[929] Der Berater darf auch für den Fall, dass der Berater dem Anleger einen Prospekt übergibt, die Risiken nicht abweichend hiervon darstellen oder die Hinweise im Prospekt entwerten.[930] Bleibt der Anlageberater hinter diesen Vorgaben zurück, so liegt eine Pflichtverletzung i.S.v. § 280 BGB vor. Eine nur vermittelnde Bank ist verpflichtet, entweder den Prospekt zu prüfen oder auf die Nichtprüfung hinzuweisen.[931] Für den Nachweis, dass ein Prospekt nicht übergeben wurde, trägt allerdings der Anleger die Beweislast, da es sich nicht um eine selbständige Leistungspflicht handelt, sondern zum Nach-

---

925 *Horn* WM 1999, 1 (5 ff.); *Hannöver* in BHdB § 110 Rn. 35 ff.; Assmann/ Schütze/*v. Heymann/Edelmann* § 4 Rn. 20; Häfner/*Häfner* Rn. 259; FA-BKR/*Beule* Kap. 7 Rn. 202.

926 FA-BKR/*Beule* Kap. 7 Rn. 202.

927 *Horn* WM 1999, 1 (5 ff.); *Hannöver* in BHdB § 110 Rn. 35 ff.; Assmann/ Schütze/*v. Heymann/Edelmann* § 4 Rn. 20.

928 *Hannöver* in BHdB § 110 Rn. 35 ff.; *Horn* WM 1999, 1 (8); Assmann/Schütze/ *v. Heymann/Edelmann* § 4 Rn. 19; *Nittel* BPrak 2007, 432; FA-BKR/*Beule* Kap. 7 Rn. 199.

929 Wird der Prospekt verwendet, so darf der Beratende nicht gleichzeitig die korrekt dargestellten Risiken herunterspielende Äußerungen machen, BGH WM 2007, 1606 (1607) und BGH WM 2007, 1608 (1609). Ggf. muss nach *Frisch* auch zusätzlich zum Prospekt eine weitergehende Beratung erfolgen: BGH EWiR § 276 BGB a.F. 2/07, 517 (*Frisch*).

930 BGH WM 2007, 1606 (1607).

931 OLG Stuttgart EWiR § 280 BGB 1/07, 323 (*Reiner/Pech*).

weis einer Schlechterfüllung dient.[932] So gesehen ist die Beratungspflicht auch eine Prospektpflicht, obwohl die Beratung nicht notwendigerweise mit einem Prospekt erfüllt werden muss.

Die Pflichtverletzung muss für den Schaden des Anlegers kausal sein. Auf die Ausführungen zur haftungsbegründenden Kausalität im Zusammenhang mit der Anlagestimmung kann hier indes nicht verwiesen werden, da es auf eine solche nicht ankommt, sondern auf die Inanspruchnahme des konkreten Vertrauens zwischen Vertragspartnern. Entscheidend ist daher nur, ob der Anleger auf Grund der Beratung eine Vermögensdisposition derart trifft, dass er dem Fonds beitritt. In dem Fall, dass der Anleger tatsächlich beitritt, wird vermutet, dass dies Folge der Beratung ist.[933] Zur haftungsausfüllenden Kausalität ist erforderlich, dass die Vermögensanlage nicht dem Wert entspricht, den der Anleger investiert hat. Entsprechend der Regelung in § 45 Abs. 2 Nr. 2 BörsG (i.V.m. § 13 Abs. 1 Nr. 3 d) VerkProspG) ist ein Schaden nicht gegeben, wenn die Vermögensanlage nicht im Wert gesunken ist. Die haftungsausfüllende Kausalität ist ebenso nicht gegeben, wenn der Wertverfall nicht auf der fehlerhaften Beratung (anhand des Prospekts) beruht.[934]

Erforderlich ist weiterhin das Verschulden des Beraters. Dieses wird gem. § 280 Abs. 1 S. 2 BGB vermutet. Gem. § 276 BGB haftet der Schuldner für Vorsatz und Fahrlässigkeit. Fraglich ist, ob der Haftungsausschluss für die einfache Fahrlässigkeit gem. § 45 Abs. 1 BörsG analog anzuwenden ist. Dies ist abzulehnen. Es fehlt bereits an einer planwidrigen Regelungslücke. Die Beschränkung beruht auf den besonderen Gegebenheiten des Börsenrechts. Bei der Begründung eines Anspruchs aus einem Beratungsvertrag, bei dem ein vertragliches Verhältnis zwischen den beiden Personen besteht, liegt gegenüber der Prospektpflicht, die gegenüber jedermann wirkt, ein viel engeres Verhältnis vor. Es ist daher kein Grund ersichtlich, von der Regel in § 276 BGB abzuweichen.

Ein Mitverschulden ist gem. § 254 BGB möglich. Fraglich ist, ob die Regel des § 45 Abs. 2 Nr. 3 BörsG, nach der die Prospekthaftung ausgeschlossen ist, wenn der Anleger die Unrichtigkeit kannte, analog angewendet werden muss. Dies ist nur dann möglich, wenn keine planwidrige Regelungslücke besteht. Dies wäre zu verneinen, wenn der genannte Fall unter § 254 BGB zu fassen wäre. Hat der Anleger eine Beratung in Anspruch genommen und wusste er, dass die Aussagen des Beraters nicht korrekt waren, so ist es in der Tat als Verschulden gegen sich selbst zu sehen, wenn er dennoch die Vermögensanlage erwirbt. Des Weiteren ist, entsprechend den oben gefundenen Ergebnissen,[935] davon auszugehen, dass ein Mitverschulden zudem in Betracht kommt, wenn der

---

932 BGH ZIP 2006, 1449.

933 BGHZ 124, 151 (159); BGH WM 1992, 770 (773).

934 Vgl. hierzu oben A. I. 4. b) (S. 187).

935 Unter § 6 A. I. 5. c) (S. 199 ff.).

Anleger die Vermögensanlage nicht verkauft bzw. dem Anbieter zur Rücknahme oder zum Weiterverkauf anbietet. Auf die entsprechenden Ausführungen sei verwiesen.

Zum Haftungsumfang gehört gem. § 249 Abs. 1 BGB all das, was erforderlich ist, um den Zustand wiederherzustellen, der ohne die fehlerhafte Beratung bestehen würde. Der Anleger ist also so zu stellen, wie er stünde, wenn ordnungsgemäß (d.h. richtig oder gar nicht) beraten worden wäre.[936] Das positive Interesse geht allerdings in diesem Fall auch nur dahin, dass der Anleger die Investition erst gar nicht oder nicht zu dem Preis getätigt hätte und ist damit gleich dem negativen Interesse. Im ersten Fall – der im Übrigen vermutet werden kann[937] – kann der Anleger verlangen, dass die Vermögensanlage zurückgenommen wird und seine Kosten ersetzt werden. Will der Anleger an der Vermögensanlage festhalten, dann kann er zwar nicht die Erwerbskosten erstattet bekommen, wohl aber hätte der Anleger einen geringeren Preis gezahlt.[938] Dann ist der Preis für die Beteiligung entsprechend zu mindern.

Fraglich ist weiterhin, ob bei der Schadenshöhe eine Vorteilsausgleichung stattzufinden hat, wenn die Vermögensanlage zu Steuervorteilen beim Anleger geführt hat. Grundsätzlich sind erlangte Steuervorteile bei der Schadensberechnung zu berücksichtigen.[939] Dies gilt aber nur dann, wenn sie erheblich sind.[940] Um diesen Betrag mindert sich der zu ersetzende Schaden; dies ist jedoch anders, wenn der Schadensersatzanspruch ebenfalls versteuert werden müsste.[941] Die Anrechnung der Steuervorteile muss allerdings dann entfallen, wenn glaubhaft feststeht, dass der Anleger seine Mittel ansonsten in einer anderen steuersparenden Vermögensanlage angelegt hätte.[942]

Der Anspruch verjährt nach § 195 BGB in drei Jahren. Auch eine Verwirkung ist möglich.

Der Gerichtsstand des Anspruchs richtet sich nicht nach § 32b ZPO, weil es kein Anspruch bezüglich öffentlicher Kapitalmarktinformation ist, sondern nur

---

936 PWW/*Fehrenbacher* § 675 Rn. 52; Hk-BGB/*Schulze* § 675 Rn. 11; Palandt/*Sprau* § 675 Rn. 35; Assmann/Schütze/*v. Heymann/Edelmann* § 4 Rn. 123.

937 BGHZ 124, 151 (159 f.).

938 Assmann/Schütze/*v. Heymann/Edelmann* § 4 Rn. 130; BGHZ 114, 87 (94 f.); 69, 53 (56 ff.).

939 Vgl. eingehend *Kondert/Schirp* BKR 2007, 357 (358 ff.).

940 *Kondert/Schirp* BKR 2007, 357 (359 f.).

941 Assmann/Schütze/*v. Heymann/Edelmann* § 4 Rn. 134; *Kondert/Schirp* BKR 2007, 357 (358); BGHZ 74, 103 (113 f.); 53, 132 (134); WM 2006, 905 (906 f.) u. WM 2006, 174 (175).

942 *Kondert/Schirp* BKR 2007, 357 (360); BGH WM 2006, 905 (906 f.) u. WM 2006, 174 (175); weitergehend MüKo/*Oettker* § 249 Rn. 239, der dieses sogar als den Regelfall ansieht.

ein privater Anspruch unter Vertragspartnern.[943] Der gegenteiligen Ansicht des OLG Koblenz[944] ist nicht zuzustimmen, weil die Norm zwar generell auch vertragliche Ansprüche erfasst, aber eben nur dann, wenn es sich um öffentliche Kapitalmarktinformationen handelt. Die Beratung ist aber immer eine persönliche Beratung, selbst wenn der Prospekt verwendet wird.[945] Daher gilt der allgemeine Gerichtsstand gem. § 13 bzw. 17 ZPO bzw. § 29 ZPO.

b) Beitritts- und Treuhandvertrag sowie Treuhandbankvertrag

Neben einem Beratungsvertrag schließt der Anleger noch einen Beitrittsvertrag mit dem Fonds. Meist ist dieser als Gesellschaft organisiert, dann handelt es sich um einen Gesellschaftsvertrag. Ist beim Beitritt eines Gesellschafters der Beitretende nicht ausreichend aufgeklärt worden, so kommt nur eine vorvertragliche Haftung gem. §§ 311 Abs. 2, 280 BGB in Betracht.[946]

Beim Treuhandvertrag ist fraglich, ob eine unzureichende Aufklärung über den gehaltenen Anteil überhaupt Haftungsgrund sein kann. Gegenstand eines Treuhandvertrages ist das Halten eines Geschäftsanteils zu treuen Händen. Dies ist grundsätzlich losgelöst von der Art des Anteils bzw. dessen Wert. Anders als beim Beitritt in eine Gesellschaft als Gesellschafter ist nicht der Treugeber Gesellschafter, sondern der Treuhänder. Dieselben Überlegungen gelten für andere Formen der mittelbaren Beteiligung an Unternehmen, etwa bei der Unterbeteiligung. Bei stillen Gesellschaften ist ein Gesellschaftsvertrag gegeben. Eine Beratungspflicht kann sich hier nur auf die Art der mittelbaren Beteiligung beziehen, nicht aber auf die Kapitalanlage selbst. Daher kommt auch in diesen Fällen nur eine c.i.c. in Betracht, aber kein vertraglicher Anspruch.

Führt eine Bank alle Treuhandkonten der Anleger, so beschränkt sich ihre Aufgabe darauf, diese Konten zu führen. Eine vertragliche Beratungspflicht hinsichtlich der Anlage selbst trifft sie dabei nicht.[947]

c) Vertrag mit Schutzwirkung zugunsten Dritter

Insbesondere zwischen dem Wirtschaftsprüfer und seinem Auftraggeber kann ein Vertrag mit Schutzwirkung zugunsten Dritter bestehen, wenn jener einen Prospektprüfbericht erstellt.[948] Dies gilt nach dem BGH allerdings nicht, wenn

---

943 Vgl. *Stöber* NJW 2006, 3725; *Vollkommer* NJW 2007, 3094 (3095); BGH NZG 2007, 350 (351); i.E. ähnlich OLG München DB 2006, 1728 (nur Tenor), nach dem § 32b ZPO nur für Klagen wegen Ansprüche nach dem VerkProspG gelte.

944 OLG Koblenz NJW 2006, 3723 (3724).

945 *Stöber* NJW 2006, 3725.

946 *Grunewald* I.A. Rn. 118.

947 KG WM 2007, 2142 (2148 f.).

948 *Madaus* Jura 2006, 881 (883); *Janert/Schuster* BB 2006, 987 (988); *Kiethe* MDR 2006, 843 (847); MüKo/*Gottwald* § 328 Rn. 181; Schäfer/*Hamann* §§ 44, 45 BörsG Rn. 104;

der Wirtschaftsprüfer lediglich den Jahresabschluss prüft.[949] Dabei wird der Anleger in den Schutzbereich des Vertrages zwischen dem Wirtschaftprüfer, der ein Prospektgutachten erstellt, und dem Anbieter oder sonstigen Auftraggeber, einbezogen. Die Anspruchsgrundlage ist in diesem Fall § 280 BGB i.V.m. den Grundsätzen über den Vertrag mit Schutzwirkung zugunsten Dritter (§ 328 BGB analog).[950] Die Voraussetzungen dazu sind, dass eine Leistungsnähe des Dritten besteht, der Gläubiger ein Interesse an der Einbeziehung des Dritten hat, der Dritte für den Schuldner erkennbar ist und ein Schutzbedürfnis hat.[951] Der Anleger kommt als letzter Informationsempfänger immer in die Leistungsnähe des einen Prüfbericht erstellenden Wirtschaftsprüfers. Erforderlich ist aber, dass der Anleger den Prüfbericht selbst erhalten und gelesen hat.[952]

Er muss für den Wirtschaftprüfer oder sonstigen Experten allerdings erkennbar sein. Eine Haftung gegenüber einer unbestimmten Masse an Dritten scheidet nach der Rechtsprechung für Bilanzprüftestate mangels Erkennbarkeit aus.[953] Die soll im Falle eines Prospektprüfungsberichts allerdings anders sein.[954] Dem ist allerdings so nicht zuzustimmen. Die Masse der Anleger, die sich auf den Prospektprüfungsbericht verlassen, ist für den Wirtschaftsprüfer im Zeitpunkt seiner Vertragserfüllung ebenfalls nicht erkennbar. Anders ist es aber, wenn der Prüfbericht den interessierten Anlegern vom Wirtschaftsprüfer zugesandt wird. Im Falle der entsprechenden Urteile[955] ist der Bericht allerdings vom Fondsunternehmen versendet worden. Daraus ergibt sich Folgendes: Steht der Wirtschaftsprüfer (auch trotz seiner Unabhängigkeit) im Lager des Fondsunternehmens, so dass er Kenntnis erlangen kann, an wen das Gutachten geschickt wird, so ist der Kreis der geschützten Dritten für ihn erkennbar. Ist der Wirtschaftsprüfer hingegen nicht weiter mit dem Fondsunternehmen verbunden, so scheidet ein Anspruch aus einem Vertrag mit Schutzwirkung zugunsten Dritter mangels Erkennbarkeit aus.

BGH WM 2007, 2281; WM 2007, 1503 (1506 f.); WM 2007, 1507 (1509 f.); NJW 2004, 3420; vgl. a. OLG Stuttgart WM 2008, 1303; ablehnend: *Brandt* S. 244.

949 BGH WM 2006, 423 (425); anders allerdings MüKo/*Gottwald* § 328 Rn. 179 f. u. 182.

950 *Janert/Schuster* BB 2006, 987 (988). Die Anwendung von § 328 BGB analog ist zwar umstritten, im Ergebnis kommt es aber auf die genaue dogmatische Grundlage nicht an. Vgl. MüKo/*Gottwald* § 328 Rn. 110; HK-BGB/*Schulze* § 328 Rn. 12; Palandt/*Grüneberg* § 328 Rn. 14; BGHZ 133, 168, 170 jeweils mit weiteren Nachweisen.

951 MüKo/*Gottwald* § 328 Rn. 119a ff.; PWW/*Medicus* vor § 328 Rn. 5 ff.; Palandt/*Grüneberg* § 328 Rn. 16 ff.; Hk-BGB/*Schulze* § 328 Rn. 13 ff.

952 OLG München WM 2008, 249 (250).

953 BGH NJW-RR 2006,610 (612); BGH WM 2006, 1052 (1055); MüKo/*Gottwald* § 328 Rn. 182.

954 BGH NJW 2004, 3420 (3421); WM 2007, 1504 (1507); WM 2007, 1507 (1509 f.).

955 BGH NJW 2004, 3420 (3421); WM 2007, 1504 (1507); WM 2007, 1507 (1509 f.).

Das erforderliche Schutzbedürfnis könnte dadurch entfallen, dass der Dritte eigene gleichwertige vertragliche Ansprüche gegen den Schuldner geltend machen kann.[956] Als solcher kommt ein eigener vertraglicher Anspruch aus einem (stillschweigend geschlossenen) Beratungsvertrag in Betracht. Soweit dieser besteht, ist keine Schutzbedürftigkeit des Anlegers gegeben. Fraglich ist allerdings, ob das Schutzbedürfnis auch entfällt, wenn der Anleger einen Anspruch aus Prospekthaftung gegen den Wirtschaftsprüfer hat. Dies ist allerdings kein vertraglicher Anspruch. Nach zustimmungswürdiger Ansicht des BGH ist ein solcher Anspruch nicht gleichwertig, da der Schutz durch den Prospekthaftungsanspruch auf der im Interesse des Kapitalanlegerschutzes geltenden Publizitäts- und Transparenzpflicht beruht, wohingegen die Inanspruchnahme von besonderem Vertrauen auf Grund einer besonderen beruflichen Stellung die Grundlage für den Anspruch aus einem Vertrag mit Schutzwirkung zugunsten Dritter ist.[957]

Das Schutzinteresse des Gläubigers an der Einbeziehung des Dritten muss ein berechtigtes Interesse sein; es kann sich insbesondere aus einer bestimmten Fürsorgepflicht des Gläubigers gegenüber dem Dritten ergeben,[958] was im Falle des Wirtschaftsprüfers aber nicht unbedingt der Fall ist. Der Wirtschaftsprüfer prüft den Prospekt im ausschließlichen Interesse seines Auftraggebers, damit dieser eine Haftung vermeiden kann. Im Falle von beruflichen Sachkennern kann allerdings das Interesse des Dritten auch gegenläufig zum Interesse des Gläubigers sein.[959] Dies ist u.a. bei einem Wirtschaftsprüfer, der einen Prospektprüfbericht schreibt, der Fall.[960] Hinsichtlich der übrigen Voraussetzungen von § 280 BGB ergeben sich keine Besonderheiten gegenüber einem Anspruch aus einen Beratungsvertrag.

2. Vertragsähnliche Anspüche

Die Haftung für fehlerhafte Prospekte kann sich insbesondere als vorvertragliche Haftung darstellen. Dies ist die bürgerlich-rechtliche Prospekthaftung im weiteren Sinne. Anspruchsgrundlage ist dann §§ 311 Abs. 2, 280 BGB oder §§ 311 Abs. 3, 280 BGB.

---

956 MüKo/*Gottwald* § 328 Rn. 127; PWW/*Medicus* vor § 328 Rn. 9; Palandt/*Grüneberg* § 328 Rn. 18; HK-BGB/*Schulze* § 328 Rn. 18; BGHZ 133, 168 (173).

957 BGH NJW 2004, 3420 (3421).

958 HK-BGB/*Schulze* § 328 Rn. 16; PWW/*Medicus* vor § 328 Rn. 6; Palandt/*Grüneberg* § 328 Rn. 17 f. Nach MüKo/*Gottwald* § 328 Rn. 122 f. kommt es allgemein eher darauf an, ob eine Interessenbewertung im Einzelfall eine ausreichende Drittbezogenheit der Leistung ergibt, nach der der Dritte den Leistungsgefahren ähnlich ausgesetzt ist wie der Schuldner.

959 BGH NJW 2004, 3420 (4321); BGHZ 127, 378 (380); MüKo/*Gottwald* § 328 Rn. 124; HK-BGB/*Schulze* § 328 Rn. 16; PWW/*Medicus* vor § 328 Rn. 7.

960 BGH NJW 2004, 3420 (4321).

a) Vorvertragliches Schuldverhältnis

Voraussetzung für einen Anspruch gem. §§ 311 Abs. 2 / 3, 280 BGB ist ein Schuldverhältnis i.S.v. § 311 Abs. 2 BGB. In Betracht kommt § 311 Abs. 2 Nr. 1 BGB. Dazu müssten zwischen dem Anleger und der Person, die den Vertrieb der Vermögensanlage betreibt, Vertragsverhandlungen aufgenommen worden sein. Das ist bereits mit dem Beginn der Gespräche oder der Übergabe von Werbematerialien – wozu die Übergabe eines Prospekts zählt – der Fall.[961] Bei bloßer Übergabe von Werbematerialien ohne ein zweiseitiges Gespräch ist hingegen nicht Nr. 1, sondern Nr. 2 einschlägig.[962] Bei Vermögensanlagen wird i.d.R. der zukünftige Anleger von Vertriebsmitarbeitern – oft an der Haustür oder im Rahmen einer Bank- oder Versicherungsberatung – angesprochen. Dies ist als Vertragsverhandlung zu bezeichnen. Besucht der Anleger von sich aus die Homepage des Anbieters und informiert sich lediglich über die angebotenen Produkte, so ist fraglich, ob die zum Download angebotenen Dokumente als Vertragsverhandlungen gelten. Jedenfalls fällt diese Fallgruppe aber unter Nr. 2 desselben Absatzes, nach dem eine Vertragsanbahnung ebenfalls ein vorvertragliches Schuldverhältnis begründet. Dies ist dann der Fall, wenn ohne Verhandlung einer der künftigen Vertragspartner bereits dem anderen Einwirkung auf seine Rechtsgüter und Interessen gewährt, was insbesondere durch das Betreten des Ladenlokals gilt.[963] Nichts anderes kann für das Betrachten der Homepage eines Fondshauses gelten. Selbst wenn man hier annehmen wollte, dass die Einwirkungsmöglichkeiten über die Homepage zu gering sind, als dass von einer Anbahnung gesprochen werden kann, so kann dieser Sachverhalt jedenfalls unter Nr. 3, „ähnliche geschäftliche Kontakte", die noch im Vorfeld der Anbahnung stehen,[964] gefasst werden.

b) Pflichtverletzung

Innerhalb dieses Schuldverhältnisses muss eine Pflichtverletzung i.S.d. § 280 Abs. 1 i.V.m. § 241 Abs. 2 BGB stattfinden. Zu den Rechten, Rechtsgütern und Interessen, die in § 241 Abs. 2 BGB geschützt sind, zählt auch die sachgerechte Aufklärung über die Vertragsumstände, wenn nach der Verkehrssitte oder nach Treu und Glauben mit einer Aufklärung zu rechnen war.[965] Auf Grund der umfangreichen Informationspflichten insbesondere in Form der Prospektpflichten

961 Palandt/*Grüneberg* § 311 Rn. 22; Hk-BGB/*Schulze* § 311 Rn. 15; PWW/*Medicus* § 311 Rn. 37.

962 MüKo/*Emmerich* § 311 Rn. 70.

963 Palandt/*Grüneberg* § 311 Rn. 23; Hk-BGB/*Schulze* § 311 Rn. 16; PWW/*Medicus* § 311 Rn. 37.

964 Hk-BGB/*Schulze* § 311 Rn. 17; Palandt/*Grüneberg* § 311 Rn. 24.

965 PWW/*Medicus* § 311 Rn. 57; Palandt/*Grüneberg* § 311 Rn. 27; MüKo/*Emmerich* § 311 Rn. 78.

ist eine solche Aufklärung zu erwarten. Ist die Aufklärung in Form des Prospekts unzureichend, so ist eine Pflichtverletzung gegeben.

c) Haftende Personen

Fraglich ist, zwischen welchen Personen ein solches vorvertragliches Schuldverhältnis entsteht. Das Schuldverhältnis besteht zwischen den Personen, die später Vertragspartei werden sollten. Gem. § 311 Abs. 3 BGB können auch Dritte in das vorvertragliche Schuldverhältnis einbezogen werden. Wie bereits bei den vertraglichen Ansprüchen erörtert, sollen Vertragsverhältnisse zur Anlagegesellschaft (Fonds), zum Treuhänder oder sonstigen Vermittler des Gesellschaftsanteils sowie zu einem Berater entstehen.

aa) Zur Aufnahme befugte Gesellschafter

Hat einer der Gesellschafter der Fondsgesellschaft den Beitretenden mangelhaft beraten, kommt ein Anspruch gegen diesen Gesellschafter in Betracht, nicht aber gegen andere Gesellschafter, die nicht an der Geschäftsführung beteiligt sind.[966] Es kommt somit darauf an, ob der die Verhandlungen führende Gesellschafter maßgeblichen Einfluss auf die Gesellschaft nehmen kann oder nicht. Regelmäßig ist bei der wichtigsten Gruppe der Fondsgesellschaften, der GmbH & Co. KG, die Komplementär-GmbH zur Aufnahme neuer Gesellschafter befugt. Führt sie selbst die Verhandlungen, so entsteht daraus das erforderliche Vertrauensverhältnis. Es können aber auch Kommanditisten, sofern sie maßgeblichen Einfluss haben, haftpflichtig sein.[967]

Führen andere Personen als die zur Aufnahme befugte Gesellschafterin die Verhandlungen, so entsteht zwischen diesen Personen und dem Beitretenden ein Vertrauensverhältnis. Wenn zwischen Anleger und der beratenden Person allerdings kein Vertragsverhältnis entsteht, ist auch grundsätzlich kein Raum für eine Anwendung der c.i.c. (§§ 311 Abs. 2 u. 3, 280 BGB). Es kommen jedoch noch andere Personen als Vertreter für die spätere Vertragspartei in Betracht.

Der Schuldner eines vorvertraglichen Schuldverhältnisses muss auch für das Verschulden seines Erfüllungsgehilfen einstehen.[968] Sofern der Gesellschafter, der zur Aufnahme neuer Gesellschafter befugt ist, eine weitere Person, etwa eine Vertriebsgesellschaft, mit dem Anwerben neuer Anleger beauftragt, ist ihr das schuldhafte Verhalten dieser Anlagevermittler oder -berater zuzurechnen.

---

[966] *Grunewald* I.A. Rn. 118; BGHZ 71, 284 (286); BGH ZIP 1991, 441; ZIP 1987, 912 (913).

[967] Vgl. BGH ZIP 1991, 441.

[968] Palandt/*Grüneberg* § 311 Rn. 28; PWW/*Medicus* § 311 Rn. 62; Hk-BGB/*Schulze* § 311 Rn. 24; MüKo/*Emmerich* § 311 Rn. 227.

bb) Treuhänder, Vertriebspersonen und Sachwalter

Neben Gesellschaftern der Anlagegesellschaft können auch andere Personen, die nicht Gesellschafter sind, Schuldner eines Schuldverhältnisses i.S.v. § 311 Abs. 2, 3 BGB sein. Hierzu zählt insbesondere der Treuhänder, weil dieser ein späteres Vertragsverhältnis zum Anleger haben kann. Der Treuhandkommanditist (im Falle einer KG im Treuhandmodell) muss nach der Rechtsprechung den Anleger umfassend über den Gegenstand des Treuhandvertrages, die zu erwerbende und zu haltende Beteiligung informieren, was auch unter Vorlegung des Prospekts erfolgen kann.[969] Die Haftung aus c.i.c. (§§ 311 Abs. 2 u. 3, 280 BGB) trifft den Treuhänder auch dann gem. § 278 BGB, wenn nicht er selbst, sondern eine gesonderte Vertriebsgesellschaft die Verträge vermittelt.

Fraglich ist indessen, ob Personen, die mit dem Vertrieb befasst sind, neben ihrer bereits oben erwähnten vertraglichen Verantwortlichkeit auch unter dem Gesichtspunkt der c.i.c. (§§ 311 Abs. 2 u. 3, 280 BGB) haften können. Dies ist ohne Frage der Fall, soweit die Informationspflichten sich auf den späteren Beratungsvertrag beziehen. Fehlinformationen über die zu beratende Vermögensanlage können jedoch nicht als eigene vorvertragliche Pflichtverletzung angesehen werden, weil die vorvertragliche Aufklärung sich nur auf die Einzelheiten der Beratungsleistung beziehen können, nicht aber bereits im vorvertraglichen Stadium auf die Vermögensanlage selbst. Die sachgerechte Beratung über die Vermögensanlage ist die Hauptleistungspflicht des Beratenden. Bei mangelhafter Beratung kann jedoch ein vertraglicher Anspruch gegeben sein.

Allerdings ist dabei zu beachten, dass neben der Möglichkeit, die im vorvertraglichen Bereich stattfindenden Pflichtverletzungen der Fondsgesellschaft gem. § 278 BGB zuzurechnen, eine eigene Haftung der Vertriebspersonen gem. §§ 311 Abs. 3, 280 BGB in Betracht kommt. Danach kann ein vorvertragliches Schuldverhältnis auch zu Personen bestehen, die nicht Vertragspartei werden sollen, aber die Verhandlungen führen oder beeinflussen und dabei ein besonderes persönliches Vertrauen in Anspruch nehmen.[970] Dies ist dann gegeben, wenn der Dritte sich ausdrücklich für die Seriosität verbürgt und eine entsprechende Garantie abgibt. Eine erhöhte Sachkunde allein ist nicht ausreichend, auch nicht die bloße berufliche Stellung, etwa als Bankberater.[971] Derjenige, der die Vermögensanlage vertreibt, kann insbesondere aus seiner Stellung als Sachwalter für den Fonds bzw. den Gesellschafter, der neue Anleger aufnimmt, dieses er-

[969] Assmann/Schütze/*Assmann* § 6 Rn. 147 f.; ständige Rechtsprechung, zuletzt: BGH VersR 2007, 219 (220); NZG 2003, 867; WM 1982,758; WM 1984, 1529; WM 1985, 533; WM 1986, 583; WM 1994, 2192; NJW 2002, 1711.

[970] Vgl. oben unter B. II. (S. 220).

[971] Palandt/*Grüneberg* § 311 Rn. 63; PWW/*Medicus* § 311 Rn. 65; Hk-BGB/*Schulze* § 311 Rn. 19; MüKo/*Emmerich* § 311 Rn. 241.

höhte Vertrauen in Anspruch nehmen.[972] Ob dieser dabei selbst als Vertreter bei den Verhandlungen zugegen war, oder ob ein Untervertreter gehandelt hat, ist ebenso unerheblich wie die Tatsache, dass überhaupt ein Vertretungsverhältnis i.S.v. § 164 BGB vorliegt.[973] Entscheidend für die Eigenhaftung desjenigen, der den Vertrieb einer Kapitalanlage für die Anlagegesellschaft betreibt, ist also, ob diese Person ähnlich einer Garantie die persönliche Gewähr für die Korrektheit der Angaben im Prospekt übernimmt und den Vertrieb als Vertreter oder jedenfalls als Sachwalter der Fondsgesellschaft übernommen hat. Entscheidend ist aber, dass der Garant oder der Sachwalter in einem näheren geschäftlichen Kontakt mit dem Anleger steht.[974]

Die gleichen Überlegungen gelten für alle anderen Personen, die als Dritte in die Beitrittsverhandlungen eingeschaltet sind. Hierzu zählen nur solche Personen, die an der konkreten Vertragsverhandlung mit dem späteren Anleger mitwirken, wenn auch durch Vertreter oder Sachwalter. Hintermänner oder Initiatoren einer Vermögensanlage können auf diese Weise ebenfalls haftpflichtig sein, auch wenn sie nicht Gesellschafter sind. Voraussetzung ist allerdings, dass diese Personen Vertreter oder Sachwalter desjenigen Gesellschafters sind, der die Beitrittsverträge abschließt. Es ist auf Grund des klaren Wortlautes des § 311 Abs. 3 BGB aber erforderlich, dass der Vertreter oder Sachwalter erheblichen Einfluss auf die Verhandlungen nimmt, was nur dadurch geschehen kann, dass er selbst bei den Verhandlungen mit den Anlegern zugegen ist oder mit einem besonderen Anspruch auf Vertrauen mittelbar hervortritt.[975] Fraglich ist, ob das schon dadurch gegeben ist, dass der Hintermann im Prospekt als besonders vertrauenswürdig dargestellt wird.[976] Die Tatsache allein, dass ein Initiator oder Hintermann im Prospekt genannt wurde, rechtfertigt nicht, dass ein besonderes, persönliches Vertrauen angenommen werden kann.[977] Daher kommen gegen diese Personen nur Ansprüche aus Prospekthaftung nach dem VerkProspG in Betracht, nicht aber aus c.i.c. (§§ 311 Abs. 2 u. 3, 280 BGB). Eine andere Beurteilung läge schon angesichts des engen Wortlautes des § 311 Abs. 3 BGB fern.

---

972 Assmann/Schütze/*Assmann* § 6 Rn. 165; vgl. a. Palandt/*Grüneberg* § 311 Rn. 63; PWW/*Medicus* § 311 Rn. 63; BGHZ 56, 81 (83 ff.); 70. 337 (340); BGH NJW 2004, 2523 (2325).

973 BGHZ 56, 81 (85), 83, 222 (227); aus neuerer Rspr. etwa OLG Braunschweig BauR 2004, 1784; BGH NJW 2004, 2523 (2325).

974 *Haertlein* ZIP 2008, 726 (729 ff.); a.A. LG Mosbach ZIP 2008, 745, nach dem eine Aussage in einem Werbeprospekt und in Interviews ausreichend sein soll.

975 PWW/*Medicus* § 311 Rn. 64; Palandt/*Grüneberg* § 311 Rn. 63; MüKo/*Emmerich* § 311 Rn. 237; BGH NJW 2004, 2523 (2325).

976 In diese Richtung BGHZ 71, 284 (286 ff.).

977 BGH NJW 2004, 2523. (2325).

cc) Kreditgebende Banken

Eine vorvertragliche Haftung gem. §§ 311 Abs. 2 u. 3, 280 BGB kann auch gegen eine kreditgebende Bank gegeben sein. Hierzu bedarf es aber besonderer Umstände. Beschränkt sich die Bank auf die reine Kreditvergabe, kann sie in der Regel davon ausgehen, dass ihre Kunden sich selbst informiert oder entsprechende externe Beratung gesucht haben. Dies ist nur anders, wenn die Bank über ihre Rolle als Kreditgeberin hinausgeht und dadurch einen Gefährdungstatbestand für den Kunden schafft, wenn sie in schwerwiegenden Interessenskonflikten steht, weil sie auch geschäftliche Beziehungen zu anderen Beteiligten pflegt oder wenn sie einen konkreten Wissensvorsprung gegenüber dem Kunden hat und dies für sie erkennbar ist.[978]

Ein solcher konkreter Wissensvorsprung kann angenommen werden, wenn zwischen der Bank und dem Anleger ein institutionalisiertes Zusammenwirken besteht.[979] Dieses besteht dann, wenn ein Vermittler oder Verkäufer der Vermögensanlage den Anleger arglistig getäuscht hat und der Bank diese Tatsache bekannt ist. Die Kenntnis wird widerleglich vermutet, wenn der Anbieter, Verkäufer, Vermittler oder Fondsverantwortliche die Darlehensanträge der finanzierenden Bank regelmäßig, etwa auf Grund eines Rahmenvertrages oder gemeinsamen Vertriebskonzeptes, selbst dem Kunden vorlegt und die Unrichtigkeit der Angaben nach den Umständen des konkreten Falles objektiv evident ist, so dass sich nach der allgemeinen Lebenserfahrung geradezu aufdrängt, die Bank habe sich der Kenntnis der arglistigen Täuschung geradezu verschlossen.[980] Die Vermutung kann nur im Falle arglistiger Täuschung gem. § 123 Abs. 1 BGB eingreifen, nicht hingegen bei einem Verstoß gegen § 138 BGB.[981]

d) Weitere Voraussetzungen

Die Pflichtverletzung muss zu einem Schaden geführt haben. Dieser liegt hier in dem Abschluss eines Beitrittsvertrages, der wirtschaftlich nachteilig ist. Die Kausalität ist bereits dann gegeben, wenn der Anleger bei sachgerechter Aufklärung den Vertrag nicht geschlossen hätte, denn es kommt bei der c.i.c. (§§ 311 Abs. 2 u. 3, 280 BGB) auf das negative Interesse an. Auf den genauen Wertverfall der Vermögensanlage oder die Gründe hierfür kommt es nicht an.

[978] BGHZ 168, 1 (19 f.); BGH WM 2008, 1346 (1347); BGH ZIP 2008, 210; BGH BKR 2008, 157 (158); KG WM 2007, 2142 (2149); OLG Brandenburg ZIP 2008, 402 (405).

[979] BGHZ 168, 1 (22 ff.); BGH WM 2008, 1346 (1348); BGH WM 2008, 1260 (1261); BGH WM 2007, 1257 (1260); BGH ZIP 2008, 210; BGH BKR 2008, 157 (159); KG WM 2007, 2142 (2149); OLG Brandenburg ZIP 2008, 402 (405).

[980] BGHZ 168, 1 (22 ff.); BGH WM 2008, 1346 (1348); BGH WM 2008, 1260 (1261); BGH ZIP 2008, 210; BGH BKR 2008, 157 (159); BGH WM 2007, 1257 (1260); OLG Brandenburg ZIP 2008, 402 (405).

[981] BGH BKR 2008, 157 (159).

Entscheidend ist lediglich, dass der Anleger einen Vertrag abgeschlossen hat, den er bei sachgerechter Aufklärung nicht abgeschlossen hätte.[982]

Der in Anspruch Genommene haftet für Vorsatz und Fahrlässigkeit gem. § 276 BGB, wobei ein potentielles Mitverschulden gem. § 254 BGB zu berücksichtigen ist. Ein solches liegt dann vor, wenn der Anleger weiß, dass er mangelhaft aufgeklärt wurde.

Der zu ersetzende Schaden ist ebenso zu berechnen wie beim vertraglichen Anspruch, der im Falle des Beratungsvertrages im Ergebnis auch nur auf das negative Interesse abzielt. Umfasst ist alles, was erforderlich ist, um die Folgen des Vertragsschlusses zu kompensieren. Dazu gehört die Rücknahme des Anteils und die Erstattung der damit verbundenen Kosten, wenn auch unter Anrechnung erlangter Steuervorteile.

Der Anspruch verjährt in der Regelfrist des § 195 BGB, es kann aber auch Verwirkung gegeben sein. Der Gerichtsstand ergibt sich aus § 13 bzw. § 17 ZPO sowie aus § 29 ZPO.[983]

3. Deliktische Anspüche

Neben vertraglichen Ansprüchen gegen prospektpflichtige Personen kommen gegen dieselben Anspruchsgegner auch noch deliktische Ansprüche in Betracht.

Ein Anspruch aus § 823 Abs. 1 BGB kann jedoch nicht gegeben sein. Dies beruht darauf, dass die Dispositionsfreiheit über eigene Mittel zum Vermögen gehört, welches kein von § 823 Abs. 1 BGB geschütztes Rechtsgut ist. In Frage kommen daher nur §§ 823 Abs. 2 und 826 BGB.

a) § 823 Abs. 2 BGB

Bei Ansprüchen nach § 823 Abs. 2 BGB kommen verschiedene Ansatzpunkte für die Verletzung eines Schutzgesetzes in Betracht.

aa) § 823 Abs. 2 BGB i.V.m. § 264a StGB

Zunächst ist an einen Anspruch aus § 823 Abs. 2 i.V.m. § 264a StGB zu denken. Im Einzelfall kann aus dem StGB auch ein anderes Schutzgesetz verletzt sein (etwa § 263 StGB), worauf hier aber nicht vertieft eingegangen werden soll.

---

982 Assmann/Schütze/*Assmann* § 6 Rn. 192; BGHZ 123, 106 (110); ablehnend *Keul/Erttmann* DB 2006, 1664 (1666), die eine Analogie zu §§ 45 Abs. 2 Nr. 2 BörsG bilden. Eine Regelungslücke besteht allerdings gerade nicht, da die Prospekthaftung im weiteren Sinn gerade auf dem tatsächlichen Vertrauen basiert, die Börsengesetzliche jedoch auf einem typisierten Vertrauen.

983 § 32b ZPO ist auch insoweit unanwendbar. S.o. unter § 6 C. II. 1. a) (S. 225).

§ 264a StGB ist ein Schutzgesetz i.S.d. § 823 Abs. 2 BGB, da die Norm auch individualschützend ist.[984]

Für den objektiven Tatbestand der Strafnorm ist erforderlich, dass unrichtige Prospekte oder ähnliche Darstellungen in Bezug auf Anteile, die eine Beteiligung am Ergebnis eines Unternehmens gewähren, vorliegen.[985]

Unter Anteil, der die Beteiligung am Ergebnis eines Unternehmens gewährt, ist im Wesentlichen dasselbe zu verstehen, wie in § 8f VerkProspG.[986] Treuhandvermögen sind ebenfalls gem. § 264a Abs. 2 StGB erfasst.

Die Tathandlung muss mit dem Vertrieb einer Vermögensanlage in Zusammenhang stehen. Dies ist jede auf die Veräußerung von Anlagewerten gerichtete Tätigkeit.[987] Der Täter muss die Angaben in Prospekten oder anderen Darstellungen oder Übersichten vornehmen. Der Begriff des Prospekts ist angesichts der beiden anderen gleichgestellten Merkmale weiter als im VerkProspG. Er umfasst jedes Schriftstück, das die für die Beurteilung der Anlage erheblichen Angaben enthält oder den Eindruck eines solchen Inhalts erweckt.[988] Handelt es sich um einen sonstigen Werbeträger, so muss dieser den Anschein der Vollständigkeit erwecken, anderenfalls ist die Tatbestandsalternative „Prospekt" nicht erfüllt.[989] Unter Übersichten sind Bilanzen und ähnliche Zusammenstellungen zu verstehen; Darstellungen sind die genannten Zusammenstellungen in anderer als schriftlicher Form.[990]

Die Tathandlung ist (positiv) das Vorgeben von unrichtigen vorteilhaften Angaben oder (negativ) das Verschweigen nachteiliger Tatsachen gegenüber einem größeren Kreis von Personen. Der Begriff der Angaben ist weiter als derjenige der Tatsachen und erfasst etwa auch Prognosen.[991] Die Vor- oder Nachteilhaftigkeit richtet sich nach dem objektiven Empfängerhorizont des allgemeinen

---

984 BGHZ 116, 7 (12); BGH ZIP 2004, 1593 (1596); *Stumpf/Lamberti/Schmidt* BB 2008, 1635.

985 Vgl. oben § 3 A. I. 1. a) (S. 9); vgl. insoweit die strafrechtliche Literatur, etwa: Schönke/Schröder/*Cramer/Perron* § 264a Rn. 9 ff; MüKo-StGB/*Wohlers* § 264a Rn. 25 ff.; *Brandt* S. 225; FA-BKR/*Nittel/Lembach* Kap. 8 Rn. 209; ausführlich *Hagemann,* passim, insbesondere S. 219 ff.

986 Vgl. *Hagemann* S. 232.

987 Schönke/Schröder/*Cramer/Perron* § 264a Rn. 14; *MüKo-StGB/Wohlers* § 264a Rn. 56; *Brandt* S. 227; *Hagemann* S. 242; FA-BKR/*Nittel/Lembach* Kap. 8 Rn. 212.

988 Schönke/Schröder/*Cramer/Perron* § 264a Rn. 18; *MüKo-StGB/Wohlers* § 264a Rn. 50; *Brandt* S. 226.

989 Schönke/Schröder/*Cramer/Perron* § 264a Rn. 19; *MüKo-StGB/Wohlers* § 264a Rn. 50.

990 Schönke/Schröder/*Cramer/Perron* § 264a Rn. 20 f; *MüKo-StGB/Wohlers* § 264a Rn. 51 ff.

991 Schönke/Schröder/*Cramer/Perron* § 264a Rn. 24; MüKo-StGB/*Wohlers* § 264a Rn. 32 ff.; *Brandt* S. 227 f.; *Hagemann* S. 243 ff.; FA-BKR/*Nittel/Lembach* Kap. 8 Rn. 214.

Anlegerpublikums mit entsprechendem Sekundärwissen.[992] Ein Verschweigen i.S.d. § 264a StGB liegt nicht vor, wenn die Angaben im Prospekt enthalten sind, aber schwer verständlich sind und an versteckter Stelle stehen.[993]

Ein besonderes Problem besteht darin, dass die Angaben oder Tatsachen sich auf für die Kaufentscheidung erhebliche Umstände beziehen müssen. Fraglich ist, was hierunter zu verstehen ist.[994] Nach einer Entscheidung des BGH sind dies nur solche Gesichtspunkte, die nach Art des Geschäfts für einen durchschnittlichen Anleger von Bedeutung sein können; maßgeblich sind dabei die Erwartungen des Kapitalmarkts.[995]

Im subjektiven Tatbestand ist Vorsatz erforderlich. Liegen auch Rechtswidrigkeit und Schuld gem. § 264a StGB vor, so muss noch die Rechtswidrigkeit und das Verschulden i.S.d. § 823 Abs. 2 BGB erfüllt sein.[996] Erstere wird durch die Verletzung des Schutzgesetzes indiziert, letzteres richtet sich für den Fall des Vorsatzes, der bei § 264a StGB allein maßgeblich ist, nach den strafrechtlichen Grundsätzen.[997] Ein Mitverschulden i.S.d. § 254 BGB ist zu berücksichtigen.

Durch die Verletzung des Schutzgesetzes muss es zu einem Schaden beim Anleger gekommen sein. Dies ist in dem Abschluss des Vertrages als einer Vermögensdisposition zu sehen. Auf den konkreten Wert (-verfall) der Vermögensanlage kommt es nicht an. Haftungsumfang ist die Rückgängigmachung des Beitrittsvertrages sowie der Ersatz der angefallenen Kosten, bei Anrechnung ggf. angefallener Steuervorteile.

Der Anspruch verjährt in der regelmäßigen Verjährungsfrist oder es tritt Verwirkung ein.

Gerichtsstand ist möglicherweise § 13 bzw. § 17 ZPO bzw. § 32 ZPO. Statt dessen könnte auch ein Gerichtsstand nach § 32b ZPO gegeben sein.[998] Die Norm gilt jedenfalls unstreitig für außervertragliche Ansprüche. Hinsichtlich §§ 13, 17 sowie 32 ZPO ist zwar ein Gleichlauf gegeben, da der Ort, an dem das

---

992 Schönke/Schröder/*Cramer/Perron* § 264a Rn. 25 f.; MüKo-StGB/*Wohlers* § 264a Rn. 33.

993 BVerfG ZIP 2008, 1078 (1079).

994 Vgl. Schönke/Schröder/*Cramer/Perron* § 264a Rn. 30 ff.; MüKo-StGB/*Wohlers* § 264a Rn. 43 ff.; *Brandt* S. 229 f.; *Hagemann* S. 264 ff.; FA-BKR/*Nittel/Lembach* Kap. 8 Rn. 217.

995 BGH ZIP 2005, 1066.

996 Zur hier zu weit führenden Frage, ob das neben den Voraussetzungen des Schutzgesetzes selbst noch erforderlich ist, vgl. den Meinungsstand bei Soergel/*Spickhoff* § 823 Rn. 205 f.

997 Hk-BGB/*Staudinger* § 823 Rn. 152 f.; PWW/*Schaub* § 823 Rn. 223 f.; Palandt/*Sprau* § 823 Rn. 59 f.; Soergel/*Spickhoff* § 823 Rn. 207 ff.

998 OLG Koblenz NJW 2006, 3723.

Delikt stattgefunden hat, der Sitz des Anbieters ist. Da § 32b ZPO allerdings ein ausschließlicher Gerichtsstand ist, ist eine Anwendung der allgemeinen und besonderen Gerichtsstände nicht möglich. Das Ergebnis ist jedoch dasselbe, und somit kann die Frage offenbleiben.

bb) § 823 Abs. 2 BGB i.V.m. Verkehrspflichten

Neben der konkreten Norm des StGB wurden insbesondere für die Prospekpflichten ungeregelte Verkehrspflichten als Schutzgesetz i.S.d. § 823 Abs. 2 BGB charakterisiert. Nach *Assmann* ist eine Verletzung kapitalmarktbezogener Informationsverkehrspflichten unter den Begriff des Schutzgesetzes zu fassen.[999] In ähnlicher Weise fordert *v. Bar*, die Verletzung von berufsspezifischen Verkehrspflichten als Verletzung eines Schutzgesetzes zu fassen.[1000] Diese Ansichten beruhen auf der früher diskutierten Frage, ob auch Verkehrspflichten generell als Schutzgesetze einzustufen seien, oder ob diese gem. § 823 Abs. 1 BGB Anwendung finden.[1001] Soweit ersichtlich, werden diese Thesen heute nicht mehr vertreten.[1002] Dieser Ansicht sollte auch in der Tat nicht gefolgt werden, denn die in Abs. 1 gegenüber Abs. 2 des § 823 BGB gegebene Begrenzung auf bestimmte, geschützte Rechtsgüter, zu denen nicht das Vermögen gehört, wird ausgehöhlt, wenn durch Herleitung einer Verkehrspflicht über § 823 Abs. 2 BGB jedes Rechtsgut geschützt ist. § 823 BGB würde damit zu einem offenen Tatbestand.[1003] Zwar ist mit „Gesetz" im zweiten Absatz entsprechend Art. 2 EGBGB jedes materielle Gesetz gemeint. Trotzdem darf das Gesetz nicht nur eine richterrechtlich geprägte Verhaltensvorschrift sein.[1004]

Insofern scheidet ein Anspruch nach § 823 Abs. 2 BGB i.V.m. der Verletzung von Verkehrspflichten aus.

b) § 826 BGB

In Betracht kommt schließlich noch ein Anspruch nach § 826 BGB. Dieser schützt auch das Vermögen.[1005] Allerdings muss dafür ein vorsätzlicher Verstoß gegen die guten Sitten vorliegen.

---

[999] *Assmann* Prosphaftung S. 252 ff. u. 273 ff.; *ders.* in Assmann/Schütze/*Assmann* § 6 Rn. 39.

[1000] *v. Bar* ZGR 1983, 476 (510).

[1001] Vgl. etwa Deutsch JuS 1967, 157.

[1002] Vgl. etwa PWW/*Schaub* § 823 Rn. 3; Palandt/*Sprau* § 823 Rn. 45; Hk-BGB/*Staudinger* § 823 Rn. 62; Soergel/*Spickhoff* § 823 Rn. 190; BGH NJW 1987, 2671 (2672).

[1003] PWW/*Schaub* § 823 Rn. 3.

[1004] Vgl a. PWW/*Mörsdorf-Schulte* Art. 2 EGBGB Rn. 1; Palandt/*Heinrichs* Art. 2 EGBGB Rn. 1.

[1005] PWW/*Schaub* § 826 Rn. 1; Hk-BGB/*Staudinger* § 826 Rn. 3; Palandt/*Sprau* § 826 Rn. 3; Soergel/*Hönn* § 826 Rn. 58.

Zunächst muss ein Schaden verursacht werden. Dieser liegt in der Begründung der verschiedenen Vertragsverhältnisse, insbesondere dem Beitrittsvertrag. Es handelt sich daher um einen Vermögensschaden.

Der Schaden muss nach herrschender Ansicht dem persönlichen und gegenständlichen Schutzbereich des § 826 BGB entsprechen.[1006] Dies bedeutet, dass die Sittenwidrigkeit des Handelns des Schädigers gerade im Verhältnis zur geschädigten Person und der Art des Schadens bestehen muss. Im Falle von Prospekthaftungsfällen ist der Prospekt für die Anleger vorgesehen, so dass im Falle der Sittenwidrigkeit diese in jedem Fall in den Schutzbereich fallen, ebenso wie der sich aus der Mangelhaftigkeit des Prospekts ergebende Schaden. Soweit diese Begrenzung des § 826 BGB daher abgelehnt wird,[1007] ändert sich nichts an der Rechtslage, da diese Voraussetzung ohnehin gegeben ist.

Der Schaden muss auf einem Verstoß gegen die guten Sitten beruhen. Eine sittenwidrige Handlung liegt vor, wenn sie im Widerspruch zum Anstandsgefühl aller billig und gerecht Denkenden steht.[1008] Hiermit ist ein über die bloße Rechtswidrigkeit hinausgehendes, an pluralistischen Gesellschaften ausgerichtetes rechtsethisches Minimum[1009] bzw. sind Grundgebote zwischenmenschlichen Anstandes[1010] gemeint, deren Verletzung eine Schadensersatzpflicht auslöst. Die geltenden Gesetze spiegeln i.d.R. zumindest auch die guten Sitten wider,[1011] wenngleich ein Verstoß gegen solche Normen nicht unmittelbar einen Sittenwidrigkeitsverstoß begründet.[1012] Auch eine Handlung, die gegen ein Gesetz verstößt, ist erst dann sittenwidrig, wenn das Ziel, das Mittel, das Verhältnis zwischen Mittel und Ziel, die Gesinnung oder die eintretenden Folgen als sittenwidrig einzustufen sind.[1013] Im Falle der Prospekthaftung ergibt sich zunächst eine gesetzliche Pflicht zur Prospektwahrheit und -vollständigkeit aus § 8g Abs. 1 S. 1 VerkProspG. Wird gegen diese verstoßen, so ist dieser Gesetzesverstoß das Mittel. Zwar ist eine Täuschung durchaus als sittenwidrig anzu-

---

[1006] PWW/*Schaub* § 826 Rn. 9; Hk-BGB/*Staudinger* § 826 Rn. 4; Soergel/*Hönn* § 826 Rn. 69; MüKo/*Wagner* § 826 Rn. 27 ff.

[1007] Vgl. die Nachweise bei Soergel/*Hönn* § 826 Rn. 67.

[1008] Hk-BGB/*Staudinger* § 826 Rn. 6; Palandt/*Sprau* § 826 Rn. 4; Soergel/*Hönn* § 826 Rn. 10; PWW/*Schaub* § 826 Rn. 5; RGZ 48, 114 (124); BGH ZIP 2004, 1593 (1598). Zu weit führte es an dieser Stelle, die zahlreichen Bestrebungen, von einem anderen, konkreteren Verständnis dieses Tatbestandes auszugehen, zu erörtern. Vgl. dazu die Nachweise bei Soergel/*Hönn* § 826 Rn. 19 f.; MüKo/*Wagner* § 826 Rn. 9.

[1009] *Larenz/Canaris* § 78 II 1 a, b.

[1010] Soergel/*Hönn* § 826 Rn. 10 u. 22 ff.

[1011] Soergel/*Hönn* § 826 Rn. 31.

[1012] Soergel/*Hönn* § 826 Rn. 15; Palandt/*Sprau* § 826 Rn. 4; BGH ZIP 2004, 1593 (1598).

[1013] Soergel/*Hönn* § 826 Rn. 37; Palandt/*Sprau* § 826 Rn. 4; HK-BGB/*Staudinger* § 826 Rn. 7; PWW/*Schaub* § 826 Rn. 5; BGH ZIP 2004, 1593 (1598).

sehen,[1014] deutlicher wird der Sittenverstoß aber im Zusammenspiel mit dem verfolgten Ziel. Zweck ist i.d.R. der verbesserte Verkauf der Anteile. Der Einsatz eines Gesetzesverstoßes zur Erhöhung von Verkaufszahlen ist verwerflich und sittenwidrig, angesichts der Tatsache, dass das VerkProspG die Anleger genau davor schützen will. Hier liegt ein Informationsgefälle vor, dessen vorsätzliche Ausnutzung zum Schaden anderer einen Sittenverstoß begründet.[1015] Im Übrigen wird dadurch auch eine besonders niedrig zu bewertende Gesinnung deutlich, nach der nicht auch die zukünftigen Vertragspartner im Zentrum stehen, sondern nur der eigene Vorteil. Zudem ist eine sittenwidrige Gesinnung darin zu sehen, dass ein Prospektherausgeber bewusst rücksichtslos oder leichtfertig Angaben in den Prospekt aufnimmt, die nicht richtig sind.[1016] Außerdem wird durch die oft große Vielzahl von Anlegern ein sehr hoher Schaden verursacht, der an sich auch schon für eine Sittenwidrigkeit spricht.

Subjektiv ist Vorsatz bezüglich des Schadens erforderlich. Die Kenntnis des Täters im Rahmen des Vorsatzes muss sich allerdings nur auf die Tatumstände beziehen, die die Sittenwidrigkeit begründen, nicht aber auf die Bewertung der Sittenwidrigkeit als solcher.[1017] Auch eine anwaltliche Beratung über den Prospektinhalt, die den Verantwortlichen zur Überzeugung bringt, ein sittenwidriger Prospekt liege nicht vor, ändert nichts, solange dem Täter die bloßen Umstände bereits bekannt sind.[1018] Nur wenn sich hieraus ein derartiger Verbotsirrtum ergibt, der den Täter bei Gesamtwürdigung der Umstände als redlich Handelnden erscheinen lässt, kann ausnahmsweise entsprechend der Lehre vom Verbotsirrtum nach der Schuldtheorie, die faktisch bei § 826 BGB gilt, die Schuld entfallen.[1019]

Für den Vorsatz genügt *dolus eventualis*.[1020] Die Rechtsprechung lässt allerdings den Schluss von leichtfertigem, rücksichtslosen Verhalten auf bedingten Vorsatz zu.[1021] Dies ist dann der Fall, wenn ein Prospektersteller Angaben in

[1014] Soergel/*Hönn* § 826 Rn. 45.

[1015] Soergel/*Hönn* § 826 Rn. 49; vgl. a. PWW/*Schaub* § 826 Rn. 21; Palandt/*Sprau* § 826 Rn. 30; Hk-BGB/*Staudinger* § 826 Rn. 16.

[1016] Soergel/*Hönn* § 826 Rn. 53; dasselbe gilt auch für den Anlageberater *Nittel* BPrak 2007, 432 (434).

[1017] Soergel/*Hönn* § 826 Rn. 52; Palandt/*Sprau* § 826 Rn. 11; HK-BGB/*Staudinger* § 826 Rn. 10; PWW/*Schaub* § 826 Rn. 6; MüKo/*Wagner* § 826 Rn. 22.

[1018] BGH ZIP 2005, 20 mit Anmerkung in EWiR § 826 BGB 3/05, 595 (*Berger/Ueding*).

[1019] Soergel/Hönn § 826 Rn. 55; EWiR § 826 BGB 3/05, 595 (*Berger/Ueding*); zur Geltung der Schuldtheorie ausserdem noch MüKo/*Wagner* § 826 Rn. 23.

[1020] PWW/*Schaub* § 826 Rn. 7; HK-BGB/*Staudinger* § 826 Rn. 9; Palandt/*Sprau* § 826 Rn. 9; Soergel/Hönn § 826 Rn. 64; MüKo/*Wagner* § 826 Rn. 19; BGH ZIP 2004, 1593 (1598).

[1021] Soergel/*Hönn* § 826 Rn. 52 u. 65; Palandt/*Sprau* § 826 Rn. 9; HK-BGB/*Staudinger* § 826 Rn. 9; PWW/*Schaub* § 826 Rn. 7; MüKo/*Wagner* § 826 Rn. 25; BGH NJW 1994, 2289 (2291); BGHZ 129,136 (177).

den Prospekt übernimmt, ohne sie zu überprüfen, oder wenn sich die Unkorrektheit aufdrängt. Ansonsten muss der geschädigte Anleger nachweisen, dass Eventualvorsatz vorliegt. Dies ist bei Prospekthaftungsansprüchen dann der Fall, wenn der Herausgeber des Prospekts bewusst unkorrekte Angaben gemacht hat oder es zumindest billigend in Kauf genommen hat, dass solche Angaben im Prospekt stehen und den Anlegern Schäden zufügen werden. Hierbei muss die Verwirklichung des Schadens nach allgemeinen Erfahrungssätzen naheliegen.[1022] Zum Vorsatz gehört auch die Kenntnis oder Inkaufnahme der Art und Richtung des Schadens.[1023] Dies ist bei der Erstellung fehlerhafter Prospekte immer das Vermögen der geworbenen Anleger, die über ihr Vermögen disponieren und die fehlerhafte Vermögensanlage erwerben.

Der Anspruch ist gem. § 254 BGB bei Vorliegen von Mitverschulden zu reduzieren.

Rechtswidrigkeit ist nicht Voraussetzung, da jede sittenwidrige Schädigung zugleich durch § 826 BGB selbst verboten und somit rechtswidrig ist.[1024]

Die Beweislast für das Vorliegen der Voraussetzungen der Haftung nach § 826 BGB trägt der Anleger; allerdings wird die Kausalität zwischen unrichtiger Aufklärung und schädigender Vermögensdisposition vermutet (Vermutung aufklärungsrichtigen Verhaltens).[1025]

Als Rechtsfolge steht dem Anleger Schadensersatz gem. §§ 249 ff. BGB zu. Dies umfasst die Rückgängigmachung der Beteiligung sowie Ersatz der Kosten bei etwaiger Anrechnung von Steuervorteilen. Der Anspruch verjährt in der regelmäßigen Verjährungsfrist, § 195 BGB. Möglich ist auch eine Verwirkung. Gerichtsstand ist entweder gem. §§ 13, 17, 32 ZPO oder gem. § 32b ZPO der Sitz des Anbieters. Diese Frage kann auch an dieser Stelle offen bleiben.[1026]

§ 7 Italien

Vor dem Hintergrund des deutschen Rechts ist nunmehr die Rechtslage in Italien zu untersuchen. Diese ist dadurch gekennzeichnet, dass eine gesetzliche Regelung der Prospekthaftung erst seit dem 24.04.2007 existiert.[1027] Im seit diesem Datum neugefassten Art. 94 TUF regeln die Abs. 8-11 die Prospekthaftung. Zu

---

[1022] Palandt/*Sprau* § 826 Rn. 10.

[1023] Palandt/*Sprau* § 826 Rn. 10; PWW/*Schaub* § 826 Rn. 8; MüKo/*Wagner* § 826 Rn. 21.

[1024] HK-BGB/*Staudinger* § 826 Rn. 8.

[1025] Soergel/*Hönn* § 826 Rn. 107.

[1026] Vgl. dazu die Ausführungen oben bei § 6 C. II. 3. a) aa) (S. 236).

[1027] Gem. Art. 12 des L 262/2005 war eine Ermächtigung zur Änderung des TUF vom Minister bis zum 31.07.2007 durchzuführen, um die VerkaufsprospektRL umzusetzen; vgl. a. Assonime Riv.soc. 2006, 445 (488 ff.). Dies ist mit dem Dlgs. 51/2007 geschehen, dessen Art. 3 die Änderungen des TUF enthält.

untersuchen ist daher der Anwendungsbereich der Normen (unter A.) und das Verhältnis zu den bisherigen verschiedenen Lösungsansätzen (unter B.). Schließlich sollen die früheren Haftungstheorien im einzelnen dargestellt (unter C.) und bewertet werden (unter D.). Im Anschluss wird auf die Haftung der Aufsichtsbehörde Consob eingegangen (unter E.)

A. Prospekthaftung nach Art. 94 Abs. 8-11 TUF

Zunächst ist die Prospekthaftung des seit April 2007 bestehenden Art. 94 Abs. 8-11 TUF zu erörtern. Hiermit hat die Literatur sich bislang nicht wesentlich beschäftigt.[1028]

I. Vertrauen auf einen mangelhaften Prospekt als Haftungsgrundlage

Die Haftung gem Art. 94 Abs. 8 setzt nach dem Wortlaut der Norm keinen unrichtigen Prospekt voraus. Der Tatbestand ist vielmehr dann gegeben, wenn dem Anleger ein Schaden dadurch entsteht, dass er auf die Richtigkeit und Vollständigkeit der im Prospekt angegebenen Informationen vertraut. Trotz dieser verunglückten Formulierung ist aber zu beachten, dass ein Schaden nur dann entstanden sein kann, wenn dieses Vertrauen verletzt wurde – was gleichbedeutend damit ist, dass der Prospekt nicht richtig oder nicht vollständig ist.

Unter Prospekt i.S.v. Art. 94 Abs. 8 TUF könnte der Prospekt gem. Art. 94 Abs. 1 TUF zu verstehen sein.[1029] Das bedeutete, dass die Haftung nur dann eingreift, wenn ein von der Consob genehmigter Prospekt vorliegt. Verwendet ein Anbieter hingegen einen Prospekt, der nicht genehmigt wurde und wird er an seinem Angebot an die Öffentlichkeit auch nicht durch Maßnahmen der Consob gehindert, so würde die spezialgesetzliche Haftung nicht eingreifen, es könnte aber ein zivilrechtlicher Anspruch auf Prospekthaftung gegeben sein. Statt dessen könnte man auf den vom Anbieter zur Erfüllung seiner Prospektpflicht intendierten Prospekt abstellen. Das würde bedeuten, dass für diesen Fall die spezialgesetzliche Haftung eingreift und zusätzlich noch möglicherweise andere zivilrechtliche Anspruchsgrundlagen. Sähe man das anders, so würde ein Anbieter, der einen ungenehmigten Prospekt verwendet, mit dem Entfallen einer Haftungsnorm belohnt. Das kann nicht im Sinne des Gesetzes sein. Folglich gilt für Art. 94 Abs. 8 TUF ein anderer Prospektbegriff, als in Art. 94 Abs. 1 TUF, nämlich der Prospekt, den der Anbieter verwendet, um seiner Prospektpflicht nachzukommen.

Der Begriff der Richtigkeit ist im TUF nicht weiter definiert. Im Rahmen der Verschuldensregelung wird allerdings darauf verwiesen, dass die Informationen

[1028] Vgl. aber bereits *Mazzeo* Resp.civ. 2007, 571; *Sapone* S. 901 ff.; *Cugnasco* Soc. 2008, 803.

[1029] Siehe dazu oben § 4 B. I. (S. 133) zum Inhalt und II. (S. 138) zu notwendigen Verfahrensvoraussetzungen für einen korrekten Prospekt.

den Fakten entsprechen müssen und nicht solche Angaben fehlen dürfen, die den Sinn entstellen, Art. 94 Abs. 8 TUF. Dabei ist zu differenzieren, ob es sich um tatsächliche Angaben oder Werturteile handelt.[1030] Bei tatsächlichen Angaben kann die Frage der Unrichtigkeit absolut bestimmt werden, denn eine Tatsache ist entweder wahr oder falsch. Richtigkeit bedeutet daher, dass alle als gegeben genannten Umstände auch tatsächlich vorliegen, und alle als nicht gegeben genannten nicht vorliegen.

Bei Werturteilen hingegen kommt es, wie schon zum deutschen Recht erörtert,[1031] auf den Anlegerhorizont an. Dieser hängt von der Art des Finanzproduktes ab. Bei Finanzinstrumenten, die nur für professionelle Anwender vorgesehen sind, muss dieser ein anderer sein, als für sonstige „graue" Finanzprodukte, die im Direktvertrieb platziert werden. Das ist bereits in Art. 94 Abs. 2 TUF erkennbar, in dem bestimmt wird, dass der Prospekt alle Angaben entsprechend den Besonderheiten des Emittenten und des angebotenen Finanzprodukts enthalten muss. Daher ist davon auszugehen, dass es auf den durchschnittlichen Anleger ankommt, der für eine bestimmte Produktkategorie in Betracht kommt. Normalerweise, insbesondere bei Investmentfonds, ist das der durchschnittliche Privatanleger und gerade nicht ein professioneller Finanzmarktexperte. Aus Art. 94 Abs. 2 TUF ergibt sich auch, dass die Informationen leicht analysierbar und verständlich sein müssen. Das bedeutet, dass je nach Beurteilungshorizont auch umfangreiche Erklärungen notwendig sein können, damit die Angaben verständlich sind. Bei der Bilanz ist ggf. eine ausreichende Erklärung zu geben, wenn auch Privatanleger angesprochen werden, denn diese können die Bilanz nur mit geeigneten Erläuterungen leicht analysieren.

Fraglich ist weiterhin, welche Relevanz die falschen Tatsachen oder Werturteile für den Prospekt haben müssen. Bei der Unvollständigkeit wird im Gesetz darauf verwiesen, dass die weggelassenen Informationen den Sinn nicht hätten verändern dürfen. Entsprechend ist die Unrichtigkeit bei Angaben derart zu verstehen, dass solche Unrichtigkeiten, die den Sinn des Prospekts unverändert lassen, keine Prospekthaftung auslösen. Hierbei ist allerdings zu beachten, dass jede Information, sofern sie nicht für die Kapitalanlage irrelevant ist, den Aussagegehalt des Prospekts verändert.

Vollständig ist der Prospekt nur dann, wenn er alle Angaben enthält, die der durchschnittliche Anleger benötigt, um zu einem fundierten Urteil über die Vermögenslage und die finanzielle Situation, die wirtschaftlichen Ergebnisse und Aussichten des Emittenten oder des Übernahmegaranten sowie über das Finanzprodukt und die damit verbundenen Rechte zu kommen, Art. 94 Abs. 2 TUF. Flankiert wird dies durch den Anhang 1 zum RegEmit, in dem die Consob Regelinhalte definiert; ist eines der Schemata dort nicht aufgeführt, so teilt die

---

[1030] Vgl. insoweit zum deutschen Recht oben § 6 A. I. 1. c) (S. 169 ff.).

[1031] S.o. § 6 A. I. 1. c) aa) (S. 170 ff.).

Consob auf Antrag dem Prospektpflichtigen gesondert die inhaltliche Vorgabe mit, Art. 94 Abs. 6 TUF. Daraus ergibt sich, dass im Zweifel der Prospekt vollständig ist, wenn die Vorgaben der Consob eingehalten werden. Allerdings ist zu beachten, dass eine gesetzliche Vollständigkeit des Prospekts nur dann gegeben ist, wenn alle Angaben nach der Generalklausel des Art. 94 Abs. 2 TUF enthalten sind. Dies folgt daraus, dass die Verordnung der Consob in der Normenhierarchie tiefer steht als das TUF.

Soweit Auslassungen bestehen, sind diese nur relevant, wenn sie dem Inhalt eine andere Bedeutung gegeben hätten, Art. 94 Abs. 8 TUF. Da der Prospekt eine Fülle von Informationen enthalten muss, ergibt sich aus dem Zusammenspiel ein einheitliches Bild der Kapitalanlage. Dabei kann jede noch so unbedeutende Tatsache oder Werturteil von Bedeutung sein, wenn dadurch der Gesamtinhalt auch nur eine Nuance verschoben wird. Eine Auslassung hat daher nur dann keine Auswirkung auf den Sinn und Inhalt der Angaben insgesamt, wenn es eine Information betrifft, die im Prospekt schon inhaltsgleich enthalten ist, mit anderen Worten, wenn eine andere Information exakt dieselbe Bedeutung hat. Dies gilt indes auch nur, wenn die weggelassene Information von so geringem Gewicht ist, dass die Bedeutung der anderen, inhaltsgleichen Informationen nicht wesentlich gesteigert wäre. Mithin ist eine weggelassene Information i.d.R. in der Lage, den Gesamtinhalt und dessen Bedeutung zu entstellen.

Ob auch ein unrichtiges Gesamtbild, entsprechend der deutschen Regelung,[1032] zu einem unrichtigen Prospekt führt, ist dem Gesetz – wie auch dem deutschen BörsG – nicht zu entnehmen. Eine eigene Kategorie dieser Art des Prospektmangels ist indes nicht nötig, denn die Generalklausel nennt als notwendige Informationen auch solche, die nötig sind, um ein fundiertes Bild von der Vermögensanlage und den damit zusammenhängenden Rechten bilden zu können, Art. 94 Abs. 2 TUF. Damit ist die Vermögensanlage im Ganzen gemeint.

II. Haftende Personen

Das TUF ordnet die Haftung bestimmter Personen an und regelt zugleich, welche Folgen sich aus dem Vorhandensein einer Mehrheit von Haftenden ergeben.

1. Emittent, Anbieter, Garant, verantwortliche Personen, Platzierungsverantwortliche

Als haftende Personen nennt Art. 94 Abs. 8 TUF Emittent, Anbieter, Garant und sonstige für die Informationen verantwortliche Personen. Anders als in Art. 94 Abs. 1 TUF ist hier die Einteilung aufgenommen worden, die zum Teil in Art. 4 RegEmit enthalten ist. Art. 94 Abs. 9 TUF regelt die Haftung für den Platzierungsverantwortlichen.

[1032] S.o. § 6 A. I. 1. c) dd) (S. 175).

Der Emittent ist diejenige Person, deren Anteile selbst veräußert werden; sie ist der Herausgeber eines Papiers. Der Begriff entstammt Art. 2 lit. h) VerkaufsprospektRL. Seinen Anwendungsbereich hätte diese Variante demnach nur bei verbrieften Rechten. Von der praktischen Seite ist eine Verbriefung nicht notwendige Voraussetzung dafür, dass ein Finanzprodukt von jemandem (in Anteilen) herausgegeben wird. Auch bei einem papierlosen veräußerbaren Recht kann es daher eine Person geben, die – ein Wertpapier unterstellt – ein Emittent wäre. Dies ist die Person, die ein solches Recht aufteilt und so die Veräußerung ermöglicht. Der Begriff des Emittenten wird im TUF – anders als in der Richtlinie – nicht definiert. Das spricht dafür, dass der italienische Gesetzgeber den Begriff nicht mit der Beschränkung auf Wertpapiere übernehmen wollte. Es kann daher auch dann auf den Begriff des Emittenten zurückgegriffen werden, wenn keine Verbriefung erfolgt.

Fraglich ist, was unter Anbieter zu verstehen ist. Hierunter kann derjenige zu verstehen sein, der ein Angebot im rechtlichen Sinne abgibt, derjenige, der das Angebot veranlasst, oder derjenige, der es tatsächlich macht.[1033] Im Hinblick darauf, dass die Prospektpflicht mit „jeder“ einen sehr weiten Anwendungsbereich hinsichtlich der in Frage kommenden Person hat, sollte beachtet werden, dass es wohl nicht Intention des Gesetzgebers sein kann, einen großen Kreis von Prospektpflichtigen zu definieren, von denen nur ein kleiner Teil auch als Prospekthaftende in Betracht zu ziehen ist. Es kann daher nicht nur darauf ankommen, ob ein Angebot im vertragsrechtlichen Sinne gemacht wurde. Vielmehr sind auch die im Hintergrund agierenden Personen einzubeziehen, die das Angebot letztlich steuern und veranlassen. Unter Steuerung ist dabei das wesentliche Mitwirken zu verstehen. Wer es nach außen vertritt, ist flankierend dazu ebenfalls als Anbieter zu betrachten. Dabei ist unter Vertreten nur das verantwortliche Vertreten gemeint, mithin nicht der bloße Vertrieb in einer abhängigen Beschäftigung oder einem ähnlichen abhängigen Verhältnis. Somit sind *promotori finanziari* i.d.R. nicht haftpflichtig, es sei denn, sie wirken bestimmend an der Art des Angebots mit.[1034]

Dass diese Annahme richtig ist, wird zumal daran erkennbar, dass die Prospektpflicht nicht nur denjenigen trifft, der für die Platzierung verantwortlich ist, sondern auch denjenigen, der dabei entscheidend mitwirkt, was sich aus dem Zusammenspiel von Artt. 94 Abs. 1 u. 95 Abs. 2 TUF sowie Artt. 4 Abs. 1 u. 3 lit. a) RegEmit ergibt.[1035]

Für die Haftung von (Konsortial-) Banken ist somit darauf abzustellen, ob die Bank bei der Erstellung des Angebots und den Modalitäten entscheidenden Einfluss nehmen kann, so dass man das Institut als koordinierend oder jedenfalls

---

1033 Vgl. zum deutschen Begriff des Anbieters § 3 A. II. 2. (S. 47).

1034 Ähnlich *Afferni* DR 2004, 849 (854) allerdings zum alten Recht.

1035 Vgl. die Ausführungen oben bei § 4 A. V. 1. (S. 125).

wesentlich mitwirkend bezeichnen kann. In diesem Fall liegt eine Prospekthaftung gem. Art. 94 Abs. 9 TUF vor. Ist die Bank hingegen nicht Konsortialführer oder hat sie keinen wesentlichen Einfluss auf die Platzierung, tritt sie jedoch gegenüber dem Kunden als diejenige auf, die tatsächlich das Angebot macht, so ist sie Anbieterin gem. Art. 94 Abs. 8 TUF.

Fraglich ist in diesem Zusammenhang allerdings die Bedeutung des Art. 94 Abs. 9 TUF. Nach dieser Regelung haftet der für die Platzierung (Emissionsgeschäft) zuständige Finanzintermediär für falsche Informationen und für solche Auslassungen, die die Entscheidungen eines vernünftigen Anlegers beeinflussen können, wenn er nicht die Sorgfalt des Abs. 8 einhält. Das Gesetz definiert diese Person in Art. 93-bis Abs. 1 lit. e) TUF. Danach ist hierunter derjenige zu verstehen, der das Konsortium organisiert und gründet, die Platzierung koordiniert oder derjenige, der die Platzierung allein vornimmt. Fasst man den für das Emissionsgeschäft zuständigen Finanzintermediär bereits als Anbieter nach Abs. 8 auf, unabhängig davon, ob er das Angebot nach außen abgibt, so ist die Regelung des Abs. 9 lediglich eine Klarstellung.[1036] Man könnte aus dem Vorhandensein des Absatzes auch schließen, dass der Begriff des Anbieters enger zu verstehen ist, was den Grund dafür bildet, dass der verantwortliche Intermediär gesondert in die Haftung genommen wird. Nach den Ausführungen zum Anbieterbegriff verbietet sich aber eine enge Auslegung. Anbieter ist also auch derjenige, der für das Angebot verantwortlich ist. Art. 94 Abs. 9 TUF dient lediglich der Klarstellung; der Wortlaut und damit die Notwendigkeit zur Regelung ergeben sich aus den europarechtlichen Vorgaben. Interessant ist dabei, dass die Definition für die Unrichtigkeit des Prospekts bei Unvollständigkeit nicht ganz mit der in Abs. 8 identisch ist: Während es im Abs. 9 darauf ankommt, dass die Information einen Anleger beeinflusst hätte, kommt es nach Abs. 8 darauf an, ob die Information den Sinn verändert hätte. Letztlich ist jedoch beides dasselbe, denn ein veränderter Sinn beeinflusst auch einen vernünftigen Anleger.

Unter Garant ist derjenige zu verstehen, der die Garantie für die Platzierung eines Wertpapiers übernimmt; der Begriff geht letztlich auf die Wertpapierdienstleistungsrichtlinie, heute auf die MiFID zurück.[1037] Dieser Begriff hat für die vorliegende Untersuchung jedoch keine Bedeutung.

Letztlich führt das Gesetz in Art. 94 Abs. 8 TUF Personen auf, die für die Informationen im Prospekt verantwortlich sind. Damit sind diejenigen gemeint,

---

[1036] I.E. auch *Cugnasco* Soc. 2008, 803 (805).

[1037] In Anhang 1 Abschnitt A Nr. 6 der MiFID findet sich als Wertpapierdienstleistung die feste Übernahme zur Emission. Auch § 2 Abs. 3 Nr. 5 WpHG spricht allgemein von „sonstigen Garantien". In Italien ist eine solche Regelung seit Umsetzung der MiFID in Art. 1 Abs. 5 lit. c) TUF gegeben.

die die Haftungserklärung im Prospekt unterschrieben haben.[1038] Diese Personen fallen allerdings i.d.R. bereits unter die anderen Begriffe (Emittent, Anbieter) und bilden somit nur einen Auffangtatbestand, der aus der im Prospekt schriftlich gegebenen Garantie für die Informationen resultiert.

2. Mehrheit von Haftenden

Kommen mehrere Personen als Haftende in Betracht, so haften diese „in der Relation zu ihrer jeweiligen Kompetenz", Art. 94 Abs. 8 TUF. Gemeint ist der Grad der Beteiligung an der Prospekterstellung und die interne Verantwortlichkeit für eine bestimmte Tatsache. Der Einzelne haftet daher nur für die Prospektmängel, die er auch selber verursacht hat bzw. hätte verhindern können. Es hängt somit vom Ausmaß der Prüfpflicht für die jeweils beteiligte Person ab, in welchem Umfang sie haftet.[1039]

Die Norm ist daher eine Sonderregelung gegenüber Artt. 1292, 1. Halbsatz, 1298 Abs. 2 CC im Allgemeinen bzw. Art. 2055 CC für den deliktischen Bereich. Nach diesen Regeln haften Gesamtschuldner (*debitori in solido*) i.d.R. zu gleichen Teilen aufs Ganze und es findet nur ein interner Regress statt. Nach Art. 94 Abs. 8 TUF kann der Anleger hingegen nur den von der entsprechenden Person zu verantwortenden Schaden ersetzt erhalten. Damit ist die spezialgesetzliche Prospekthaftung eine Teilhaftung für den Prospekt.

Das kann indes in der Praxis fatale Folgen haben. Der Anleger wird sich i.d.R. für die Klage auf Schadensersatz den potentesten Schuldner aussuchen. Stellt sich im Laufe des Prozesses heraus, dass der Prospekt zwar unrichtig ist, aber etwa der Anbieter für eine bestimmte Information nicht verantwortlich ist, so muss die Klage kostenpflichtig abgewiesen werden. Dies hat – insbesondere für einen Privatanleger – erhebliche zeitliche und finanzielle Auswirkungen, was besonders deutlich wird, wenn eventuell die Anlagesumme noch aus einem dafür aufgenommenen Darlehen stammt. Vor der Klage muss der Anleger daher genau untersuchen, ob der präferierte Beklagte auch für den bestimmten Prospektteil verantwortlich zu machen ist. Dies ist wiederum fast unmöglich, da die Möglichkeiten und Handlungen der Beteiligten bei der Prospekterstellung als interne Vorgänge dem (privaten) Anleger verschlossen bleiben. Gleichwohl ist der Emittent bzw. (bei einem Fonds) der herausgebende Anbieter i.d.R. für den ganzen Prospekt verantwortlich. Es bietet sich daher für den geschädigten Anleger an, regelmäßig diese Personen zur Verantwortung zu ziehen.

[1038] Vgl. dazu die in Anhang 1B zur RegEmit enthaltenen verschiedenen Schemata für Prospekte, welche Haftungserklärungen vorsehen, in denen sich der Unterzeichner für die Richtigkeit und Vollständigkeit verantwortlich erklärt.

[1039] Zur Prüfpflicht der einzelnen in Frage kommenden Personen vgl. sogleich Abschnitt III.

III. Kausalität

Eine Regelung der Kausalität findet sich in der spezialgesetzlichen Regelung nicht. Es ist daher die allgemein im Zivilrecht geltende *conditio sine qua non*-Formel anzuwenden.[1040] Nach Artt. 1223, 2056 CC ist nur der direkte, unmittelbare Schaden zu ersetzen, was den Schaden sowie den entgangenen Gewinn umfasst. Der Schaden des Anlegers muss daher eine direkte Folge der Fehlerhaftigkeit des Prospekts sein. Dies ist dann nicht der Fall, wenn eine andere Ursache dazwischentritt, die einen neuen Kausalverlauf in Gang setzt. Art. 94 Abs. 8 TUF ordnet an, dass für die Schäden desjenigen Anlegers gehaftet werden muss, der auf die Richtigkeit des Prospekts vertraut. Die Kausalität kann demnach in zweierlei Weise entfallen. Erstens scheidet eine Haftung aus, wenn der Anleger sich bei seiner Entscheidung gerade nicht auf den Prospekt verlassen hat, zweitens dann, wenn durch das Verlassen auf die Angaben kein Schaden entstanden ist. Letzteres kann gegeben sein, wenn zwar ein Schaden entsteht, der aber andere Ursachen hat. Dies ist etwa dann der Fall, wenn die Anlage im Wert sinkt, weil die allgemeine Wirtschaftsentwicklung ebenfalls schwach ist. Außerdem scheidet die Kausalität aus, wenn die Vermögensanlage nicht im Wert gesunken ist.

IV. Verschulden

Das Verschulden wird in Art. 94 Abs. 8 TUF geregelt und in Abs. 9 entsprechend übernommen. Danach ist die Haftung ausgeschlossen, wenn der in Anspruch Genommene nachweist, dass er jede Sorgfalt angewendet hat, damit sichergestellt ist, dass die entsprechenden Informationen den Fakten entsprechen und nicht solche Auslassungen enthalten, die den Sinn entstellen. Das Verschulden wird durch den Wortlaut („es sei denn, dass er nachweist“) vermutet.

Das Ziel der Sorgfalt ist somit die Vollständigkeit und Richtigkeit des Prospekts. Zum Grad der Sorgfalt fehlen im Text des TUF besondere Angaben, außer der Bestimmung, dass der Haftende „jede“ Sorgfalt anwenden muss. Das indiziert, dass bereits leichte Fahrlässigkeit genügt. Jeder noch so kleine Zweifel oder Anhaltspunkt für die Unrichtigkeit oder Unvollständigkeit führt daher dazu, dass der Anbieter oder Emittent eine Nachforschungs- und Prospektverbesserungspflicht hat.

Dieser Maßstab gilt für alle Prospekthaftenden gleich, was dazu führt, dass auch Banken oder Vertriebsorganisationen, sofern sie als Anbieter gelten, bereits bei leichter Fahrlässigkeit in die Haftung geraten können.

Der konkrete Sorgfaltsmaßstab ist allerdings an die jeweilige Person anzupassen. So ist der Emittent „seinen“ Informationen am nächsten. Er hat die im Prospekt angegebenen Tatsachen und Werturteile sorgfältig zu prüfen. Ähnli-

---

[1040] Vgl. Cass. 2000/5913, MGC 2000, 972; Cass. 2000/3536, MGC 2000, 628 (629); Cass 1997/2009 MGC 1997, 356; *Busnelli*, illecito, S. 16; *Trabucchi* § 407.

ches gilt für den Anbieter bzw. die Person, die das Angebot insgesamt veranlasst, also etwa ein Intermediär oder eine Bank. Sie steht dem Emittenten i.d.R. sehr nahe oder – im Falle eines Fonds – es handelt sich um ihr Produkt. Es ist daher höchstens dann eine geringere Sorgfalt des Anbieters gegenüber dem Emittenten gegeben, wenn letzterer zum gleichen Unternehmen oder sonst in besonders engen geschäftlichen Beziehungen zum ersteren steht, so dass davon ausgegangen werden kann, dass die eingehende Prüfung der Angaben bereits erfolgt ist.

Fraglich ist aber, ob die ordentliche Sorgfalt einer Bank oder einer sonstigen reinen Vertriebsgesellschaft, die nicht als für das Angebot insgesamt verantwortlich erscheint, eine andere ist, als die des Anbieters bzw. Emittenten. Es ist der Frage nachzugehen, ob der Ursprung von Zweifeln oder Anhaltspunkten für eine Unrichtigkeit oder Unvollständigkeit des Prospekts beim Emittenten oder Anbieter eine andere ist, als für denjenigen der den bloßen Vertrieb betreibt. Dies beruht darauf, dass der Emittent oder Anbieter „näher" an den Informationen ist als die Vertriebsgesellschaft der Anlage. Der Emittent oder Anbieter könnte solche Anhaltspunkte aus dem laufenden Geschäft erhalten, die Vertriebsgesellschaft hingegen hat zunächst einmal keinen Zugang zu den Informationen, die die Geschäfte betreffen, sondern nur zu den Informationen, die im Prospekt niedergelegt sind. Um an andere Informationen zu gelangen, müsste die Vertriebsgesellschaft den Anbieter überwachen, was bis zu einer *due-diligence*-Prüfung erstarken kann. Der Begriff „jede Sorgfalt" führt dabei auch nicht weiter, denn damit ist nur gesagt, dass im Rahmen der Sorgfalt bereits eine leichte Fahrlässigkeit genügt, nicht aber, wie bei der konkret haftenden Person der Sorgfaltsmaßstab ist. Es ist daher allgemein zu fragen, welcher durchschnittlichen Sorgfalt eine durchschnittliche Bank oder ein durchschnittlicher sonstiger den bloßen Vertrieb Betreibender folgen würde.

Dieser hat zumindest den Prospekt genauestens zu untersuchen, um zu prüfen, ob es sich bereits aus den dargebotenen Informationen ergibt, dass der Prospekt unvollständig oder unrichtig ist. Jeder Zweifel löst bereits eine Nachforschungspflicht beim Emittenten aus.[1041] Zudem hat eine Bank oder sonstige Vertriebsgesellschaft Informationen, etwa aus der Wirtschaftspresse, über den Emittenten oder Anbieter einzuholen und mit dem Bild aus dem Prospekt zu vergleichen. Je unbekannter der Emittent oder Anbieter ist und je weniger verlässliche Informationen über ihn zu erhalten sind, desto höher ist auch die Nachforschungspflicht. Fehlen Informationen gänzlich, so kann auch eine *due-diligence*-Prüfung angebracht sein.

Unterschreibt die Bank oder Vertriebsgesellschaft den Prospekt, so ist in jedem Fall eine eingehende *due-diligence*-Prüfung vonnöten. Durch die Unterzeichnung des Prospekts erscheint diese als voller Garant für die Informationen.

[1041] *Cugnasco* Soc. 2008, 803 (805).

Das gebietet bei durchschnittlicher Sorgfalt die vorherige, umfangreiche Prüfung der Angaben und die gestalterische Mitarbeit bei der Erstellung des Prospekts.

V. Haftung für die Zusammenfassung oder Übersetzung

Nach Art. 94 Abs. 10 TUF wird klargestellt, dass für eine Prospektzusammenfassung oder eine Übersetzung in bestimmten Fällen nicht gehaftet werden muss. Das bedeutet im Umkehrschluss, dass eine solche Haftung möglich ist.

Der Prospekt enthält zwingend eine Zusammenfassung, Art. 5 Abs. 3 RegEmit. Dies ist durch Art. 5 Abs. 2 S. 2 VerkaufsprospektRL festgelegt.[1042] Da das italienische Recht nicht zwischen Anlagen des Grauen Kapitalmarktes und Wertpapieren unterscheidet, ist diese Zusammenfassung generell verpflichtend.

Die Haftungsregelung entspricht ebenso derjenigen des Art. 5 Abs. 2 S. 4 lit. d) VerkaufsprospektRL: Sie ist lediglich negativ formuliert. Statt der Formulierung in der Richtlinie, die eine Haftung anordnet, wenn die Zusammenfassung oder Übersetzung irreführend, unrichtig bzw. ungenau[1043] oder widersprüchlich ist, sofern sie mit dem Prospekt zusammen gelesen wird, ist geregelt, dass für die Zusammenfassung keine Haftung existiert, außer sie erfüllt diese Voraussetzungen, wenn man die Zusammenfassung mit dem Prospekt zusammen liest.

Irreführend ist die Zusammenfassung dann, wenn sie den Aussagegehalt des Prospekts in einer Weise verändert, der nicht mehr der Wahrheit entspricht. Das ist i.d.R. der Fall, wenn die Zusammenfassung Informationen enthält, die nicht im Prospekt enthalten sind und die die Bedeutung der Informationen des Prospekts in einem anderen Licht erscheinen lassen. Dasselbe ist möglich, wenn die Zusammenfassung zwar nur solche Informationen enthält, die auch im Prospekt enthalten sind, aber der Inhalt dennoch entstellt wird. Das ist z.B. der Fall, wenn die Chancen der Anlage stark hervorgehoben, die Risiken aber zu stark heruntergespielt werden. Ungenau[1044] ist die Zusammenfassung dann, wenn die Angaben der Zusammenfassung in einem Detailpunkt zwar richtig sind, aber nicht

[1042] Vgl. zum deutschen Recht die gleichlautende Regelung in § 5 Abs. 2 WpPG.

[1043] „Unrichtig" ist jedenfalls die deutsche Übersetzung der Richtlinie, im TUF heißt es „ungenau".

[1044] Im Gegensatz zu der deutschen Übersetzung „unrichtig" entspricht die italienische Form eher dem englischen Text der Richtlinie, wo es „inaccurate" heißt. Im Falle der Unrichtigkeit müsste eine Angabe in der Zusammenfassung falsch sein, wofür aber der Vergleich mit dem Prospekt irrelevant wäre, denn eine Aussage ist falsch oder richtig unabhängig davon, wie sie an anderer Stelle bezeichnet wird. Außerdem ginge die Untergruppe der Unrichtigkeit ganz in derjenigen der Widersprüchlichkeit auf: Ist eine Angabe in der Zusammenfassung unrichtig und im Prospekt richtig, so ist die Zusammenfassung widersprüchlich.

ganz vollständig. Das ist zwar das Wesen einer Zusammenfassung. Allerdings darf durch die Zusammenfassung nicht durch das Weglassen eine solche Ungenauigkeit entstehen, die den Sinn entstellt. Im Ergebnis ergibt sich so aus der Ungenauigkeit der Zusammenfassung ein anderer Sinn als aus dem Prospekt selbst. Dies kann die Gesamtbedeutung der entsprechenden Angabe im Prospekt verändern.

Die Zusammenfassung ist widersprüchlich, wenn sie im Gegensatz zu Aussagen aus dem Prospekt steht. Auch in diesem Fall kann sich die Bedeutung einer Angabe des Prospekts im Zusammenlesen mit der Zusammenfassung ändern und so die Gesamtbedeutung des Prospekts ändern.

Dieselben Voraussetzungen gelten auch für die Übersetzung.

VI. Mitverschulden

Unabhängig von der Frage, welcher Rechtsnatur der Anspruch ist, ist gem. Art. 1227 CC (ggf. i.V.m. Art. 2056 CC, der auf die Norm verweist, sofern es ein deliktischer Anspruch wäre) ein Mitverschulden schadensmindernd zu berücksichtigen. Das TUF enthält allerdings hierzu eine Spezialregel. Fraglich ist dabei, ob Art. 1227 CC ebenfalls Anwendung findet.

1. Vernünftiges Verlassen auf die Prospektangaben

Der Anleger muss sich auf die Abwesenheit von Prospektmängeln vernünftigerweise verlassen haben, Art 94 Abs. 8 TUF. Was darunter zu verstehen ist, lässt das Gesetz offen. Hierunter kann nur der Fall zu verstehen sein, dass ein Verlassen auf die Angaben nicht vernünftig ist, was gleichbedeutend ist mit der Feststellung, dass ein durchschnittlicher Anleger nicht von der Wahrheit der entsprechenden Angabe im Prospekt ausgegangen wäre.[1045] Es ist hierbei nach der durchschnittlichen Sorgfalt gem. Art. 1176 Abs. 1 CC zu ermitteln, ob ein solcher Anleger nachweisbare Gründe dafür hat, die Korrektheit der Informationen im Prospekt anzuzweifeln. Der Prospekt hat hierbei als zentrales Informationsmedium der Öffentlichkeit die Vermutung seiner Richtigkeit, was nicht zuletzt darauf beruht, dass für die Bilanzen i.d.R. eine Prüfung durch einen Wirtschaftsprüfer und für den Prospekt selbst auch eine Prüfung durch die Consob vorgesehen ist. Daher kann sich der Anleger grundsätzlich auf den Prospekt verlassen. Das Vertrauen kann nur dann erschüttert werden, wenn der Anleger gewichtige Gründe hat, an der Richtigkeit der Daten zu zweifeln. Dies kann aus verschiedenen Gründen der Fall sein. Zum einen können sich bereits im Prospekt Widersprüche ergeben. Zum anderen können Zweifel am Prospekt in der einschlägigen Fachpresse geäußert werden. Zum ersten Punkt ist zu erwägen, ob sich hieraus tatsächlich ein vernünftiger Zweifel ergeben kann, denn wenn etwa eine Aussage im Widerspruch zu den Bilanzen steht, ist ein Durchschnitts-

---

[1045] *Sapone* S. 905.

anleger i.d.R. nicht in der Lage, diesen Widerspruch zu erkennen. Stehen aber zwei (in Sätzen gefasste) Aussagen so im Widerspruch, dass nur eine wahr und die andere falsch sein kann, so kann man durchaus davon ausgehen, dass der Anleger hier Zweifel bekommen muss.

Aussagen aus der Fachpresse hingegen haben nicht die Vermutung der Richtigkeit für sich. Entscheidend ist daher das Gewicht der Presseartikel, das sich etwa aus der Bekanntheit des Autors oder dem Renommee und der Fachbezogenheit der Artikel ableiten lässt. Ein einzelner Artikel oder Bericht dürfte dabei i.d.R. nicht ausreichend sein. Da man zudem nicht davon ausgehen kann, dass ein Durchschnittsanleger alle Wirtschaftszeitungen liest, ist eine positive Kenntnis des einzelnen Anlegers zu fordern.

Fraglich ist die Beweislast für das vernünftige Vertrauen auf die Aussagen im Prospekt. Es handelt sich um eine positive Voraussetzung des Anspruchs, den der Kläger nachweisen muss, Art. 2697 Abs. 1 CC. Den Nachweis, dass ein vernünftiges Vertrauen gerade nicht vorgelegen hat, weil aus dem Prospekt oder aus anderen Quellen ernsthafte Zweifel an der Richtigkeit der Informationen aufgekommen sind, muss daher der Anspruchsgegner nachweisen, weil es sich um eine Tatsache handelt, die das Vorliegen der Anspruchsvoraussetzungen wieder entfallen lässt, Art. 2697 Abs. 2 CC.

2. Art. 1227 CC

Grundsätzlich ist Mitverschulden gem. Art. 1227 CC beachtlich.[1046] Der zu ersetzende Schaden wird im Verhältnis des eigenen Mitverschuldens herabgesetzt (Abs. 1) und wenn der Gläubiger den Schaden bei ordentlicher Sorgfalt hätte verhindern können, ist ein Schadensersatzanspruch ausgeschlossen (Abs. 2). Dabei bezeichnet Abs. 1 das Verschulden beim Entstehen des Schadens, Abs. 2 hingegen bezieht sich auf die Schadensminderungspflicht nach Eintritt des Schadens.[1047]

Ähnlich wie im deutschen Recht[1048] sind hier zwei Fälle zu untersuchen: Zum einen die Kenntnis des Anlegers von der Unrichtigkeit, zum anderen die Frage einer Verkaufspflicht.

Kannte der Anleger die Unrichtigkeit des Prospekts, so ist Abs. 1 einschlägig. Hierbei ist jedoch zu beachten, dass der Haftungsanteil des Schuldners i.d.R. nicht auf Null reduziert wird; auch im Falle von grober Fahrlässigkeit oder gar vorsätzlicher Mitschuld wird der Anteil des Schuldners nur gemindert – ggf. auf ein Minimum.[1049] Ist nicht genau ermittelbar, wie sich die Anteile des Gläubi-

[1046] A.A. *Sapone* S. 905, nach dem nur Art. 1227 Abs. 2 CC anwendbar bleibt.

[1047] Cian/Trabucchi/*Zaccharia* Art. 1227 Nr. I Rn. 2; Alpa/Iudica/*Adezati* Art. 1227; Cass. 06.07.2002, Nr. 9850, MGI 2002, 711.

[1048] S.o. § 6 A. I. 5. c) (S. 199).

[1049] Cian/Trabucchi/*Zaccharia* Art. 1227 Nr. II Rn. 3.

gers und des Schuldners zueinander verhalten, so ist grundsätzlich von gleichen Beiträgen auszugehen; der Schaden kann in diesem Fall aber gem. Art. 1226 CC geschätzt werden.[1050] Für die Fälle der Kenntnis des Anlegers trifft allerdings Art. 94 Abs. 8 TUF eine Sonderregel, so dass – wie beschrieben – in diesem Fall eine Haftung gänzlich ausscheidet.

Eine eventuelle Verkaufspflicht richtet sich nach Art. 1227 Abs. 2 CC. Fraglich ist, ob es der ordentlichen Sorgfalt entspricht, eine fehlerhafte Kapitalanlage wieder zu veräußern. Hier ist nur auf die Sorgfalt abzustellen, die den Gläubiger selbst betrifft, nicht die Sorgfalt gem. Art. 1176 CC im Blick auf das Schuldverhältnis; der Gläubiger muss den Schuldner bzw. dessen Pflichten nicht ersetzen.[1051] Daher ist davon auszugehen, dass der Anleger eine sich ihm bietende Verkaufsgelegenheit wahrnehmen muss, da er seinen persönlichen Schaden begrenzt bzw. den weiteren Schadensverlauf abbricht.

VII. Haftungsumfang

Der Haftungsumfang ist gem. Art. 1223 CC (ggf. i.V.m. 2056 CC) der Schaden und der entgangene Gewinn. *Sapone* vertritt demgegenüber die Ansicht, der Schaden sei nur das negative Interesse, da der Anspruch ein vorvertraglicher Anspruch sei. Es komme daher darauf an, welche Entscheidung der Anleger getroffen hätte, wenn er richtig informiert worden wäre.[1052] Die Haftung ist aber keine ausdrücklich vorvertragliche Haftung, sondern eine spezialgesetzliche. Daher gilt die allgemeine Regelung. Zudem geht auch *Sapone* davon aus, dass die entgangenen Renditen von auf Grund der Fehlinformation nicht wahrgenommenen Alternativen ebenfalls ersatzfähig sind.[1053] Es ist damit die Vermögensanlage zurückzunehmen und der Kaufpreis zu erstatten, zuzüglich etwaiger Transaktionskosten. Der entgangene Gewinn ist der Gewinn, der sich höchstwahrscheinlich verwirklicht hätte.[1054] Damit kann aber nicht der Gewinn gemeint sein, der im Prospekt angegeben ist, sondern derjenige, der bei einer Kapitalanlage dieser Art i.d.R. zu erwarten gewesen wäre.

VIII. Ausschlussfrist und Verjährung

Der spezialgesetzliche Anspruch ist gem. Art. 94 Abs. 11 TUF in fünf Jahren nach der Veröffentlichung des Prospekts oder in zwei Jahren, nachdem der Anleger von der Fehlerhaftigkeit oder Lückenhaftigkeit des Prospekts Kenntnis erlangt hat, geltend zu machen.

[1050] Cian/Trabucchi/*Zaccharia* Art. 1227 Nr. II Rn. 4; Alpa/Iudica/*Adezati* Art. 1227.

[1051] Cian/Trabucchi/*Zaccharia* Art. 1227 Nr. V Rn. 2; Alpa/Iudica/*Adezati* Art. 1227; Cass. 06.07.2002, Nr. 9850, MGI 2002, 711.

[1052] *Sapone* S. 908.

[1053] *Sapone* S. 908.

[1054] Cian/Trabucchi/*Zaccharia* Art. 1223 Nr. II Rn. 5.

Fraglich ist, ob das eine Verjährungsregelung (*prescrizione*) darstellt, oder eine Ausschlussfrist (*decandenza*). Letztere sind in Artt. 2964 ff. CC geregelt. Während nach italienischem Recht die Verjährung dazu führt, dass ein Recht untergeht, bewirkt die Ausschlussfrist, dass das Recht nicht mehr geltend gemacht werden kann.[1055] Während der Anspruchsgegner die Verjährung nachweisen muss, muss der Anspruchsteller die Einhaltung der Ausschlussfrist nachweisen.[1056] In Art. 94 Abs. 11 TUF ist vom Wortlaut her nicht die Verjährung angeordnet, sondern es wird bestimmt, dass die Klage innerhalb dieser Frist geltend zu machen ist. Außerdem muss der Anleger, der die zweite Variante für sich in Anspruch nehmen will, nachweisen, dass er erst zwei Jahre vor Anspruchserhebung Kenntnis der Unrichtigkeit des Prospekts hatte. Es ist daher davon auszugehen, dass die Regelung eine Ausschlussfrist darstellt.

Die Regelung kennt also zwei alternative Arten der Ausschlussfrist. Entweder muss die Klage innerhalb von fünf Jahren nach der Prospekterstellung erhoben werden, oder sie muss, wenn der Anleger den Zeitpunkt seiner Kenntnis nachweisen kann, innerhalb von zwei Jahren nach der Kenntniserlangung erhoben werden.

Über die Verjährungsfrist ist damit noch nichts gesagt. Diese beträgt grundsätzlich gem. Art. 2964 CC zehn Jahre. Sie beginnt entsprechend Art. 2935 CC in dem Augenblick, indem die Voraussetzungen für die Geltendmachung des Anspruchs vorliegen. Dies ist der Fall, wenn der Anleger sich auf den unrichtigen Prospekt verlassen hat und ein Schaden bei ihm eingetreten ist. Die Verjährung endet mit dem letzten Tag des zehnten Jahres, Art. 2962 CC, wobei der Tag des Fristbeginns nicht mitgezählt wird, Art. 2963 Abs. 2 CC.

Fraglich ist indes, ob der Anspruch nicht einer kürzeren als der ordentlichen Verjährung unterliegt. Hierfür kommt insbesondere Art. 2947 CC in Betracht, nach dem deliktische Ansprüche in fünf Jahren nach der Begehung des Deliktes verjähren. Die Voraussetzung dafür wäre, dass der genannte Anspruch ein deliktischer Anspruch ist. Die Frage, welcher Rechtsnatur die Prospekthaftung hat, wurde im italienischen Recht seit jeher diskutiert. Die Beantwortung dieser Frage soll indes erst erfolgen, wenn die verschiedenen, vor der Einführung der in Art. 94 TUF geregelten spezialgesetzlichen Prospekthaftung vertretenen Ansichten dargestellt worden sind. Es ist aber zu beachten, dass im Falle der Anwendung einer fünfjährigen Verjährungsfrist die zweite Alternative der Ausschlussfrist weitgehend wirkungslos würde. Denn die Geltendmachung eines Anspruchs würde an der fünfjährigen Verjährung scheitern, obwohl die Verlängerung der Möglichkeit zur Geltendmachung über die fünfjährige Ausschlussfrist hinaus mittels der zweijährigen Frist nach Kenntnis besteht. Denn die Verjährung würde spätestens fünf Jahre nach Anspruchsentstehung einsetzen, eben-

---

[1055] *Trabucchi* § 96; *Trimarchi* S. 540; Cian/Trabucchi/*Roma* Vor Art. 2964, Rn. 3.

[1056] *Trabucchi* § 96.

so wie die generelle Ausschlussfrist. Unterschiede können sich höchsten daraus ergeben, dass der Anspruch nicht gleichzeitig mit der Prospektveröffentlichung entsteht. Dieser Unterschied dürfte allerdings nur gering sein. Wendet man hingegen die zehnjährige Verjährung an, so hat die zweite Variante der Ausschlussfrist durchaus einen Anwendungsbereich. Es spricht daher aus diesen Gründen einiges dafür, die ordentliche Verjährung anzunehmen.

IX. Gerichtsstand

Der Gerichtsstand richtet sich nach dem CPC.[1057] Gem. Art. 18 CPC besteht der Gerichtsstand einer natürlichen Person am Ort ihres Wohnsitzes oder gewöhnlichen Aufenthaltes. Gerichtsstand einer juristischen Person ist derjenige am Sitz der Gesellschaft, Art. 19 Abs. 1 CPC. Eine Gesellschaft ohne Rechtspersönlichkeit ist an dem Ort zu verklagen, an dem sie ihre Hauptaktivität hat, Art. 19 Abs. 2 CPC. Alternativ kann gem. Art. 20 CPC der Ort gewählt werden, an dem eine Pflicht aus einem Schuldverhältnis erfüllt werden muss. Sind keine besonderen Regeln vorhanden, müssen Pflichten am Sitz des Schuldners – mithin des Prospektpflichtigen – erfüllt werden, Art 1182 Abs. 2 CC. Für Klagen zwischen Gesellschaftern ist Gerichtsstand der Sitz der Gesellschaft, Art. 23 CPC. Somit ist bei der Klage aus Prospekthaftung i.d.R. der Sitz des Intermediärs oder des Emittenten zu wählen. Einen besonderen Gerichtsstand für Kapitalmarktinformationshaftung gibt es nicht.

Instanziell ist bei Summen ab 2.582,29 Euro (d.h. mehr als 5.000.000 Lire) das *Tribunale* zuständig (Art. 9 CPC), darunter der *Giudice di Pace* (Art. 7 CPC). Somit dürfte angesichts der üblichen Anlagesummen bei der Prospekthaftung i.d.R. das *Tribunale* zuständig sein.

X. Fehlen eines Prospekts

Fraglich ist die Haftung für das gänzliche Fehlen eines Prospekts. Eine solche ist in Art. 94 Abs. 8-11 TUF nicht geregelt. Die Konstruktion eines solchen Anspruchs aus Art. 94 Abs. 8 TUF ist im Übrigen schwierig, denn die Norm setzt von ihrem Wortlaut ein Vertrauen in die Richtigkeit und Vollständigkeit des Prospekts voraus. Fehlt ein Prospekt vollständig, könnte zwar überlegt werden, ob ein solcher Fall unter die Unvollständigkeit zu fassen wäre. Indes ist ein Prospekt mit fehlenden Angaben nicht mit einem nicht existenten Prospekt gleichzusetzen. Das Gesetz fußt die Haftung des Prospektpflichtigen für seinen Prospekt gerade darauf, dass der Anleger auf die Angaben des Prospekts vertraut. Ein Vertrauen kann jedoch nicht entstehen, wenn das Objekt des Vertrauens nicht vorhanden ist. Daher besteht keine spezialgesetzliche Haftung für das Fehlen eines Prospekts aus Art 94 TUF.

[1057] Vgl. die Kommentierung der entsprechenden Normen in: Carpi/Taruffo/*Passanante* Artt. 7 ff.

B. Situation vor Änderung des TUF: Mangel einer spezialgesetzlichen Prospekthaftung

Im Folgenden soll untersucht werden, wie die Prospekthaftung vor der Neuregelung am 24.04.2007 geregelt war. Hierzu wurden verschiedene Ansätze erörtert. In Ermangelung einer spezialgesetzlichen Prospekthaftung musste zuvor ausschließlich auf die allgemeinen zivilrechtlichen Haftungsregeln zurückgegriffen werden. Diese sollen zunächst allgemein dargestellt werden, bevor die zur Prospekthaftung vorgetragenen Lösungsansätze und deren Verhältnis zur Neuregelung dargestellt werden.

I. Zivilrechtliches Haftungssystem des Codice civile

Das italienische Zivilrecht unterscheidet im Wesentlichen nur zwischen der vertraglichen und der deliktischen Haftung. Die vertragliche Haftung ist in Artt. 1218 ff. CC geregelt, die deliktische in Artt. 2043 ff. CC.[1058] Im Gegensatz zur deutschen Regelung, die im vertraglichen Schadensersatzrecht eine offene und auf verschiedene Tatbestände anwendbare Norm (§ 280 BGB) kennt, ist Art. 1218 CC nur auf die Nichterfüllung[1059] ausgerichtet. Er lautet:

> „Der Schuldner, der die Leistung nicht gehörig erbringt, ist zum Schadensersatz verpflichtet, wenn er nicht beweist, dass die Nichterfüllung oder die Verspätung durch Unmöglichkeit der Leistung verursacht worden ist, die auf einen für ihn nicht zu vertretenden Grund zurückgeht."[1060]

Im Falle der Nichterfüllung oder des Verzugs (Art. 1219 CC) hat der Gläubiger gem. Art. 1453 CC das Recht, eine Nacherfüllung zu verlangen, oder er kann vom Vertrag zurücktreten. Daneben besteht das Recht, Schadensersatz zu fordern.[1061]

Deliktische Ansprüche ergeben sich aus Art. 2043 CC. Dieser lautet:

> „Jedwede vorsätzliche oder fahrlässige Handlung, die einem anderen einen rechtswidrigen Schaden zufügt, verpflichtet denjenigen, der sie begangen hat, den Schaden zu ersetzen."[1062]

Der Tatbestand des Art. 2043 CC ist damit ein offener Tatbestand, indem er keine schützenswerten Rechtsgüter aufzählt (*atipicità*).[1063] Auf Grund der römischrechtlichen Grundlagen (*lex Aquilia*) wird die deliktische Haftung in Italien oft als *responsabilità aquiliana* bezeichnet.[1064]

1058 Vgl. *Gazzoni* S. 641 ff.

1059 Vgl. hierzu auch *Casamassima* S. 261; *Galgano* S. 212.

1060 Übersetzung aus: Bauer/Eccher/König/Kreuzer/Zanon, S. 629.

1061 *Gazzoni* S. 640.

1062 Übersetzung aus: Bauer/Eccher/König/Kreuzer/Zanon, S. 1001.

1063 *Galgano* S. 367; *Trimarchi* S. 109 ff.; *Monateri* S. 147.

1064 *Galgano* S. 365; *Alpa* Tr.dir.civ. S. 26.

Zwischen den beiden Regelungen bestehen einige Unterschiede.[1065] So ist ein Nichtvermögensschaden (*danno morale*) nur beim deliktischen Schadensersatzanspruch ersatzfähig. Beim Schadensersatzanspruch wegen Nichterfüllung ist, außer im Falle des Vorsatzes, die Vorhersehbarkeit des Schadens eine Anspruchsvoraussetzung (Art. 1225 CC), anders als beim Deliktsanspruch (auf Grund mangelnden Verweises des Art. 2056 CC auf Art. 1225 CC).[1066] Unterschiede bestehen außerdem darin, dass der Nachweis der Schuld beim Art. 2043 CC beim Geschädigten, bei Art. 1218 CC hingegen beim Schädiger liegt. Ebenso ist ein Verschulden beim vertraglichen Anspruch nicht immer Voraussetzung. Die Verjährung für Ansprüche aus Vertrag beträgt zehn Jahre (Art. 2946 CC), diejenige für Ansprüche aus Delikt fünf Jahre (Art. 2947 CC). Nach der Rechtsprechung des obersten Gerichts, des *Corte di Cassazione* (Cass.) ist allerdings für die c.i.c. ebenfalls die fünfjährige Verjährungsfrist anzuwenden.[1067]

Bei beiden Ansprüchen ist gem. Art. 1223 CC, auf den Art. 2056 CC verweist, der zu ersetzende Schaden sowohl der eigentliche Schaden (*damnum emergens*) als auch der entgangene Gewinn (*lucrum cessans*) umfasst, solange ein Kausalitätsnexus zwischen der schädigenden Handlung und dem Schaden besteht.[1068] Ebenso ist in jedem Fall gem. Art. 1227 CC (ggf. i.V.m. Art. 2056 CC) ein Mitverschulden schadensmindernd zu berücksichtigen. Ein Schadensersatzanspruch scheidet aus, wenn der Geschädigte den Schaden durch übliche Sorgfalt hätte verhindern können. Gem. Art. 1226 CC (i.V.m. Art. 2056 CC) kann das Gericht den Schaden durch angemessene Wertschätzung der Umstände festlegen, wenn die genaue Schadenssumme nicht feststeht (*valutazione equitativa*).

Es ist jedoch festzustellen, dass die genauen Grenzen der beiden Anspruchsgrundlagen in heutiger Zeit zu verschwimmen scheinen, denn aus einer vertraglichen Gutglaubensvorschrift (Art. 1375 CC) werden Schutzpflichten hergeleitet, die zu einem vertraglichen Schadensersatz führen, obwohl eher ein Delikt vorliegt, und über das Deliktsrecht wird andererseits die Vertragsfreiheit geschützt, obwohl dieses eher ein Anwendungsfall der vorvertraglichen Haftung ist.

Letztere ist im italienischen Recht ohnehin kaum geregelt. Einzige Norm hierzu ist Art. 1337 CC. Diese lautet:

> „Bei der Führung der Verhandlungen und bei der Errichtung des Vertrages haben sich die Parteien nach Treu und Glauben zu verhalten."[1069]

[1065] Vgl. *Gazzoni* S. 641 f.

[1066] *Bennato/Crucitti* S. 298.

[1067] Cass. CorG 1990 II, 832.

[1068] *Gazzoni* S. 644; *Galgano* S. 213.

[1069] Übersetzung aus: Bauer/Eccher/König/Kreuzer/Zanon, S. 677.

Diese Vorschrift verweist nur auf den guten Glauben (*buona fede*)[1070] und nicht auf eine mögliche Haftung für das Zurückbleiben hinter diesen Voraussetzungen. Gleichwohl bildet diese Norm die einzige Grundlage für eine vorvertragliche Haftung.[1071] Neben dem Hauptanwendungsbereich der Norm, dem unbegründeten Abbruch der Vertragsverhandlungen oder dem Führen von nicht ernst gemeinten Verhandlungen, gehört hierzu auch die Verletzung vorvertraglicher Informationspflichten.[1072] Diese Haftung ist selbst dann noch als vorvertragliche Haftung möglich, wenn später ein gültiger Vertrag geschlossen wurde.[1073] Auch in diesem Fall beinhaltet der zu ersetzende Schaden sowohl die gemachten Aufwendungen als auch einen möglichen entgangenen Gewinn. Die Schadenshöhe (*quantum debeatur*) besteht in jedem Fall im negativen Interesse und wird durch das Erfüllungsinteresse begrenzt.[1074] Die Rechtsnatur dieser Haftung aus c.i.c. ist streitig. Sie kann als Unterfall der vertraglichen oder der deliktischen Haftung aufgefasst werden. Dies wird bei der Darstellung der Prospekthaftung aus c.i.c. erörtert.

II. Rechtsentwicklung der Prospekthaftung bis zur Umsetzung der VerkaufsprospektRL

An dieser Stelle ist zunächst ein kurzer Überblick über die inhaltliche Entwicklung der Prospekthaftung in Italien anzugeben.

Während sich Rechtsprechung und Literatur in Deutschland bereits 1853 mit dem ersten Prospekthaftungsfall, dem „Lucca-Pistoia-Actienstreit"[1075] beschäftigte, wurde die Thematik in der italienischen Rechtswissenschaft erst später aufgenommen.

In den Jahren 1934[1076] und 1977[1077] gab es zwei Fälle, in denen die Haftung für Werbebroschüren für Kapitalanlagen untersucht wurde. In beiden Fällen scheiterte die Klage am Nachweis des Verschuldens. Weitere Rechtsprechung und Literatur gab es erst zu Beginn der achtziger Jahre des letzten Jahrhunderts.[1078] Die ersten Fälle in der Rechtsprechung hierzu bestanden nicht vor 1988, also erst nach der Einführung der gesetzlichen Pflicht, einen Prospekt zu erstellen.

[1070] Vgl. dazu *Galgano* S. 351 ff.; *Roppo* S. 175 f.; *R. Scognamiglio* S. 203; *Monateri* Tr.Sacco S. 641.

[1071] *Gazzoni* S. 875; *Roppo* S. 175; *R. Scognamiglio* S. 211.

[1072] *Gazzoni* S. 876; *Roppo* S. 177.

[1073] *Gazzoni* S. 876; *Roppo* S. 187.

[1074] *Gazzoni* S. 876 f.; *Roppo* S. 186; *R. Scognamiglio* S. 216; *Monateri* Tr.Sacco S. 662 ff.

[1075] Vgl. dazu *Assmann*, Prospekthaftung, S. 48 mit entsprechenden Nachweisen.

[1076] App. Rom BBTC, 1935 II, 39.

[1077] Trib. Rom Giur.com., 1978 II, 263.

[1078] *D'Alfonso* S. 8; *Tirrito* S. 96

Die italienische Rechtswissenschaft beschäftigte sich ebenfalls erst seit den achtziger Jahren mit der Problematik der Prospekthaftung.[1079] Erst in den letzten Jahren rückte das Thema verstärkt in den Blickpunkt der Rechtswissenschaft. Auf die Einzelheiten der verschiedenen Ansichten in der Literatur ist im Folgenden einzugehen.

C. Prospekthaftung nach dem Codice civile

In Ermangelung einer spezialgesetzlichen Regelung hat ist in der Literatur verschiedentlich versucht worden, eine rein auf die Normen und das Haftungssystem des CC gestützte Theorie der Prospekthaftung zu entwickeln. Wie bereits oben dargestellt, gibt es im Wesentlichen drei Haftungsnormen: eine vorvertragliche (Art. 1337 CC), eine vertragliche (Art. 1218 CC) und eine deliktische Haftung (Art. 2043 ff.). Zu allen drei Möglichkeiten gibt es eine Ansicht, die entsprechende Norm sei Grundlage der Prospekthaftung. Zunächst sollen hier die entsprechenden Meinungen einschließlich ihrer Anwendung dargestellt werden. Dies ist dann Grundlage der Frage, ob es neben der spezialgesetzlichen noch eine zivilrechtliche Haftung für einen fehlerhaften Prospekt gibt. Dieser Frage wird im Anschluss nachgegangen[1080]

I. Prospekthaftung als vorvertragliche Haftung

Nach einer Ansicht ist die Prospekthaftung in ihrem Wesen eine Haftung für vorvertragliches Verschulden.

1. Grundsätzliche Erfassbarkeit des Verhaltens als vorvertragliche Pflichtverletzung

Die Haftung für nicht korrekte Prospekte ist nach den Vertretern dieser Ansicht eine Haftung für vorvertragliches Verschulden (c.i.c.), weil die falsche Erstellung eines Prospekts in den vorvertraglichen Bereich falle: Durch das Unterschreiben des Prospekts entstehe zwischen den Unterschreibenden und den Anlegern ein vorvertragliches Vertrauensverhältnis.[1081] Es wird herausgestellt, dass die Haftung für ein Verhalten geregelt wird, dass in den vorvertraglichen Bereich falle, weil der Prospekt der Vertragsanbahnung diene.[1082]

[1079] *D'Alfonso* S. 98; *Ferrarini* responsabilità S. 1.

[1080] S.u. § 7 D. (S. 288).

[1081] *Ferrarini* responsabilità S. 68; *ders.* Giur.com. 1988 II, 585 (591); *Balzarini* RCP 1998, 775 (778); *dies.* RCP 1991, 122; Hopt/Voigt/*Ferrarini/Leonardi* S. 713 (717); *Valentino* S. 145; *Roppo* S. 179.

[1082] Trib. Mailand Giur.it. 1988 I-2, 796 (811); dem folgend App. Mailand BBTC 1990 II, 734; für die Erfassbarkeit als c.i.c. auch *De Mauro/Fortinguerra* S. 285 u. 289 ff.; *Bianca* responsabilità S. 618; *Montecchiari* VN 1994, 946 (949); *Tencati* RDC 1988 II, 513 (516 f.); *Castellani* Giur.it. 1988 I-2, 798 (804); *Lo Cane* http://www.diritto.it/materiali/commerciale/locane2.html.

2. Rechtsnatur der vorvertraglichen Haftung

Grundsätzlich strittig ist im italienischen allgemeinen Zivilrecht, welche Rechtsnatur eine Haftung aus c.i.c. hat. Zum Teil wird sie als Unterfall der vertraglichen Haftung (*responsabilità contrattuale*), zum Teil als deliktische Haftung (*responsabilità extracontrattuale*) angesehen.[1083] Entsprechend ist es möglich, sofern die Prospekthaftung aus c.i.c. hergeleitet wird, diese wiederum als vorvertraglich-vertragliche (d.h. als vorvertragliche Haftung, die ein Unterfall der vertraglichen Haftung ist) oder als vorvertraglich-deliktische Haftung (d.h. als vorvertragliche Haftung, die ein Unterfall der deliktischen Haftung ist) zu verstehen. Die Konsequenz dieser Ansichten ist jeweils die Anwendung der für die entsprechende Haftungsart vorgesehenen Normen, insbesondere im Hinblick auf Beweislast und Verjährung. Es ist daher der grundsätzlichen Frage nachzugehen, ob die vorvertragliche Haftung einen Unterfall der vertraglichen oder der deliktischen Haftung darstellt.[1084]

Nach dem wesentlichen Vertreter der vorvertraglichen Prospekthaftungstheorie (*Ferrarini)* ist die Haftung aus c.i.c. eine vertragliche Haftung – nach der gegenteiligen Ansicht (*Bianca*), ist hingegen die vorvertragliche Phase weit zu verstehen, die Haftung für Prospekte richte sich daher nach (vorvertraglichem) Deliktsrecht, weil das Herausgeben des Prospekts noch kein Schuldverhältnis darstelle.[1085]

Die c.i.c. als vertragliche Haftung wird damit begründet, dass die Pflichten (gemäß gutem Glauben) zwischen zwei – späteren – Parteien bestehen, und nicht zu jedermann (vertragliche Theorie). Es handele sich daher um eine relative Pflicht, nicht um eine absolute.[1086] Sie sei mit einer normalen Schuld gem. Art. 1174 CC vergleichbar.[1087] Durch Art. 1337 CC werde das Erfordernis des guten Glaubens in der vertraglichen Phase eines Geschäfts auf die vorvertragliche vorgelagert und mit dieser gleichgestellt.[1088] Das vorvertragliche Schuldverhältnis sei damit ein den vertraglichen Schuldverhältnissen ähnliches Schuldverhältnis.[1089] Es handele sich zwar im Ursprung um absolute Pflichten, die je-

[1083] Dig.Disc.Priv.Civ./*Musy*, Responsabilità precontrattuale, Nr. 5.

[1084] Zu der Frage, welcher Theorie in Bezug auf die Prospekthaftung an sich gilt, s.u. § 7 D. (S. 288).

[1085] *Bianca* responsabilità S. 618; ebenso: *Montecchiari* VN 1994, 946 (950 f.); dem folgend Trib. Neapel Soc. 2004, 75, welches allerdings offenläßt, ob die Prospekthaftung sich als c.i.c. im deliktsrechtlichen Sinne oder unmittelbar als Deliktshaftung darstellt.

[1086] *Ferrarini* responsabilità S. 51; *Mengoni* RDCo 1956 II, 360 (361); *Carbone* CorG 1990 II, 838; *R. Scognamiglio* S. 215.

[1087] *Ferrarini* responsabilità S. 51; *Mengoni* RDCo 1956 II, 360 (361).

[1088] *Ferrarini* responsabilità S. 51; *De Cupis* S. 97 ff.; *Turco* S. 723 ff., 752 ff.; *Betti* S. 83 ff.; *Benatti* S. 8; Trib. Mailand Giur.it. 1988 I-2, 796; App. Mailand BBTC 1990 II, 734.

[1089] *Turco* S. 730; *Betti* S. 83 ff.; *De Cupis* S. 98.

doch auf die Parteien relativiert würden.[1090] Der im Wortlaut von Art. 1337 CC enthaltene Terminus „Parteien" bezieht sich nach dieser Ansicht allerdings nicht auf die Parteien des zukünftigen Vertrages, sondern auf die Parteien der vorvertraglichen Beziehung, so dass auch solche Personen, die beim späteren Vertrag als Dritte anzusehen sind, in den Anwendungsbereich der c.i.c. fallen.[1091]

Nach anderer Ansicht ist die Haftung für vorvertragliches Verschulden eine deliktische Haftung (deliktische Theorie).[1092] Grund für die Haftung sei nicht eine vertragliche Pflicht, sondern das gegenüber jedermann bestehende Verbot, diesen in seiner Vertragsfreiheit einzuschränken.[1093] Hierunter sei das Recht eines jeden zu verstehen, die Abschluss- und Gestaltungsfreiheit im Privatrecht autonom ausüben zu dürfen. Dieses Rechtsgut sei durch die c.i.c. gegen vorsätzliche oder schuldhafte Handlungen zum Nachteil dieser Freiheit geschützt (unter dem im Deliktsrecht geltenden Konzept des *neminem laedere*[1094]).[1095] Anders als im deutschen ist im italienischen Recht der Deliktstatbestand eine Generalklausel, weswegen die vorvertragliche Beziehung nicht als Schuldverhältnis, sondern als deliktisches Verhältnis aufzufassen sei.[1096] Der Handlungsmaßstab zum Schutz dieser Freiheit sei der gute Glaube.[1097] Diese Pflicht ergebe sich aber nicht aus einem vorvertraglichen Schuldverhältnis, sondern aus der reinen vorvertraglichen Aktivität.[1098] Ohne die Existenz des Art. 1337 CC wäre ein entsprechendes Verhalten als deliktische Handlung gem. Art. 2043 CC anzusehen. Durch die Norm des Art. 1337 CC werde daher lediglich klargestellt, dass das Verhalten widerrechtlich im Sinne des Art. 2043 CC sei.[1099] Die Rechtsprechung, die fast durchweg dieser Ansicht folgt,[1100] schließt aus der Tatsache, dass

---

1090 *Mengoni* RDCo 1956 II, 360 (362).

1091 *Ferrarini* responsabilità S. 52.

1092 Alpa/Iudica/*Corradi* Art. 1338; *Carresi* S. 734; *Roppo* S. 184.; *Sacco/De Nova* Tr.Rescigno, S. 510 f; Cass. RDC 1956 II, 360; Trib. Rom RDC 1956 II, 360 (370 ff.).

1093 *Bennato/Crucitti* S. 292 f.; *Vigotti* NGCC 1986 II, 174 (175 f.); *Bianca* responsabilità S. 618.

1094 Kurzform für den römischen Rechtssatz zum Naturrecht nach *Ulpian* (Digesten 1,1,10): *Summum jus est: honeste vivere, neminem laedere ac suum cuique tribuere.* Nachweis bei *Behrends/Knütel/Kupisch/Seiler*, S. 95. Vgl. *Honsell* in: FS Koppensteiner, S. 6. Ähnlich der Satz *Neminem laedit qui suo iure utitur*, der bedeutet, dass bei zulässiger Rechtsausübung bereits kein Delikt vorliegt: *Busnelli*, illecito, S. 11.

1095 *Bennato/Crucitti* S. 292 f.

1096 *Sacco* Tr.Sacco, S. 260.

1097 *Carresi* S. 734 ff.; *Sacco/De Nova* Tr.Sacco, S. 260 ff.; *Bianca*, S. 157; *Bennato/Crucitti* S. 293 f.; zum Erfordernis guten Glaubens: *Bianca* RDC I, 1983, 205.

1098 *Bianca* S. 161.

1099 *Sacco/De Nova*, Tr.Rescigno, S. 510; *dies.* Tr.Sacco, S. 260; *Vigotti* NGCC 1986 II, 174 (175).

1100 Cass. 12.8.1947, For.it. 1948 I, 708 (709); Cass. Urteil Nr. 9157, MGC 1995, 1568; Cass.

die deliktische Haftung auf der Verletzung der Rechtspflicht des guten Glaubens beruht, dass im Rahmen der Prüfung des Art. 2043 CC kein subjektives Element mehr zu prüfen sei, da dieses bereits durch die Verletzung des Prinzips des guten Glaubens indiziert sei.[1101]

Richtigerweise ist der vertraglichen Theorie zu folgen und die c.i.c. ist als Unterfall der vertraglichen Haftung zu verstehen. Eine eindeutige Lösung dieser Problematik erscheint allerdings auf den ersten Blick schwierig, denn beide Ansichten haben grundsätzlich nachvollziehbare Argumente auf ihrer Seite. Die Entscheidung ist als eine Frage der persönlichen Präferenz bezeichnet worden.[1102] Die vertragliche Theorie geht zurück auf *Rudolf von Jhering*[1103]. Wer in Vertragsverhandlungen trete und einen Vertragsschluss anbiete bzw. aushandele, müsse den Schaden (negatives Interesse) ersetzen, der dem anderen aus seinem Handeln entsteht, auch wenn kein gültiger Vertrag zustande kommt.[1104] Daher sei jeder, der in Vertragsverhandlungen tritt, auch Garant dafür, dass ein gültiger Vertrag geschlossen werden kann. Hieraus entwickelte sich die Idee, dass aus diesen vorvertraglichen Rechtsbeziehungen besondere Pflichten entspringen, bei deren Verletzung ein Anspruch auf Schadensersatz besteht.[1105] Zu diesen Pflichten gehört die seit 1942 im CC kodifizierte Pflicht zur Einhaltung des guten Glaubens, Art. 1337 CC. Diese Norm steht systematisch im Bereich der vertraglichen Schuldverhältnisse. Sie ergänzt Art. 1375 CC, nach der Verträge unter Beachtung der Anforderungen des guten Glaubens ausgeführt werden müssen. Es spricht viel dafür, dass nach der Systematik des CC, die den Willen des Gesetzgebers angibt, die vorvertraglichen Pflichten auf der Haftungsebene zu den vertraglichen Pflichten zu zählen sind.[1106]

Dem wird entgegengehalten, dass eine Verpflichtung, die eine Person einer anderen gegenüber einzuhalten hat, nicht unbedingt eine vertragliche sein muss, was sich etwa im Straßenverkehr zeige.[1107] Richtig ist an der deliktischen Theorie, dass eine vorvertragliche Pflichtverletzung ohne die Existenz des Instituts der c.i.c. nur als deliktische aufzufassen sein könnte.[1108] Die Generalnorm des Art. 2043 CC ist nämlich – anders als § 823 BGB – eine große Generalklausel, so dass jedes Verhalten, durch das ein anderer geschädigt wird, unter diese Norm fallen kann. Daher sind die Theorien *Jherings* auf das aktuelle italieni-

Urteil Nr. 9645, MGC 2001, 1404 (ständige Rechtsprechung).

1101 Cass. Urteil Nr. 9157 MGC 1995, 1568.

1102 *Betti* S. 83.

1103 *Jhering* Jahrbuch 1861, S. 1 ff., S. 41 ff.; vgl. dazu auch *De Mauro/Fortinguerra* S. 39.

1104 *Jhering* Jahrbuch 1861, S. 42 f.

1105 *Enneccerus/Lehmann* § 43 III. (S. 190); vgl. dazu *De Mauro/Fortinguerra* S. 226.

1106 *Benatti* S. 8.

1107 *Bianca* S. 158.

1108 *Sacco* Tr. Sacco, S. 260.

sche Zivilrecht nur bedingt zu übertragen, denn, anders als nach römischem Recht,[1109] sowohl bei *dolus* als auch bei *culpa* (Italienisch: *dolo* bzw. *colpa*) ist ein Anspruch aus Delikt gegeben, wenn einem anderen daraus ein „rechtswidriger Schaden" entsteht. Es besteht damit nicht schon aus der (begrenzten) gesetzlichen Konstruktion des Deliktsrechts ein Bedürfnis, die c.i.c. als vertragliche Haftung zu konstruieren. Andererseits ist die Diskussion müßig, ob die c.i.c. ohne die Geltung des Art. 1337 CC als deliktisch einzustufen wäre, denn die Norm existiert und muss daher beachtet werden, schon um dem gesetzgeberischen Willen gerecht zu werden.[1110] Die bloße Tatsache des Bestehens einer großen Generalklausel bedeutet im Übrigen nicht, dass die Haftung auf vertragsrechtlicher Basis ausscheiden müsse.[1111] Wenn aber das Vertragshaftungsrecht anwendbar ist, so hat das Deliktsrecht zurücktreten, sofern nicht das betreffende Verhalten zugleich ein Delikt sein kann. Denn durch das Bestehen eines Vertrages oder eines vorvertraglichen Verhältnisses wird zwischen zwei Personen eine engere Beziehung hergestellt, als beim bloßen Bestehen von Verhaltenspflichten, die gegenüber jedermann einzuhalten sind.

Von den Vertretern der deliktischen Theorie wird die Anwendbarkeit des Deliktsrechts dadurch begründet, dass die Vertragsfreiheit verletzt werde. Diese werde verletzt, wenn jemand in unnötige Vertragsverhandlungen hineingezogen werde oder einen nichtigen oder undurchführbaren Vertrag abschließe.[1112] Die Vertragsfreiheit ist in eine positive und eine negative Vertragsfreiheit zu unterteilen. Nach ersterer hat jedermann das Recht einen Vertrag mit jemand anderes schließen zu dürfen, nach letzterer darf niemand zu einem Vertrag gezwungen werden. Wenn ein Vertrag trotz Verschuldens bei Vertragsverhandlungen geschlossen wird, so ist allerdings weder die positive noch die negative Vertragsfreiheit beeinträchtigt. Denn die Zustimmung zum Vertrag muss dennoch freiwillig erfolgt sein (positiv) und ein Abschlussverbot (negativ) kommt nicht in Betracht.

Die deliktische Theorie vermag außerdem nicht zu erklären, wie die Vertragsfreiheit verletzt wird, wenn es zwar zu Verschulden bei Vertragsverhandlungen kommt, ein Vertrag jedoch nicht zustande kommt. Auch in diesem Fall muss ein Anspruch auf Schadensersatz gegeben sein. Das bedeutet, ein Anspruch ist unabhängig davon, ob später ein Vertrag zustande kommt.

[1109] Nach römischen Recht ist im außervertraglichen Bereich nur bei *dolus* (*actio de dolo*) ein Vermögensschaden zu ersetzen, bei culpa (*actio legis Aquiliae*) hingegen nur Schäden an bestimmten Rechtsgütern. Vgl. *Jhering* Jahrbuch 1861, S. 23 f. u. *De Mauro/Fortinguerra* S. 39 u. 46 f. Zum römischen Recht selbst: *Kaser/Knütel* §§ 51.10, 51.27, 8.33; *Guarino* S. 994 ff. u. S. 387 f.

[1110] *Turco* S. 739; *Benatti* S. 8.

[1111] *Turco* S. 731 f.

[1112] *Bennato/Crucitti* S. 292.

Die Grundlage des Anspruchs ist vielmehr die Verletzung der Anforderungen an den guten Glauben. Dies ist eine generelle Verhaltenspflicht bei Verträgen (Art. 1375 CC) und auch bei Vertragsverhandlungen. Der Schutz aus c.i.c. besteht eben nicht aus einem Abwehranspruch gegen Angriffe auf die Vertragsfreiheit (d.h. negativ), sondern ist im Grunde ein positiver Anspruch, die Anforderungen des guten Glaubens einzuhalten.[1113] Diese Verpflichtung gilt nicht grundsätzlich gegenüber jedermann, sondern nur gegenüber einem Vertrags- oder Verhandlungspartner. Das erkennt sogar *Vigotti* an, der darlegt, dass die nach seiner Ansicht deliktische Pflicht insbesondere zwischen den späteren Vertragsparteien gelte, weil sie gegenseitig eine gesetzliche Verpflichtung hätten.[1114] Damit ist aber nichts anderes gesagt, als das zwischen den Parteien ein gesetzliches Schuldverhältnis besteht. Somit ist diese Pflicht eine relative Pflicht. Ihre Verletzung führt bei Verschulden während des Vertrages zu einem vertraglichem Schadensersatzanspruch. Bei Bestehen von Vertragsverhandlungen kann nichts anderes gelten.

Der vertraglichen Theorie ist daher zuzustimmen. Die c.i.c. ist somit nach italienischem Recht ein vertraglicher Schadensersatzanspruch (*responsabilità precontrattuale-contrattuale*). Sofern man die Prospekthaftung als vorvertragliche Haftung ansieht, ist hierunter eine vorvertraglich-vertragliche Haftung zu verstehen.

3. Die Parteien der vorvertraglichen Haftungsregeln

Versteht man die vorvertragliche Haftung wie hier als vertragliche Haftung für das Nichterfüllen der sich aus dem guten Glaubens ergebenden Pflichten vor einem Vertragsschluss, so stellt sich die Frage, wer im Falle der Prospekthaftung miteinbezogen wird.[1115] Grundsätzlich können auch Dritte gem. Art. 1337 CC haften.[1116] Im Einzelfall hängt das nach *Ferrarini* von der Beteiligung des Dritten an der Emission ab. Beim Anleger stellt sich hingegen die Frage, ob auch derjenige, der auf dem Zweitmarkt erworben hat, einen Anspruch aus c.i.c. haben kann.

a) Personen, die den Prospekt unterschrieben haben

Zunächst ist zu erörtern, ob Personen, die den Prospekt unterschrieben haben, Partei eines Schuldverhältnis i.S.e. c.i.c. sein können.

[1113] *Turco* S. 733 ff.; *Betti* S. 83 ff.

[1114] *Vigotti* NGCC 1986 II, 174 (175).

[1115] Der Vollständigkeit halber sei bemerkt, dass Vertreter, die die c.i.c. für eine deliktische Haftung halten, jeden Dritten für den Schaden haften lassen, solange dieser die Vertragsfreiheit einer anderen Person beeinträchtigt hat: *Sacco* Tr.Sacco, S. 247 f.

[1116] *Ferrarini* responsabilità S. 65.

Gem. Art. 2339 Abs. 1 Nr. 3 CC sind Förderer einer Aktiengesellschaft, *promotori*, solche, die die Gründung derselben durch öffentliche Zeichnung (Art. 2333 CC) begleiten und hierzu Mitteilungen an die Öffentlichkeit machen. Sie sind für die Richtigkeit dieser Mitteilungen verantwortlich. Diese Norm ist in analoger Anwendung auch auf andere Gesellschaften anzuwenden, wenn sie mittels öffentlicher Unterzeichnung gegründet werden.[1117] Sofern das Anlageobjekt eine Gesellschaft ist, haften damit die Personen, die den Vertrag unterschreiben, gem. Art. 2339 Abs. 1 Nr. 3 CC analog.

Fraglich ist allerdings, welche Rechtsnatur diese Haftung hat. Die Personen, die als *promotore* die Gründung der Gesellschaft betreiben und dieses auch nach außen kommunizieren, indem sie einen Prospekt herausgeben und diesen auch unterzeichnen, nehmen jedenfalls Einfluss auf die Vertragsanbahnung. Der Vertragsschluss über eine Beteiligung findet zwar zwischen den Anlegern und der Gesellschaft statt. Allerdings haben die herausgebenden Förderer einen bedeutenden Anteil daran, kommt doch der Beitrittsvertrag erst durch die Vermittlung mit ihrem Prospekt zu Stande. Damit sind sie, obwohl Dritter, Partei eines vorvertraglichen Schuldverhältnisses.[1118]

Problematisch ist aber, ob diese Analogie auch gilt, wenn die Vermögensanlage keine Gesellschaft darstellt – sondern z.B. ein Investmentfonds, sei er nun offen oder geschlossen. Für die Unanwendbarkeit einer Analogie könnte gerade sprechen, dass Art. 2339 CC für die Gründung einer Gesellschaft bedeutend ist. Gleichwohl wird aber durch öffentliche Zeichnung ein Sondervermögen gegründet. Legt man den Schwerpunkt der Analogie auf die Elemente *promotore* und öffentliche Zeichnung, so kann über den Umstand, dass eine Gesellschaft gegründet wird, eventuell mittels Analogie hinweggegangen werden. Auch eine Gesellschaft hat – zumindest eine Aktiengesellschaft, um die es in der Norm eigentlich geht – ein Sondervermögen. Somit ist die Situation vergleichbar. Die Regelung des Art. 2339 CC wäre eine den Interessen angemessene Lösung. Daher kommt es nicht darauf an, welche Rechtsform die Vermögensanlage hat. Entscheidend ist nur, dass ein Dritter (also etwa das Fondshaus) die Gründung der Vermögensanlage öffentlich mit entsprechenden Mitteilungen fördert. Der Analogie könnte aber noch entgegenstehen, dass auch ohne die Anwendung der besagten Norm eine Haftung aus c.i.c. möglich sein könnte, weil die Herausgabe und Unterzeichnung eines unrichtigen Prospekts schon als c.i.c. anzusehen sein könnte.[1119] Allerdings ist hierbei zu beachten, dass die Rechtsfolge, insbesondere die Rechtsnatur der Haftung in Art. 2339 CC nicht genannt ist, viel-

---

1117 *Ferrarini* responsabilità S. 64 ff.; *ders.* BBTC 1987 I, 437 (444); *ders.* Giur.com. 1988 II, 585 (602); *Castellani* Giur.it. 1988 I-2, 798 (805); Cian/Trabucchi/*Silva* Art. 2339 Rn. 7.

1118 *Ferrarini* responsabilità S. 64 ff.; *ders.* BBTC 1987 I, 437 (445 ff.); i.E. ebenso: Cian/Trabucchi/*Silva* Art. 2339 Rn. 7.

1119 *Ferrarini* responsabilità S. 68 ff.

mehr ist nur davon die Rede, dass die entsprechenden Personen haften. Die Analogie betrifft jedoch nur die Frage, welche Personen für die Haftung überhaupt in Frage kommen. Fasst man den Haftungsgrund in Art. 2339 CC, wie geschehen, als c.i.c. auf, so erübrigt sich keineswegs eine Analogie, denn die Norm beschränkt sich darauf, die Haftung bestimmter Personen anzuordnen. Dass diese Haftung eine vorvertragliche ist, ist erst im zweiten Schritt von Bedeutung. Der Unterzeichner der Vermögensanlage haftet daher gem. Art. 2339 Abs. 1 Nr.3 CC analog, und diese Haftung ist eine solche aus (vorvertraglich-vertraglicher) c.i.c.

b) Personen, die den Prospekt nicht unterschrieben haben, aber am Vertrieb beteiligt sind

Anders ist die Situation für solche Personen, die zwar am Vertrieb teilnehmen, aber den Prospekt selbst nicht unterschrieben haben. Dies sind in erster Linie Anlagevermittler, wobei auch Banken diese Rolle übernehmen können. Personen, die in unmittelbarer Vertragsverhandlung mit den potentiellen Anlegern stehen, sind Parteien eines vorvertraglichen Schuldverhältnisses, auch wenn der Vertrag mit einer anderen Gesellschaft zu Stande kommt.[1120] Notwendig ist aber, dass die Personen in Kontakt mit dem Anleger standen. Daher sind (natürliche) Personen, die das Management einer Gesellschaft bilden, nicht unbedingt wegen c.i.c. haftbar. Dasselbe gilt für am Prospekt mitwirkende Berater wie Anwälte oder Wirtschaftsprüfer, auch wenn ihre Namen wiedergegeben werden.[1121] Sie können allenfalls nach Deliktsrecht haftbar sein, oder entsprechend der Gruppe der sonstigen Personen, auf die sogleich eingegangen wird.

c) Sonstige Personen

Zu sonstigen Personen zählen solche, die weder im Prospekt genannt werden, noch als im Vertrieb tätig angesehen werden können. Hierunter sind insbesondere Hintermänner zu verstehen. Hier greift eventuell der Art. 2339 Abs. 2 CC ein, nach dem diejenigen in gleicher Weise wie die oben erwähnten *promotori* haften, für dessen Rechnung diese arbeiten.[1122] Fraglich ist daher nur, ob auch der zweite Absatz des Art. 2339 CC analog anzuwenden ist. Es ist auf dem Kapitalmarkt leicht möglich, dass sich ein Unternehmen beim Zugang zum Kapitalmarkt hinter einem anderen versteckt. Dem Anlegerintesse kann es aber nur entsprechen, wenn auch das versteckte Unternehmen haftet.[1123] Daher ist die Norm entsprechend anzuwenden.

[1120] *Ferrarini* responsabilità S. 72 ff.

[1121] *Ferrarini* responsabilità S. 74 f.

[1122] *Ferrarini* responsabilità S. 78; *ders.* BBTC 1987 I, 437 (449 ff.).

[1123] *Ferrarini* responsabilità S. 79; *ders.* BBTC 1987 I, 437 (449 ff.).

d) Erst- oder Zweiterwerber

Problematisch ist auch die Frage, ob auch Anleger einen Anspruch aus Prospekthaftung haben können, die nicht unmittelbar vom Emittenten, sondern auf einem Zweitmarkt gekauft haben. Dies ist nach der Theorie der Prospekthaftung als vorvertraglich-vertragliche Haftung nicht möglich. Insofern kann eine deliktische Haftung in Frage kommen.[1124] Dies soll indes erst an der entsprechenden Stelle erörtert werden.[1125]

4. Der Inhalt der vorvertraglichen Haftung und die Haftung für die Pflichtverletzung

Anhand dieser Überlegungen bleibt zu erörtern, welche Voraussetzungen für die so verstandene Haftung nach c.i.c. gegeben sind.

a) Prospektmangel

Zunächst müsste der Aufklärungspflichtige seiner Aufklärungspflicht nicht nachgekommen sein. Im Rahmen der c.i.c. ist kein Vorsatz erforderlich.[1126] Die Aufklärungspflicht ist nur erfüllt, wenn im Prospekt alle für die Beurteilung der Vermögensanlage relevanten Aspekte vollständig und korrekt wiedergegeben sind.[1127] Die gesetzlich in Art. 94 TUF festgelegte Pflicht, einen Verkaufsprospekt zu erstellen, ist Ausdruck der einem vorvertraglichen Schuldverhältnis innewohnenden Aufklärungs- und Informationspflicht.[1128] Hintergrund der allgemeinen Informationspflicht wie der Prospektpflicht ist, dass eine Partei die Informationen nicht von sich aus erlangen kann.[1129] Theoretisch ist auch möglich, dass die Informationspflicht, die aus dem Erfordernis des guten Glaubens entspringt, weitergehender ist, als die gesetzlich vorgesehene Prospektpflicht.[1130]

Die im Prospekt enthaltenen Fakten müssen die Situation der Vermögensanlage korrekt und vollständig wiedergeben.[1131] Prognosen und Bewertungen müssen als solche erkennbar sein und Rückschlüsse auf die Gründe für dessen Bewertung zulassen, so dass sich der Anleger auch ein eigenes Bild von der Bewertung machen kann. Bei Prognosen ist Expertise, Korrektheit und Vorsicht geboten.[1132]

1124 So auch *Ferrarini* responsabilità S. 90.

1125 S.u. § 7 C. III. 3. b) (S. 280).

1126 Cass. Nr. 12147, MGI 2002, 927.

1127 *Ferrarini* responsabilità S. 120.

1128 *Ferrarini* responsabilità S. 94 ff.

1129 *Ferrarini* responsabilità S. 96.

1130 *Ferrarini* responsabilità S. 98.

1131 *Ferrarini* Giur.com. 1988 II, 585 (603).

1132 *Ferrarini* responsabilità S. 98 f.

b) Kausalität

Zwischen dem Prospektmangel und dem Schaden des Anlegers, der im Kauf einer Vermögensanlage besteht, die er ohne die Pflichtverletzung nicht oder nicht zu diesem Preis gekauft hätte, muss ein ursächlicher Zusammenhang bestehen.

Die Kausalität scheidet aus, wenn der Anleger die Vermögensanlage auch erworben hätte, wenn er die Unrichtigkeit gekannt hätte.[1133] Hierzu muss ermittelt werden, ob ein durchschnittlicher Anleger die falsche Tatsache oder die unrichtige Prognose für seine Kaufentscheidung erheblich gefunden hätte. Der Umstand, dass der Anleger durch die Kaufentscheidung selbst über sein Vermögen disponiert, steht der Kausalität nicht entgegen; diese Disposition muss lediglich typische Folge sein.[1134] Außerdem scheidet die Kausalität aus, wenn der Anleger den Prospekt nicht gelesen hat. Da dem Anleger der Prospekt aber übergeben werden muss, soll davon auszugehen sein, dass er ihn gelesen hat.[1135] Auf diese Weise wird die Kausalität vermutet, wenn es sich um eine wesentliche Tatsache oder Prognose handelt.[1136] Ungeklärt ist noch die Frage, wie lange diese Vermutung gilt.[1137] Hier bietet sich eine Anlehnung an die deutsche Regelung in § 44 Abs. 1 S. 1 BörsG an, sofern nicht individuell nachgewiesen wird, dass diese Zeitspanne länger war. Das ist dann der Fall, wenn andere Faktoren außer dem Prospekt den Wert der Anlage nicht wesentlich beeinflusst haben.[1138]

c) Verschulden

Fraglich ist, wie bei der Haftung gem. Art. 1218 CC das Verschulden zu verstehen ist. Diese Problematik hat nicht nur für die c.i.c. Relevanz, sondern ist identisch für jede Form vertraglicher Haftung. Hierzu werden drei Ansichten vertreten.

Nach einer Meinung, die sich auf den Wortlaut des Art. 1218 CC stützt, ist die Haftung eine objektive Haftung. Sie scheide nur aus, wenn die Unmöglichkeit, die Schlechterfüllung[1139] oder die Verzögerung auf einer objektiven Unmöglichkeit beruhe.[1140] Die Maßnahmen, die der Schuldner ergreifen müsse, da-

[1133] *Ferrarini* responsabilità S. 124; *ders.* BBTC 1987 I, 437 (473).

[1134] *Belvedere*, RDC 2006 I, 7 (11 f.); Trib. Neapel Soc. 2004, 78 (80).

[1135] *Ferrarini.* BBTC 1987 I, 437 (474); vgl. a. *Bruno* S. 225.

[1136] *Ferrarini* responsabilità S. 124 f.

[1137] Vgl. *Bruno* S. 229.

[1138] Vgl. *Bruno* S. 229.

[1139] Unmöglichkeit und Schlechtleistung fallen beide unter Art. 1218.

[1140] *Osti* Riv.trim.dir.proc.civ. 1954, 592; *Mengoni* RDCo 1954 I, 185 (199 ff. u. 280 ff.); Rescigno/*Barenghi* Art. 1218 Nr. 3; *R. Scognamiglio* S. 214 f.; für die Prospekthaftung speziell: *Ferrarini* responsabilità S. 108; *ders.* Giur.com. 1988 II, 585 (604); *Tencati* RDC 1988 II, 513 (516 f.).

mit Unmöglichkeit nicht eintrete, richteten sich dabei nach dem guten Glauben (Art. 1375 CC).[1141]

Nach einer anderen Ansicht ist hingegen der Art. 1218 CC im Zusammenspiel mit Art. 1176 CC zu sehen, nach dem bei der Erfüllung von Schuldverhältnissen die Sorgfalt eines guten Familienvaters (*buon padre di famiglia*)[1142] auszuüben sei.[1143] Dadurch werde die Haftung zu einer subjektiven: Schon bei subjektiver Unmöglichkeit sei, wenn kein Verschulden gem. Art. 1176 CC vorliege, eine Haftung ausgeschlossen. Unter der Sorgfalt gem. Art. 1176 CC sei die übliche Sorgfalt zu verstehen, die je nach Art des Schuldverhältnisses entsprechend zu bestimmen sei; dessen Nichtbeachtung löse eine einfache Fahrlässigkeit aus.[1144]

Nach einer dritten Ansicht ist eine pauschale Beantwortung der Frage nicht möglich. Es hänge von der Art des Schuldverhältnisses ab, ob eine objektive oder subjektive Haftung vorzusehen ist.[1145] Eine objektive Haftung sei nur dort geboten, wo Inhalt der vertraglichen Schuld die Verhinderung der Unmöglichkeit sei, was insbesondere bei Verpflichtungen zur Beschaffung oder Rückgabe einer bestimmten Sache gegeben sei.[1146]

Die Antwort auf diese Frage muss angesichts der Fragestellung dieser Arbeit allein mit Blick auf die Prospekthaftung gefunden werden.

Die erste Meinung stützt sich auf den Wortlaut des Art. 1218 CC, der die Haftung grundsätzlich anordnet und nur dann entfallen lässt, wenn die Nichterfüllung auf einer Unmöglichkeit beruht und der Schuldner diese nicht zu verschulden hat.[1147] Die Unmöglichkeit der Leistung ist danach objektiv zu bestimmen. Das Verschulden spielt nach dieser Ansicht insofern eine Rolle, als dass der Schuldner Sorge dafür zu tragen habe, dass seine Leistungsfähigkeit erhalten bleibe. Bei Missachtung dieser Sorgfalt und darauf beruhender Unmöglichkeit müsse Schadensersatz geleistet werden.[1148] Zudem bleibe Art. 1176 CC anwendbar bei der Ausführung der Leistung.[1149] Dies habe besondere Bedeutung,

---

1141 *Ferrarini* responsabilità S. 109; *Mengoni* RDCo 1954 I, 185 (282 f.).

1142 Diese Figur (*bonus pater familias*) stammt historisch aus der „*lex quod Nerva*" und bezeichnet eine mittlere Sorgfaltspflicht im Gegensatz zur *diligentia quam in suis*: vgl. *Maganzani*, Rn. 13 f.; *Giorgianni* S. 328.

1143 *Trabucchi* § 287; Cian/Trabucchi/*Zaccaria* Art. 1176 Nr. I Rn. 1 u. Art. 1218 Nr. 1 Rn. 1 f.; Alpa/Iudica/*Stella* Art. 1218; *Bianca* responsabilità S. 15.

1144 Cian/Trabucchi/*Zaccaria* Art. 1176 Nr. II Rn. 1.

1145 *Trimarchi* S. 295; *Giorgianni* S. 220 ff. u. 228 ff.

1146 *Giorgianni* S. 230, 236 ff. u. 262 ff.

1147 *Osti* Riv.trim.dir.proc.civ. 1954, 592 (601); *Mengoni* RDCo 1954 I, 185 (199).

1148 *Osti* Riv.trim.dir.proc.civ. 1954, 592 (605); *Mengoni* RDCo 1954 I, 185 (203).

1149 *Osti* Riv.trim.dir.proc.civ. 1954, 592 (606); *Mengoni* RDCo 1954 I, 185 (206 ff.).

wenn Gegenstand des Schuldverhältnisses nicht ein Erfolg, sondern eine Tätigkeit sei: Hier bestimme Art. 1176 CC den Umfang der Leistungspflicht.[1150]

Auf das Verschulden zu verzichten ist aber nicht nötig. Dabei ist zu beachten, dass auch bei Annahme einer subjektiven Haftung ein objektiver Maßstab für das Verschulden (nämlich die mittlere Sorgfaltspflicht des Art. 1176 CC) gilt.[1151] Zudem ist im Gesetz kein Anhaltspunkt dafür gegeben, dass die Unmöglichkeit objektiv zu sein hat.[1152] Richtig ist, dass der Schuldner bei Unmöglichkeit von der Schadensersatzverpflichtung frei wird, allerdings nur dann, wenn die Unmöglichkeit weder vorhersehbar noch mit der normalen Sorgfalt abwendbar war. Daher ist das Verschulden der Maßstab, auf den sich der Anspruch gründet.[1153] Die erste Ansicht erscheint daher nicht vorzugswürdig.

Für die Prospekthaftung bleibt aber zu bedenken, dass der Prospekt Angaben enthält, zu denen der Emittent bzw. der Anbieter selbst Zugang hat. Bei durchschnittlicher Sorgfalt ist es diesem nicht unmöglich, diese Angaben korrekt in den Prospekt einzustellen. Ein Verschulden ist damit i.d.R. gegeben.[1154] Somit ist bei Anwendung der ersten und zweiten Ansicht eine Prospekthaftung bereits mangels Unmöglichkeit gegeben. Auch nach der dritten Ansicht ist bei Verpflichtungen, die einen bestimmten Erfolg zum Inhalt haben, das Verschulden i.d.R. gegeben, weil der Schuldner unter Umständen mehr als die durchschnittliche Sorgfalt aufbringen muss, um den Erfolg herzustellen.[1155]

Vom Verschulden ist daher grundsätzlich auszugehen, jedoch bleibt es dem Prospektpflichtigen überlassen, das Fehlen einer Schuld nachzuweisen.

d) Beweislast

Die Beweislast (Art. 2697 CC) für vertragliche Schäden gibt der Wortlaut des Art. 1218 CC vor: Der Schuldner muss im Einzelfall nachweisen, dass die Nicht- oder Schlechterfüllung auf einer Unmöglichkeit der Leistung beruht, für die ihn kein Verschulden trifft. Der Gläubiger (also der Anleger) hingegen muss die Entstehungsgründe für die Haftung darlegen. Er muss also beweisen, dass eine Verpflichtung bestand und nicht eingehalten wurde, sowie den Schaden.[1156]

Der Anleger einer Vermögensanlage muss daher nachweisen, dass der Prospekt unrichtig war.[1157] Bei vertraglichen Verpflichtungen kann unterschieden

[1150] *Mengoni* RDCo 1954 I, 185 (201).

[1151] *Bianca* responsabilità S. 15.

[1152] *Bianca* responsabilità S. 16.

[1153] *Bianca* responsabilità S. 17.

[1154] *Ferrarini* responsabilità S. 111.

[1155] *Giorgianni* S. 274 ff.

[1156] *Benatti* S. 10.

[1157] *Ferrarini* responsabilità S. 120; *Tencati* RDC 1988 II, 513 (517 f.).

werden, ob es sich um eine Verpflichtung zu einem Erfolg (*obbligazione di risultato*) oder nur zu einem Mittel (*obbligazione di mezzo*) handelt.[1158] Dabei ändert sich durch diese Klassifizierung allerdings nicht die Beweislast, wohl aber der Beweisumfang.[1159] Ist ein Erfolg geschuldet, so liegt eine Schlechterfüllung vor, wenn der Erfolg nicht, oder nicht so, wie vereinbart eingetreten ist. Liegt hingegen eine Verpflichtung zum Mittel vor, so ist bei Ausführung der geschuldeten Maßnahmen eine Haftung nach Art. 1218 CC ausgeschlossen, auch wenn der vom Gläubiger anvisierte Erfolg nicht eingetreten ist. Im letzteren Fall wäre daher nur nachzuweisen, dass der Schuldner die erforderlichen Bemühungen unternommen hätte. Der Nachweis des ausgebliebenen Erfolges ist bei der Prospekthaftung einfacher, weil die Unrichtigkeit anhand des Prospekts objektiv überprüft werden kann. Wäre die Prospekthaftung als Mittelobligation zu verstehen, so könnte ein Intermediär bereits dann nicht mehr haften, wenn er die Angaben sorgsam geprüft hat. Daher ist die Prospektpflicht aller Prospektpflichtigen stets als Erfolgsobligation zu verstehen: Nur ein korrekter Prospekt erfüllt die Vorgaben der vorvertraglichen Verpflichtung – bei fehlerhaftem Prospekt greift die Haftung gem. Art. 1218 CC ein.[1160] Ist der Prospektpflichtige nicht zugleich der Emittent, so kann sich dieser nur damit von der Haftung befreien, wenn er nachweisen kann, dass auch eine professionelle und akkurate Prüfung der Angaben des Emittenten die Unrichtigkeit des Prospekts nicht zeigen konnte.[1161]

e) Mitverschulden

Grundsätzlich ist ein Mitverschulden gem. Art. 1227 CC beachtlich. Es sei diesbezüglich auf die Ausführungen zum Mitverschulden bei Art. 94 Abs. 8 TUF verwiesen.[1162]

Bei Kenntnis des Anlegers von der Unrichtigkeit reduziert sich die Schadensersatzpflicht des Prospektpflichtigen entsprechend. Auch eine Verkaufspflicht ist anzunehmen.[1163]

1158 Vgl. *Mengoni* RDCo 1954 I, 185 (305 ff.).

1159 *Mengoni* RDCo 1954 I, 185 (317 f.).

1160 *Ferrarini* responsabilità S. 120 f., S. 123; *ders.* BBTC 1987 I, 437 (469 ff., 472).

1161 Trib. Mailand Giur.it. 1988 I-2, 796 (811); *Ferrarini* responsabilità S. 123; *De Mauro/Fortinguerra* S. 291.

1162 S.o. § 7 A. VI. (S. 250).

1163 So auch *Bruno* S. 216; andere Ansicht Trib. Neapel Soc. 2004, 78 (81), wonach ein Kleinanleger nicht verpflichtet ist, stets die Kurse zu beobachten. Richtig dürfte sein, dass der Kleinanleger zwar nicht täglich die Kurse verfolgen muss, allerdings je nach Wirtschaftslage in regelmäßigen Abständen.

f) Haftungsumfang

Der vom Prospektpflichtigen zu ersetzende Schaden umfasst denjenigen, der aus der mangelhaften Prospekterstellung resultiert, Art. 1223 CC. Es handelt sich allerdings um das negative Interesse.[1164] Dieser umfasst gem. Art. 1223 CC auch den entgangenen Gewinn. Es wird nur derjenige Schaden ersetzt, der vorhersehbar ist, Art. 1225 CC. Zum Schaden zählt damit nicht nur derjenige an dem verletzten Gut, sondern alle hiermit zusammenhängenden Auswirkungen auf das Vermögen.[1165] Für die Prospekthaftung bedeutet das, dass alle Schäden, die im Zusammenhang mit der fehlerhaften Information stehen, zu ersetzen sind. Bei richtiger Information hätte der Anleger die Vermögensanlage im Zweifel nicht gekauft. Daher ist diese zurückzunehmen und der Kaufpreis zu erstatten. Ebenso können Transaktionskosten entstanden sein, welche auch zu ersetzen sind. Hierzu zählen die Kosten für ein für die Vermögensanlage aufgenommenes Darlehen. Der entgangene Gewinn kann nur dann ersetzt werden, wenn dieser sich höchst wahrscheinlich unter wirtschaftlichen Gesichtspunkten verwirklicht hätte, d.h. wenn die Leistung ordnungsgemäß erbracht worden wäre.[1166] Für die Prospekthaftung bedeutet das, es ist zu untersuchen, welcher Gewinn entstanden wäre, wenn die Information des Anlegers durch den Prospekt korrekt gewesen wäre. Hier ist zu bedenken, dass auch bei korrekter Information die Vermögensanlage nicht mehr Gewinn erbracht hätte, als es tatsächlich der Fall ist. Insofern scheidet bereits aus diesem Gesichtspunkt der Ersatz der möglicherweise überzogenen, aber ausgebliebenen Renditeversprechen aus. Auf der anderen Seite bleibt aber zu überlegen, dass bei korrekter Information der Anleger gar nicht erst in die Vermögensanlage investiert hätte. Insofern stünden ihm bankübliche Kapitalzinsen zu, die er ansonsten erwirtschaftet hätte. Da es sich hier um eine Haftung aus c.i.c. handelt, ist nicht darauf abzustellen, welchen Gewinn der Geschädigte bei korrekter Erfüllung des geschlossenen Vertrages gemacht hätte, sondern welchen Gewinn er erwirtschaftet hätte, hätte er die Vermögensanlage nie erworben. Denn die Schutzrichtung der c.i.c. ist auf das negative Interesse gerichtet und soll vor dem Abschluss eines ungünstigen Vertrages schützen. Daher hat der Anleger Anspruch auf Ersatz banküblicher Kapitalzinsen bzw. der Rendite eines alternativ erworbenen Finanzproduktes derselben Art, wenn feststeht, dass der Anleger diese bei Kenntnis der realen Sachlage erworben hätte.[1167]

1164 Vgl. hierzu *Benatti* S. 9 f.; *Montecchiari* VN 1994, 946 (954 f.); *Tencati* RDC 1988 II, 513 (521).

1165 Cian/Trabucchi/*Zaccharia* Art. 1223 Nr. II Rn. 3; Alpa/Iudica/*Dassio* Art. 1225.

1166 Cian/Trabucchi/*Zaccharia* Art. 1223 Nr. II Rn. 5; *Bruno* S. 215.

1167 *Ferrarini* Giur.com. 1988 II, 585 (608); *ders.* BBTC 1987 I, 437 (476); *Montecchiari* VN 1994, 946 (955); *Tencati* RDC 1988 II, 513 (521).

Fraglich ist, ob der entgangene Gewinn höher sein kann als das Erfüllungsinteresse. Grundsätzlich muss der Anleger einen entgangenen Gewinn, der über eine banküblichе Verzinsung hinausgeht, nachweisen. Der Fall dürfte allerdings nicht sehr wahrscheinlich sein. Ansonsten ist die Frage der Begrenzung des negativen Interesses ein kontroverses Thema, dem hier aber nicht nachgegangen werden kann.[1168]

g) Verjährungsfrist

Die Verjährungsfrist richtet sich nach Art. 2946 CC. Danach beträgt die ordentliche Verjährung zehn Jahre. Nach der Rechtsprechung ist die Verjährung für c.i.c. allerdings nach Art. 2947 CC entsprechend der Frist für deliktische Ansprüche zu berechnen.[1169] Dies ist damit zu begründen, dass die Rechtsprechung des Cass. die c.i.c. für ein deliktisches Schuldverhältnis hält.[1170] Nach der hier vertretenen Ansicht ist die c.i.c. aber auf das Gebiet der vertraglich Haftung zurückzuführen. Daher ist auch die entsprechende Verjährungsvorschrift des Art. 2946 CC anzuwenden. Die Stellung der c.i.c. zwischen vertraglicher oder deliktischer Haftung lässt indes auch keine analoge Anwendung der kürzeren Verjährungsfrist zu, denn der Gesetzgeber hat die c.i.c. eindeutig im Kontext der vertraglichen Haftung aufgeführt.[1171] Daher ist schon keine Regelungslücke gegeben. Die Verjährung beginnt gem. Art. 2935 CC mit dem Tag, an dem das Recht geltend gemacht werden kann. Das ist an dem Tag der Fall, an dem der Anleger die Vermögensanlage gekauft hat, denn von diesem Moment an ist ein Schaden entstanden. Die Verjährung tritt gem. Art. 2962 CC am letzten Tag der Frist ein; die Berechnung der Frist ergibt sich aus Art. 2963 CC.

h) Gerichtsstand

Der Gerichtsstand ist derselbe, wie bereits bei der spezialgesetzlichen Prospekthaftung diskutiert,[1172] mithin der Sitz des Prospekthaftenden, Artt. 18, 19 CPC. Instanziell zuständig ist i.d.R. das *Tribunale,* Art. 9 CPC.

i) Fehlen eines Prospekts

Fraglich ist, ob es eine Haftung auch bei Fehlen eines Prospekts gibt. Eine solche ist nicht ausdrücklich geregelt. Da die Consob die Vermarktung einer Vermögensanlage, für die kein Prospekt erstellt wurde, verbieten kann, dürfte es sich um einen seltenen Fall handeln. Gleichwohl muss eine Beantwortung dieser Frage gefunden werden. Begründet man die Haftung auf die c.i.c., dann

---

1168 Vgl. *Benatti* S. 9 f.; *Sagna* S. 101 ff.

1169 Cass. CorG 1990 II, 832.

1170 Cian/Trabucchi/*Mantovani/Thiene* Art. 2947 Nr. I Rn. 3; Rescigno/*Zoppini*/*Ucci* Art. 2947 Nr. 1.

1171 S.o. bei § 7 C. I. 2. (S. 261).

1172 S.o. bei § 7 A. IX. (S. 254).

muss zwischen dem Verantwortlichen und dem geschädigten Anleger ein vorvertragliches Vertrauensverhältnis entstanden sein. Personen, die mit dem Anleger in Kontakt treten, um mit diesem zu verhandeln, kommen hierfür in Betracht. Intermediäre, die die Vermögensanlage zu verkaufen versuchen, haben als solche bereits eine Prospektpflicht. Diese ist Inhalt der vorvertraglichen Verpflichtungen. Deren Nichterfüllung kann daher eine Prospekthaftung nach dem genannten Voraussetzungen auslösen.

Problematisch ist aber die Konstruktion eines vorvertraglichen Schuldverhältnisses zwischen dem Anleger und den Personen, mit denen er nicht in Kontakt tritt, die aber trotzdem eine Prospektpflicht haben: Hierzu zählt insbesondere der Emittent, wenn er die Anteile nicht selbst veräußert. Wenn der Anleger nur mit einem Intermediär verhandelt und kein Prospekt vorhanden ist, in dem der Name des Emittenten und zusätzlich verantwortlicher Personen aufgeführt sind, ist ein vorvertragliches Schuldverhältnis nur schwer konstruierbar. Die bloße Prospektpflicht kann noch kein solches Verhältnis begründen. Es kommt aber gegebenenfalls eine deliktische Haftung in Betracht.

II. Prospekthaftung als vertragliche Haftung

Nach einer anderen Ansicht ist die Prospekthaftung eine vertragliche Haftung.[1173] Das kann insbesondere für die Intermediäre gelten, die einen Vertrag mit dem Anleger abschließen, aber auch für Emittenten. Nach dieser Ansicht ist die Prospekthaftung immer eine vertragliche Haftung, auch wenn die Fehlinformation in der vorvertraglichen Phase stattfindet. Dies wird damit begründet, dass die Prospektpflicht eine Pflicht zum Recherchieren und Kontrollieren der Informationen im Prospekt ist.[1174]

Die Prospekthaftung ist nach den Vertretern dieser Ansicht keine vorvertragliche Haftung, weil der Vertrag in Form der Beteiligung, auf den das vorvertragliche Verhältnis bezogen wäre, mit den Emittenten abgeschlossen wird, nicht aber mit einem Finanzintermediär.[1175] Es sei auch kein deliktisches Verhältnis, denn der Finanzintermediär sei in Beziehung zum Anleger nicht nur wie ein außenstehender Dritter zu behandeln.[1176] Die Anwendung des Deliktsrechts scheitere außerdem daran, dass ein Vermögensschaden nicht über das Deliktsrecht zu ersetzen ist.[1177]

1173 *Scalisi* Studi Maisano S. 65 (102); *Castronovo*[1] S. 50 ff. (anders jedoch: *Castronovo*[3] S. 517 ff., der dann eine personenabhängige Lösung verfolgt); *Grisi* S. 430 ff., u. 444; *Bochicchio* S. 279 ff., 284 ff.

1174 *Scalisi* Studi Maisano S. 65 (103).

1175 *Castronovo*[1] S. 53.

1176 *Castronovo*[1] S. 52; *Grisi* S. 444; *Scalisi* Studi Maisano S. 65 (104).

1177 *Castronovo*[1] S. 51.

Das Schuldverhältnis, aus dem die vertragliche Haftung entspringt, ist nach dieser Ansicht das Maklerrecht (Artt. 1754 ff. CC). Nach dieser Theorie ist ein Finanzintermediär ein Makler, der den Investitionsvertrag zwischen Anleger und Emittent vermittelt. Seine Haftung sei eine vertragliche Haftung gem. Art. 1759 CC.[1178] Nach Abs. 1 dieser Norm muss der Makler den Parteien alle ihm bekannten Umstände, die sich auf den Wert oder die Sicherheit des Geschäfts beziehen, mitteilen. Hierbei habe er als Finanzintermediär die ordentliche Sorgfalt eines Finanzintermediärs einzuhalten, Art. 1176 Abs. 2 CC.[1179] Nach einer anderen Formulierung entsteht bei der Erstellung von Angeboten an die Öffentlichkeit eine Art Rahmenvertrag, zumindest bei der Finanzintermediation;[1180] jedoch erlaube es der auch im Rahmen einer Angebotserstellung an die Öffentlichkeit vorliegende Pflichtenkanon insoweit eine vertragliche Haftung anzunehmen[1181]. Diese sei am Auftragsvertrag orientiert.[1182]

Nach einer anderen, ebenfalls vertraglichen Haftungstheorie gründet sich die Prospekthaftung des Emittenten und derjenigen, die den Prospekt unterschrieben haben, auf die Garantie in der kaufrechtlichen Mängelgewährleistung gem. Art. 1490 CC analog.[1183] Dies resultiere daraus, dass der Preis einer Kapitalanlage, die nicht der Beschreibung des Prospekts entspricht, Mängel i.S.v. Art. 1490 CC hat, die den Wert der Anlage mindern.[1184] Im Übrigen seien deliktische Ansprüche gegen die Geschäftsführung gem. Artt. 2476, 2395 CC gegeben.[1185] Rechtsfolge der kaufrechtlichen Mängelgewährleistung ist gem. Art. 1492 CC ein Rücktrittsrecht oder ein Minderungsrecht.

Folgt man dieser Theorie, so ergibt sich eine Haftung aus Art. 1218 CC.

Emittenten haften nach dieser Ansicht direkt aus Vertrag.[1186] Finanzintermediäre unterliegen, je nachdem, welcher Ansicht man folgt, der Maklerhaftung oder der allgemeinen vertraglichen Haftung. Fraglich ist daher, wie sonstige Personen haften können, die aus dem Hintergrund an der Vermögensanlage beteiligt sind. Für diese eine Maklerstellung zu begründen, ohne dass sie in Kontakt mit den Parteien treten, dürfte indes nicht möglich sein. Eine unmittelbare vertragliche Haftung muss ebenfalls ausscheiden.[1187] Mit der vertraglichen Pro-

1178 *Castronovo*[I] S. 54; *Grisi* S. 444; *Scalisi* Studi Maisano S. 65 (104); *Caramazza* Soc.1988, 600 (603).

1179 *Castronovo*[I] S. 54 f.

1180 *Bochicchio* S. 223.

1181 *Bochicchio* S. 224 ff.

1182 *Bochicchio* S. 282.

1183 *Perrone* S. 93 ff.

1184 *Perrone* S. 98.

1185 *Perrone* S. 124 f.; *Paralupi* RDC 2001 I, 565 (596).

1186 *Castronovo*[I] S. 50.

1187 Nach *Bochicchio* haften Dritte auch nach vertraglicher Haftung, wenn sie entscheidend

spekthaftungstheorie ist diese Personengruppe nicht erfassbar. Es kann daher nur auf die vorvertragliche oder deliktische Haftung zurückgegriffen werden.

Die Voraussetzungen der Haftung entsprechen im Übrigen denen der vorvertraglichen Haftung, da diese hier als vertraglich eingestuft wurde. Es sei daher zur Vermeidung von Wiederholungen auf die entsprechenden Ausführungen verwiesen.[1188]

III. Prospekthaftung als deliktische Haftung

Nach einer dritten, verbreiteten Ansicht ist die Prospekthaftung eine Haftung, die sich auf das Deliktsrecht gründet (Art. 2043 CC). Bevor hierauf (unter 2.) eingegangen wird, wird zunächst (unter 1.) das italienische Deliktsrecht einführend dargestellt.

1. Grundsätzliches zum italienischen Deliktsrecht

Die wichtigste Norm des italienischen Deliktsrechts, Art. 2043 CC, setzt laut ihrem Wortlaut nur voraus, dass jemand einem anderen vorsätzlich oder fahrlässig einen „rechtswidrigen" Schaden zufügt. Die Tatbestandsmerkmale sind daher: Schaden, Rechtswidrigkeit des Schadens (sog. *danno ingiusto*), Kausalität, Rechtswidrigkeit und Verschulden.[1189]

Der Schaden besteht – obgleich hierzu viele verschiedene Ansichten existieren – grundsätzlich nach der Differenztherorie im negativen Abweichen der Vermögenslage nach Eintritt der schädigenden Handlung von der hypothetischen Lage ohne diese Handlung.[1190] Dabei liegt durch die Konstruktion der Norm dem Begriff eine doppelte Bedeutung zu Grunde: Zum einen zur Bezeichnung des verletzten Rechtsguts, zum anderen zur Bezeichnung der Ausgleichspflicht.[1191] Jedoch ist der Begriff des Schadens nicht von dem des Unrechts des Schadens zu trennen.[1192]

Es muss ein rechtswidriger Schaden (*danno ingiusto*) vorliegen. Was hierunter zu verstehen ist, ist fraglich. Zu den geschützten Rechtsgütern gehören jedenfalls absolute subjektive Rechte mit Vermögenscharakter.[1193] Durch die Wei-

---

mit am Angebot an die Öffentlichkeit beteiligt sind, S. 286. Dann sind sie aber nach hier vertretener Ansicht bereits selbst Anbieter und nicht Dritte.

1188 S.o. unter § 7 C. I. 4 (S. 266).

1189 Cian/Trabucchi/*Vita De Giorgi*/*Thiene* Art. 2043 Nrn. II-VI.

1190 Cian/Trabucchi/*Vita De Giorgi*/*Thiene* Art. 2043 Nr. V. Rn. 3; Dig.Disc.Priv.Civ/*Patti*, Danno Patrimoniale, bei Nr. 4; *Castronovo*[3] S. 106; *Busnelli*, illecito, S. 18.

1191 *Thiene* NGCC 2005 II, 34; Dig.Disc.Priv.Civ/*Patti*, Danno Patrimoniale, bei Nr. 1.

1192 So eine zunehmende Ansicht: Cian/Trabucchi/*Vita De Giorgi*/*Thiene* Art. 2043 Nr. V. Rn. 4; *Castronovo*[3] S. 107 f.

1193 Cian/Trabucchi/*Vita De Giorgi*/*Thiene* Art. 2043 Nr. VI. Rn. 1; zur Entwicklung, weg vom Dogma des absoluten Rechts vgl. *Busnelli*, illecito, S. 12.

te der gesetzlichen Formulierung besteht die Möglichkeit, Beschränkungen des Tatbestandes weitgehend nicht anzuerkennen und damit zu einem „offenen System“ des Deliktsrechts zu kommen.[1194] Dadurch kann der Anwendungsbereich des Deliktsrechts immer wieder angepasst werden. In der sich wandelnden Gesellschaft hat ein Gericht damit weitgehende Anwendungsfreiheit.[1195] Das Unrecht des Schadens basiert auf dem Vergleich des Interesses des Geschädigten (Unrecht i.S.v. *contra ius*) und dem (ggf. mangelnden rechtlichen) Interesse des Schädigers an seiner Handlung (Unrecht i.S.v. *non iure*).[1196] Unter ersterem ist die Frage der Rechtswidrigkeit an sich, unter letzterem das Fehlen von Rechtfertigungsgründen zu verstehen.[1197] Die Einzelheiten dieser Abwägung sind strittig.[1198]

Zwischen der Handlung des Schädigers und dem Schaden muss Kausalität bestehen. Hierbei wird grundsätzlich eine faktische und eine juristische Kausalität unterschieden.[1199] Letztere bedeutet, dass die einzelne Folge juristisch relevant und damit ersatzfähig ist;[1200] dazu zählt auch die Frage, ob eine spätere Entscheidung des Geschädigten, über sein Vermögen zu verfügen, eine für die Schädigungshandlung typische Folge ist.[1201] Das regelt Art. 1223 CC, nach dem nur der direkte und unmittelbare Schaden ersetzt wird, so dass anhand der Kausalität auch zwischen ersatzfähigen und nicht ersatzfähigen Schäden unterschieden wird.[1202] Bei der Ermittlung der faktischen Kausalität sind die *conditio sine qua non*, die Adäquanztheorie[1203] sowie die Regeln der Artt. 40 und 41 CP[1204] zu

1194 *Alpa* atipicità, S. 4 ff., 11; *Alpa* Tr. dir. civ. S. 351 ff.; *Paralupi* RDC 2001 II, 565 (576 ff.); ähnlich *Scognamiglio*/Figone/Cossu/Giacobbe/Monateri S. 23 ff.; Cass. Giur.it. 2000, 21 (27 ff., 30 f.); krit. hierzu *Castronovo*[3] S. 46 ff., der zumindest eine subjektive, rechtlich geschützte Position fordert.

1195 Cass. Giur.it. 2000, 21 (30); *Alpa* atipicità, S. 4 f.

1196 Cian/Trabucchi/*Vita De Giorgi*/*Thiene* Art. 2043 Nr. VI. Rn. 2; *Busnelli*, illecito, S. 10 f.; Cass 2004/9345, MGC 2004, 1130; Cass. Giur.it. 2000, 21 (30); Cass. GC 1993 I, 775 (780); a.A. *Castronovo*[3] S. 21 ff., nach dem die Rechtswidrigkeit kein Tatbestandsmerkmal ist und deshalb diese auf den Digesten (9,2,5,1: „*quod non iure factum est, hoc est contra ius*“, dazu *Behrends/Knütel/Kupisch/Seiler* S. 734) beruhende Zweiteilung unnötig sei.

1197 Cian/Trabucchi/*Vita De Giorgi*/*Thiene* Art. 2043 Nr. III. Rn. 2.

1198 Vgl. *Scognamiglio*/Figone/Cossu/Giacobbe/Monateri S. 42 ff.

1199 Cian/Trabucchi/*Vita De Giorgi*/*Thiene* Art. 2043 Nr. IV. Rn. 1; *Busnelli*, illecito, S. 16.

1200 *Belvedere*, RDC 2006 I, 7 ff.; *Busnelli*, illecito, S. 17; Scognamiglio/Figone/Cossu/*Giacobbe*/Monateri S. 97.

1201 *Belvedere*, RDC 2006 I, 7 (11 f.).

1202 Scognamiglio/Figone/Cossu/*Giacobbe*/Monateri S. 99.

1203 Cass 2000/5913, MGC 2000, 972; Cass. 2000/3536, MGC 2000, 628 (629); Cass 1997/2009 MGC 1997, 356; Trib. Neapel Soc. 2004, 78 (80); *Busnelli*, illecito, S. 16; *Trabucchi* § 407.

1204 Cass. 2006/8096, MGC 2006, 963 (964); Cass. 2005/26997 MGC 2006, 13 (14).

beachten. Danach sind, wenn mehrere schädigende Handlungen bestehen, beide als ursächlich anzusehen, es sei denn, eine ist so vordergründig effektiv, dass sie die anderen Handlungen verdrängt. Diese für die entscheidende Kausalität ursächliche Handlung kann insbesondere auch vom Geschädigten selbst ausgehen.[1205]

Weitere Voraussetzung für einen Schadensersatzanspruch ist die Rechtswidrigkeit (*antigiuridicità*). Sofern aber – wie hier – der überwiegenden Definition von rechtswidrigem Schaden gefolgt wird, geht diese Frage in den Kategorien *damnum contra ius* bzw. *non iure* auf.[1206]

Das Verschulden kann Fahrlässigkeit (*colpa*) oder Vorsatz (*dolo*) sein. Fahrlässigkeit ist nicht im CC geregelt. Es gilt aber die Definition in Art. 43 Abs. 1, 3. Var. CP,[1207] wonach der Schaden vom Täter vorhergesehen sein kann, aber nicht erwünscht ist, und auf Nachlässigkeit, Unvorsichtigkeit, Unerfahrenheit oder auf der Missachtung von gesetzlichen oder nicht gesetzlichen Regeln beruht. Vorsatz hingegen liegt vor, wenn der Täter die sichere Folge eines Schadens aus seinem Handeln voraussieht und trotzdem handelt.[1208]

2. Verletzung der Prospektpflicht als Delikt gem. Art. 2043 CC

Eine Anzahl Autoren sieht die Prospekthaftung als deliktische Haftung gem. Art. 2043 CC an.[1209] Dies wird damit begründet, dass die Erweiterung der vorvertraglichen Pflichten und der entsprechenden Haftung mit dem italienischen Recht nicht vereinbar sei. Der Prospekt richte sich an das öffentliche Anlegerpublikum, daher liegen keine für ein Vertragsverhältnis bestimmten oder bestimmbaren Parteien vor.[1210] Jedenfalls seien die Personen, die den Prospekt nicht unterschrieben oder herausgegeben haben, nicht Schuldner einer c.i.c.[1211]

1205 Cass. 2006/8096, MGC 2006, 964 (964).

1206 Vgl. *Casamassima* S. 270; *Castronovo*[3] S. 23.

1207 Cian/Trabucchi/*Vita De Giorgi/Thiene* Art. 2043 Nr. II. Rn. 3; *Busnelli* illecito, S. 8.

1208 Cian/Trabucchi/*Vita De Giorgi/Thiene* Art. 2043 Nr. II. Rn. 9; *Busnelli* illecito, S. 10.

1209 *Cattaneo* Quadr. 1986, 429; *Jaeger* Quadr. 1986, 283; *Busnelli* ContrImp 1991, 539 (563 ff., 570 ff.); *Carnevali* CorG 1989, 1003; *Bruno* S. 107 ff., 113 ff.; *Sagna* S. 450 ff.; *Monateri* Tr.Sacco S. 587; *Bazzani* NGCC 1988 I, 503 (504); *Paralupi* RDC 2001 I, 565 (579 ff.); Trib. Triest Soc. 1995, 539; Trib. Neapel Soc. 2004, 78; generell bei Informationshaftung der Banken: *Monateri* S. 491; tendenziell auch *Di Majo* CorG 2005, 1282 (1287 ff.), der allerdings nicht speziell die Prospekthaftung meint, sondern eine allgemeine Informationshaftung entwickelt, die sich in der Verletzung des den Anlegern zuzuweisenden Interesses an einem funktionierenden Markt darstellt; ähnlich: *Pinardi* NGCC 2002 II, 349 (354); *Gambogi* Soc. 1995, 543 (544).

1210 *Bruno* S. 108 ff.

1211 *Carnevali*, CorG 1989, 1003; gegen die Erweiterung des Personenkreises der c.i.c. auch *Jaeger* Quadr. 1986, 283 (287) und *Cattaneo* Quadr. 1986, 429 (433); Trib. Triest Soc. 1995, 539 (540).

Im Übrigen sei diese Erweiterung daraus entstanden, dass die deutschen Theorien zur bürgerlich-rechtlichen Prospekthaftung ins italienische Recht übertragen worden seien, obwohl dies wegen des weiten und damit im Falle der Prospekthaftung anwendbaren Tatbestandes des Art. 2043 CC nicht nötig sei.[1212] Im Übrigen sei das Deliktsrecht für die Erhaltung von Rechtsgütern vorgesehen, das Vertragsrecht bei Erwerbsgeschäften; bei der Prospekthaftung handle es sich um einen Tatbestand der Erhaltung von Rechtspositionen in Form der Ersparnisse des Anlegers.[1213] Das Problem der Beweislast könne auch im Deliktsrecht mit Hilfe der Rechtsfigur der *res ipsa loquitur* gelöst werden.[1214]

3. Voraussetzungen der deliktischen Prospekthaftung

Damit die Haftung für einen fehlerhaften oder fehlenden Prospekt unter Art. 2043 CC zu fassen ist, müssen dessen Voraussetzungen vorliegen.

a) Ersatzfähiger Schaden

Es muss beim Anleger ein Schaden entstanden sein. Dieser besteht im Erwerb einer Vermögensanlage, die weniger wert ist, als bezahlt wurde. Das könnte damit als reiner Vermögensschaden *(danno meramente patrimoniale)* anzusehen sein.[1215] Die Rechtsprechung hat das Vermögen als schützenswert anerkannt.[1216] Dies ist in der Literatur allerdings streitig, weil die Grenzen des Schadensersatzes aufweichen und dadurch jeder Schaden ersatzfähig werde, denn die erforderliche Abwägung könne praktisch entfallen.[1217] Zudem sei für derartige Schäden nur der vertragliche Schadensersatzanspruch geeignet; deliktischer Schutz des Vermögens könne nur dann gewährt werden, wenn ein subjektives Recht verletzt werde.[1218] Schäden, die auf fehlerhaften Informationen beruhen, auch im Falle von fehlerhaften Prospekten,[1219] seien über das Erfordernis des guten Glaubens als (vor-)vertraglicher Schadensersatz zu konstruieren.[1220]

Es bedarf daher einer Untersuchung, ob der Schaden, der auf einem mangelhaften Prospekt und dem anschließenden Erwerb einer mangelhaften Anlage beruht, ein reiner Vermögensschaden ist. Der Schaden ist sicherlich ein Vermö-

1212 *Carnevali*, CorG 1989, 1003 (1004); *Busnelli* ContrImp 1991, 539 (563); *Paralupi* RDC 2001 I, 565 (576 ff.); *Arietti* Giur.it 1992 I-2, 49 (55).

1213 *Paralupi* RDC 2001 I, 565 (578).

1214 *Busnelli* ContrImp 1991, 539 (570 f.); *Monateri* Tr.Sacco S. 588.

1215 Das nimmt jedenfalls *Castronovo* an: *Castronovo*[3] S. 526.

1216 Cass. NGCC 1987 I, 386 (390); Cass. FI 1982 I, 2864 (2867); dieser folgend auch Teile der Literatur: *Scognamiglio*/Figone/Cossu/Giacobbe/Monateri S. 61 ff.

1217 Cian/Trabucchi/*Vita De Giorgi*/*Thiene* Art. 2043 Nr. VI. Rn. 5; *Thiene* NGCC 2000 II, 34; *Castronovo*[3] S.109 ff.; *Di Majo* S. 259 ff.; vgl. a. *Tortorano* S. 98 ff., 125 ff.

1218 *Castronovo*[3] S.127 ff., 130 f.; *Maggiolo* S. 7 ff.

1219 *Castronovo*[3] S. 517 f.

1220 *Maggiolo* S. 15 f.

gensschaden, allerdings stellt sich die Frage, ob nicht ein anderes Rechtsgut als das reine Vermögen verletzt wird. *Di Majo* beschreibt den Vermögensschaden als einen solchen, der „nicht von der Verletzung eines von der Rechtsordnung geschützten Rechtsguts stammt".[1221] Der Schutz durch die Rechtsordnung sei ähnlich zu verstehen wie beim § 823 Abs. 2 BGB.[1222] Nach der Rechtsprechung ist ein rechtswidriger Schaden gegeben, wenn eine gesetzliche Norm den Geschädigten schützt.[1223] Art. 94 TUF fordert von den Prospektpflichtigen die Bereitstellung eines Prospekts mit den Informationen, die die potentiellen Anleger benötigen, um sich ein fundiertes Urteil über die Vermögensanlage zu bilden. Das bedeutet, die Prospektpflicht schützt ausdrücklich auch den Anleger. Verletzt wird also nicht das reine Vermögen, sondern die Informationspflicht und damit auch mittelbar die Vertragsfreiheit des Anlegers.[1224] Diese Situation ist daher nicht mit derjenigen zu vergleichen, bei der ein Dritter eine falsche Auskunft erteilt, denn es gibt diesbezüglich keine Norm, die den Auskunfterteilenden gegenüber der Allgemeinheit oder über einer Gruppe (wie der Anleger) zur Korrektheit bei der Auskunfterteilung verpflichtet. Durch Art. 94 TUF ist aber jeder Prospektpflichtige gegenüber allen potentiellen Anlegern entsprechend verpflichtet. Das verletzte Rechtsgut i.S.d. rechtswidrigen Schadens bei der Prospekthaftung ist daher kein reiner Vermögensschaden, sondern die Verletzung der den Anleger schützenden gesetzlichen Informationspflicht.[1225]

b) Rechtswidrigkeit des Schadens

Der Schaden müsste auch rechtswidrig (*contra ius* und *non iure*) sein. Dass für den Prospektverwender ein Rechtfertigungsgrund gegeben sein kann, dürfte kaum einmal der Fall sein, somit ist die Handlung *non iure*. Die Schädigungshandlung ist *contra ius*, wenn die Position des Geschädigten rechtlich geschützt ist. Bei der Abwägung der Interessen des Geschädigten und des Schädigers ist zu ermitteln, ob die Rechtsordnung das Interesse des Geschädigten schützt, was in jedem Fall dann gegeben ist, wenn es eine entsprechende Schutznorm gibt.[1226] Wägt man die beteiligten Interessen bei der Prospekthaftung gegeneinander ab, so muss die gesetzlich geregelte Pflicht zur Prospekterstellung eine besondere Rolle bei der Gewichtung haben. Der Anleger darf auf die im Prospekt wiedergegebenen Informationen vertrauen. Das hat zur Folge, dass der Schaden, der auf das Verlassen auf die inhaltlichen Aussagen eines Prospekts zurückzuführen ist, als *contra ius* und *non iure*, mithin als rechtswidrig anzusehen ist. Konkret

---

[1221] *Di Majo* S. 259: „perdita meramente economica [...] che non deriva dalla lesione di un bene giuridicamente tutelato".

[1222] *Di Majo* S. 260.

[1223] Cass. Giur.it. 2000, 21 (30).

[1224] *Pinardi* NGCC 2002 II, 349 (363).

[1225] Ebenso: *Bruno* S. 88 ff., 93 ff.

[1226] Cass. Giur.it. 2000, 21 (30).

bedeutet das: Ein rechtswidriger Schaden liegt dann vor, wenn die Informationen nicht dem gesetzlichen Standard entsprechen.[1227] Dies ist immer dann der Fall, wenn der Prospekt unvollständig, unwahr, unklar oder nicht korrekt ist.[1228] Die entsprechenden Informationen müssen nach *Bruno* nicht notwendigerweise erheblich für das Anlegerverhalten sein.[1229] Vielmehr sei in diesem Fall keine Kausalität gegeben. Dem ist zuzustimmen.

Der Fall, dass im Prospekt Angaben fehlen, ist dem Vorhandensein falscher Angaben gleichzustellen.[1230] Für das komplette Fehlen eines Prospekts kann nichts anderes gelten, die deliktische Tathandlung ist dann ein Unterlassen, die das Vermögen des Anlegers schützt.[1231] Unter Berücksichtigung der Pflicht zur Erstellung eines Prospekts ist das Interesse des geschädigten Anlegers überragend. Für das Fehlen eines Prospekts haften alle am Erstellen und Durchführen beteiligten Personen; dies soll auch für die *promotori finanziari* gelten, und zwar selbst dann, wenn sie nicht prospektpflichtig gewesen wären, da sie dennoch eine Aufklärungspflicht trifft.[1232] Richtigerweise ist die Haftungsgrundlage in diesem Fall jedoch nicht das Fehlen eines Prospekts, sondern das Fehlen einer Aufklärung über die Umstände des vermittelten Vertrages. Handelt der *promotore* dabei als selbständiger Unternehmer, etwa als Makler, so greift nicht die deliktische, sondern die Haftung des Maklers ein. Ist der *promotore* hingegen Angestellter des Anbieters, so kann sich in der Tat eine deliktische Haftung ergeben. Möglich ist zudem das Bestehen eines eigenen Beratungsvertrages zwischen Anleger und *promotore finanziario*. Für die deliktische Haftung – nichts anderes kann auch für eine eventuelle eigene vertragliche Haftung gelten – haftet der Intermediär gemeinschaftlich, für den der *promotore* tätig ist, Art. 31 Abs. 3 TUF.[1233]

Für den Ersterwerber, der ein Finanzprodukt veräußert, ohne seiner Prospektpflicht[1234] nachzukommen, kann auch nichts anderes gelten: Diesen kann eine Haftung gem. Art. 2043 CC treffen, wenn er keinen Prospekt veröffentlicht.

c) Schädiger

Als mögliche Schädiger kommen neben den Emittenten auch sonstige Prospektverwender in Betracht, da das deliktische Verbot der Drittschädigung sich an je-

---

1227 *Bruno* S. 131.

1228 *Bruno* S. 133; vgl. auch *Alpa* Riv.crit.dir.priv. 1988, 359 (369).

1229 *Bruno* S. 147.

1230 *Bruno* S. 132.

1231 *Afferni* DR 2004, 849 (853).

1232 *Afferni* DR 2004, 849 (854).

1233 Vgl., auch zu den Voraussetzungen, Cass. Giur.it. 2006, 2270; BBTC 2006 II, 138; RCP 2006, 452; Trib. Rom BBTC 2006 II, 138.

1234 S.o. § 4 A. V. 6. (S. 131).

des Rechtssubjekt wendet. Allerdings ist zu beachten, dass die in Frage kommende Person selbst prospektpflichtig sein muss, weil sie selbst das Angebot an die Öffentlichkeit durchführt.[1235] Dann gilt auch für sie das oben gesagte hinsichtlich der Abwägung.

d) Kausalität

Die Prüfung der Kausalität muss ergeben, dass der (Vermögens-) schaden des Anlegers auf der Fehl- bzw. Nichtinformation beruht. Hierfür ergeben sich keine Abweichungen von der Kausalitätsprüfung beim vertraglichen Schadensersatz.[1236] Das Nichtlesen des Prospekts ist ein Anlegerverhalten, von entscheidende Kausalität. Es hebt die Kausalität, die durch die Veröffentlichung eines fehlerhaften bzw. durch das Unterlassen einer Veröffentlichung eines Prospekts ausgelöst wurde, auf. Gleichwohl wird die Lektüre durch den Geschädigten vermutet.[1237] Die Kausalität scheidet ebenfalls aus, wenn sicher feststeht, dass der Anleger die Vermögensanlage auch gekauft hätte, wenn er die Unrichtigkeit gekannt hätte.

e) Verschulden

Das Verschulden kann in Vorsatz oder Fahrlässigkeit bestehen. Hierbei ist auf das Verschulden der Geschäftsführer abzustellen, sofern es sich um eine juristische Person handelt.[1238] Während ersteres nicht nur schwer nachweisbar ist, sondern auch selten vorkommen dürfte, ist Fahrlässigkeit bereits dadurch gegeben, dass das Gesetz in Art. 94 TUF die Sorgfalt eines ordentlichen Anbieters festlegt, der nicht wider besseres Wissen einen unrichtigen Prospekt erstellt. Das Missachten dieser Regel stellt dann eine Fahrlässigkeit dar.

f) Schadensumfang

Der Schadensumfang ist durch die Verweisung von Art. 2056 CC derselbe, wie beim vertraglichen Schadensersatz, mit dem einzigen Unterschied dass Art. 1225 CC nicht gilt, so dass auch unvorhergesehene Schäden zu ersetzen sind. Im Übrigen sei auf die Ausführungen beim vertraglichen Schadensersatz verwiesen.[1239]

g) Verjährung

Der Anspruch verjährt gem. Art. 2947 Abs. 1 CC in fünf Jahren nach Begehung des Delikts.

1235 Vgl. hierzu oben unter § 4 IV 1. (S. 125).

1236 S.o. unter § 7 C. I. 4. b) (S. 267).

1237 *Paralupi* RDC 2001 I, 565 (582).

1238 *Bruno* S. 189 ff.

1239 S.o. unter § 7 C. I. 4. f) (S. 271).

h) Beweislast

Die Beweislast gem. Art. 2697 CC trägt beim Anspruch aus Art. 2043 CC der Anspruchsteller, also der Anleger.[1240] Das ist für die Prospekthaftung problematisch, denn der Anleger müsste in diesem Falle nachweisen, dass der Prospektpflichtige aus Fahrlässigkeit einen unrichtigen Prospekt erstellt bzw. verwendet hat. Dazu muss er nachweisen, dass der Prospektpflichtige nicht positiv wusste oder hätte wissen können, dass entsprechende Informationen im Prospekt falsch sind oder – im Falle fehlender Angaben – dass diesem das Fehlen hätte auffallen müssen. Bei fehlenden Informationen, insbesondere bei einem Zurückbleiben hinter dem von der Consob vorgegebenem Prospektinhalt ist ein Sorgfaltsverstoß gegeben und somit einfach nachweisbar. Bei falschen Angaben hingegen muss der der geschädigte Anleger nachweisen, dass der Prospektverantwortliche bei Erstellung des Prospekts eine Information aufgenommen hat, obwohl er erkennen konnte, dass sie falsch war bzw. beim Prospektverwender, dass dieser den Prospekt nicht mit der erforderlichen Sorgfalt fachmännisch geprüft hat. Der Anleger kann indes von diesen internen Vorgängen bei Emittent und Intermediär keine Kenntnis nehmen und ist somit an der Beweisführung gehindert.

Einige Vertreter dieser Ansicht versuchen dieses mit einer Verschuldensvermutung und der Rechtsfigur der *res ipsa loquitur* zu lösen.[1241] Dieser Möglichkeit könnte entgegenstehen, dass hierfür vorausgesetzt wird, dass ein bestimmter Schaden typischerweise nicht ohne die Fahrlässigkeit einer bestimmten Person gegeben ist. Zwar beruht die Unrichtigkeit des Prospekts typischerweise auf der Fahrlässigkeit einer Person bei der Prospekterstellung, aber diese muss nicht unbedingt der Anspruchsgegner sein, wenn man bedenkt, dass auch der Verwender des Prospekts haften kann, der diesen nur übernimmt.[1242] Dabei ist aber auch zu beachten, dass ein Prospekt, den ein Intermediär vom Emittenten übernimmt, von diesem geprüft werden muss. Ist der Prospekt falsch, und stammt dieser Fehler vom Emittenten, so kann wiederum vermutet werden, dass der Intermediär den Prospekt nicht ordnungsgemäß geprüft hat. Insofern kann man bei unrichtigem Prospekt nach dieser Ansicht durchaus von der Beweislastumkehr ausgehen.

Nach einer anderen Ansicht ist hinsichtlich der Beweislast von einem objektiven Verschulden (*colpa oggettiva*) auszugehen.[1243] Diese gründe sich darauf,

---

[1240] Vgl. Trib. Neapel Soc. 2004, 78; *Pinardi* NGCC 2002 II, 349 (362).

[1241] *Cattaneo*, Quadr. 1986, 429 (434); *Busnelli* ContrImp 1991, 539 (570 f.); *Jaeger* Quadr. 1986, 283 (288); *Monateri* Tr.Sacco S. 588; *Paralupi* RDC 2001 I, 565 (582); Trib. Neapel Soc. 2004, 78 (80).

[1242] *Ferrarini* responsabilità, S. 122.

[1243] *Bruno* S. 195 ff.

dass eine gesetzliche Verhaltenspflicht verletzt werde, was ein Verschulden bereits indiziert.

Welcher der beiden Konzeptionen gefolgt werden soll, ist schwer zu entscheiden. Sowohl die Berufung auf die Rechtsfigur der *res ipsa loquitur* als auch die verschuldensunabhängige Haftung führen zur nötigen Beweiserleichterung. Allerdings ist nicht ganz klar, wieso die Verletzung einer Norm bereits das Verschulden indiziert. Andererseits hängt dasselbe Manko der Aussage an, dass die Verletzung der Informationspflicht typischerweise nicht ohne Verschulden möglich ist. Letztlich kommt man dadurch in beiden Fällen zur Verschuldensvermutung. Bei Annahme einer objektiven Haftung (*responsabilità oggettiva*) ist allerdings der Beweis mangelnden Verschuldens nicht möglich. *Bruno* verwendet daher den Begriff des objektiven Verschuldens (*colpa oggettiva*), bei dem ein Gegenbeweis möglich sei.[1244] Es ist in der Tat nicht einzusehen, wieso dem Prospektpflichtigen dieser Gegenbeweis verwehrt sein soll. Die Anwendung einer *responsabilità oggettiva* ist daher nicht geboten. Zwischen der These *Brunos* und des Konzepts der *res ipsa loquitur* besteht aber letztlich im Ergebnis kaum ein Unterschied.

i) Gerichtsstand

Der Gerichtsstand ist nach Artt. 18, 19 CPC am Ort, an dem der Prospektverantwortliche seinen Sitz bzw. seinen Wohnsitz hat. Gem. Art. 20 CPC ist alternativ der Gerichtsstand an dem Ort, an dem das Schuldverhältnis entstanden oder zu erfüllen ist. Für das *forum delicti* ergibt sich daher bei Distanzdelikten die Frage, ob es für den alternativen Gerichtsstand gem. Art. 20 CPC auf den Ort ankommt, an dem die schädigende Handlung vorgenommen wurde, oder auf den Ort, an dem der Schaden eingetreten ist. Im Falle von Prospekthaftung ist die schädigende Handlung die Veröffentlichung des Prospekts und findet am Sitz des Prospektherausgebers oder -verwenders statt. Der Schadensort ist der Wohnsitz des Anlegers. Die Frage war früher streitig.[1245] Während eine Ansicht den Ort der Handlung für relevant hielt,[1246] hielt eine andere, auch in der Lehre vertretene Meinung den Ort, an dem der Schaden eintritt, für bestimmend.[1247] Für die letztgenannte Ansicht spricht, dass zum Tatbestand des Art. 2043 CC nicht nur eine Handlung, sondern auch ein darauf folgender Schaden gehört.[1248] Die Frage wird heute unstreitig im Sinne dieser Lösung beantwortet.[1249]

[1244] *Bruno* S. 200 ff. *Alpa/Bessone/Putti* S. 502.

[1245] Vgl. Vaccarella/Verde/*Iannicelli* Art. 20 bei Nr. 7.

[1246] Trib. Mailand GADI 1988, 300 (303); Trib. Turin GADI 1985, 570 (574 f.).

[1247] *Lancellotti* Riv.trim.dir.proc.civ. 1955, 691 (697 ff., 703 f.); Trib. Neapel GMer 1995, 671 (675).

[1248] Vgl. die Verweise in Fn. 1247.

[1249] Carpi/Taruffo/*Passanante* Art. 20 Nr. II Rn. 1; Vaccarella/Giorgetti/*Muti/Nava* Art. 20, Nr. 5 (S. 116); Cass. 1998/9853 MGC 1998, 2012; Cass. 1995/5374 MGC 1995, 1011;

Der Ort, an dem das Schuldverhältnis zu erfüllen ist, ist i.d.R. der Sitz des Schuldners.[1250] Das ist gegenüber Artt. 18, 19 CPC kein neuer Gerichtsstand.

Somit ergibt sich aus Art. 20 CPC neben dem Sitz des Prospekthaftenden der weitere Gerichtsstand des Wohnsitzes des Anlegers.

IV. Unterscheidung der Rechtsnatur der Haftung nach der in Anspruch genommenen Person

Nach einer weiteren, diversifizierten Ansicht lässt sich keine einheitliche Norm für eine Haftung aller für den Prospekt haftenden Personen finden. Vielmehr hänge die Haftungsgrundlage von der in Anspruch genommenen Person ab. Welche Grundlage für welche Personengruppe gilt, wird indes nicht einheitlich beantwortet. Aus diesem Grunde werden die entsprechenden Ansichten jeweils bei der zu untersuchenden Personengruppe dargestellt.

1. Emittent

Die vermittelnden Ansichten wenden auf den Emittenten überwiegend die deliktische Haftung an.

Portale differenziert bei der Haftung für fehlende oder fehlerhafte Prospekte danach, ob die betreffende Person bei der Erstellung des Prospekts mitgewirkt hat oder ihn unterschrieben hat. Für diese Personengruppe hält *Portale* die Haftung aus Delikt gem. Art. 2339 CC (ggf. analog) für angemessen; verwendet ein Intermediär hingegen einen fremden Prospekt, sei eine Haftung aus c.i.c. vorzusehen; verwendet ein Intermediär nur fremde Informationen (auch den Prospekt), ohne irgendeinen Kontakt zum Anleger zu haben, so sei Art. 2043 CC einschlägig.[1251] Auch wenn die Haftung des Emittenten nicht untersucht wird, so kann i.d.R. davon ausgegangen werden, dass dieser den Prospekt mit unterschreibt. Entsprechend kann nach dieser Ansicht die Haftung des Emittenten nur deliktischer Art sein. Dabei gelte für die Haftung bei Gründung einer Aktiengesellschaft Art. 2339 Abs. 3 CC direkt, bei anderen Rechtsformen analog.[1252]

Alpa unterscheidet bei der Prospekthaftung danach, ob ein Vertragsverhältnis zwischen der in Anspruch genommenen Person und dem Anleger besteht, oder ob nur die Informationen übermittelt worden.[1253] Im letzten Fall liege nur ein Delikt vor, was angesichts des offenen Tatbestands des Art. 2043 CC kein Problem sei. Sei der Prospekt bereits veröffentlicht worden und der Allgemeinheit

---

Cass. 1995/3733 MGC 1995, 721.

1250 Vaccarella/Verde/*Iannicelli* Art. 20 bei Nr. 7; anders bei Rufschädigung in den Medien: Cass. 1995/5374 MGC 1995, 1011; Cass. 1995/3733 MGC 1995, 721.

1251 *Portale* BBTC 1982 I, 3 (17 ff.); dem folgend *Corapi* RDCo 1985, 15 (19 ff.).

1252 Vgl. oben § 7 B. I. 3. a) (S. 264).

1253 *Alpa* Riv.crit.dir.priv. 1988, 359 (370 ff.); *ders.*, Tr.dir.civ. S. 760 ff. (782); dem folgend *Caringella* S. 674 f.; *Di Chio* Soc 1998, 502 (515); *Rizzini Bisinelli*/*Zuccato* Soc. 2004, 81.

bekannt, und werde er dann in einer Vertragsbeziehung verwendet, so liege ein vertraglicher Schadensersatzanspruch vor.[1254] Nach *Rizzini Bisinelli/Zuccato* kommt bei Bestehen eines Vertrags nicht (nur) ein Anspruch auf Schadensersatz in Betracht, sondern eine Anfechtung wegen Irrtums mit anschließender Rückabwicklung gem. Artt. 1427, 1441CC.[1255] Es muss daher für die Haftung des Emittenten untersucht werden, ob ein Vertrag zwischen diesem und dem Anleger besteht. Da selbst im Falle des Erwerbs einer Beteiligung durch einen Treuhänder dieser nur eine statische und keine Vollrechtstreuhand ausübt, ist beim Anteilserwerb auch immer ein Vertrag mit dem Emittenten gegeben.

Castronovo verfolgt einen anderen Ansatz. Hiernach sei zwar die generelle Grundlage für die Prospekthaftung in der c.i.c. gem. Art. 1337 CC zu sehen; im Falle von Intermediären allerdings, die nur Informationen aus dem Prospekt wiedergeben, ansonsten aber eine eigenständige (vertragliche) Situation gegenüber dem Anleger einnehmen, sei sie im Maklerrecht (Artt. 1754 ff. CC) zu finden.[1256] Unter die c.i.c. fallen somit der Emittent, aber auch der Intermediär, wenn und soweit er mit dem Emittenten bei der Erstellung und Veröffentlichung zusammenarbeitet.[1257] Somit haftet der Emittent, mit dem der Anleger einen Beitrittsvertrag abschließt, für die falschen oder fehlenden Informationen aus vorvertraglicher Schadensersatzhaftung.

Auch *D'Alfonso* plädiert bei der Haftung des Emittenten für die vorvertragliche Haftung;[1258] für andere Personen komme hingegen eine Haftung nach Deliktsrecht in Betracht. Dadurch, dass der Gesetzgeber vorgebe, welche Informationen in einem Prospekt vor dem öffentlichen Anbieten zu veröffentlichen seien, gebe er den Inhalt der vorvertraglichen Pflichten vor.[1259] Gerade die für den vorvertraglichen Bereich geltenden Aufklärungspflichten seien es, die der Prospekt erfülle. Es sei auch kein Angebot *ad incertas personas*, da jeder Anleger individuell mit dem Anbieter abschließen müsse.[1260] Demnach sei die Haftung des Emittenten stets eine solche aus c.i.c.

2. Finanzintermediär, Bank

Die Haftung des Finanzintermediärs oder sonstigen Anlagevermittlers wird ebenso unterschiedlich hergeleitet.

Nach *Portale* ist zu differenzieren, ob der Intermediär den Prospekt selbst mitherausgibt und ggf. unterschreibt, ob er nur und ohne eigene Verhandlungen

1254 *Alpa* Riv.crit.dir.priv. 1988, 359 (371 f.); *ders.*, Tr.dir.civ. S. 760 ff. (782).

1255 *Rizzini Bisinelli/Zuccato* Soc. 2004, 81 (83 f.).

1256 *Castronovo*³ S. 517 ff.; zum Intermediär als Makler: 524 ff., 528 ff.

1257 *Castronovo*³ S. 518 f.

1258 *D'Alfonso* S. 132 ff.

1259 *D'Alfonso* S. 133.

1260 *D'Alfonso* S. 133.

mit dem Anleger zu führen, den Prospekt veröffentlicht bzw. dessen Informationen weitergibt, oder ob er selbst in Verhandlung mit dem Anleger tritt. Im letzten Fall haftet der Intermediär nach den Regeln der c.i.c., in den ersten beiden Fällen aus Delikt: Im ersten Fall aus Art 2239 CC (ggf. analog), im zweiten Fall aus Art. 2043 CC.[1261]

Nach *Alpa* (und anderen) kommt es darauf an, ob zwischen den Parteien ein Vertragsverhältnis besteht.[1262] Eine Finanzintermediation ohne Vertragsverhältnis zwischen dem Intermediär und dem Anleger ist nicht konfigurierbar. Mit *Portale* hat diese Ansicht gemeinsam, dass das bloße Weitergeben der fehlerhaften Informationen, ohne eigene Verhandlungen zu führen, ein Delikt darstellt. Geht es darüber hinaus, liegt demnach ein vertraglicher Anspruch vor.

Castronovo unterscheidet in ähnlicher Weise zwischen dem Intermediär, der sich des Prospekts bedient und sich nur ausführend für den Emittenten betätigt und demjenigen, der zwar den Prospekt verwendet, aber ansonsten eigene Verhandlungen führt.[1263] Im ersten Fall wendet diese Ansicht dieselbe Haftung des Emittenten, nämlich diejenige aus c.i.c. an, im letzten Fall liegt eine eigene, vertragliche Haftung vor, die sich insbesondere darauf gründet, dass der Intermediär ein Makler ist, der gem. Art. 1759 CC über alle ihm bekannten und für das Geschäft wesentlichen Umstände aufklären muss. Wird diese Pflicht verletzt, so ergebe sich hieraus vertraglicher Schadensersatz.

Nach *D'Alfonso* ist die Haftung des Intermediärs ebenso, wie die des Emittenten, immer eine Haftung aus c.i.c.[1264] Dies liege darin begründet, dass gesetzlich umfangreich geregelte Pflichten bestehen. Diese Pflichten bilden zusammen eine Art Rahmenvertrag (*contratto normativo*), der dem vorvertraglichen Bereich zuzuschreiben sei.[1265] Die Verletzung dieses Rahmens stelle daher eine c.i.c. dar.

Für Banken gilt dasselbe wie für Intermediäre, wenn sie den Prospekt vertreiben. Es dürfte für Banken des öfteren der Fall gegeben sein, dass sie nur den Prospekt (etwa über ihre Filialen) ausgeben, nicht aber in eigene Verhandlungen treten, sondern dies anderen (ggf. konzernverbundenen) Intermediären überlassen.

1261 *Portale* BBTC 1982 I, 3 (18 ff. 21 ff. bzw. 27 ff.); *Corapi* RDCo 1985 I, 15 (19 ff.).

1262 *Alpa* Riv.crit.dir.priv. 1988, 359 (371 f.); *ders.*, Tr.dir.civ. S. 760 ff. (782); *Caringella* S. 674 f.; *Di Chio* Soc 1998, 502 (515).

1263 *Castronovo*[3] S. 518 ff., 528 ff.

1264 *D'Alfonso* S. 141 ff.

1265 *D'Alfonso* S. 143 ff.

3. Anlagevermittler (*promotore finanziario*)

Zu diesem äußern sich außer *D'Alfonso* die anderen genannten Stimmen nicht konkret. Es ist dennoch zu untersuchen, wie nach den genannten Theorien die Haftung aussehen würde.

Nach der Meinung *Portales* käme eine Haftung aus Art. 2043 CC nicht in Betracht, denn der Anlagevermittler wird immer in Kontakt mit dem Anleger treten. Möglich ist, dass er den Prospekt unterschreibt und damit nach Art. 2339 CC haftet, möglich und wahrscheinlicher ist aber auch, dass er gem. Art. 1337 CC aus c.i.c. haftet, weil er mittels des Prospekts die Verhandlungen führt. Nach der Theorie *Alpas* ergäben sich keine Unterschiede zum Intermediär. Sobald ein Vertragsverhältnis besteht, richtet sich die Haftung nach dem Vertrag. Nach *Castronovo* käme es darauf an, ob der Anlagevermittler eine eigenständige Verhandlungsposition gegenüber dem Anleger einnimmt. Das dürfte i.d.R. der Fall sein. Daher läge hiernach eine vertragliche Haftung wie ein Makler vor.

Der Anlagevermittler hat indes keinen eigenen Vertrag mit dem Anleger, denn er ist ausschließlich für den Intermediär tätig.[1266] Er ist aber als Dritter, der auf Grund seiner Berufsstellung persönliches Vertrauen in Anspruch nimmt, trotzdem Partei eines vorvertraglichen Schuldverhältnisses.[1267] Er hat selbst den Prospekt zu prüfen, wobei er nur seinen reduzierten Möglichkeiten entsprechend vorgehen kann.[1268] Hat er diese Pflicht verletzt, so haftet er auf Grund einer c.i.c. Auch Art. 31 TUF, nach dem der Intermediär die Haftung für den Anlagevermittler übernimmt, soll demnach nicht gelten, denn die erneute Prüfung des Prospekts ist eine eigene Verpflichtung des Anlagevermittlers. Die Haftung ist daher auch nur in dem entsprechenden Umfang möglich.[1269]

4. Dritte Sachverständige

Schließlich fragt sich, wie die Haftung für sonstige dritte Personen zu regeln ist. Hierunter fallen Berater, Wirtschaftsprüfer und ähnliche Sachverständige. Diese stehen i.d.R. weder in Vertragsverhandlungen, noch gibt es eine vertragliche Beziehung zum Anleger. Daher ist nur eine Haftung aus Delikt denkbar. Die Lösung von *Castronovo* führt daher hier nicht weiter, mit *Alpa* und *Portale* muss man aber eine Haftung gem. Art. 2043 CC annehmen. Auf Grund der offenen Formulierung des Art. 2043 CC ist es nach italienischem Recht möglich, „entferntere" Personen für Prospektfehler der deliktischen Haftung zu unterwerfen.[1270] Hierzu zählt in erster Linie der Wirtschaftsprüfer, angesichts der Tatsache, dass sein Testat für die Anleger von herausragender Wichtigkeit ist und oft

1266 *D'Alfonso* S. 150 ff.

1267 *D'Alfonso* S. 150 ff.

1268 *D'Alfonso* S. 150 ff.

1269 *D'Alfonso* S. 150 ff.

1270 *D'Alfonso* S. 153 f.

im Prospekt abgedruckt ist.[1271] Bei obligatorischer Bilanzprüfung ergibt sich aber bereits eine Haftung aus Art. 164 TUF i.V.m. Art. 2407 CC, wonach sowohl der Wirtschaftsprüfer selbst wie auch die Wirtschaftsprüfungsgesellschaft für die Fehler bei der Prüfung haftet.[1272] Daneben sei eine Pflicht zur erneuten Prüfung gegeben, wenn der Wirtschaftsprüfer erfährt, dass einige Zeit nach der Prüfung ein Angebot an die Öffentlichkeit durchgeführt werden soll. Schäden, die sich hieraus ergeben, seien über Art. 2043 CC der Haftung durch die Wirtschaftsprüfer unterworfen.[1273] Bei der freiwilligen Wirtschaftsprüfung gelten die Normen der Artt. 155 ff. TUF zwar nicht unmittelbar, dennoch hat der Prüfer, sofern ihm klar sein muss, dass sein Testat für eine Kapitalsammlung verwendet wird, sich zumindest an die elementaren Regeln zu halten; ein Verstoß dagegen bedeutet eine Prospekthaftung gem. Art. 2043 CC.[1274]

Andere Experten können ebenfalls nach Art. 2043 CC haften, wenn ihre Aussagen im Prospekt abgedruckt werden und sie dadurch besonderes Vertrauen in Anspruch nehmen.[1275]

D. Stellungnahme zu den Theorien der Prospekthaftung vor der Novellierung des TUF im Hinblick auf dessen weitere Anwendbarkeit

Es ist der Frage nachzugehen, ob einer der Theorien einer generellen Prospekthaftung zur Rechtsnatur und Ausgestaltung der Haftung gefolgt werden kann. Dies kann aber nur im Zusammenhang mit der Frage stehen, inwiefern diese Ansätze noch mit der Novellierung des TUF vereinbar sind.

Eine offene Frage im Haftungssystem des TUF betrifft etwa die Haftung, wenn ein Prospekt gänzlich fehlt.[1276] Ebenso ist unklar, wie die Verjährungsfrist zu bestimmen ist: Sie könnte nach derjenigen für einen deliktischen oder nach derjenigen für einen vertraglichen Anspruch zu berechnen sein.[1277]

Es ist daher zu erörtern, welche der Haftungsregeln zur Prospekthaftung noch neben derjenigen des TUF möglich sind; erst danach ist zu überlegen, welches Modell vorzuziehen ist. Abschließend bleibt zu klären, welcher Rechtsnatur die Haftungsregel des TUF selbst ist.

I. Grundsätzliche Anwendbarkeit der zuvor entwickelten Ansätze

Zunächst ist für jeden Ansatz aus der Literatur zur Prospekthaftung einzeln zu prüfen, ob dieser unter der Geltung des aktuellen TUF noch grundsätzlich mög-

---

1271 *D'Alfonso* S. 155.

1272 *D'Alfonso* S. 157.

1273 *D'Alfonso* S.157 f.

1274 *D'Alfonso* S. 158 f.; *Paralupi* RDC 2001 I, 565 (602 f.).

1275 *D'Alfonso* S. 154.

1276 S.o. unter § 7 A. VIII. (S. 254 f.).

1277 S.o. unter § 7 A. VI. (S. 252 ff.).

lich ist. Dabei ist insbesondere Art. 15 disp. prel. CC zu beachten. Danach ist ein Gesetz aufgehoben, wenn ein späteres Gesetz dies ausdrücklich feststellt, wenn ein späteres Gesetz im Widerspruch mit dem Gesetz steht oder wenn ein späteres Gesetz die gesamte Materie regelt. Hier kommt nur die dritte Variante in Betracht, da eine ausdrückliche Aufhebung der Zivilrechtsnormen für die Prospekthaftung nicht angeordnet wird und ein Widerspruch zwischen den Haftungsregeln auch nicht erkennbar ist.

Die gesamte Materie der Prospekthaftung scheint indes nicht geregelt worden zu sein, denn die neue Regelung enthält einige offene Fragen, die ggf. mit der alten Regelung gelöst werden können.[1278] Dies wäre nur dann anders, wenn der Gesetzgeber mit der Neuregelung der Prospekthaftung gerade jede andere Art der Haftung ausschließen wollte. Ob das so ist, kann nur für jede zuvor erörterte Anspruchsgrundlage gesondert beantwortet werden.

1. Vorvertragliche Haftung neben Art. 94 Abs. 8-11 TUF

Bei der Prospekthaftung gemäß c.i.c. wurde deutlich, dass es drei Arten[1279] der Beteiligung an einem vorvertraglichen Schuldverhältnis gibt: Zum einen ist ein solches möglich mit der Person, die selbst die Verhandlungen führt, um später einen Vertrag abzuschließen. Zum anderen ist eine Analogie gebildet worden: Art. 2339 Abs. 1 Nr. 3 CC findet analoge Anwendung auf die Personen, die den Prospekt unterschrieben haben und Art. 2339 Abs. 3 CC auf die Personen, die im Hintergrund tätig sind und für die wirtschaftlich gehandelt wird.

Besteht eine tatsächliche c.i.c., so ist fraglich, ob die Einführung der gesetzlichen Prospekthaftung davon berührt ist. Die c.i.c. ist weiterhin in Art. 1337 CC geregelt. Es ist auch nicht davon auszugehen, dass der Gesetzgeber mit der Normierung der Prospekthaftung im TUF die Anwendung der Norm außer Kraft setzen wollte. Fraglich ist allein, ob die Regelung des TUF als ein gesetzlich normierter Spezialfall der c.i.c. bereichsspezifisch die Anwendung der allgemeineren Norm ausschließt. Hierfür könnte sprechen, dass Art. 94 Abs. 8 TUF ein Vertrauen des Anlegers in die Informationen des Prospekts voraussetzt. Bei der Haftung aus c.i.c. ist ebenfalls ein Vertrauensverhältnis nötig. Andererseits ist ohne das Vertrauen auf den Prospekt eine Prospekthaftung nicht möglich; es ist damit auch eine Frage der Kausalität des Schadensersatzanspruchs und nicht so sehr eine solche des Rechtsgrundes der Haftung. Das Vertrauensverhältnis der c.i.c. ist hingegen ein Vertrauen auf den späteren Vertragsschluss.

Grundlage der Haftung in Art. 94 Abs. 8 TUF ist die Veröffentlichung eines unrichtigen oder unvollständigen Prospekts. Demgegenüber ist Grundlage der Haftung aus c.i.c. der Verstoß gegen das Erfordernis des guten Glaubens. Damit haben beide Regelungen einen anderen Anwendungsbereich. Zum guten Glau-

[1278] *Mazzeo* Resp.civ. 2007, 571.

[1279] Vgl. § 7 C. I. 3. (S. 263).

ben bei Vertragsverhandlungen gehört auch, keinen unrichtigen Prospekt zu verwenden. Jedoch ändert das nichts an der Tatsache, dass die Grundlage der Verstoß gegen die Anforderungen des guten Glaubens ist.

Dass die Regelung des Art. 94 Abs. 8 TUF kein Spezialfall der c.i.c. ist, wird insbesondere daran deutlich, dass die Haftung auch für Emittenten angeordnet wird, ebenso wie für die Personen, die das Angebot veranlassen. Diese haben aber keinen Kontakt mit dem Anleger, könnten daher bei der Anwendung der c.i.c. – außer durch Analogiebildung – niemals Partei eines vorvertraglichen Schuldverhältnisses sein.

Daraus ergibt sich, dass die Haftung nach Art. 1337 CC durch die Neuregelung nicht grundsätzlich ausgeschlossen ist. Anders kann es für die Fälle sein, in denen Art. 2339 CC analog anzuwenden ist.

Hierfür ist, unabhängig von Art. 15 disp. prelim. CC, bereits fraglich, ob eine Regelungslücke besteht. Art. 2339 CC wurde nicht nur für die Personen, die den Prospekt unterschrieben haben analog angewendet, sonder auch für diejenigen, die, ohne ihn unterschrieben zu haben, für den Prospekt und die Vermögensanlage wirtschaftlich verantwortlich sind. Dabei bezog sich die Analogie auf die Auswahl der Personen und der Gesellschafts- oder Fondsformen, unter die die Norm aus dem Aktienrecht anwendbar sein sollte. Weiterhin wurde angenommen, die Norm stelle eine Haftung aus c.i.c. dar. Personen, die den Prospekt unterschrieben haben, haften unmittelbar und ausdrücklich gem. Art. 94 Abs. 8 TUF.[1280] Es liegt damit eine vergleichbare Regelung für die Unterzeichner von Prospekten wie für die *promotori* von Aktiengesellschaften vor. Ähnlich wie bei Art. 2339 CC steht auch bei Art. 94 TUF nicht fest, welche Rechtsnatur die Haftung hat. Dennoch ist eine Regelungslücke nicht mehr gegeben, denn Art. 94 Abs. 8 TUF regelt – genau wie Art. 2339 CC – die Haftung für die Information der Öffentlichkeit; die Regelung des TUF ist allerdings spezieller, weil sie auf den Prospekt Bezug nimmt, was bei Art. 2339 CC nicht der Fall ist. Eine Analogie scheidet damit für die Personen, die den Prospekt unterschrieben haben, aus.

Fraglich ist es, ob das für die im Hintergrund wirtschaftlich Begünstigten, die Hintermänner, auch der Fall ist. Nach dem hier im TUF weit verstandenen Anbieterbegriff sind solche Personen als Anbieter aufzufassen. Damit haften sie ebenfalls für die Informationen des Prospekts. Eine Analogie scheidet damit ebenfalls aus.

Es bleibt damit festzuhalten, dass eine Haftung für eine c.i.c. ohne Rückgriff auf eine analoge Anwendung des Art. 2339 CC grundsätzlich möglich ist.

1280 S.o. § 7 A. II. 1. (S. 245).

2. Vertragliche Haftung neben Art. 94 Abs. 8-11 TUF

Neben der vorvertraglichen wurde bis zur Geltung des TUF auch eine Haftung als Vertragshaftung für Schadensersatz diskutiert.[1281] Demnach ist Anspruchsgrundlage der Haftung für Finanzintermediäre die eines Maklers gem. Artt. 1759, 1218 CC, für Emittenten gilt der Beitrittsvertrag i.V.m. Art. 1218 CC.

Unabhängig von der Frage, ob diese Theorie richtig ist, ist auch hier zu klären, ob eine vertragliche Haftung von der Neuregelung ausgeschlossen ist. Die Grundlage der Haftung in Art. 94 Abs. 8 TUF ist das Veröffentlichen eines unrichtigen Prospekts. Die vertragliche Haftung gem. Art. 1218 CC basiert hingegen auf einer vertraglichen Pflichtverletzung. Zwar ist auch hier die vertragliche Pflicht, die verletzt wird, gerade die Pflicht zur umfassenden Aufklärung des Anleger-Vertragspartners. Jedoch ist die Verpflichtung in einem vertraglichen Haftungssystem auf eine andere Grundlage gestellt. Während die Verpflichtung zur Prospekterstellung im Falle von Art. 94 TUF aus öffentlichem Interesse erfolgt, um einen effektiven Kapitalmarkt zu erhalten und zu fördern, was auch die Anleger selbst schützt, resultiert die Pflicht zur Prospekterstellung aus der vertraglichen Pflicht zur umfassenden Information des Vertragspartners über den Vertragsgegenstand. Aus diesem Grunde ist auch ein vertraglicher Schadensersatzanspruch nicht gänzlich ausgeschlossen.

3. Deliktische Haftung neben Art. 94 Abs. 8-11 TUF

Letztlich wurde eine deliktische Haftung vertreten.[1282] Für die Frage der weiterbestehenden Anwendbarkeit des Art. 2043 CC im Bereich der Prospekthaftung sei zunächst daran erinnert, dass eine Haftung für einen fehlenden Prospekt weitgehend nur über diese Norm konstruierbar ist. Würde man die Haftung gem. Art. 2043 CC gänzlich ausschließen, so müssten diese Formen der Prospekthaftung entfallen.

Zudem ist zu beachten, dass die Frage der Verjährung des Anspruchs aus Art. 94 TUF im Sinne einer fünfjährigen Verjährung zu beantworten wäre, wenn die Norm als spezialgesetzliche Deliktshaftung einzustufen wäre, die andere Deliktsnormen ausschließt. Dann wäre allerdings die zweite Variante der Ausschlussfrist des Art. 94 Abs. 11 TUF bedeutungslos.

Spricht dies bereits alles gegen die Annahme, der Gesetzgeber des TUF hätte die Intention gehabt, die Prospekthaftung abschließend als deliktische Haftung derartig so auszugestalten, dass andere deliktische Ansprüche ausgeschlossen sind, so ist außerdem zu beachten, dass bei einem deliktischen Anspruch ein rechtswidriger Schaden entstehen muss, während sich Prospekthaftung nach

1281 S.o. § 7 C. II. (S. 273 ff.).

1282 S.o. § 7 C. III. (S. 275 ff.).

Art. 94 Abs. 8 TUF lediglich auf das Veröffentlichen eines Prospekts gründet. Der rechtswidrige Schaden beim deliktischen Anspruch bezeichnet das Schädigen eines von der Rechtsordnung geschützten Rechtsgutes einer Person durch eine andere Person, was letztlich zu einem restituierbaren und quantifizierbaren (Vermögens-) Schaden führt. Bei der Prospekthaftung des TUF hingegen liegt der Schwerpunkt der Norm auf der bloßen Veröffentlichung eines Prospekts, die einen Vermögensschaden auslöst. Die Prospektpflicht des TUF schützt zwar auch den Anleger, dies ist aber nur ein Aspekt der Prospektpflicht. Zugleich zielt die Regelung auf die Erhaltung eines transparenten und effektiven Marktes. Dies wird in Art. 91 TUF deutlich, wo beide Zielrichtungen des Aufsichts- und des Prospektrechts genannt werden. Die Haftungsregel ist die Sanktion, mit der die Teilnehmer des Marktes zur Einhaltung dieser Pflicht angehalten werden sollen. Mit anderen Worten: Auf der einen Seite steht die Verletzung eines fremden Rechtsguts, auf der anderen die Verletzung der auch im Interesse des Marktes liegenden Pflicht zur Erstellung eines korrekten Prospekts. Dies sind erheblich unterschiedliche rechtliche Lösungen derselben Ausgangslage.

Nach alledem ist nicht davon auszugehen, dass die Neuregelung des TUF eine eventuell daneben bestehende Anwendbarkeit von Artt. 2043 ff. CC ausschließt.

II. Präferenz für ein gemischtes System

Vor diesem Hintergrund bleibt noch die Frage offen, ob den (verbleibenden) Möglichkeiten der Konstruktion einer Prospekthaftung aus allgemeinem Zivilrecht jeweils zuzustimmen ist.

Wollte man eine vorvertragliche Haftung – neben derjenigen des TUF – als einzige Grundlage für eine zivilrechtliche Haftung anerkennen, so ergäben sich daraus verschiedene Probleme. Erstens ist, seit der Neuregelung, eine analoge Anwendung von Art. 2239 CC nicht mehr möglich. Somit kann das Rechtsinstitut der c.i.c. nicht mehr generell als Norm für die (zivilrechtliche) Prospekthaftung gelten. Einschlägig ist es nur dann, wenn zwischen den Personen, also zwischen Anleger und Prospekthaftendem, ein vorvertragliches Schuldverhältnis besteht. Zweitens, darauf verweist auch *Ferrarini* selbst,[1283] ist eine Haftung aus c.i.c. für etwa das Management (bei Aktiengesellschaften z.B. der Vorstand) nicht möglich. Dasselbe gilt für Wirtschaftsprüfer und sonstige Experten, die allesamt keinen Kontakt mit dem Anleger haben und auch nicht in die Verhandlungen eingebunden sind. Für diese komme daher nur eine deliktische Haftung in Betracht.[1284] All dies deutet darauf hin, dass die vorvertragliche Haftung keine alleinige Grundlage für eine die Haftung gem. Art. 94 Abs. 8 TUF flankierende zivilrechtliche Haftung ist.

1283 *Ferrarini* responsabilità S. 141 ff.

1284 *Ferrarini* responsabilità S. 141 ff.

Dieselben Überlegungen kann man aber auch für die vertragsrechtliche Lösung anstellen. Auch wenn man unterstellt, dass eine vertragliche Beziehung zwischen Emittent und Anleger sowie zwischen Intermediär und Anleger besteht, so ist damit dennoch nicht die ganze Breite der Prospekthaftung abgebildet. Hintermänner, Bilanzprüfer, Consob, Vertriebsorganisationen – die Frage nach der Haftung dieser Personen muss nach einer rein vertragsrechtlichen Lösung offenbleiben. Es ist unmöglich, einen Vertrag zwischen Personen zu konstruieren, zwischen denen kein Kontakt und keine Verpflichtungen bestehen außer der Verpflichtung einer „Vertrags“-Partei zum Schadensersatz. Nach Art. 1321 CC ist der Vertrag die Vereinbarung zweier Parteien, zwischen ihnen eine vermögensrechtliche Rechtsbeziehung aufzubauen, zu ändern oder zum Erlöschen zu bringen. Eine solche Vereinbarung kann in dem Beteiligen an der Vorbereitung einer Vermögensanlage und eines Prospekts oder dem Prüfen einer Bilanz mit dem Wissen, es gibt später Anleger, die das fertige Produkt kaufen, nicht gesehen werden.

Das bedeutet hingegen nicht, dass eine vertragliche Haftung generell ausscheiden muss. Wo zwischen Parteien ein Vertragsverhältnis besteht, ist auch ein vertraglicher Schadensersatzanspruch möglich.[1285] Ein solches Vertragsverhältnis ist, wie von dieser Ansicht angenommen, in zwei Fällen möglich: Zum einen liegt ein Gesellschaftsvertrag vor, wenn der Anleger einer Gesellschaft beitritt, zwischen dem Emittenten und dem Anleger; zum anderen kann ein Vertragsverhältnis – je nach Ausgestaltung – zwischen dem Anleger und dem Vermittler bestehen. Bei der Art der vertraglichen Haftung hingegen ist es zwar richtig, dass hierunter auch die Möglichkeit fällt, den Vertrag anzufechten.[1286] Allerdings kann auch dieses nur im Einzelfall zu einer sachgerechten Lösung führen, denn eine Voraussetzung für eine Irrtumsanfechtung nach Art. 1427 CC ist gem. Artt. 1428, 1429 CC, dass ein wesentlicher Irrtum vorliegt, was im Falle der Inanspruchnahme des Emittenten Art. 1429 Nr. 3 CC (die Identität des anderen Vertragsteils), bei Inanspruchnahme anderer Personen Nr. 2 (die Identität oder Qualität des Vertragsgegenstandes) betrifft. Da die Wesentlichkeit so zu bemessen ist, dass Angebot und Annahme davon bestimmt wurden,[1287] ist unklar, ab welchem Grad der Unrichtigkeit eine solche Anfechtungsmöglichkeit bei Prospektfehlern gegeben ist.[1288]

Es erscheint gleichsam nicht sachgerecht, die zivilrechtliche Haftung für einen fehlerhaften Prospekt allein auf eine deliktische Grundlage zu stellen. Es ist zwar richtig, dass das italienische Recht mit Art. 2043 CC eine offene Generalnorm für die deliktische Haftung kennt, die sogar ggf. auf Vermögensschä-

---

1285 Vgl. *Sagna* S. 451.

1286 *Rizzini Bisinelli/Zuccato* Soc. 2004, 81 (83).

1287 Cian/Trabucchi/*Zaccaria* Art. 1429 I. Rn. 1.

1288 Letztlich ebenso: *Rizzini Bisinelli/Zuccato* Soc. 2004, 81 (86).

den angewendet werden kann. Daraus sollte aber nicht zu folgern sein, dass es in den betreffenden Fällen allein auf eine solche Haftung ankommt. Auch wenn unter Umständen zwischen dem Anleger und der in Anspruch genommenen Person ein Vertrag besteht, kann man zwar auch den Tatbestand des Art. 2043 CC verwirklicht sehen. Das sollte aber nicht bedeuten, dass diese Norm allein gültig ist. Vielmehr ist zu beachten, dass ein vertragliches oder vorvertragliches Schuldverhältnis eine viel engere Beziehung zwischen den Personen bildet als das sich gegen jeden richtende Verbot des *neminem laedere*. Dies drückt sich u.a. auch in den gesetzlichen Folgen eines Anspruchs gegen den (Vor-) Vertragspartner aus: Die Beweislast ist umgekehrt und die Verjährungsfrist länger. Diese Rechte dürfen dem Anleger nicht genommen werden, wenn sie ihm gesetzlich zustehen. Aus diesem Grund kann auch die deliktische Haftung nicht als die alleinige Lösung für die Beantwortung der Frage gelten, welche zivilrechtlichen Normen die Prospekthaftung regeln.

Es kann daher nur dann eine Lösung gefunden werden, wenn dadurch nicht pauschalisiert wird. Es ist für jede Anspruchsart gesondert zu klären, inwieweit sie Anwendung findet. Die so gewonnene Kasuistik ergibt im Zusammenspiel mit Art. 94 Abs. 8 TUF erst das Bild der Prospekthaftung nach italienischem Recht.

Die vorvertragliche Haftung greift überall dort ein, wo ein echtes, d.h. ohne Analogiebildung konstruiertes vorvertragliches Schuldverhältnis existiert. Problematisch ist an dieser Stelle, ob ein solches Schuldverhältnis nur zwischen Parteien bestehen kann, die vorhatten, auch später einen Vertrag zu schließen, oder ob auch Dritte in ein solches vorvertragliches Schuldverhältnis einzubeziehen sind. Wenngleich die Einbeziehung teilweise bejaht wird,[1289] so ist es dennoch nicht unproblematisch, da der Wortlaut des Art. 1337 CC von den Parteien spricht, die die Verhandlungen führen oder den Vertrag abschließen. Das impliziert, dass es die Parteien des späteren Vertrages sind, die in ein vorvertragliches Schuldverhältnis einbezogen werden. Daher sind nach der Rechtsprechung nur solche Personen Parteien des vorvertraglichen Schuldverhältnisses, die, ein Vertragsschluss unterstellt, durch diesen Vertrag gebunden wären und an den Verhandlungen teilgenommen haben.[1290] Eine vorvertragliche Haftung kommt daher im Bereich der Prospekthaftung dann in Betracht, wenn eine Person, mit der der Anleger einen Vertrag zu schließen gedenkt, mit dem Anleger in Vertragsverhandlungen tritt und dabei den Prospekt nutzt, um den zukünftigen Vertragspartner über die Einzelheiten des Geschäfts aufzuklären. Als solche Person kommt zunächst derjenige in Betracht, der ein Finanzprodukt, etwa einen Investmentfonds, selbst betreibt, ohne dass das Produkt eine eigene Gesellschaft wäre. Damit ist der Anbieter eines solchen Produkts zugleich der Vertragspart-

---

1289 *Ferrarini* Resposabilità S. 65; *D'Alfonso* S. 150 ff.

1290 Cass. 74/3642, MGC 1974, 1476; 83/6386, MGC 1983, 2201.

ner des Anlegers, wenn es später zu einem Vertragsschluss kommt. Anders ist hingegen die Situation, in der das Finanzprodukt eine eigene Gesellschaft ist und von einem Finanzintermediär oder für diesen durch einen *promotore finanziario* vertrieben wird. Hier schließt der Anleger am Ende einen Beitrittsvertrag mit der Gesellschaft, also einen Gesellschaftsvertrag. Der Partner dieses Vertrages ist allerdings – je nach Gesellschaftsform – die Gesellschaft oder die Gemeinschaft der Gesellschafter, nicht aber der Finanzintermediär. Mit diesem letzten schließt der Anleger unter Umständen auch einen Vertrag, aber es handelt sich um den Vertrag, der die Tätigkeit des Vermittelns zwischen dem Emittenten und dem Anleger betrifft. Beim *promotore finanziario* kann höchstens ein Beratungsvertrag gegeben sein. In diesen Fällen – und das ist dieselbe Situation wie bei sonstigen Vertriebsgesellschaften, insbesondere auch bei Banken – ist kein Anspruch aus c.i.c. zwischen dem Finanzintermediär oder dem *promotore finanziario* und dem Anleger konstruierbar. Handelt es sich dagegen um ein unselbständiges Finanzprodukt, das der Verhandelnde selbst betreibt, so ist eine c.i.c. möglich. Dabei ist in der Verhandlungssituation die Beratung mit einem fehlerhaften Prospekt gleichzusetzen mit der Beratung bei fehlendem Prospekt. In beiden Fällen wird die vorvertragliche Pflicht zur sachgerechten Aufklärung verletzt.

Die Haftung aus Vertrag wurde damit begründet, dass der Anleger mit dem Emittenten einen Beitrittsvertrag und mit dem Intermediär einen Maklervertrag schließt. Dabei kommt es auf das Finanzprodukt an. Ist das Finanzprodukt eine eigenständige Gesellschaft und wird der Anleger Gesellschafter, so liegt in der Tat ein Gesellschaftsvertrag vor. In diesem Fall kommt ein vertraglicher Anspruch gegen die Gesellschaft oder die Gesellschafter in Betracht. Ist das Finanzprodukt hingegen keine eigenständige Gesellschaft, oder wird der Anleger nicht Gesellschafter, so liegt kein solcher Vertrag vor, und eine vertragliche Haftung zwischen dem Emittenten und dem Anleger ist nicht möglich.

Für die Haftung des Intermediärs wurde auf das Maklerrecht verwiesen. Dies ist indes eine problematische Konstruktion, denn das Wesen des Maklervertrages ist es, dass der Makler zwischen zwei Personen zum Zwecke des Vertragsschlusses vermittelt, ohne mit einem der beiden eine Beziehung in der Form der Zusammenarbeit, der Abhängigkeit oder der Vertretung zu haben, Art. 1754 CC. Der Finanzintermediär ist aber i.d.R. vom Emittenten abhängig (etwa in dem Fall, dass eine *Sgr* einen Fonds verwaltet, die andere den Vertrieb übernimmt), da dieser den Intermediär beauftragt, das Finanzprodukt zu veräußern. Zumindest ist dies ein Fall der Zusammenarbeit. Daran ändert auch die Tatsache nichts, dass die verantwortlichen Personen eines Intermediärs u.a. unabhängig sein müssen, Art. 13 Abs. 1 TUF. Dennoch kann eine Zusammenarbeit mit einem anderen Intermediär oder einem Emittenten gegeben sein. Zudem müssen sich Makler in eine Maklerrolle eintragen und als Makler anerkannt werden.[1291] Das Maklerrecht könnte daher allenfalls analog angewandt werden.

Es spricht mehr dafür, dass die umfangreichen Regelungen des TUF ein gegenüber dem Maklerrecht eigenes bereichsspezifisches Recht geschaffen haben. Zudem sind die Tätigkeiten der Finanzintermediäre unterschiedlich. Einige bieten Finanz- und Wertpapierdienstleistungen an, andere die kollektive Vermögensverwaltung. Im reinen Dienstleistungsbereich kann eventuell noch von einer dem Makler verwandten Tätigkeit gesprochen werden, im spezifischeren Vermögensverwaltungsbereich allerdings nicht. Die Finanzintermediäre erbringen damit Leistungen, die nicht einer der im CC aufgezählten Vertragstypen zuzuordnen sind. Vielmehr handelt es sich – je nach Leistung um verschiedene – Vertragstypen *sui generis*, die von den Normen des TUF (teil-) geregelt sind.

Dennoch ist diese Tätigkeit eines Finanzintermediärs in einen vertraglichen Rahmen eingebettet. Indem der Intermediär eine Finanz- bzw. Wertpapierdienstleistung erbringt, liegt ein Dienstleistungsvertrag vor. Erbringt er hingegen die Leistung einer individuellen oder kollektiven Vermögensverwaltung, so liegt ein Vermögensverwaltungsvertrag vor. Die Konstruktion eines Rahmenvertrages im vorvertraglichen Bereichs, wie es *D'Alfonso* vorschlägt,[1292] ist dabei nicht nötig. Vielmehr ergibt sich aus den gesetzlichen Regelungen der verschiedenen Arten der Finanzintermediation das Bild eines bzw. verschiedener atypischer Verträge, in denen umfangreiche gesetzliche Vorgaben bestehen. In den verschiedenen Fällen der Intermediation ist gemeinsames Merkmal, dass der Intermediär seinem Kunden gegenüber eine Beratungspflicht hat. Bedient er sich bei der Erfüllung dieser Pflicht des Prospekts, so ist die Beratungspflicht verletzt, wenn der Prospekt unrichtig oder unvollständig ist. Das kann zu einem vertraglichen Schadensersatzanspruch führen. Dasselbe gilt, wenn der Intermediär gar nicht mittels eines Prospekts aufklärt, ein Prospekt also fehlt. Ebenso gilt das für den *promotore finanziario*, soweit die Beratungen des Anlegers durch ihn zu einem selbständigen Beratungsvertrag erwachsen. Bei mangelhafter Aufklärung ist sodann eine vertragliche, nicht aber eine vorvertragliche Haftung gegeben, denn die Beratungsleistung stellt die Hauptleistung dar. Für die Haftung des *promotore finanziario* haftet der Intermediär gemeinschaftlich, Art. 31 Abs. 3 TUF.

Nach diesen Ausführungen ist auch eine Analogie zur kaufrechtlichen Mängelgewährleistung abzulehnen. Es liegt kein Kaufvertrag, sondern ein atypischer (Beratungs-)Vertrag vor. Schwerpunkt dieses Schuldverhältnisses ist die ordnungsgemäße Aufklärung anhand des Prospekts. Die Analogie zur Mängelgewährleistung hingegen zielt darauf, den Mangel des Anlageprodukts mindernd zu berücksichtigen. Mangelhaft ist hingegen die Beratung. Diese ist aber

---

[1291] Cian/Trabucchi/*Zaccaria* Art. 1754 VI. Rn. 1.

[1292] *D'Alfonso* S. 143 ff.

nicht pekuniär zu beziffern. Somit ist die Anwendung von Art. 1490 CC hinsichtlich einer Fehlberatung nicht möglich. Hinsichtlich des Mangels der Vermögensanlage ist zudem keine Regelungslücke mehr vorhanden: Hier liegt mit Art. 94 Abs. 8-11 TUF eine Spezialregelung vor, die eine Haftung für die Differenz von zugesicherten und tatsächlichen Eigenschaften anordnet.

Ein deliktischer Anspruch ist bei dem offenen Tatbestand des Art. 2043 CC in allen Fällen möglich. Mit der Weite des Tatbestands auf der einen Seite sollte aber auch eine Begrenzung des Anwendungsbereichs einhergehen. Der Deliktstatbestand ist im Rahmen der Prospekthaftung nur von sekundärer Bedeutung. Wo ein vertraglicher oder vorvertraglicher Anspruch besteht, ist kein Platz für die Anwendung des Deliktstatbestands. Dies resultiert außerdem daraus, dass die Voraussetzungen hinsichtlich der Beweislast und der Verjährung unterschiedlich sind: Bei gleichzeitiger Anwendung würden Diskrepanzen zwischen den verschiedenen Ansprüchen entstehen. Zudem ist ein vertragliches oder vorvertragliches Schuldverhältnis die engere, speziellere und damit entscheidende Rechtsbeziehung zwischen zwei Parteien. Der Vorwurf an die eine Partei ist die Fehlinformation der anderen mit einem fehlerhaften Prospekt. Ist die Information (vor-) vertraglich geschuldet, so bildet dieses einen Grund für die entsprechende Haftung. Damit daneben noch eine deliktische Haftung bestehen kann, müsste im Rahmen des Art. 2043 CC der Vorwurf eine andere, deliktische Bedeutung haben, die sich nicht nur in dem bloßen Vorwurf des Vertragsbruches erschöpft. Das ist aber gerade dann, wenn dieselbe Verpflichtung auch vertraglich besteht, nicht der Fall. Eigenständige Bedeutung hat Art. 2043 CC aber in dem Fall, dass eine Person, die keine (vor-)vertragliche Beziehung zum Anleger hat, dennoch an der Fehlinformation aktiv oder durch Unterlassen beteiligt ist. Daran wird die Rolle des Deliktsrechts, die Haftung des „Passanten“[1293] gegenüber derjenigen zwischen einem aktiv von den Parteien vereinbarten Verhältnis zu regeln, deutlich. Daraus ergibt sich, dass nach Deliktsrecht eine Haftung all derjenigen Personen bestehen kann, die in keiner Vertragsbeziehung zum Anleger stehen. Hierzu zählen externe Experten sowie Wirtschaftsprüfer[1294], die im Prospekt auftauchen, Hintermänner, also Personen, die wirtschaftlich als Anbieter oder Emittenten in Betracht kommen, aber nicht in Kontakt mit dem Anleger treten, und letztlich die Consob.

Die Haftung für das Fehlen eines Prospekts kann ebenfalls über Art. 2043 CC geregelt werden. Allerdings ist zu beachten, dass Wirtschaftsprüfer und Experten nur haften können, wenn sie im Prospekt als Experten angegeben werden. Fehlt ein Prospekt, so scheidet eine Haftung für diese Personen entsprechend aus.

[1293] *Castronovo*[1] S. 53.

[1294] Vgl. zu den Einzelheiten bezüglich der Differenzierung zwischen obligatorischer und freiwilliger Bilanzprüfung (nach *D'Alfonso* S. 155 ff.) die Ausführungen oben § 7 C. IV. 4. (S. 287).

Festzuhalten bleibt, dass neben dem TUF sowohl Ansprüche aus c.i.c., aus Vertrag und aus Delikt in Betracht zu ziehen sind. Dabei trifft die Haftung aus c.i.c. diejenigen, die selbst für ihr eigenes unselbständiges Produkt in Verhandlung mit potentiellen Anlegern treten. Dies ist insbesondere im Bereich der kollektiven Vermögensverwaltung der Fall. Die vertragliche Haftung kann zum einen den Emittenten selbst treffen, wenn es um einen Gesellschaftsbeitritt geht, zum anderen ist eine Haftung aus dem spezifischen Dienstleistungsvertrag des Finanzintermediär möglich. Die deliktische Haftung ist als Auffangnorm für alle Fälle heranzuziehen, in denen keine vertragliche oder vorvertragliche Haftung besteht. Dies gilt für Wirtschaftsprüfer, externe Experte, Hintermänner und die Consob.

III. Rechtsnatur der Haftung gem. Art. 94 Abs. 8-11 TUF

Zuletzt bleibt noch die Frage, welche Rechtsnatur der spezialgesetzliche Anspruch aus Prospekthaftung hat. Angesichts der Tatsache, dass zuvor verschiedene Ansichten zur Rechtsgrundlage der Prospekthaftung vertreten wurden, könnte sich der nunmehr in Art. 93 Abs. 8-11 TUF geregelte spezialgesetzliche Anspruch als eine Kodifizierung einer dieser Theorien erweisen.

Es konnte allerdings aufgezeigt werden,[1295] dass zu jeder der Normen, die vor der Neuregelung teilweise für anwendbar erklärt wurden, noch ein verbleibender Anwendungsbereich besteht. Es hat sich ebenso herausgestellt, dass für die Prospekthaftung nach allgemeinem Zivilrecht nicht nur auf eine dieser Normen zurückzugreifen ist, weil es ein einheitliches System der (zivilrechtlichen) Prospekthaftung nicht geben kann – dafür sind die Rechtsbeziehungen zu den verschiedenen Personen zu unterschiedlich. Außerdem ist nunmehr klar, dass die Neuregelung des TUF nicht alle Normen, die sonst für die Prospekthaftung in Betracht kommen, ausschließen soll und kann.

Fraglich ist daher nur noch, ob die Regelung des Art. 94 Abs. 8-11 TUF in eine der Kategorien c.i.c., Vertrag oder Delikt fällt.

Damit es sich bei der spezialgesetzlichen Haftung um einen Sonderfall der c.i.c. handeln kann, müsste zwischen den Personen, für die die Haftung angeordnet wird, sowie den Anspruchstellern eine vorvertragliche Beziehung gelten. Ein solches Verhältnis besteht aber nicht zwingend zwischen allen Personen, für die die Haftung angeordnet wird. Außerdem normiert die Norm keinen Verstoß gegen das Vertrauen des zukünftigen Vertragspartners, sondern einen Verstoß gegen die generelle Anordnung einer Prospektpflicht. Gleichwohl wird vertreten, dass die spezialgesetzliche Haftung eine vorvertragliche sei.[1296] Dadurch würde aber der Anwendungsbereich der Norm auf vorvertragliche Situa-

---

[1295] S.o. unter § 7 D. II. (S. 292).

[1296] *Sapone* S. 901 ff.

tionen begrenzt bzw. der Anwendungsbereich der vorvertraglichen Haftung ausgedehnt.

Wenn die Norm eine Sondervorschrift zum Vertragsrecht darstellen würde, würde es einer Situation bedürfen, in der sich zwei Vertragspartner gegenüberstehen. Das ist allerdings nicht bei allen Personen, für die die Haftung angeordnet wird, der Fall. Grundlage einer vertraglichen Haftung ist im Übrigen die Verletzung einer Pflicht aus einem Schuldverhältnis. Eine solche Schuld kann indes nicht zwischen Personen bestehen, zwischen denen kein Schuldverhältnis besteht. Art. 94 Abs. 8 TUF kann daher nicht als vertragliche Haftungsnorm zu verstehen sein.

Am ehesten könnte die Norm als deliktisch einzustufen sein. Dabei ist sie nicht als Regelung denkbar, die dem Art. 2043 CC für die Prospekthaftung entspricht: Es ist – wie gezeigt – ein Unterschied zwischen der Verletzung eines einer Person zustehenden Rechtsgutes und der bloßen Nichtveröffentlichung eines Prospekts. Zwar wurde bei der Herleitung der Prospekthaftung gem. Art. 2043 CC als Rechtsgut nicht das Vermögen, sondern die auch den einzelnen Anleger schützende Prospektpflicht und damit in gewisser Weise das Informationsrecht des Anlegers gesehen. Es ist aber nicht das alleinige Hauptaugenmerk der Prospekthaftung im TUF, den Anleger zu schützen. Die zivilrechtliche Haftung im TUF ist nur die Sanktion, damit die Rechtspflicht zur Erstellung und Veröffentlichung eines Prospekts eingehalten wird.

Denkbar wäre allerdings die Konstruktion der Norm als deliktische Sondernorm. Dann käme es nicht auf die Verletzung eines fremden Rechtsgutes an. Problematisch hieran erscheint aber, dass dann in jedem Fall die fünfjährige Verjährungsregelung für deliktische Ansprüche mit der Ausschlussregelung in Art. 94 Abs. 11 TUF kollidiert.

Richtig erscheint es vor dem Hintergrund dieser Erwägungen, die Haftung gem. Art. 94 Abs. 8-11 TUF als eine Haftungsnorm *sui generis* zu betrachten. Sie steht Teils im Interesse des Privatanlegers, Teils im Interesse des Marktes. Sie regelt teilweise Verhältnisse, die in den vertraglichen, aber auch teilweise in den vorvertraglichen und in den deliktischen Bereich fallen. Zudem erfasst sie einige Bereiche der Prospekthaftung nicht. Es ist damit eine Norm *sui generis*. Sie besteht damit neben den allgemeinen Anspruchsgrundlagen, ersetzt sie aber nicht. Soweit die spezialgesetzliche Haftung keine Regelungen enthält, ist ergänzend auf die allgemeinen Vorschriften des CC zurückzugreifen. Ihren Regelungsgrund hat sie in erster Linie als Sanktion zur Durchsetzung der Prospektpflicht desselben Gesetzes. In zweiter Linie schützt sie dadurch den Privatanleger, der zuvor auf ein uneinheitlich beurteiltes, von der Doktrin entwickeltes System der Prospekthaftung angewiesen war. Die früheren Errungenschaften der Rechtswissenschaft zur Prospekthaftung sind indes (in Teilen) weiterhin anwendbar.

E. Haftung der Consob

Fraglich ist, ob eine Haftung der Consob bei unterlassener Aufsicht in der Phase der Prospektprüfung gegeben sein kann. Dies wird seit einem Urteil der Cass. zur Prospekthaftung[1297] kontrovers diskutiert. Diese kann sich indes nur auf Art. 2043 CC stützen, da im TUF hierzu keine Regelung besteht. Bevor hierauf im Detail eingegangen wird, soll zunächst ein Überblick über die zivilrechtliche Haftung der öffentlichen Verwaltung gegeben werden.

I. Deliktische Haftung der öffentlichen Verwaltung

Ein deliktischer Anspruch des Bürgers gegen die öffentliche Verwaltung war bis zu einer Entscheidung der Cass. im Jahre 1999 nicht möglich. Die italienische Rechtsprechung unterschied im Rahmen des Deliktsrechts zwischen subjektiven Rechten (*diritti soggettivi*), welche als geschützte Rechte im Rahmen des Art. 2043 CC anerkannt waren, und rechtmäßigen Interessen (*interessi legittimi*), welche gerade nicht geschützt wurden. Dabei war zu beachten, dass der Tatbestand in Art. 2043 CC zwar kein absolutes, aber mindestens doch ein subjektives Recht voraussetzte.[1298] Unter dem rechtmäßigen Interesse ist das Interesse des Bürgers an einer rechtmäßigen Verwaltung zu verstehen, die ihn persönlich und konkret berührt, was dadurch begründet ist, dass eine Maßnahme der Verwaltung ein Recht des Bürgers berührt.[1299] Das rechtmäßige Interesse ist kein subjektives Recht, weil es nicht ausschließlich den Bürger betrifft, sondern auch das allgemeine Interesse an einer rechtmäßigen Verwaltung beinhaltet.[1300] Daher war das rechtmäßige Interesse nur in verwaltungsrechtlicher Sicht bedeutend, da der Bürger im Falle einer Verletzung eines solchen Rechts die Maßnahme der Verwaltung verwaltungsgerichtlich anfechten kann.[1301] Nachdem diese Haltung – mit Blick auf die Tatsache, dass in Art. 2043 CC von subjektiven Rechten keine Rede ist – von der Literatur kritisiert wurde,[1302] hat das oberste Gericht mit der Entscheidung Nr. 500 im Jahre 1999 eine Kehrtwende gemacht und die Haftung bei der Verletzung von rechtmäßigen Interessen zugelassen.[1303] So sei im Laufe der Zeit die Interpretation des Art. 2043 CC von absoluten Rechten weiter zu subjektiven Rechten, aber auch zum Vermögensschaden, mithin zu einem offenen System übergegangen, so dass ein Ausschluss der Haftung für rechtmäßige Interessen nicht mehr aufrecht erhalten werden könne.[1304] So

---

1297 Cass. DBMerFin 2001, 525.

1298 *Orrei* S. 21 ff.; *Cavallaro* S. 62 ff.

1299 *Orrei* S. 26 f.

1300 *Orrei* S. 30 f.

1301 *Orrei* S. 36; *Cavallaro* S. 66.

1302 *Cavallaro* S. 68 ff.

1303 Cass. Giur.it. 2000, 21 (26 ff.).

1304 Cass. Giur.it. 2000, 21 (27 f.).

gesehen sei das rechtmäßige Interesse zu verstehen als „vorteilhafte Position einer einzelnen Person zu einer Sache, die einem Verwaltungsverfahren unterliegt, wenn diese Position der Person geeignete Macht gibt, Einfluss auf die Korrektheit des Verwaltungshandeln zu nehmen, so dass dadurch die Realisierung des Interesses an der Sache möglich wird".[1305] Dass sei dann der Fall, wenn der Bürger ein Interesse an der Erhaltung einer Sache habe, welches dann durch die Verwaltung erst möglich gemacht werde.[1306] Die Voraussetzungen für eine Haftung der Verwaltung sind danach: (i) Vorliegen einer Schadens, (ii) Vorliegen eines rechtswidrigen Schadens, der bei subjektiven Rechten und rechtmäßigen Interessen gegeben ist, (iii) Vorliegen einer die Kausalitätskette auslösenden Schädigungshandlung, (iv) Verschulden (Vorsatz oder Fahrlässigkeit) der Verwaltung.[1307] Eine Anfechtungsklage ist nicht notwendigerweise vorher durchzuführen, vielmehr kann unabhängig davon Schadensersatz beim ordentlichen Zivilgericht beantragt werden.[1308] Dies ist allerdings durch eine Novelle des italienischen Verwaltungsprozessrechts nicht mehr richtig: Nach Art. 35 Abs. 1 DLgs. 80/1998 und Art. 7 Abs. 3 L. 1034/1971, geändert durch Art. 7 L. 205/2000 (allerdings ist die Verfassungsmäßigkeit dieser Normen fraglich[1309]) ist die Frage des Schadensersatzes exklusive Zuständigkeit des Verwaltungsgerichts, in erster Instanz also das *Tribunale Amministrativo Regionale,* welches für jede Region besteht.[1310]

II. Urteil des obersten Gerichts zur Haftung der Consob

Vor dem Hintergrund dieser Entwicklungen ist das Urteil der Cass. Nr. 3132 aus 2001 zu sehen.[1311] In diesem ging es um die Frage, ob die Consob als Aufsichtsbehörde zivilrechtlich gegenüber dem Anleger haftet, wenn sie den Pro-

---

1305 Cass. Giur.it. 2000, 21 (28): „*L'interesse legittimo va quindi inteso [...] come la posizione di vantaggio riservata ad un soggetto in relazione ad un bene della vita oggetto di un provvedimento amministrativo e consistente nell'attribuzione a tale soggetto di poteri idonei ad influire sul corretto esercizio del potere, in modo da rendere possibile la realizzazione dell'interesse al bene.*" (Im Text enthalten ist eine eigene Übersetzung).

1306 Cass. Giur.it. 2000, 21 (29).

1307 Cass. Giur.it. 2000, 21 (31).

1308 Cass. Giur.it. 2000, 21 (32); vgl. *Orrei* S. 195 ff.

1309 De Paolis/*Rossi* S. 326. Dennoch wird weiter an der neuen Praxis festgehalten.

1310 De Paolis/*De Paolis* S. 37 ff.; De Paolis/*Rossi* S. 308 ff.; zum Gericht erster Instanz De Paolis/*De Paolis* S. 10.

1311 Cass. DBMerFin 2001, 525 (= BBTC 2002 II, 10 = Soc. 2001, 565; Urteile der Vorinstanzen, Trib. Mailand For.pad. 1997 I, 233 und App. Mailand: Soc. 2001, 570 und nach Rückverweisung durch die Cass. wieder Giur.com. 2004 II, 653). Der Tendenz folgend eine Haftung der Consob für mangelhafte Verwaltung annehmend Trib. Rom DR 2005, 767.

spekt nur mangelhaft prüft und Fehler unbemerkt bleiben. Bei der Entscheidung galt indes noch die Rechtslage nach dem L. 77/1983.[1312]

Entscheidend für die Beantwortung der Frage ist, welcher Art die Kontrolle des Prospekts durch die Consob ist: Hält man die Kontrolle für eine reine Plausibilitätskontrolle, die die Vollständigkeit der Angaben umfasst, dann kann aus der Fehlerhaftigkeit der Angaben keine Prospekthaftung erwachsen; hält man die Consob hingegen für verpflichtet, die Vollständigkeit und Richtigkeit der Angaben zu überprüfen, so ist eine Haftung denkbar.[1313] Das Gericht hält sich an die zweite Auffassung.[1314] Insbesondere habe die Consob nach Artt. 18, 18-*quater* L. 216/1974 in der Fassung nach L. 77/1983 die Möglichkeit gehabt, bei Fehlern im Prospekt die Ergänzung des Prospekts zu verlangen, selber Ermittlungen anzustellen und Verbote zu verhängen. Hieraus ergebe sich die Verpflichtung, die eingereichten Prospekte auf die Wahrhaftigkeit zu überprüfen. Dies ändere sich auch nicht dadurch, dass die Möglichkeiten der Consob in ihrem Ermessen stehen. Die Consob habe als Aufsichtsbehörde im öffentlichen Interesse die Transparenz des Finanzmarktes sicherzustellen, was für sie zu einer Verpflichtung des Einschreitens führe. Dasselbe ergebe sich aus den Prinzipien einer unparteiischen, korrekten und guten Verwaltung (Gesetzmäßigkeit der Verwaltung).[1315] Würde man der Ansicht folgen, die Consob kontrolliere nur die ordnungsgemäße Veröffentlichung i.S.e. ordnungsgemäßen Veröffentlichungsverfahrens, so würde die Rolle der Consob „von einem Organ der Garantie zu einer Verwahrungsstätte von Akten reduziert“, dessen Aufgabe sich darin erschöpfe, „die Echtheit der Akten, wie von den Interessierten erklärt“, zu garantieren.[1316]

Die Pflicht der Consob, entsprechende Überprüfungen anzustellen, entfalle nicht, wenn die Echtheit der Angabe in der entsprechenden Tagespresse angezweifelt werden. Hieraus hatte die Vorinstanz entnommen, dass die Anleger bereits hinreichend informiert und alarmiert gewesen seien. Nach dem obersten Gericht hingegen ist die Berichterstattung gerade ein weiterer Auslöser für die Consob, (spätestens dann) eigene Ermittlungen anzustellen.[1317]

1312 Siehe dazu oben § 4 A. II. 1. (S. 86).

1313 Zum Prüfungsumfang der Consob unter der Geltung des L. 77/1983 vgl. *Rabitti Bedogni* Giur.com. 1986 I, 107; *Lucchini Guastalla* NGCC 2004 I, 213 (214 f.); *Scotti* Giur.com. 2002 II, 12 (24 ff.).

1314 Cass. DBMerFin 2001, 525 (530 ff.).

1315 Cass. DBMerFin 2001, 525 (532).

1316 Cass. DBMerFin 2001, 525 (533): „*... significherebbe ridurre il ruolo dell'organo di garanzia a quello di un ufficio di deposito atti, con la ineluttabile conseguenza di veder attribuita ad un organo in tesi privo di alcun potere di controllo sulla veridicità degli atti il ruolo di pubblico promotore della genuinità degli atti quale dichiarata dagli interessati*“ (Im Text enthalten ist eine eigene Übersetzung).

1317 Cass. DBMerFin 2001, 525 (534 f.).

Aus der Verletzung dieser gesetzlichen Pflichten zur Überprüfung der Angaben des Prospekts auf deren Wahrheit ergebe sich eine deliktische Haftung, nicht etwa eine vertragliche.[1318] Der Schaden, der beim Anleger entstanden ist, ist nach Kausalitätsgesichtspunkten durchaus als Resultat des Unterlassens der Aufsicht zu sehen, was daran deutlich wird, dass die Consob die Veröffentlichung des Prospekts hätte verbieten können.[1319]

Die Haftung der einzelnen Mitarbeiter der Consob hingegen könne erst entstehen, wenn die Haftung der Consob selbst ausgeschlossen werden könne.[1320]

Bereits mit Bezug auf das TUF (allerdings vor der Umsetzung der VerkaufsprospektRL) folgt das Trib. Rom dieser Linie: Es lässt zwar im entschiedenen Fall offen, ob eine Haftung für den prozessgegenständlichen Prospekt besteht, erkennt aber generell die Möglichkeit einer Haftung wegen mangelnder Aufsicht an.[1321]

III. Ansicht der Literatur

Bevor die Anwendbarkeit des Urteils auf die aktuelle Rechtslage untersucht wird, sollen einige der zahlreichen Reaktionen hierauf in der rechtswissenschaftlichen Literatur dargestellt werden.

Jovini weist darauf hin, dass das Urteil die Konsequenz der sich im Laufe der Zeit gewandelten Ansicht zur Rolle der Consob sei: Diese sei weniger als staatliche Verwaltung, sondern vielmehr wie ein Unternehmen zu betrachten, dass die verschiedenen Märkte betreibt.[1322] Es sei fraglich, wie der Maßstab für die *culpa in vigilando* zu bemessen sei und ob das auf die konkrete Art der Aufsicht ankomme.[1323] Es sei als Haftungsmaßstab die leichte Fahrlässigkeit anzunehmen, da es gerade die Aufgabe der Consob ist, die Märkte professionell so zu steuern, dass sie optimal funktionieren. Die Haftung könne daher nur dann ausgeschlossen werden, wenn auch ein Experte den Schaden nicht hätte verhindern können.[1324] Nach *Anello* und *Rizzini Bisinelli* ist in erster Linie zu beachten, dass die Consob die Rechte der Anleger schützt, weswegen das Prinzip des *neminem laedere* eine Grenze für das Ermessen der Behörde darstellt.[1325] Ein anderer Au-

---

[1318] Cass. DBMerFin 2001, 525 (533); zuvor war die Rechtsgrundlage streitig, vgl. *Lucchini Guastalla* NGCC 2004 I, 213 (216) mit weiteren Nachweisen.

[1319] Cass. DBMerFin 2001, 525 (534).

[1320] Cass. DBMerFin 2001, 525 (534).

[1321] Trib. Rom CorG 2005, 1275 (1281 f.).

[1322] *Jovino* DBMerFin 2001, 535 (539).

[1323] *Jovino* DBMerFin 2001, 535 (544).

[1324] *Jovino* DBMerFin 2001, 535 (545).

[1325] *Anello/Rizzini Bisinelli* Soc. 2001, 576 (580); *Visentini/Bernardo* CorG 2001, 885 (888).

tor zieht die Grenze der Aufsicht dort, wo die positiven Effekte durch erhöhte Transparenz von unverhältnismäßig hohen Kosten aufgezehrt werden.[1326]

An anderer Stelle wird darauf hingewiesen, dass das Urteil (anders als die Vorinstanz)[1327] nicht genau bestimmt, welcher Art das verletzte Recht sei – ob ein subjektives Recht oder ein rechtmäßiges Interesse.[1328] Hierfür kämen allenfalls das Recht auf wirtschaftliche Freiheit oder der Schutz des Vermögens in Betracht, sofern man ein subjektives Recht sucht. Diese seien aber keine subjektiven Rechte im eigentlichen Sinne.[1329] An dieser Stelle sei aber die Rechtsprechung zur Haftung bei rechtmäßigen Interessen anzuwenden.[1330] Im Übrigen ist das Urteil noch auf die Rechtslage nach TUF zu übertragen, insbesondere mit Blick auf die Wirtschaftsprüfer oder den Platzierungsverantwortlichen.[1331] Bei Finanzinstrumenten komme nach heutigem Recht eine Haftung nur in begrenzten Ausnahmefällen vor, was allerdings bei nicht notierten Finanzprodukten ganz anders sei.[1332] Bei diesen sei weiterhin ein Anwendungsgebiet der Haftung der Consob gegeben, allerdings nur bei Fehlern, die sich aus den eingereichten Unterlagen ergäben.

Daneben sei fraglich, ob es rechtspolitisch erwünscht sein kann, dass die Consob hafte, denn ihre Mittel stammen aus Beiträgen der Marktanbieter, die letztendlich hafteten, was mittelbar über den Preis der Finanzprodukte von den Anlegern zu zahlen sei.[1333] Hier bestehe die Gefahr, dass nach einem „*deep pocket*"-Mechanismus die Consob regelmäßig als Schuldner herangezogen werde, weil sie am solventesten ist.[1334]

1326 *Palmieri* For.it. 2001 I, 1141 (1149).

1327 App. Mailand Soc. 2001, 570 (572).

1328 *Giacalone* GC 2001 I, 913 (914); *D'Alfonso* S. 186; *Perrone* BBTC 2002 II, 19 (22); *Andò* NGCC 2001 I, 161 (164 ff.); *Franzoni* Resp.civ. 2005, 296 (298 f.); *Paralupi* RDC 2001 I, 565 (606); *D'Auria* Giur.it. 2001 2269 (2272); dies begrüßen andere hingegen, weil durch das oben erwähnte Urteil Cass. 500/1999 diese Differenzierung obsolet geworden sei: *Scotti* Giur.com. 2002 II, 12 (18 f.); *Tuozzo* ContrImp 2001, 953 (961); *Clarich* Soc. 2002, 223 (225). Diese Frage soll hier bewusst offen gelassen werden.

1329 *D'Alfonso* S. 186; *Perrone* BBTC 2002 II, 19 (22); *Andò* NGCC 2001 I, 161 (164 ff.); *Cristiani/Dimundo* DR 2001, 509 (511 ff.).

1330 *Cristiani/Dimundo* DR 2001, 509 (513 ff.); ähnlich *Anello/Rizzini Bisinelli* Soc. 2001, 576 (577); *Caranta* RCP 2001, 571 (575). Für die Einordnung als subjektives Recht bei gravierenden Mängeln und eines rechtmäßigen Interesses in anderen Fällen sind hingegen *Russo* Giur.com. 2004 II, 659 (664 f.); *Visentini/Bernardo* CorG 2001, 885 (887 ff.).

1331 *Perrone* BBTC 2002 II, 19 (23); dazu sogleich unter 4.

1332 *Perrone* BBTC 2002 II, 19 (24); *Maccaboni* S. 379.

1333 *Perrone* BBTC 2002 II, 19 (28 f.).

1334 *Tina* CorG 2004, 938 (945).

Montalenti und *Tina* monieren, dass eine Haftung der Aufsichtsbehörde international nicht üblich ist.[1335] Auch in Italien sind solche Klagen zuvor abgewiesen worden.[1336] Jedoch habe die Consob durchaus die Möglichkeit, den Wahrheitsgehalt vieler – aber nicht aller Aussagen – im Prospekt zu überprüfen. Allerdings solle die Haftung der Consob nur residualer Art sein.[1337] Sie werde aber durch den Hinweis im Prospekt, dass die Consob die Angaben im Prospekt nicht bewerte, nicht begrenzt.[1338]

IV. Haftung der Consob unter Geltung des TUF

Bevor zu dem Problem Stellung genommen wird (unter 2.), ist zu klären, ob vor dem Hintergrund der Neuregelung des TUF durch die VerkaufsprospRL[1339] die Frage überhaupt noch Bedeutung hat (unter 1.).

1. Haftung der Consob unter Geltung des TUF

Es muss daher untersucht werden, ob anhand der aktuellen Regelungen von einer Haftung der Consob ausgegangen werden kann. Dazu ist zu klären, ob die Consob eine Pflicht zum Einschreiten hat, wenn sie Unregelmäßigkeiten feststellt, und ob ihre Kontrolle eine solche der Vollständigkeit und Richtigkeit ist oder eine der Plausibilität. Diese Frage war zuvor umstritten.[1340] Nunmehr hat der Gesetzgeber in Art. 94-bis Abs. 1 TUF klargestellt, dass die Consob die Vollständigkeit sowie die Schlüssigkeit und Verständlichkeit des Prospekts überprüft. Daraus ergibt sich, dass diese nicht von sich aus den gesamten Prospekt auf seine inhaltliche Richtigkeit überprüfen muss.[1341] In erster Linie kontrolliert die Consob daher den Prospekt darauf, dass alle vorgeschriebenen Informationen enthalten sind.[1342] Daneben kann über den Begriff der Schlüssigkeit nicht die Prüfung der Richtigkeit eingeführt werden; vielmehr bedeutet Schlüssigkeit, dass die Consob die ihr vorliegenden Daten überprüft. Ergeben sich hierbei offene Fragen oder Widersprüche, so kann die Consob weitere Ermittlungen tätigen und weitere Informationen einfordern. Flankiert wird das durch die Kontrolle der Verständlichkeit (für den durchschnittlichen Anleger).

Für die Frage der Einschreitenspflicht bei Verstößen des Prospekts gegen die Prinzipien Vollständigkeit, Schlüssigkeit und Verständlichkeit ist zunächst zu

---

[1335] *Montalenti* NGCC 2002 II, 449; *Tina* CorG 2004, 938 (945 f.).

[1336] *Cristiani/Dimundo* DR 2001, 509 (511 f.).

[1337] *Montalenti* NGCC 2002 II, 449 (453).

[1338] *Lucchini Guastalla* NGCC 2004 I, 213 (220 f.).

[1339] S.o. Fn. 1027.

[1340] *Jovino* DBMerFin 2001, 535 (542); *Romagnoli* Giur.com. 2001 I, 747 (749); *D'Alfonso* S. 170, alle mit weiteren Nachweisen.

[1341] So etwa noch *Ferrarini* responsabilità S. 32 ff.

[1342] *Cugnasco* Soc. 2008, 803 (807).

erwähnen, dass die Consob jedenfalls die Möglichkeit hat, weitere Informationen einzufordern, Art. 94 Abs. 5 TUF. Vor diesem Hintergrund wird deutlich, dass eine Haftung der Consob jedenfalls dann nicht möglich ist, wenn die Angaben schlicht falsch sind – solange sie dabei schlüssig sind. Allerdings ist unter der Berücksichtigung der Rechtsprechung auch unter der Geltung des aktuellen TUF eine Prospekthaftung der Consob möglich, wenn die Angaben im Prospekt nicht vollständig oder nicht schlüssig bzw. verständlich sind. Insbesondere das Erfordernis der Schlüssigkeit kann in diesem Zusammenhang von Bedeutung sein: Die Consob hat alle ihr im Prospekt vorliegenden Unterlagen durchzugehen. Ergibt sich dabei, dass eine gegebene Information in gewissem Widerspruch zu anderen steht (etwa eine Kapitalisierung, die nicht zu der angestrebten Tätigkeit der Gesellschaft passt), so ist die Consob, nimmt man eine Einschreitenspflicht an, verpflichtet, weitere Informationen anzufordern und ggf. die Veröffentlichung zu untersagen. Bei Missachtung dieser Pflicht kann dann eine Haftung gegeben sein.

Fraglich ist daher, ob eine solche Pflicht besteht. Die Consob ist eine unabhängige juristische Person des öffentlichen Rechts, Art. 1 Abs. 2 L. 216/1974. Sie ist damit als unabhängige Verwaltungsstelle (*autorità amministrativa indipendente*) Teil der mittelbaren Staatsverwaltung.[1343] Nach Art. 91 TUF hat die Consob die Aufgabe, ihre Tätigkeiten mit Blick auf den Schutz der Investoren sowie zur Effizienz und Transparenz des Marktes auszuüben. Die Schutzrichtung der Tätigkeit der Consob ist damit in erster Linie der Schutz der Anleger, in zweiter Linie der Schutz des Marktes. Der Schutz der Anleger kann aber nur dann effizient gegeben werden, wenn die Consob in einem Fall, in dem diese des Schutzes bedürfen, geeignete Maßnahmen vornimmt. Ansonsten wird die Consob ihrer Aufgabe nicht gerecht. Man könnte einer Pflicht zur Ergreifung von Maßnahmen zwar entgegenbringen, dass die Consob eine unabhängige juristische Person ist, deren Kompetenzen grundsätzlich zur eigenen Disposition stehen. Die Consob finanziert sich aber durch Beiträge der Emittenten, die sie überwacht, und durch einen jährlichen Beitrag des Staates. Das rechtfertigt es, dass die Consob ihre Aufgaben auch konsequent wahrnimmt.[1344] Bereits von dieser Warte aus kann also eine entsprechende Pflicht angenommen werden.

Eine Pflicht ergibt sich auch daraus, dass die Consob als Teil der Verwaltung gem. Art. 97 Abs. 1 Cost. ihre Tätigkeit nach dem Prinzip der guten Führung der Verwaltung organisieren muss. Das beinhaltet auch, dass ein Eingreifen erforderlich wird, sobald der Schutz der Anleger es erfordert. Daher ist dem Urteil der Cassazione zuzustimmen. Eine Haftung der Consob ist daher auch unter Geltung des TUF anzunehmen.[1345]

1343 Vgl. *Lariccia* S. 167 ff.; *Alpa* NGCC 2004 II, 90 (91).

1344 *Tuozzo* ContrImp 2001, 953 (985).

1345 I.E. ebenso *Cugnasco* Soc. 2008, 803 (807).

2. Stellungnahme zur Haftung der Consob und Voraussetzungen der Haftung

Die Haftung der Consob ergibt sich aus dem Gesetz und ist auch rechtspolitisch sinnvoll. Dem kann auch nicht (mehr) entgegengehalten werden, dass eine Haftung der Consob dessen Arbeit verlangsamen würde, weil sich die Consob nur noch in Prospektprüfungen befinde.[1346] Diese Gefahr ist durch die Begrenzung der Prospekthaftung der Consob auf Fehler in der Schlüssigkeit, Vollständigkeit und Verständlichkeit nicht gegeben. Vor dieser Neuregelung wurde auch nach dieser Meinung eine Haftung richtigerweise begrenzt auf die Daten, die der Consob vorlagen und die offensichtlich sind.[1347] Im Ergebnis ist die Haftung bei Unschlüssigkeit der der Consob vorgelegten Informationen dieselbe: Auch dabei werden nur die Daten berücksichtigt, die der Consob vorliegen und die hieraus selbst Widersprüche erkennen kann.

Im Übrigen ist der Literatur zuzustimmen, die das verletzte Rechtsgut im Rahmen des Art. 2043 CC nicht als ein – teils fingiertes – subjektives Recht ansieht, sondern in Übereinstimmung mit dem erwähnten Urteil der Cass. Nr. 1999/500 als ein rechtmäßiges Interesse, welches verwaltungsgerichtlich geltend gemacht werden kann.[1348] Ungeachtet der Frage, ob es ein Recht auf die Unverletzlichkeit der Vermögens oder ähnliches gibt, ist doch das rechtmäßige Interesse eindeutig anwendbar und nunmehr anerkanntermaßen gem. Art. 2043 CC geschützt.[1349] Auch die Consob handelt nicht nur im Interesse des Anlegers, sondern auch im Interesse des Marktes. Dennoch hat der Anleger ein schützenswertes Interesse an einer korrekten Verwaltung der Consob, weil dessen Handlungen ihn und sein Vermögen unmittelbar betreffen. Daher ist die Position des Anlegers als ein rechtmäßiges Interesse anzusehen. Dieses verletzt die Consob, wenn sie nicht die erforderlichen Maßnahmen ergreift. Der Anleger erleidet dadurch einen rechtswidrigen Schaden.

Weitere Voraussetzungen von Art. 2043 CC sind noch die Kausalität, die Rechtswidrigkeit und das Verschulden.

Die Kausalität entfällt nicht dadurch, dass der Schaden des Anlegers ausschließlich ein Resultat aus dem niedrigeren Wert der Anlage gegenüber dem Emissionspreis ist. Vielmehr muss feststehen, dass der geschädigte Anleger bei korrekter Ausübung der Kompetenzen der Consob die Anlage nicht erworben hätte.[1350] Im Falle der Untersagung des Angebots ist das eindeutig so zu sehen;

1346 *D'Alfonso* S. 183.

1347 *D'Alfonso* S. 183; *Paralupi* RDC 2001 I, 565 (607); *Dimundo/Cristiani* DR 2001, 509 (516 ff.); *Lucchini Guastalla* NGCC 2004 II, 213 (216 ff.); *Russo* Giur.com. 2004 II, 659 (662 f.); a.A. *Tina* CorG 2004, 938 (942 f.).

1348 Ebenso: *D'Alfonso* S. 186 f.; *Andò* NGCC 2001 I, 161 (165 f.); *Franzoni* Resp.civ. 2005, 296 (298 f.).

1349 *Andò* NGCC 2001 I, 161 (165).

1350 Cass. DBMerFin 2001, 525 (533 f.).

für den Fall, dass die Consob weitere Informationen angefordert und diese dem Prospekt zugefügt hätte, bedarf das einer eingehenden Überprüfung im Einzelfall. Hierbei kommt es darauf an, ob der Anleger im Falle der Kenntnis der fehlerhaften oder fehlenden Information die Anlage dennoch zum selben Preis erworben hätte. Die Consob kann daher nachweisen, dass ein anderes Ereignis als ihre mangelnde Aufsicht ausschlaggebend für den Schaden war.[1351]

Die Rechtswidrigkeit ist unter Annahme einer Handlungspflicht der Consob bei unterlassener Aufsicht stets gegeben, weil die Art der Aufsicht hinter dem gesetzlich geforderten Maß bleibt.

Das Verschulden ist im Falle der Fahrlässigkeit darin zu sehen, dass eine Norm, durch die die Verwaltung gebunden wird, nicht beachtet wurde.[1352] Der Grad der Fahrlässigkeit, die durchschnittliche Sorgfalt gem. Art. 1176 Abs. 2 CC,[1353] bedeutet im Falle der Consob, dass sie nicht reagiert hat, obwohl einem durchschnittlichen Analysten bei der Durchsicht des übersandten Materials Zweifel hinsichtlich der Korrektheit der Daten (im Sinne ihrer Unschlüssigkeit) gekommen wären.[1354] Möglich ist auch das Mitverschulden seitens der Anleger gem. Art. 1227 CC, wenn sie die Unrichtigkeit des Prospekts kannten, wobei allerdings das Vertrauen auf den Prüfungsumfang der Consob geschützt werden muss.[1355] Daher besteht kein Mitverschulden bei negativen Presseberichten.[1356]

Zu beachten ist bei der Haftung der Consob noch, dass neben der Haftung dieser selbst auch eine Haftung des mit der Prospektprüfung betrauten Angestellten bei der Consob in Betracht kommt.[1357] Hierzu ist Art. 28 Cost. zu beachten, nach dem Beamte und Angestellte des Staates oder seiner Verwaltungseinheiten selbst zivil- und strafrechtlich für die von ihnen widerrechtlich verübten Handlungen haften; in diesem Fall erstreckt sich die Haftung auch auf den Staat selbst. Fraglich ist daher das Verhältnis dieser Schadensersatzansprüche zueinander. Hierbei kann die indirekte Haftung des Staates zum einen als subsidiär angesehen werden, oder der Staat und der Staatsdiener haften gleichsam und

---

1351 *Romagnoli* Giur.com. 2001 I, 747 (760 f.).

1352 *D'Alfonso* S. 190.

1353 Es reicht die einfache Fahrlässigkeit: *Tina* CorG 2004, 938 (944); *Lucchini Guastalla* NGCC 2004 I, 213 (218); *D'Auria* Giur.it. 2001, 2269 (2274); *Fanti* Soc. 2004, 58 (60); a.A. *Scotti* Giur.com. 2002 II, 12 (30).

1354 *Romagnoli* Giur.com. 2001 I, 747 (759).

1355 App. Mailand Giur.com. 2004 II, 653 (658); *Tina* CorG 2004, 938 (948); *Fanti* Soc. 2004, 58 (61 f.); *Scotti* Giur.com. 2002 II, 12 (30).

1356 *Lucchini Guastalla* NGCC 2004 I, 213 (219 f.); *Scotti* Giur.com. 2002 II, 12 (27); *Fanti* Soc. 2004, 58 (62); App. Mailand Giur.com. 2004 II, 653 (658); a.A. *Tuozzo* ContrImp 2001, 953 (979 ff.).

1357 Cass. DBMerFin 2001, 525 (534); *D'Alfonso* S. 189.

primär.[1358] Nach *D'Alfonso* hafte allerdings im Falle der Consob nur diese, weil sie eine juristische Person und damit selbst vermittelt durch ihre Angestellten deliktsfähig sei.[1359] Dem ist zuzustimmen: Art. 28 Cost. meint nur Angestellte der unmittelbaren Staatsverwaltung. Die Consob ist hingegen eine juristische Person; Art. 28 Cost. ist nicht anwendbar. Der einzelne Angestellte haftet daher nur im Innenverhältnis zur Consob aus seiner Dienstpflicht heraus, wenn und soweit er seine Dienstpflichten verletzt hat.[1360] Im Innenverhältnis kann ein Angestellter des Staates oder einer unabhängige Verwaltungsstelle wie der Consob vor dem *Corte dei Conti* auf Schadensersatz verklagt werden. Dies ist seit 1996 jedoch nur im Falle grober Fahrlässigkeit möglich.[1361] So wurden in dem oben erörterten Fall[1362] inzwischen einige damalige Angehörige der Consob zu Schadensersatzleistungen in Millionenhöhe verurteilt.[1363]

§ 8 Vergleich

Es ist nunmehr zu untersuchen, welche Unterschiede zwischen dem System der Prospekthaftung auf dem Grauen Kapitalmarkt in Deutschland und in Italien bestehen (unter A.). Dabei kommt es sowohl auf die Unterschiede in der spezialgesetzlichen Prospekthaftung (unter I.) wie auch auf die Unterschiede im Bestehen von sonstigen Anspruchsgrundlagen (unter II.) an. Dies ergibt ein Bild vom Gesamtsystem der Prospekthaftung (unter B.). Sodann sind die Gründe für die Gegensätze zu finden und eine Bewertung (unter C.) vorzunehmen.

A. Unterschiede im System der Prospekthaftung

Das Recht der Prospekthaftung Deutschlands und Italiens weist für die spezialgesetzlichen sowie allgemeinen zivilrechtlichen Ansprüche und das jeweilige Zusammenspiel der einzelnen Ansprüche Unterschiedlichkeiten auf. Diese sind zunächst gegenüberzustellen.

1358 Offen bei *D'Alfonso* S. 190; für primäre Haftung des Staates und der Staatsbediensteten: *Lariccia* I S. 330; für die subsidiäre Haftung des Staates hingegen: Dig.Disc.Publ./*Casetta*, Responsabilità della Pubblica amministrazione, bei Nrn. 5 f. Gem. Art. 23 des einheitlichen Gesetzes über zivilen Angestellten des Staates, TU Nr. 3/1957 greift die Haftung von Staatsbediensteten nur bei grober Fahrlässigkeit – bei leichter Fahrlässigkeit ist daher nur eine Haftung der Verwaltung möglich, *Lariccia* I S. 331.

1359 *D'Alfonso* S. 190.

1360 *D'Alfonso* S. 190; Dig.Disc.Publ./*Casetta*, Responsabilità della Pubblica amministrazione, bei Nr. 6 mit weiteren Angaben zu den entsprechend anwendbaren Normen.

1361 Gem. L. 639/1996, durch das Art. 1 L. 20/1994 entsprechend geändert wurde.

1362 Cass. DBMerFin 2001, 525.

1363 Corte dei Conti, Urteil Nr. 2537/2006 (Sezione Lazio) vom 09.10.2006, im Internet abrufbar unter: http://bddweb.corteconti.it/bdddaccessibile (zuletzt besucht am 02.10.2008).

I. Spezialgesetzliche Prospekthaftung

Die spezialgesetzliche Haftung des § 13 VerkProspG i.V.m. § 44 BörsG für das deutsche Recht sowie des Art. 94 Abs. 8-11 TUF für das italienische Recht ist für die einzelnen Tatbestandsmerkmale gegenüberzustellen.

1. Haftende und Anspruchsberechtigte

Die aus der Prospekthaftung zum Schadensersatz verpflichteten Personen sind im deutschen Recht nach § 44 BörsG sowohl der Prospektverantwortliche als auch der Prospektveranlasser; im italienischen Recht ist hingegen von Anbieter, Emittent, Garant und Prospektverantwortlichem die Rede, sowie vom Verfasser der Zusammenfassung und Übersetzung. Anhand der Begrifflichkeiten wird bereits deutlich, dass im italienischen Recht der haftende Personenkreis auf Gesetzesebene viel weiter differenziert ist als im deutschen. Im Vergleich mit dem Begriff, der für die Prospektpflicht verwendet wird, ist allerdings in keiner der beiden Rechtsordnungen eine Übereinstimmung gegeben. Während im deutschen Recht von Anbieter und Emittent die Rede ist, ist der italienische Wortlaut „Jeder".[1364] Das führt dazu, dass beim deutschen Recht die Frage aufkommt, worin der Unterschied in der Formulierung besteht, während beim italienischen Recht fraglich ist, ob der Kreis der Prospektpflichtigen größer ist als derjenige der -haftenden. Die Untersuchung hat jedoch gezeigt, dass durch entsprechende Auslegung der Begrifflichkeiten derselbe Personenkreis für Angaben aus dem Prospekt haftet wie derjenige, der einer Prospektpflicht unterliegt.[1365] Dies ist aber in beiden Fällen insbesondere für wirtschaftlich Berechtige, etwa Hintermänner, nur durch weite Auslegung des Anbieterbegriffs bzw. des Begriffs des Prospektveranlassers möglich. Beim Begriff des Emittenten, der in § 13a VerkProspG und in Art. 94 Abs. 8 TUF vorkommt wurde jeweils angenommen, er gelte eher für Wertpapiere.[1366] Er kann aber auch in anderen Fällen eingreifen. Bei einem weiten Anbieterbegriff ist der Begriff des Emittenten aber zweitrangig.

Der Kreis der Haftenden ist mit den Begriffen Anbieter und Emittent im italienischen Recht derselbe wie derjenige im deutschen Recht, der durch Prospektverantwortlicher und Prospektveranlasser bezeichnet wird. Das italienische Recht spricht allerdings noch zusätzlich vom Garanten, dem Autor von Zusammenfassung und Übersetzung sowie dem Platzierungsverantwortlichen. Das resultiert daraus, dass die Regelung nicht für den Grauen Kapitalmarkt spezifisch ist und somit von der VerkaufsprospektRL vorgegeben wird. Dabei ist der

[1364] S.o. § 5 A. I. 1. a) cc) (S. 145).

[1365] S.o. § 6 A. I. 2. d) (S. 180) für das deutsche Recht und § 7 A. II. 1. (S. 243) für das italienische Recht.

[1366] S.o. § 6 A. 2. b) (S. 177) für das deutsche und § 7 A. II. 1. (S. 244) für das italienische Recht

Garant für das hier interessierende Marktsegment unerheblich. Der Platzierungsverantwortliche ist ebenso unter den Begriff des Anbieters definierbar. Damit besteht bis auf die Personen, die die Zusammenfassung und die Übersetzung verfassen, seitens der spezialgesetzlichen Prospekthaftung kein Unterschied im Kreis der Haftenden. Dadurch, dass das italienische Kapitalmarktrecht keinerlei Unterteilung in einen geregelten und einen Grauen Kapitalmarkt kennt, gilt auch für „graue" Produkte in Italien die sich aus der MiFID ergebende Pflicht zur Erstellung einer Zusammenfassung, mit der auch eine eingeschränkte Haftung einhergeht. Die Erstreckung dieser Zusammenfassung auf alle Produkte, mithin auch graue, ist indes richtig und begrüßenswert. Das ist in Deutschland nicht der Fall, auch nicht nach der Umsetzung der MiFID durch das FRUG.[1367]

2. Unrichtiger Prospekt

Der Haftungsgrund ist sowohl im deutschen wie auch im italienischen Recht ein unrichtiger oder unvollständiger Prospekt. Hierzu ist nach deutschem Recht zunächst problematisch, ob es auf den von der BaFin genehmigten oder auf den vom Prospektpflichtigen erstellten Prospekt ankommt. Nach der hier vertreten Ansicht ist die zweite Variante vorzuziehen.[1368] Das ist insbesondere für die Frage von Bedeutung, wann die schärfere Haftung für das Fehlen eines Prospekts eingreift. Diese Frage ist im italienischen Recht unbekannt. Es gibt auch keine spezialgesetzliche Haftung für den fehlenden Prospekt in Italien. Vielmehr scheint der Gesetzgeber nicht daran gedacht zu haben, dass jemand einen von der Consob nicht genehmigten Prospekt verwendet, bzw. er geht davon aus, dass in diesem Fall die Befugnisse der Consob ausreichend sind, um den Anleger zu schützen. Dennoch bleibt die Frage der Haftung ungelöst, wenn es der Consob nicht gelungen ist, den Anbieter an der Durchführung seines Angebotes zu hindern. Aus diesem Grund ist wurde in dieser Untersuchung die Ansicht vertreten, eine Haftung nach italienischem Recht für das Fehlen eines Prospekts entsprechend dem Deliktsrecht[1369] und im Rahmen einer c.i.c.[1370] anzunehmen. Gleichwohl kommt es nach der hier[1371] vertreten Ansicht auch auf den vom Anbieter bestimmten Prospekt an, damit auch in diesem Fall die spezialgesetzliche Haftung (zusätzlich) eingreift.

Die Unrichtigkeit des Prospekts ist nach deutschem Recht nur dann gegeben, wenn sie wesentliche Angaben betrifft, die für die Bewertung der Anlage rele-

---

[1367] Vgl. Art. 8 FRUG, der insoweit keine Änderung des VerkProspG enthält. Vgl. dazu auch HBl. vom 01.11.2007, S. 28.

[1368] S.o. § 6 A. I. 1. a) (S. 165).

[1369] S.o. § 7 C. III. 3. (S. 278).

[1370] S.o. § 7 C. I. 4. i) (S. 272).

[1371] S.o. § 7 A. I. (S. 241).

vant sind und zu einem verminderten Preis führen können.[1372] Die Beschränkung auf wesentliche Angaben kennt das TUF hingegen nicht; entscheidend ist, dass der Sinn bzw. Aussagegehalt des Prospekts verändert wird.[1373] Trotz der unterschiedlichen Formulierung wird scheinbar in etwa dasselbe erreicht: Eine unwesentliche Angabe ändert den Sinngehalt des Prospekts nicht, auch wenn sie falsch ist. Das hängt aber von der Auslegung und der Schwelle des Begriffs der Unwesentlichkeit ab. Ziel des Merkmals der Unwesentlichkeit ist es, Prospektfehler, die keine andere Bewertung der Vermögensanlage verursachen, von solchen, die eine andere Bewertung nach sich ziehen, zu trennen. Im Ergebnis wird nur das, was das TUF direkt als Kriterium ausgibt, mittels eines anderen, auslegungsbedürftigen Begriffs definiert. Allerdings ist dieses Ergebnis nur scheinbar gleich: Die Unwesentlichkeit bezieht sich auf die Frage, ob die Angabe für die Bewertung der Vermögensanlage von Bedeutung ist. Hat danach eine Aussage keinen Einfluss auf den Wert des Produkts, so ist die Tatsache unwesentlich. Nach dem TUF ist dagegen eine Angabe bereits dann relevant, wenn sie den Sinngehalt des Prospekts verändert. Jede Information ändert allerdings i.d.R. den Gesamtaussagegehalt. Deshalb ist nach Art. 94 Abs. 8 TUF eine Angabe nur dann irrelevant für die Prospekthaftung, wenn sie im Falle der Unrichtigkeit ohnehin bedeutungslos ist oder im Falle der Unvollständigkeit, wenn die Angabe bereits in anderer Form im Prospekt enthalten ist und nicht das Gewicht der Angabe zu ändern vermag. Dadurch ist insgesamt im italienischen Recht nahezu jede Fehlinformation relevant, während im deutschen Recht nur wertbildende Angaben über die Prospekthaftung entscheiden.

3. Verschulden

Unterschiedliche Regelungen bestehen beim Verschulden. Nach § 45 BörsG ist die Haftung bei Unkenntnis eines Prospektmangels, der auf grober Fahrlässigkeit beruht, ausgeschlossen. Nach Art. 94 TUF ist hingegen die Haftung für jede Art der fahrlässigen Unkenntnis möglich.

Die genauen Sorgfaltsanforderungen an die einzelnen Personen, also Anbieter, Emittent, Vertriebsgesellschaft und Bank sind dabei nicht unterschiedlich. Es ist allerdings nach deutschem Recht möglich, dass eine Angabe im Prospekt nicht richtig ist, für die Angaben im Prospekt wesentlich ist, aber innerhalb der wesentlichen Angaben nur eine untergeordnete Rolle spielt. In diesem Fall kann die Nichtüberprüfung des Prospekts diesbezüglich als nicht grob fahrlässig betrachtet werden. Nach italienischem Recht wäre dann hingegen ein Verschulden zu bejahen.

[1372] S.o. § 6 A. I. 1. b) (S. 168).

[1373] S.o. § 7 A. I. 1. (S. 241). Zuvor wurde ebenfalls ein Kriterium der Wesentlichkeit diskutiert: *Pinardi* NGCC 2002 II, 349 (356).

Ähnliche Probleme ergeben sich für andere Prospekthaftende, die den Prospekt des Anbieters zwar verwenden, ihn aber nicht erstellt haben. Diese müssen bei Vorliegen von gewissen Verdachtsmomenten oder Unsicherheiten hinsichtlich der Richtigkeit und Vollständigkeit der Angaben ihre Prüfungsintensität erhöhen. Dies gilt etwa für Banken oder sonstige Vertriebsgesellschaften. Die Durchführung einer *due-diligence*-Prüfung, die die Unregelmäßigkeiten aufgedeckt hätte, ist nach deutschem Recht nur bei erhöhten oder stark erhöhten Anhaltspunkten angezeigt, weil die Nichtdurchführung sonst zwar fahrlässig, aber nicht grob fahrlässig sein kann. In Italien hingegen ist die Gefahr höher, dass bei einer unterlassenen Prüfung ein Fahrlässigkeitsvorwurf erhoben wird. Hier sollten beteiligte Banken oder Vertriebsgesellschaften i.d.R. eine eingehende Prüfung der Angaben beim Emittenten machen und bei Bedarf auch intensive Nachforschungen anstellen.

4. Mitverschulden

Sowohl das deutsche, als auch das italienische Recht kennen eine gesetzliche Haftungsregelung hinsichtlich des Mitverschuldens. Diese ist im deutschen Recht anlegerfreundlicher. Nach § 45 Abs. 2 Nr. 3 BörsG ist die Haftung nicht möglich, wenn der Anleger die Unrichtigkeit positiv kannte.[1374] Demgegenüber ist im italienischen Recht die Haftung ausgeschlossen, wenn der Anleger sich nicht vernünftigerweise auf die Informationen verlassen durfte.[1375] Damit ist auch eine fahrlässige Nichtkenntnis des Anlegers von Prospektmängeln haftungsausschließend. Allerdings ist hierbei zu beachten, dass die Angaben im Prospekt die Vermutung der Richtigkeit für sich haben, so dass der Anleger eindeutige, erhebliche Zweifel am Wahrheitsgehalt der Aussagen haben muss. Dies ist insbesondere dann der Fall, wenn sich zwei Aussagen im Prospekt so ausschließen, dass nur die eine wahr und die andere falsch sein kann. Zudem trägt der Anspruchsgegner die Beweislast für die fahrlässige Nichtkenntnis der Unrichtigkeit durch den Anleger. Es ist daher fraglich, ob dieser Haftungsausschluss aufgrund Mitverschuldens in der Praxis häufig greift.

In beiden Rechtsordnungen kann zudem die allgemeine Regelung zum Mitverschulden angewendet werden (§ 254 BGB bzw. Art. 1227 CC). Das führt im deutschen Recht dazu, dass unter Umständen eine Verkaufspflicht gegeben sein kann; nach der hier vertretenen Ansicht[1376] ist aber der Anleger verpflichtet, die Wünsche des Anbieters bezüglich eines Weiterverkaufs wegen der damit für den Anbieter drohenden weiteren Haftung beim Zweiterwerber zu berücksichtigen. Droht keine weitere Haftung, so ist eine Verkaufspflicht anzunehmen. Im italienischen Recht ist aufgrund der Auslegung des Art. 1227 CC, die nur die

[1374] S.o. § 6 A. I. 5. c) (S. 199).

[1375] S.o. § 7 A. VI. (S. 250).

[1376] S.o. § 6 A. I. 5. c) aa) (S. 202).

Interessen des Gläubigers, d.h. des Anlegers berücksichtigt und gerade nicht auf das Schuldverhältnis abstellt stets von einer Verkaufspflicht auszugehen.[1377]

5. Kausalität

Im deutschen Recht findet sich eine detaillierte Regelung zur Kausalität bei der spezialgesetzlichen Prospekthaftung. Hier wird differenziert zwischen der haftungsbegründenden und der haftungsausfüllenden Kausalität.[1378] Bei der haftungsausfüllenden Kausalität gibt es zudem eine Spezialregelung in § 45 Abs. 2 Nr. 1 BörsG. Für die haftungsbegründende Kausalität muss nachgewiesen werden, dass die Investitionsentscheidung des Anlegers auf dem fehlerhaften Prospekt beruht, welches in einem Zeitraum von sechs Monaten nach dem erstmaligen öffentlichen Angebot mit Hilfe der gesetzlich fingierten Anlagestimmung vermutet wird; bei einem Erwerb nach dieser Zeit ist ein Anspruch nicht gegeben. Für die haftungsausfüllende Kausalität muss nachgewiesen werden, dass dem Anleger auf Grund seiner Investitionsentscheidung ein Schaden entstanden ist. Das ist dann nicht der Fall, wenn der Veräußerungspreis nicht geringer ist, als der Erwerbspreis, den der Anleger gezahlt hat, wenn der Veräußerungspreis zwar geringer ist, aber nicht auf Grund eines im Prospekt unrichtig dargestellten Sachverhaltes, oder wenn der Schaden auch dann eingetreten wäre, wenn der Prospekt richtig gewesen wäre.

Im italienischen Recht wird hingegen nicht derartig differenziert. Es fehlt überhaupt eine spezialgesetzliche Regelung der Kausalität.[1379] Es gilt daher die Standardformel der *conditio sine qua non*. Das bedeutet, die Unrichtigkeit des Prospekts muss gerade Ursache des Schadens beim Anleger sein. Eine Kausalitätsvermutung i.S.d. Anlagestimmung gibt es hierbei nicht. Der Anleger muss daher nachweisen, dass er auf die Angaben im Prospekt vertraut hat. Dies ist zugleich der Teil des Tatbestandes des „vernünftigen Verlassens“ auf die Angaben, den der Anleger als fehlendes Mitverschulden nachweisen muss. Mangels einer Regelung zur Anlagestimmung ist auf der anderen Seite nicht ausgeschlossen, dass auch nach einer längeren Zeitspanne noch ein Anleger auf die Angaben im Verkaufsprospekt vertraut. Außerdem muss der Anleger nachweisen, dass ihm auf Grund der fehlerhaften Angaben und seiner Investionsentscheidung ein Schaden entstanden ist.

6. Beweislast

Die Beweislast ist im deutschen Recht an verschiedenen Stellen relevant. Grundsätzlich muss der Anleger die anspruchsbegründenden Tatsachen beweisen. Änderungen sind hierbei bei der Kausalität gegeben, bei der gem. § 45

[1377] S.o. § 7 A. VI. 2. (S. 252).

[1378] S.o. § 6 A. I. 4. (S. 183).

[1379] S.o. § 7 A. III. (S. 247).

Abs. 2 Nr. 1 BörsG vom Prospekthaftenden nachgewiesen werden kann, dass der Prospekt nicht ursächlich für die Kaufentscheidung des Anlegers war. Ebenso ist eine Beweislastumkehr gegeben für die Kausalität des Prospekts für den Schaden, § 45 Abs. 2 Nr. 2 BörsG.[1380] Ein weiterer Aspekt ist die Beweislastumkehr beim Verschulden. Dieses wird gem. § 45 Abs. 1 BörsG grundsätzlich vorausgesetzt; der Anbieter kann sich exkulpieren.

Im italienischen Recht fehlt – außer beim Verschulden – eine Beweislastumkehr. Der Anleger muss daher nachweisen, dass er auf die Angaben im Prospekt vernünftigerweise vertraut hat. Allerdings kann der Anspruchsgegner nachweisen, dass das gerade nicht der Fall ist. Das führt in der Konsequenz dazu, dass für den Anleger die substantiierte Behauptung reicht, er habe auf den Prospekt vertraut. Sollte es fundierte Hinweise geben, dass ein Vertrauen auf den Prospekt nicht erwartet werden kann, so kann der Anspruchsgegner dies nachweisen.[1381]

Somit ist der tatsächliche Unterschied bei der Kausalität nicht groß. Das lässt aber nicht darauf schließen, dass die Kausalitätsvermutung des deutschen Rechts völlig unerheblich wäre. Würde sie fehlen, müsste der Anleger nachweisen, dass die Verkaufsentscheidung gerade auf dem Prospekt beruht. Die italienische Regelung verfolgt jedoch bereits im Wortlaut einen anderen Ansatz: Es kommt nicht darauf an, dass der Verkaufsprospekt einen Investitionswunsch ausgelöst hat, sondern allein, ob der Anleger auf die Angaben vertraut hat. Das ist für den Anleger indes nicht schwer zu beweisen.

Das bedeutet aber auch, dass die Beweislast für die restlichen Angaben beim Anleger bleibt. Somit muss dieser nachweisen, dass er den Prospekt gelesen hat. Fraglich ist indes, ob durch den Nachweis, dass der Anleger auf die Angaben vertraut hat, zugleich festgestellt wird, dass die Investitionsentscheidung auf dem Prospekt beruht. Ansonsten müsste der Anleger das nachweisen. Dies erscheint allerdings im Wortlaut der Regelung so angelegt. Ein Vertrauen auf den Prospektinhalt zu schützen kommt nur in Betracht, wenn aus diesem Vertrauen heraus eine Anlageentscheidung erwachsen ist. Daher ist davon auszugehen, dass die haftungsbegründende Kausalität mit dem Beweis des Vertrauens in den Prospekt hinreichend zu begründen ist. Es bleibt aber dem Anleger noch nachzuweisen, dass aus den Prospektmängeln ein Schaden erwachsen ist. Das Verschulden wird hingegen vermutet.[1382] Dies entspricht der Situation im deutschen Recht.

[1380] S.o. § 6 A. I. 4. (S. 183).

[1381] S.o. § 7 A. VI. 2. (S. 250).

[1382] S.o. § 7 A. IV. (S. 247).

7. Haftungsumfang

Der Haftungsumfang ist im deutschen und im italienischen Recht ähnlich.[1383] Eine Ausnahme gilt aber für einen wichtigen Umstand. Nach beiden Rechtsordnungen kann der geschädigte Anleger verlangen, dass er den Erwerbspreis zuzüglich der Kosten, die mit dem Erwerb der Anlage zusammenhängen, gegen Rückgabe des Anteils erstattet bekommt. Anders als im deutschen Recht ist im italienischen aber in der Spezialgesetzgebung keine Beschreibung des ersetzbaren Schadens erhalten, sondern es wird der Ersatz generell angeordnet. Damit sind neben den direkten Schäden auch der entgangene Gewinn ersetzbar. Hierzu zählt jedenfalls das, was die angelegte Summe bei einer banküblichen Verzinsung oder einer ähnlichen Vermögensanlage erbracht hätte, wenn feststeht, dass der Anleger die Summe sonst anderweitig investiert hätte.

8. Verjährung / Ausschlussregelung

Gänzlich unterschiedlich geregelt sind hingegen die Fragen von Verjährung und Ausschlussregelung. Im deutschen Recht verjährt der Anspruch gem. § 46 BörsG in einem Jahr ab Kenntnis der Mangelhaftigkeit des Prospekts und spätestens nach drei Jahren seit Veröffentlichung des Prospekts.

Der Anspruch nach Art. 94 Abs. 8 TUF hingegen verjährt in der regelmäßigen Verjährungsfrist von zehn Jahren. Der Anleger muss seinen Anspruch innerhalb der Ausschlussfrist von fünf Jahren geltend machen, es sei denn, er kann nachweisen, dass er erst seit zwei Jahren Kenntnis von der Unrichtigkeit des Prospekts hat.

Damit kann ein Anleger in Italien etwa auch nach zehn Jahren noch seinen Anspruch geltend machen, wenn er erst acht Jahre nach Prospektveröffentlichung Kenntnis von der Mangelhaftigkeit des Prospekts hatte. Die faktische Möglichkeit zur Ausübung der Rechte durch den Anleger besteht somit deutlich länger als nach deutschem Recht.

9. Gerichtsstand

Zuständig ist im deutschen Recht während der Versuchsphase des KapMuG gem. § 32b Abs. 1 Nr. 1 ZPO das LG am Sitz des Anbieters (ansonsten das LG in Frankfurt am Main, am Sitz der BaFin).

Nach italienischem Recht ist immer (zumindest ab 2.582,29 Euro) das *Tribunale* am Sitz des Anbieters oder Emittenten zuständig.

Somit ist diesbezüglich kein Unterschied in den Rechtsordnungen festzustellen. Das ändert sich aber nach der Versuchsphase des KapMuG, es sei denn dessen Rechtslage wird auf Dauer verlängert. Dabei ergibt sich der Gerichtsstand im italienischen Recht bereits aus den allgemeinen Zuständigkeitsregeln.

[1383] S.o. § 7 A. VII. (S. 252) für das italienische, § 6 A. I. 6. (S. 205) für das deutsche Recht.

10. Haftung für das Fehlen eines Prospekts

Eine Haftung für das Fehlen eines Prospekts gibt es im italienischen Spezialrecht (TUF) nicht, wohl aber im deutschen Recht, nämlich in § 13a VerkProspG.[1384] Die Haftung ist im deutschen Recht aber vielmehr ein haftungsunabhängiges Rücktrittsrecht als eine Schadensersatznorm. Im italienischen Recht kommt indes ein Schadensersatzanspruch nach Deliktsrecht[1385] und nach den Regel der c.i.c.[1386] in Betracht.

II. Prospekthaftung aus anderen Anspruchsgrundlagen

Neben der spezialgesetzlichen gibt es sowohl im deutschen wie im italienischen Recht auch noch die Prospekthaftung aus anderen Anspruchsgrundlagen.

1. Anwendbarkeit neben der spezialgesetzlichen Prospekthaftung

Im deutschen und im italienischen Recht kommen als andere Anspruchsgrundlagen noch diejenigen des allgemeinen Zivilrechts in Betracht. Die Prospekthaftung im engeren Sinne des deutschen Rechts ist nicht anwendbar.

In Betracht kommen in beiden Rechtsordnungen vertragliche Ansprüche, Ansprüche aus c.i.c. und deliktische Ansprüche.

Im deutschen Recht kommen vertragliche Ansprüche insbesondere aus einem etwaig geschlossenen Beratungsvertrag in Betracht.[1387] Im Rahmen des Beratungsvertrages wird eine anlage- und anlegergerechte Beratung geschuldet. Bei Schlechtleistung kommt ein Anspruch aus § 280 Abs. 1 BGB in Betracht. Im italienischen Recht ist ebenso weiterhin ein Anspruch aus Vertrag möglich, wenn zwischen dem Anleger und dem Vermittler ein Vertragsverhältnis besteht.[1388] Dies kann insbesondere auch ein Beratungs- oder Vermittlungsvertrag sein.

Eine vorvertragliche Pflicht kommt nach beiden Rechtsordnungen dann in Betracht, wenn zwischen dem Anleger und einer anderen Person, insbesondere dem Vermittler, ein persönliches Vertrauen in Anspruch genommen wird. Dabei ist nach deutschem Recht sowohl eine c.i.c. (§ 311 Abs. 2 u. 3, 280 BGB) zu den Personen möglich, die Vertragsverhandlungen führen, dessen Partei sie später sind, als auch zu solchen, die – ohne Parteien zu sein – ein besonderes persönliches Vertrauen in Anspruch nehmen oder ein erhebliches eigenes wirtschaftliches Interesse am Vertragsschluss haben.[1389] Nach italienischem Recht

---

1384 S.o. § 7 A. X. (S. 254) bzw. § 6 A. II. (S. 215).

1385 S.o. § 7 C. III. 3. (S. 280).

1386 S. o. § 7 C. I. 4. i) (S. 272).

1387 S.o. § 6 C. II. 1. (S. 221).

1388 S.o. § 7 D. I. 2. (S. 291).

1389 S.o. § 6 C. II. 2. (S. 228).

ist neben der spezialgesetzlichen Haftung nur dann eine Haftung aus c.i.c. möglich, wenn zwischen den Personen, die später einen Vertrag schließen wollten, ein vorvertragliches Vertrauensverhältnis besteht.[1390]

Deliktische Haftung kommt nach deutschem Recht zwar grundsätzlich in Betracht, allerdings nur in begrenztem Maße. Dies ist insbesondere möglich hinsichtlich § 823 Abs. 2 BGB i.V.m. § 264a StGB, wenn zugleich die Straftat des Kapitalanlagebetruges vorliegt, oder § 826 BGB, sofern der Anspruchsgegner den Anleger vorsätzlich sittenwidrig geschädigt hat.[1391] Nach italienischem Recht kommt eine solche Haftung dann in Betracht, wenn zwischen den Personen, die in Anspruch genommen werden sollen, und dem Anleger kein (vor-) vertragliches Verhältnis besteht, diese aber dennoch beim Anleger einen rechtswidrigen Schaden verursacht haben. Das ist insbesondere bei der Haftung von Experten, Wirtschaftsprüfern, Hintermännern oder der Consob der Fall.[1392]

2. Unterschiede zur spezialgesetzlichen Prospekthaftung

Die zivilrechtlichen Anspruchsgrundlagen haben in einigen Punkten grundsätzlich andere Anwendungsbereiche als die spezialgesetzlichen.

a) Anspruchsberechtigte und Anspruchsgegner

Im deutschen Recht ist im Bereich der vorvertraglichen Haftung sowohl der verhandelnde (künftige) Vertragspartner als auch der Dritte mit besonderem persönlichem Vertrauen möglicher Anspruchsgegner. Im Bereich der vertraglichen Haftung ist derjenige Anspruchsgegner, der mit dem Anleger einen (konkludenten) Beratungsvertrag schließt. Bei der deliktischen Haftung ist der Täter einer unerlaubten Handlung Anspruchsgegner, also entweder der Täter i.S.v. § 264a StGB, oder derjenige, der einen anderen vorsätzlich sittenwidrig schädigt. Anspruchsberechtigter ist der Anleger. Ein Zweiterwerber ist i.d.R. hiernach nicht berechtigt, denn es muss zwischen den Parteien ein (vor-)vertragliches Verhältnis bestehen, oder die Deliktshandlung muss sich gerade gegen den Geschädigten richten.

Im italienischen Recht ist die Situation ähnlich: Für den vorvertraglichen Bereich kommt nur der zukünftige Vertragspartner in Betracht, der während der Vertragsverhandlung seine Informationspflichten verletzt. Bei der vertraglichen Haftung ist der Abschluss eines Beratungs- oder Vermittlervertrages nötig. Die deliktische Haftung greift in erster Linie für solche Personen ein, die keinen näheren Kontakt zum Anleger haben, also Hintermänner, Bilanzprüfer oder die Consob.

[1390] S.o. § 7 D. I. 1. (S. 289).

[1391] S.o. § 6 C. II. 3. (S. 234).

[1392] S.o. § 7 D. I. 3. (S. 291) bzw. II. (S. 297).

b) Verschulden / Mitverschulden

Im deutschen Recht wird bei vertraglichen und vertragsähnlichen Ansprüchen das Verschulden vermutet, § 280 Abs. 1 S. 2 BGB. Bei deliktischen Ansprüchen gilt die Regel des § 276 BGB, nach der vom Anspruchsteller zumindest Fahrlässigkeit nachgewiesen werden muss. Im italienischen Recht muss bei vertraglichen und – nach der Klassifizierung der c.i.c. als vertraglicher Haftung – auch bei vorvertraglichen Ansprüchen der Anleger das Verschulden nachweisen, und die Haftung greift bei Vorsatz und Fahrlässigkeit ein. Bei deliktischen Ansprüchen ist demgegenüber nur die Beweislast anders, der Verschuldensmaßstab gleich.

Beim Mitverschulden ergibt sich in beiden Rechtsordnungen keine Besonderheit zur spezialgesetzlichen Haftung. Somit ist beim Verschulden, das bei der spezialgesetzlichen Haftung stets vermutet wird, nur im Bereich des Deliktsrechts ein Unterschied gegeben.

c) Kausalität

Bei der Kausalität besteht nur im deutschen Recht ein Unterschied zur spezialgesetzlichen Regelung: Während bei dieser eine Sonderregel besteht – der Erwerb muss innerhalb von sechs Monaten nach der Prospektveröffentlichung stattfinden und zu einem verminderten Wert der Anlage geführt haben – gilt außerhalb dieser Norm, wie im italienischen Recht durchweg, die *conditio sine qua non*-Formel. Nach dieser muss der Investitionsentschluss des Anlegers auf dem fehlerhaften Prospekt beruhen und dieser wiederum zu einem Vermögensschaden beim Anleger geführt haben.

d) Beweislast

Die Beweislast ist im deutschen Recht bei vertraglichen oder vertragsähnlichen Ansprüchen so geregelt, dass der Anspruchsteller grundsätzlich die anspruchsbegründenden Tatsachen nachweisen muss, wobei das Verschulden vermutet wird. Bei deliktischen Ansprüchen muss der Anleger auch das Verschulden nachweisen. Dies ist im italienischen Recht genauso. Gegenüber der spezialgesetzlichen Haftung ist damit nur bei deliktischen Ansprüchen eine andere Situation gegeben.

e) Verjährung / Ausschlussfrist

Unterschiede bestehen weiterhin bei der Verjährung bzw. der Ausschlussfrist. Im deutschen Recht verjähren vertragliche, vertragsähnliche und deliktische Ansprüche innerhalb von drei Jahren, § 195 BGB. Im italienischen Recht verjähren vertragliche Ansprüche in zehn, deliktische hingegen in fünf Jahren.

Gegenüber der spezialgesetzlichen Prospekthaftung, die in Deutschland in einem Jahr nach Kenntnis, maximal nach drei Jahren und in Italien in der regelmäßigen Verjährung von zehn Jahren verjährt, aber nach fünf Jahren seit Veröffentlichung oder zwei Jahre nach Kenntnis der Unrichtigkeit ausgeschlossen ist, bestehen also erhebliche Unterschiede. In Deutschland ist die Verjährung der spezialgesetzlichen Haftung bei nachweisbarer Kenntnis des Anlegers stets kürzer. In Italien ist die Durchsetzbarkeit der Ansprüche durch die Ausschlussfrist i.d.R. in kürzerer Frist als der zehnjährigen Regelverjährung, unter Umständen aber auch in längerer Frist als der deliktischen, kurzen Verjährung möglich.

f) Gerichtsstand

Beim Gerichtsstand ergibt sich nur in Deutschland ein Unterschied zwischen spezialgesetzlicher und bürgerlich-rechtlicher Prospekthaftung (im weiteren Sinn) bzw. deliktischen Ansprüchen: Während für diese die allgemeinen Gerichtsstände gelten, §§ 13, 17 bzw. 29 ZPO, also i.d.R. der Wohnsitz des Beklagten, gilt für jene der spezielle Gerichtsstand des § 32b Abs. 1 Nr. 1 ZPO am Sitz des Anbieters der Vermögensanlage. Dabei ist dieser Gerichtsstand dann derselbe, wenn der Beklagte der Anbieter ist.

g) Haftung für das Fehlen eines Prospekts

Die Haftung für das Fehlen eines Prospekts ist in Deutschland, außer im Falle der spezialgesetzlichen Haftung, nur derart konstruierbar, dass bei Bestehen eines Beratungsvertrages der Beratungspflicht nicht nachgekommen wurde. Jedoch ist das keine Haftung für das Nichtveröffentlichen eines Prospekts, sondern eine solche wegen mangelhafter Beratung.

In Italien besteht eine deliktische[1393] sowie im begrenztem Umfang eine vertragliche[1394] Haftung. Dabei ist sie nur auf diesen beiden Grundlagen möglich, denn die spezialgesetzliche Haftung sieht diesen Fall nicht vor.

3. Gesamtsystem

Betrachtet man die unterschiedlichen Haftungsysteme Deutschlands und Italiens als Ganzes, so ergeben sich einige bemerkenswerte Unterschiede. Die Haftung in Deutschland ist im Wesentlichen spezialgesetzlich geregelt. Die flankierende Haftung aus bürgerlich-rechtlichen Anspruchsgrundlagen ist dabei nur von untergeordneter Bedeutung. Alle denkbaren Schäden können über die spezialgesetzliche Prospekthaftung liquidiert werden, wenn man davon absieht, dass keine Haftungsgrundlage vorhanden ist, um gegen die BaFin vorzugehen und der entgangene Gewinn nicht ersatzfähig ist. Der Kreis der haftenden Personen ist bei der spezialgesetzlichen Haftung umfassend geregelt, bei den anderen Anspruchsgrundlagen hingegen nicht, denn hier handelt es sich um bereichspezifi-

---

1393 S.o. § 7 C. III. 3. (S. 280).

1394 S. o. § 7 C. I. 4. i) (S. 272).

sche Haftungsregelungen, die nur u.a. auch bei der Prospekthaftung teilweise eingreifen können.

In Italien ist, insbesondere was die deliktische gegenüber der spezialgesetzlichen Haftung angeht, ein unterschiedlicher Anwendungsbereich feststellbar. Es sind über die deliktische Haftung andere Anspruchsgegner denkbar als über die spezialgesetzliche. Daher geht die deliktische Haftung über die spezialgesetzliche hinaus. Das ist ein Resultat aus der Offenheit des Art. 2043 CC einerseits und der Spezialität der Formulierung in Art. 94 Abs. 8-11 TUF andererseits.

Die Frage, ob der Umfang der Haftung insgesamt ausreichend ist, also die Frage ob für den geschädigten Anleger ein effektives Haftungssystem besteht, kann für beide Rechtssysteme bejaht werden. Die Haftung nach italienischem Recht ist indes sogar weiter, weil der Anleger auch seinen entgangenen Gewinn fordern kann und mit der Haftung der Aufsichtsbehörde – wenn auch im reduzierten Maße – ein weiterer möglicher und potenter Anspruchsgegner besteht.

Für die Effektivität des Schutzes der Anleger ist es fraglich, ob es nicht einer einheitlichen Anspruchsgrundlage bedürfte, in der alle sich stellenden Konstellationen geregelt sind. Die Tatsache, dass die Rechte des Anlegers – der in einem Prospekthaftungsfall i.d.R. ohnehin anwaltlich beraten wird – an verschiedenen Stellen im Gesetz geregelt sind, bedeutet aber keinen großen Nachteil.

Somit ist das Gesamtsystem der Prospekthaftung in Deutschland wie in Italien gegenüber dem jeweils anderen weder vor- noch nachteilhaft.

B. Bedeutung der Unterschiede

Bei den festgestellten Unterschieden stellt sich die Frage, welche Bedeutung die Unterschiede haben und welche Gründe Gründen dafür vorliegen. Unterschiede finden sich insbesondere bei den spezialgesetzlichen Anspruchsgrundlagen. Dabei ist, anders als bei der Prospektpflicht, die Frage einer Prospekthaftung im (Grauen) Kapitalmarkt in Deutschland ein seit langem diskutiertes Thema, mit dem sich auch die Rechtsprechung intensiv befasst hat, während in Italien deutlich weniger Literatur verfügbar ist und noch weniger Rechtsprechung.

Im italienischen Recht ist eine Haftung für denjenigen, der den Prospekt übersetzt hat oder die Zusammenfassung verfasst hat, ausdrücklich angeordnet. Dies resultiert daraus, dass das Prospektrecht und damit die Vorgaben der VerkaufsprospektRL einheitlich für den gesamten Kapitalmarkt angeordnet ist.

In Italien könnte für den Begriff des Prospekts, für den gehaftet wird, nur an den von der Consob geprüften Prospekt angeknüpft werden. Das erklärt sich daraus, dass mit der Consob eine starke öffentliche Marktverwaltung vorgesehen ist. Die Consob hat umfangreiche Möglichkeiten, die Prospektpflicht durchzusetzen. Es wird daher seitens des Gesetzgebers nicht davon ausgegangen, dass eine Veröffentlichung ohne einen Prospekt stattfindet. In Deutschland erklärt sich das Bedürfnis nach einer solchen Differenzierung daraus, dass für Produkte des Grauen Kapitalmarktes vor der Neuregelung überhaupt keine Prospektpflicht bestand. Damit waren auch Emissionen ohne Prospekt denkbar. Heute ist in Deutschland wie in Italien ein Angebot von Vermögensanlagen ohne Prospekt nur möglich, wenn die Aufsichtsbehörde das übersieht. Das sollte dennoch nicht die Haftung ausschließen. Daher ist zwar für den Begriff des Prospekts an den veröffentlichten Prospekt anzuknüpfen; auf die Genehmigung kommt es nicht an. Dies ist hier auch für Italien so vertreten worden.[1395] Es ist weiterhin davon auszugehen, dass in Italien zudem das Deliktsrecht anwendbar ist, wenn es um die Haftung für den Fall des Fehlens eines Prospekts geht.

Aus der starken Stellung der Consob müsste ein starkes Vertrauen in den Prospekt resultieren; dies ist jedoch nicht der Fall. Das ergibt sich jedenfalls daraus, dass der Grad der Unrichtigkeit in Italien geringer ist, der zu einem Prospektmangel führt. Während auch kleinere Mängel den Sinn entstellen und damit eine Haftung auslösen, ist in Deutschland nur bei wesentlichen Mängeln eine Haftung gegeben. Für das italienische Recht könnte das daraus abzuleiten sein, dass die Consob nunmehr qua gesetzlicher Festlegung nicht explizit die Richtigkeit des Prospekts prüft. Es ist folglich das strikte Haftungssystem für die Einhaltung des Prospektpflicht vorgesehen, nicht mehr die behördliche Prüfung.

Der Grad der Fahrlässigkeit und der Umfang des Schadensersatzes ist im italienischen Spezialrecht nicht geregelt, sondern ergibt sich aus allgemeinem Zivilrecht: Die Haftung gilt für Vorsatz und (einfache) Fahrlässigkeit, und der Schaden umfasst auch den entgangenen Gewinn. Hier wurde offenbar kein Handlungsbedarf gesehen, diese Vorgaben an das Kapitalmarktrecht anzupassen.

Das Mitverschulden ist in der spezialgesetzlichen Haftung im italienischen Recht eher vom Bild eines mündigen Anlegers geprägt. Stellt das deutsche Recht auf die nachweisbare positive Kenntnis von der Unrichtigkeit ab, so ist der Anspruch in Italien ausgeschlossen, wenn ein vernünftiges Vertrauen auf die Angaben nicht möglich ist; für dieses Vertrauen gilt die allgemeingültige Sorgfalt. Wenngleich diese Sorgfaltspflicht wegen der Vertrauenswirkung, die ein (geprüfter) Prospekt erzeugt, nicht allzu hoch anzusetzen ist, so ist doch bereits bei fahrlässigem Vertrauen auf die Angaben, auf die ein vernünftiger Anleger nicht vertraut hätte, der Prospekthaftungsanspruch ausgeschlossen.

Die Kausalitätsvermutung von sechs Monaten gem. § 44 Abs. 1 S. 1 BörsG ist zugleich ein Ausschluss des Anspruchs bei Erwerb nach dieser Zeitspanne. Dies ist dem italienischen Recht unbekannt. Die deutsche Regelung resultiert aus der Rechtsprechung zur Anlagestimmung.

[1395] S.o. § 7 A. I. (S. 241).

Bei der Beweislast besteht ein wesentlicher Unterschied zwischen der deutschen und der italienischen Regelung insoweit, als dass die Kausalität im deutschen Recht im Gegensatz zum italienischen Recht vermutet wird. In Italien hingegen muss der Anleger nachweisen, dass er auf den Prospekt vernünftigerweise vertraut hat. Hierbei ist zu beachten, dass der Anleger nur das positive Vorliegen dieses Vertrauens substantiiert vorbringen muss. Es obliegt damit dem Anspruchsgegner, das Nichtvorliegen zu beweisen. Es kann damit zwar nicht von einer Beweislastumkehr gesprochen werden, doch kommt die Situation dem recht nahe, so dass man vielleicht von einer abgeschwächten Beweislastumkehr sprechen kann.

Einen erheblichen Unterschied zwischen den jeweiligen spezialgesetzlichen Ansprüchen kann man auch bei der Dauer des Schutzes vorfinden: Die zeitliche Begrenzung der Anspruchsstellung ist in Deutschland über die Verjährung geregelt und beträgt ein, maximal drei Jahre. In Italien hingegen beträgt die Verjährung zehn, die Ausschlussfrist hingegen fünf Jahre oder bei Nachweis des Zeitpunkts der Kenntniserlangung zwei Jahre danach. Interessanterweise führt nach italienischem Recht die Verjährung dazu, dass der Anspruch entfällt, durch die Ausschlussfrist hingegen wird die Durchsetzung des Anspruchs gehindert. Dies ist in Deutschland umgekehrt. Funktional ist also in der Bestimmung einer Ausschlussfrist dieselbe Wirkung gewollt wie nach deutschem Recht: Der Anspruch ist nach Ablauf der Frist nicht mehr durchsetzbar. Dabei ist die italienische Frist jedoch deutlich länger. Das entspricht aber der Tendenz des CC, bei dem die allgemeine Verjährung mit zehn Jahren auch deutlich größer ist als die deutsche Dreijahresfrist.

Die Haftung der Aufsichtsbehörde ist dem italienischen Recht eigen. Auch diese resultierte aus der starken Stellung der Consob, die die oberste und absolute Marktaufsicht führt. Man hielt die Kontrolle des Prospekts für eine echte Inhaltskontrolle und kam somit nachvollziehbar zu dem Ergebnis, dass eine Haftung vorliegen muss. Eine solche Haftung ist – wie gezeigt[1396] – durch die aktuell geltende gesetzliche Feststellung der Art der Aufsicht zwar gemindert, aber nicht gänzlich aufgehoben. Auch in Deutschland wird über eine Haftung der BaFin diskutiert,[1397] sie besteht aber (noch) nicht. Im italienischen Recht ergibt sich eine Haftung der Consob ganz konkret aus dem TUF und dem CC. Sie ist letztlich eine Form der Staatshaftung.

Im Bereich der Haftung, wie sie sich aus dem allgemeinen Zivilrecht ergibt, bestehen indes keine nennenswerten Unterschiede, wenn man von der Verjährung und der Frage absieht, wie eine Haftung aus Deliktsrecht ausgestaltet ist.

[1396] S.o. § 7 E. IV. (S. 305).

[1397] Vgl. Schäfer/*Hamann* §§ 44, 45 BörsG Rn. 108a; HBl. vom 26.06.2007, S. 24 und HBl. vom 14.11.2007, S. 23. Im Fall der Phoenix-Insvolvenz haben einige Anleger eine Klage gegen die BaFin erhoben, HBl. vo 15.01.2008, S. 22.

Letztere ist in Italien auf Grund des offenen Tatbestandes des Art. 2043 CC über die Generalnorm möglich, in Deutschland scheitert das an der Formulierung des § 812 Abs. 1 BGB. Daher ist in Deutschland im deliktsrechtlichen Bereich nur eine begrenzte Haftung gem. § 823 Abs. 2 BGB i.V.m. § 264a StGB, oder gem. § 826 BGB möglich. Im italienischen Recht findet sich eine Haftung für den fehlenden Prospekt nur im Deliktsrecht, im deutschen Recht dagegen nur im Spezialgesetz.

C. Bewertung der gegebenen Unterschiede

Zum Schluss sollen die festgestellten Unterschiede noch bewertet werden.

I. Merkmale der Prospektmängelhaftung

Es ist unnötig zu erörtern, ob die Haftung des Übersetzers oder desjenigen, der den Prospekt zusammenfasst, zu befürworten ist, wenn dadurch ein unrichtiger Gesamteindruck entsteht, denn es ist bereits so in der MiFID angelegt und damit europarechtlich angeordnet.

Die Bestimmung des Prospektbegriffs als der von der Consob geprüfte Prospekt ist mit ähnlichen Erwägungen wie zum deutschen Recht[1398] abzulehnen.[1399] Würde man demgegenüber auf den genehmigten Prospekt abstellen, so ergibt sich eine Haftung desjenigen, der einen ungenehmigten Prospekt verwendet, allein aus dem Deliktsrecht. Dies gälte sogar dann, wenn ein völlig korrekter, aber ungenehmigter Prospekt verwendet würde. Dies wäre aber ein unsachgerechtes Ergebnis. Es ist daher begrüßenswert, wenn im deutschen Recht nach der auch hier vertretenen Ansicht[1400] auf den vom Herausgeber als Verkaufsprospekt intendierten Prospekt abgestellt wird. Dieser Auffassung wurde daher auch für Art. 94 Abs. 8-11 TUF gefolgt.

Positiv am italienischen Recht ist die Formulierung, dass ein Prospekt dann unrichtig ist, wenn die entsprechende Tatsache den Sinn entstellt. Die deutsche Regelung, die auf die Wesentlichkeit einer Tatsache abstellt, ist im Ergebnis schwächer. Zudem mag es im Einzelfall schwierig festzustellen sein, ob eine Tatsache wesentlich ist oder nicht. Hingegen ist es eindeutiger zu beurteilen, ob durch eine Tatsache bzw. das Fehlen einer solchen der Gesamtsinn entstellt wird. Die Regelung sorgt daher für mehr Rechtssicherheit und zugleich für einen besseren Anlegerschutz.

Ein wichtiger Faktor für die Effektivität des Anlegerschutz ist der Grad der für die Haftung des Prospektverantwortlichen erforderlichen Fahrlässigkeit. In Deutschland besteht im Gegensatz zum italienischen Recht eine Beschränkung auf grobe Fahrlässigkeit. Das führt im Ergebnis zu einer deutlichen Schwä-

---

[1398] S.o. § 6 A. I. 1. a) (S. 165).

[1399] S.o. § 7 A. I. (S. 241).

[1400] S.o. § 6 A. I. 1. a) (S. 167).

chung der Anlegerrechte. Eine grobe Fahrlässigkeit muss der Anleger zwar nicht nachweisen, aber zum Haftungsausschluss reicht es bereits, wenn der Verantwortliche nachweist, dass seine Handlung nur eine leichte Fahrlässigkeit darstellt. Dies dürfte bei den meisten Prospektfehlern nicht allzu schwierig sein. Dieses Ergebnis könnte nur dadurch beeinflusst werden, dass man die Grenze der groben Fahrlässigkeit niedriger verortet.[1401] Dies ist insbesondere für die den Informationen am nächsten stehenden Personen so geschehen, die zumindest bei den wichtigen Informationen nur selten nachweisen können, dass sie diese übersehen haben; zudem ist deren Sorgfaltspflicht so hoch anzusetzen, dass nahezu alle Informationen, die im Prospekt vorkommen, sorgfältig zu prüfen sind. Anders ist das für andere Prospekthaftende, die sich über das Merkmal der groben Fahrlässigkeit von der Haftung befreien können. Zusammen mit der bereits erwähnten Beschränkung der Prospektfehler auf wesentliche Informationen ist die Restitution von Schäden auf Grund eines mangelhaften Prospekts deutlich eingeschränkt. Auf der anderen Seite könnte man zwar erwägen, ob nicht der Schutz vor Prospektschäden zu hoch wird und eine Überregulierung besteht, wenn für nahezu jeden Fehler bei leichter Fahrlässigkeit gehaftet wird. Das ist letztlich eine rechtspolitische Frage. Vor dem Hintergrund, dass der geschädigte Anleger bei Anlagen im Grauen Kapitalmarkt i.d.R. eher der Kleinanleger ist – für professionelle Anleger gelten schon die Prospektpflichten nicht – ist fraglich, wieso der schwächste Marktteilnehmer nicht umfassend zu schützen ist, wie das in Italien der Fall ist. Durch den Schutz des Anlegers wird gerade die Effektivität des Marktes hergestellt. Dies kann nur dann erfolgen, wenn dieser Schutz ebenfalls effektiv ist.[1402] Die deutsche Regelung dürfte nicht davon abhängen, dass im GG, anders als in der italienischen Verfassung, der Schutz des Vermögens nicht ausdrücklich normiert ist. So ist auch im Übrigen die Beschränkung auf grobe Fahrlässigkeit in anderen Ländern eher unüblich.[1403] Dabei ist zwar nicht letztlich geklärt, ob durch eine Erweiterung der Haftung, die in höheren Gebühren oder Provisionen erkennbar werden dürfte, mehr Anleger zu einer Zeichnung bestimmt würden.[1404] Mit dem Hinweis auf die gesamtwirtschaftliche Auswirkung sollte aber nicht der Schutz einzelner Anleger eingeschränkt werden. Die italienische Regelung, die insoweit zudem mit dem allgemeinen Zivilrecht konform ist, ist daher vorzugswürdig.

Beim Mitverschulden ist die deutsche Regelung anlegerfreundlicher, weil sie anordnet, dass der In-Anspruch-Genommene die positive Kenntnis des Geschädigten von den Prospektmängeln nachweisen muss, bevor der Anspruch ausge-

---

[1401] Vgl. die Bestimmung der Sorgfalt für die verschiedenen haftenden Personen oben: § 6 A. I. 5. a) (S. 189).

[1402] *Perrone* S. 35.

[1403] Schäfer/*Hamann* §§ 44, 45 BörsG Rn. 213 ff.; *Grundmann/Selbherr* WM 1996, 985 (986); *Fleischer* Gutachten S. F 60.

[1404] Schäfer/*Hamann* §§ 44, 45 BörsG Rn. 215.

schlossen ist. Hier wie im italienischen Recht auf das vernünftigerweise entgegengebrachte Vertrauen abzustellen, geht eher vom Bild eines mündigen Anlegers aus. Der Nachweis der positiven Kenntnis dürfte in der Praxis nahezu unmöglich zu erbringen sein, es sei denn die Verhandlungen wurden sorgfältig protokolliert und es fand eine Aufklärung über die wahren Umstände statt. Die italienische Regelung ist daher praxistauglicher. Stellt man bei der Bestimmung des Sorgfaltsgrades des Anlegers die Vertrauenswirkung des Prospekts mit ein, so ist der Anleger noch immer angemessen geschützt, aber nicht überbehütet.

Die Frage des vernünftigerweise entgegengebrachten Vertrauens spielt auch für die Kausalität und die Beweislastumkehr eine Rolle. Die Kausalitätsvermutung ist für den Anleger zwar eine sehr entgegenkommende Regelung. Zugleich bedeutet sie aber auch, dass der Anspruch bei Erwerb nach Ablauf der sechsmonatigen Frist nicht mehr geltend gemacht werden kann. Dies erscheint bei Anlagen des Grauen Kapitalmarktes nicht ganz sachgerecht. Hier ist i.d.R. eine lange Zeit vor der Schließung des Fonds der Prospekt bereits als Werbeträger im Umlauf. Zudem fehlt im deutschen Recht eine Regelung der maximalen Zeitspanne zwischen Veröffentlichung und Angebot. Diese war früher im italienischen Recht gegeben, Art. 13 Abs. 3 RegEmit a.F., ist aber mittlerweile (bedauerlicherweise) aufgehoben worden. Dadurch ist es auch möglich, dass die Werbephase mehr als sechs Monaten nach der Veröffentlichung andauert. Dies würde dazu führen, dass ein Anleger, der erst danach unter Verwendung des Prospekts geworben wird, keinen Anspruch mehr geltend machen kann. In der Praxis dürfte aber eine Beitrittsphase von mehr als sechs Monaten eher selten sein – ausgeschlossen ist das allerdings nicht.[1405] Die Prospekte und Vermögensanlagen sind zu differenziert, als dass man pauschal von einer Anlagestimmung von sechs Monaten ausgehen sollte.[1406] Mit dem Begriff des vernünftigen Vertrauens liegt dabei eine Regelung vor, die dem Anleger zwar eine gewisse Beweislast auferlegt, aber dennoch nicht überbelastet und insbesondere nicht nach bereits sechs Monaten von der Anspruchstellung ausschließt. Dies ist als flexiblere Regelung der deutschen vorzuziehen.

Hinsichtlich des Haftungsumfangs im Bereich der Spezialgesetze liegt ebenfalls ein erheblicher Unterschied vor: Das deutsche Recht beschränkt sich darauf, den Erwerbspreis zuzüglich der Kosten des Erwerbs zu erstatten, das italienische Recht umfasst hingegen auch den entgangenen Gewinn. Zuvor war das in Deutschland ebenso.[1407] Wieso der entgangene Gewinn – anders als bei anderen Ansprüchen – gerade ausgeschlossen ist, ist allerdings nicht ersichtlich.

Ob die lange Verjährung bzw. Ausschlussfrist des italienischen Rechts der deutschen Regelung vorzuziehen ist, ist indes zweifelhaft. Im deutschen Recht

---

1405 Vgl. *Heisterhagen* DStR 2006, 759 (762).

1406 Kritisch ebenso Heidel/*Krämer* Kap. 13 § 13 VerkProspG Rn. 15 ff.

1407 Vgl. Heidel/*Krämer* Kap. 13 § 13 VerkProspG Rn. 18 f.

ist schon die allgemeine Verjährung mit drei Jahren deutlich kürzer als in Italien. Daher ist dies auch für den Prospekthaftungsanspruch zu begrüßen. Die weitere Verkürzung auf ein Jahr nach Kenntnis entspricht der Interessenslage am Kapitalmarkt, nach der möglichst bald Sicherheit darüber herrschen muss, ob die Mittel für die Investition zur Verfügung stehen, oder nicht. Diese Regel ist daher interessensgerecht.

II. Haftung für den fehlenden Prospekt

Die Haftung für den fehlenden Prospekt ist in Deutschland spezialgesetzlich geregelt. In Italien ist sie nicht ausdrücklich normiert, lässt sich aber über das Deliktsrecht herleiten. Es stellt sich die Frage, ob es sich anbietet, eine der Haftung für den fehlerhaften Prospekt vergleichbare Norm im Spezialgesetz zu fordern. Damit würde der Anleger seine Rechte an einer Stelle im Gesetz finden und die Normen hätten ähnliche Voraussetzungen. Während ersteres für den Anleger eher unwichtig ist, könnte das zweite Argument dafür dienen, diese Annahme für richtig zu halten. Das Argument kann aber nicht durchgreifen. In Deutschland ist die Haftung aus § 13a VerkProspG auch nicht ganz mit der Haftung aus § 13 VerkProspG i.V.m. § 44 BörsG zu vergleichen, denn zumindest beim Grad der Fahrlässigkeit sowie bei den Begrifflichkeiten bestehen Unterschiede. Dies zeigt, dass eine Einheitlichkeit ohnehin schon aus der Verschiedenartigkeit der Interessenslage zwischen beiden Haftungssituationen nicht zu erreichen ist. Daher spricht auch nichts dagegen, die Haftung im Wesentlichen über das Deliktsrecht abzuleiten. Dies ist indes in Deutschland nur in begrenztem Maße möglich. Es ist daher zu begrüßen, dass mit § 13a VerkProspG eine Spezialnorm geschaffen wurde.

III. Haftung der Aufsichtsbehörde

Ob eine Haftung der Aufsichtsbehörde zu fordern ist, hängt zum einen von der von der Behörde ausgeübten Art der Aufsicht ab und zum anderen von der Konsequenz, die sich aus einer solchen Haftung ergibt. Die Haftung ist grundsätzlich dann zu bejahen, wenn die Behörde die Vollständigkeit und Richtigkeit, oder die Freiheit von Widersprüchen im Prospekt zu prüfen hat und zugleich die Aufsicht zumindest auch im Anlegerinteresse durchgeführt wird. Die Art der Aufsicht wird bei der Consob explizit angeordnet. Zugleich wurde festgestellt, dass die Consob ihre Tätigkeit zumindest auch und sogar in erster Linie im Interesse der Anleger durchführt.[1408] Die BaFin hingegen prüft nur die Vollständigkeit des Prospekts. Daraus könnte geschlossenen werden, dass eine Haftung zumindest für den Fall vorgesehen ist, dass der Prospekt unvollständig ist. Die BaFin wird aber nur im öffentlichen Interesse tätig, § 4 Abs. 4 FinDAG. Damit ist die Tätigkeit im Interesse des Anlegers ausgeschlossen und somit auch eine

[1408] S.o. § 7 E. IV. 1. (S. 306).

Haftung.[1409] Wenn man das *de lege ferenda* regeln wollte, so müsste bedacht werden, dass die BaFin sich aus den Beiträgen der Beaufsichtigten finanziert. Bei Haftung der BaFin müssten diese Beiträge auf Dauer erhöht werden und damit würden im Ergebnis die Anbieter rückbelastet. Die Belastung trifft aber auch solche Anbieter, die keine fehlerhaften Prospekte herausgegeben haben. Es ergäbe sich sozusagen ein Haftungsfonds der Branche für Verfehlungen einzelner Mitglieder. Das ist nicht sachgerecht. Auf der anderen Seite aber haftet jede Behörde aus staatshaftungsrechtlichen Gesichtspunkten für eigenes Fehlverhalten. Auch wenn die BaFin *per legem* nur aus öffentlichem Interesse handelt, so erscheint sie doch dem durchschnittlichem Anleger gegenüber wie eine Behörde, die für die Einhaltung der Normen am Kapitalmarkt sorgt, um die Marktteilnehmer und damit u.a. auch den Anleger zu schützen. Von dieser Warte wiederum erscheint eine Haftung der BaFin sinnvoll, weil sie im Einklang mit allgemeinem Staatshaftungsrecht wäre. Es ist daher eine Überlegung wert, ob nicht § 4 FinDAG zu ändern und damit eine Haftung der BaFin einzuführen wäre. Ob die Norm aber im Rahmen der Prospektprüfung bereits keine Anwendung findet, weil das VerkProspG *lex specialis* ist,[1410] erscheint zweifelhaft, denn § 4 FinDAG gilt für die gesamte Aufsichtstätigkeit. Allerdings sollte bei Änderung der Norm die Finanzierung der Behörde geändert werden; sie könnte eventuell in Teilen aus Mitteln des Staatshaushaltes gespeist werden, mit denen sie die Prospektprüfung vornimmt.[1411] Zu beachten bleibt, dass eine Haftung nur dann möglich sein sollte, wenn die Aufsichtsbehörde ihre gesetzlichen Aufgaben nicht erfüllt hat.

IV. Rechtsnatur der Prospekthaftung

Es bleibt letztlich noch die Frage offen, welche Rechtsnatur die Prospekthaftung hat. Bereits im italienischen Recht wurde festgestellt, dass nicht pauschal auf eine Kategorie zurückgegriffen werden kann, sondern dass die Haftung sowohl vertraglich, vorvertraglich oder deliktisch sein kann. Dabei sind diese Anspruchsgrundlagen streng entsprechend ihrer Voraussetzungen anzuwenden; etwaige Analogiebildungen sind weitgehend zu unterlassen. Diese erweiterten Theorien dienten dazu, vor der Normierung einer spezialgesetzlichen Prospekthaftung ein spezielles Haftungssystem zu errichten. Dies ist auch in Deutschland von Teilen der Literatur als alternativer Ansatz zur früheren Prospekthaftung im engeren Sinn so betrieben worden, als noch keine eigene spezialgesetz-

[1409] Nach BGH DB 2005, 384 (386) ist die Norm sowohl verfassungs- als auch europarechtskonform; ebenso Habersack/ Mülbert/Schlitt/*Mülbert/Steup* § 33 Rn. 81; zweifelnd jedoch Arndt/Voß/*Bruchwitz* § 8i VerkProspG Rn. 100.

[1410] So aber Arndt/Voß/*Bruchwitz* § 8i VerkProspG Rn. 102.

[1411] Vgl. die öffentliche Diskussion in HBl. vom 26.06.07, S. 24; HBl. vom 02.07.2007 S. 24; HBl. vom 29.10.2007, S. 22; HBl. vom 14.11.2007, S. 23 und HBl. vom 14.02.2008, S. 23.

liche Regelung für den Grauen Kapitalmarkt galt.[1412] Es wurde etwa erwogen, damals bestehende spezialgesetzliche Ansprüche analog anzuwenden,[1413] die Maklerhaftung analog zu verwenden,[1414] sowie Deliktsrecht bei Verletzung von Verkehrspflichten zur Geltung zu bringen.[1415] Auch eine Erweiterung der c.i.c. (heute § 311 Abs. 2 u. 3, 280 BGB) ist erwogen worden: So wurde der Prospekt als Werbeträger wesentlich für das Entstehen einer vorvertraglichen Haftung gesehen;[1416] in ähnlicher Weise wurde die c.i.c. auf Grund einer Selbstbindung angewendet.[1417]

Die spezialgesetzlichen Normen legen nunmehr als *leges speciales* eine besondere Prospekthaftung gesetzlich fest. Es handelt sich daher um Ansprüche *sui generis*. Ältere Theorien für eine spezielle Haftungsgrundlage sind demnach gegenstandslos. Daneben greifen aber noch ergänzend die allgemeinen Vorschriften des BGB bzw. des CC ein. Dieses Ergebnis gilt sowohl für das deutsche wie auch für das italienische Recht.

V. Zusammenfassung

Im Ergebnis ergeben sich folgende Reformüberlegungen des deutschen Rechts:

- Aufhebung der Beschränkung der Prospekthaftung anhand des Begriffs der Wesentlichkeit einer unrichtigen Tatsache;
- Erweiterung der Haftung auch für Fälle einfacher Fahrlässigkeit;
- Einführung einer maximalen Zeitspanne zwischen Veröffentlichung des Prospekts und erstmaligem Angebot und Änderung der Pauschalisierung der Anlagestimmungsfrist;
- Ausdehnung des Haftungsumfangs auf den entgangenen Gewinn;
- Erstreckung der Haftung auf die BaFin bei Reform ihrer Finanzierung.

[1412] Vgl. beispielhaft Assmann/Schütze/*Assmann* § 6 Rn. 36 ff.; *Ochs* S. 40 ff.

[1413] *Coing* WM 1980, 206 (210).

[1414] *Lutter* FS Bärmann, 605 (611 ff.); *Frhr. v. Grießenbeck* BB 1988, 2188.

[1415] S.o. § 6 C. II. 3. a) bb) (S. 237).

[1416] *Lehmann* S. 342 ff.

[1417] *Köndgen* AG 1983, 85 (90 ff.).

§ 9 Gesamtergebnis

Die Arbeit hat ergeben, dass die Prospektpflicht und -haftung in Deutschland und in Italien auch nach Umsetzung der VerkaufsprospektRL nicht einheitlich geregelt ist. Dies ist zum einen darauf zurückzuführen, dass die Richtlinie selbst nicht für Vermögensanlagen gilt, die keine Wertpapiere darstellen. Die Anlageformen des deutschen Grauen Kapitalmarktes sind dagegen i.d.R. keine Wertpapiere. Hingegen sind die Anlageformen des italienischen Rechts, die in früherer Zeit als atypische Titel bekannt waren und heute nur noch von untergeordneter Rolle sind, nach italienischem Wertpapierrecht sehr wohl als Wertpapiere, allerdings als atpypische Papiere zu verstehen. Zum anderen beruht die Ungleichheit der Gesetzeslage auch darauf, dass die Richtlinie kaum inhaltliche Vorgaben bezüglich der Ausgestaltung der Haftung macht. Daher sind die entsprechenden Normen weiterhin nicht einheitlich.

Es konnte aufgezeigt werden, dass in beiden Rechtsordnungen sowohl im Rahmen der Prospektpflicht als auch der Prospekthaftung mittels Auslegung ein ähnlicher Anwendungsbereich bei wichtigen Tatbestandsmerkmalen herzustellen ist, wenn es etwa um die Frage des verpflichteten Personenkreises geht. Hier wurde in beiden Rechtsordnungen ein weiter Anbieterbegriff gewählt, mit dem die meisten vorder- und hintergründig verantwortlichen Personen zu erfassen sind. Unüberwindbare Unterschiede bestehen hingegen in den Einzelheiten wie z.B. dem Anwendungsbereich der Prospektpflicht, in dem in Italien ein weiter Begriff gewählt wird und in Deutschland eine Aufzählung einzelner Produkte. Ähnlich ist die Detailverschiedenheit bei der Prospekthaftung, bei der in Deutschland eine sehr kurze Frist von sechs Monaten besteht, innerhalb derer der Anspruch geltend gemacht werden kann – im Gegensatz zur fünf- bzw. zweijährigen Ausschlussfrist des italienischen Rechts. Deutliche Unterschiede bestehen auch in den Details der nicht spezialgesetzlichen Anspruchsgrundlagen, bei denen in Italien etwa über den weiten Deliktsbegriff auch die Aufsichtsbehörde haften kann, während in Deutschland nur in seltenen Fällen ein Anspruch aus Deliktsrecht möglich sein wird und eine Haftung der BaFin *de lege lata* ganz ausscheidet. Noch größere Unterschiede bestehen zudem – worauf hier allerdings nur im Überblick eingegangen werden konnte – im Verordnungsbereich, wenn etwa die inhaltlichen Vorgaben des Prospekts durch Consob oder VermVerkProspV geregelt werden.

Daneben hat die Untersuchung dargelegt, wie in zwei Rechtsordnungen auf völlig verschiedene Art auf die Entwicklungen der siebziger und achtziger Jahre an alternativen Kapitalmärkten reagiert wurde. Während in Deutschland jahrelang zunächst Rechtsprechung und Literatur nach einem Konzept für die Prospekthaftung gesucht haben, wurde in Italien bereits sehr früh (1983) eine gesetzliche Prospektpflicht, aber erst 2007 eine gesetzliche Prospekthaftung eingeführt. Die Prospektpflicht und eine spezialgesetzliche Haftung ist in Deutschland erst im Jahre 2005 und damit im ersten Fall mehr als zwanzig Jahre später geschehen. Erstaunlich ist auch, dass in Italien der später einsetzende Vertrauensverlust gegenüber verschiedenen Anlageformen des Kapitalmarktes zur Einführung von gesetzlichen Modellen von geschlossenen Fonds mit klaren Regeln führte. So müssen solche geschlossenen Fonds bestimmte Anlagerichtlinien einhalten, teilweise eine Börsenzulassung beantragen und auch nach Emission einige Transparenzvorgaben erfüllen. Diese gesetzlichen Modelle haben wieder das Vertrauen der Anleger gefunden.

In Deutschland hat ein solcher Vertrauensverlust nie stattgefunden, obwohl es genügend Anlässe mit gescheiterten innovativen und zum Teil auch betrügerischen Angeboten gegeben hat. Einen großen Boom erlebten die Fonds etwa nach der Wiedervereinigung, als die Sanierung ostdeutscher Altbauten steuerlich gefördert wurde.[1418] Hier waren allerdings auch etliche Fehlinvestitionen zu verzeichnen. Einen großen Haftungsfall bildet auch die Insolvenz der Göttinger Gruppe, bei der ein betrügerisches Schneeballsystem jedoch nicht nachgewiesen werden konnte.[1419] Einen Steuerbetrug, der sich am Ende zu Lasten der Anleger auswirkt, ist der Fall VIP-Filmfonds.[1420] Ebenfalls kein Betrugs- sondern nur ein Insolvenzfall wurde die Falk-Gruppe.[1421] Grund für die anhaltende Nachfrage ist die weiterhin bestehende Steuersparmöglichkeit solcher Anlageformen. Die Arbeit hat gezeigt, dass es sinnvoll wäre, gesetzliche Modelle ähnlich den normierten Formen kollektiver Vermögensverwaltung in Italien auch in Deutschland einzuführen, wenngleich es nicht erforderlich ist, dass damit andere Vermögensanlagen verboten werden, sondern es reicht, dass diese verpflichtet werden, in ihren Prospekten auf die Unterschiede und die geringere Sicherheit ihrer Produkte gegenüber den gesetzlichen Modellen darzulegen. So kann die Prospektpflicht einen Beitrag zur Aufklärung des allgemeinen Anlegerpublikums bieten und gleichzeitig kann auf eine zu strikte Regulierung des Marktes verzichtet werden. Auf diese Weise entscheidet die Nachfrage am Markt, ob sich ein gesetzliches Modell durchsetzt. Das REITG oder neugeschaffene Arten von Investmentfonds im InvG sind hierbei zwar Formen kollektiver Vermögensverwaltung, die aber keinen geschlossenen Fonds nach gesetzlichen Vorgaben ersetzen können, weil sie einen zu engen Anwendungsbereich haben.

Im Ergebnis kann daher festgehalten werden, dass im Bereich von Prospektpflicht und Haftung in Deutschland und in Italien für alternative bzw. „graue" Produkte des Kapitalmarktes deutlich andere Vorgaben bestehen. Dies konnte

---

1418 *Hagemann* S. 172 ff.

1419 Vgl. zum Fall der Göttinger Gruppe, die vornehmlich stille Beteiligungen von insgesamt mehr als einer Milliarde Euro ausgab, zusammenfassend *Rohlfing/Wegener/Oettler* ZIP 2008, 865; HBl. vom 11.06.2007, S. 28 f.; aus der Rechtsprechung dazu vgl. BGH WM 2005, 2228; WM 2005, 838.

1420 Vgl. HBl. vom 14.11.2007, S. 29.

1421 Vgl. HBl. vom 31.10.2005, S. 33.

auch durch die VerkaufsprospektRL nicht geändert werden. In einigen Bereichen bietet das italienische Recht dabei Modelle und Lösungen, die eine attraktive Alternative oder Ergänzung zum deutschen Recht sein können.

Für die Frage, ob es ein Nachteil des deutschen Finanzplatzes ist, dass ein Grauer Kapitalmarkt besteht, ist eine eindeutige Antwort allerdings schwierig. Festzuhalten bleibt aber, dass durch die mangelnde Regulierung der Anlagepolitik eine sinnvolle Wirtschaftslenkung und -förderung nicht möglich ist. Zugleich könnte es von Vorteil sein, durch ein gesetzliches Modell ein höheres Anlegervertrauen und eine Investmentmöglichkeit für breitere Bevölkerungsschichten in geschlossenen Fonds zu schaffen. Dies dürfte den Finanzplatz Deutschland stärken.

In europarechtlicher Hinsicht ist zu bemerken, dass die mittlerweile umfangreichen Vorgaben des europäischen Rechts i.d.R. nur für Wertpapiere gelten, obwohl der Graue Kapitalmarkt zumindest in Deutschland ein nicht zu unterschätzendes Marktsegment darstellt. Die Untätigkeit des europäischen Normgebers resultiert aber daraus, dass dies eine im Wesentlichen deutsche und österreichische Besonderheit ist, die den meisten Mitgliedsstaaten fremd ist. Dabei zeigt der Vergleich der beiden Rechtsordnungen, dass von einem einheitlichen europäischen Kapitalmarkt keine Rede sein kann und dass auch das Anbieten von Produkten aus einem Mitgliedsstaat in einem anderen nicht unbedingt möglich ist. Erwägenswert wäre es daher aus europarechtlicher Sicht, ein europaweites Anlagemodell für geschlossene Fonds zu entwickeln, so dass hier ein einheitlicher, grenzüberschreitender Markt auch in diesem Bereich stattfinden kann. Für die hier vorgeschlagene Lösung, ein gesetzliches Modell etwa für geschlossene Fonds in Deutschland zuzulassen, die herkömmlichen Anlageformen aber weiterhin zuzulassen, ist indes eine einheitliche europäische Lösung kaum möglich. Die Anlageformen des Grauen Kapitalmarkts in Deutschland haben jedoch – auch bei Einführung einer gesetzlichen Form – weiterhin einen Platz auf dem Gesamtmarkt. Sie existieren in dieser Form indes nur in Deutschland. Ein völlig einheitlicher europäischer Kapitalmarkt erscheint daher auf lange Sicht nicht möglich.

Anhang: Verzeichnis italienischer Normtexte / Übersetzung der wichtigsten Normen

Nachfolgend werden die (ursprünglichen) Fundstellen aus der *Gazzetta Ufficiale* aller verwendeten italienischen Normtexte und, soweit verfügbar, Quellen aus dem Internet angegeben, sofern diese möglichst aktuell gehalten werden. Eine Suchmaske für italienische Rechtsnormen findet sich unter http://www.normeinrete.it. Die wichtigsten Normen werden, soweit nichts anderes angegeben ist, zum besseren Verständnis der vorliegenden Erörterungen in eigener Übersetzung wiedergegeben. Die entsprechenden Regelwerke sind jedoch nicht vollständig übersetzt.

I. Costituzione (Cost.) / Verfassung

Costituzione della Repubblica italiana, approvata dall'Assemblea Costituente il 22 dicembre 1947, promulgata dal Capo provvisorio dello Stato il 27 dicembre 1947 ed entrato in vigore il 1° gennaio 1948, GU Nr. 298 vom 27.12.1947 (Sonderaugabe) [erhältlich unter www.cortecostituzionale.it].

Art. 28 Die Amtspersonen und Angestellten des Staates und der öffentlichen Einrichtungen sind direkt für die von ihnen begangenen rechtsverletzenden Handlungen nach Straf-, Zivil- und Verwaltungsgesetzen verantwortlich. In diesen Fällen erstreckt sich die zivile Haftung auf den Staat und die öffentlichen Einrichtungen.

Art. 41 (1) Die private wirtschaftliche Initiative ist frei.
(2) Sie kann nicht im Widerspruch zum sozialen Nutzen oder in einer Weise ausgeübt werden, die der Sicherheit, der Freiheit oder der Menschenwürde schadet.
(2) Das Gesetz bestimmt Programme und Kontrollen, damit die öffentliche und private wirtschaftliche Tätigkeit auf soziale Zwecke ausgerichtet und koordiniert ist.

Art. 47 (1) Die Republik fördert und schützt erspartes Vermögen in allen seinen Formen; sie regelt, koordiniert und kontrolliert die Ausübung von Forderungsrechten.
(2) Sie fördert den Zugang durch erspartes Vermögen zu Wohneigentum, landwirtschaftlichem Eigentum und zur direkten und indirekten Aktienanlage in den großen Produktionskomplexen des Landes.

Art. 97 (1) Die öffentliche Verwaltung ist entsprechend den gesetzlichen Bestimmungen so organisiert, dass die gute Führung und Unparteilichkeit der Verwaltung gewährleistet ist.
(2) Bei der Organisation der Verwaltung werden die Kompetenz-

grenzen, die Zuteilung und die Verantwortlichkeit der Amtspersonen festgelegt.
(3) Zur Beschäftigung bei der öffentlichen Verwaltung wird der Zugang mittels Wettbewerb gewährt, es sei denn, dass Gesetz sieht etwas anderes vor.

II. Codice civile (CC)

Codice civile, approvato con Regio Decreto 16 marzo 1942, n. 262, GU Nr. 79 vom 04.04.1942
(italienisches Zivilgesetzbuch) [(nicht amtlich) erhältlich unter: http://www.studiocataldi.it/codicecivile/]
Für die Übersetzung des Codice civile sei auf *Bauer/Eccher/König/ Kreuzer/ Zanon* verwiesen.

III. Codice di procedura civile (CPC)

Codice di procedura civile, approvato con Regio Decreto 28 ottobre 1940, n. 1443, GU Nr. 253 vom 28.10.1940 (Zivilprozessgesetzbuch) [(nicht amtlich) erhältlich unter: http://www.studiocataldi.it/codiceproceduracivile/]

IV. Codice penale (CP)

Codice Penale, approvato con Regio Decreto 19 ottobre 1930 n. 1398, GU Nr. 251 vom 26.10.1930 (Strafgesetzbuch) [(nicht amtlich) erhältlich unter: http://www.studiocataldi.it/codicepenale/]

V. DL. 27/1987

Decreto legge 16 febbraio 1987, n. 27: Misure urgenti in materia di enti di gestione fiduciaria, GU Nr. 39, vom 17.02.1987

VI. Dlgs. 385/1993

Decreto legislativo 1° settembre 1993, n. 385: Testo unico delle leggi in materia bancaria e creditizia; GU Nr. 230, vom 30.09.1993 [erhältlich unter http://www.bancaditalia.it/vigilanza/banche/normativa/leggi/tub]

VII. Dlgs. 415/1996

Decreto legislativo 23 luglio 1996, n. 415: Recepimento della direttiva 93/22/CEE del 10 maggio 1993 relativa ai servizi di investimento nel settore dei valori mobiliari e della direttiva 93/6/CEE del 15 marzo 1993 relativa all'adeguatezza patrimoniale delle imprese di investimento e degli enti creditizi, GU Nr. 186 vom 09.08.1996

VIII. Dlgs. 80/1998

Decreto legislativo 31 marzo 1998, n. 80: Nuove disposizioni in materia di organizzazione e di rapporti di lavoro nelle amministrazioni pubbliche, di giurisdizione nelle controversie di lavoro e di giurisprudenza amministrativa, emanate in attuazione dell'articolo 11, comma 4, della legge 15 marzo 1997, n. 59, GU Nr. 82 vom 08.04.1998

IX. Dlgs. 6/2003

Decreto legislativo 17 gennaio 2003, n. 6: Riforma organica della disciplina delle società di capitali e società cooperative, in attuazione della legge 3 ottobre 2001, n. 366, GU Nr. 17 vom 22.01.2003

X. Dlgs. 51/2007

Decreto legislativo 08. marzo 2007, n. 51: Attuazione della direttiva 2003/71/CE relativa al prospetto da pubblicare per l'offerta pubblica o l'ammissione alla negoziazione di strumenti finanziari, che modifica la direttiva 2001/34/CE, GU Nr. 94 vom 28.03.2007

XI. DM 228/1999

Decreto 24 maggio 1999, n. 228 (Ministro del Tesoro del Bilancio e della programmazione economica): Regolamento recante norme per la determinazione dei criteri generali cui devono essere uniformati i fondi comuni di investimento, GU Nr. 164 vom 15.07,1999
[erhältlich unter http://www.dt.tesoro.it/Aree-Docum/Regolament/Intermedia/]

XII. L. 1939/1966

Legge 23 novembre 1939, n. 1966: Disciplina delle società fiduciarie e di revisione, GU Nr. 7 vom 10.01.1940

XIII. L. 1034/1971

Legge 06 dicembre 1971, n. 1034: Istituzione dei Tribunali amministrativi regionali, GU Nr. 314, vom 13.12.1971

XIV. L. 216/1974

Legge 7 giugno 1974, n. 216: Conversione in legge, con modificazioni, del decreto-legge 8 aprile 1974, n. 95, recante disposizioni relative al mercato mobiliare ed al trattamento fiscale dei titoli azionari, GU Nr. 149 vom 08.06.1974

XV. L. 77/1983

Legge 23 marzo 1983, n. 77: Istituzione e disciplina dei fondi comuni d'investimento mobiliare, GU Nr. 85 vom 28.03.1983

XVI. L. 148/1987

Legge 13 aprile 1987, n. 148. GU Nr. 91 vom 18.04.1987

XVII. L. 1/1991

Legge 2 gennaio 1991, n. 1: Disciplina dell'attività di intermediazione mobiliare e disposizioni sull' organizzazione dei mercati mobiliari, GU Nr. 3 vom 02.01.1991

XVIII. L. 20/1994

Legge 14 gennaio 1994, n. 20: Disposizioni in materia di giurisdizione e controllo della corte dei conti, GU Nr. 10 vom 14.01.1994

XIX. L. 639/1996

Legge 20 dicembre 1996, n. 639: Conversione in legge, con modificazioni, del decreto-legge 23 ottobre 1996, n. 543, recante disposizioni urgenti in materia di ordinamento della corte dei conti, GU Nr. 299 vom 21.12.1996

XX. L. 205/2000

Legge 21 luglio 2000, n. 205: Disposizioni in materia di giustizia amministrativa, GU Nr. 173 vom 26.07.2000

XXI. L. 262/2005

Legge 28. dicembre 2005, n. 262: Disposizioni per la tutela del risparmio e la disciplina dei mercati finanziari, GU Nr. 301 vom 28.12.2005 [erhältlich unter http://www.parlamento.it/leggi/05262l.htm]

XXII. Provv.BdI.

Provvedimento della Banca d'Italia del 14. aprile 2005, n. 977125: Regolamento sulla gestione collettiva del risparmio, GU Nr. 260 vom 14.10.2005 [erhältlich unter http://www.bancaditalia.it/vigilanza/intermediari/normativa/sgr_oicr]

XXIII. RegEmit

Regolamento di attuazione del decreto legislativo 24 febbraio 1998, n. 58, concernente la disciplina degli emittenti (adottato dalla Consob con delibera n. 11971 del 14 maggio 1999 e successivamente modificato (Regolamento Emittenti), GU Nr. 123 vom 28.05.1999:
[erhältlich unter:http://www.dt.tesoro.it/Aree-Docum/Regolament/Intermedia/ oder http://www.consob.it/main/regolamentazione/index.html]

Art. 3 (1) Im vorliegenden Titel ist zu verstehen unter:
a) „Platzierungsverantwortlicher“: die Person, die das Emissionskonsortium organisiert und konstituiert, der Koodinator der Platzierung oder der alleinige Plazierende;
[...]

Art. 4 Die Mitteilung gemäß Artikel 94 Absatz 1 TUF enthält eine schematische Beschreibung des Angebots und die Angabe der Personen, die sie vertreiben, Nachweise über das Vorliegen der notwendigen Voraussetzungen für die Durchführung des Angebots, sie enthält alle Informationen gemäß Anhang 1A und ist unterschrieben von denjenigen, die als Anbieter, Emittent und Platzierungsverantwortlicher die Anregung von Investitionen durchführen wollen.

Art. 5 (1) Der Prospekt ist gemäß der Verordnung 809/2004/EG zu erstellen, wenn er sich auf Finanzinstrumente außer Anteile oder Aktien von offenen Oicr bezieht. Wenn das Angebot ausschließlich in Italien als Herkunftmitgliedstaat stattfindet, ist der Prospekt in italienischer Sprache zu erstellen.
(2) Die Preis- und die Quantitätsangaben der Finanzprodukte können, wenn sie im Zeitpunkt der Veröffentlichung des Prospekts

nicht bekannt sind, in einer Aktualisierung gemäß des folgenden Artikels 9 veröffentlicht werden. In diesem Fall muss der Prospekt die Kriterien und Bedingungen über die Art angeben, in der der Preis und die Quantität der Finanzprodukte bestimmt werden, sowie im Falle des Preises den Höchstpreis.
(3) Der Prospekt enthält auch eine Zusammenfassung, erstellt in untechnischer Sprache und in Übereinstimmung mit Artikel 24 der Verordnung 809/2004/EG. Die Zusammenfassung erläutert kurz die Risiken, die wesentlichen Eigenschaften hinsichtlich des Emittenten, der eventuellen Garanten und der Finanzinstrumente in der Sprache, in der der Prospekt ursprünglich erstellt wurde und enthält einen Hinweis, nach dem:
a) die Zusammenfassung als Einleitung zum Prospekt gelesen werden soll;
b) jede Entscheidung zur Anlage in Finanzinstrumenten sich auf eine Analyse seitens des Anlegers des gesamten Prospekts stützen sollte;
c) für den Fall einer gerichtlichen Auseinandersetzung vor einem zuständigen Gericht bezüglich der im Prospekt enthaltenen Informationen der klagende Anleger gehalten sein könnte, die Übersetzungskosten für den Prospekt vor Beginn der Verhandlung zu tragen;
d) die zivile Haftung sich gegen alle Personen richtet, die die Zusammenfassung und ihre mögliche Übersetzung verfasst haben, jedoch nur, wenn diese Zusammenfassung irreführend, ungenau oder widersprüchlich ist, sofern sie mit anderen Teilen des Prospekt zugleich gelesen wird.
(4) Der Platzierungsverantwortliche bezeugt mittels einer der Mitteilung beiliegenden Erklärung, dass der Prospekt gemäß der Schemata aus den Anhängen zur Verordnung Nr. 809/2004/EG erstellt wurde und die für seinen Zweck relevanten Informationen enthält, die im Rahmen der Überprüfungen bekannt worden sind. Der Emittent oder Anbieter und die anderen für den Prospekt verantwortlichen Personen unterzeichnen die Verantwortlichkeitserklärung, die in den Anhängen zu dieser Verordnung zur Wiedergabe als Anlage für die Mitteilung vorgesehen sind.
(5) In besonderen Fällen und vorbehaltlich der Ziele des Artikels 94 Absatz 2 des TUF und der gemeinschaftsrechtlichen Regelungen kann die Consob auf Antrag der in Artikel 4 genannten Personen die Auslassung von einigen der in den entsprechenden Schemata vorgesehenen Angaben gestatten.

(6) Für den Fall, dass die in den Schemata vorgeschriebenen Informationen nicht für den Wirkungskreis des Emittenten oder seine Rechtsform oder die im Prospekt behandelten Finanzinstrumente geeignet sind, muss der Prospekt, ausnahmsweise und nur, sofern hierin keine Vorentscheidung hinsichtlich des vorigen Absatzes getroffen wird, gleichwertige Informationen enthalten, soweit diese verfügbar sind.
(7) Wenn die Investitionsanregung Finanzprodukte betrifft, für die kein Schema im Anhang vorgesehen ist, gibt die Consob auf Antrag des Anbieters den Inhalt des Prospekts vor.

Art. 7 (1) Wenn die Investionsanregung Finanzprodukte betrifft, die weder an einem Markt gehandelt werden noch unter dem Anlegerpublikum verbreitet sind, wird die Genehmigung gemäß Artikel 94 Absatz 3 TUF innerhalb von zwanzig Arbeitstagen nach der Mitteilung gemäß Absatz 1 desselben Artikels erteilt.
(2) Die Frist des vorangegangen Absatzes beträgt zehn Arbeitstage, wenn sie Finanzinstrumente betrifft, die weder an einem Markt gehandelt werden noch unter dem Anlegerpublikum verbreitet sind, und von einem Emittenten begeben werden, für den bereits Finanzinstrumente an einem geregelten Markt zum Handel zugelassen sind oder der bereits ein Angebot an die Öffentlichkeit von Finanzinstrumenten gemacht hat.
(3) Die Mitteilung datiert auf den Tag, an dem sie der Consob zugeht. Ist die Mitteilung unvollständig, so informiert die Consob darüber den Emittenten und den Anbieter, je nach Lage des Falles, innerhalb von zehn Arbeitstagen und die Mitteilung datiert auf den Tag, an dem der Consob die fehlenden Dokumente oder Teile zugehen.
(4) Ist die Consob aus nachvollziehbaren Gründen der Ansicht, dass weitere Informationen erforderlich sind, so teilt sie das dem Emittenten oder dem Anbieter im Falle von Absatz 1 innerhalb von zwanzig Arbeitstagen nach der Mitteilung mit, im Falle von Absatz 2 innerhalb von zehn Arbeitstagen. Die Fristen des Absatzes 1 bzw. des Absatzes 2 beginnen an dem Tag, an dem der Consob diese Informationen zugehen.
(5) Die Dokumente, die fehlenden Teile oder die zusätzlichen Informationen müssen der Consob innerhalb von 30 Arbeitstagen ab dem Zeitpunkt zugehen, ab dem der Emittent oder der Anbieter von der Unvollständigkeit unterrichtet wurden.
(6) Handelt es sich um Anteile oder Aktien von offenen Oicr oder um Anteile an geschlossenen Fonds, so sind die Artikel 22-bis und 25-bis entsprechend anzuwenden.

Art. 8 (1) Vor dem Zeichnungs- bzw. Kaufzeitraum muss der Prospekt veröffentlicht werden, und zwar durch Hinterlegung des Originals bei der Consob und einer Kopie auf einem computergestützten Datenträger sowie zusätzlich der Öffentlichkeit zugänglich gemacht werden, und zwar wahlweise:
a) mittels Beilage in einer oder mehrerer Zeitungen mit nationaler oder überregionaler Verbreitung;
b) in gedruckter Form, zur kostenlosen Abgabe am rechtlichen Sitz des Emittenten und in den Büroräumen der Intermediäre, die für die Platzierung verantwortlich sind oder bei den Personen, die für Rechnung der letzteren tätig sind;
c) in elektronischer Form auf der Internetseite des Emittenten, oder, soweit das in dem Fall gegeben ist, auf den Internetseiten der Intermediäre, die für die Platzierung verantwortlich sind. In diesem Fall haben der Emittent, der Anbieter und die platzierungsverantwortlichen Intermediäre oder die Personen, die für für Rechnung der letzteren tätig sind, jedem Interessierten auf Anfrage eine gedruckte Fassung des Prospekts zuzusenden.
[...]

Art. 17 (1) Die Werbung muss eindeutig als solche erkennbar sein. Die in der Werbung enthaltenen Informationen müssen klar und korrekt ausgedrückt sein und mit denen im Prospekt übereinstimmen.
(2) Der Inhalt der Werbung darf nicht so gestaltet sein, dass er über die Eigenschaften, die Natur und die Risiken des angebotenen Produkts und der dazugehörigen Kapitalanlage täuscht.
(3) [...]
(4) Jede Werbung enthält folgenden, so gestalteten Hinweis, dass er sofort und leicht wahrgenommen werden kann: „Vor der Zeichnung ist der Prospekt zu lesen." Im Falle von audiovisuellen Mitteln muss dieser Hinweis zumindest als Ton enthalten sein.
(5) Jede Werbung muss den Ort bezeichnen, an dem das Anlegerpublikum den Prospekt sowie andere erforderliche Mittel, die für das Lesen des Prospekts erforderlich sind, erhalten kann.

Art. 19 (1) Die Werbung für Oicr, offene Pensionsfonds und Nichtdividendenwerte, die dauernd oder wiederholt von Kreditinstituten ausgegeben werden, können am Tag nach ihrer Übermittlung an die Consob veröffentlicht werden.
(2) Andere Werbung kann zehn Tage nach dessen Übermittlung an die Consob einschließlich der von dieser vorgesehenen Veränderungen veröffentlicht werden. Unbeschadet dessen kann Werbung

dennoch am auf die Übermittlung an die Consob folgenden Tag veröffentlicht werden, wenn die Werbung nur einen oder mehrere der folgenden Inhalte enthält:

a) Bezeichnung, Hauptsitz und eventuelle Nebensitze, Gesellschaftskapital, Geschäftszweck, Aktionäre, Gruppe, deren die Gesellschaft angehört und die Rolle der an der Investitionsanregung beteiligten;

b) Zeitraum für die Zeichnung bzw. den Kauf und die Bezeichnung der Personen, bei denen weitere Informationen erhältlich sind oder gekauft bzw. gezeichnet werden kann;

c) Bezeichnung, Art, Anlagezeitraum und Rahmenbedingungen der damit eventuell verbundenen Ermächtigungen.

Art. 33 (1) Die Regelungen des Abschnittes 1 des Titels 2 des Teils 4 des TUF sowie die Regelungen des vorliegenden Titels gelten nicht für Investitionsanregungen

a) die sich an weniger als 100 Personen richten;

b) die ein in zwölf Monaten zu berechnendes Gesamtvolumen von weniger als 2.500.000 Euro nicht übersteigen;

c) die sich auf Finanzprodukte beziehen, die einen Gegenwert pro Anleger von mindestens 50.000 Euro haben;

d) die sich auf Finanzprodukte beziehen, die einen Nominalwert von mindestens 50.000 Euro haben;

[...]

XXIV. Testo unico finanziario (TUF)

Decreto legislativo 24 febbraio 1998, n. 58: Testo unico delle disposizioni in materia di intermediazione finanziaria, ai sensi degli articoli 8 e 21 della legge 6 febbraio 1996, n.52, GU Nr. 71 vom 26.03.1998 [erhältlich unter http://www.dt.tesoro.it/Aree-Docum/Regolament/Intermedia/ oder http://www.consob.it/main/regolamentazione/index.html]

Art. 1 (1) Im vorliegenden gesetzesvertretenden Dekret ist zu verstehen unter:

[...]

h) „Investmentgesellschaft": die Sim und die gemeinschaftsrechtlichen sowie die nicht EG-Investmentgesellschaften;

i) „Investmentgesellschaft mit variablem Kapital": die Aktiengesellschaften mit variablem Grundkapital mit rechtlichem und tatsächlichem Sitz in Italien und mit dem ausschließlichen Geschäfts-

zweck des kollektiven Anlegens des Gesellschaftsvermögens, welches durch Angebot an die Öffentlichkeit der eigenen Aktien gesammelt wurde;
j) „Investmentfonds“: das Sondervermögen, unterteilt in Anteile, einer Vielzahl von Teilnehmern zugehörig, welches kollektiv verwaltet wird; das Vermögen des Fonds, sowohl des offenen oder des geschlossenen, kann durch Sammeln in einer oder mehrerer Emissionen erfolgen;
k) „offener Fonds“: der Investmentfonds, dessen Teilnehmer jederzeit das Recht zur Rückgabe der Anteile hat, entsprechend der Modalitäten, die das Reglement des Fonds vorsehen;
l) „geschlossener Fonds“: der Investmentfonds, in dem das Recht zur Rückgabe der Anteile den Teilnehmern nur zu vorbestimmten Terminen möglich ist;
m) „Organismen für gemeinsame Anlagen von Ersparnissen“ (Oicr): die Investmentfonds und die Sicav;
n) „kollektive Vermögensverwaltung“: die Dienstleistung, die sich auszeichnet durch:
1) die Bewerbung, Einrichtung und Organisation von Investmentfonds und der Verwaltung der Beziehungen mit den Teilnehmern;
2) die Verwaltung des Vermögens einer eigens oder fremdgegründeten Oicr, durch Anlage in Finanzinstrumente, Forderungsrechte oder andere bewegliche oder unbewegliche Güter;
o) „Verwaltungsgesellschaft für Ersparnisse (Sgr)“: die Aktiengesellschaft mit rechtlichem und tatsächlichem Sitz in Italien, die berechtigt ist, die Dienstleistung der kollektiven Vermögensverwaltung auszuüben;
o-bis) „harmonisierte Verwaltungsgesellschaft“: die Gesellschaft mit rechtlichem und tatsächlichem Sitz in einem Mitgliedsstaat außerhalb Italiens, die gemäß der Richtlinie über Organismen in gemeinsamen Anlagen berechtigt ist, die Dienstleistung der kollektiven Vermögensverwaltung auszuüben;
p) „Gründungsgesellschaft“: die Sgr, die die in Buchstabe n), Nummer 1) bezeichnete Tätigkeit ausübt;
q) „Verwalter“: die Sgr, die die in Buchstabe n), Nummer 2) bezeichnete Tätigkeit ausübt;
[...]
t) „Angebot von Finanzprodukten an die Öffentlichkeit“: jede Nachricht an Personen, in jedweder Form und mit jedwedem Mittel, die derart genügend Informationen bezüglich des Angebots und des angebotenen Finanzproduktes enthält, dass ein Anleger die Möglichkeit zu entscheiden hat, das Produkt zu kaufen oder zu

zeichnen, einschließlich der Platzierung durch autorisierte Personen;
u) „Finanzprodukt“: Finanzinstrumente und jede andere Form von Investment mit Finanzcharakter; Bank- oder Posteinlagen, die nicht von Finanzinstrumenten repräsentiert werden, stellen kein Finanzprodukt dar;
[...]

Art. 91 Die Consob übt ihre Befugnisse nach diesem Teil mit Rücksicht auf den Schutz der Anleger sowie auf die Effizienz und Transparenz des Marktes der Unternehmenskontrolle und des Kapitalmarktes aus.

Art 92 (1) Die an der Börse geführten Emittenten und die an der Börse geführten Emittenten, deren Herkunftmitgliedsstaat Italien ist, versichern die Gleichheit in der Behandlung von allen Inhabern von an der Börse geführten Finanzinstrumenten, die dieselben Bedingungen erfüllen.
(2) Die an der Börse geführten Emittenten und die an der Börse geführten Emittenten, deren Herkunftmitgliedsstaat Italien ist, garantieren allen Inhabern von an der Börse geführten Finanzinstrumenten die notwendigen Möglichkeiten und Informationen, um ihre Rechte auszuüben.
[...]

Art. 93-bis (1) Im vorliegenden Abschnitt ist zu verstehen unter:
[...]
e) „Platzierungsverantwortlicher“: die Person, die das Emissionskonsortium organisiert und konstituiert, der Koodinator der Platzierung oder der alleinige Platzierende;
[...]

Art. 94 (1) Wer ein Angebot an die Öffentlichkeit abgeben will, veröffentlicht vorher einen Prospekt. Für gemeinschaftsrechtliche Finanzinstrumente, in denen Italien der Herkunftmitgliedstaat ist und für Angebote, die sich auf Finanzprodukte, die keine gemeinschaftsrechtlichen Finanzinstrumente darstellen, ist zuvor eine Mitteilung an die Consob zu machen, wobei der Prospekt, der zur Veröffentlichung vorgesehen ist, beizufügen ist. Der Prospekt darf nicht veröffentlicht werden, bevor er nicht von der Consob genehmigt wurde.
(2) Der Prospekt enthält alle Informationen in leicht analysierbarer und verständlicher Form, die, mit Rücksicht auf die Eigenschaften des Emittenten und des angebotenen Finanzproduktes, notwendig sind, damit die Anleger zu einem fundierten Urteil über die Ver-

mögens- und Finanzlage, die wirtschaftlichen Ergebnisse und über die Aussichten des Emittenten und des möglichen Garanten, sowie über die Finanzprodukte und die damit verbundenen Rechte kommen können. Der Prospekt enthält zudem eine Zusammenfassung, die die Risiken und wesentlichen Eigenschaften des Angebots angibt.

(3) Der Prospekt für ein Angebot eines gemeinschaftsrechtlichen Finanzinstruments ist gemäß den Mustern der europäischen Verordnungen zu erstellen, die die Materie regeln.

(4) Der Emittent oder der Anbieter kann den Prospekt in einem einheitlichen Dokument oder in verschiedenen Dokumenten aufstellen. Ist der Prospekt in verschiedenen Dokumenten aufgestellt, so müssen die erforderlichen Informationen in einem Registerdokument, einer Information über die angebotenen Finanzinstrumente und -produkte und in einer Zusammenfassung aufgestellt sein.

(5) Wenn die Consob es für den Schutz der Anleger für erforderlich hält, kann sie anordnen, dass der Emittent oder der Anbieter weitere Informationen in den Prospekt einfügt.

(6) Bezieht sich das Angebot auf Finanzprodukte, die keine gemeinschaftsrechtlichen Finanzinstrumente sind, und ist der Prospektinhalt nicht gem. Artikel 95 Absatz 1 Buchstabe b) geregelt, so stellt die Consob auf Antrag des Emittenten oder des Anbieters Inhaltsvorgaben auf.

(7) Jedweder neue, erhebliche Umstand, sachlicher Fehler oder jedwede Ungenauigkeit bezüglich der im Prospekt enthaltenen Informationen, der geeignet ist, die Bewertung des Finanzproduktes zu beeinflussen, ist in einem Anhang zum Prospekt zu erwähnen, wenn der Umstand, der Fehler oder die Ungenauigkeit zwischen dem Moment, in dem der Prospekt genehmigt wird und dem Zeitpunkt, in dem das Angebot an die Öffentlichkeit endet, eintritt oder bekannt wird.

(8) Der Emittent, der Anbieter und der mögliche Garant, je nach der Lage des Sachverhaltes, sowie die Personen, die für die im Prospekt enthaltenen Informationen verantwortlich sind, haften für die Schäden, die dem Anleger, der auf die Richtigkeit und Vollständigkeit der im Prospekt enthaltenen Informationen vernünftigerweise vertraut hat, je in Bezug auf die eigene Kompetenz, es sei denn, der in Anspruch Genommene weist nach, dass er alle Sorgfalt aufgewendet hat, um zu garantieren, dass die fraglichen Informationen den Tatsachen entsprechen und keine Auslassungen enthalten sind, die den Sinn verändern.

(9) Die Haftung für falsche Informationen oder Auslassungen, die die Entscheidung eines vernünftigen Anlegers beeinflussen können, liegt beim Intermediär, der für die Platzierung verantwortlich ist, es sei denn, dieser weist nach, die Sorgfalt des letzten Absatzes angewendet zu haben.

(10) Niemand kann ausschließlich für die Zusammenfassung einschließlich der möglichen Übersetzung haftbar gemacht werden, es sei denn die Zusammenfassung ist irreführend, ungenau oder widersprüchlich, sofern sie mit anderen Teilen des Prospekts zugleich gelesen wird.

(11) Der Ersatzanspruch muss innerhalb von fünf Jahren nach der Veröffentlichung des Prospekts geltend gemacht werden, außer der Anleger weist nach, die Unrichtigkeit der Informationen oder die Auslassungen innerhalb von zwei Jahren vor Geltendmachung des Anspruchs entdeckt zu haben.

Art. 94-bis (1) Im Rahmen der Prospektgenehmigung prüft die Consob den Prospekt auf Vollständigkeit sowie auf Schlüssigkeit* und Verständlichkeit der angegebenen Informationen.

(2) Die Consob genehmigt den Prospekt innerhalb der von ihr durch Verordnung festgelegten Fristen entsprechend den gemeinschaftsrechtlichen Vorgaben. Das Ausbleiben einer Genehmigung durch die Consob innerhalb der vorgesehenen Frist bedeutet keine Genehmigung des Prospekts

(3) Mit Rücksicht auf die Eigenschaften der einzelnen Märkte kann die Consob Aufgaben, die zur Prospektprüfung bei gemeinschaftsrechtlichen Finanzinstrumenten gehören, an die Gesellschaften, die Märkte organisieren, entsprechend deren Gebräuchen übertragen, wenn die Finanzinstrumente in einem geregelten Markt zum Handel zugelassen sind oder Gegenstand eines Zulassungsantrags zum Handel in einem geregelten Markt sind und dabei die Prinzipien der gemeinschaftsrechtlichen Vorgaben eingehalten werden. Entsprechend diesen genannten Prinzipien und den diesbezüglichen Ausnahmen enden die Aufgabenübertragungen am 31. Dezember 2011. Die Consob informiert die Europäische Kommission und die Aufsichtsbehörden der anderen Mitgliedsstaaten hinsichtlich der entsprechenden Vereinbarungen zur Übertragung von Aufgaben und der Bedingungen dieser Übertragung.

(4) Zur Sicherung der Effizienz des Verfahrens der Prospektgenehmigung bei Schuldtiteln von Banken, die nicht zu einem Handel in

* In der deutschen Fassung der VerkaufsprospektRL heißt es „Kohärenz".

einem geregelten Markt vorgesehen sind, schließt die Consob Zusammenarbeitsabkommen mit der Banca d'Italia ab.

(5) Die Consob kann die Genehmigung eines Prospekts für ein Angebot gemeinschaftsrechtliche Finanzinstrumente betreffend an eine Aufsichtsbehörde eines anderen Mitgliedsstaates, übertragen, sofern diese Behörde damit einverstanden ist. Die Übertragung ist dem Emittent und dem Anbieter innerhalb von drei Arbeitstagen nach der Entscheidung der Consob anzuzeigen. Die Genehmigungsfrist beginnt mit diesem Datum.

Art. 95 (1) Die Consob stellt eine Verordnung über die Durchführung dieses Unterabschnittes auf, in der mit Bezug auf die Eigenschaften der Finanzprodukte, der Emittenten und Märkte differenziert wird. Die Verordnung regelt insbesondere:

a) den Inhalt der Mitteilung an die Consob, die Eigenschaften der Zusammenfassung die Bedingungen und Fristen für die Veröffentlichung des Prospekts und des Hinweises sowie die Aktualisierung des Prospekts, entsprechend den gemeinschaftsrechtlichen Vorgaben;

b) den Inhalt des Prospekts in den gemeinschaftsrechtlich zulässigen Fällen;

c) die Bedingungen, die für die Verbreitung von Nachrichten sowie für die Durchführung von Marktumfragen oder bei der Einholung von Kauf- oder Zeichnungsabsichten einzuhalten sind;

d) die Bedingungen, die bei der Durchführung des Angebots einzuhalten sind, auch um die Gleichartigkeit bei der Behandlung aller Empfänger sicherzustellen;

e) die im Prospekt zu verwendende Sprache;

f) die Bedingungen für die Übertragung der Genehmigungsentscheidung an eine Aufsichtsbehörde eines anderen Mitgliedsstaates.

(2) Die Consob stellt in einer Verordnung die Anforderungen an die Korrektheit auf, die der Emittent, der Anbieter, derjenige der die Finanzprodukte platziert sowie diejenigen, die diese Personen kontrollieren oder damit verbunden sind, einhalten müssen.

(3) Die Consob veröffentlicht auf ihrer Internetseite zumindest eine Auflistung der Prospekte, die gemäß Artikel 94-bis genehmigt wurden.*

(4) Die Consob bestimmt, welche Finanzinstrumente oder Finanzprodukte, die in einem geregelten Markt zum Handel zugelassen sind oder innerhalb des Anlegerpublikums im Sinne von Artikel

* Vgl. http://www.consob.it/main/emittenti/prospetti/index.html (zuletzt besucht am 02.10.2008).

116 verbreitet sind und durch eine bestimmte Bezeichnung oder auf der Grundlage von bestimmten Qualitätsmerkmalen bestimmbar sind, einen typischen, bestimmten Inhalt haben müssen.

Art. 99 (1) Die Consob kann:

a) das Angebot von gemeinschaftsrechtlichen Finanzinstrumenten im Falle von begründetem Verdacht der Verletzung von Vorgaben dieses Abschnitts oder der entsprechenden Durchführungsverordnungen vorläufig für einen Zeitraum von jeweils nicht mehr als zehn aufeinander folgenden Arbeitstagen aussetzen;

b) das Angebot von anderen als den in a) genannten Finanzprodukten im Falle von begründetem Verdacht der Verletzung von Vorgaben dieses Abschnitts oder der entsprechenden Durchführungsverordnungen vorläufig für einen Zeitraum von 90 Tagen aussetzen;

c) das Angebot für den Fall verbieten, dass sie begründeten Verdacht hat, dass Vorgaben dieses Abschnitts oder der entsprechenden Durchführungsverordnungen verletzt werden;

d) das Angebot für den Fall verbieten, dass eine Verletzung von Vorgaben oder Normen entsprechend a) oder b) vorliegt;

e) den Umstand bekannt machen, dass ein Emittent oder Anbieter seinen Verpflichtungen nicht nachkommt;

f) vorbehaltlich der Möglichkeit gemäß Artikel 65, Absatz 1-bis, Buchstabe c) im Falle von begründetem Verdacht der Verletzung von Vorgaben dieses Abschnitts oder der entsprechenden Durchführungsverordnungen, von der Gesellschaft, die den Markt betreibt, die vorläufige Aussetzung des Handels in einem regulierten Markt für einen Zeitraum von von jeweils nicht mehr als zehn aufeinanderfolgenden Arbeitstagen verlangen;

g) vorbehaltlich der Möglichkeit gemäß Artikel 65, Absatz 1-bis, Buchstabe c) für den Fall, dass eine Verletzung von Vorgaben dieses Abschnitts oder der entsprechenden Durchführungsverordnungen vorliegt von der Gesellschaft, die den Markt betreibt das Verbot des Handels in einem regulierten Markt verlangen.

(2) Stellt die Consob als Aufnahmemitgliedstaat fest, dass beim Emittenten oder befugten Personen, die mit dem Angebot von gemeinschaftsrechtlichen Finanzinstrumenten beauftragt wurden, Unregelmäßigkeiten aufgetreten sind, informiert sie die Behörde des Herkunftmitgliedstaats entsprechend.

(3) Wenn der Emittent oder die befugte Personen, die mit dem Angebot beauftragt wurde, trotz der von der zuständigen Behörde des Herkunftmitgliedstaats ergriffenen Maßnahmen, oder weil die Maßnahmen unzweckmäßig sind, mit den Verstößen gegen Geset-

ze oder zugehörigen Verordnungen fortfahren, ergreift die Consob nach Unterrichtung der zuständigen Behörde des Herkunftmitgliedstaats alle Maßnahmen, die erforderlich sind, um die Anleger zu schützen. Von solchen Maßnahmen unterrichtet die Consob unverzüglich die Europäische Kommission.

Art. 100 (1) Die Vorschriften des vorliegenden Abschnitts gelten nicht für Angebote:

a) die sich ausschließlich an qualifizierte Anleger richten, einschließlich natürliche Personen und kleine sowie mittlere Unternehmen, entsprechend der Definition der Verordnung der Consob auf der Grundlage der von den gemeinschaftsrechtlichen Vorschriften aufgestellten Kriterien;

b) die sich an eine Anzahl von nicht mehr als derjenigen Personen richten, die die Consob durch Verordnung regelt;

c) die eine Gesamtsumme aufweisen, die nicht größer als die von der Consob durch Verordnung aufgestellte ist;

d) die sich auf Nichtdividendenwerte beziehen und von einem Mitgliedsstaat der Europäischen Union emittiert werden oder uneingeschränkt und unwiderruflich durch einen solchen garantiert werden oder von einer internationalen Organisation öffentlich-rechtlicher Art, denen ein oder mehrere Mitgliedstaat(en) angehört/angehören;

e) die sich auf Finanzinstrumente beziehen, die von der Europäischen Zentralbank oder von den nationalen Zentralbanken der Mitgliedstaaten der Europäischen Union emittiert werden;

f) die sich auf Nichtdividendenwerte beziehen und die dauernd oder wiederholt von Kreditinstituten ausgegeben werden, sofern diese Instrumente:

i) nicht nachrangig, konvertibel oder austauschbar sind;

ii) nicht zur Zeichnung oder zum Erwerb anderer Wertpapiere berechtigen und nicht an ein Derivat gebunden sind;

iii) den Empfang rückzahlbarer Einlagen vergegenständlichen;

iv) von einem Garantiesystem im Sinne der Artikel 96 bis 96-quater des gesetzesvertretenden Dekrets vom 01.09.1993, Nr. 385 gedeckt werden;

g) die sich auf Geldmarktinstrumente beziehen, die von Banken ausgegeben werden und eine Laufzeit von weniger als zwölf Monaten haben.

(2) Die Consob kann durch Verordnung Einzelheiten hinsichtlich der Angebote an die Öffentlichkeit regeln, die sich auf Finanzprodukte beziehen, auf die die Regelungen des vorliegenden Abschnitts nicht oder nur teilweise anwendbar sind.

(3) Der Emittent oder Anbieter hat das Recht, einen Prospekt im Sinne von und mit den Rechtsfolgen gemäß der gemeinschaftsrechtlichen Regelungen zu erstellen, wenn es sich um ein Angebot von Finanzinstrumenten gemäß der Buchstaben c), d) und e) des Absatzes 1 handelt.

Art. 100-bis (1) Der nachfolgende Wiederverkauf von Finanzprodukten, der zuvor Gegenstand eines Angebots an die Öffentlichkeit war, der von der Prospektpflicht befreit war, stellt in jedem Fall ein hiervon getrenntes und eigenständiges Angebot an die Öffentlichkeit dar, wenn die Voraussetzungen gemäß Art. 1 Absatz 1, Buchstabe t) vorliegen und kein Ausschlussgrund gemäß Art. 100 vorliegt.
(2) Ein Angebot an die Öffentlichkeit liegt ebenfalls vor, wenn die Finanzprodukte, die in Italien oder im Ausland ein Angebot an qualifizierte Anleger dargestellt haben, innerhalb von zwölf nachfolgenden Monaten systematisch an Personen, die keine qualifizierten Anleger darstellen, weiterverkauft werden, sofern dieser Weiterverkauf nicht unter einen der Ausschlussgründe gemäß Art. 100 fällt.
(3) Wird im Falle des Absatzes 2 kein Prospekt erstellt, kann sich der Käufer, wenn er zu Zwecken handelt, die nicht unternehmerischen oder beruflichen Zwecken zuzurechnen sind, auf die Nichtigkeit des Vertrages* berufen und die zugelassenen Personen, bei denen der Weiterverkauf stattgefunden hat haften für den entstandenen Schaden. Vorbehalten bleibt die Anwendung der in Artikel 191 vorgesehenen Sanktionen sowie die Artikel 2412, zweiter Absatz, 2483, zweiter Absatz und 2526, vierter Absatz des Codice civile.
(4) Absatz 2 findet keine Anwendung auf den Weiterverkauf von Schuldtiteln, die von Mitgliedsstaaten der Organisation für wirtschaftliche Zusammenarbeit und Entwicklung (OECD) mit einem Rating von Bankqualität (Rating Investment Grade) durch mindestens zwei anerkannte internationale Ratingagenturen emittiert werden, wobei die Möglichkeit der Durchsetzung anderweitiger zivilrechtlicher, strafrechtlicher und verwaltungsrechtlicher Ansprüche zum Schutz des Anlegers unberührt bleibt.

Art. 101 (1) Die Unterlagen bezüglich jedweder Art von Werbung bezüglich eines Angebots sind der Consob zeitgleich mit der Veröffentlichung zu übermitteln.
(2) Vor der Veröffentlichung des Prospekts ist die Verbreitung jedweder Werbung bezüglich des Angebots an die Öffentlichkeit

* Vgl. Artt. 1418 ff. CC.

untersagt, wenn es sich um andere Finanzprodukte als gemeinschaftsrechtliche Finanzinstrumente handelt.

(3) Die Werbung ist gemäß den von der Consob in einer Verordnung festgelegten Vorgaben in Übereinstimmung mit den gemeinschaftsrechtlichen Regelungen und in jedem Falle mit Rücksicht auf die Korrektheit der Informationen und seine Schlüssigkeit, verglichen mit der Information aus dem Prospekt, sofern bereits ein solcher veröffentlicht wurde, oder mit derjenigen, die im noch zu veröffentlichenden Prospekt erscheinen muss, auszuführen.

(4) Die Consob kann:

a) die weitere Verbreitung der Werbung bezüglich eines Angebots, das sich auf gemeinschaftsrechtliche Finanzinstrumente bezieht, für einen Zeitraum von nicht mehr als zehn aufeinander folgenden Arbeitstagen aussetzen, wenn begründeter Verdacht besteht, dass Vorgaben der vorangegangenen Absätze oder der Durchführungsverordnungen verletzt wurden;

b) die weitere Verbreitung der Werbung bezüglich eines Angebots, das sich auf andere als die bei Buchstabe a) genannten Finanzprodukte bezieht, für einen Zeitraum von nicht mehr als 90 Tagen aussetzen, wenn begründeter Verdacht besteht, dass Vorgaben der vorangegangenen Absätze oder der Durchführungsverordnungen verletzt wurden;

c) die weitere Verbreitung der Werbung im Falle von feststehender Verletzung der bei den Buchstaben a) und b) genannten Normen verbieten;

d) die Durchführung des Angebots untersagen, wenn die Vorgaben der Buchstaben a), b) oder c) nicht eingehalten werden.

(5) Abgesehen von der Pflicht zur Veröffentlichung eines Prospekts hat ein Emittent oder ein Anbieter die Informationen, die den qualifizierten Anlegern oder speziellen Gruppen von Anlegern übermittelt werden, einschließlich derjenigen Informationen, die im Rahmen eines Treffens bezüglich der Erstellung eines Angebots von Finanzprodukten übermittelt werden, an alle qualifizierten Anleger oder an alle speziellen Kategorien von Anlegern, denen das Angebot direkt und ausschließlich unterbreitet wird, zu übermitteln.

Literaturverzeichnis

A. Deutsche Literatur:

Adler, Karl, Studien zur Lehre von den Werthpapieren und dem Wechsel, GrünhutsZ 26 (1899), S. 19 ff. [zitiert: Adler GrünhutsZ 26 (1899), 19]

Altmeppen, Holger, Anmerkung zu LG Frankfurt Urteil vom 6.10.1992, DB 1993, S. 84 ff. [zitiert: Altmeppen DB 1993, 84]

Arndt, Jan-Holger / Voß, Thorsten, Wertpapier-Verkaufsprospektgesetz (Verkaufsprospektgesetz) und Verordnung über Vermögensanlagen-Verkaufsprospekte (Vermögensanlagen-Verkaufsprospektverordnung – VermVerkProspG), München 2008 [zitiert: Arndt/Voß/Bearbeiter]

Assies, Paul H. / Beule, Dirk / Heise, Julia / Strube, Hartmut, Handbuch des Fachanwalts Bank- und Kapitalmarktrecht, Köln 2008 [zitiert: FA-BKR/Bearbeiter]

Assmann, Heinz-Dieter, Neues Recht für den Wertpapiervertrieb, die Förderung der Vermögensbildung durch Wertpapieranlage und die Geschäftstätigkeit von Hypothekenbanken, NJW 1991, S. 528 ff. [zitiert: Assmann NJW 1991, 528]

ders., Neuemissionen von Wertpapieren über Internet – Initial Public Offerings (IPO's) als Gegenstand des deutschen Kapitalmarktrechts, in: Geimer, Reinhold (Hrsg.), Wege zur Globalisierung des Rechts: Festschrift für Rolf A. Schütze zum 65. Geburtstag, München 1999, S. 15 ff. [zitiert: Assmann FS Schütze, S. 15]

ders., Prospekthaftung als Haftung für die Verletzung kapitalmarktbezogener Informationsverkehrspflichten nach deutschem und US-amerikanischem Recht, Köln, Berlin, Bonn, München 1985 [zitiert: Assmann Prospekthaftung]

ders., Die Prospekthaftung beruflicher Sachkenner de lege lata und de lege ferenda, AG 2004, S. 435 ff. [zitiert: Assmann AG 2004, 435]

Assmann, Heinz-Dieter / Lenz, Jürgen / Ritz, Corinna (Hrsg.), Verkaufsprospektgesetz, Verkaufsprospekt-Verordnung, Verkaufsprospektgebühren-Verordnung; Kommentar, Köln 2001 [zitiert: Assmann/Lenz/Ritz (Bearbeiter ist kursiv)]

Assmann, Heinz-Dieter (Hrsg.) / Schütze, Rolf A. (Hrsg.), Handbuch des Kapitalanlagerechts, 3. Aufl. München 2007 [zitiert: Assmann/Schütze/Bearbeiter]

v. Bar, Christian, Vertrauenshaftung ohne Vertrauen – Zur Prospekthaftung bei der Publikums-KG in der Rechtsprechung des BGH, ZGR 1983, S. 476 ff. [zitiert: v. Bar ZGR 1983, 476]

Barta, Sebastian, Der Prospektbegriff in der neuen Verkaufsprospekthaftung, NZG 2005, S. 305 ff. [zitiert: Barta NZG 2005, 305]

Bartelsperger, Stephan / Boutonnet, Beatrix / Loipfinger, Stefan / Nickl, Hannes / Nickl, Ludwig / Richter, Uli, Geschlossene Immobilienfonds, 5. Aufl. Stuttgart 2007 [zitiert: Bartlsperger/Boutonnet u.a.]

Bauer, Andreas F. / Gemmecke, Thomas, Zur einkommensteuerlichen Behandlung von Venture Capital und Private Equity Fonds nach dem BMF-Schreiben vom 16.12.2003, DStR 2004, S. 579 ff. [zitiert: Bauer/Gemmecke DStR 2004, 579]

Baumbach, Adolf (Begr.)/ Hefermehl, Wolfgang / Casper, Matthias, Wechselgesetz und Scheckgesetz: mit Nebengesetzen und einer Einführung in das Wertpapierrecht, 23. Aufl. München 2008 [zitiert: Baumbach/Hefermehl/Casper]

Baumbach, Adolf (Begr.)/ Hopt, Klaus J. / Merkt, Hanno, Handelsgesetzbuch: mit GmbH & Co., Handelsklauseln, Bank- und Börsenrecht, Transportrecht (ohne Seerecht), 33. Aufl. München 2008 [zitiert: Baumbach/Hopt/Bearbeiter]

Beck, Heinz (Begr.) / Samm, Carl-Theodor (Hrsg.), Gesetz über das Kreditwesen, Loseblattsammlung Stand 132. Aktualisierung August 2008, Heidelberg [zitiert: Beck/Samm/Bearbeiter]

Behrends, Okko / Knütel, Rolf / Kupisch, Berthold / Seiler, Hans H. (Hrsg.), Corpus Iuris Civilis, Text und Übersetzung, Band II: Digesten 1-10, Heidelberg 1995 [zitiert: Behrends/Knütel/Kupisch/Seiler]

Benecke, Martina, Haftung für Inanspruchnahme von Vertrauen – Aktuelle Fragen zum neuen Verkaufsprospektgesetz, BB 2006, S. 2597 ff. [zitiert: Benecke BB 2006, 2597]

Berger, Klaus Peter, Haftung für unrichtige Bankauskunft: Abschied vom stillschweigend abgeschlossenen Auskunftsvertrag, ZBB 2001, S. 238 ff. [zitiert: Berger ZBB 2001, 238]

Berger, Klaus Peter / Ueding, Stefan, Anmerkung zu BGH; Urteil vom 26.10.2004, XI ZR 211/03, EWiR § 826 BGB 3/05, S. 595 f. (Berger/Ueding) [zitiert: EWiR § 826 BGB 3/05, 595 (Berger/Ueding)]

dies., Anmerkung zu OLG Celle; Urteil vom 30.10.2003, 11 U 61/03, OLG Celle EWiR § 9 VerbrKrG 5/04, S. 885 f. (Berger/Ueding) [zitiert: EWiR § 9 VerbrKrG 5/04, 885 (Berger/Ueding)]

Blaurock, Uwe, Handbuch der Stillen Gesellschaft: Gesellschaftsrecht, Steuerrecht, 6. Aufl. Köln 2003 [zitiert: Blaurock HB]

ders., Unterbeteiligung und Treuhand an Gesellschaftsanteilen: Formen mittelbarer Teilhabe an Gesellschaftsverhältnissen, Baden-Baden 1981 [zitiert: Blaurock]

Bohlken, Lars / Lange, Meik, Die Prospekthaftung im Bereich geschlossener Fonds nach §§ 13 Abs. 1 Nr. 3, 13a Verkaufsprospektgesetz n.F., DB 2005, S. 259 ff. [zitiert: Bohlken/Lange DB 2005, 259]

Boos, Karl-Heinz / Fischer, Reinfried / Schulte-Mattler, Hermann, Kreditwesengesetz; Kommentar zu KWG und Ausführungsvorschriften, 3. Aufl. München 2008 [zitiert: Boos/Fischer/Schulte-Mattler/Bearbeiter]

Bosch, Ulrich, Reichweite der Expertenhaftung gegenüber Dritten, ZHR S. 163 ff. (1999), 274 [zitiert: Bosch ZHR 163 (1999), 274]

Brandt, Christoph, Prospekthaftung; Anlegerschutz durch Prospektpublizität, Taunusstein 2005 [zitiert: Brandt]

Bron, Jan Frederik, Das Gesetz zur Schaffung deutscher Immobilien-Aktiengesellschaften mit börsennotierten Anteilen, BB-Special 7 (zu Heft 21) 2007, S. 2 ff. [zitiert: Bron BB-Special 7 (zu Heft 21) 2007, 2]

Brondics, Klaus / Mark, Jürgen, Die Verletzung von Informationspflichten im amtlichen Markt nach der Reform des Börsengesetzes, AG 1989, S. 339 ff. [zitiert: Brondics AG 1989, 339]

Buck-Heeb, Petra, Kapitalmarktrecht, 2. Aufl. Heidelbert, München, Landsberg, Berlin 2007 [zitiert: Buck-Heeb]

Coing, Helmut, Haftung aus Prospektwerbung für Kapitalanlagen in der neueren Rechtsprechung des Bundesgerichtshofes, WM 1980, S. 206 ff. [zitiert: Coing WM 1980, 206]

Creifelds, Carl (Begr.) / Weber, Klaus (Hrsg.), Rechtswörterbuch, 19. Aufl. München 2007 [zitiert: Creifelds, „Stichwort"]

Cuypers, Manfred, Gerichtliche Zuständigkeit bei fehlgeschlagener Kapitalanlage, WM 2007, S. 1446 ff. [zitiert: Cuypers WM 2007, 1446]

Dannhoff, Martin, Das Recht der Warentermingeschäfte: Eine Untersuchung zum deutschen, internationalen und U.S.-amerikanischen Recht, Baden-Baden 1993; zugl. München, Dissertation 1992 [zitiert: Dannhoff]

Dettmeier, Michael / Gemmel, Heiko / Kaiser, Sascha, Die Einführung des deutschen REIT – Eine erste steuerliche Analyse des REIT-Gesetzes, BB 2007, S. 1191 ff. [zitiert: BB 2007, 1191]

Deutsch, Erwin, Entwicklungstendenzen des Schadenrechts in Rechtsprechung und Wissenschaft, JuS 1967, S. 152 ff. [zitiert: Deutsch JuS 1967, 152]

Dieckmann, Hans / Sustmann, Marco, Gesetz zur Verbesserung des Anlegerschutzes (AnSVG), NZG 2004, S. 930 ff. [zitiert: Dieckmann/Sustmann NZG 2004, 930]

Donges, Juergen Bernhard / Freytag, Andreas, Allgemeine Wirtschaftspolitik: mit 2 Tabellen, 2. Aufl. Stuttgart 2004 [zitiert: Donges/Freytag]

Duhnkrack, Stefan / Hasche, Daniela, Das neue Anlegerschutzverbesserungsgesetz und seine Auswirkungen auf Emissionshäuser und geschlossene Fonds, DB 2004, S. 1351 ff. [zitiert: Duhnkrack/Hasche DB 2004, 1351]

Ebenroth, Carsten Thomas / Boujong, Karlheinz / Joost, Detlev / Strohn, Lutz (Hrsg.), Handelsgesetzbuch, Band 1: §§ 1 – 342 e, 2. Aufl. München 2008 [zitiert: Ebenroth/Boujong/Joost/Strohn/Bearbeiter]

Ehricke, Harry H., Zur zivilrechtlichen Prospekthaftung der Emissionsbanken gegenüber dem Wertpapieranleger, DB 1980, S. 2429 ff. [zitiert: Ehricke DB 1980, 2429]

Ellenberger, Jürgen, Die Börsenprospekthaftung nach dem 3. Finanzmarktförderungsgesetz, in: Horn, Norbert / Lwowski, Hans-Jürgen / Nobbe, Gerd (Hrsg.), Bankrecht – Schwerpunkte und Perspektiven. Festschrift für Herbert Schimansky, Köln 1999, S. 591 ff. [zitiert: Ellenberger FS Schimansky]

ders., Prospekthaftung im Wertpapierhandel, Berlin / New York 2001; zugl. Marburg, Dissertation 2000 [zitiert: Ellenberger]

Enneccerus, Ludwig / Nipperdey, Hans Carl, Allgemeiner Teil des Bürgerlichen Rechts: ein Lehrbuch; erster Halbband: Allgemeine Lehren, Personen, Rechtsobjekte, 15. Aufl. Tübingen 1959 [zitiert: Enneccerus/Nipperdey]

Enneccerus, Ludwig (Begr.) / Lehmann, Heinrich, Recht der Schuldverhältnisse: Ein Lehrbuch, 15. Aufl. Tübingen 1958, zweiter Band von: Enneccerus, Ludwig / Kipp, Theodor / Wolff, Martin (Begr.), Lehrbuch des Bürgerlichen Rechts [zitiert: Enneccerus/Lehmann]

Erttmann, Dorothee, Anwendbarkeit von § 32b ZPO bei Vermögensanlagen des so genannten grauen Kapitalmarktes, WuB VII. D. § 1 KapMuG 1.07 [zitiert: Erttmann WuB VII. D. § 1 KapMuG 1.07]

Figna, Winfried / von Goldacker, Marcus / Mayta, Frank, Parallel strukturierte Private Equity Fonds, DB 2005, S. 966 ff. [zitiert: Figna/v. Goldacker/Mayta DB 2005, 966]

Fleischer, Holger, Empfiehlt es sich, im Interesse des Anlegerschutzes und zur Förderung des Finanzplatzes Deutschland das Kapitalmarkt- und Börsenrecht neu zu regeln? Kapitalmarktrechtliches Teilgutachten, Gutachten F zum 64.

Deutschen Juristentag, in: Ständige Deputation des Deutschen Juristentages (Hrsg.), Verhandlungen des 64. Deutschen Juristentages Berlin 2002, Band I München 2002 [zitiert: Fleischer Gutachten]

ders., Prospektpflicht und Prospekthaftung für Vermögensanlagen des Grauen Kapitalmarkts nach dem Anlegerschutzverbesserungsgesetz, BKR 2004, S. 339 ff. [zitiert: Fleischer BKR 2004, 339]

ders., Zur Haftung bei fehlendem Verkaufsprospekt im deutschen und US-amerikanischen Kapitalmarktrecht, WM 2004, S. 1897 ff. [zitiert: Fleischer WM 2004, 1897]

Förster, Heinrich H., Die Prospekthaftung der organisierten und grauen Kapitalmärkte, Frankfurt / Main, Berlin, Bern, Bruxelles, New York, Oxford, Wien 2002, zugl.: Gießen, Dissertation, 2002 [zitiert: Förster]

Frisch, Stefan, Anmerkung zu BGH, Urteil vom 12.07.2007, BGH EWiR § 276 BGB a.F. 2/07, S. 517 f. (Frisch) [zitiert: BGH EWiR § 276 BGB a.F. 2/07, 517 (Frisch)]

Frohne, Ronald, Prospektpflicht und Prospekthaftung in Deutschland, Frankreich und den USA: Eine rechtsvergleichende Studie; München 1974; zugl. München Dissertation 1974 [zitiert: Frohne]

von Gierke, Julius, Das Handelsunternehmen, ZHR 111 (1948), S. 1 ff. [zitiert: v. Gierke ZHR 111 (1948), 1]

Frhr. v. Grießenbeck, Armin, Zur Anwendbarkeit des § 98 HBG auf Emissionsgehilfen beim Vertrieb von Anteilen einer Publikums-KG, BB 1988, S. 2188 ff. [zitiert: Frhr. v. Grießenbeck BB 1988, 2188]

Groß, Wolfgang, Kapitalmarktrecht: Kommentar zum Börsengesetz, zur Börsenzulassungs-Verordnung, zum Wertpapierprospektgesetz und und zum verkaufsprospektgesetz, 3. Aufl. München 2006 [zitiert: Groß; bei Verwendung der 2. Aufl. 2002: Groß^{2}]

Grundmann, Stefan, Der Treuhandvertrag, insbesondere die werbende Treuhand, München 1997 [zitiert: Grundmann]

Grundmann, Stefan / Selbherr, Benedikt, Börsenprospekthaftung in der Reform – Rechtsvergleichung, Europarecht, Interessensbewertung mit ökonomischer Analyse, WM 1996, S. 985 ff. [zitiert: Grundmann/Selbherr WM 1996, 985]

Grunewald, Barbara, Gesellschaftsrecht, 6. Aufl. Tübingen 2005 [zitiert: Grunewald]

Grunewald, Barbara / Schlitt, Michael (Hrsg.), Einführung in das Kapitalmarktrecht, München 2007 [zitiert: Grunewald/Schlitt/Bearbeiter]

Gummert, Hans / Riegger, Bodo / Weipert, Lutz, Münchener Handbuch des Gesellschaftsrecht, Band 1: BGB-Gesellschaft, Offene Handelsgesellschaft,

Partnerschaftsgesellschaft, Partenreederei, EWIV, 2. Aufl. München 2004 [zitiert: MüHB GesRI/Bearbeiter]

Habersack, Mathias / Mülbert, Peter O. / Schlitt, Michael (Hrsg.), Handbuch der Kapitalmarktinformation, München 2008 [zitiert: Habersack/Mülbert/Schlitt/Bearbeiter, Kapitalmarktinformation]

dies. (Hrsg.), Unternehmensfinazierung am Kapitalmarkt, 2. Aufl. Köln 2008 [zitiert: Habersack/Mülbert/Schlitt/Bearbeiter]

Häfner, Gilbert (Hrsg.), Fehlgeschlagene Immobilienkapitalanlagen: Ausstiegsmöglichkeiten, Rückabwicklung und Schadensersatz bei Bau-/Fondsfinanzierungen, 2. Aufl. Heidelberg 2006 [zitiert: Häfner/Bearbeiter]

Hartlein, Lutz, Prospektverantwortlichkeit infolge werbender Äußerungen über Kapitalanlagen, ZIP 2008, S. 726 ff. [zitiert: Haertlein ZIP 2008, 726]

Hagemann, Michael H., „Grauer Kapitalmarkt und Strafrecht“: Eine Untersuchung von Beteiligungen an geschlossenen Immobilienfonds, Microcapital und Penny Stocks, Commodity Funds, Commodity Pools und Bankgarantien unter besonderer Berücksichtigung der straf- und zivilrechtlichen Prospekthaftung und der Vorschriften des Gesetzes über das Kreditwesen, Göttingen 2005 [zitiert: Hagemann]

Hasenkamp, Annabel, Die neue Prospektierungspflicht für Anbieter geschlossener Fonds, DStR 2004, S. 2154 ff. [zitiert: Hasenkamp DStR 2004, 2154]

Heidel, Thomas (Hrsg.), Aktienrecht: und Kapitalmarktrecht, 2. Aufl. Baden-Baden 2007 [zitiert: Heidel/Bearbeiter]

Heinsius, Theodor / Horn, Arno / Than, Jürgen, Depotgesetz: Kommentar zum Gesetz über die Verwahrung und Anschaffung von Wertpapieren vom 3. Februar 1937, Berlin, New York 1975 [zitiert: Heinsius/Horn/Than]

Heisterhagen, Christoph, Die gesetzliche Prospektpflicht für geschlossene Fonds nach dem Regierungsentwurf des Anlegerschutzverbesserungsgesetzes, DStR 2004, S. 1089 ff. [zitiert: Heisterhagen DStR 2004, 1089]

ders., Prospekthaftung für geschlossene Fonds nach dem Börsengesetz - wirklich ein Beitrag zum Anlegerschutz?, DStR 2006, S. 759 ff. [zitiert: Heisterhagen DStR 2006, 759]

Hellner, Thorwald / Steuer, Stephan (Begr.), Bankrecht und Bankpraxis, Loseblattsammlung, Stand 77. Lieferung, Juli 2008, Köln [zitiert: Autor in BuB]

Holzborn, Timo / Israel, Alexander, Das Anlegerschutzverbesserungsgesetz – Die Veränderungen im WpHG, VerkProspG und BörsG und ihre Auswirkungen in der Praxis, WM 2004, S. 1948 ff. [zitiert: Holzborn/Israel WM 2004, 1948]

Hopt, Klaus J., Die Verantwortlichkeit der Banken bei Emissionen: Recht und Praxis in der EG, in Deutschland und in der Schweiz, München 1991 [zitiert: Hopt Verantwortlichkeit]

Hopt, Klaus J. / Voigt, Hans-Christoph (Hrsg.), Prospekt- und Kapitalmarktinformationshaftung: Recht und Reform in der Europäischen Union, der Schweiz und den USA, Tübingen 2005 [zitiert: Hopt/Voigt/Bearbeiter]

Horn, Norbert, Anlageberatung im Privatkundengeschäft der Banken – Rechtsgrundlagen und Anforderungsprofil, WM 1999, S. 1 ff. [zitiert: Horn WM 1999, 1]

ders., Culpa in Contrahendo, JuS 1995, S. 377 ff. [zitiert: Horn JuS 1995, 377]

Horn, Norbert (Hrsg.), Handelsgesetzbuch (ohne Seerecht): Kommentar, Heymann; Band 2: §§ 105- 237, 2. Aufl. Berlin, New York 1996 [zitiert: Heymann/Horn/Bearbeiter]

Hübner, Heinz, Allgemeiner Teil des Bürgerlichen Gesetzbuches, 2. Aufl. Berlin, New York 1996 [zitiert: Hübner AT]

Hübner, Ulrich, Handelsrecht, 5. Aufl. Heidelberg 2004 [zitiert: Hübner HR]

Hueck, Alfred (Begr.) / Canaris, Claus-Wilhelm, Recht der Wertpapiere, 12. Aufl. München 1986 [zitiert: Hueck/Canaris]

Hüffer, Jens, Das Wertpapier-Verkaufsprospektgesetz: Prospektpflicht und Anlegerschutz, Köln, Berlin, Bonn, München, 1995 [zitiert: Hüffer]

Janert, Ingo / Schuster, Thorsten, Dritthaftung des Wirtschaftsprüfers am Beispiel der Haftung für Prospektgutachten: Haftungsgrundlagen sowie Möglichkeiten und Schranken der Haftungsbegrenzung, BB 2006, S. 987 ff. [zitiert: Janert/Schuster BB 2006, 987]

Jhering, Rudolf, Culpa in contrahendo oder Schadensersatz bei nichtigen oder nicht zur Perfection gelangten Verträgen, in: Carl Friedrich von Gerber / Rudolf Jhering (Hrsg.), Jahrbücher für die Dogmatik des heutigen römischen und deutschen Privatrechts, Band 4, Jena 1861 [zitiert: Jhering, Jahrbuch 1861]

Joecks, Wolfgang / Miebach, Klaus (Hrsg.), Münchener Kommentar zum Strafgesetzbuch, Band 4 §§ 263 – 358; §§ 1 – 8, 105, 106 JGG (Redakteur Hefendehl, Roland), München 2006 [zitiert: MüKo-StGB/Bearbeiter]

Kaiser, Andreas, Die Harmonisierung des Europäischen Kapitalmarktrechts und das Recht des Wertpapierhandels in Italien und in Deutschland, Dissertation Universität Konstanz 1996, http://www.ub.uni-konstanz.de/kops/volltexte/2000/375/index.html (zuletzt besucht am 02.10.2008) [zitiert: Kaiser]

Kaser, Max (Begr.) / Knütel, Rolf, Römisches Privatrecht: Ein Studienbuch, 18. Aufl. München 2005 [zitiert: Kaser/Knütel]

Keul, Thomas / Erttmann, Dorothee, Inhalt und Reichweite zivilrechtlicher Prospekthaftung, DB 2006, S. 1664 ff. [zitiert: Keul/Erttmann DB 2006, 1664]

Keunecke, Ulrich, Prospekte im Kapitalmarkt: Anforderungen, Prospekthaftung bei geschlossenen Fonds, Investmentfonds, Wertpapieren und Übernahmeangeboten, Berlin 2005 [zitiert: Keunecke]

v. Keussler, Julia, Vom Grauen zum Weißen Kapitalmarkt, Berlin 2000; zugl. Darmstadt, Dissertation, 2000 [zitiert: v. Keussler]

Kiethe, Kurt, Anlageprospekte – Die Haftung des Emittenten für Richtigkeit und Vollständigkeit, MDR 2006, S. 843 ff. [zitiert: Kiethe MDR 2006, 843]

Kindler, Peter, Italienisches Handels- und Wirtschaftsrecht, Heidelberg 2002 [zitiert: Kindler]

Klumpe, Werner / Nastold, Ulrich, Immobilienfonds: offene und geschlossene Immobilienfonds; Grundlagen – Unterschiede – Haftung, 2. Aufl. Stuttgart 1997 [zitiert: Klumpe/Nastold]

Kondert, Kerstin / Schirp, Wolfgang, Anlegerschaden im Zusammenhang mit dem Beitritt zu geschlossenen Fonds: Ermittlung der gerichtlichen Auseinandersetzung, BKR 2007, S. 357 ff. [zitiert: Kondert/Schirp BKR 2007, 357]

Köndgen, Johannes, Anmerkung zu LG Frankfurt, Urteil vom 6.10.1992, WuB I G 9. 1.93 [zitiert: Köndgen WuB I G 9. 1.93]

ders., Zur Theorie der Prospekthaftung, AG 1983, S. 85 ff. und AG 1983, S. 120 ff [zitiert: Köndgen AG 1983, 85 bzw. AG 1983, 120]

Korth, Charlotte Maria, Die Prospekthaftung am Grauen Kapitalmarkt nach dem Anlegerschutzverbesserungsgesetz, Frankfurt am Main, Berlin, Bern, Brüssel, New York, Oxford, Wien 2007, zugl: Köln, Univ., Diss. 2007 [zitiert: Korth]

Krenzel, Joachim, Treuhand an Kommanditanteilen unter besonderer Berücksichtigung der Pflichtenbindung des Treuhänders in der kupierten Publikums-Kommanditgesellschaft, Frankfurt, Bern, New York, Paris, 1991 [zitiert: Krenzel]

Krumnow, Jürgen / Gramlich, Ludwig / Lange, Thomas A. / Dewner, Thomas M. (Hrsg.), Gabler-Bank-Lexikon, 13. Aufl. Wiesbaden 2002 [zitiert: Stichwort in Gabler-Bank-Lexikon]

Kullmann, Walburga / Müller-Deku, Tobias, Die Bekanntmachung zum Wertpapier-Verkaufsprospektgesetz, WM 1996, S. 1989 ff. [zitiert: Kullmann/Müller-Deku WM 1996, 1989]

Kümpel, Siegfried, Bank- und Kapitalmarktrecht, 3. Aufl. Köln 2004 [zitiert: Kümpel, BKapR]

Kümpel, Siegfried / Hammen, Horst / Ekkenga, Jens (Hrsg.), Kapitalmarktrecht: Handbuch für die Praxis; systematische Sammlung der Gesetze, Verordnungen, behördlichen Verlautbarungen sowie Einführungen und Kurzerläuterungen, Loseblatt, Berlin, Stand Lieferung 05/08, Septemter 2008 [zitiert: Kümpel/Hammen/Ekkenga/Bearbeiter]

Larenz, Karl (Begr.) / Canaris, Claus-Wilhelm, Lehrbuch des Schuldrechts, Band 2, Besonderer Teil, Halbband 2, 13. Aufl. München 1994 [zitiert: Larenz/Canaris]

Larenz, Karl (Begr.) / Wolf, Martin, Allgemeiner Teil des Bürgerlichen Rechts, 9. Aufl. München 2004 [zitiert Larenz/Wolf]

Lehmann, Michael, Vertragsanbahnung durch Werbung: Eine juristische und ökonomische Analyse der bürgerlich-rechtlichen Haftung für Werbeangaben gegenüber dem Letztverbraucher, München 1981 [zitiert: Lehmann]

Lenenbach, Markus, Kapitalmarkt- und Börsenrecht, Köln 2002 [zitiert: Lenenbach]

Loewenheim, Ulrich / Meessen, Karl M. / Riesenkampff, Alexander, Kartellrecht: Kommentar, zweibändig, Band 2: GWB, München 2006 [zitiert: L/M/R/Bearbeiter, Kartellrecht, Bd. 2]

Löhnig, Martin, Treuhand: Interessenwahrnehmung und Interessenkonflikte, Tübingen 2006 [zitiert: Löhnig]

Loipfinger, Stefan (Hrsg.), Marktanalyse der Beteiligungsmodelle 2007: Geschlossene Immobilienfonds, Schiffsbeteiligungen, Private Equity Publikumsfonds, Lebensversicherungsfonds, New Energy Fonds, Spezialitätenfonds, Medien- und Leasingfonds, Rosenheim 2007 [zitiert: Loipfinger/ggf. abweichender Bearbeiter]

Lüdicke, Jochen / Arndt, Jan-Holger (Hrsg.), Geschlossene Fonds: Rechtliche, steuerliche und wirtschaftliche Fragen bei Immobilien-, Film-, Schiffs-, Windenergie-, Private-Equity- und Lebensversicherungsfonds, 4. Aufl. München 2007 [zitiert: Lüdicke/Arndt]

Lutter, Marcus, Zur Haftung des Emissionsgehilfen im grauen Kapitalmarkt, in: Lutter, Marcus / Kollhosser, Helmut / Trusen, Winfried (Hrsg.), Recht und Wirtschaft in Geschichte und Gegenwart: Festschrift für Johannes Bärmann zum 70. Geburtstag, München 1975, S. 605 ff. [zitiert: Lutter FS Bärmann]

Madaus, Stephan, Die Prospekthaftung, Jura 2006, S. 881 ff. [zitiert: Madaus Jura 2006, 881]

Manzei, Daniela, Einzelne Aspekte der Prospektpflicht am Grauen Kapitalmarkt, WM 2006, S. 845 ff. [zitiert: Manzei WM 2006, 845]

Marx, Franz Jürgen / Schleifer, Christian, Aktuelle Problembereiche des IDW S 4 und der gesetzlichen Prospektierungsregelungen für geschlossene Fonds, BB 2007, S. 258 ff. [zitiert: Marx/Schleifer BB 2007, 258]

Meyding, Bernhard, Zweifelsfragen bei Anwendung des Wertpapier- Verkaufsprospektgesetzes, DB 1993, S. 419 ff. [zitiert: Meyding DB 1993, 419]

Moritz, Hans/ Grimm, Paul, Licht im Dunkel des „Grauen Marktes"? - Aktuelle Bestrebungen zur Novellierung des Verkaufsprospektgesetzes, BB 2004, S. 1352 ff. [zitiert: Moritz/Grimm BB 2004, 1352]

dies., Die künftige Prospektpflicht für geschlossene Fonds, BB 2004, S. 1801 ff. [zitiert: Moritz/Grimm BB 2004, 1801]

dies., Die Vermögensanlagen-Verkaufsprospekteverordnung: Inhaltliche Anforderungen an Verkaufsprospekte geschlossener Fonds, BB 2005, S. 337 ff. [zitiert: Moritz/Grimm BB 2005, 337]

Nittel, Mathias, Persönliche Haftungsrisiken bei fehlerhafter Anlageberatung: Persönliche Haftung von Vertriebs- und Zentralemitarbeitern beim Vertrieb von Kapitalanlageprodukten, BPrak 2007, S. 432 ff. [zitiert: Nittel BPrak 2007, 432]

Oberrath, Jörg-Dieter, Öffentliches Wirtschaftsrecht: Verfassungsrecht, Europarecht, Allg. Verwaltungsrecht, Verwaltungsprozessrecht, Besonderes Wirtschaftsverwaltungsrecht, Köln 2005 [zitiert: Oberrath]

Ochs, Bernd, Die einheitliche kapitalmarktrechtliche Prospekthaftungstheorie, Frankfurt am Main/Berlin/Bern/Bruxelles/New York/Oxford/Wien, 2005 [zitiert: Ochs]

Palandt, Otto (Begr.), Bürgerliches Gesetzbuch mit Einführungsgesetz (Auszug), Allgemeines Gleichbehandlungsgesetz (Auszug), BGB-Informationspflichten-Verordnung, Unterlassungsklagengesetz, Produkthaftungsgesetz, Erbbaurechtsverordnung, Wohneigentumsgesetz, Hausratverordnung, Vormünder- und Betreuervergütungsgesetz, Lebenspartnerschaftsgesetz, Gewaltschutzgesetz (Artikel 1), 67. Aufl. München 2008 [zitiert: Palandt/Bearbeiter]

Prütting, Hanns / Wegen, Gerhard / Weinreich, Gerd (Hrsg.), BGB: Kommentar, 3. Aufl. Neuwied 2008 [zitiert: PWW/Bearbeiter]

Quass, Guido / Becker, Roman, Die REIT-AG nach dem Gesetz über deutsche Immobilien-Aktiengesellschaften mit börsennotierten Anteilen, AG 2007, S. 421 ff. [zitiert: Quass/Becker AG 2007, 421]

Raisch, Peter, Geschichtliche Voraussetzungen, dogmatische Grundlagen und Sinnwandlung des Handelsrechts, Karlsruhe 1965 [zitiert: Raisch]

Raiser, Ludwig, Das Rektapapier, ZHR 101 (1935), S. 13 ff. [zitiert: Raiser ZHR 101 (1935), 13]

Rebmann, Kurt (bis 4. Aufl.) / Säcker, Franz Jürgen / Rixecker (Hrsg.), Münchener Kommentar zum Bürgerlichen Gesetzbuch, 11 Bände, [zitiert: MüKo/Bearbeiter]

Band 1, Halbband 1 (§§ 1-240, ProstG), 5. Aufl. München 2006 (Redakteur: Säcker, Franz Jürgen)

Band 2 (§§ 241-432), 5. Aufl. München 2007 (Redakteur: Krüger, Wolfgang)

Band 3 (§§ 433-610), 5. Aufl. München 2008 (Redakteur: Krüger, Wolfgang, Westermann, Harm Peter)

Band 5 (§§705-853, PartGG, ProdHaftG, 4. Aufl. München 2004 (Redakteur: Ulmer, Peter)

Reiner, Günter / Pech, Martin, Anmerkung zu OLG Stuttgart, Urteil vom 22.01.2007 – 10 U 189/06, OLG Stuttgart EWiR § 280 BGB 1/07, S. 323 f. (Reiner/Pech) [zitiert: OLG Stuttgart EWiR § 280 BGB 1/07, 323 (Reiner/Pech)]

Richter, Tim, Handel mit geschlossenen Fonds: Markt im Aufwind, Bank 10/2005, S. 20 ff. [zitiert: Richter Bank 10/2005, 20]

Riegger, Bodo / Weipert, Lutz (Hrsg.), Münchener Handbuch des Gesellschaftsrechts, Band 2: Kommanditgesellschaft, GmbH & Co. KG, Publikums-KG, Stille Gesellschaft, 2. Aufl. München 2004 [zitiert: MüHB [Gesellschaft]/Bearbeiter]

Rohlfing, Berd / Wegener, Burghard / Oettler, Frank, Der Fall der „Göttinger Gruppe“ - Insolenzbedingte Risiken bei stillen Beteiligungen, ZIP 2008, S. 865 ff. [zitiert: Rohlfing/Wegener/Oettler ZIP 2008, 865]

Rothe, Oliver / Stumpf, Wolf, Anmerkung zu BGH, Urteil vom 30.01.2007, BB 2007, S. 687 ff. [zitiert: Rothe/Stumpf BB 2007, 687]

Ruthig, Joseph / Storr, Stefan, Öffentliches Wirtschaftsrecht, Heidelberg 2005 [zitiert: Ruthig/Storr]

Saenger, Ingo / Aderhold, Lutz / Lenkaitis, Karlheinz / Speckmann, Gerhard (Hrsg.), Handels- und Gesellschaftsrecht: Praxishandbuch; Baden-Baden 2008 [zitiert: Saenger/Aderhold/Lenkaitis/Speckmann/Bearbeiter]

Schäfer, Frank A., Emission und Vertrieb von Wertpapieren nach dem Wertpapierverkaufsprospektgesetz, ZIP 1991, S. 1557 ff. [zitiert: Schäfer ZIP 1991, 1557]

ders., Stand und Entwicklungstendenzen der spezialgesetzlichen Prospekthaftung, ZGR 2006, S. 40 ff. [zitiert: Schäfer ZGR 2006, 40]

Schäfer, Frank A. / Hamann, Uwe (Hrsg.), Kapitalmarktgesetze: Wertpapierhandelsgesetz, Börsengesetz mit BörsZulV, Verkaufsprospektgesetz mit VerkProspV: Kommentar, 2. Aufl., Loseblattsammlung, Stand 3. Lieferung

1/2008, Stuttgart, Berlin, Köln; bei VerkProspG: 1. Aufl. 1999 [zitiert: Schäfer/Bearbeiter]

Schimansky, Herbert / Bunte, Hermann-Josef / Lwowski, Hans-Jürgen (Hrsg.), Bankrechts-Handbuch, 2 Bände, 3. Aufl. München 2007 [zitiert: Bearbeiter in: BHdb]

Schmidt, Karsten, Gesellschaftsrecht, 4. Aufl. Köln, Berlin, Bonn, München 2002 [zitiert: Schmidt, GR]

ders., Handelsrecht, 5. Aufl. Köln, Berlin, Bonn, München 1999 [zitiert: Schmidt, HR]

ders. (Hrsg.), Münchener Kommentar zum Handelsgesetzbuch, 7 Bände, [zitiert: MüKo-HGB/Bearbeiter]

Band 1 (§§ 1-104): 2. Aufl. München 2005 (Redakteur: Schmidt, Karsten)
Band 3 (§§ 161-237): 2. Aufl. München 2007 (Redakteur: Schmidt, Karsten)
Band 4 (§§ 238-342e): 2. Aufl. München 2008 (Redakteur: Ebke, Werner F.)

Schönke, Adolf / Schröder, Horst (Begr.)/Lenckner, Theodor, Strafgesetzbuch: Kommentar, 27. Aufl. München 2006 [zitiert: Schönke/Schröder/Bearbeiter]

Schulze, Reiner (Schriftleitung), Bürgerliches Gesetzbuch: Handkommentar, 5. Aufl. Baden-Baden 2007 [zitiert: Hk-BGB/Bearbeiter]

Schwark, Eberhard, Anmerkung zu LG Frankfurt, Urteil vom 6.10.1992, EWiR § 45 BörsG 1/93, S. 143 f. (Schwark) [zitiert: EWiR § 45 BörsG 1/93 (Schwark)]

ders., Anmerkung zu OLG Frankfurt vom 01.02.1994, WuB I G. 9. - 2.94 [zitiert: Schwark WuB I G. 9. - 2.94]

ders. (Hrsg.), Kapitalmarktrechts-Kommentar: Börsengesetz mit Börsenzulassungsverordnung, Verkaufsprospektgesetz mit Verkaufsprospektverordnung, Wertpapierhandelsgesetz, Wertpapiererwerbs- und Übernahmegesetz, 3. Aufl. München 2004 [zitiert: Schwark/Bearbeiter]

Schwerdtfeger, Armin (Hrsg.), Kompaktkommentar Gesellschaftsrecht, Neuwied 2007 [zitiert: KpK GesR/Bearbeiter]

Seibert, Ulrich, Das 10-Punkte-Programm Unternehmensintegrität und Anlegerschutz, BB 2003, S. 69 ff. [zitiert: Seibert BB 2003, 69]

Singhof, Bernd / Seiler, Oliver / Schlitt, Michael, Mittelbare Gesellschaftsbeteiligungen: Stille Gesellschaft, Unterbeteiligung, Treuhand, Köln 2004 [zitiert: Singhof/Seiler/Schlitt, (Bearbeiter ist kursiv)]

Soergel, Hans Theodor (Begr.), Bürgerliches Gesetzbuch: mit Einführungsgesetz und Nebengesetzen, (mehrbändig) Stuttgart, Berlin Köln [zitiert: Soergel/Bearbeiter]

Band 1 (§§ 1-103): 13. Aufl. Stuttgart, Berlin, Köln 2000 (Redakteur: Spickhoff, Andreas)

Band 12 (§§ 823-853, ProdHG, UmweltHG): 13. Aufl. Stuttgart, Berlin, Köln 2005 (Redakteur: Wolf, Manfred)

Spindler, Gerald, Kapitalmarktreform in Permanenz – Das Anlegerschutzverbesserungsgesetz, NJW 2004, S. 3449 ff. [zitiert: Spindler NJW 2004, 3449]

Spreizer, Hans Werner, Die geplante Änderung des Wertpapier-Verkaufsprospektegesetzes durch das Gesetz zur Verbesserung des Anlegerschutzes (AnSVG), VuR 2004, S. 353 ff. [zitiert: Spreizer VuR 2004, 353]

Staub, Hermann (Begr.) / Canaris, Claus-Wilhelm / Schilling, Wolfgang / Ulmer, Peter (Hrsg.), Handelsgesetzbuch: Großkommentar, mehrbändig [zitiert: Staub/Bearbeiter; bei Verwendung der 3. Aufl.: Staub/Bearbeiter³]

Band 1 (§§1-104): 4. Aufl. Berlin; New York 1995;

Band 5 (Bankvertragsrecht, 1. Teil): 4. Aufl. Berlin, New York 2005 [1. Teil identisch mit 3. Aufl.; bei Verwendung des 2. Teils aus der 3. Aufl.: 3. Band, 3. Teil, Bankvertragsrecht, 3. Aufl. Berlin New York 1981]

Staudinger, Julius von (Begr.), J. von Staudingers Kommentar zum Bürgerlichen Gesetzbuch mit Einführungsgesetz und Nebengesetzen

§§ 164-240: Neubearbeitung Berlin 2004 (Redakteur: Habermann, Norbert)

§§ 925-984: Neubearbeitung, Berlin 2004 (Redakteur: Gursky, Karl-Heinz)

Stöber, Michael, Anmerkung zu OLG Koblenz, Urteil vom 12.10. 2006, NJW 2006, S. 3724 ff. [zitiert: Stöber NJW 2006, 3724]

Stumpf, Wolf / Lamberti, Andrea / Schmidt, Johannes, Hinweispflicht auf Straf- und Ermittlungsverfahren im Prospekt geschlossener Fonds, BB 2008, S. 1635 ff. [zitiert: Stumpf/Lamberti/Schmidt DB 2008, 1635]

Tilch, Horst / Arloth, Frank (Hrsg.), Deutsches Rechts-Lexikon, 3 Bände, 3. Aufl. München 2001 [zitiert Tilch/Arloth/Verfasser und Eintrag]

Ulmer, Eugen, Das Recht der Wertpapiere, Stuttgart, Berlin 1938 [zitiert: Ulmer]

Ulmer, Peter / Dopfer, Jürgen, Anlegerschutz und Gesellschaftsrecht: Zur Problematik der Prospekthaftung von Publikumskommanditgesellschaften nach dem Regierungsentwurf eines Vermögensanlagegesetzes, BB 1978, S. 461 ff. [zitiert: Ulmer/Dopfer BB 1978, 461]

Verfürth, Ludger / Grunenberg, Carsten, Pflichtangaben für geschlossene Fonds nach der Vermögensanlagen-Verkaufsprospektverordnung, DB 2005, S. 1043 ff. [zitiert: Verfürth/ Grunenberg DB 2005, 1043]

Vogel, Christian, Vom Anlegerschutz zum Verbraucherschutz: Informationspflichten im europäischen Kapitalmarkt-, Anlegerschutz- und Verbraucherschutzrecht, Baden-Baden 2005; zugl. Bielefeld, Dissertation 2004 [zitiert: Vogel]

Volhard, Patricia / Wilkens, Sarah, Auswirkungen der Richtlinie über Märkte für Finanzinstrumente (MiFID) auf geschlossene Fonds in Deutschland, DB 2006, S. 2055 ff. [zitiert: Volhard/Wilkens DB 2006, 2051]

Vollkommer, Gregor, Neue Wege zum Recht bei kapitalmarktrechtlichen Streitigkeiten, NJW 2007, S. 3094 ff. [zitiert Vollkommer NJW 2007, 3094]

Vortmann, Jürgen (Hrsg.), Prospekthaftung und Anlageberatung: Handbuch, Stuttgart, Berlin, Köln 2000 [zitiert:Vortmann/Bearbeiter]

Voß, Thorsten, Geschlossene Fonds unter dem Rechtsregime der Finanzmarkt-Richtlinie (MiFID)?, BKR 2007, S. 45 ff. [zitiert: Voß BKR 2007, 45]

Wach, Karl J. T., Der Terminhandel in Recht und Praxis: Zivilrechtlicher Anlegerschutz beim spekulativen Termingeschäft an den Rohstoff-, Finanz- und Devisenbörsen unter Berücksichtigung der wirtschaftlichen und soziologischen Tatsachen sowie des Straf- und Börsenrechts; Köln 1986 [zitiert: Wach]

Waltermann, Raimund, Zur Wissenszurechnung – am Beispiel der juristischen Personen des privaten und des öffentlichen Rechts, AcP 192 (1992), S. 181 ff. [zitiert: Waltermann AcP 192 (1992), 181]

Weber, Ralph, Sachenrecht I: Bewegliche Sachen, Baden-Baden 2005 [zitiert: Weber]

Weitnauer, Wolfgang (Hrsg.), Handbuch Venture Capital: Von der Innovation zum Börsengang, 3. Aufl. München 2007 [zitiert: Weitnauer/Bearbeiter]

Graf von Westphalen, Friedrich, Zusammenhang zwischen der Prospekthaftung und der Haftung aus der individuellen Anlageberatung, BB 1994, S. 85 ff. [zitiert: Graf von Westphalen BB 1994, 85]

Wittmann, Arno, Zivilrechtliche Prospekthaftung beim Vertrieb von steuerbegünstigten Kapitalanlagen, DB 1980, S. 1579 ff. [zitiert:Wittmann DB 1980, 1579]

Zetsche, Dirk, Zwischen Anlegerschutz und Standortwettbewerb: Das Investmentänderungsgesetz, ZBB 2007, S. 438 ff. [zitiert: Zetsche ZBB 2007, 438]

Ziegler, Ole, Die Prospekthaftung am nicht-organisierten Kapitalmarkt im Spannungsverhältnis zu personengesellschaftsrechtlichen Grundsätzen, DStR 2005, S. 30 ff. [zitiert: Ziegler DStR 2005, 30]

Zimmer, Daniel / Cloppenburg, Matthias, Haftung für falsche Information des Sekundärmarktes auch bei Kapitalanlagen des nicht geregelten Kapitalmarktes? ZHR 2007, S. 519 ff. [zitiert: Zimmer/Cloppenburg ZHR 2007, 519]

Zitelmann, Rainer, Der neue § 15b EStG: Geschlossene Fonds künftig unattraktiv? Bank 2/2006, S. 8 ff. [zitiert: Zitelmann Bank 2/2006, 8]

Zöllner, Wolfgang / Noack, Ulrich (Hrsg.), Kölner Kommentar zum Aktiengesetz, Band. 6, §§ 15-22 AktG, §§ 291-328 AktG und Meldepflichten nach §§ 21 ff. WpHG, SpruchG, 3. Aufl. Köln, Berlin, München 2004 [zitiert: KK-AktG/Bearbeiter]

Zweigert, Konrad / Kötz, Hein, Einführung in die Rechtsvergleichung auf dem Gebiete des Privatrechts, 3. Aufl: Tübingen 1996 [zitiert: Zweigert/Kötz]

B. Italienische Literatur

Afferni, Giorgio, Anmerkung zu Cass. Urteil vom 17.11.2003, DR 2004, S. 849 ff. [zitiert: Afferni DR 2004, 849]

Alpa, Guido, Il problema della atipicità dell'illecito, Neapel 1979 [zitiert: Alpa, atipicità]

ders., Prospetto informativo. Orientamenti della dottrina, Riv.crit.dir.priv. 1988, S. 359 ff. [zitiert: Alpa Riv.crit.dir.priv. 1988, 359]

ders., La responsabilità civile, Mailand 1999, Band 4 von: Alpa, Guido (Hrsg.), Trattato di diritto civile, [zitiert: Alpa Tr.dir.civ.]

ders., La responsabilità extracontrattuale della Consob: alcuni problemi di metodo e di merito, NGCC 2004 II, S. 90 ff. [zitiert: Alpa NGCC 2004 II, 90]

Alpa Guido / Bessone, Mario / Putti, Pietro Maria, La responsabilità civile: 1. Prospettiva storica, colpa aquiliana, illecito contrattuale; 2. Responsabilita oggettiva, rischio d'impresa, prevenzione del danno, 3. Aufl. Mailand 2001 [zitiert: Alpa/Bessone/ Putti]

Alpa, Guido / Capriglione, Francesco, Commentario al Testo Unico delle disposizioni in materia di intermediazione finanziaria (3 Bände), Padua 1998 [zitiert: Alpa/Capriglione/Bearbeiter]

Alpa, Guido / Iudica, Giovanni, Codice civile: un commento, Turin 1996 [zitiert: Alpa/Iudica/Bearbeiter]

Alpa, Guido / Zatti, Paolo, Commentario breve al codice civile: Leggi complementari, 2. Band: impresa e contratti d'impresa - società e intermediari finanziari – banca – diritto europeo – fonti di autodisciplina – aggiornamenti legislative, 3. Aufl. Padua 2000 [zitiert: Alpa/Zatti/Bearbeiter]

Andò, Biagio, Anmerkung zu Cass. Urteil vom 03.03.2001, NGCC 2001 I, S. 161 ff. [zitiert: Andò NGCC 2001 I, 161]

Anello, Pietro / Rizzini Bisinelli, Silvio, Anmerkung zu Cass. Urteil vom 03.03.2001, und App. Mailand, Urteil vom 13.11.1998, Soc. 2001, S. 576 ff. [zitiert: Anello/Rizzini Bisinelli Soc. 2001, 576]

dies., D. Lgs. 58/1998. Sollecitazione all'investimento e offerta pubblica di acquisto, Soc. 1998, S. 542 ff. [zitiert: Anello/Rizzini Bisinello Soc. 1998, 542]

Annunziata, Filippo, La disciplina del mercato mobiliare, 3. Aufl. Turin 2004 [zitiert: Annunziata]

Arietti, Marina, Culpa in contrahendo e responsabilità da prospetto, Anmerkung zu App. Mailand Urteil vom 02.02.1990, Giur.it 1992 I-2, S. 49 ff. [zitiert: Arietti Giur.it 1992 I-2, 49]

Ascarelli, Tullio, La letteralità nei titoli di credito, RDCo 1932 I, S. 236 ff. [zitiert: Ascarelli RDCo 1932 I, 236]

ders., Sul concetto di titolo di credito e sulla disciplina del titolo V libro I del nostro codice, BBTC 1954 I, S. 367 ff. [zitiert: Ascarelli BBTC 1954 I, 367]

Assofiduciaria (Hrsg.), Sollecitazione al publico risparmio e società fiduciarie: una circolare dell'Assofiduciaria [Rundschreiben der Assofiduciaria Nr. 15/1985], Riv.soc. 1985 I, S. 330 ff. [zitiert: Assofiduciaria Riv.soc. 1985 I, 330]

Assonime (Hrsg.), La sollecitazione all'investimento nel Testo Unico della Finanza: il commento dell'Assonime, Riv.soc. 2001, S. 211 ff. [zitiert: Assonime Riv.soc. 2001, 211]

dies. (Hrsg.), Le nuove disposizioni per la tutela del risparmio e la disciplina dei mercati finanziari: il commento dell'Assonime, Riv.soc. 2006, S. 445 ff. [zitiert: Assonime Riv.soc. 2006, 445]

Avolio, Diego, Le società di investimento immobiliare quotate, CorTrib 2007, S. 452 ff. [zitiert: Avolio CorTrib 2007, 452]

Balzarini, Paola, Anmerkung zu Trib. Mailand, Urteil vom 11.01.1988, RCP 1988, S. 775 ff. [zitiert: Balzarini RCP 1988, 775]

dies., Anmerkung zu App. Mailand, Urteil vom 02.02.1990, RCP 1991, S. 122 ff. [zitiert: Balzarini RCP 1991, 122]

Bazzani, Stefano, Anmerkung zu Trib. Mailand Urteil vom 11.01.1988, NGCC 1988 II, S. 503 ff. [zitiert: Bazzani NGCC 1988 II, 503]

Belli, Franco / Mazzini, Francesco / Tedeschi, Roberto (Hrsg.), Il Testo Unico della finanza: Intermediari e mercati, emittenti, gestione accentrata, sanzioni. Commento breve al Dlgs. 58 / 1998. Tutti gli articoli a raffronto con le precedenti disposizioni, Mailand 1998 [zitiert: Belli/Mazzini/Tedeschi/Bearbeiter]

Belvedere, Andrea, Causalità giuridica? RDC 2006 I, S. 7 ff. [zitiert: Belvedere RDC 2006 I, 7]

Benatti, Franceso, Responsabilità precontrattuale, in: Treccani, Giovanni (Begr.), Enciclopedia Giuridica, Loseblattsammlung, Band 27, Rom 1991 [zitiert: Benatti]

Bennato, Barbara / Crucitti, Marialuisa, Il danno precontrattuale, in: Sebastio, Giovanna (Hrsg.), I danni risarcibili nella responsabilità civile, Band I, Turin 2005, S. 278 ff. [zitiert: Bennato/Crucitti]

Betti, Emilio, Teoria generale delle obbligazioni, zweibändig, Band 1: Mailand 1953 [zitiert: Betti]

Bianca, C. Massimo, Diritto Civile, mehrbändig

Band III, Il contratto, 2. Aufl. Mailand 2000 [zitiert: Bianca]

Band V: La responsabilità, Mailand 1994 [zitiert: Bianca responsabilità]

ders., La nozione di buona fede quale regola di comportamento contrattuale, RDC 1983 I, S. 205 ff. [zitiert: Bianca RDC 1983 I, 205]

Bochicchio, Francesco, Intermediazione mobiliare e sollecitazione al pubblico risparmio nella disciplina del mercato mobiliare, Padua 1994, in: Galgano, Francesco (Hrsg.), Trattato di diritto commerciale e diritto pubblico dell'economia, Band 20, Padua [zitiert: Bochicchio]

ders., La sollecitazione al publico risparmio quale figura generale del nostro ordinamento, Dir.fall.soc.comm. 1997 I, S. 843 ff. [zitiert: Bochicchio Dir.fall.soc.comm. 1997 I, 843]

Bruno, Sabrina, L'azione di risarcimento per danni da informazione non corretta sul mercato finanziario, Neapel 2000 [zitiert: Bruno]

Busnelli, Francesco Donato, Illecito civile, in: Treccani, Giovanni (Begr.), Enciclopedia Giuridica, Loseblattsammlung, Band 15, Rom 1991 [zitiert: Busnelli, illecito]

ders., Itinerari europei nella „terra di nessuno tra contratto e fatto illecito": la responsabilità da informazioni inesatte, ContrImp 1991, S. 539 ff. [zitiert: Busnelli ContrImp 1991, 539]

Callegari, Mia / Cottino, Gastone / Desana, Eva / Spatazza, Gaspare, I titoli di credito in: Cottino, Gastone (Hrsg.), Trattato di diritto commerciale, Band 7, Padua 2006 [zitiert: Callegari/Cottino/Desana/Spatazza, Tr.dir.com.]

Campobasso, Gian Franco (Hrsg.), Testo unico della finanza (dlg. 24 febbraio 1998, n. 58), Turin 2002 [zitiert: Campobasso/Bearbeiter]

Caporali, Giancarlo / Sorrentino, Federico, Legge (atti con forza di), in Sacco, Rodolfo (u.a.) (Hrsg.), Digesto delle Discipline Pubblicistiche, mehrbändig,

Band 9, 4. Aufl. Turin 1994, S. 100 ff. [zitiert: Dig.Disc.Publ./Caporali-Sorrentino, Legge (atti con forza di)]

Caramazza, Giovanni, Anmerkung zu Trib. Mailand, Urteil vom 11.01.1988, Soc. 1988, S. 600 ff. [zitiert: Caramazza Soc. 1988, 600]

Caranta, Roberto, Responsabilità della Consob per mancata vigilanza e futuri problemi di giurisdizione, Anmerkung zu Cass. Urteil vom 03.03.2001, RCP 2001, S. 571 ff. [zitiert: Caranta RCP 2001, 571]

Carbone, Paolo, Un'occasione perduta: la Cassazione riconferma la natura aquiliana della responsabilità precontrattauale; Anmerkung zu Cass., Urteil vom 11.05.1990, CorG 1990 II, S. 838 ff. [zitiert: Carbone CorG 1990 II, 838]

Carbonetti, Francesco, Che cos'è un valore mobiliare?, Giur.com. 1989 I, S. 280 ff. [zitiert: Carbonetti Giur.com. 1989 I, 280]

Caringella, Francesco, Studi di diritto civile, zweibändig, Band 1, Mailand 2003 [zitiert: Caringella]

Carnevali, Ugo, In tema di c.d. responsabilità da prospetto delle banche, CorG 1989, S. 1003 ff. [zitiert: Carnevali CorG 1989, 1003]

Carpi, Federico (Hrsg.) / Colesanti, Vittorio (Gründungsmitherausgeber) / Taruffo, Michele (Hrsg.), Commentario breve al Codice di Procedura Civile: Complemento Giurisprudenziale, 5. Aufl. Mailand 2006 [zitiert: Carpi/Taruffo/Bearbeiter]

Carresi, Franco, Il contratto, zweibändig, in: Cicu, Antonio / Messineo, Francesco / Mengoni, Luigi, Trattato di diritto civile e commerciale, Band XXI, Mailand 1987 [zitiert: Carresi]

Carrière, Paolo, L'ambito applicativo della riserva di attività alla gestione collettiva del risparmio: ricostruzione critica, Riv.soc. 2005, S. 1115 ff. [zitiert: Carrière Riv.soc. 2005, 1115]

Casamassima, Antonella, Responsabilità contrattuale ed extracontrattuale, in: Sebastio, Giovanna (Hrsg.), I danni risarcibili nella responsabilità civile, Band I, Turin 2005, S. 259 ff. [zitiert: Casamassima]

Casetta, Elio, Responsabilità della pubblica amministrazione, in: Sacco, Rodolfo (u.a.) (Hrsg.), Digesto delle Discipline Pubblicistiche, mehrbändig, Band 13, 4. Aufl. Turin 1997, S. 210 ff. [zitiert: Dig.Disc.Publ./Casetta, Responsabilità della pubblica amministrazione]

Castellani, Enrico, Intermediari finanziari e responsabilità da prospetto: spunti comparatistici alla luce di un caso italiano, Anmerkung zu Trib. Mailand, Urteil vom 11.01.1988, Giur.it. 1988 I-2, S. 798 ff. [zitiert Castellani Giur.it. 1988 I-2, 798]

Castellano, Gaetano, I titoli di massa, BBTC 1987 I, S. 22 ff. [zitiert: Castellano BBTC 1987 I, 22]

Castronovo, Carlo, La nuova responsabilità civile, 3. Aufl. Mailand 2006; 1. Aufl. unter dem Titel: La nuova responsabilità civile: Regola e metafora, Mailand 1991; [zitiert: Castronovo[1] für die 1., Castronovo[3] für die 3. Aufl.]

Cattaneo, Giovanni, Mandato e trust nell'attività fiduciaria, in: Beneventi, Ilaria (Hrsg.), I trusts in Italia oggi, Mailand 1996, S. 249 ff. [zitiert: Beneventi/Cattaneo]

ders., Recensione di Guido Ferrarini, La responsabilità da prospetto, informazione societaria e tutela degli investitori, Milano 1986, Quadr. 1986, S. 429 ff. [zitiert: Cattaneo Quadr. 1986, 429]

Cavallaro, Maria Cristina, Potere amministrativo e responsabilità civile, Turin 2004 [zitiert: Cavallaro]

Chiappetta, Francesco, Fondi communi chiusi. Legge n. 344 del 1994 e relative disposizioni attuative. Una analisi sistematica, Riv.soc. 1997, S. 996 ff. [zitiert: Chiappetta Riv.soc. 1997, 996]

Chiomenti, Filippo, Il titolo di credito: fattispecie e disciplina, Mailand 1977 [zitiert: Chiomenti]

Cian, Giorgio / Trabucchi, Alberto (Hrsg.), Commentario Breve al Codice civile, 8. Aufl. Mailand 2007 [zitiert: Cian/Trabucchi/Bearbeiter]

Clarich, Marcello, La responsabilità della Consob nell'esercizio della funzione di vigilanza: due passi oltre la sentenza della Cassazione n. 500/99, DR 2002, S. 223 ff. [zitiert: Clarich DR 2002, 223]

Colavolpe, Alessandro, La partecipazione di società fiduciarie a fondi comuni di investimento „speculativi": alcuni profili operativi, Trusts 2004, S. 17 ff. [zitiert: Colavolpe Trusts 2004, 17]

Comporti, Carlo, Le società fiduciarie, in: in: Santoro, Vittorio (Hrsg.), Le società finanziarie, Mailand 2000, S. 427 ff. [zitiert: Santoro/Comporti]

ders., La sollecitazione all'investimento, in: Patroni Griffi, Antonio / Sandulli, Michele / Santoro, Vittorio (Hrsg.), Intermediari finanziari, mercati e società quotate, Turin 1999, S. 531 ff. [ziiert: Comporti sollecitazione]

Conti, Corrado, La disciplina del mercato mobiliare: dal diritto della borsa al Testo Unico della finanza, Padua 2001 [zitiert: Conti]

Corapi, Diego, L'obbligo di comunicazione alla Consob e di pubblicazione del prospetto nelle operazioni finanziarie con sollecitazione del pubblico risparmio, RDCo 1985 I, S. 15 ff. [zitiert: Corapi RDCo 1985 I, 15]

Costi, Renzo, Il mercato mobiliare, 5. Aufl. Turin 2008 [zitiert: Costi]

Costi, Renzo / Enriques, Luca, Il Mercato mobiliare, in: Cottino, Gastone (Hrsg.), Trattato di diritto commerciale, Band 8, Padua 2004 [zitiert: Costi/Enriques, Tr.dir.com.]

Cottino, Gastone, Diritto Commerciale, Band 2, Halbband 1: La banca, la borsa i titoli di credito, 2. Aufl. Mailand 1992 [zitiert: Cottino]

Crespi, Alberto, La falsità nel prospetto informativo inviato alla Consob ex Art. 18 legge 7 giugno 1974, n. 216, Riv.soc. 1989, S. 1 ff. [zitiert: Crespi Riv.soc. 1989, 1]

Cristiani, Elisabetta / Dimundo, Francesco, Anmerkung zu Cass. Urteil vom 03.03.2001, DR 2001, S. 509 ff. [zitiert: Cristiani/Dimundo DR 2001, 509]

Cugnasco, Roberto, L'offerta al pubblico di strumenti finanziari: alcune riflessioni sul D.Lgs. n. 51/2007 di recepimento della Direttiva Prospetto, Soc. 2008, S. 803 ff. [zitiert: Cugnasco Soc. 2008, 803]

D'Alessandro, Floriano, L'attività di sollecitazione al pubblico risparmio, in: Assofondi (Hrsg.), Sistema finanziario e controlli: dall'impresa al mercato: atti della giornata di studio organizzata dall'Assofondi: Milano, 28 aprile 1986, Mailand 1986, S. 91 ff. [zitiert: D'Alessandro S. 91]

D'Alfonso, Giovanna, Responsabilità da prospetto informativo: Confronto tra evoluzione legislativa, elaborazione giurisprudenziale e dottrinale nel sistema italiano e tedesco, Neapel 2002 [zitiert: D'Alfonso]

D'Auria, Massimo, La responsabilità civile della Consob. Profili civilistici, Anmerkung zu Cass. Urteil vom 03.03.2001, Giur.it. 2001, S. 2269 ff. [zitiert: D'Auria Giur.it. 2001, 2269]

De Cupis, Adriano, Il danno: teoria generale della responsabilità civile, zweibändig. Band 1, 2. Aufl. Mailand 1966 [zitiert: De Cupis]

De Mauro, Antonio / Fortinguerra, Fabio, La responsabilità precontrattuale, in: Cendon, Paolo (Hrsg.) Diritto Italiano, Band 14, Mailand 2002 [zitiert: De Mauro/Fortinguerra]

De Paolis (Hrsg.), Il nuovo processo amministrativo: Aggiornata alla giurisprudenza più recente, 3. Aufl. Padua 2006 [zitiert: De Paolis/Bearbeiter]

Di Chio, Giuseppe, D. Lgs. 58/1998. Gli intermediari: il sistema di vigilanza e l'esercizio dei servizi di impresa, Soc. 1998, S. 502 ff. [zitiert: Di Chio Soc 1998, 502]

ders., La sollecitazione al pubblico risparmio: profili di qualificazione, Riv.soc. 1988, S. 801 ff. [zitiert: Di Chio Riv.soc. 1988, 801]

Di Majo, Adolfo, La tutela civile dei diritti, 4. Aufl. Mailand 2003 [zitiert: Di Majo] *ders.*, Prodotti finanziari e tutela del risparmiatore, Anmerkung zu Trib. Florenz, Urteil vom 10.04.2005, und Trib. Rom, Urteil vom 25.05.2005, CorG 2005, S. 1282 ff. [zitiert: Di Majo CorG 2005, 1282]

Di Noia, Carmine / Razzante, Ranieri (Hrsg.), Il nuovo diritto societario e dell'intermediazione finanziaria: guida al testo unico della finanza e ai provvedimenti attuativi, Padua 1999 [zitiert: Di Noia/Razzante/Bearbeiter]

Enriques, Luca, Servizi d'investimento, offerta a distanza e appello al pubblico risparmio mediante Internet, DBMerFin 2003, S. 26 ff. [zitiert: Enriques DBMerFin 2003, 26]

Fanti, Fabrizio, Anmerkung zu App. Mailand Urteil vom 21.10.2003, Soc. 2004, S. 58 ff. [zitiert: Fanti Soc. 2004, 58]

Fazio, Antonio, L'intermediazione finanziaria non bancaria, Riv.soc. 1986, S. 935 ff. [zitiert: Fazio Riv.soc.1986, 935]

Ferrarini, Guido, Gestione Fiduciaria, nuove forme di investimento, tutela degli investitori, in: BBTC 1982 I, S. 215 ff. [zitiert: Ferrarini BBTC 1982 I, 215]

ders., Investment banking, prospetti falsi e culpa in contrahendo, Anmerkung zu Trib. Mailand, Urteil vom 11.01.1988, Giur.com. 1988 II, S. 585 ff. [zitiert: Ferrarini Giur.com. 1988 II, 585]

ders., I nuovi confini del valore mobiliare, Giur.com. 1989 I, S. 741 ff. [zitiert: Ferrarini Giur.com. 1989 I, 741]

ders., La responsabilità da prospetto delle banche, BBTC 1987 I, S. 437 ff. [zitiert: Ferrarini BBTC 1987 I, 437]

ders., La responsabilità da prospetto: informazione societaria e tutela degli investitori, Mailand 1986 [zitiert: Ferrarini responsabilità]

ders., Sollecitazione del risparmio e quotazione in borsa, in: Colombo, G. E., / Portale, G. B. (Hrsg.) Trattato delle società per azioni, Band 10-2, Turin 1993 [zitiert: Ferrarini Tr.spa.]

Ferrarini, Guido / Marchetti, Piergaetano (Hrsg.), La riforma dei mercati finanziari: dal decreto Eurosim al Testo Unico della Finanza, Rom, Mailand 1998 [zitiert: Ferrarini/Marchetti/Bearbeiter]

Ferri, Giuseppe, Associazione in partecipazione, in Sacco, Rodolfo (u.a.) (Hrsg.), Digesto delle Discipline Privatistiche – Sezione Commerciale, mehrbändig, Band 1, 4. Aufl. Turin 1987, S. 505 ff. [zitiert: Dig.Disc.Priv.Com./ Ferri, Associazione in partecipazione]

Franzoni, Massimo, La responsabilità delle authorities per omissione di vigilanza, Resp.civ. 2005, S. 296 ff. [zitiert: Franzoni Resp.civ. 2005, 296]

Galgano, Francesco, Diritto Privato, 13. Aufl. Mailand 2006 [zitiert: Galgano]

Gambogi, Gianluca, Anmerkung zu Trib. Triest, Urteil vom 13.07.1994, Soc. 1995, S. 543 ff. [zitiert: Gambogi Soc. 1995, 543]

Gazzoni, Francesco, Manuale di diritto privato, 13. Aufl. Neapel 2007 [zitiert: Gazzoni]

Ghidini, Gustavo, Appunti sui poteri della Consob in materia di pubblicità finanziaria, Riv.soc. 1989, S. 397 ff. [zitiert: Ghidini Riv.soc. 1989, 397]

Giacalone, Giovanni, Anmerkung zu Cass., Urteil vom 3. März 2001, GC 2001 I, S. 913 ff. [zitiert: Giacalone GC 2001 I, 913]

Giorgianni, Michele, L'inadempimento: Corso di diritto civile, 3. Aufl. Mailand 1975 [zitiert: Giorgianni]

Giuliani, Federico Maria, Le imprese non autorizzate, ai limiti delle „riserve" die Testi unici bancario e finanziario, ContrImp 2008, S. 33 ff. [zitiert: Giuliani ContrImp 2008, 33]

Grisi, Giuseppe, L'obbligazione precontrattuale di informazione, Neapel 1990 [zitiert: Grisi]

Guarino, Antonio, Diritto Privato Romano, 12. Aufl. Neapel 2001 [zitiert: Guarino]

Jaeger, Pier Giusto, Appunti sulla responsabilità da prospetto, Quadr. 1986, S. 283 ff. [zitiert: Jaeger Quadr. 1986, 283]

Jovino, Andrea Niutta-Pier Domenico, Anmerkung zu Cass. Urteil vom 3. März 2001, DBMerFin 2001, S. 535 ff. [zitiert: Jovino DBMerFin 2001, 535]

Lacaita, Leonardo / Napoleoni, Valerio, Il Testo Unico dei mercati finanziari: Società quotate, intermediari, mercati, OPA, insider trading; Commento al D.lgs. 24 febbraio 1998, n. 58., Mailand 1998 [zitiert: Lacaita/Napoleoni/Bearbeiter]

Lancellotti, Franco, Il foro facoltativo per le cause relative a diritti di obbligazione da fatto illecito, Riv.trim.dir.proc.civ. 1955, S. 691 ff. [zitiert: Lancellotti Riv. trim.dir.proc.civ. 1955, 691]

Lariccia, Sergio, Diritto Amministrativo, zweibändig, 2. Aufl. Padua 2006 [zitiert: Lariccia I bzw. II]

Libonati, Berardino, Commento al art. 12 l 77/1983, NLCC 1984, S. 504 ff. [zitiert: Libonati NLCC 1984, 504]

ders., Titoli atipici e non (I certificati di associazione in partecipazione), BBTC 1985 I, S. 468 ff. [zitiert: Libonati BBTC 1985 I, 468]

ders., Titoli di credito e strumenti finanziari, Mailand 1999 [zitiert: Libonati]

Lo Cane, Pasquale, La responsabilità da prospetto informativo, Diritto&Diritti Februar 2001, http://www.diritto.it/materiali/commerciale/locane2.html (zuletzt besucht am 02.10.2008) [zitiert: Lo Cane]

Lucchini Guastalla, Emanuele, Falsità del prospetto informativo, danno agli investitori e responsabilità civile della Consob, Anmerkung zu App. Mailand, Urteil vom 21.10.2003, NGCC 2004 II, S. 213 ff. [zitiert: Lucchini Guastalla NGCC 2004 II, 213]

Lupoi, Maurizio, Trusts, Mailand 1997 [zitiert: Lupoi]

Maccaboni, Giovanna, Responsabilità civile e mercato finanziario, in: Ponzanelli, Giulio, La responsabilità civile: tredici variazioni sul tema, S. 374 ff., Mailand 2002 [zitiert: Maccaboni]

Maganzani, Lauretta, La „diligentia quam suis" del depositario dal diritto romano alle codificazioni nazionali: Casi e Suggestion di diritto civile nella prospettiva storico-comparatistica, http://www.forhistiur.de/zitat/0608maganzani.htm, (zuletzt besucht am 02.10.2008) [zitiert: Maganzani]

Maggiolo, Marcello, Il risarcimento della pura perdita patrimoniale, Mailand 2003 [zitiert: Maggiolo]

Marchetti, Francesca, Intestazione fiduciaria di partecipazioni in società di persone – profili civilistici, Trusts 2007, S. 391 ff. [zitiert: Marchetti Trusts 2007, 391]

Martines, Temistocle (Begr.) / Silvestri, Gaetano, Diritto Costituzionale, 11. Aufl. Mailand 2005 [zitiert: Martines/Silvestri]

Martorano, Federico, Titoli di credito: titoli di credito in genere, titoli al portatore, titoli all'ordine, titoli nominativi, titoli rappresentativi della merce, titoli atipici, titoli in gestione accentrata (monte titoli), titoli impropri e documenti di legittimazione, 3. Aufl. Mailand 1997 [zitiert: Martorano]

Marziale, Giuseppe / Proto, Massimo, Codice delle Società, annotato con la giurisprudenza, 8. Aufl. Mailand 2006 [zitiert: Marziale/Proto]

Mazzeo, Mario, La responsabilità da prospetto, Resp.civ. 2007, S. 571 ff. [zitiert: Mazzeo Resp.civ. 2007, 571]

Mazziotti di Celso, Manlio / Salerno, Giulio M., Manuale di diritto costituzionale, 4. Aufl. Mailand 2007 [zitiert: Mazziotti di Celso/Salerno]

Mengoni, Luigi, Obbligazioni „di risultato" e obbligazioni „di mezzi", RDCo 1954, I, S. 184 ff., S. 280 ff. u. S. 366 ff. [zitiert: Mengoni RDCo 1954 I, 184, 280 bzw. 366]

ders., Sulla natura della responsabilità precontrattuale, Anmerkung zu. Cass., Urteil vom 05.05.1955, RDCo 1956 II, S. 360 ff. [zitiert: Mengoni RDCo 1956 II, 360]

Meo, Giorgio, Anmerkung zu Trib. Rom, Urteil vom 3. 07.1987, BBTC 1989 II, S. 365 ff. [zitiert: Meo BBTC 1989 II, 365]

Merola, Federico, I fondi immobiliari: Uno stumento tra finanza e mattone: caratteristiche dell'investimento e tipologia di prodotto, Mailand 2004 [zitiert: Merola]

Messineo, Francesco, I titoli di credito, 2. Aufl. Padua 1933, zweibändig [zitiert: Messineo]

Monateri, Pier Giuseppe, Manuale della responsabilità civile, Turin 2001 [zitiert: Monateri]

ders., La responsabilità civile, in: Sacco, Rudolfo (Hrsg.), Trattato di diritto civile, Turin 1998 [zitiert: Monateri Tr.Sacco]

Montalenti, Paolo, Tutela dell'investitore e del mercato: false informazioni da prospetto e autorità di vigilanza, NGCC 2002 II, S. 449 ff. [zitiert: Montalenti NGCC 2002 II, 449]

Montecchiari, Tiziana, La responsabilità della banca per false informazioni da prospetto, VN 1994, S. 946 ff. [zitiert: Montecchiari VN 1994, 946]

Musy, Alberto M., Responsabilità precontrattuale (culpa in contrahendo), in Sacco, Rodolfo (u.a.) (Hrsg.), Digesto delle Discipline Privatistiche – Sezione Civile, mehrbändig, Band 17, Turin 1998, S. 391 ff. [zitiert: Dig.Disc.Priv.Civ./ Musy, Responsabilità precontrattuale]

Nisio, Nicola, L'attività di „amministrazione" delle società fiduciarie (evoluzione e prospettive), BBTC 2003 I, S. 42 ff. [zitiert: Nisio BBTC 2003 I, 42]

Orrei, Chiara, La tutela risarcitoria dell'interesse legittimo: Sviluppi giurisprudenziali e profili dogmatici, Neapel 2002 [zitiert: Orrei]

Osti, Giuseppe, Deviazioni dottrinali in tema di responsabilità per inadempimento delle obbligazioni, Riv.trim.dir.proc.civ. 1954, S. 593 ff. [zitiert: Osti Riv.trim.dir.proc.civ. 1954, 593]

Pagnoni, Elena, Negoziazione e collocamento „riservato" come modelli alternativi di offerta di prodotti finanziari, Soc. 2005, S. 157 ff. [zitiert: Pagnoni Soc. 2005, 157]

Palmieri, Alessandro, Responsabilità per omessa o insufficienza vigilanza: si affievolisce l'immunità della pubblica amministrazione, Anmerkung zu Cass. Urteil vom 03.03.2001, For.it. 2001 I, S. 1142 ff. [zitiert: Palmieri For.it. 2001 I, 1142]

Paralupi, Alessandro, Responsabilità civile da prospetto: informazione e danno ingiusto, RDC 2001 I, S. 565 ff. [zitiert: Paralupi RDC 2001 I, 565]

Partesotti, Giulio / Manente, Diego / Urbani, Alberto, Lezioni sui titoli di credito: con attenzione a strumenti finanziari e strumenti „bancari“ di pagamento, 5. Aufl. Bologna 2005 [zitiert: Partesotti/Manente/Urbani]

Patti, Salvatore, Danno patrimoniale, in: Sacco, Rodolfo (u.a.) (Hrsg.), Digesto delle Discipline Privatistiche – Sezione Civile, mehrbändig, Band 5, 4. Aufl. Turin 1989, S. 90 ff. [zitiert: Dig.Disc.Priv.Civ./Patti, danno patrimoniale]

Pavone La Rosa, Antonio, Titoli „atipici“ e libertà di emissione nell'ambito delle strutture organizzative della grande impresa, Riv.soc. 1982, S. 705 ff. [zitiert: Pavone La Rosa Riv.soc. 1982, 705]

Pelosi, Angelo Carlo, Libertà di creazione di titoli di massa atipici, in: Trimarchi, Pietro / Cattaneo, Giovanni / Zanetti Vitali, Emidia (Hrsg.), Studi in onore di Cesare Grassetti, dreibändig, Mailand 1980, Band 3, S. 1403 ff. [zitiert: Pelosi Studi Grassetti]

Perrone, Andrea, Anmerkung zu Cass., Urteil vom 3. März 2001, BBTC 2002 II, S. 19 ff. [zitiert: Perrone BBTC 2002 II, 19]

ders., Informazione al mercato e tutele dell'investitore, Mailand 2003 [zitiert: Perrone]

ders., Gli obblighi di informazione nella prestazione dei servizi di investimento, BBTC I, 2006, S. 372 ff. [zitiert: Perrone BBTC 2006 I, 372]

Pinardi, Marco, La responsabilità per danni da informazione nel mercato finanziario, NGCC 2002 II, S. 349 ff. [zitiert: Pinardi NGCC 2002 II, 349]

Portale, Giuseppe B., Informazione societaria e responsabilità degli intermediari, BBTC 1982 I, S. 3 ff. [zitiert: Portale BBTC 1982 I, 3]

Rabitti Bedogni, Carla, Completezza dell'informazione e giudizio di validità nei controlli della Consob, Giur.com. 1986 I, S. 107 ff. [zitiert: Rabitti Bedogni Giur. Com. 1986 I, 107]

dies. (Hrsg.), Il diritto del mercato mobiliare: sogetti – attività – strumenti – controlli, Mailand 1997 [zitiert: Rabitti Bedogni(1997)/Bearbeiter]

dies., L'interposizione di persona nel mercato finanziario, in: Beneventi, Ilaria (Hrsg.), I trusts in Italia oggi, Mailand 1996, S. 257 ff. [zitiert: Beneventi/Rabitti Bedogni]

dies. (Hrsg.), Il Testo Unico della Intermediazione Finanziaria; Commento al D.lgs. 24 febbraio 1998, n. 58., Mailand 1998; bei Zitierung der „Introduzione“ Bezugnahme auf folgende Ausgabe: Estratto ad uso degli studenti, Mailand 2000, [zitiert: Rabitti Bedogni/Bearbeiter]

Rabitti Bedogni, Carla / Amorosino, Sandro (Hrsg.), Manuale di diritto dei mercati finanziari, Mailand 2004 [zitiert: Rabitti Bedogni/Amorosino/Bearbeiter]

Rabitti Bedogni, Carla / Cannizzaro, Giuseppe / Maviglia, Roberto, La sollecitazione del pubblico risparmio, Mailand 1994 [zitiert: Rabitti Bedogni/Cannizzaro/Maviglia (jeweiliger Bearbeiter ist kursiv)]

Rescigno, Pietro (Hrsg.), Codice civile, 7. Aufl. Mailand 2008 [zitiert: Rescigno/Bearbeiter]

Rispoli Farina, Marilena / Rotondo, Gennaro (Hrsg.), Il Mercato finanziario: Intermediari finanziari, società quotate, assicurazioni, previdenza complementare, Mailand 2005 [zitiert: Rispoli Farina/Rotondo, ggf. mit Bearbeiter]

Rizzini Bisinelli, Silvio / Zuccato, Rosanna, Anmerkung zu Trib. Neapel, Urteil vom 25.09.2002 und Trib. Neapel, Urteil vom 4. April. 2003, Soc. 2004, S. 81 ff. [zitiert: Rizzini Bisinelli/Zuccato Soc. 2004, 81]

Romagnoli, Gianluca, La Consob e la sollecitzazione all'investimento; esercizio di poteri ed obblighi verso gli investitori, Giur.com. 2001 I, S. 747 ff. [zitiert: Romagnoli Giur.com. 2001 I, 747]

Roppo, Enzo, Offerta al pubblico di valori mobiliari e tecniche civilistiche di protezione dei risparmiatori-investitori, in: Giur.it. 1983 IV, S. 201 ff. [zitiert: Roppo Giur.it. 1983 IV, 201]

Roppo, Vincenzo, Il contratto, Milano 2001, in: Iudica, Giovanni / Zatti, Paolo (Hrsg.), Trattato di diritto privato [zitiert: Roppo]

Rordorf, Renato, Sollecitazione all'investimento: poteri della Consob e tutela degli investitori, For.it. 2001 V, S. 266 ff. [zitiert: Rordorf For.it. 2001 V, 266]

Russo, Serena, Responsabilità della Consob per mancato controllo del prospetto, Anmerkung zu App. Mailand, Urteil vom 21.10.2003, Giur.com. 2004 II, S. 659 ff. [zitiert: Russo Giur.com. 2004 II, 659]

Sacco, Rodolfo, De Nova, Giorgio, Il contratto (zweibändig), Halbband 2, 3. Aufl. Turin 2004, in: Sacco, Rodolfo (Hrsg.) Trattato di diritto civile, mehrbändig [zitiert: Sacco/De Nova, Tr.Sacco]

dies., Obligazioni e contratti (zweibändig), Halbband 2, 3. Aufl. Turin 2002 in: Rescigno, Pietro (Hrsg.), Trattato di diritto privato, Band 10, [zitiert: Sacco/De Nova, Tr.Rescigno]

Sagna, Alberto, Il risarcimento del danno nella responsabilità precontrattuale, Mailand 2004 [zitiert: Sagna]

Sangiovanni, Valerio, Circolazione dei prodotti finanziari e responsabilità degli investitori professionali: il nuovo art. 100 bis TUF, Soc. 2006, S. 1355 ff. [zitiert: Sangiovanni Soc. 2006, 1355]

ders., Finanzskandale (Argentinien, Cirio und Parmalat) und die Haftung der Anlagevermittler in der neuesten italienischen Rechtsprechung, BKR 2006, S. 476 ff. [zitiert: Sangiovanni BKR 2006, 476]

Sapone, Natalino, La responsabilità precontrattuale, in: Cendon, Paolo (Hrsg.), Trattati, Bd. 13, Mailand 2008 [zitiert: Sapone]

Scalisi, Vincenzo, Dovere di informazione, in: Mazzamuto, Salvatore / Terranova, Giuseppe (Hrsg.), L'intermediazione mobiliare: studi in memoria di Aldo Maisano, Neapel 1993; S. 65 ff. [zitiert: Scalisi Studi Maisano]

Scognamiglio, Claudio / Figone, Alberto / Cossu, Cipriano / Giacobbe, Giovanni / Monateri, Pier Giuseppe, Illecito e responsabilità civile, in: Bessone, Mario (Hrsg.), Trattato di diritto privato, Band 10, Halbband 1, Turin 2005 [zitiert: Scognamiglio/Figone/Cossu/Giacobbe/Monateri (jeweiliger Bearbeiter ist kursiv)]

Scognamiglio, Renato, Dei contratti in generale; disposizioni preliminari; dei requisiti del contratto, in: Scialoja, Antonio / Branca, Giuseppe (Hrsg.), Commentario del codice civile, Bologna / Rom 1970 [zitiert: R. Scognamiglio]

Scotti, Omar, Diffusione di informazioni inesatte e tutela degli investitori: configurazione della responsabilità della Consob per omessa vigilanza, Anmerkung zu Cass. Urteil vom 03.03.2001, Giur.com. 2002 II, sn 12 ff. [zitiert: Scotti Giur.com. 2002 II, 12]

Spada, Paolo, Dai titoli di credito atipici alle operazioni atipiche di raccolta del risparmio, BBTC 1986 I, S. 13 ff. [zitiert: Spada BBTC 1986 I, 13]

ders., Titoli atipici, in: Treccani, Giovanni (Begr.), Enciclopedia Giuridica, Loseblattsammlung, Band 31, Rom 1994 [zitiert: Spada titoli atipici]

Stagno d'Alcontres, Alberto, Tipicità e atipicità nei titoli di credito, Mailand 1992 [zitiert: Stagno d'Alcontres]

Tencati, Adolfo, Garanzia di solvibilità e responsabilità della banca per prospetto infedele, Anmerkung zu Trib. Mailand, Urteil vom 11.01.1988, RDC 1988 II, S. 513 ff. [zitiert: Tencati RDC 1988 II, 513]

Thiene, Arianna, Uso giurisprudenziale del diritto all'integrità del patrimonio, NGCC 2000 II, S. 34 ff. [zitiert: Thiene NGCC 2000 II, 34]

Tina, Andrea, Responsabilità della Consob per omessa vigilanza sulla veridicità delle informazioni contenute nel prospetto informativo, Anmerkung zu App. Mailand, Urteil vom 21.10.2003, CorG 2004, S. 938 ff. [zitiert: Tina CorG 2004, 938]

Tirrito, Giuseppe Domenico, Il danno da prospetto, in: Sebastio, Giovanna (Hrsg.), I danni risarcibili nella responsabilità civile, Band VI, Turin 2005, S. 93 ff. [zitiert: Tirrito]

Torrente, Andrea / Schlesinger, Piero, Manuale di diritto privato, 18. Aufl. Mailand 2007 [zitiert: Torrente/ Schlesinger]

Tortorano, Franco, Il danno meramente patrimoniale: Percorsi giurisprudenziali e comparazione giuridica, Turin 2001 [zitiert: Tortorano]

Trabucchi, Alberto, Istituzioni di diritto civile, 43. Aufl. Mailand 2007 [zitiert: Trabucchi]

Trimarchi, Pietro, Istituzioni di diritto privato, 17. Aufl. 2007 [zitiert: Trimarchi]

Tuozzo, Massimo, La responsabilità civile della Consob tra gli obiter dicta della Cassazione e la risarcibilità in concreto, ContrImp 2001, S. 953 ff. [zitiert: Tuozzo ContrImp 2001, 953]

Turco, Claudio, Interesse negativo e responsabilità precontrattuale, Mailand 1990 [zitiert: Turco]

Vaccarella, Romano / Giorgetti, Mariacarla (Hrsg.), Codice di procedura civile, annotato con la giurisprudenza, 2. Aufl. Turin 2007 [zitiert: Vaccarella/Giorgetti/Bearbeiter]

Vaccarella, Romano / Verde, Giovanni (Hrsg.), Codice di procedura civile commentato, mehrbändig, Band 1, Turin 1997 [zitiert: Vaccarella/Verde/Bearbeiter]

Valentino, Daniela, Obblighi di informazioni, contenuto e forma negoziale, Neapel 1999 [zitiert: Valentino]

Verrienti, Luca, Regolamenti amministrativi, in: in Sacco, Rodolfo (u.a.) (Hrsg.), Digesto delle Discipline Pubblicistiche, mehrbändig, Band 13, 4. Aufl. Turin 1997, S. 210 ff. [zitiert: Dig.Disc.Publ./Verrienti, Regolamenti amministrativi]

Viglione, Raffaele, Circolazione di prodotti finanziari privi di prospetto: nuove forme di tutela del risparmio, NLCC 2008, 43 [zitiert: Viglione NLCC 2008, 43]

Vigotti, Franco, La responsabilità precontrattuale, NGCC 1986 II, S. 174 ff. [zitiert: Vigotti NGCC 1986 II, 174]

Visentini, Gustavo, Il prospetto informativo nella sollecitazione del pubblico risparmio concernente valori mobiliari, in: Assofondi (Hrsg.), Sistema finanziario e controlli: dall'impresa al mercato: atti della giornata di studio organizzata dall'Assofondi: Milano, 28 aprile 1986, Mailand 1986, S. 61 ff. [zitiert: Visentini, S. 61]

Visentini, Gustavo / Bernardo, Amelia, Anmerkung zu Cass. Urteil vom 03.03.2001, CorG 2001, S. 885 ff. [zitiert: Visentini/Bernardo CorG 2001, 885]

Zoppini, Andrea, Intestazione fiduciaria e responsabilità per atti di „eterogestione" (Art. 2476, Comma 7, C.C.), BBTC I, 2006, S. 573 ff. [zitiert: Zoppini BBTC I, 2006, 573]

C. Sonstige Literatur

Auckenthaler, Frank, Droit des marchés de capitaux, Paris 2004 [zitiert: Auckenthaler]

Bauer, Max W. / Eccher, Bernhard / König, Bernhard / Kreuzer, Josef / Zanon, Heinz, Italienisches Zivilgesetzbuch – Codice civile: Zweisprachige Ausgabe, 4. Aufl. Bozen 2004 [zitiert: Bauer/Eccher/König/Kreuzer/Zanon]

Bebczuk, Ricardo, Asymmetric information in financial markets: introduction and applications [Información asimétrica en mercados financieros. English], Cambridge, New York, Port Melbourne, Madrid, Cape Town 2003 [zitiert: Bebczuk]

Bogdan, Michael, Comparative Law, Deventer / Cambridge / Stockholm 1994 [zitiert: Bogdan]

Brandl, Ernst / Saria, Gerhard / Kalss, Susanne / Lucius, Otto (Hrsg.), Handbuch Kapitalmarktrecht. Band 1: Aufklärungspflichten, Organisationspflichten, Prospekthaftung, Wien, New York 2005 [zitiert: Brandl/Saria]

Honsell, Heinrich, Naturrecht und Positivismus im Spiegel der Geschichte, in Festschrift für Koppensteiner, Wien 2001, verfügbar unter http://www.honsell.at/Publikationen/FSKoppensteiner.doc (zuletzt besucht am 02.10.2008). Seitenangaben beziehen sich auf das Dokument im Internet. [zitiert: Honsell]

Zobl, Dieter / Kramer, Stefan, Schweizerisches Kapitalmarktrecht, Zürich, Basel, Genf 2004 [zitiert: Zobl/Kramer]

Peter Lang · Internationaler Verlag der Wissenschaften

Charlotte Maria Korth

Die Prospekthaftung am Grauen Kapitalmarkt nach dem Anlegerschutzverbesserungsgesetz

Frankfurt am Main, Berlin, Bern, Bruxelles, New York, Oxford, Wien, 2008.
XXXVII, 154 S.
Europäische Hochschulschriften: Reihe 2, Rechtswissenschaft. Bd. 4687
ISBN 978-3-631-57690-8 · br. € 39.–*

Am 1. Juli 2004 hat der Bundestag das Anlegerschutzverbesserungsgesetz beschlossen. Neben einer Stärkung des organisierten Kapitalmarktes sieht dieses Gesetz auch einen regulierenden Eingriff in den sogenannten Grauen Kapitalmarkt vor. Dementsprechend beinhaltet es eine Novellierung des Verkaufsprospektgesetzes dahingehend, dass seit dem 1. Juli 2005 eine Prospektpflicht auch für nicht wertpapiermäßig verbriefte Anlagebeteiligungen des Grauen Kapitalmarktes gilt. Daraus folgt, dass für fehlerhafte Prospekte nunmehr gemäß § 13 Verkaufsprospektgesetz gehaftet wird. Ein Rückgriff auf die allgemeine zivilrechtliche Prospekthaftung ist in der Regel nicht mehr nötig bzw. nicht mehr möglich. Außerdem hat der Gesetzgeber eine Prospekthaftung für fehlende Prospekte in § 13a Verkaufsprospektgesetz eingeführt. Mit diesen Änderungen des Verkaufsprospektgesetzes und insbesondere den Auswirkungen auf die zivilrechtliche Prospekthaftung befasst sich diese Arbeit.

Aus dem Inhalt: Bisherige Bestrebungen zur Verbesserung des Anlegerschutzes am Grauen Kapitalmarkt · Die gesetzliche Neuregelung im VerkProspG · Prospektpflicht · Prospektinhalt · Prospektprüfung · Prospekthaftung für fehlerhafte und fehlende Prospekte · Die Auswirkungen der Neuregelung auf das Haftungsmodell der allgemeinen zivilrechtlichen Prospekthaftung · Die Unterschiede zwischen allgemeiner zivilrechtlicher und spezialgesetzlicher Prospekthaftung · Verbleibender Anwendungsbereich für die zivilrechtliche Prospekthaftung

Frankfurt am Main · Berlin · Bern · Bruxelles · New York · Oxford · Wien
Auslieferung: Verlag Peter Lang AG
Moosstr. 1, CH-2542 Pieterlen
Telefax 00 41 (0) 32 / 376 17 27

*inklusive der in Deutschland gültigen Mehrwertsteuer
Preisänderungen vorbehalten

Homepage http://www.peterlang.de